日本《論語》古鈔本綜合研究

影印日本《論語》古鈔本三種

三十郎盛政傳鈔清家點本《論語集解》

〔日〕高橋智 解題／吴國武 校勘

北京大學出版社
PEKING UNIVERSITY PRESS

圖書在版編目(CIP)數據

影印日本《論語》古鈔本三種/(日)高橋智解題;吴國武,林嵩,沙志利校勘.—北京:北京大學出版社,2013.6

(日本《論語》古鈔本綜合研究)

ISBN 978-7-301-22640-7

Ⅰ.①影… Ⅱ.①高…②吴…③林…④沙… Ⅲ.①儒家②《論語》—研究 Ⅳ.①B222.22

中國版本圖書館 CIP 數據核字(2013)第 129411 號

書　　　名:影印日本《論語》古鈔本三種(三十郎盛政傳鈔清家點本《論語集解》青蓮院本《論語集解》林泰輔舊藏本《論語集解》)
著作責任者:〔日〕高橋智 解題　吴國武 林嵩 沙志利 校勘
責 任 編 輯:王　琳
標 準 書 號:ISBN 978-7-301-22640-7/B・1127
出 版 發 行:北京大學出版社
地　　　址:北京市海淀區成府路 205 號　100871
網　　　址:http://www.pup.cn　新浪官方微博:@北京大學出版社
電 子 信 箱:zpup@pup.cn
電　　　話:郵購部 62752015　發行部 62750672　編輯部 62756449
出版部 62754962
印　刷　者:北京大學印刷廠
經　銷　者:新華書店
650 毫米×980 毫米　16 開本　76.5 印張　6 插頁
2013 年 6 月第 1 版　2013 年 6 月第 1 次印刷
定　　　價:200.00 圓(全三册)

教育部人文社會科學重點研究基地重大項目
國家古籍整理出版專項經費資助項目

教育部人文社會科學重點研究基地重大項目
（項目批准號：2009JJD770006）

日本《論語》古鈔本綜合研究

課題主持人：高橋 智　劉玉才
課題組成員（以姓氏音序排列）：
林 嵩　盧 偉　馬辛民
橋本秀美　沙志利　吴國武

論語

六之十

竹[illegible]

論語學而第一　何晏集解

捐本疏釋文並無論語兩字但古本有之　何晏二字疏有釋無

音義曰一本作何晏集解

子曰學而時習之不亦説（乚悦注同）乎　馬融曰子者男子之通稱（尺證反）謂孔子也王肅曰時者學者以時誦習之誦習以時學無廢業所以為説懌（乚亦）

有朋（蒲弘反）自遠方來不亦樂（乚洛）乎　包氏曰同門曰朋

人不知而不慍（紆問反鄭云怨也）不亦君子乎

目録

解　題

高橋 智

斯道文庫藏(091—10)室町時代末期三十郎盛政傳鈔清家點本(乙類)二册。

此書經《論語善本書影》(大阪府立圖書館 1931)第三十九影印,是可靠的清原博士家訓點本,也是安田文庫中最具價值的鈔本,曾經《經籍訪古志》著録,爲狩谷棭齋求古樓舊藏。《經籍訪古志》編纂於幕末時期(19世紀中葉),著録了十四種《論語》古鈔本,幾乎全部爲求古樓所藏,而安田文庫藏書就如同求古樓再世。

此書原裝外封與書葉用紙相同,外層又重裝了藍色外封。裝幀爲包背裝,但書脊處不塗漿糊,是室町時代末期(15—16世紀)流行的裝幀形式。外封上用墨筆題書名"論語一之五"、"論語六之十",書寫時代與正文相同,或即出自同一人。重裝外封上有室町時代書簽,墨筆題"論語六之十何晏集解"(見彩頁),第一册原書簽剥落,以朱筆題"論語一之五"。卷首有何晏序三葉,題作"論語序/敘曰漢中壘校尉劉向"。正文第一葉題"論語學而第一(低三格)何晏集解",次行以"子曰學而時習之不亦説乎"起,何晏注用小字雙行。自第二篇起各篇題名中都有章數,如"論語爲政第二　凡二十四章　何晏集解",僅第七篇作"論語述而第七　舊三十九章/今三十八章　何晏集解",第十一篇作"論語先進第十一　鄭廿三章/皇廿四章　何晏集解"。

内葉以薄墨畫邊框界欄,四周單邊,有欄線,每半葉五行,行十四字,框20.4cm×16.4cm,行寬3.3cm。版式疏朗,版心空白。有文字的書葉第一册計九十二葉(序文不計),第二册計一百零七葉。書葉紙張爲雁皮與楮混製，較薄。各卷末題書名、卷數、經注文字數，如"論語卷第一　經一千四百七十字/注一千五百一十五字"。卷末副葉上有跋語，和正文筆跡相同，題作：

"右本清家秘点也則雪庵道白真筆写之/三十郎盛政(花押)/墨印"

可知該本爲三十郎盛政傳鈔清原家秘藏的雪庵道白親筆本。"雪庵道白"爲清原枝賢法名。室町時代的清原家，以宣賢爲中興之祖，而枝賢、國賢(天文十三年—慶長十九年〈1544—1614〉，枝賢之子，前田育德會尊經閣文庫藏有慶長六年〈1601〉國賢親筆跋慶長古活字版《論語》)、梵舜、秀賢(天正三年—慶長十九年〈1575—1614〉，國賢之子，静嘉堂文庫藏有慶長八年〈1603〉瀧川忠征過録秀賢訓點的慶長古活字版〈8183—2—101—20〉)等人則世代繼承著《論語》的訓讀。

據阿部隆一博士考證，三十郎盛政是清原國賢門人。該本全部出自同一人之筆，正文和訓點一氣呵成。訓點的内容有朱筆書ヲコト點、墨筆書返點、送假名、縱點、附訓、聲點、濁音符、音注、校勘批注。該本字體與京都大學藏天文五年(1536)清原枝賢令他人代鈔本(貴 66ロ5)非常相似，附訓、校勘的内容也基本相同，當據同一祖本傳鈔，爲枝賢系統的清家本。藏書印鈐有"月の屋"(横山由清印)和"安田文庫"印。此書經財團法人大橋圖書館編纂《論語展覽會目録》第四十七號著録。

論語

一之五

論語序

敘曰漢中壘校尉劉向言魯論語二
十篇皆孔子弟子記諸善言也太子
太傅夏侯勝前將軍蕭望之丞相韋
賢及子玄成等傳之齊論語二十二

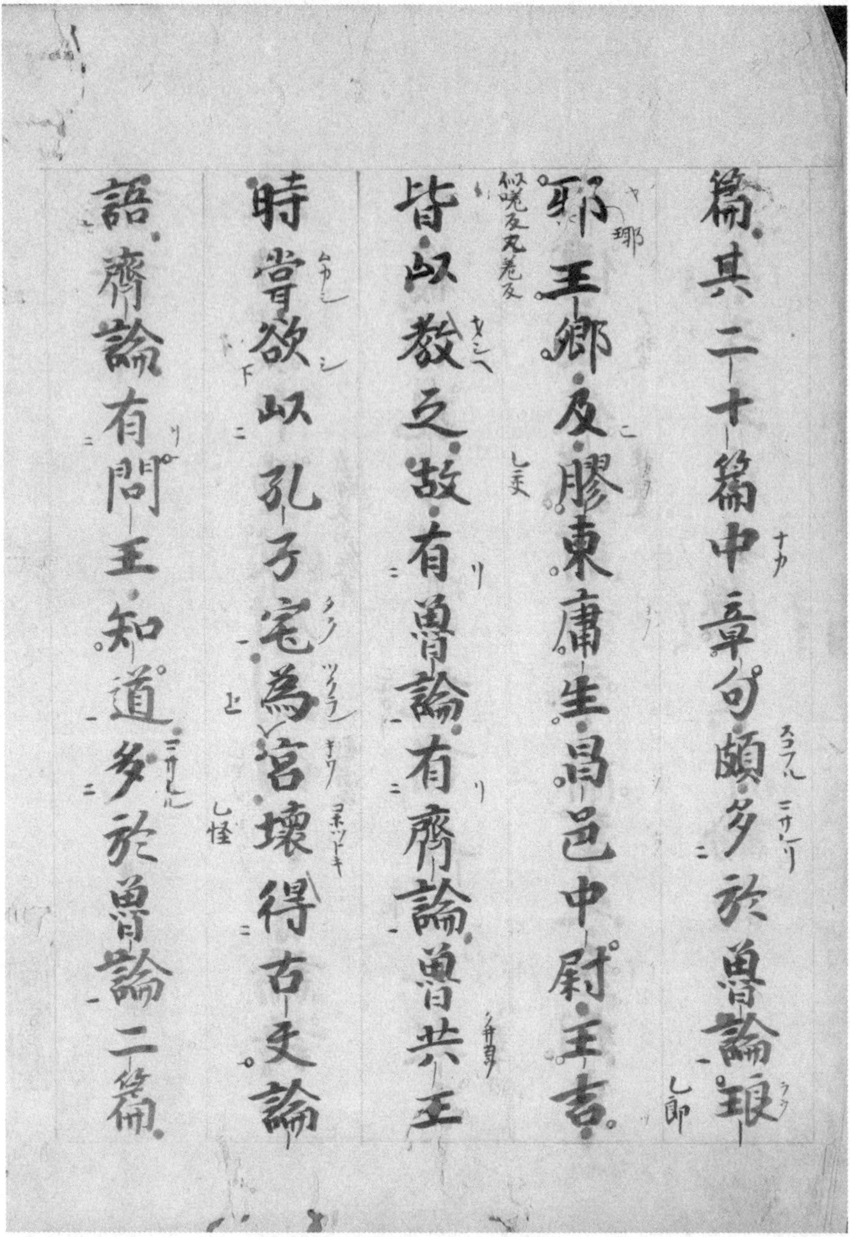

篇其二十篇中章句頗多於魯論琅
邪王卿及膠東庸生昌邑中尉王吉
皆以教之故有魯論有齊論魯共王
時嘗欲以孔子宅為宮壞得古文論
語齊論有問王知道多於魯論二篇

古論亦無此二篇分堯曰下章子張
問以爲一篇有兩子張凡二十一篇
篇次不與齊魯論同安昌侯張禹本
受魯論兼講齊說善者從之號曰張
侯論爲世所貴包氏周氏章句出焉

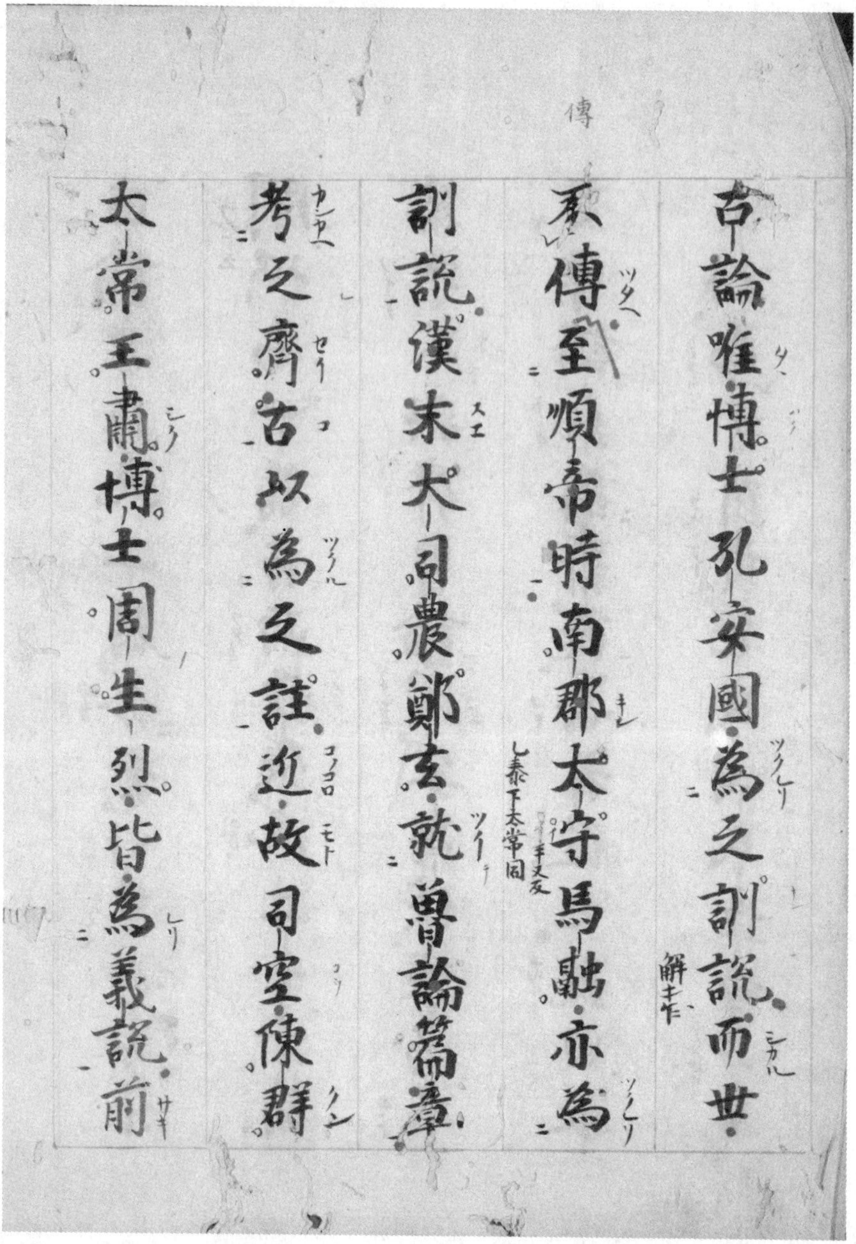
傳
古論唯博士孔安國為之訓説而世
不傳至順帝時南郡太守馬融亦為
訓説漢末大司農鄭玄就魯論篇章
考之齊古以為之註近故司空陳群
太常王肅博士周生烈皆為義説前

世傳受師說雖有異同不爲訓解中
間爲之訓解至于今多矣所見不同
互有得失今集諸家之善說記其姓
名有不安者頗爲改易名曰論語集
解光祿大夫關內侯臣孫邕光祿大

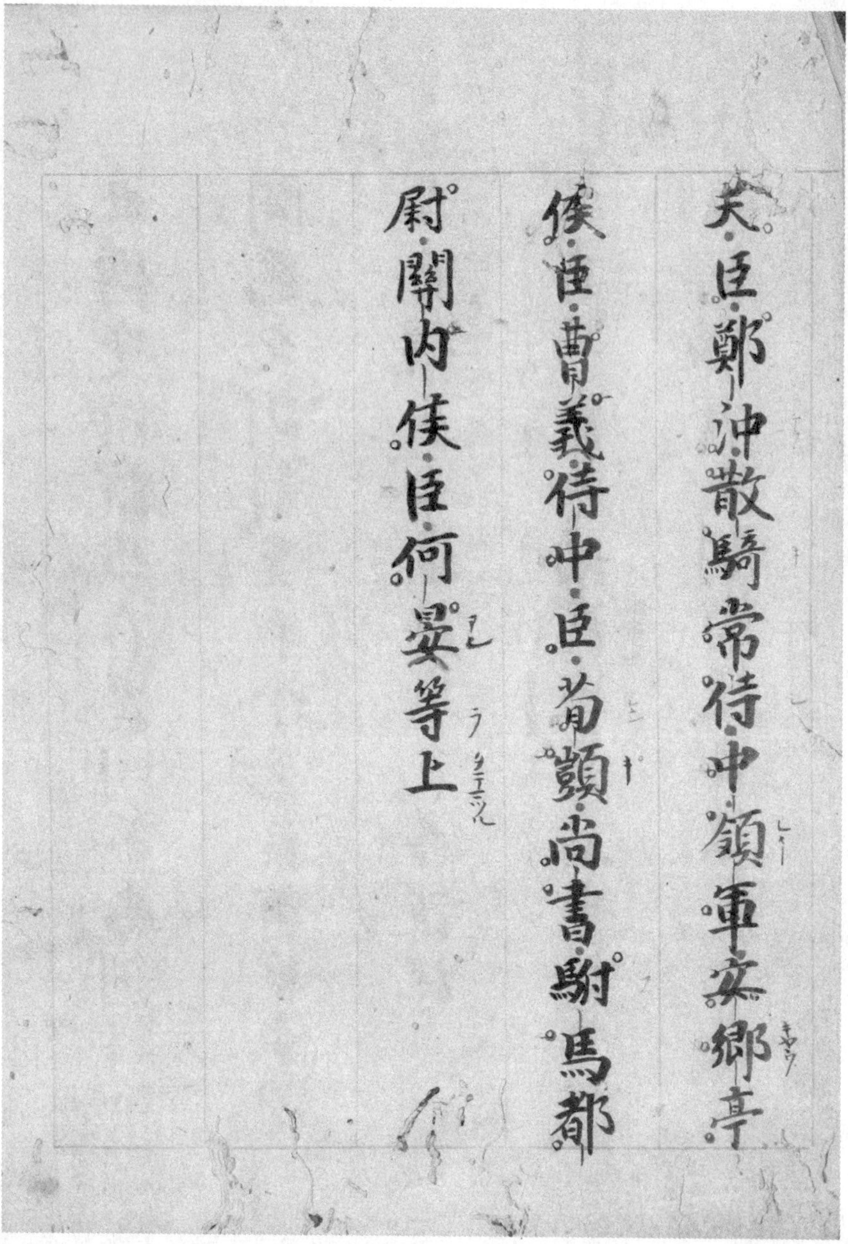

夫臣鄭沖散騎常侍中領軍安鄉亭
侯臣曹羲侍中臣荀顗尚書駙馬都
尉關內侯臣何晏等上

論語卷第一

論語學而第一　何晏集解　音義曰一本作何晏集解

摺本疏釋文並無論語兩字但古本有之　何晏二字疏有釋無

子曰學而時習之不亦說乎　說注同　馬融曰子者男子之通稱謂孔子也王肅曰時者學者以時誦習之誦習以時學無廢業所以為說懌　說亦

有朋自遠方來不亦樂乎　朋蒲弘反　樂音洛　包氏曰同門曰朋

人不知而不慍不亦君子乎　慍紆問反鄭云怒也

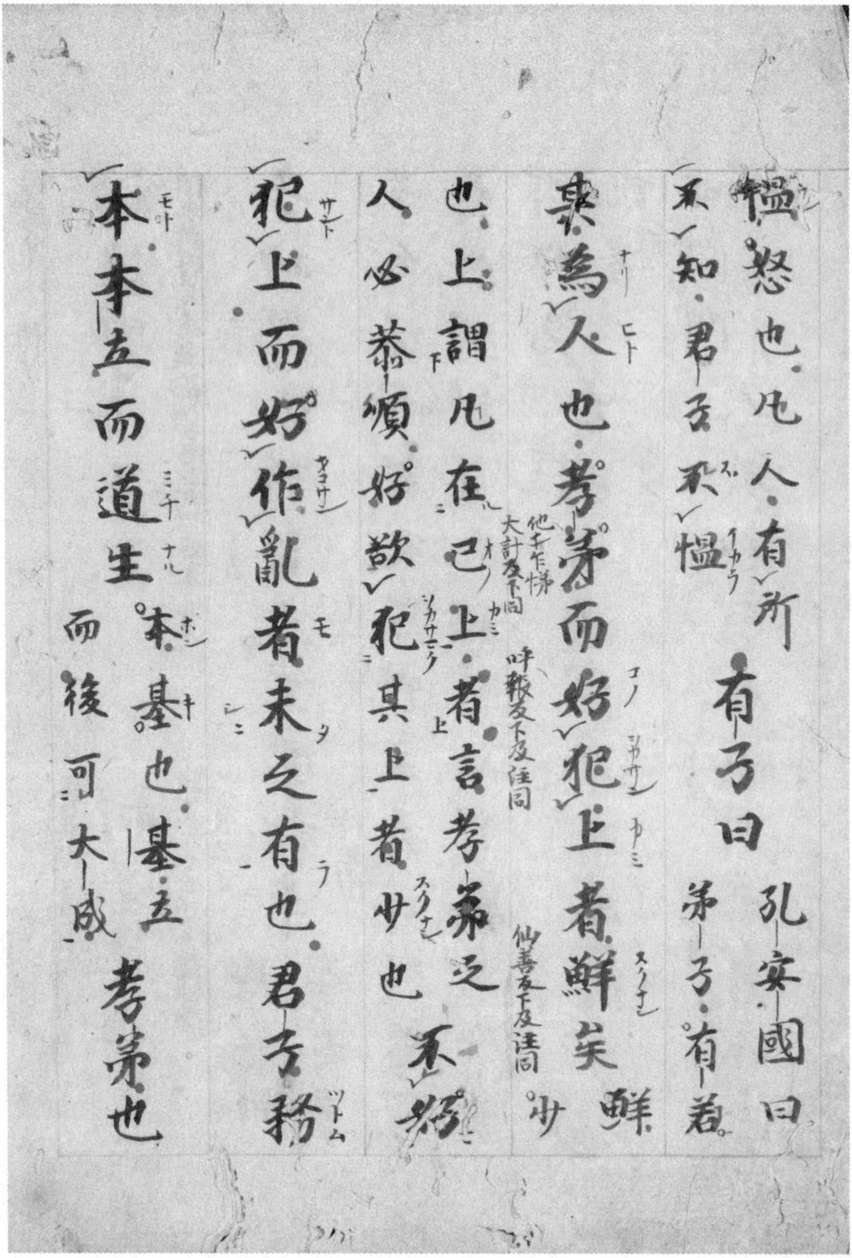
慍怒也凡人有所不知君子不慍
有子曰　孔安國曰弟子有若
其為人也孝弟而好犯上者鮮矣　鮮少
也上謂凡在己上者言孝弟之人必恭順好欲犯其上者少也
不好
犯上而好作亂者未之有也君子務
本本立而道生　本基也基立而後可大成　孝弟也

者其仁之本與先能事父兄然後可乃仁成子曰

巧言令色鮮矣仁包氏曰巧言好其言語令色善其顏

色皆欲令人說之少能有仁馬融曰弟子曾參曾子曰吾

日三省吾身為人謀而不忠乎與朋

友交而不信乎傳不習乎言凡所傳之事得無

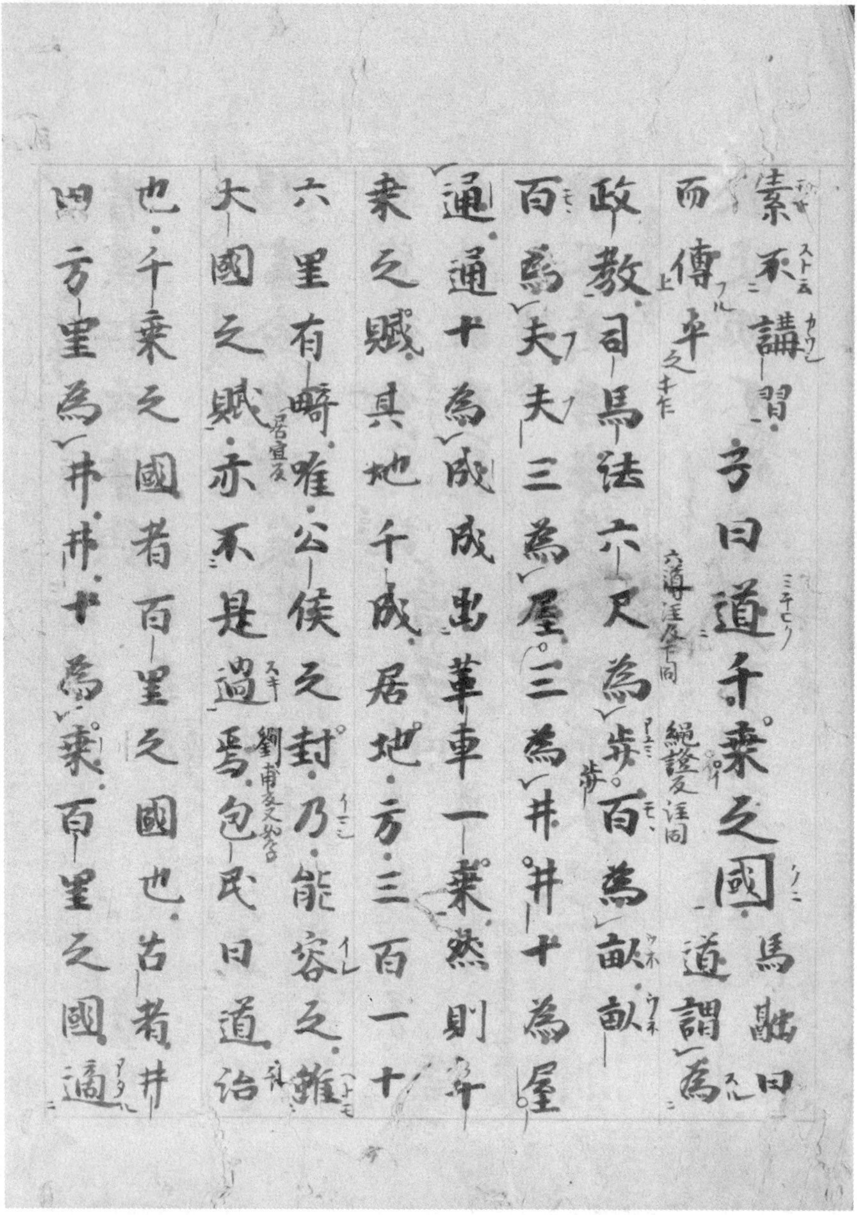

素不講習。子曰道千乘之國。馬融曰
而傳乎　道謂為
政教。司馬法六尺為步。步百為畝。畝
百為夫。夫三為屋。屋三為井。井十為屋
通。通十為成。成出革車一乘。然則千
乘之賦。其地千成。居地。方三百一十
六里有畸。唯公侯之封。乃能容之。雖
大國之賦。亦不是過焉。包氏曰道治
也。千乘之國者。百里之國也。古者井
田方里為井。井十為乘。百里之國適

千乘也馬融依周礼包氏依
王制孟子義疑故兩存焉　敬事而
信　包氏曰為國者舉事必敬愼與民必誠信　節用而愛人
包氏曰節用不奢侈國以民為本故愛養之　使民以時　包氏曰作
使民必以其時不妨奪農務　子曰弟子入則孝出
則弟謹而信汎愛衆而親仁行有餘

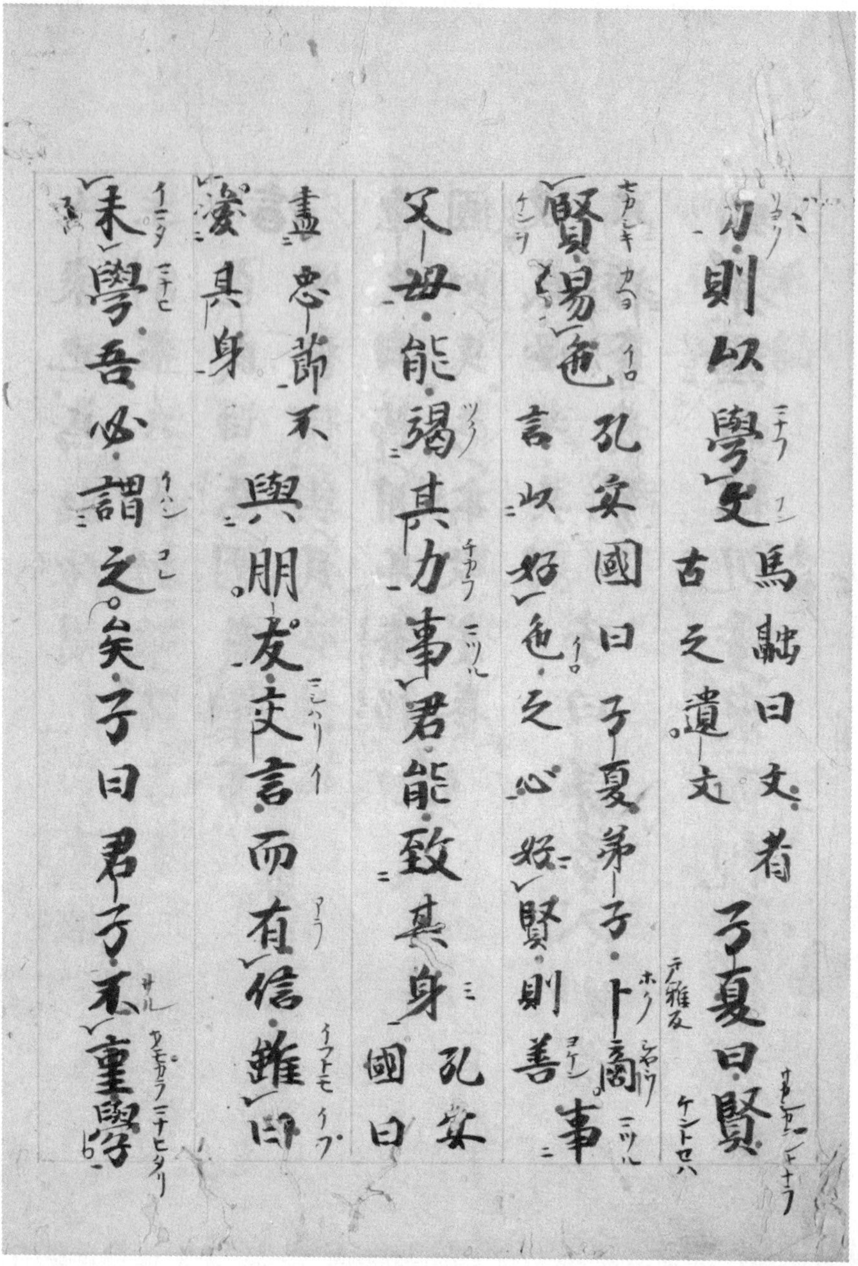
力則以學文　馬融曰文者古之遺文　子夏曰賢
賢易色　孔安國曰子夏弟子卜商言以好色之心好賢則善　事
父母能竭其力事君能致其身　孔安國曰盡忠節不愛其身
與朋友交言而有信雖曰
未學吾必謂之矣子曰君子不重學

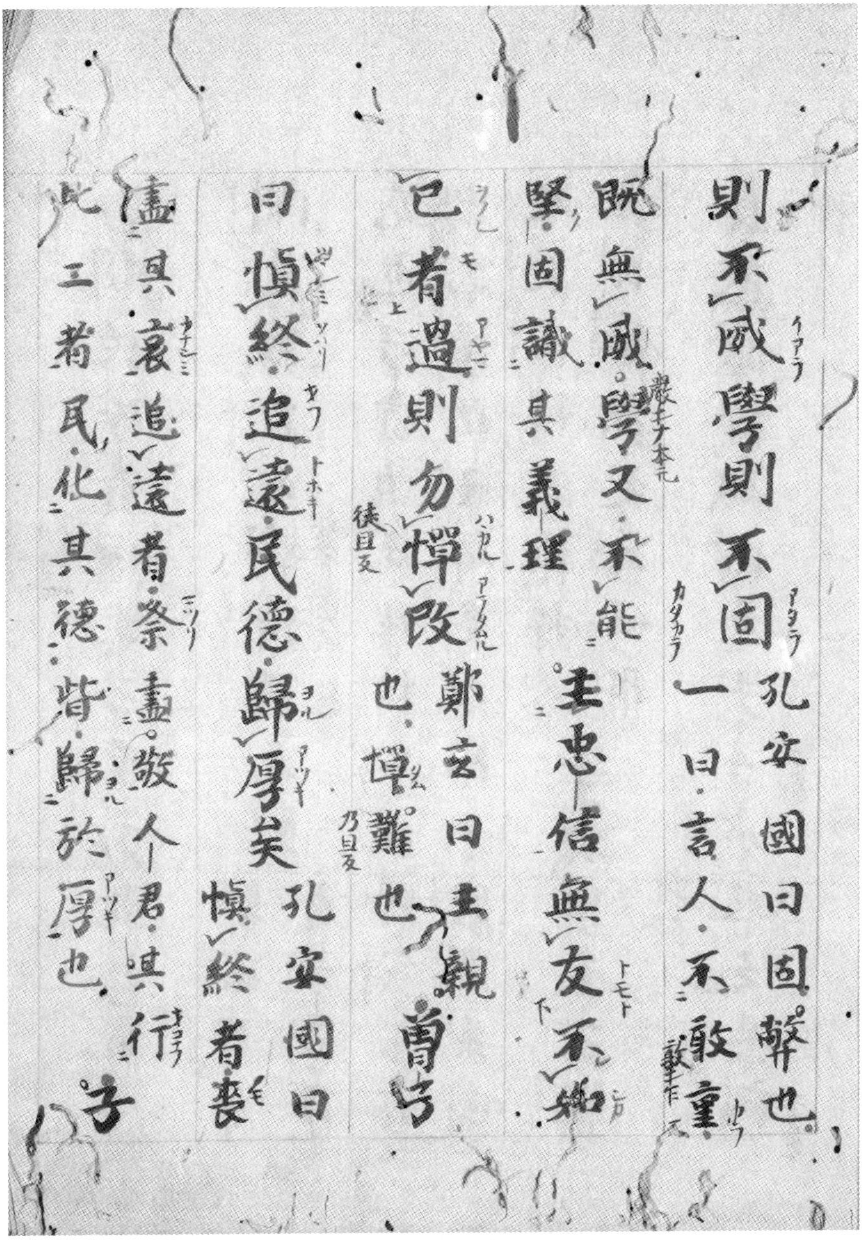
則不威學則不固孔安國曰固蔽也一曰言人不敢重
既無威學又不能
堅固識其義理主忠信無友不如
已者過則勿憚改鄭玄曰主親也憚難也曾子
曰慎終追遠民德歸厚矣孔安國曰慎終者喪
盡其哀追遠者祭盡敬人君其行
此三者民化其德皆歸於厚也子

禽問於子貢曰夫子至於是邦也必
聞其政求之與抑與之與 鄭玄曰子
禽弟子陳
亢也子貢弟子姓端木名賜字子貢
也亢怪孔子所至之邦必與聞其國
政求而得之邪抑人 子貢曰夫子溫
君自願與之為治邪
良恭儉讓以得之 夫子求也之其諸

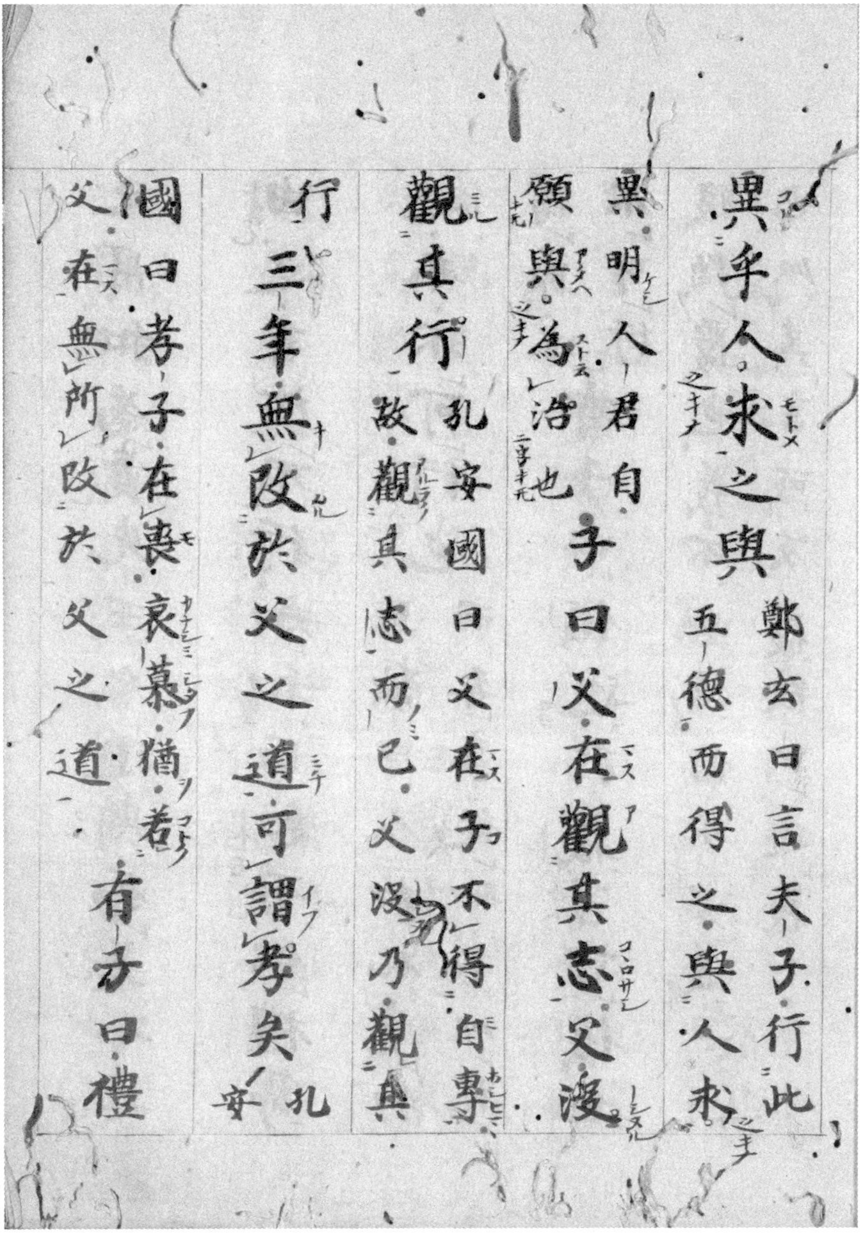

異乎人求之與鄭玄曰言夫子行此
五德而得之與人求
異明人君自子曰父在觀其志父沒
願與為治也
觀其行孔安國曰父在子不得自專
故觀其志而已父沒乃觀其
行三年無改於父之道可謂孝矣孔安
國曰孝子在喪哀慕猶若
父在無所改於父之道有子曰禮

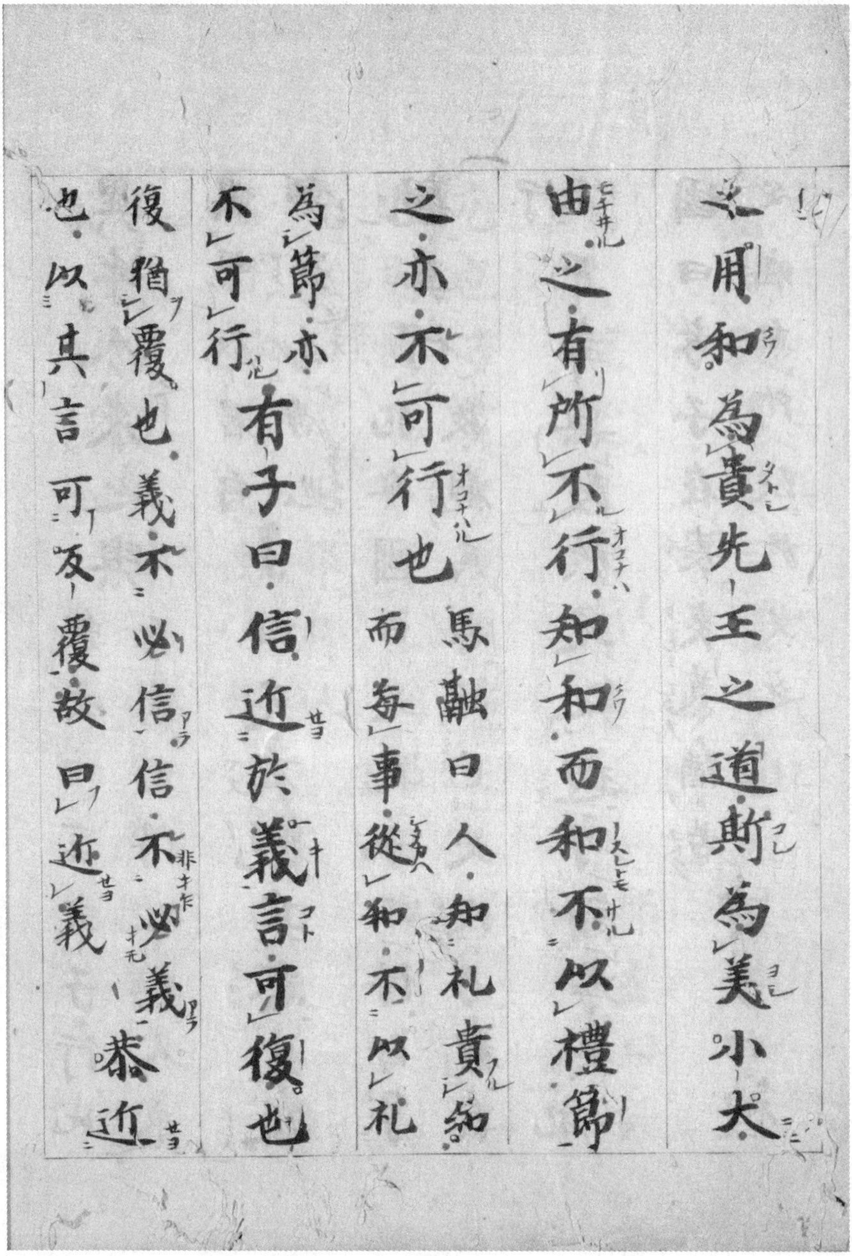
之用和爲貴先王之道斯爲美小大
由之有所不行知和而和不以禮節
之亦不可行也　馬融曰人知礼貴和而每事從和不以礼
爲節亦不可行　有子曰信近於義言可復也
復猶覆也義不必信信不必義　恭近
也以其言可反覆故曰近義

於禮遠恥辱也　包氏曰恭不合禮非礼也以其能遠耻辱故曰近礼也

因不失其親亦可宗也　孔安國曰因親也言所親不失其親亦可宗敬

子曰君子食無求飽居無求安　鄭玄曰學者之志有所不暇

敏於事而慎於言就有道而正焉可謂好學

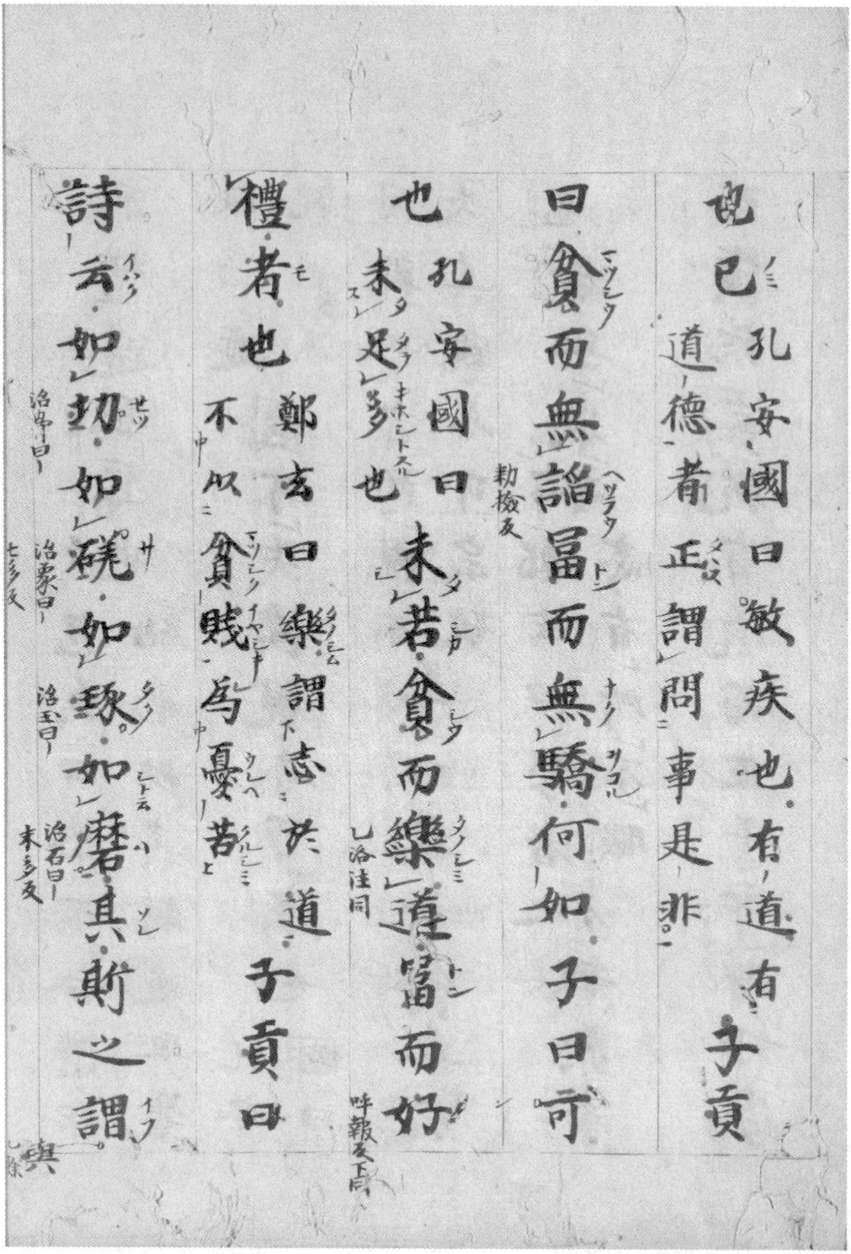
也已　孔安國曰敏疾也有道有道德者正謂問事是非　子貢
曰貧而無諂富而無驕何如子曰可
也　孔安國曰未足多也　未若貧而樂道富而好
禮者也　鄭玄曰樂謂志於道不以貧賤爲憂苦　子貢曰
詩云如切如磋如琢如磨其斯之謂與

孔安國曰能貧而樂道冨而好禮者能自切磋琢磨者

子曰賜也始可與言詩已矣告諸往而知來者

孔安國曰諸之也子貢知引詩以成孔子義善取類故然之往告之以貧而樂道來荅以切磋琢磨者

子曰不患人之不己知患己不知人也

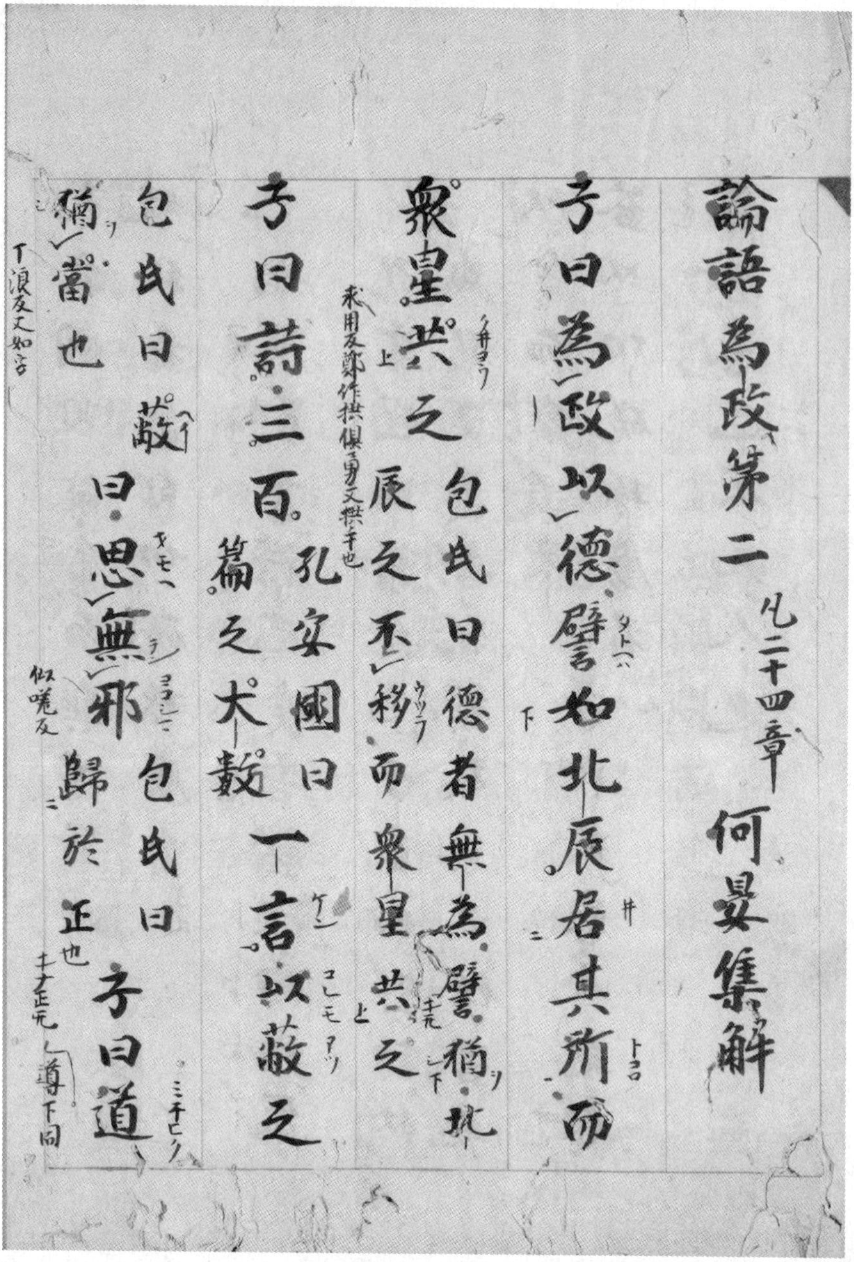
論語爲政第二　凡二十四章　何晏集解
子曰爲政以德譬如北辰居其所而
衆星共之　包氏曰德者無爲譬猶北辰之不移而衆星共之
子曰詩三百　孔安國曰篇之大數　一言以蔽之
包氏曰蔽猶當也　曰思無邪　包氏曰歸於正也　子曰道

之以政孔安國曰政謂法教齊之以刑馬融曰齊整之以刑罰民免而無恥孔安國曰苟免罪道之以德包氏曰德謂道德齊之以禮有恥且格格正也子曰吾十有五而志于學三十而立有所成立四十而不惑孔安國曰不疑惑五十

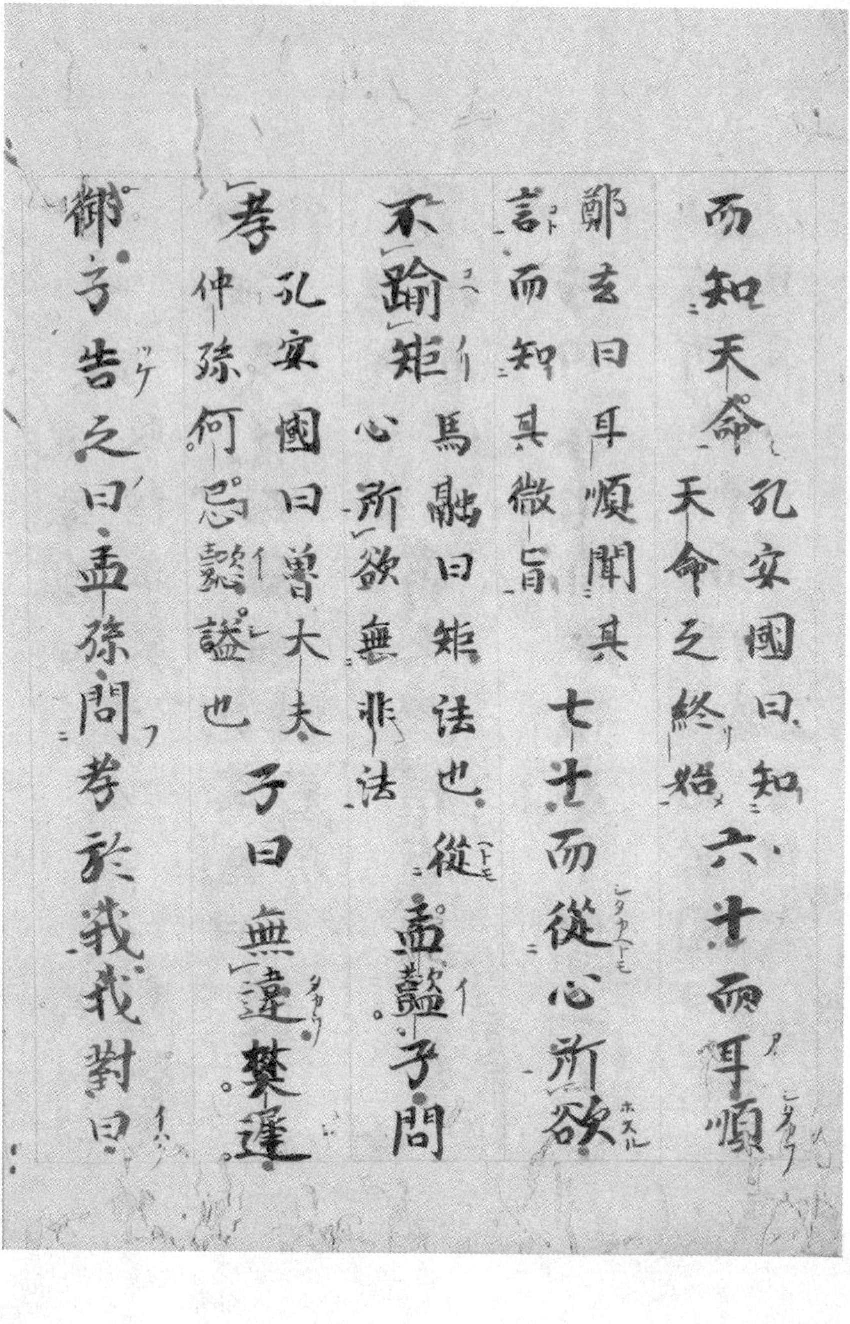
而知天命孔安國曰知天命之終始六十而耳順鄭玄曰耳順聞其言而知其微旨七十而從心所欲不踰矩馬融曰矩法也從心所欲無非法孟懿子問孝孔安國曰魯大夫仲孫何忌懿謚也子曰無違樊遲御子告之曰孟孫問孝於我我對曰

無違　鄭玄曰孟孫不曉無違之意將
問於樊遲故告之樊遲弟子樊
須也
樊遲曰何謂也子曰生事之以禮
死葬之以禮祭之以禮　孟武伯問孝
子曰父母唯其疾之憂　馬融曰武伯
懿子之子仲
孫彘武謚也言孝子不妄為
非唯疾病然後使父母憂耳
子游問

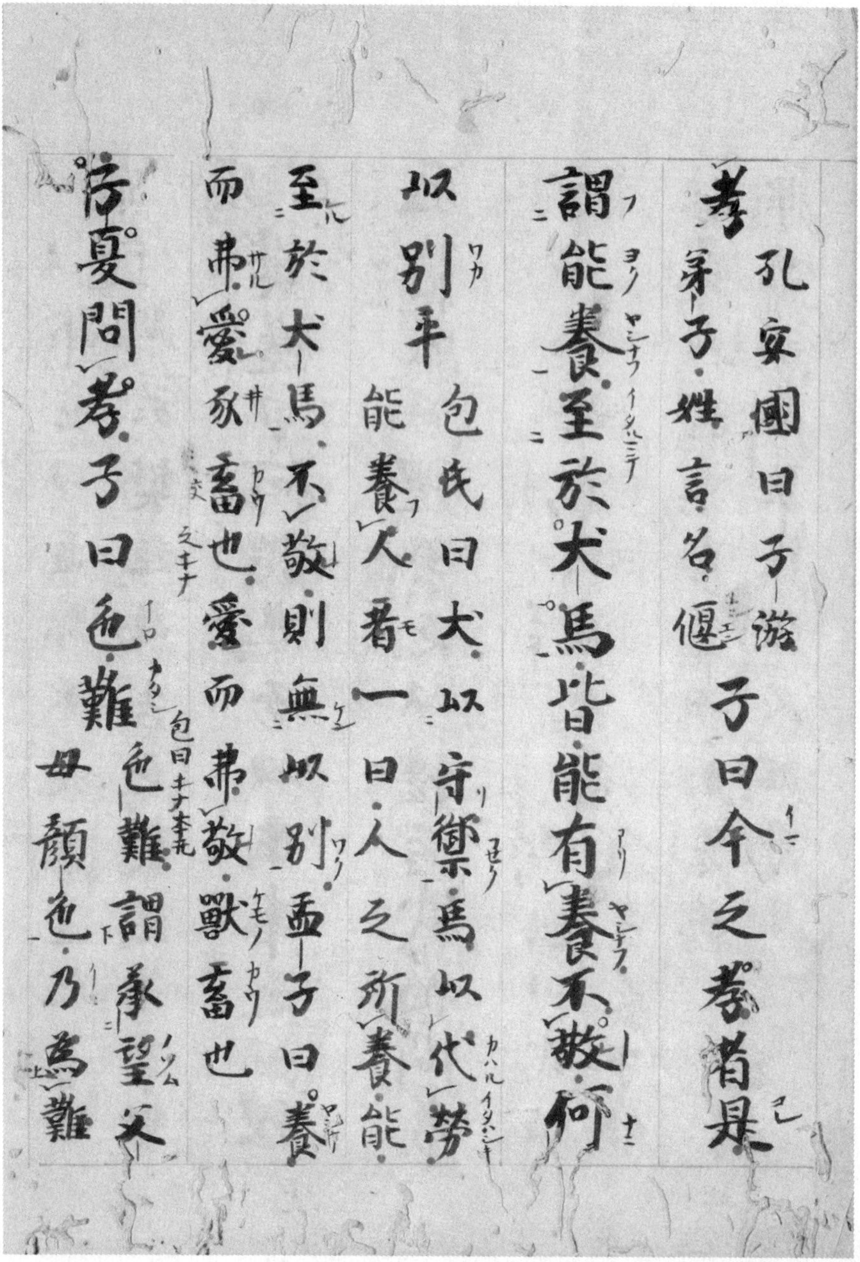

孝　孔安國曰子游弟子姓言名偃　子曰今之孝者是謂能養至於犬馬皆能有養不敬何以別乎　包氏曰犬以守禦馬以代勞能養人者一曰人之所養能至於犬馬不敬則無以別孟子曰養而弗愛豕畜也愛而弗敬獸畜也　子夏問孝子曰色難　色難謂承望父母顏色乃為難

也
有事弟子服其勞有酒食先生饌
馬融曰先生謂父兄饌飲食也
曾是以爲孝乎
馬融曰孔子喻子夏曰服勞先食汝謂此爲孝乎未足爲孝也承順父母顏色乃爲孝耳也
子曰吾與回言終日不違如愚
孔安國曰回弟子姓顏名回字子淵魯人也不違者無所怪問於孔子之

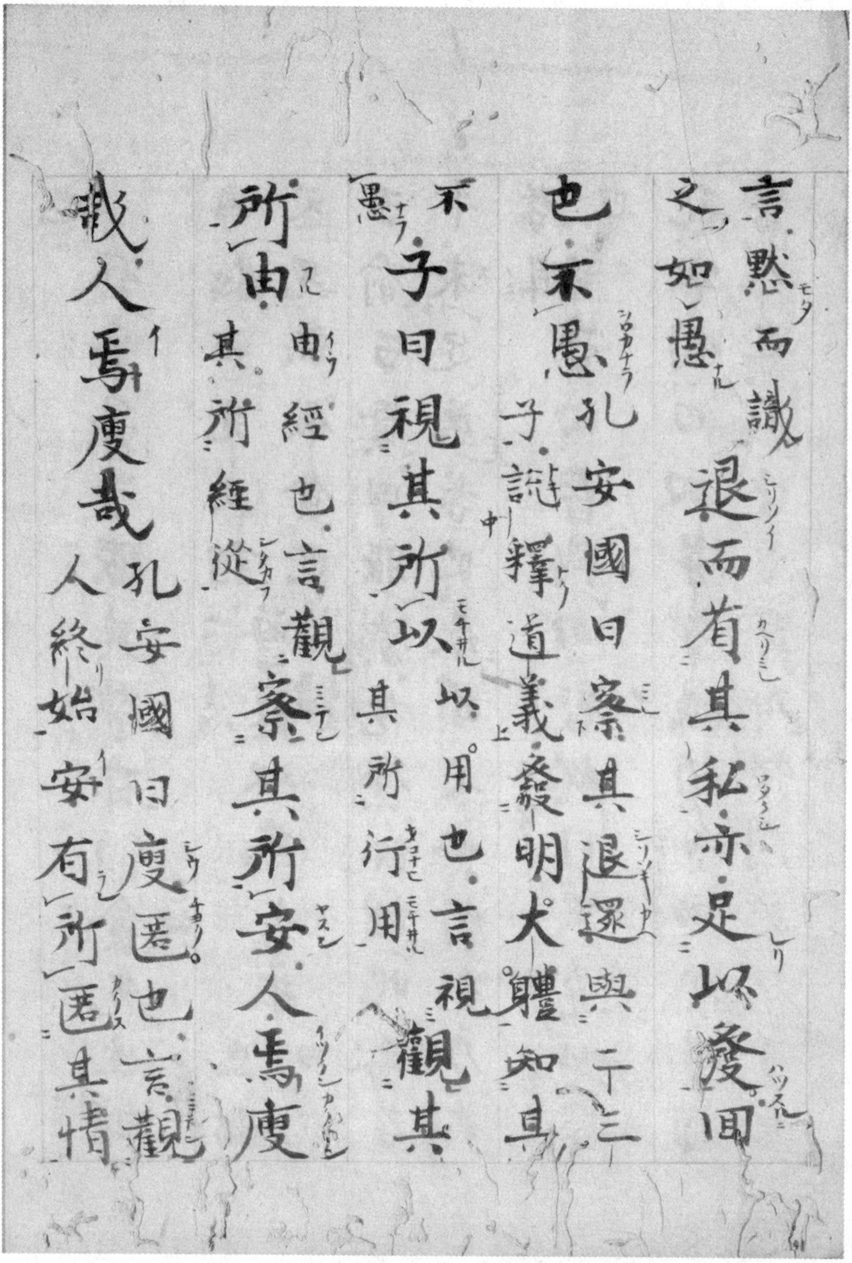

言默而識之如愚 退而省其私亦足以發回
也不愚 孔安國曰察其退還與二三子說釋道義發明大體知其
不愚 子曰視其所以 以用也言視其所行用 觀其
所由 由經也言觀其所經從 察其所安人焉廋
哉人焉廋哉 孔安國曰廋匿也言觀其人終始安有所匿其情

也
子曰温故而知新可以為師矣温尋
也尋繹故者又知新者可以為師矣子曰君子不器包咸
曰器者各周其用至於君子無所不施子貢問君子子
曰先行其言而後從之孔安國曰疾小人多言而
行不周子曰君子周而不比孔安國曰忠信為周

（烏門反）
（比毗志反下同）

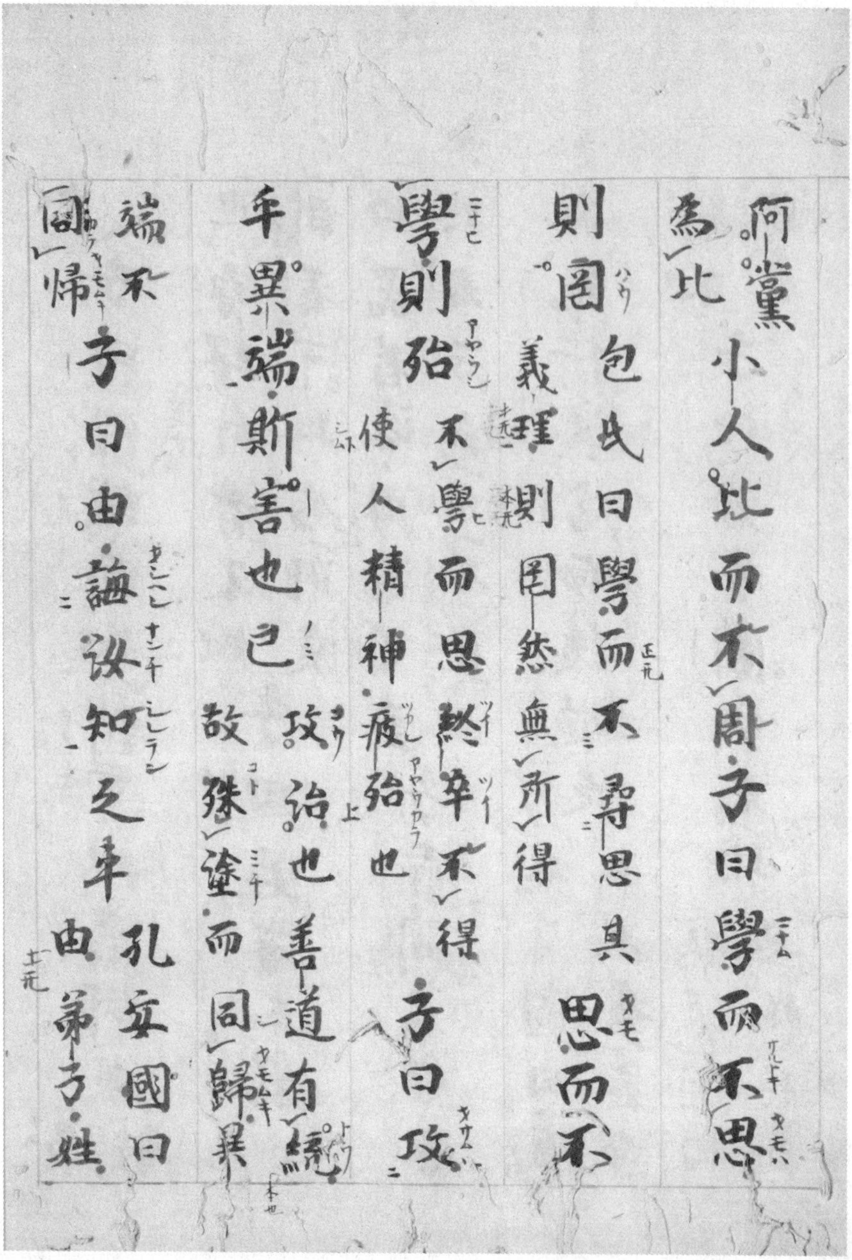

阿黨小人比而不周子曰學而不思
爲比
則罔包氏曰學而不尋思其思而不
義理則罔然無所得
學則殆不學而思終卒不得子曰攻
使人精神疲殆也
乎異端斯害也已攻治也善道有
故殊塗而同歸異
端不子曰由誨汝知之乎孔安國曰
同歸由弟子姓

仲名由字子路知之為知之不知為不知是知也子張學干祿鄭玄曰子張弟子姓顓孫名師字子張干求也祿祿位也子曰多聞闕疑慎言其餘則寡尤包氏曰尤過也疑則闕之其餘不疑猶慎言之則少過多見闕殆慎行其餘則寡悔包氏曰殆危也

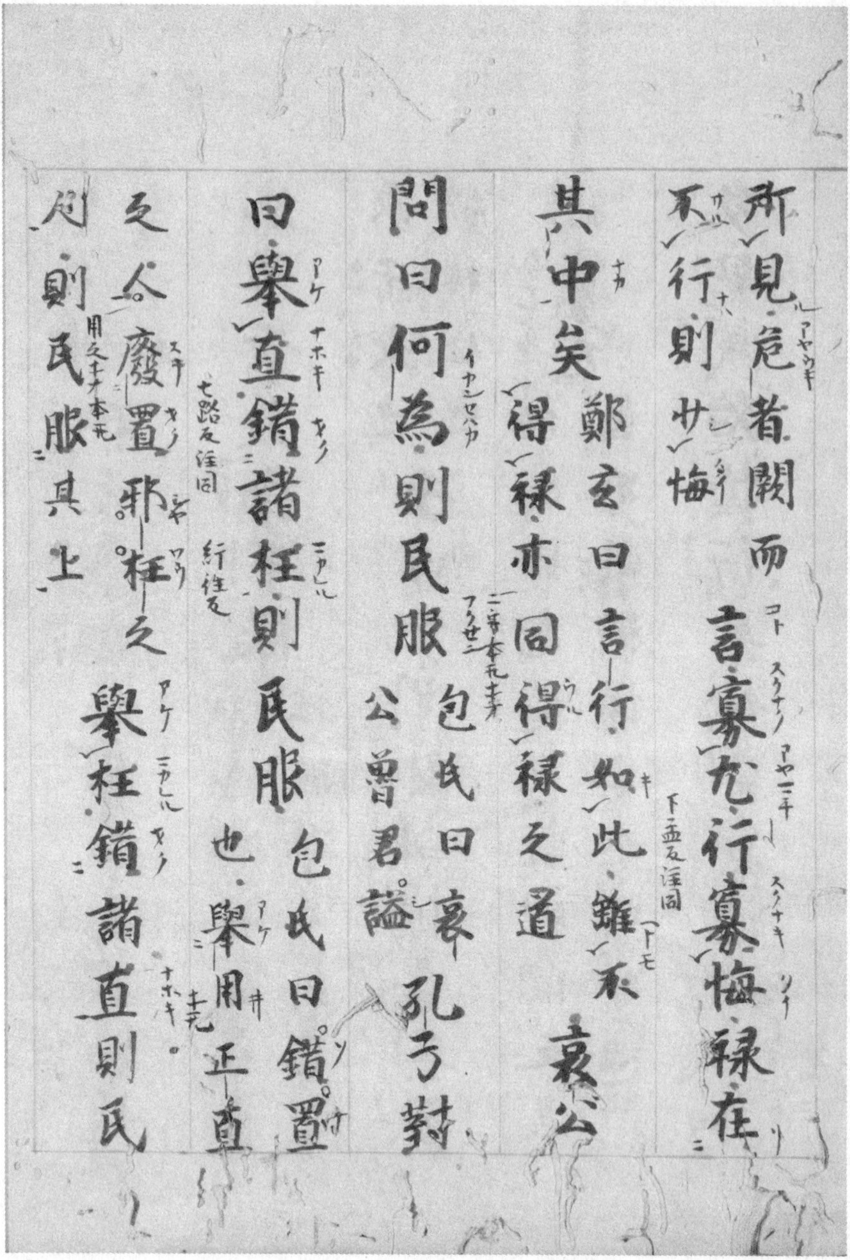
所見危者闕而不行則少悔　言寡尤行寡悔祿在
其中矣　鄭玄曰言行如此雖不得祿亦同得祿之道　哀公
問曰何為則民服　包氏曰哀公魯君謚　孔子對
曰舉直錯諸枉則民服　包氏曰錯置也舉用正直
之人廢置邪枉之人則民服其上　舉枉錯諸直則民

不服。季康子問使民敬忠以勸如之何【孔安國曰魯卿季孫肥康謚也】子曰臨之以莊則敬【包氏曰莊嚴也君臨民以嚴則民敬其上也】孝慈則忠【包氏曰君能上孝於親下慈於民則民忠矣】舉善而教不能則民勸【包氏曰舉用善人而教不能者則民勸勉】或謂

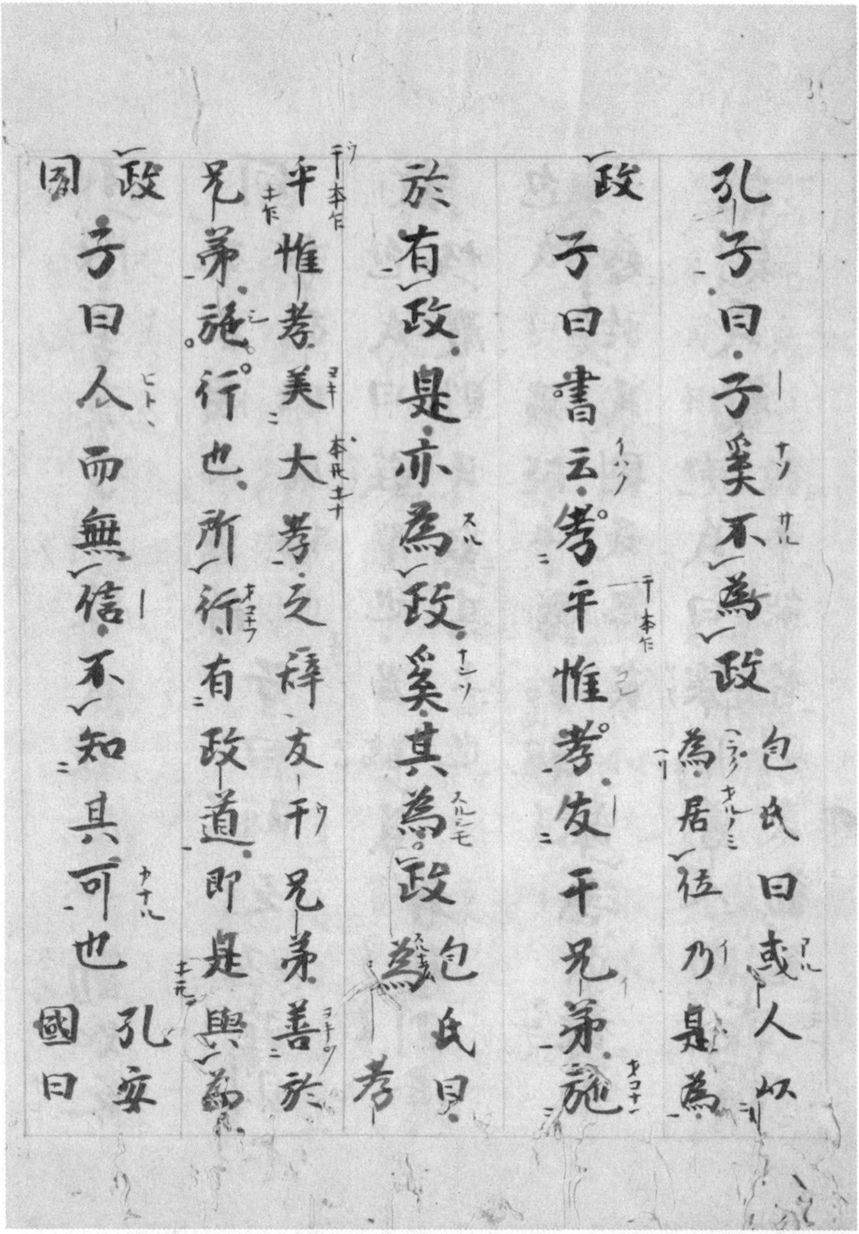
孔子曰子奚不為政　包氏曰或人以
為居位乃是為
政　子曰書云孝乎惟孝友于兄弟施
於有政是亦為政奚其為政　包氏曰孝
乎惟孝美大孝之辭友于兄弟善於
兄弟施行也所行有政道即是與為
政　子曰人而無信不知其可也　孔安
國曰

言人而無信其餘終無可大車無輗小車無軏其
何以行之哉包氏曰大車牛車輗者轅端横木以縛軛者小
車駟馬車軏者轅端上曲拘衡者子張問十世可知
也孔安國曰文質礼變子曰殷因於夏禮所損
益可知也周因於殷禮所損益可知

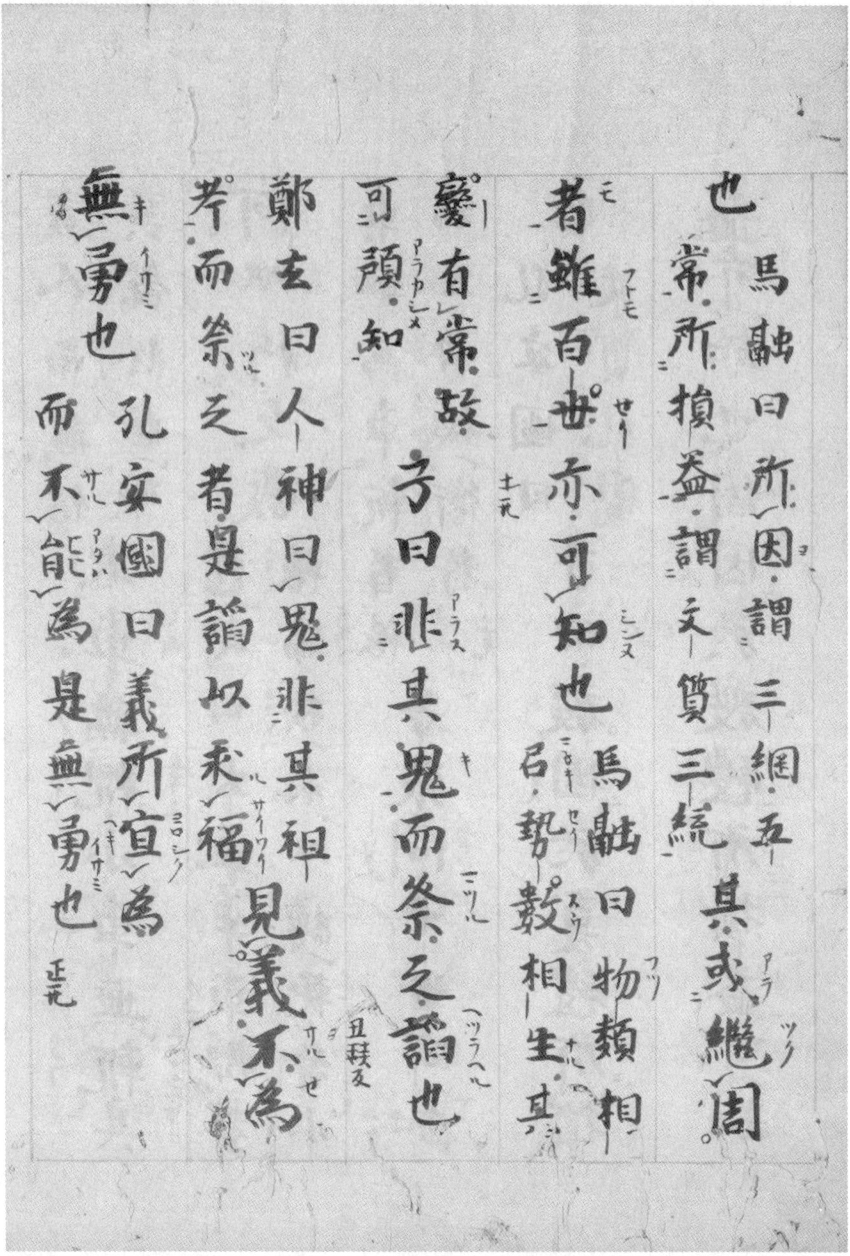

也　馬融曰所因謂三綱五常所損益謂文質三統　其或繼周者雖百世亦可知也　馬融曰物類相召勢數相生其變有常故可預知　子曰非其鬼而祭之諂也　鄭玄曰人神曰鬼非其祖考而祭之者是諂以求福　見義不為無勇也　孔安國曰義所宜為而不能為是無勇也

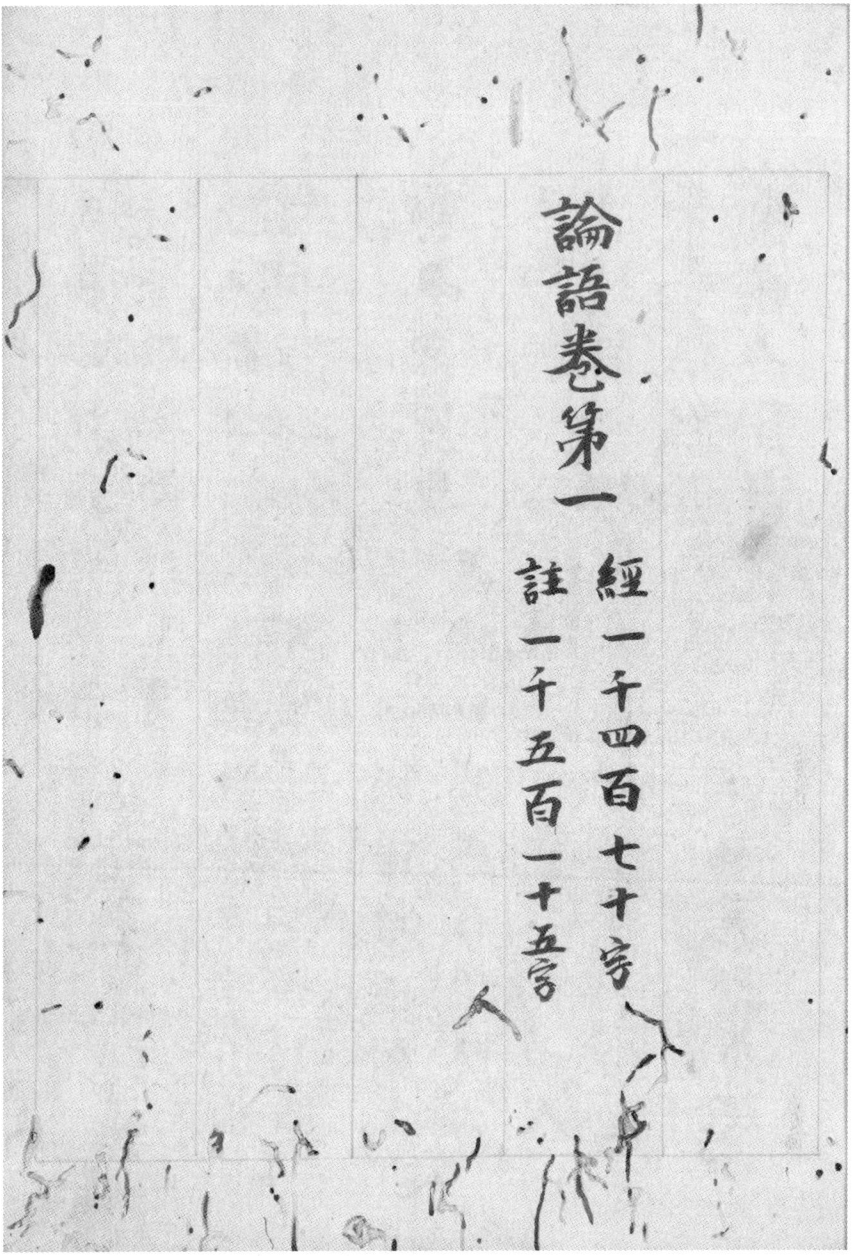

論語巻第一

經一千四百七十字

註一千五百一十五字

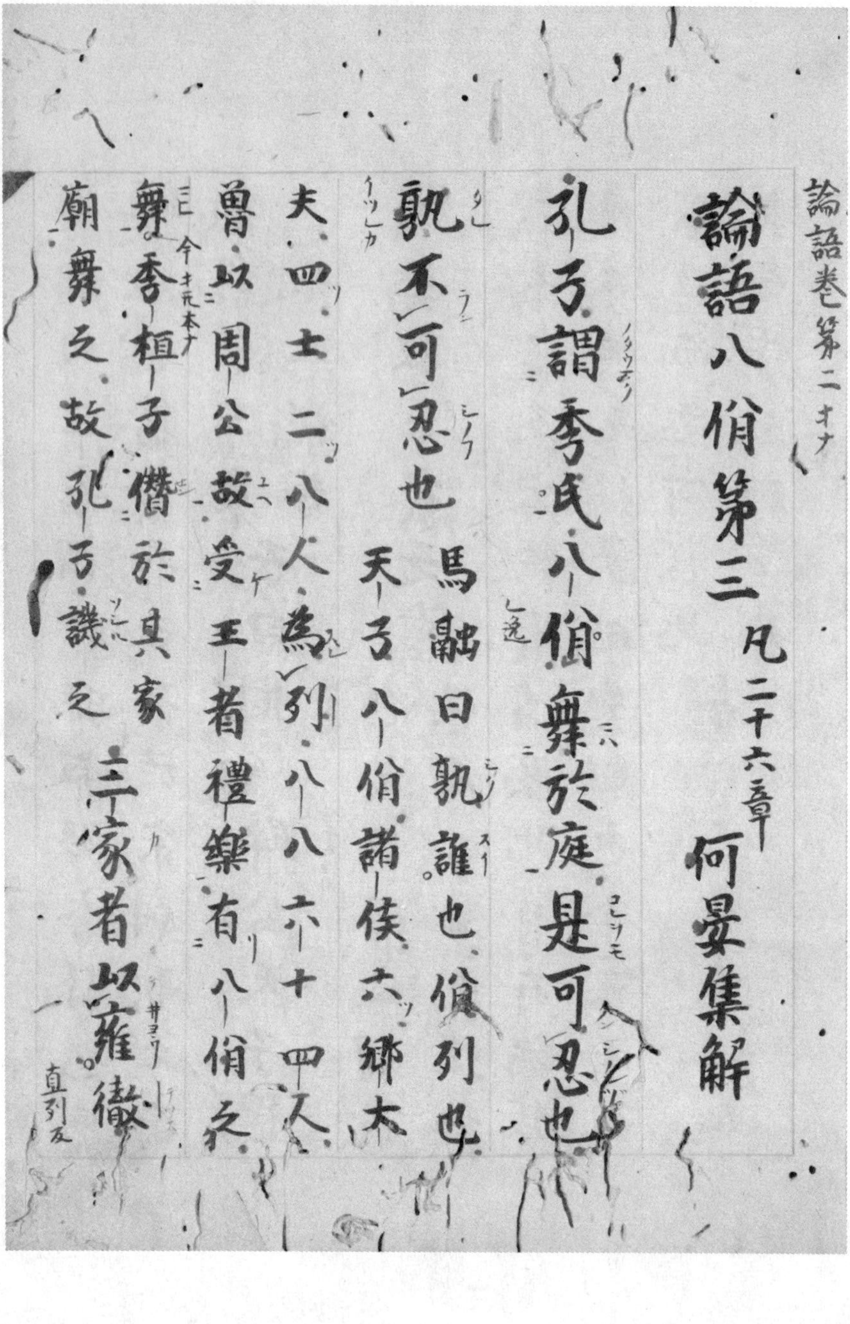
論語卷第二

論語八佾第三 凡二十六章 何晏集解

孔子謂季氏八佾舞於庭是可忍也孰不可忍也 馬融曰孰誰也佾列也天子八佾諸侯六卿大夫四士二八人為列八八六十四人魯以周公故受王者禮樂有八佾之舞季桓子僭於其家廟舞之故孔子譏之

三家者以雍徹

馬融曰三家謂仲孫叔孫季孫雍周頌臣工篇名天子祭於宗廟歌之以徹祭今三家亦作此樂者

子曰相維辟公天子穆穆矣取三家之堂

息亮反　必亦反注同

包氏曰辟公謂諸侯及二王之後穆穆天子之容貌雍篇歌此者有諸侯及二王之後來助祭故也今三家但家臣而已何取此義而作之於堂邪

子曰人而不仁如

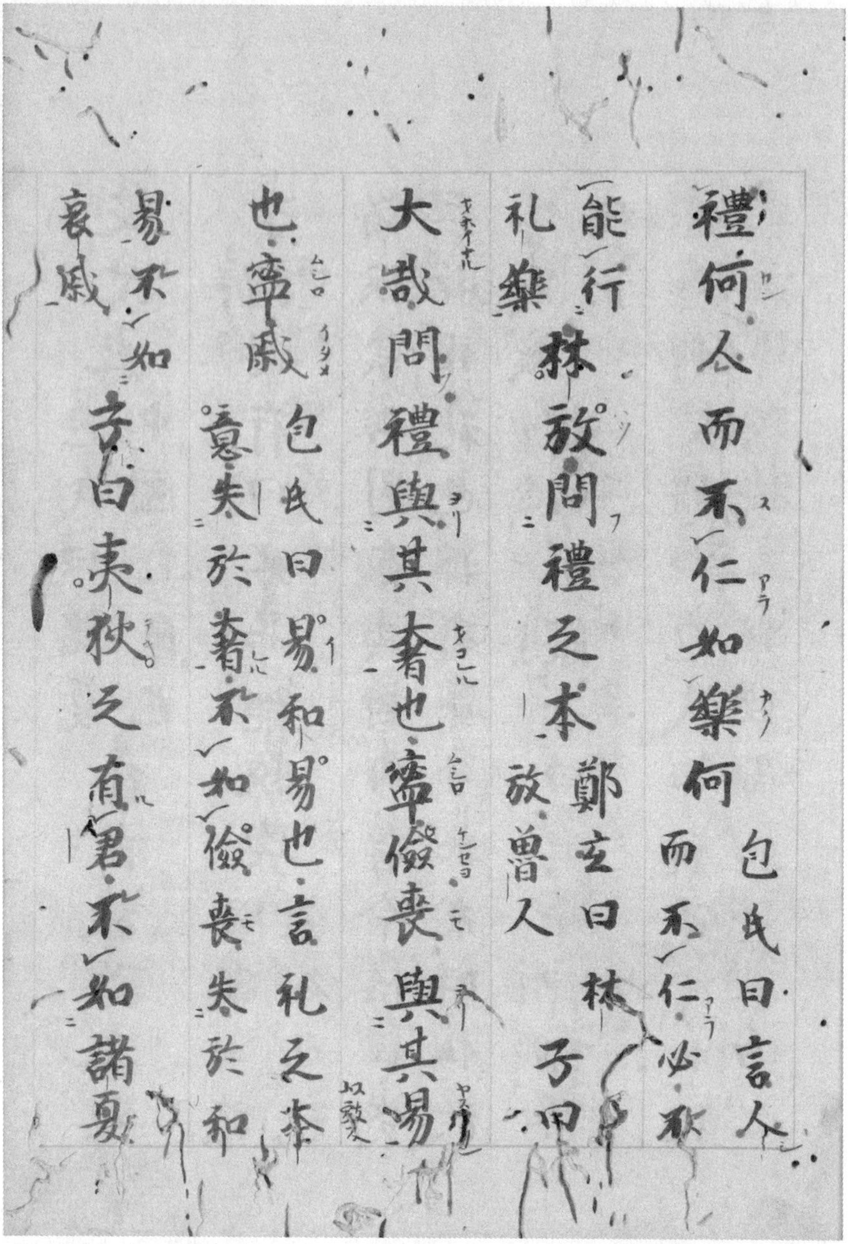
禮何人而不仁如樂何　包氏曰言人而不仁必不能行礼樂
林放問禮之本　鄭玄曰林放魯人
子曰大哉問禮與其奢也寧儉喪與其易也寧戚　包氏曰易和易也言礼之夲意失於奢不如儉喪失於和易不如哀戚
子曰夷狄之有君不如諸夏

之亡也　包氏曰諸夏中國亡無也　季氏旅於泰山

子謂冉有曰女弗能救與　馬融曰旅祭名也礼諸侯祭山川在其封内者今陪臣祭泰山非礼也冉有弟子冉求時仕於季氏救猶止

對曰不能　子曰嗚呼曾謂泰山不如林放乎　包氏曰神不享非礼林放尚知礼泰山之

神反不如林放 子曰君子無所爭必
邪欲誣而祭之
也射乎 孔安國曰言於
射而後有爭 揖讓而升下
而飲 王肅曰射於堂升及
下皆揖讓而相飲 其爭也君
子 馬融曰多筭飲少
筭君子之所爭 子夏問曰巧笑
倩兮美目盼兮素以為絢兮何謂也

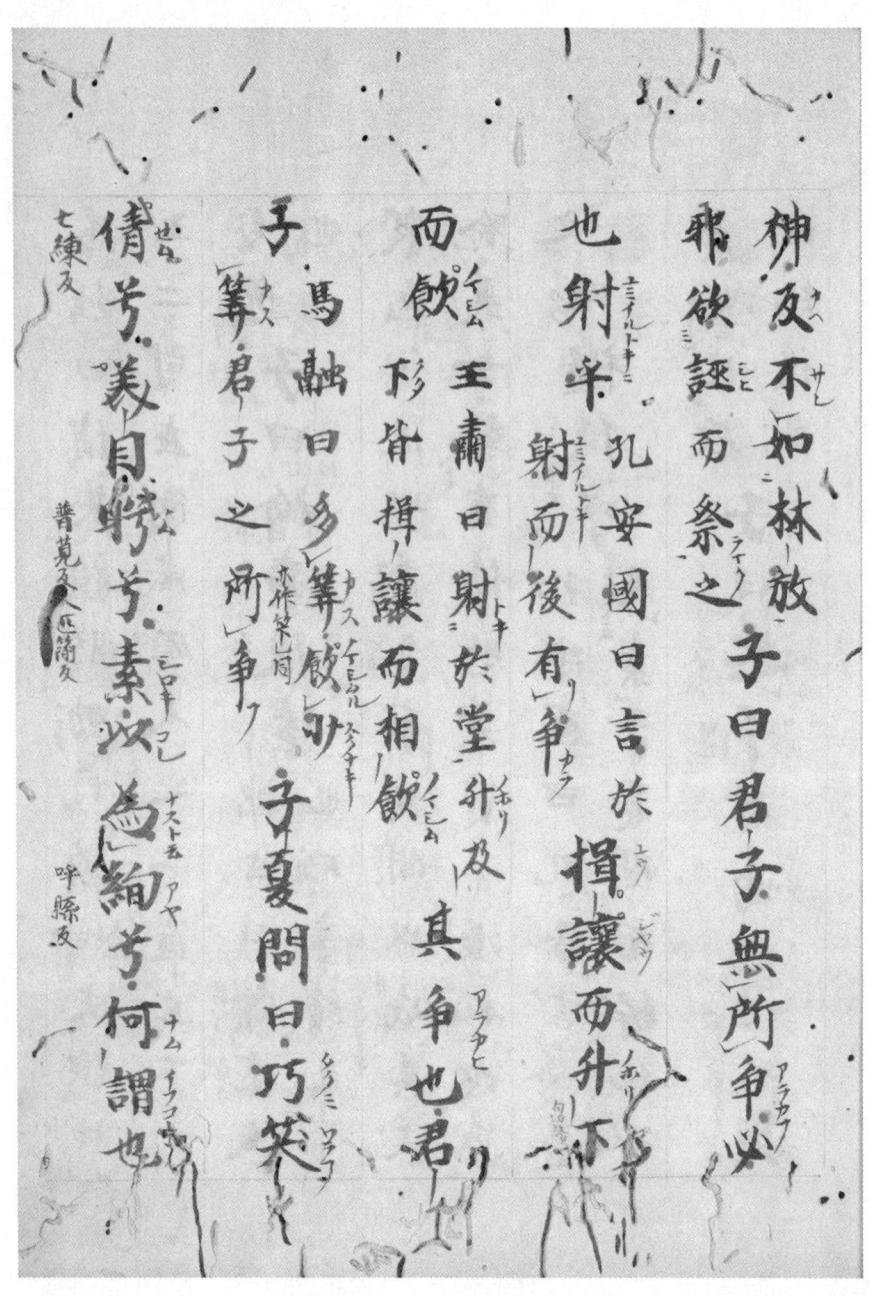

亦作筭同
七練反　普莧反　匹簡反　呼縣反

馬融曰倩笑皃盼動目皃絢文皃此
上二句在衛風碩人之二章其下
句逸
也
子曰繪事後素
鄭玄曰繪畫文
也凡畫繪先布
衆色然後以素分布其間以成其文
喩美女雖有倩盼美質亦須禮以成
之
曰禮後乎
孔安國曰孔子言繪事
後素子夏聞而解知以
素喩禮故
曰禮後乎
子曰起予者商也始可與

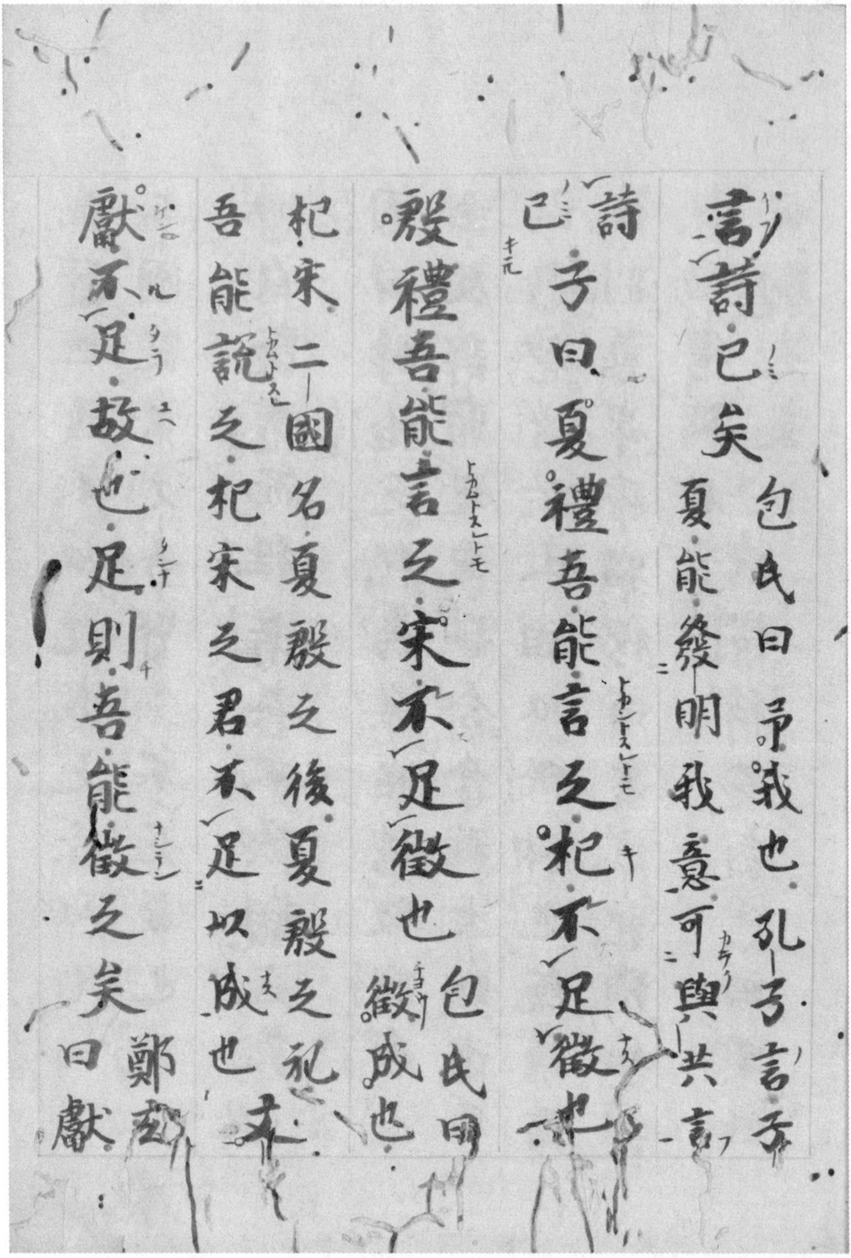
言詩已矣 包氏曰予我也孔子言子夏能發明我意可與共言詩已

子曰夏禮吾能言之杞不足徵也

殷禮吾能言之宋不足徵也 包氏曰徵成也

杞宋二國名夏殷之後夏殷之禮吾能說之杞宋之君不足以成也

文獻不足故也足則吾能徵之矣 鄭玄曰獻

猶賢也。我不以礼成之者以此
二國之君文章賢才不足故也。子曰
禘自既灌而往者，吾不欲觀之矣。孔
安
國曰：禘祫之礼爲序昭穆，故毀廟之
主及群廟之主皆合食於太祖。灌者
酌鬱鬯灌於太祖以降神也。既灌之
後，別尊卑，序昭穆，而魯逆祀，躋僖公，
亂昭穆，故不　或問禘之説，子曰：不知
欲觀之矣

也孔安國曰荅以不知者爲魯君諱知其說者之於
天下也其如示諸斯乎指其掌包咸曰孔
子謂或人言知禘礼之說者於天下
之事如指示掌中之物言其易了
祭如在孔安國曰言事死如事生祭神如神在孔安
國曰謂祭百神子曰吾不與祭如不祭包咸曰孔

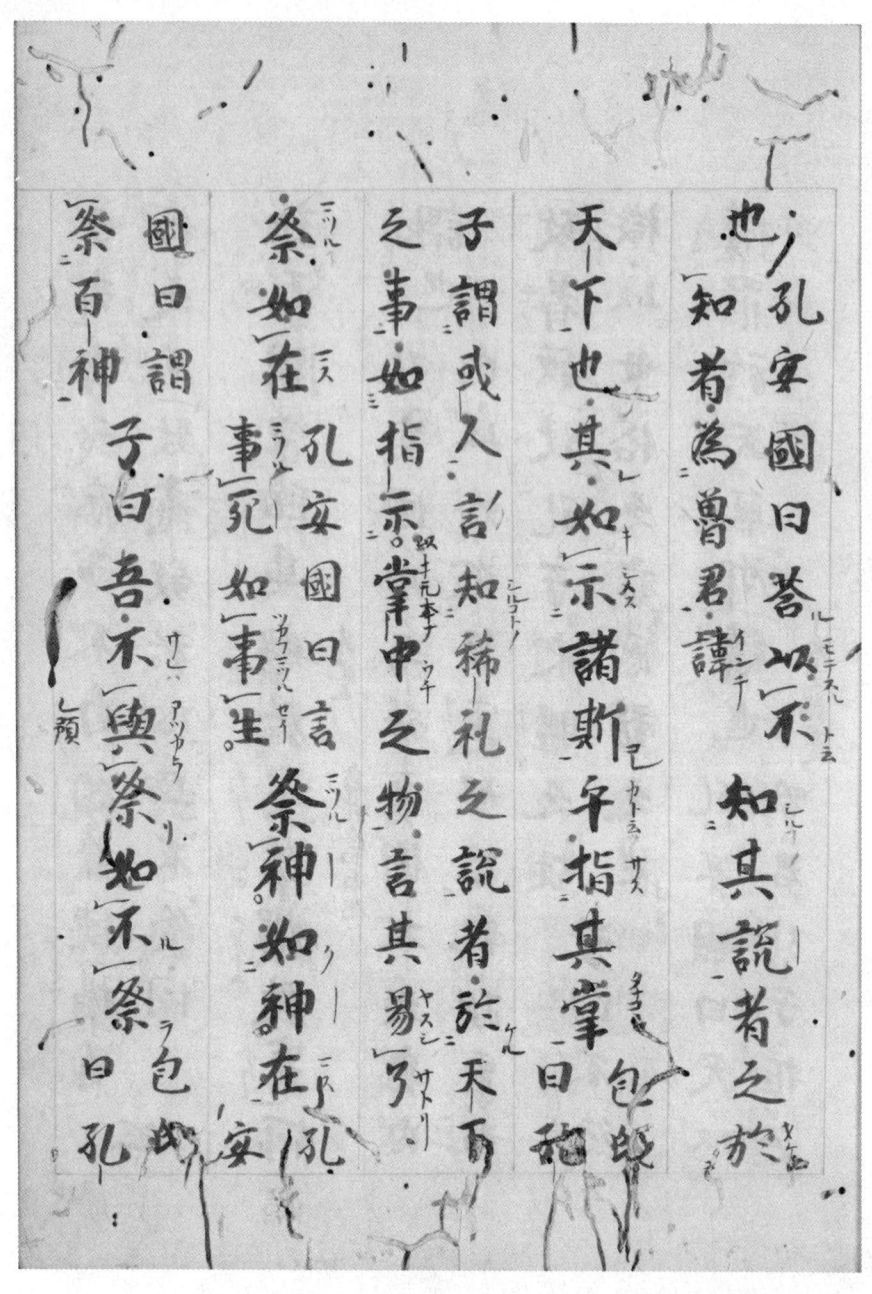

竈

子或出或病而不自親祭使攝者
為之不致肅敬於心與不祭同
王孫賈問曰與其媚於奧寧媚於竈何
媚
義記反　烏報反西南隅
謂也　孔安國曰王孫賈衛大夫奧内
也以喻近臣也竈以喻執政賈執
政者欲使孔子求媚之故　子曰不然
微以世俗之言感動之也
獲罪於天無所禱也　孔安國曰天以
喻君孔子拒之
丁老反又鄭報反

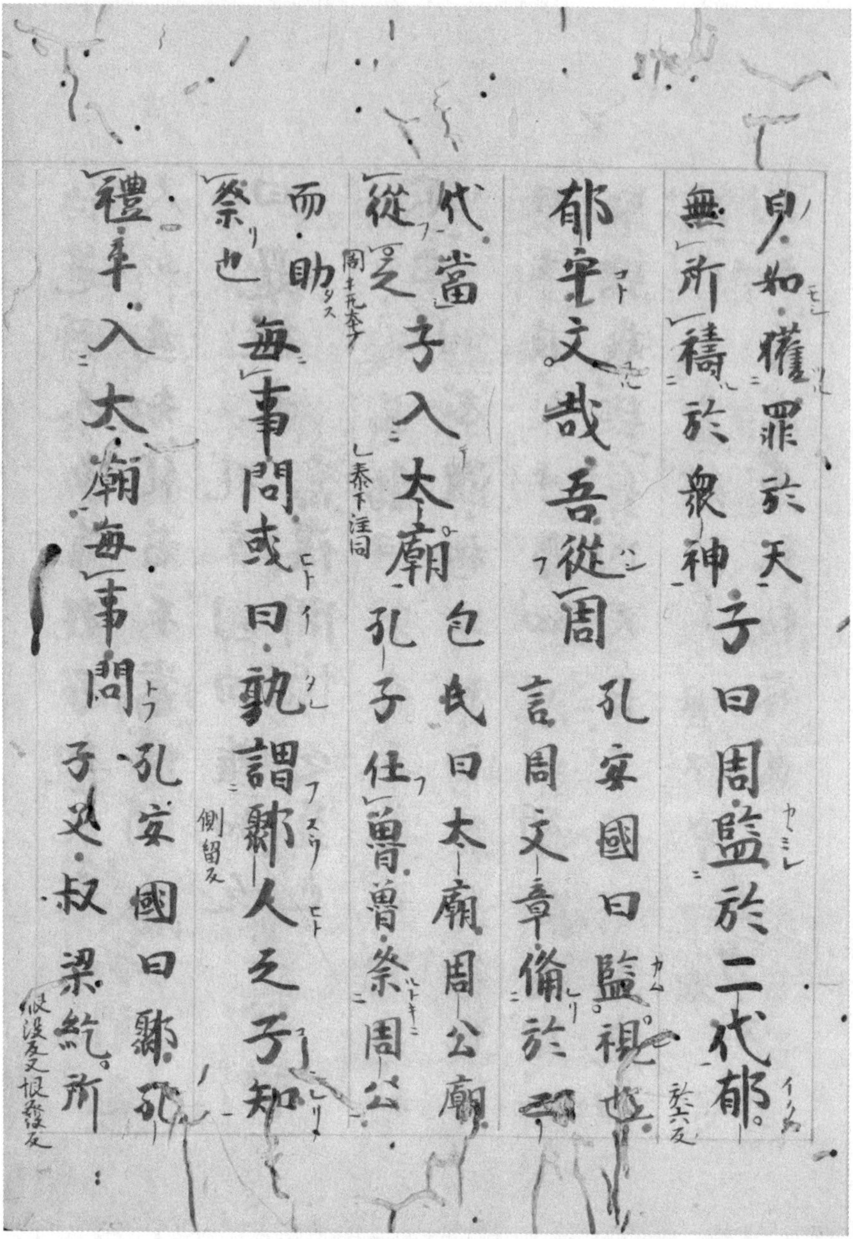
身如獲罪於天無所禱於衆神子曰周監於二代郁
郁乎文哉吾從周孔安國曰監視也言周文章備於二
代當從之子入太廟包氏曰太廟周公廟孔子仕魯魯祭周公
而助祭也毎事問或曰孰謂鄹人之子知
禮乎入太廟毎事問孔安國曰鄹孔子父叔梁紇所

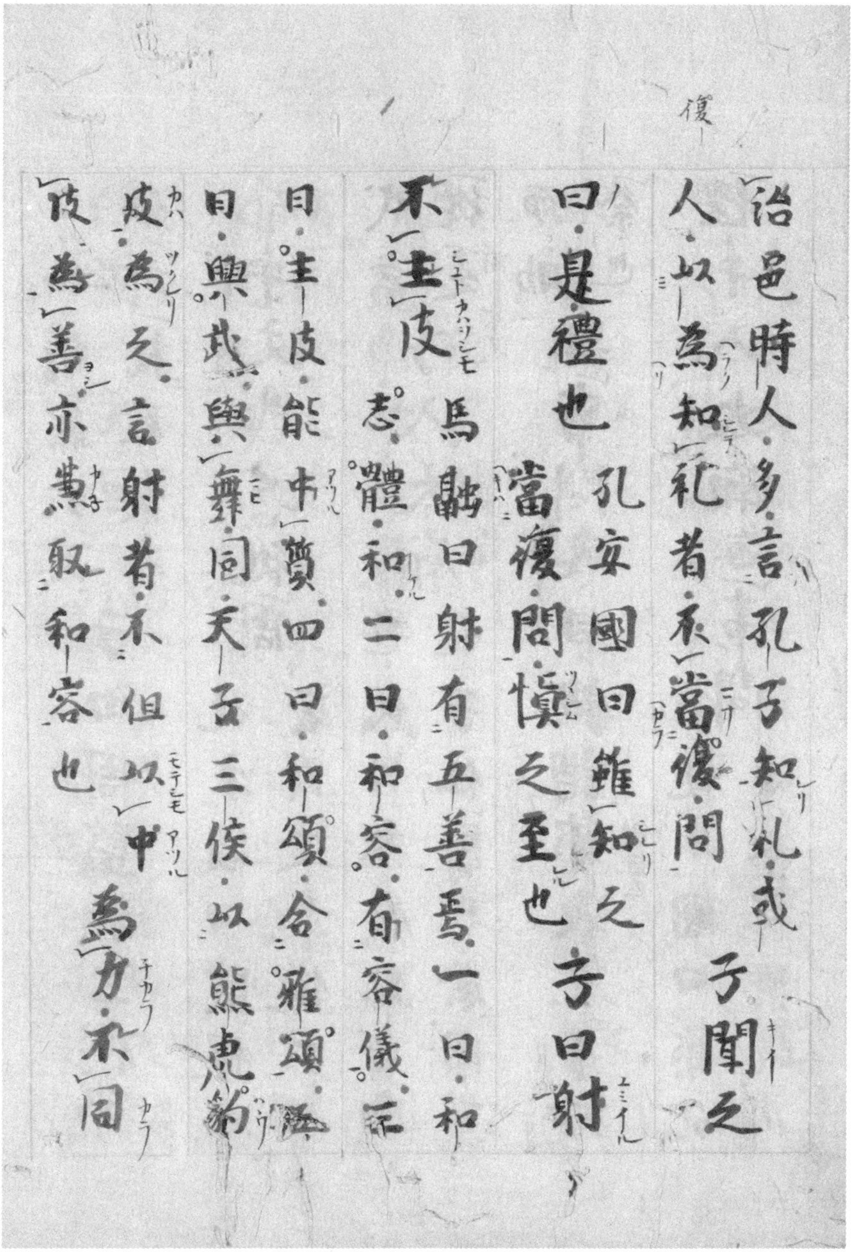

復

治邑時人多言孔子知礼或
人以為知礼者不當復問
子聞之
曰是禮也
孔安國曰雖知之
當復問慎之至也
子曰射
不主皮
馬融曰射有五善焉一曰和
志體和二曰和容有容儀三
曰主皮能中質四曰和頌合雅頌五
曰興武與舞同天子三侯以熊虎豹
皮為之言射者不但以中
皮為善亦兼取和容也
為力不同

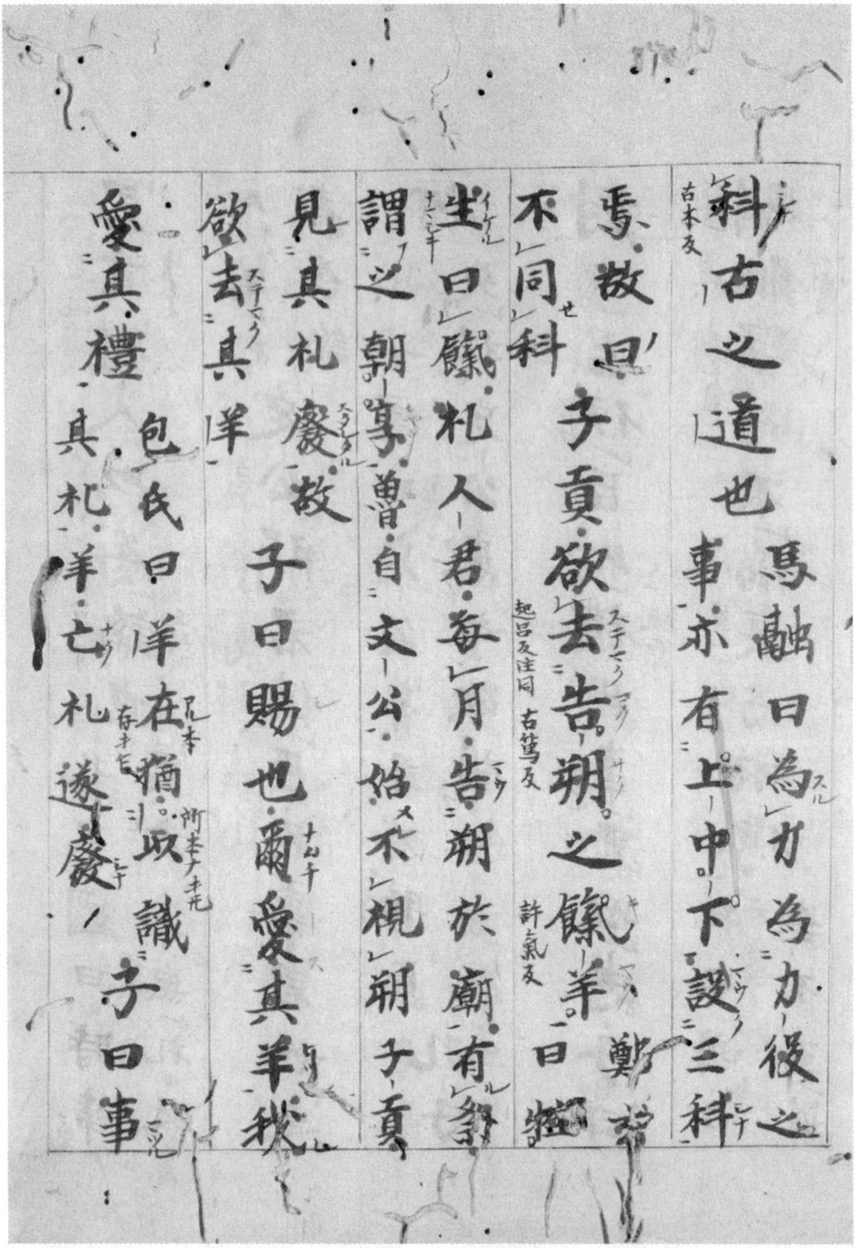

科古之道也　馬融曰為力為力役之事亦有上中下設三科焉故曰不同科
子貢欲去告朔之餼羊　鄭玄曰牲生曰餼礼人君每月告朔於廟有祭謂之朝享魯自文公始不視朔子貢見其礼廢故欲去其羊
子曰賜也爾愛其羊我愛其禮　包氏曰羊在猶識其札羊亡札遂廢
子曰事

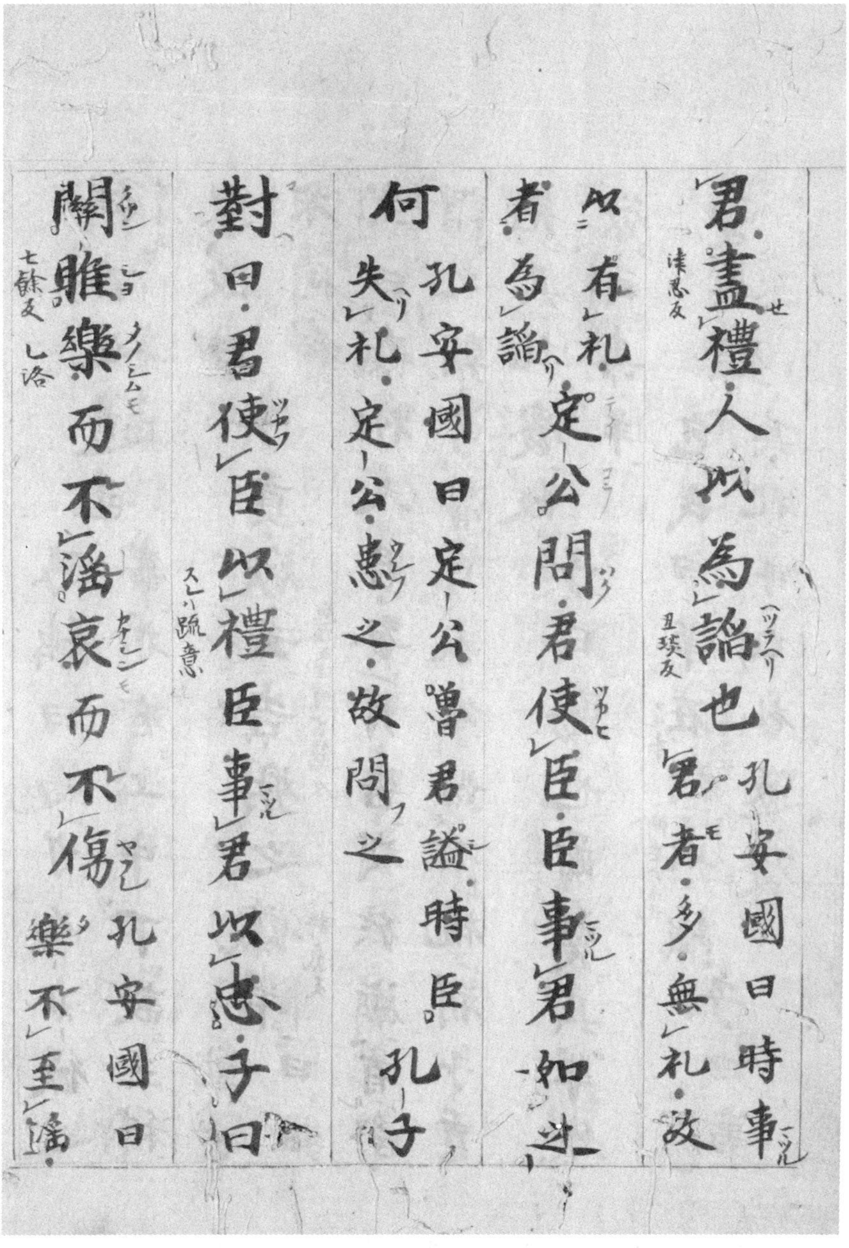
君盡禮人以爲諂也　孔安國曰時事君者多無礼故
以有礼者爲諂　定公問君使臣臣事君如之
何　孔安國曰定公魯君謚時臣失礼定公患之故問之　孔子
對曰君使臣以禮臣事君以忠　子曰
關雎樂而不淫哀而不傷　孔安國曰樂不至淫

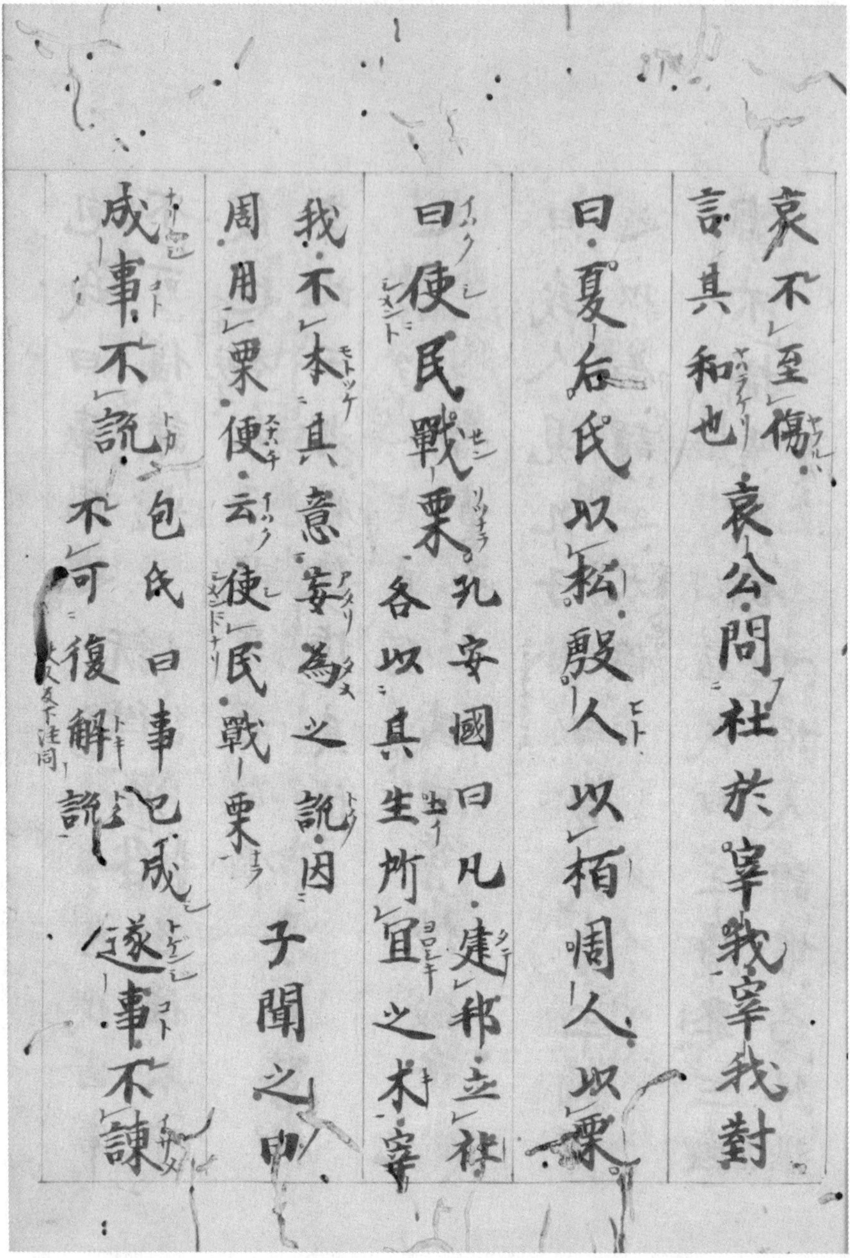
哀不至傷言其和也哀公問社於宰我宰我對
曰夏后氏以松殷人以栢周人以栗
曰使民戰栗孔安國曰凡建邦立社各以其土所宜之木宰
我不本其意妄為之說因周用栗便云使民戰栗子聞之曰
成事不說包氏曰事已成不可復解說遂事不諫

包氏曰事已遂　既往不咎　包氏曰事
不可復諫止　已往不可
復追咎孔子非宰我故歷　子曰管仲
言此三者欲使慎其後
之器小哉　言其器量小也　或曰管仲儉乎　包氏
曰或人見孔子小　曰管氏有三歸官
之以為謂之太儉　包氏曰三歸娶三姓
事不攝焉得儉　婦人謂嫁為歸攝

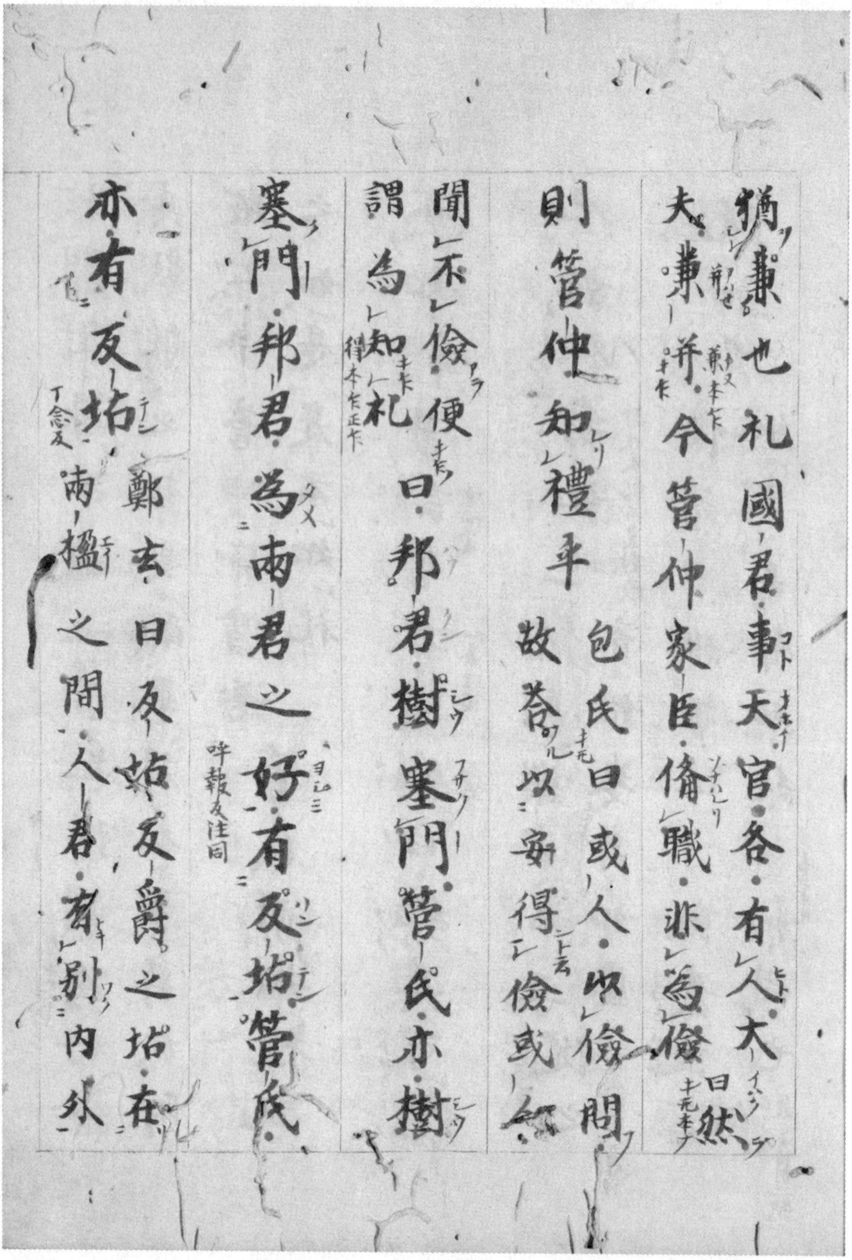
猶兼也。礼，國君事天官各有人，大夫兼并。今管仲家臣備職，非爲儉。然
則管仲知禮乎　包氏曰：或人以儉問，故荅以安得儉。或人聞不儉，便謂爲知礼。
曰：邦君樹塞門，管氏亦樹塞門。邦君爲兩君之好，有反坫，管氏亦有反坫。　鄭玄曰：反坫，反爵之坫，在兩楹之間。人君有別內外

於門樹屏以蔽之若與隣國為好會
其獻酢之礼更酌畢則各反爵於坫
坫上今管仲皆僭為之如是是不知礼
管氏而知禮孰
不知禮子語魯太師樂曰樂其可知
魚據反　泰注同　乙岳
也始作翕如也
許及反鄭云變動貌
大師樂官名五音始奏翕如盛
從之
純如也
從讀曰縱言五音既發放縱縱盡其聲純純和諧也
皦
古了反鄭云謂別之貌

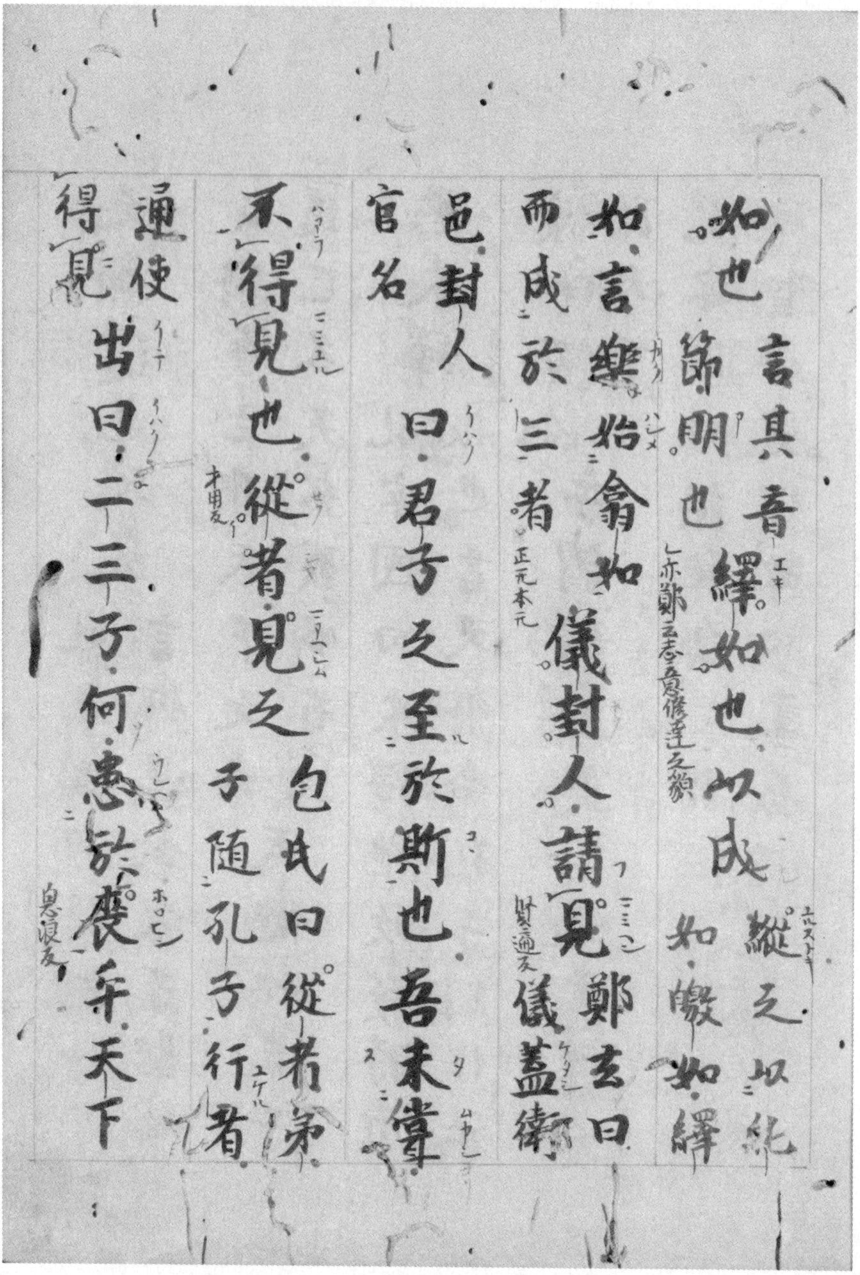

如也言其音節明也繹如也以成縱之以純如皦如繹
如言樂始翕如而成於三者儀封人請見鄭玄曰儀蓋衛
邑封人官名曰君子之至於斯也吾未嘗
不得見也從者見之包氏曰從者弟子隨孔子行者
通使得見出曰二三子何患於喪乎天下

之無道也久矣孔安國曰語諸弟子言何患於夫子聖德之將喪亡邪天下之無道已久矣極衰必有盛天將以夫子爲木鐸孔安國曰木鐸施政教時所振也言天將命孔子制作法度以號令於天下

子謂韶盡美矣又盡善也常遥反 津忍反下注同孔安國曰詔舜樂名謂以聖德受禪故曰盡善

謂武盡美矣

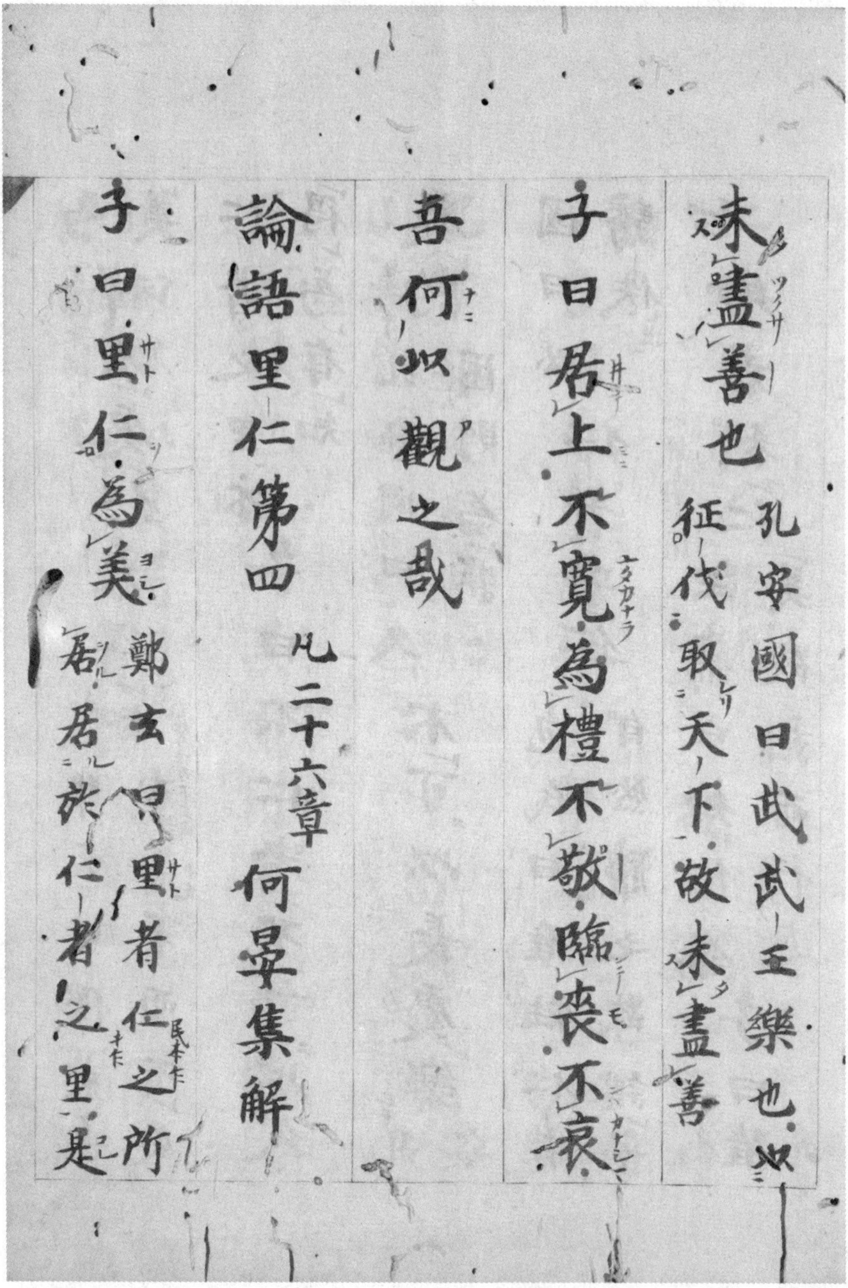
未盡善也　孔安國曰武武王樂也以
征伐取天下故未盡善
子曰居上不寬爲禮不敬臨喪不哀
吾何以觀之哉

論語里仁第四　凡二十六章　何晏集解
子曰里仁爲美　鄭玄曰里者仁之所
居居於仁者之里是

為美擇不處仁焉得知 鄭玄曰擇求也求善居而不處仁者之里不得為有知

子曰不仁者不可以久處約 孔安國曰久困則為非 不可以長處樂 孔安國曰必驕佚

仁者安仁 包氏曰唯性仁者自然體之故謂安仁

知者利仁 王肅曰知仁為美故利而行之

子曰唯

仁者能好人能惡人　孔安國曰唯仁者能審人之好惡

子曰苟志於仁矣無惡也　孔安國曰苟誠也言誠能志於仁則其餘終無惡也

子曰富與貴是人之所欲也不以其道得之不處也　孔安國曰不以其道得富貴不處

貧與賤是人之所惡

也不以其道得之不去也　時有否泰故君子履
道而反貧賤此則不以其道而得之
者雖是人之所惡不可違而去之
君子去仁惡乎成名　孔安國曰惡乎成名者不得成
名為君子
君子無終食之間違仁造次必
於是顛沛必於是　馬融曰造次急遽顛沛偃仆雖急遽

復

偃仆不遠行

子曰：我未見好仁者惡不仁（呼報反注及下同）（烏路反下注同）者。好仁者無以尚之。孔安國曰：難復（扶又反）加也。惡不仁者其爲仁矣，不使不仁者加乎其身。孔安國曰：言惡不仁者能使不仁者不加非義於已，不如好仁者無以加尚之爲優。有能一日用其力於仁矣乎。

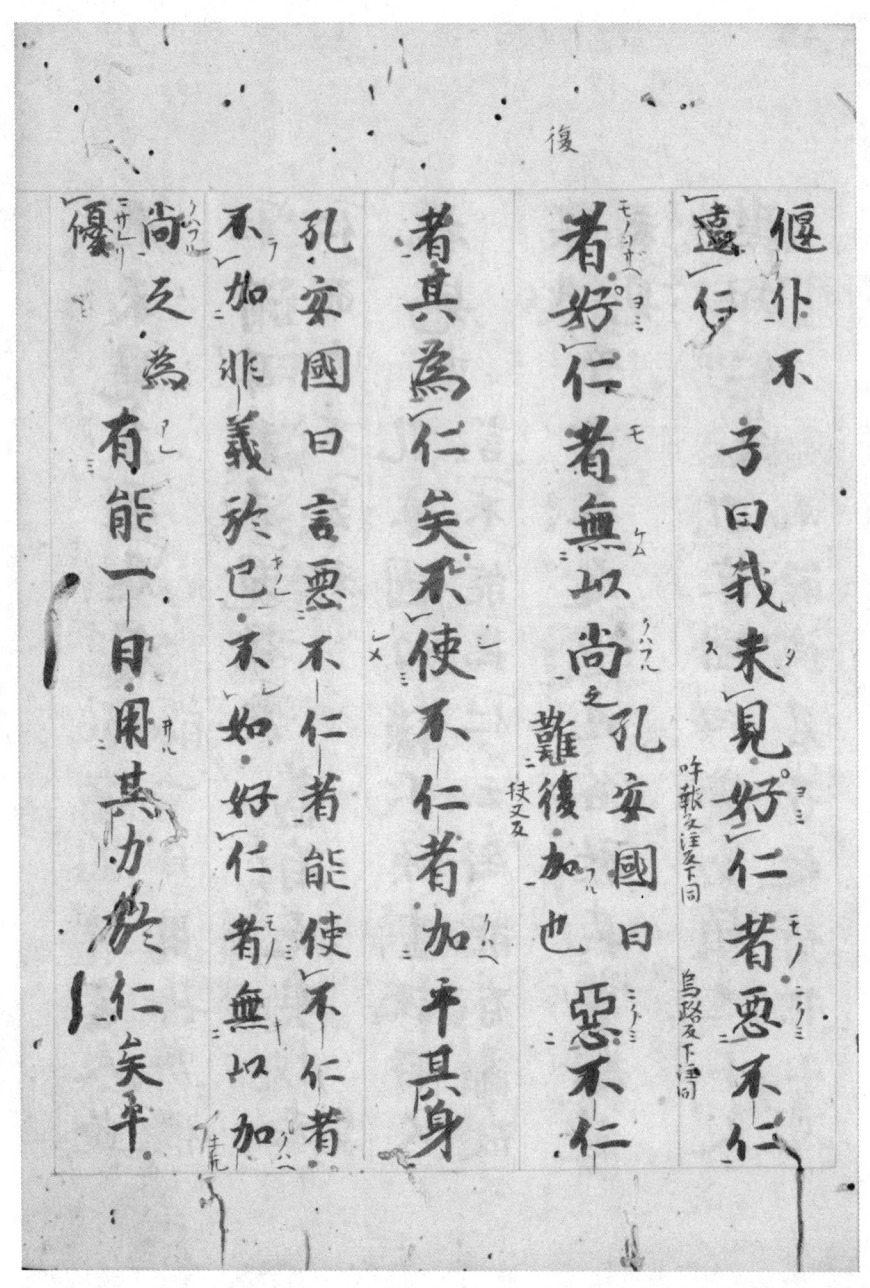

我未見力不足者　孔安國曰言人無
能一日用其力修
仁者耳我未見欲為　蓋有之矣我未
仁而力不足者
之見也　孔安國曰謙不欲盡誣時人
言不能為仁云為能有爾故
其我　子曰人之過也各於其黨觀過
未見
斯知仁矣　孔安國曰黨黨類也小人
不能為君子之行非小人

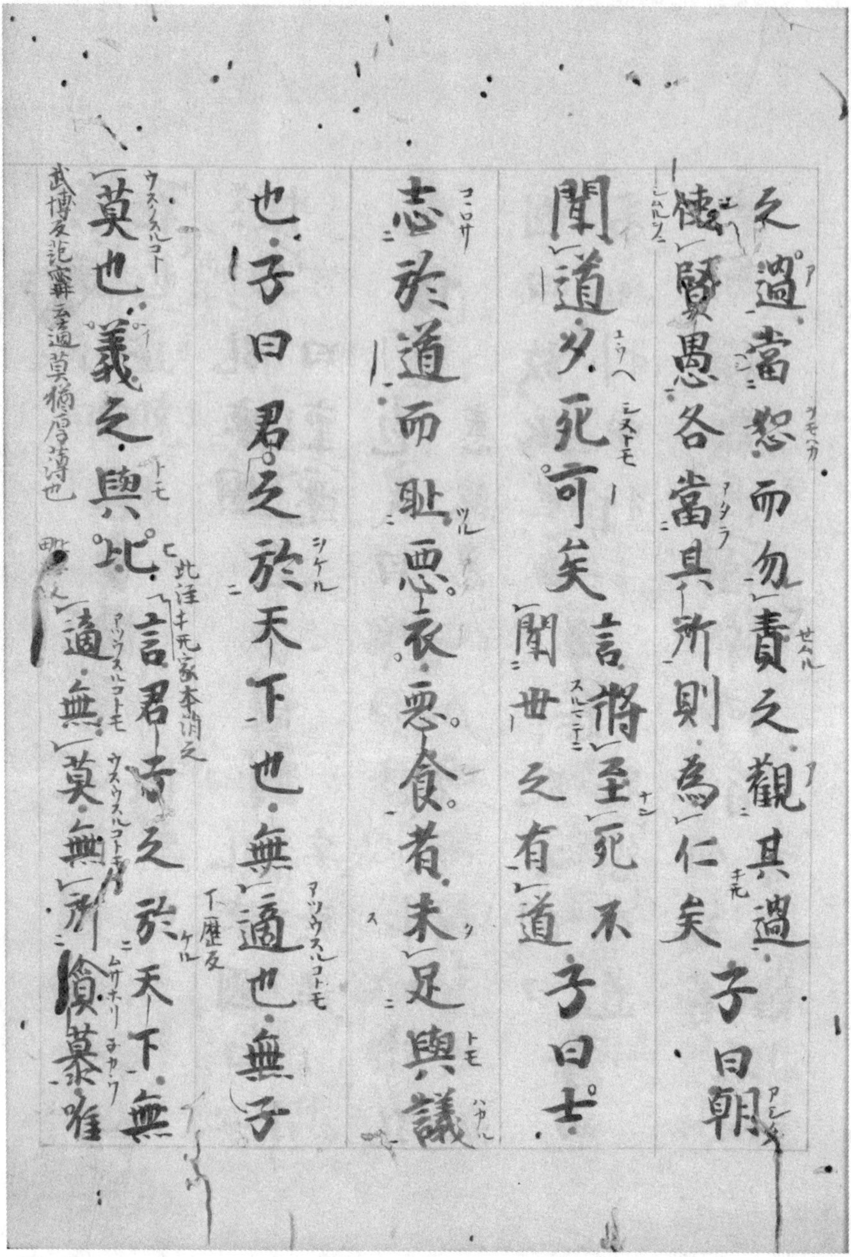
之過當恕而勿責之觀其過
使賢愚各當其所則為仁矣　子曰朝
聞道夕死可矣　言將至死不聞世之有道　子曰士
志於道而恥惡衣惡食者未足與議
也　子曰君之於天下也無適也無子
莫也義之與比　言君子之於天下無適無莫無所貪慕唯
此注十死家本消之
武博反范甯云適莫猶厚薄也

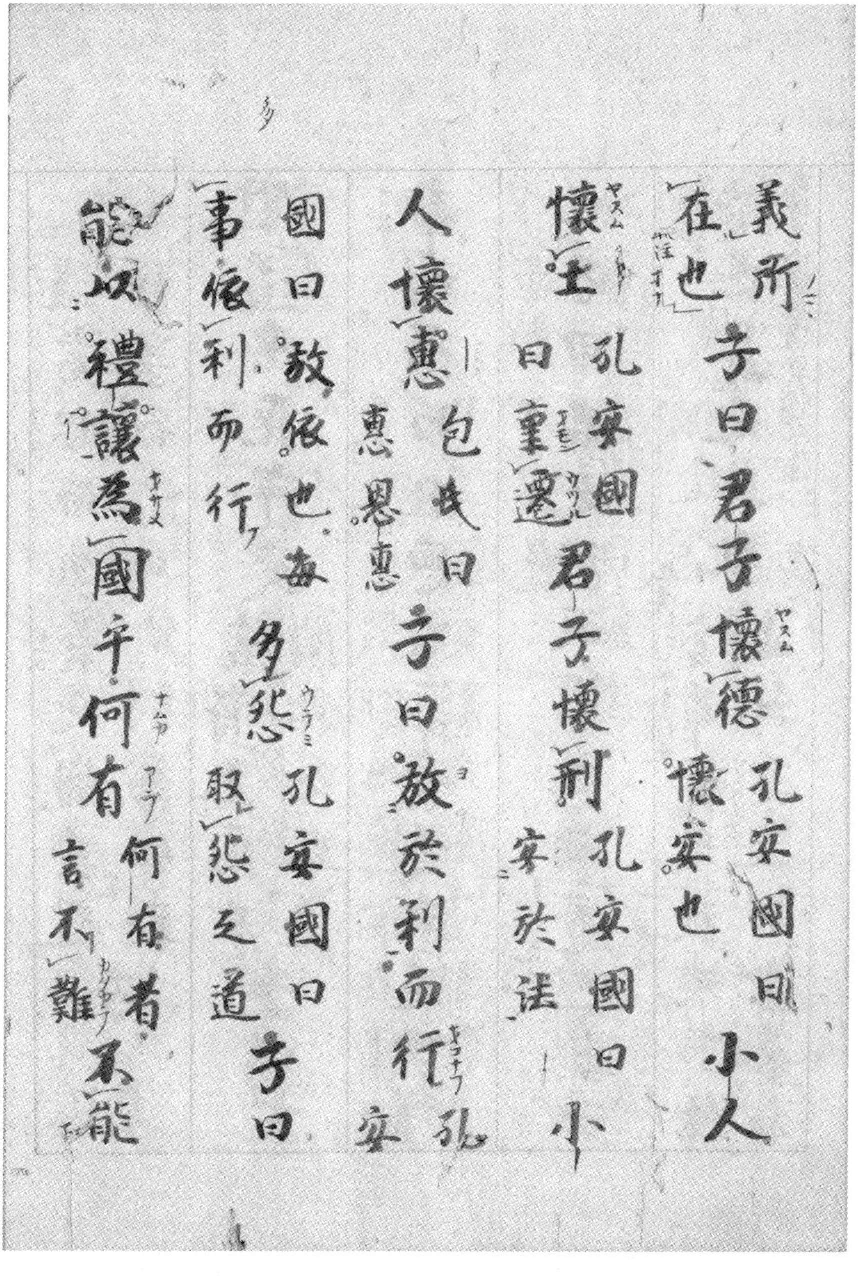

義所在也
子曰君子懷德　孔安國曰懷安也　小人懷土　孔安國曰重遷　君子懷刑　孔安國曰安於法　小人懷惠　包氏曰惠恩惠　子曰放於利而行　孔安國曰放依也每事依利而行　多怨　孔安國曰取怨之道　子曰能以禮讓爲國乎何有　何有者言不難　不能

以禮讓爲國如禮何 包氏曰如礼何者言不能用礼

子曰不患無位患所以立不患莫己

知求爲可知也 包氏曰求善道而學行之則人知己 子

曰參乎吾道一以貫之曾子曰唯 孔安

國曰直曉不問故荅曰唯 子出門人問曰何謂也

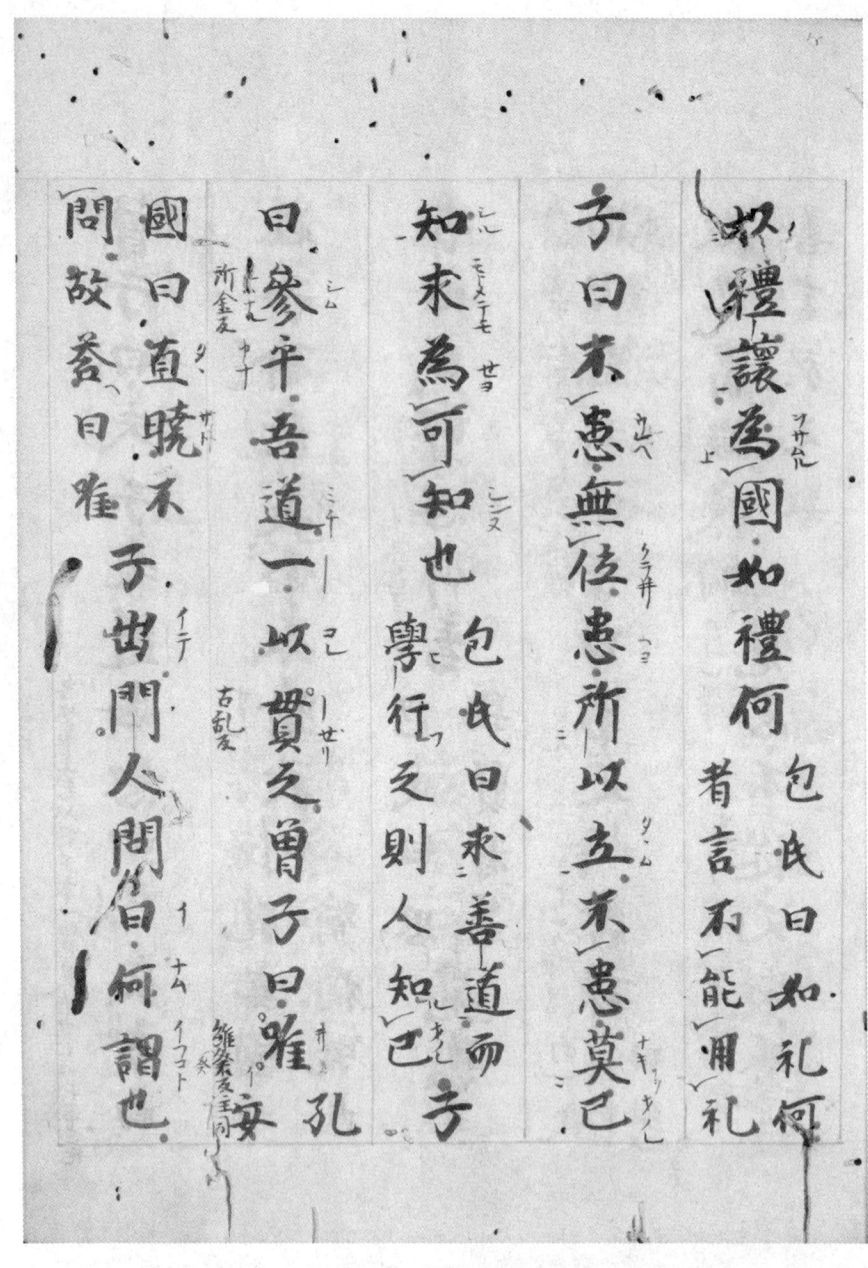

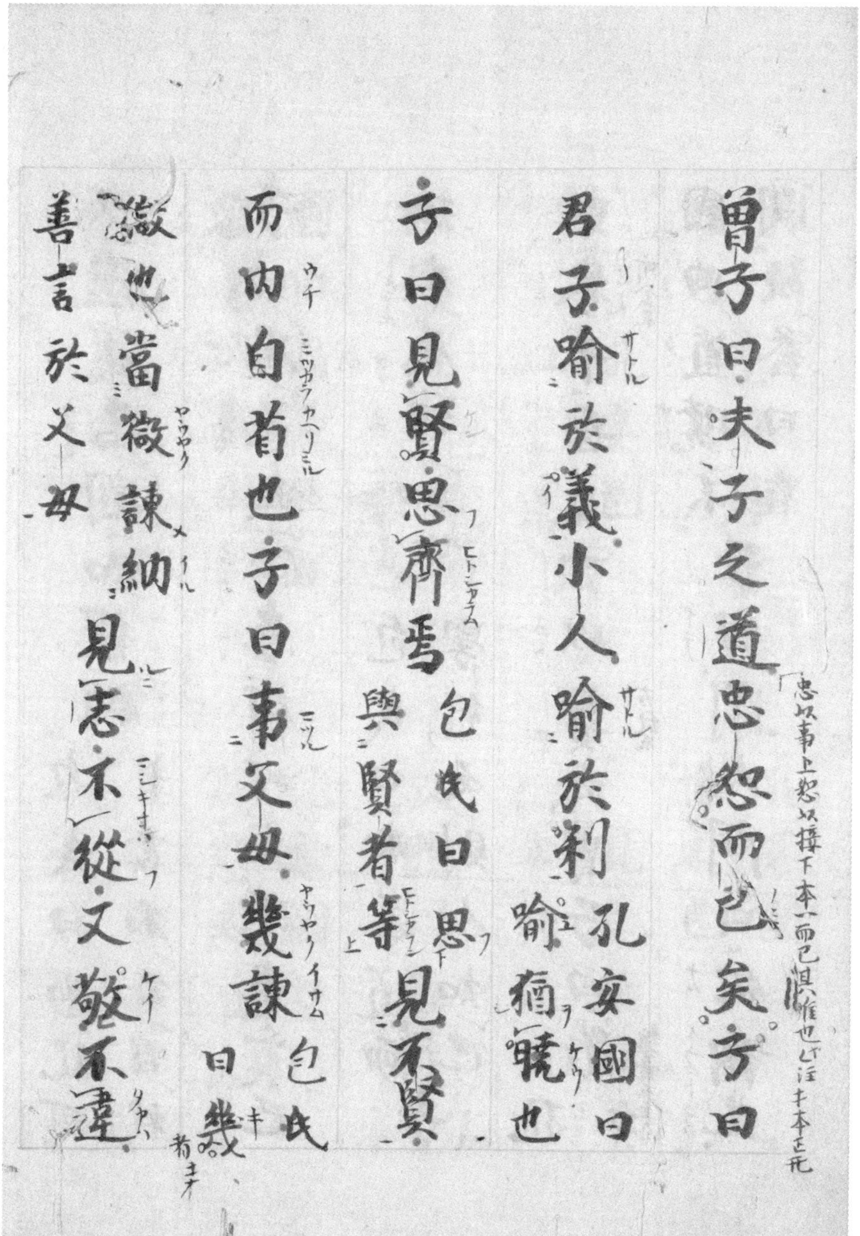
曾子曰夫子之道忠恕而已矣子曰

（忠以事上恕以接下本一而已但唯也已注手本無）

君子喻於義小人喻於利　孔安國曰喻猶曉也

子曰見賢思齊焉　包氏曰思與賢者等見不賢

而內自省也子曰事父母幾諫　包氏曰幾

者微也當微諫納善言於父母見志不從又敬不違

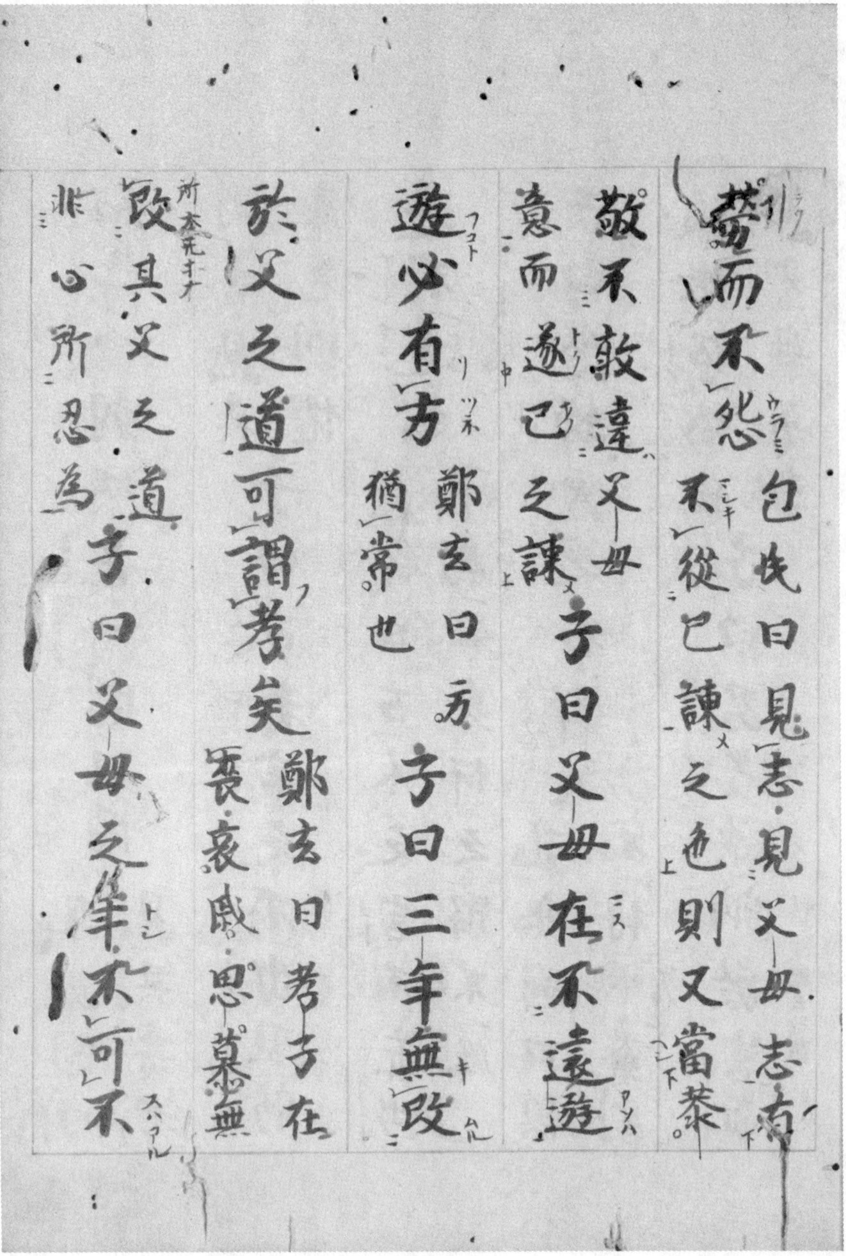
勞而不怨包氏曰見志見父母志有不從己諫之色則又當恭敬不敢違父母意而遂己之諫子曰父母在不遠遊遊必有方鄭玄曰方猶常也子曰三年無改於父之道可謂孝矣鄭玄曰孝子在喪哀慼思慕無改其父之道非心所忍為子曰父母之年不可不

知也一則以喜一則以懼　孔安國曰見其壽考則喜見其衰老則懼
子曰古者言之不出耻躬之不逮也　包氏曰古人之言不妄出口爲耻身行之將不及
子曰以約失之者鮮矣　孔安國曰俱不得中奢則驕佚招禍儉約則無憂患
子曰君子欲訥於言而

訥於行。包氏曰訥遲鈍也言欲遲鈍而行欲疾。子曰德

不孤必有鄰。方以類聚同志相求故必有鄰是以不孤。子

游曰事君數斯辱矣朋友數斯疏矣
色角反下及注同

數謂速數之數。

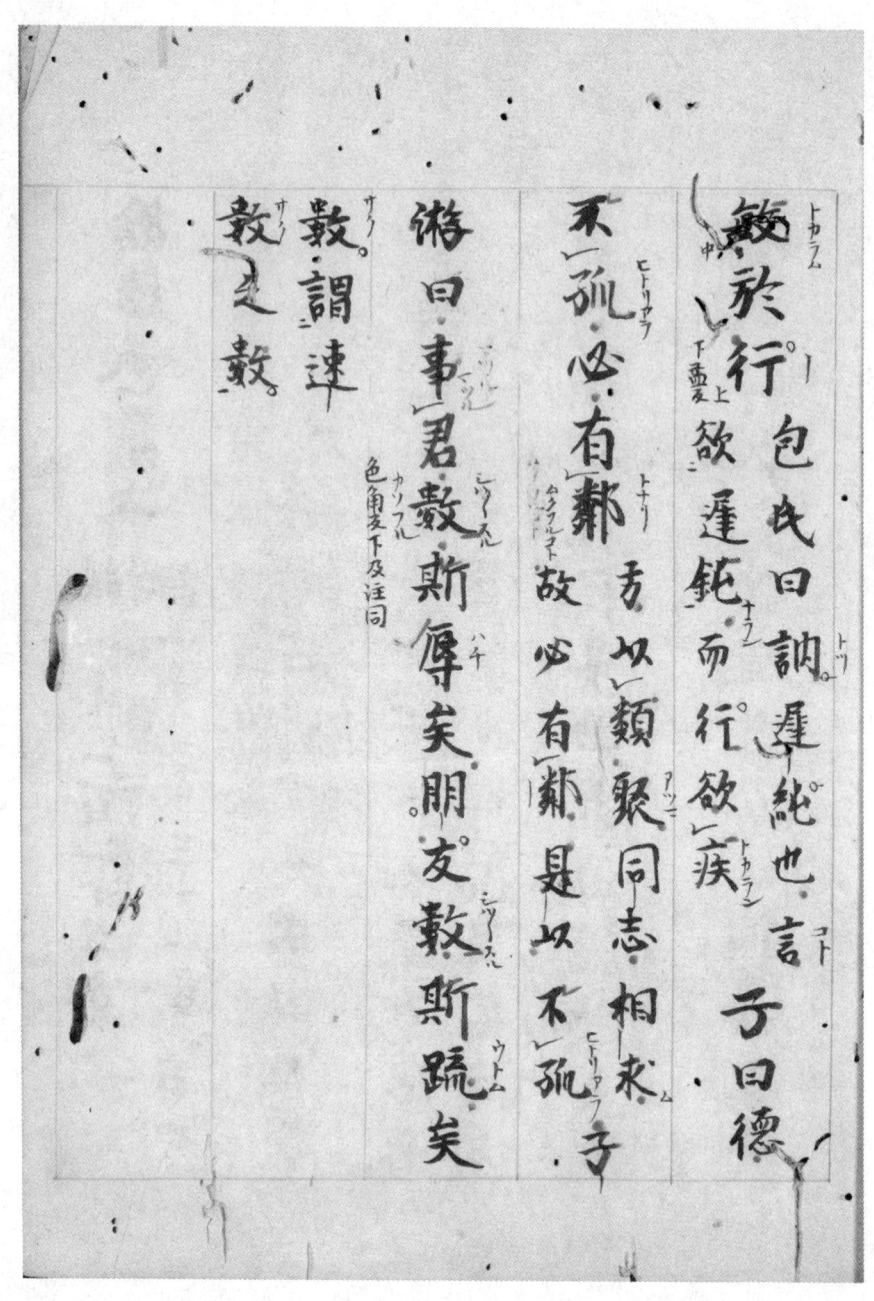

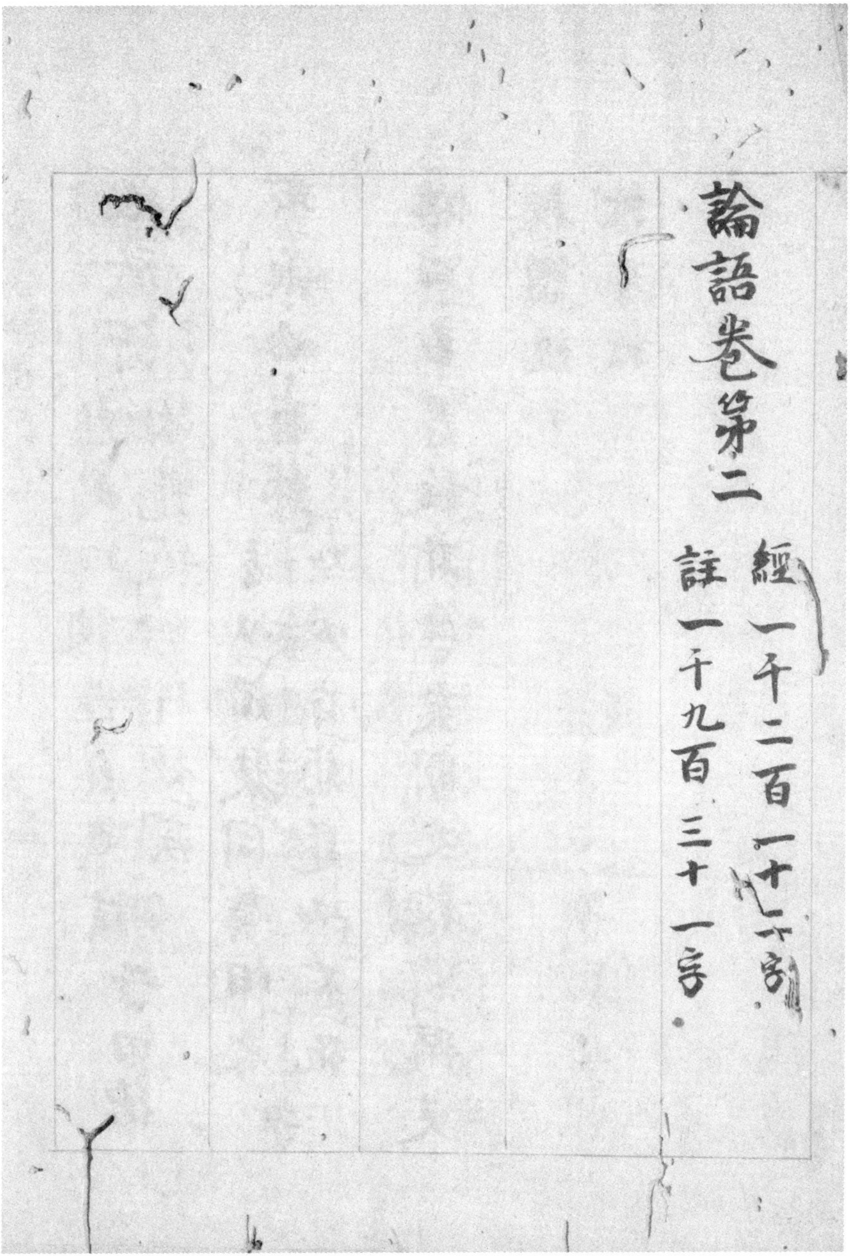

論語卷第二

經一千二百一十七字

註一千九百三十一字

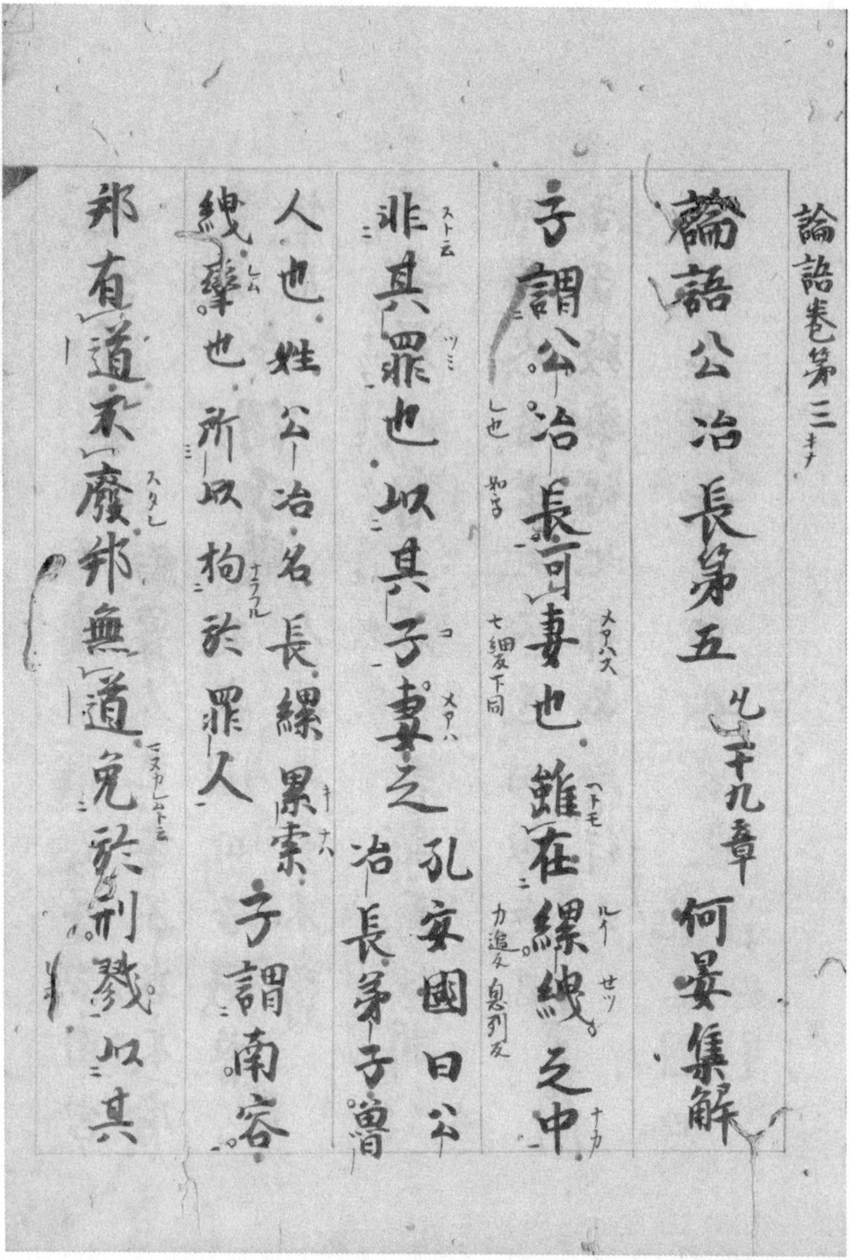

論語卷第三

論語公冶長第五 凡廿九章 何晏集解

子謂公冶長可妻也雖在縲絏之中

非其罪也以其子妻之 孔安國曰公冶長弟子魯

人也姓公冶名長縲黒索

縲絏攣也所以拘於罪人 子謂南容

邦有道不廢邦無道免於刑戮以其

兄之子妻之　王肅曰南容弟子南宮縚魯人也字子容不廢言見任用

子謂子賤　孔安國曰子賤魯人弟子宓不齊

君子哉若人　魯無君子者斯焉取斯　包氏曰若人者若此人也如魯無君子子賤安得此行而學行之

子貢問曰賜也何如子曰女器也　孔安國曰言女是器

用之人曰何器也曰瑚璉也包氏曰瑚璉黍稷之器夏曰瑚殷曰璉周曰簠簋宗廟之器之貴者或曰雍也仁而不佞馬融曰雍弟子仲弓名姓冉子曰焉用佞禦人以口給屢憎於人不知其仁焉用佞孔安國曰屢數也佞人口辭捷給數為民所憎子使漆

深

雕開仕對曰吾斯之未能信孔安國曰開弟子漆雕姓開名仕進之道未能信者未能究習子說鄭玄曰喜其志道深

子曰道不行乘桴浮于海從我者其由與馬融曰桴編竹木大者曰栰小者曰桴子路聞之喜孔安國曰喜與己俱行子曰由也好勇過

我無所取材　鄭玄曰子路信夫子欲
行故言好勇過我無所
取材者言無所取桴材以子路不解
微言故戲之耳一曰子路聞孔子欲
浮海便喜不復顧望故孔子歎其勇
曰過我無所復取哉言唯取於己古
材哉
同
孟武伯問子路仁乎子曰不知
也　孔安國曰仁道
至天不可全名
又問子曰由也千

賦

乘之國可使治其賦也孔安國曰賦兵賦不

縄證云下注同

知其仁也求也何如子曰求也千室

之邑百乘之家可使為之宰也孔安國曰

千室之邑卿大夫之邑卿大夫稱家諸侯千乘卿大夫故曰百乘宰家臣

不知其仁也赤也何如子曰赤也束

賦

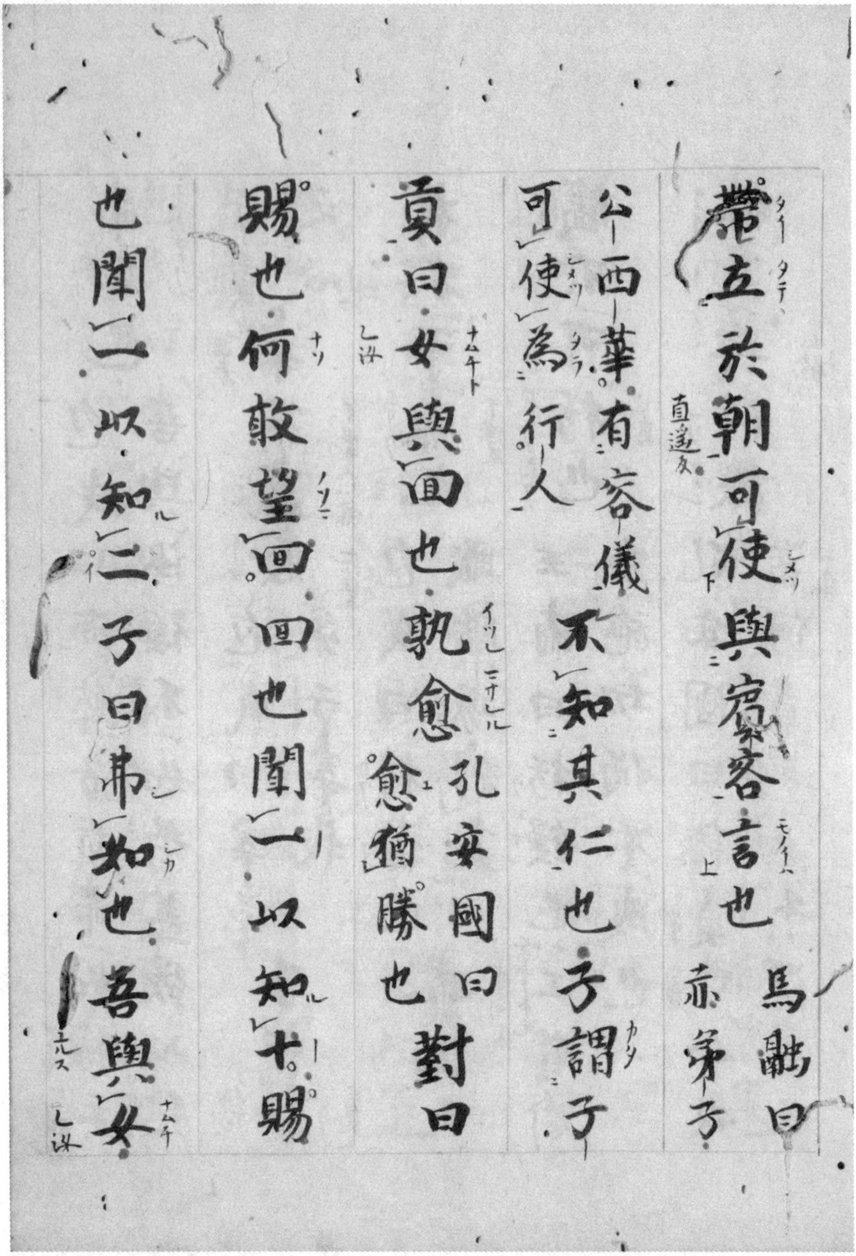
帶立於朝可使與賓客言也馬融曰赤弟子公西華有容儀可使為行人不知其仁也子謂子
貢曰女與回也孰愈孔安國曰愈猶勝也對曰
賜也何敢望回回也聞一以知十賜
也聞一以知二子曰弗如也吾與女

弗如也　包氏曰既然子貢弗如復云吾與汝俱不如者蓋欲以慰子貢之心也　宰予晝寢　包氏曰宰予弟子宰我　子曰朽木不可雕也　包氏曰朽腐也雕雕琢刻畫　糞土之牆不可杇也　王肅曰杇鏝也二者喻雖施功猶不成也　於予與何誅　孔安國曰誅責也今我當何責於汝乎深責之

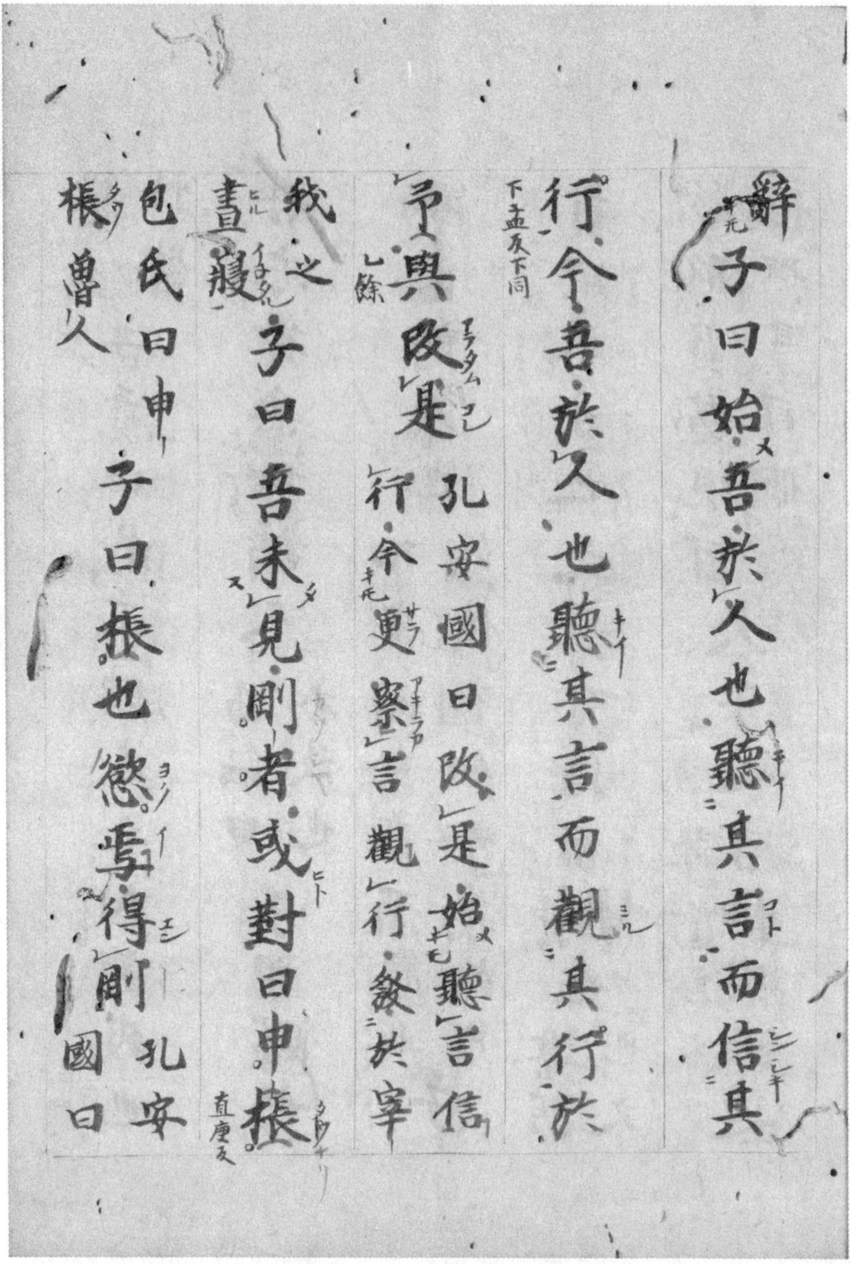

子曰始吾於人也聽其言而信其
行今吾於人也聽其言而觀其行於
下孟反下同
予與改是 孔安國曰改是始聽言信
行今更察言觀行發於宰
我之晝寢 子曰吾未見剛者或對曰申棖
直庚反
包氏曰申棖魯人 子曰棖也慾焉得剛 孔安國曰

慾多
子貢曰我不欲人之加諸我也
情慾
吾亦欲無加諸人 馬融曰加陵也 子曰賜也
非爾所及也 孔安國曰言不能止人使不加非義於己 子
貢曰夫子之文章可得而聞也 章明也文
彩形質著見可得以耳目脩 夫子之言性與天道

不可得而聞也已　性者人之所受以生也天道者元亨
日新之道深微故不可得而聞也　子路有聞未之能
行唯恐有聞　孔安國曰前所聞未及得行故恐後有聞不得
並行也　子貢問曰孔文子何以謂之文
也　孔安國曰孔文子衛大夫孔叔圉文謚也　子曰敏而好

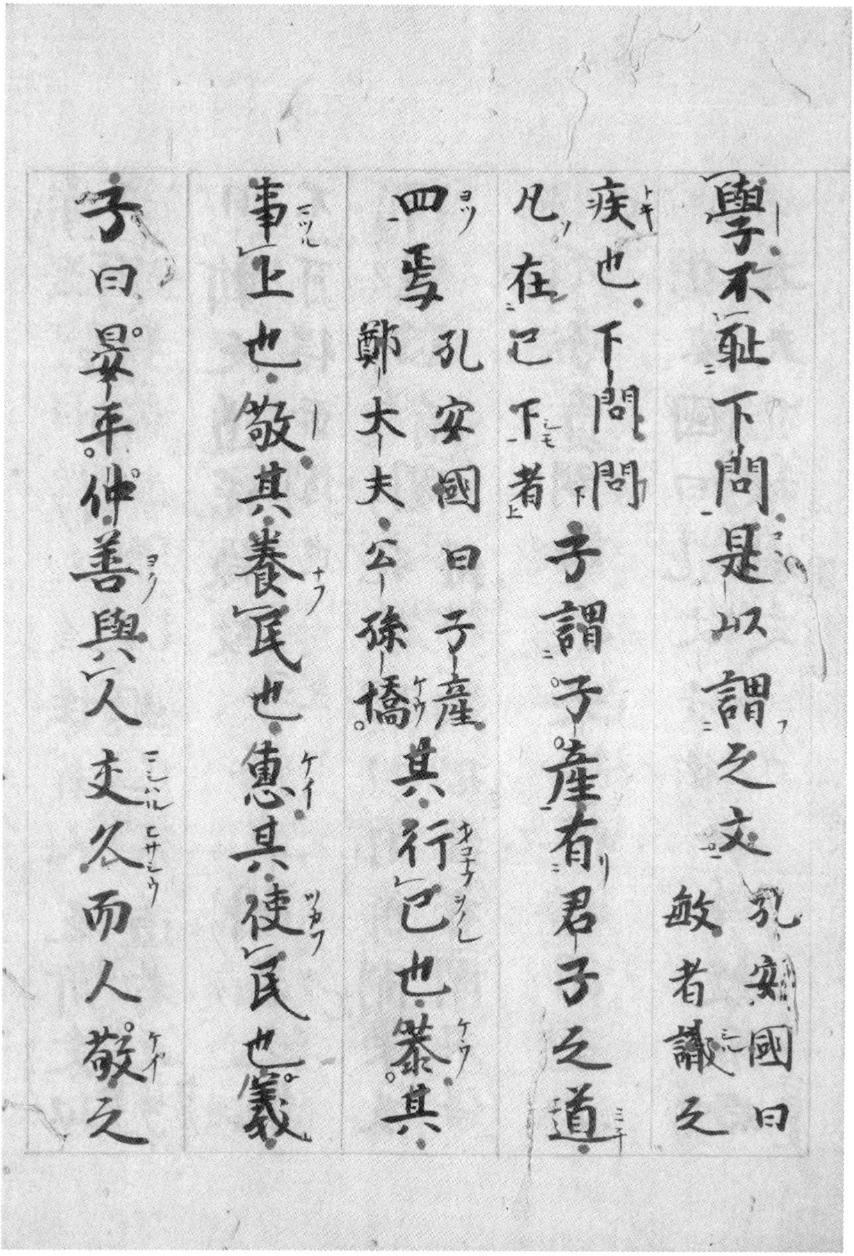

學不恥下問是以謂之文孔安國曰敏者識之
疾也下問問凡在己下者子謂子產有君子之道
四孔安國曰子產鄭大夫公孫僑其行己也恭其
事上也敬其養民也惠其使民也義
子曰晏平仲善與人交久而人敬之

周生烈曰齊大夫晏姓平謚名嬰　子曰臧文仲居蔡

包氏曰臧文仲魯大夫臧孫辰文謚也蔡國君之守龜出蔡地因以爲名

焉長尺有二寸居蔡僭也　山節藻梲　包氏曰節者栭也刻鏤爲

山梲者梁上楹畫爲藻文言其奢侈　何如其知也　孔安國曰

非時人謂以爲知　子張問曰令尹子文　孔安國曰

令尹子文楚大夫　三仕為令尹無喜

姓闘名穀於菟

色三已之無慍色舊令之政必以尹

告新令尹何如子曰忠矣曰仁矣乎

曰未知焉得仁　孔安國曰但聞其忠事未知其仁也　崔

子弑齊君陳文子有馬十乘棄而違

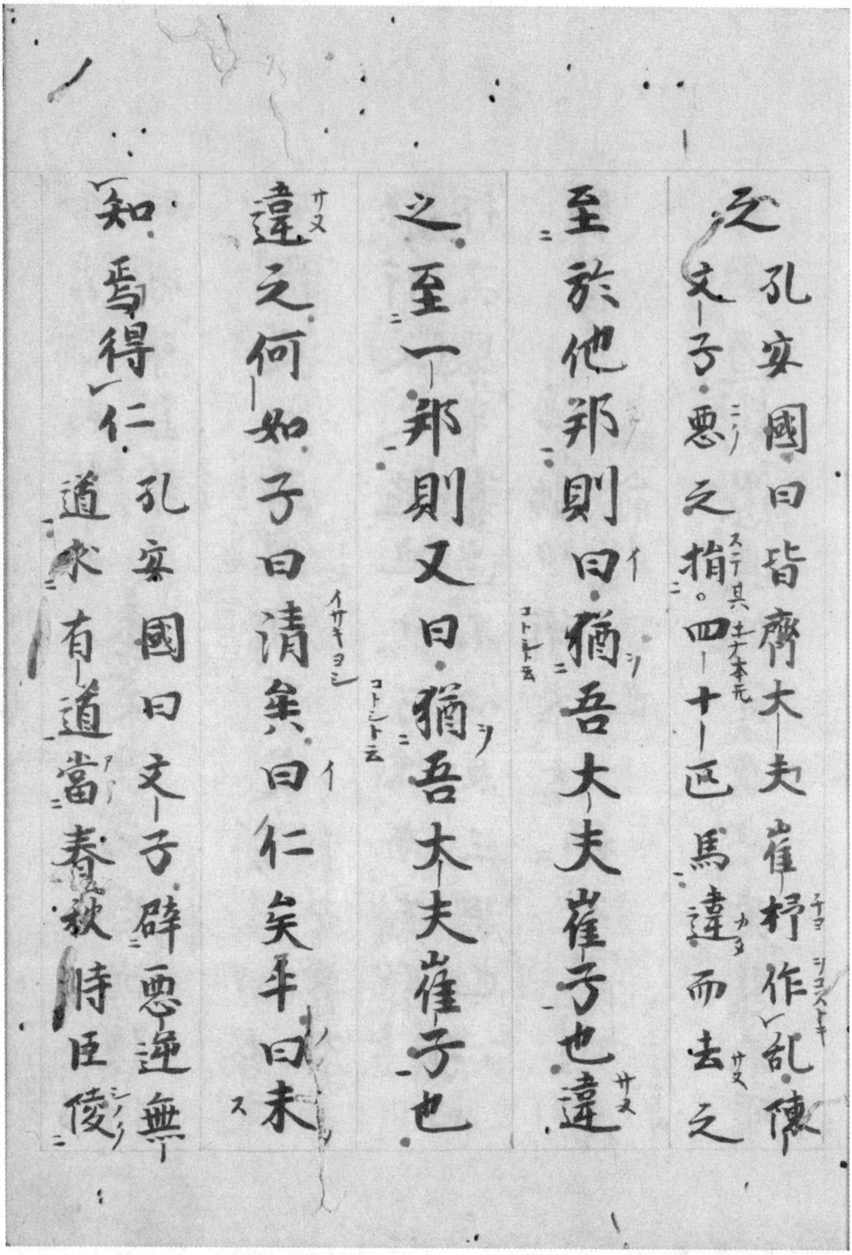

之 孔安國曰皆齊大夫崔杼作亂陳
文子惡之捐四十匹馬違而去之
至於他邦則曰猶吾大夫崔子也違
之至一邦則又曰猶吾大夫崔子也
違之何如子曰清矣曰仁矣乎曰未
知焉得仁 孔安國曰文子辟惡逆無
道求有道當春秋時臣陵

其君皆知崔子　季文子三思而後行
無有可止者
子聞之曰再思斯可矣鄭玄曰季文
子魯大夫季
孫行父文諡也文子忠而有賢
行其舉事寡過不必及三思也　子曰
寗武子　馬融曰衛大夫
寗兪武諡也
邦有道則知
邦無道則愚其知可及也其愚不可

及也 孔安國曰佯愚似實故曰不可及也 子在陳曰歸

與歸與吾黨之小子狂簡斐然成章

不知所以裁之 孔安國曰簡大也孔子在陳思歸欲去故曰吾黨之小子狂者進取於大道妄穿鑿以成文章不知所以裁制我當歸以裁制之耳遂歸 子曰伯夷叔齊不念舊惡

怨是用希　孔安國曰伯夷叔齊孤竹君之二子孤竹國名

子曰孰謂微生高直　孔安國曰微生姓名高魯人也

或乞醯焉乞諸其鄰而與之　孔安國曰乞之四鄰以應求者用意委曲非為直人也

子曰巧言令色足恭　孔安國曰足恭便僻貌

左丘明恥之丘亦恥

呼西反

呼樹反又如字注同

之孔安國曰左丘明魯大夫匿（女力反）怨而友其人孔安國曰心內相怨而外詐親左丘明恥之丘亦恥之顏淵季路侍子曰盍（戸臘反）各言爾志子路曰願車馬衣輕裘與朋友共敝之而無憾（戸闇反）孔安國曰憾恨也顏淵曰願無伐善孔安國曰

自無稱己之善　無施勞　孔安國曰無以勞事置施於人　子路曰願聞子之志子曰老者安之朋友信之少者懷之　孔安國曰懷歸也　子曰已矣乎吾未見能見其過而内自訟者也　包氏曰訟猶責也言人有過莫能自責　子曰十室之邑

詩照反　自用反

此注才本无不可讀

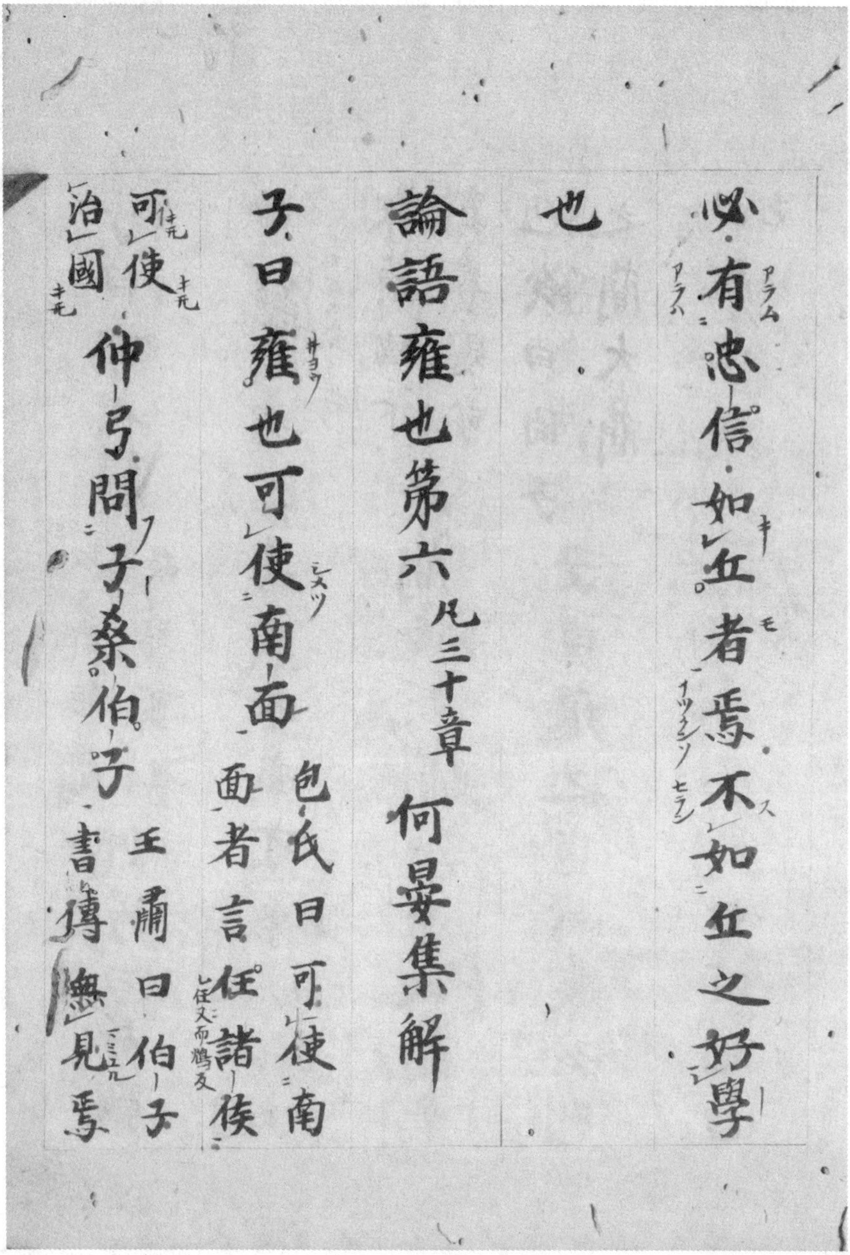
必有忠信如丘者焉不如丘之好學
也
論語雍也第六　凡三十章　何晏集解
子曰雍也可使南面　包氏曰可使南面者言任諸侯
可使治國　仲弓問子桑伯子　王肅曰伯子書傳無見焉

子曰可也簡以其能簡故曰可也仲弓曰居敬

而行簡以臨其民不亦可乎孔安國曰居身

下孟反又如字下同

敬肅臨下寛畧則可居簡而行簡無乃大簡乎

七奏

包氏曰伯子之簡大簡子曰雍之言然哀公問

于毛

曰弟子孰為好學孔子對曰有顔回

呼報反

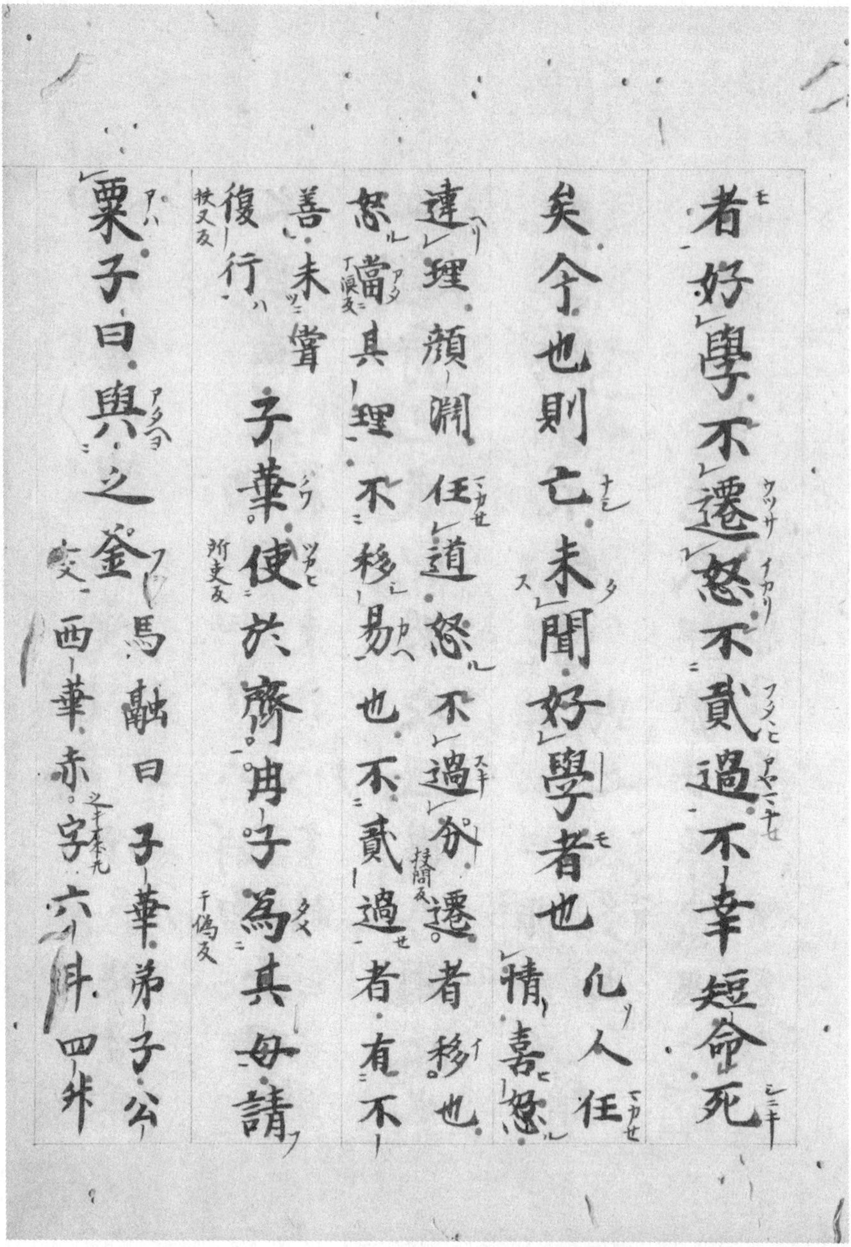

者好學不遷怒不貳過不幸短命死
矣今也則亡未聞好學者也凡人任
情喜怒違理顏淵任道怒不過分遷者移也
怒當其理不移易也不貳過者有不
善未嘗復行　子華使於齊冉子為其母請
粟子曰與之釜　馬融曰子華弟子公
西華赤字六斗四升

曰釜　請益曰與之庾　包氏曰十六斗為庾　冉子與
之粟五秉　馬融曰十六斛曰秉五秉合八十斛　子曰赤
之適齊也乘肥馬衣輕裘吾聞之也
君子周急不繼富　鄭玄曰非冉有與之太多也　原
思為之宰　包氏曰弟子原憲思字也孔子為魯司寇以原憲為家邑

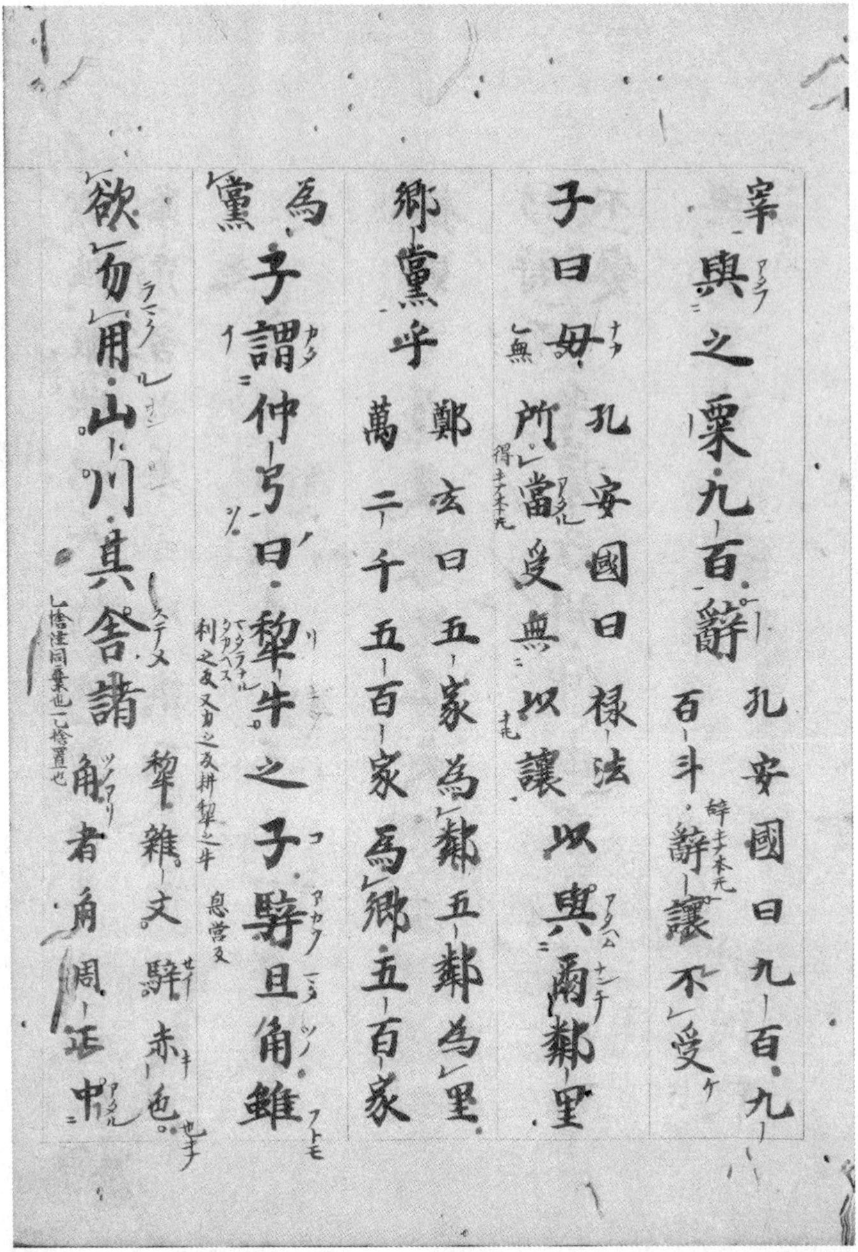
宰與之粟九百辭　孔安國曰九百九百斗辭讓不受
子曰毋　孔安國曰祿法所當受無以讓　以與爾鄰里
鄉黨乎　鄭玄曰五家為鄰五鄰為里萬二千五百家為鄉五百家
為黨　子謂仲弓曰犁牛之子騂且角雖
欲勿用山川其舍諸　犁雜文騂赤色也角者角周正中

犧牲雖欲以其所生犂而不用山川寧肯舍之乎言父雖不善不害於其（子之美）子曰回也其心三月不違仁其餘則日月至焉而已矣（言餘人暫有至仁時唯回移時而不變）季康子問仲由可使從政也與子曰由也果（包氏曰果謂果敢決斷）於從政

（餘下同）

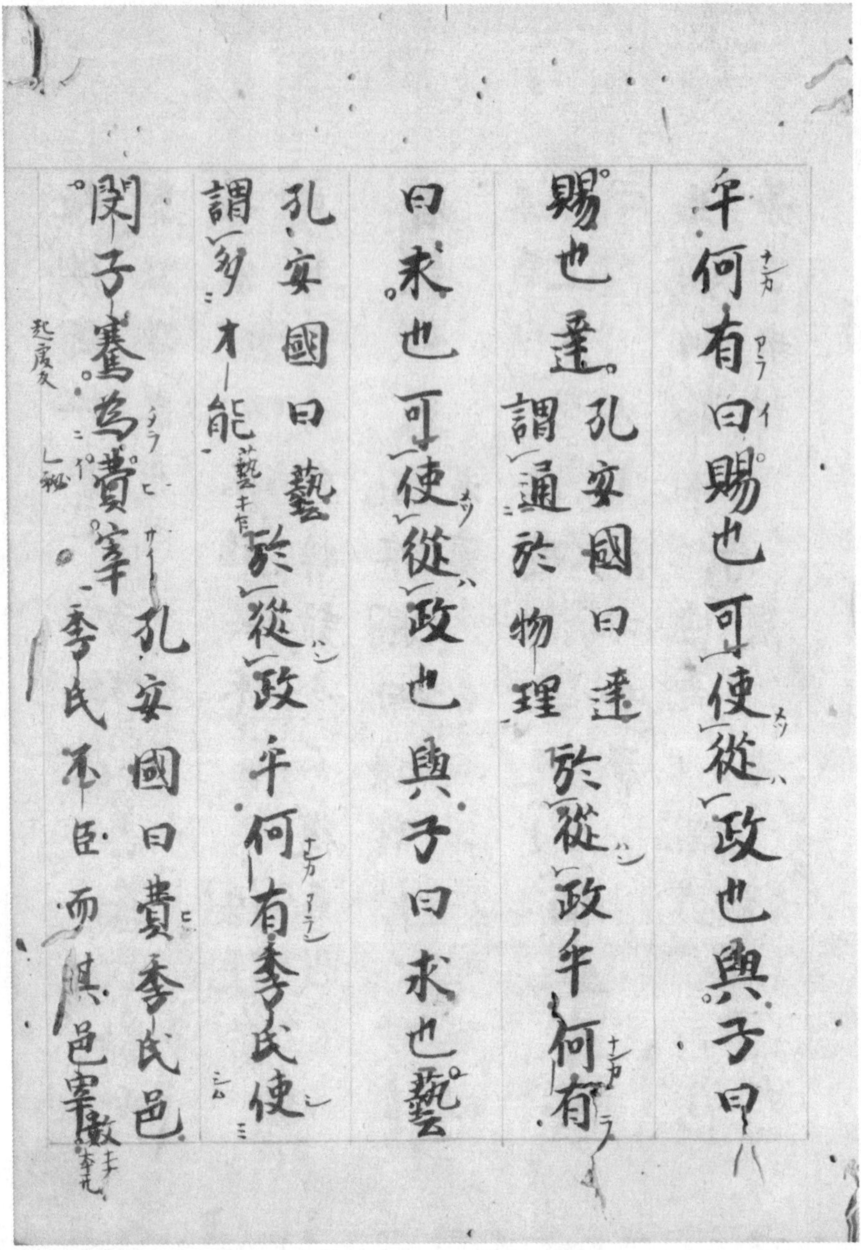

乎何有曰賜也可使從政也與子曰
賜也達孔安國曰達謂通於物理於從政乎何有
曰求也可使從政也與子曰求也藝
孔安國曰藝謂多才能於從政乎何有季氏使
閔子騫爲費宰孔安國曰費季氏邑
季氏不臣而其邑宰數

叛聞閔子騫賢故欲用之 閔子騫曰善爲我辭焉（于偽反注同）

孔安國曰不欲爲季氏宰語使者曰善爲我作辭說令不復召我 如有復我者則吾必在汶上矣

孔安國曰復我者重来召我

孔安國曰去之汶水上欲北如齊 伯牛有疾（問）

馬融曰伯牛弟子冉耕 子問之自牖執其手（由久反） 包氏

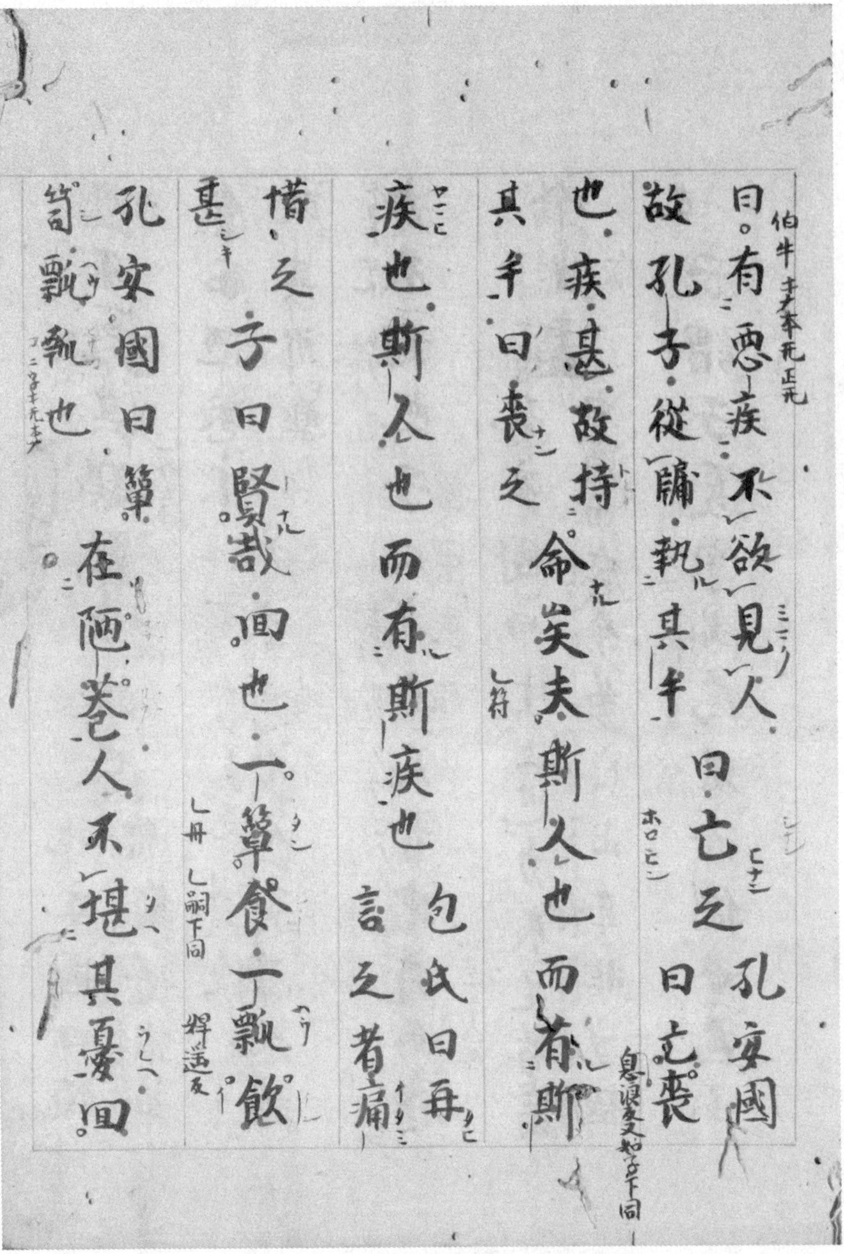

曰有惡疾不欲見人 孔安國
故孔子從牖執其手 曰亡之 曰亡喪
也疾甚故持 命矣夫斯人也而有斯
其手曰喪之
疾也斯人也而有斯疾也 包氏曰再
言之者痛
惜之 子曰賢哉回也一簞食一瓢飲
甚
孔安國曰簞 在陋巷人不堪其憂回
笥瓢瓠也

也不改其樂賢哉回也孔安國曰顏淵樂道雖簞食在陋巷不改其所樂冉求曰非不說子之道力不足也子曰力不足者中道而廢今女畫孔安國曰畫止也力不足者當中道而廢今女自止耳非力極也子謂子夏曰女為君子儒毋為小

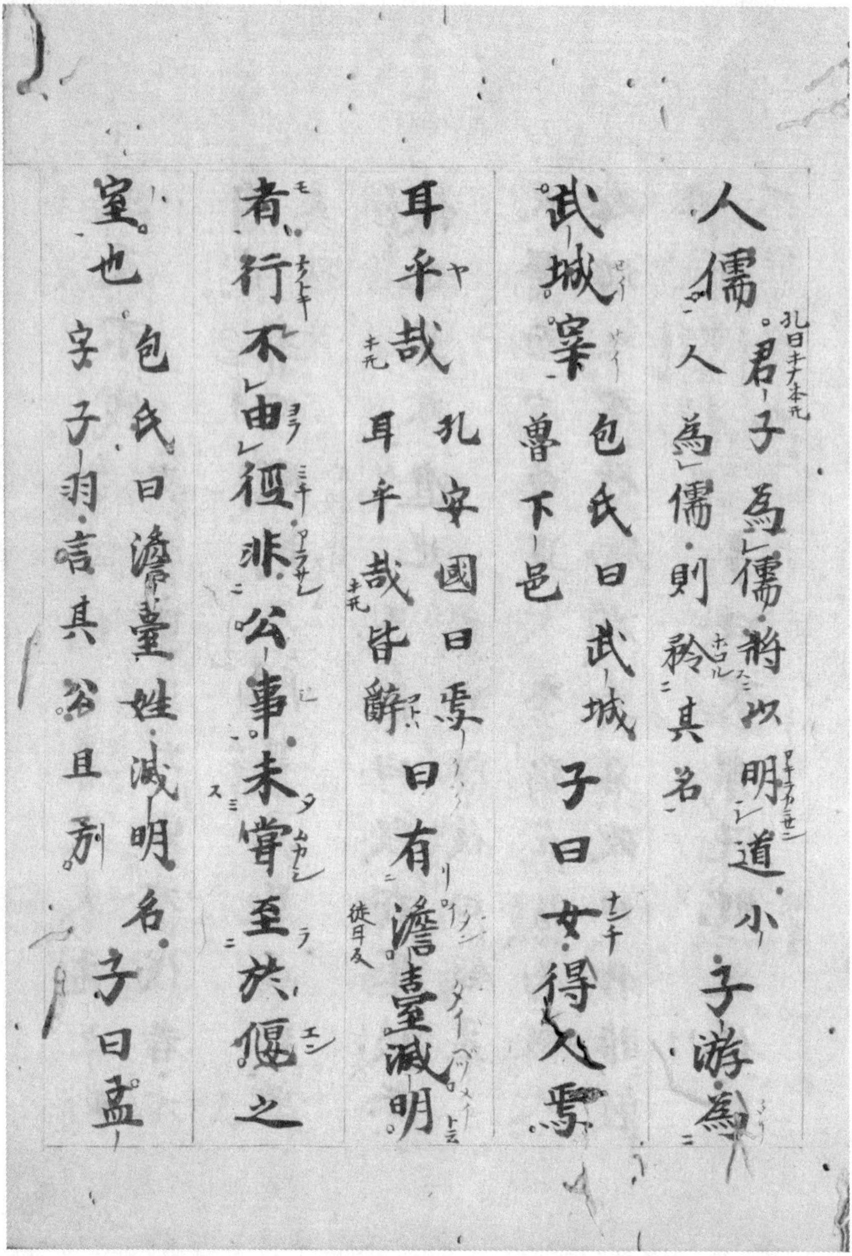

人儒。君子爲儒將以明道小人爲儒則矜其名 子游爲
武城宰 包氏曰武城魯下邑 子曰女得人焉
耳乎哉 孔安國曰焉耳乎哉皆辭 曰有澹臺滅明
者行不由徑非公事未嘗至於偃之
室也 包氏曰澹臺姓滅明名字子羽言其公且方 子曰孟

之反不伐　孔安國曰魯大夫孟之側
與齊戰軍大敗不伐者不
自伐奔而殿將入門策其馬曰非敢
其功
後也馬不進也　馬融曰殿在軍後者
前曰啓後曰殿孟之
反賢而有勇軍大奔猶在後為殿人
迎功之不欲獨有其名故曰我非敢
在後距敵馬
不能進也　子曰不有祝鮀之侫而

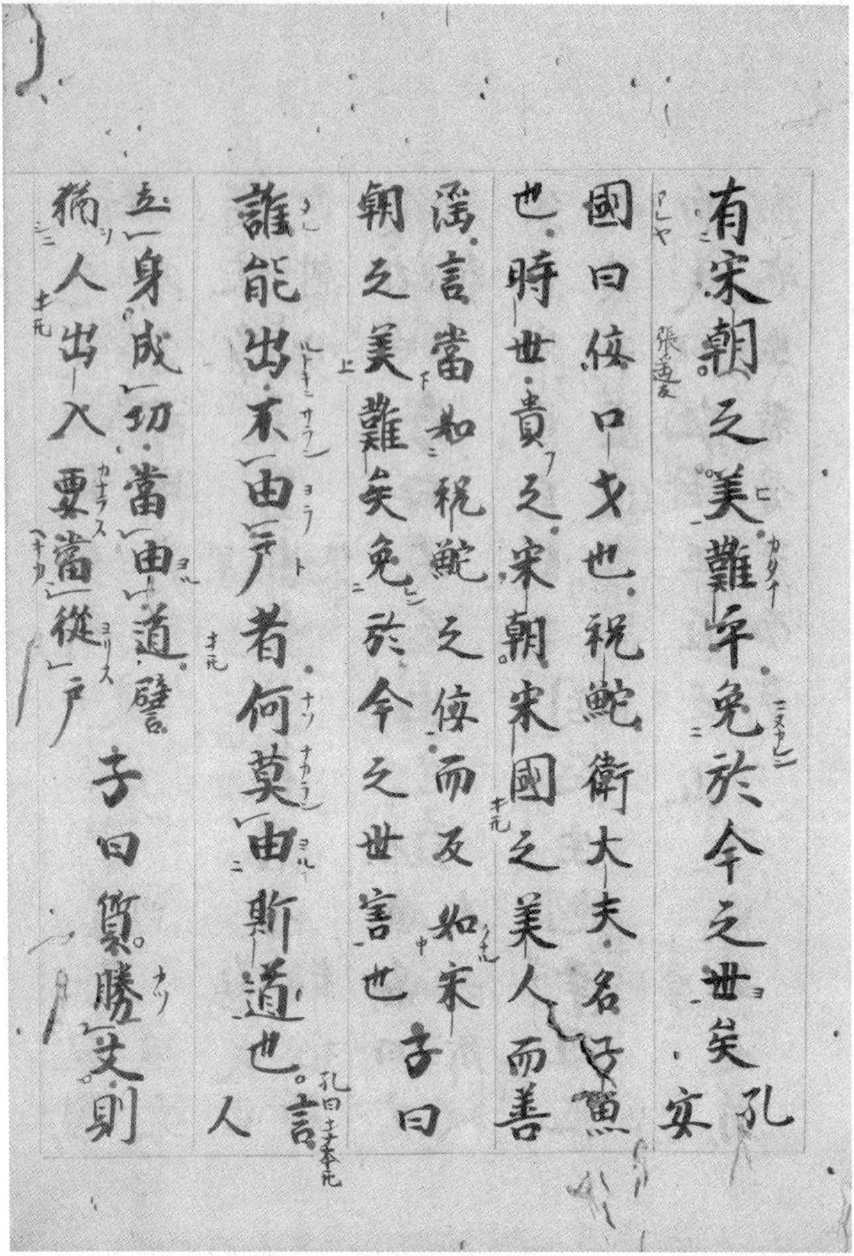
有宋朝之美難乎免於今之世矣　孔安
國曰佞口才也。祝鮀衛大夫。名子魚
也。時世貴之。宋朝宋國之美人而善
淫。言當如祝鮀之佞而反如宋
朝之美難矣免於今之世害也　子曰
誰能出不由戶者何莫由斯道也。言人
立身成功當由道。譬
猶人出入要當從戶　子曰質勝文則

質

野包氏曰野如野人言鄙略也文勝質則史包氏曰史者文多而質少文質彬彬然後君子包氏曰彬彬文質相半之貌子曰人之生也直馬融曰言人之所以生於世而自終者以其正直道也罔之生也幸而免包氏曰誣罔正直之道而亦生者是幸而免子曰知之者

彼貧反

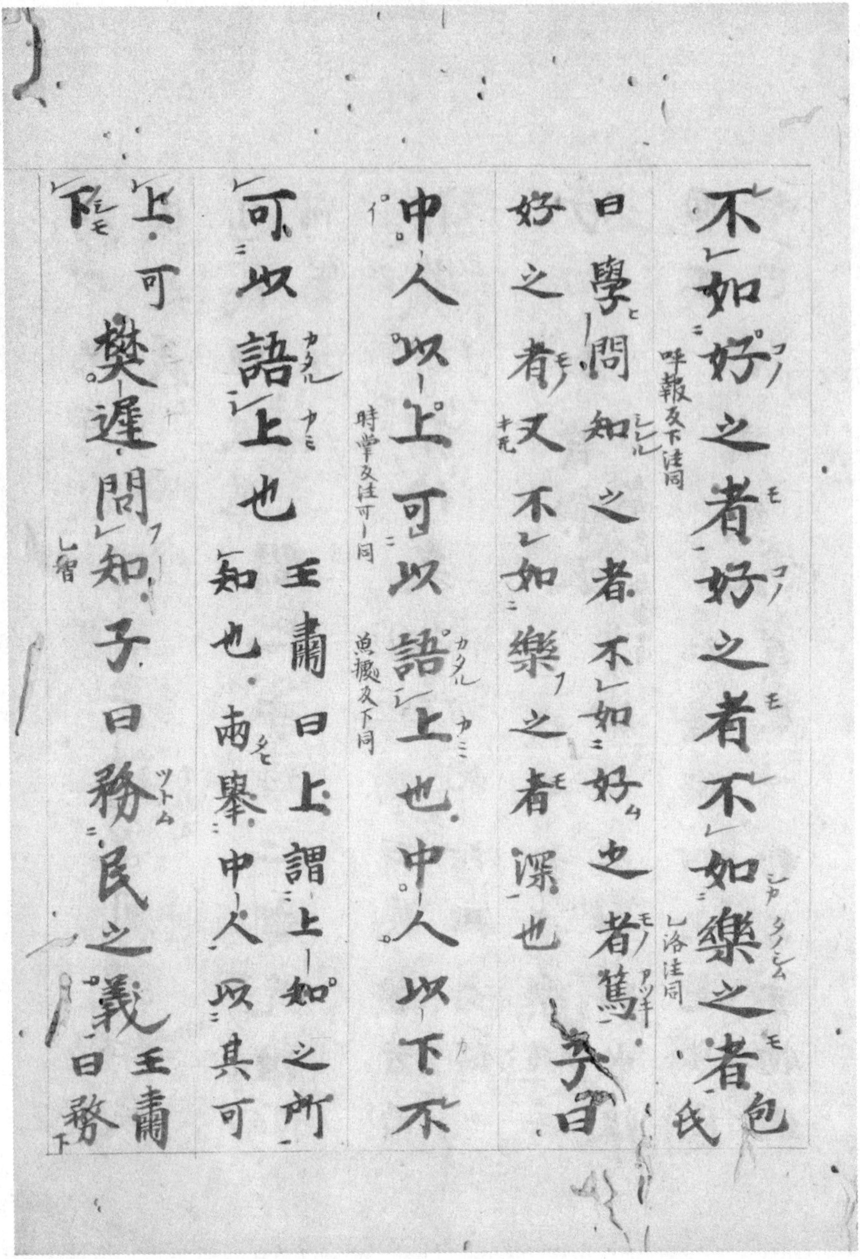
不如好之者好之者不如樂之者包氏
曰學問知之者不如好之者篤（呼報反下注同）（洛注同）
好之者又不如樂之者深也子曰
中人以上可以語上也中人以下不（時掌反注可一同）（魚據反下同）
可以語上也王肅曰上謂上知之所
知也兩舉中人以其可
上可下樊遲問知子曰務民之義王肅曰務（智）

所以化道民之義

敬鬼神而遠之可謂知矣

包氏曰敬鬼神而不瀆

問仁子曰仁者先難而後獲可謂仁矣

孔安國曰先勞苦乃得功此所以為仁

子曰知者樂水

包氏曰知者樂運其才知以治世如水流而不知已

仁者樂山

仁者樂如山之安固自然不動而萬物生

焉

知者動包氏曰自進故動仁者靜孔安國曰無欲故靜知者樂鄭玄曰知者自役得其志故樂也仁者壽包氏曰性靜故壽考

子曰齊一變至於魯魯一變至於道包氏曰言齊魯有太公周公之餘化太公大賢周公聖人今其政教雖衰若有明君興之齊可使如魯魯可使如大道行之時

（旁注：日ヰ作；者多キ作；大キ大本无正作聖人）

子曰觚不觚馬融曰觚礼器也一升曰爵二升曰觚觚
哉觚哉觚哉觚哉言非觚也以喩為政不得其道則不成也宰
我問曰仁者雖告之曰井有仁者焉
其從之也孔安國曰宰我以為仁者必濟人於患難故問有仁
人墮井將自投下而出之乎不乎欲極觀仁人憂樂之所至子曰

何爲其然也。君子可逝也。不可陷也。
包氏曰：逝，往也。言君子可使往視之耳，不肯自投從之。可欺也，
不可罔也。馬融曰：可欺者，可使往也。不可罔者，不可得誣罔令自投下。
子曰：君子博學於文，約之以禮，
亦可以弗畔矣夫。鄭玄曰：弗畔，不違道。子見南

子子路不説夫子矢之曰予所否者
天厭之天厭之　孔安國曰等以為南
子衛靈公夫人淫亂
而靈公惑之孔子見之者欲因以説
靈公使行治道矣誓也子路不説故
夫子誓之曰行道既非婦人之事
而弟子不説與之呪誓義可疑焉子
曰中庸之為德也其至矣乎民鮮久

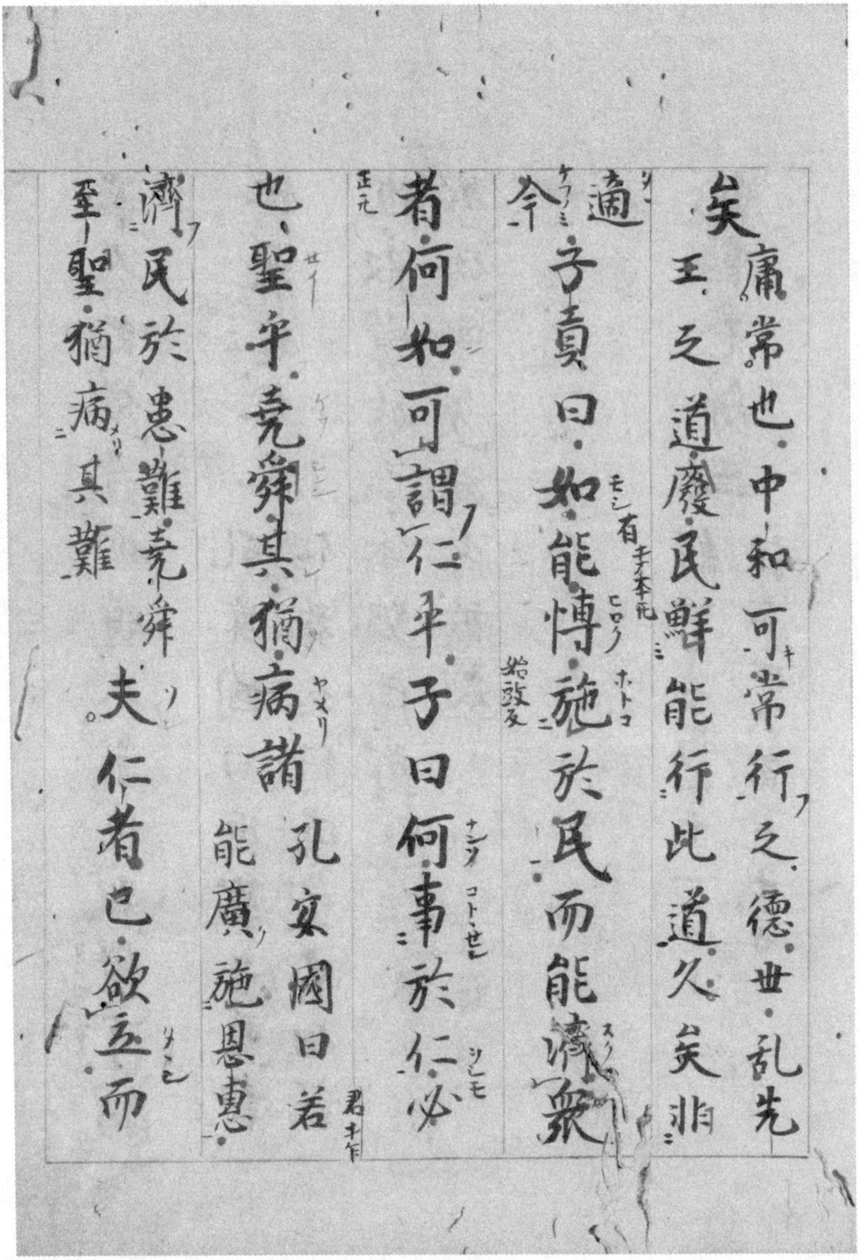

矣庸常也中和可常行之德世乱先
王之道廢民鮮能行此道久矣非
適今
子貢曰如能博施於民而能濟衆
者何如可謂仁乎子曰何事於仁必
也聖乎堯舜其猶病諸　孔安國曰若
能廣施恩惠
濟民於患難堯舜
至聖猶病其難　夫仁者己欲立而

立人己欲達而達人能近取譬可謂
仁之方也已　孔安國曰更為子貢說
仁者之行方道也但能
近取譬於己皆恕己所
不欲而勿施之於人

論語卷第三　經一千七百一十一字
註二千八百　二十字

論語巻第四

論語述而第七　舊三十九章　今三十八章　何晏集解

子曰述而不作信而好古竊比於我老彭　包氏曰老彭殷賢大夫好述古事我若老彭但述之耳

子曰默而識之學而不厭誨人不倦何有於我哉　鄭玄曰人無有是行於我我獨有之

子曰德

之不脩學之不講聞義不能從不善
修 本作 正作脩
思函反
徒 本作
不能改是吾憂也　孔安國曰夫子常
以此四者爲憂　馬融曰
子之燕居申申如也夭夭如也　申申夭
於驕反
夭和舒
之貌
子曰甚矣吾衰也久矣吾不
復夢見周公　孔安國曰孔子衰老不
復夢見周公明盛之時
扶又反下同

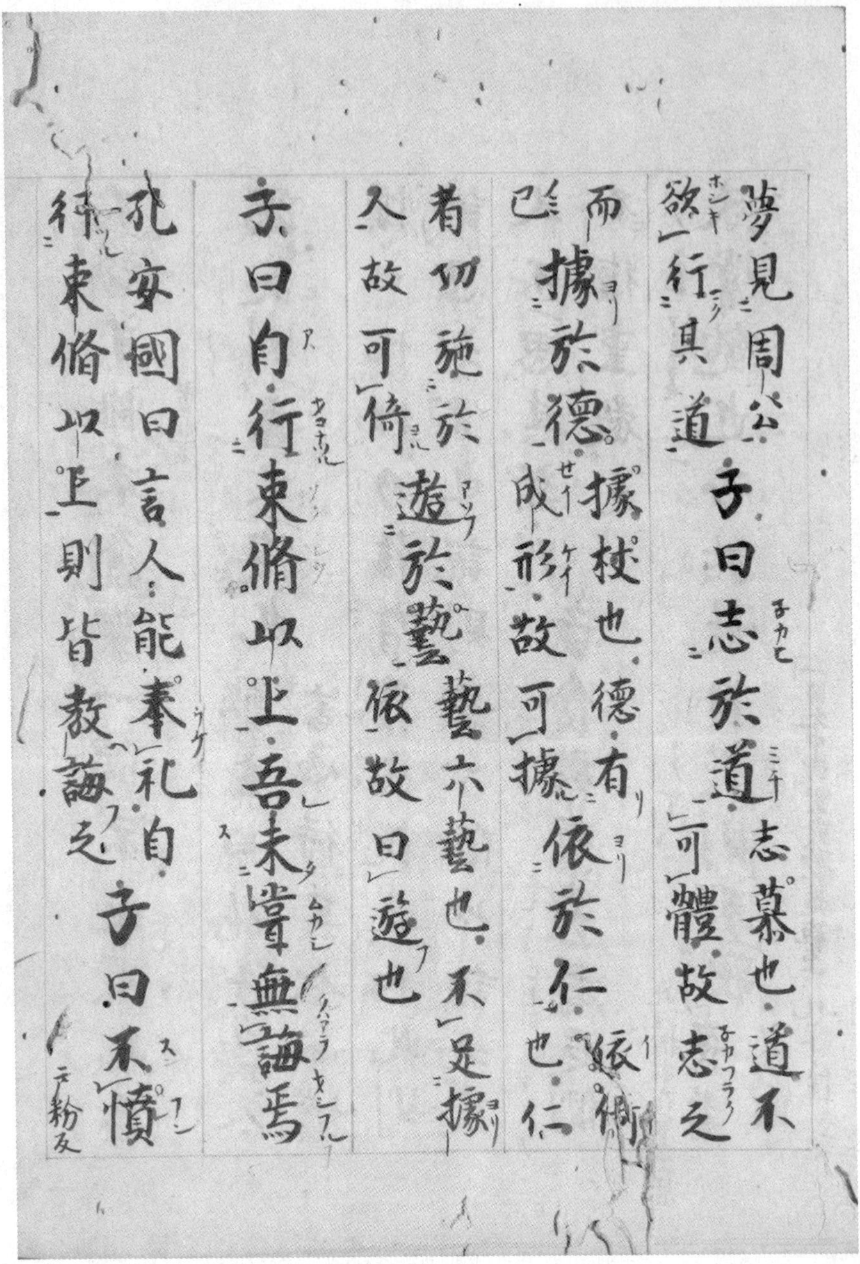
夢見周公欲行其道子曰志於道志慕也道不可體故志之而已據於德據杖也德有成形故可據依於仁依倚也仁者功施於人故可倚遊於藝藝六藝也不足據依故曰遊也
子曰自行束脩以上吾未嘗無誨焉孔安國曰言人能奉禮自行束脩以上則皆教誨之子曰不憤芳粉反

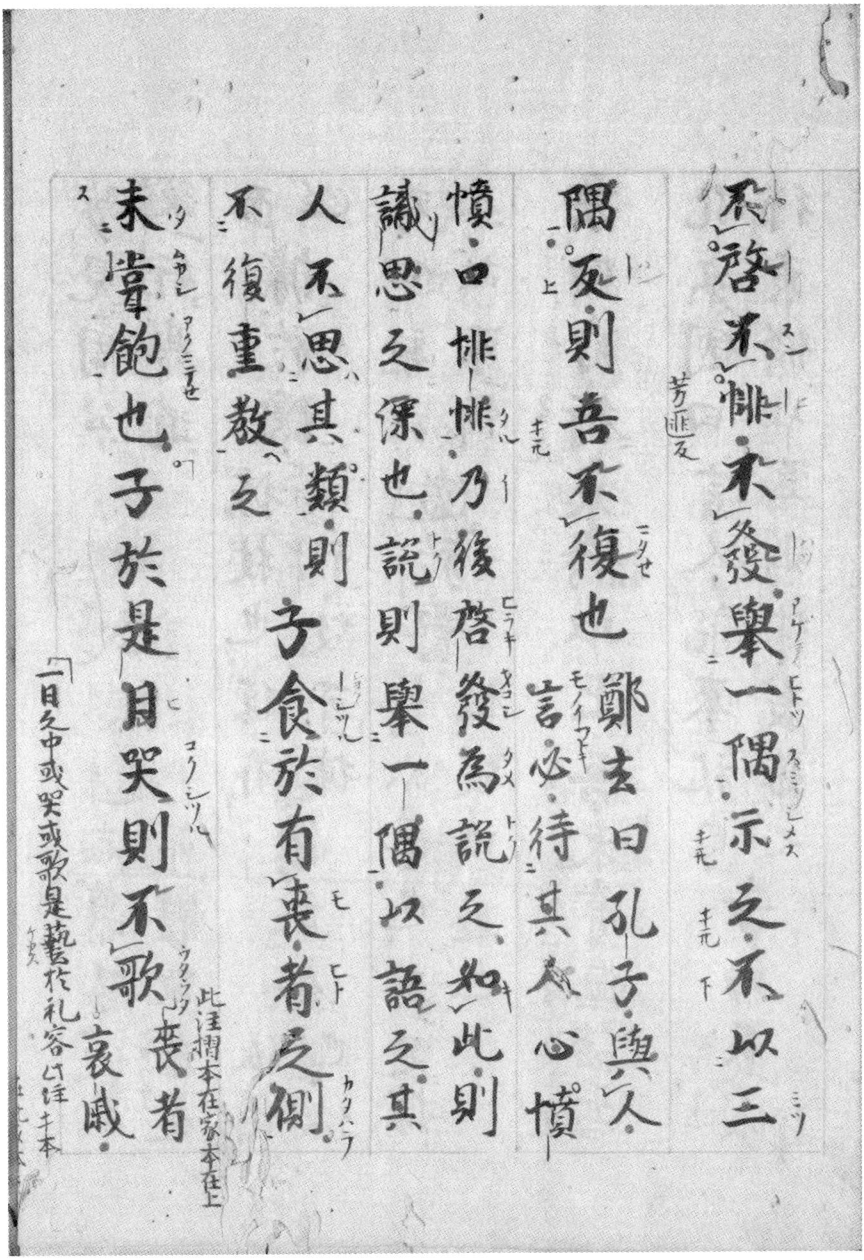

不啓不悱不發擧一隅示之不以三隅反則吾不復也

芳匪反

鄭玄曰孔子與人言必待其人心憤憤口悱悱乃後啓發為説之如此則識思之深也説則擧一隅以語之其人不思其類則不復重教之

子食於有喪者之側未嘗飽也子於是日哭則不歌

喪者哀戚

此注摺本在家本在上

一日之中或哭或歌是褻於礼容　注　十[illegible]本

飽食於其側是
無惻隱之心也　子謂顏淵曰用之則
行舍之則藏唯我與爾有是夫　孔安國曰
言可行則行可止則
止唯我与顏淵同耳　子路曰子行三
軍則誰與　孔安國曰大國三軍子路
見孔子獨美顏淵以為己
勇至於夫子為三軍將亦
當唯與己俱故發此問　子曰暴虎

馮河死而無悔者吾不與也　孔安國曰暴虎

徒搏馮河徒渉必也臨事而懼好謀而成者　呼報反

也子曰富而可求也雖執鞭之士吾　必綿反

亦為之　鄭玄曰富貴不可求而得當修德以得之若於道可求者

雖執鞭賤職我亦為之如不可求從吾所好　孔安

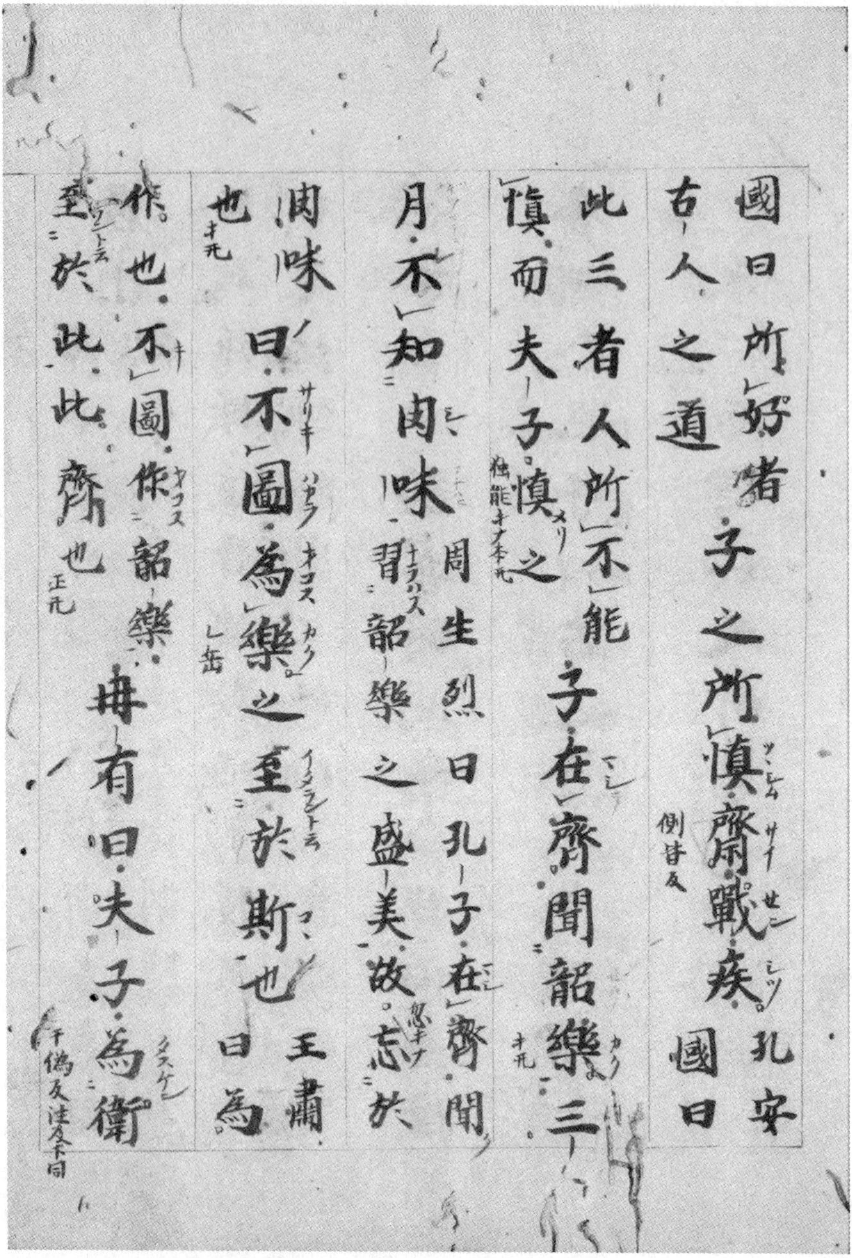
國曰所好者古人之道
子之所慎齊戰疾（側皆反）
孔安國曰此三者人所不能慎而夫子慎之（獨能才ナ本无）
子在齊聞韶樂（才无）三月不知肉味
周生烈曰孔子在齊聞習韶樂之盛美故忘於肉味也（才无）
曰不圖為樂之至於斯也（乚岳）
王肅曰為作也不圖作韶樂至於此此齊也（正无）
冉有曰夫子為衛（干偽反注及下同）

君乎　孔安國曰為猶助也衛君者謂輒也衛靈公逐太子蒯聵公薨而立孫輒後晋趙鞅納蒯聵於戚衛石曼姑帥師圍之故問其意助輒不乎

子貢曰諾吾將問之入曰伯夷叔齊何人也子曰古之賢人也曰怨乎曰求仁而得仁又何怨乎　孔安國曰夷齊讓國

遠去終於餓死故問怨邪以讓為仁豈怨乎出曰夫子不為也鄭玄曰父子爭國惡行孔子以伯夷叔齊為賢且仁故知不助衛君明矣

子曰飯（符晚反）疏（所居反）食（如字又音嗣）飲水曲肱（古弘反）而枕（之鴆反）之樂（洛注同）亦在其中矣孔安國曰疏食菜食肱臂也孔子以此為樂

不義而富且貴於我如浮雲鄭玄曰富

貴而不以義者於我如浮雲非已之有也

子曰加我數年五十以學易可以無大過矣

易窮理盡性以至於命年五十而知天命以知命之年讀至命之書故可以無大過也

子所雅言

孔安國曰雅言正言也

詩書執禮皆雅言也

鄭玄曰讀先王典法必正言其音然後義全故不可有所

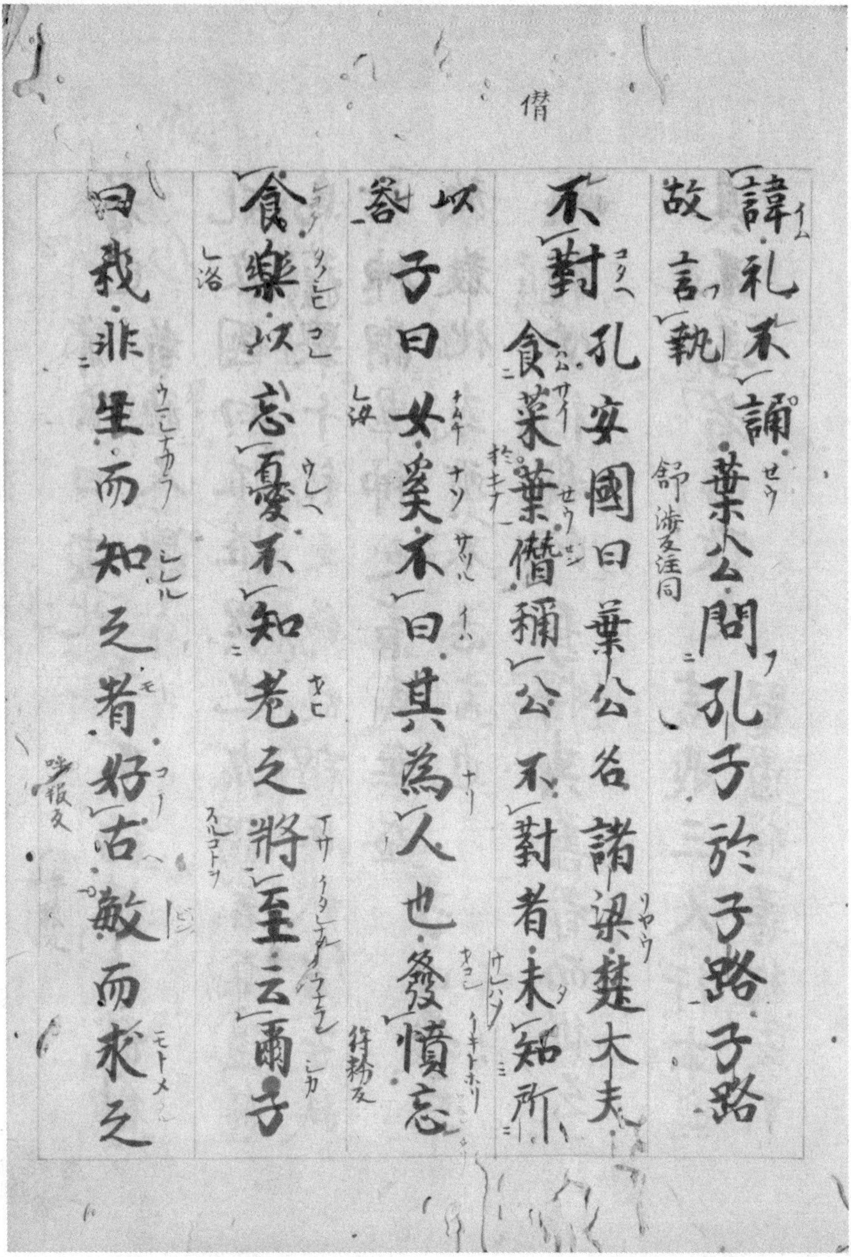

諱礼不誦葉公問孔子於子路子路
故言孰
不對孔安國曰葉公名諸梁楚大夫
食菜葉僭稱公不對者未知所以荅
子曰女奚不曰其為人也發憤忘
食樂以忘憂不知老之將至云爾子
曰我非生而知之者好古敏而求之

者也 鄭玄曰言此者勉人學 子不語怪力乱神

孔安國曰怪怪異也力謂若奡盪舟

烏獲舉千鈞之屬乱謂臣弑君子弑

父神謂鬼神之事或無益於教化或所不忍言也 子曰我三

人行必得我師焉擇其善者而從之

其不善者而改之 言我三人行本無賢愚擇善從之不

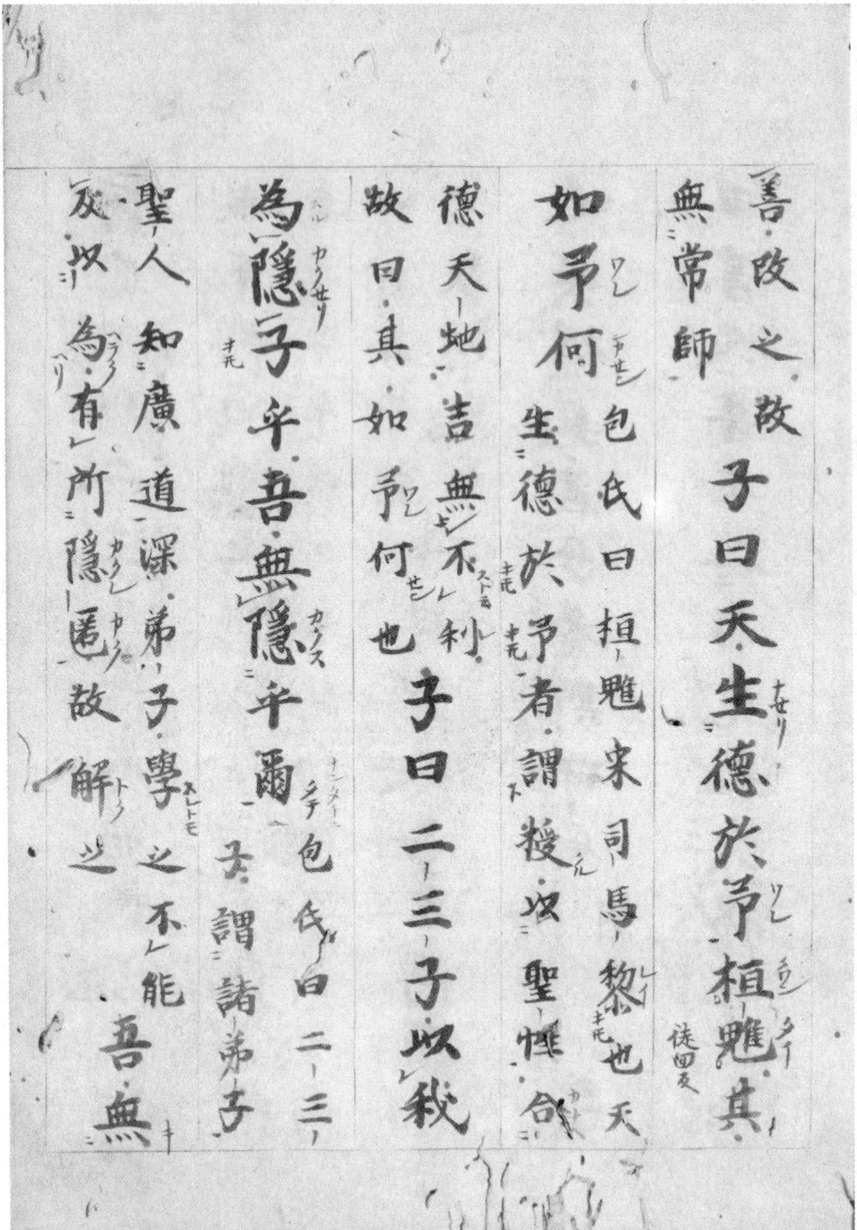

善改之故無常師　子曰天生德於予桓魋徒回反其
如予何　包氏曰桓魋宋司馬黎也天生德於予者謂授以聖性合
德天地吉無不利故曰其如予何也　子曰二三子以我
為隱子乎吾無隱乎爾　包氏曰二三子謂諸弟子
聖人知廣道深弟子學之不能及以為有所隱匿故解之　吾無

行而不與二三子者是丘也　包氏曰我所為
無不與爾共之者是丘之心　子以四教文行忠信
四者有形質可舉以教　子曰聖人吾不得而見
之矣得見君子者斯可矣　疾世無明君也　子
曰善人吾不得而見之矣得見有恒

者斯可矣亡而為有虚而為盈約而
為泰難乎有恒矣 孔安國曰難可
名之為有常也
釣而不綱弋不射宿 孔安國曰釣者
一竿釣綱者為
大綱以横絶流以繳繫釣羅
屬着綱弋繳射也宿宿鳥也 子曰蓋
有不知而作之者我無是也 包氏曰
時人多

有穿鑿妄作篇
籍者故云然　多聞擇其善者而從
之多見而識之知之次也　孔安國曰
如此次於
知之
者　互鄉難與言童子見門人惑　鄭
玄
曰互鄉鄉名也其鄉人言語自專不
達時宜而有童子来見孔子門人怪
孔子
見之　子曰與其進也不與其退也唯

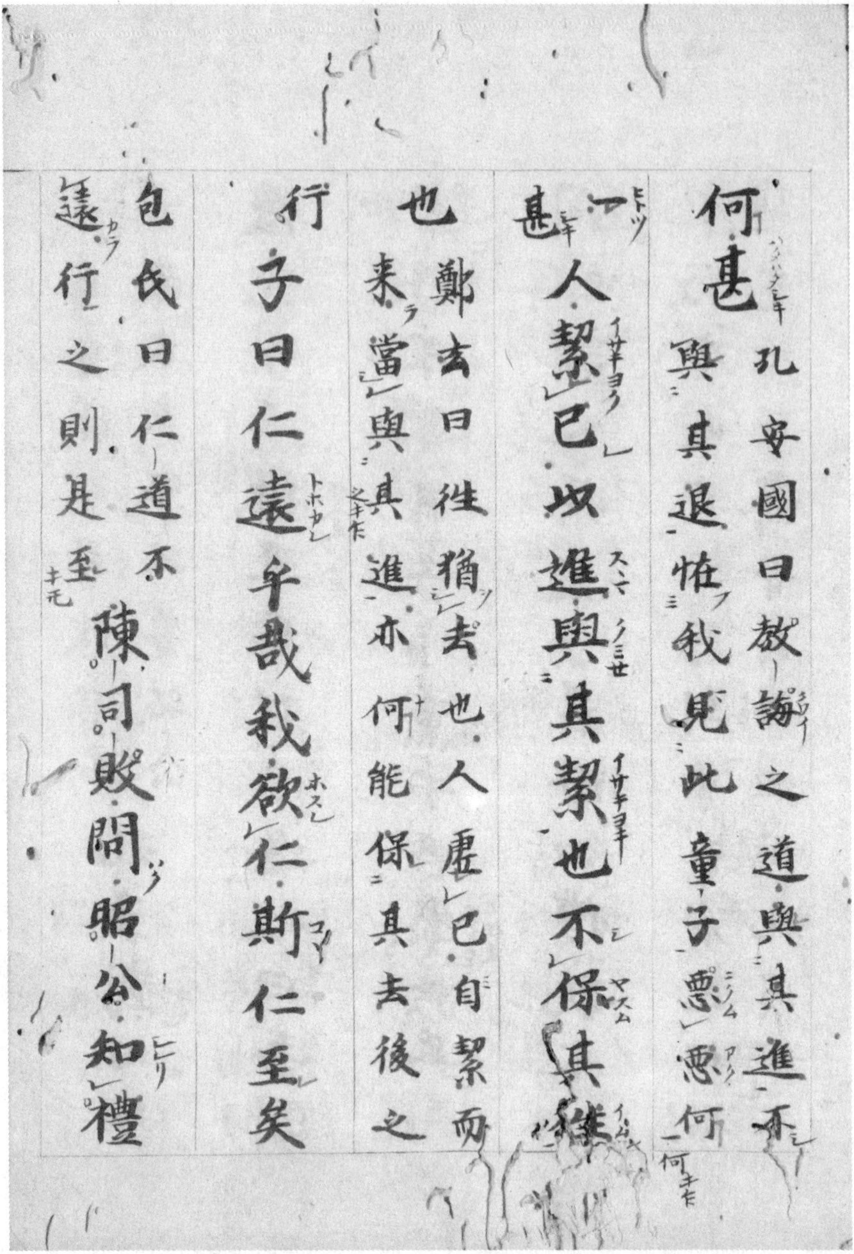

何甚孔安國曰教誨之道與其進不與其退恠我見此童子惡惡何
一甚人絜已以進與其絜也不保其往
也鄭玄曰往猶去也人虛已自絜而來當與其進亦何能保其去後之
行子曰仁遠乎哉我欲仁斯仁至矣
包氏曰仁道不遠行之則是至陳司敗問昭公知禮

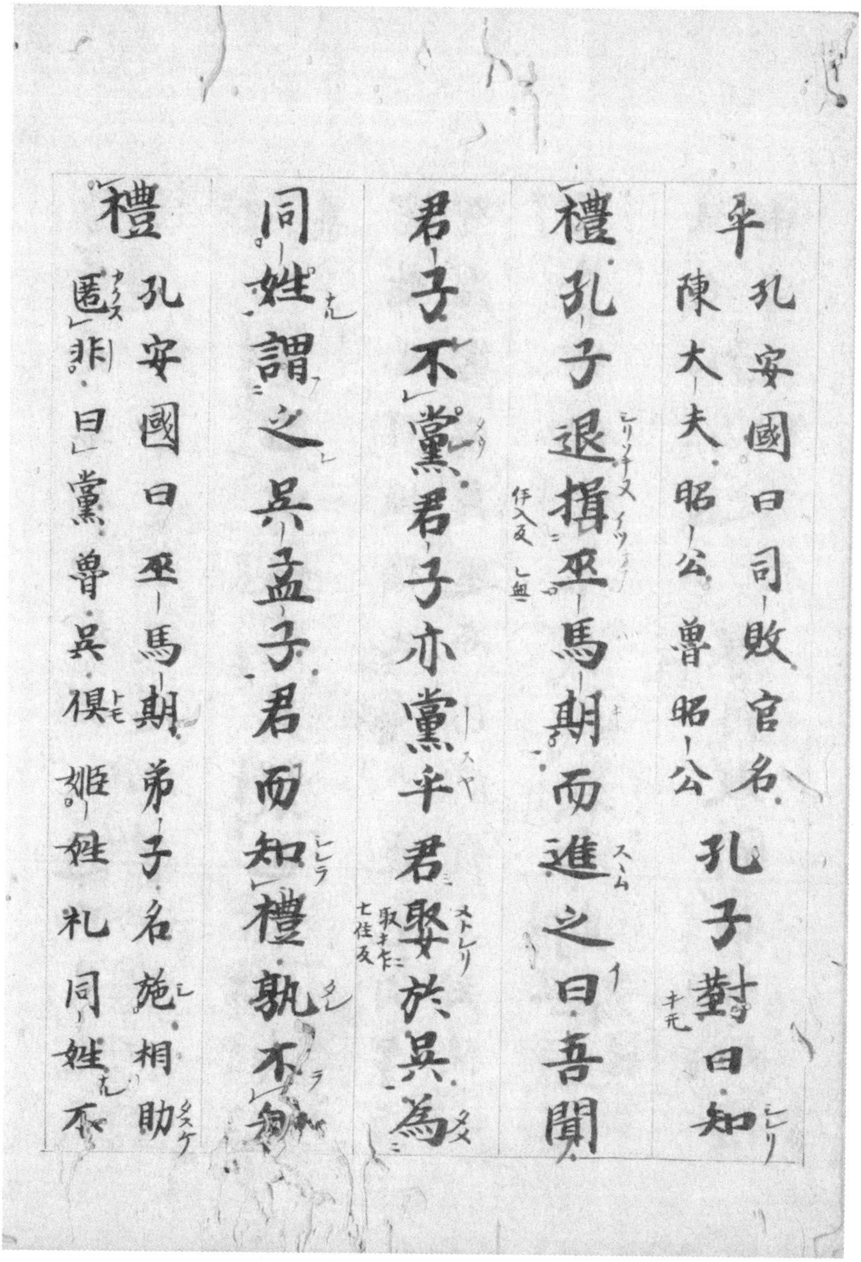

乎孔安國曰司敗官名陳大夫昭公魯昭公孔子對曰知
禮孔子退揖巫馬期而進之曰吾聞
君子不黨君子亦黨乎君娶於吳為
同姓謂之吳孟子君而知禮孰不知
禮孔安國曰巫馬期弟子名施相助匿非曰黨魯吳俱姬姓礼同姓不

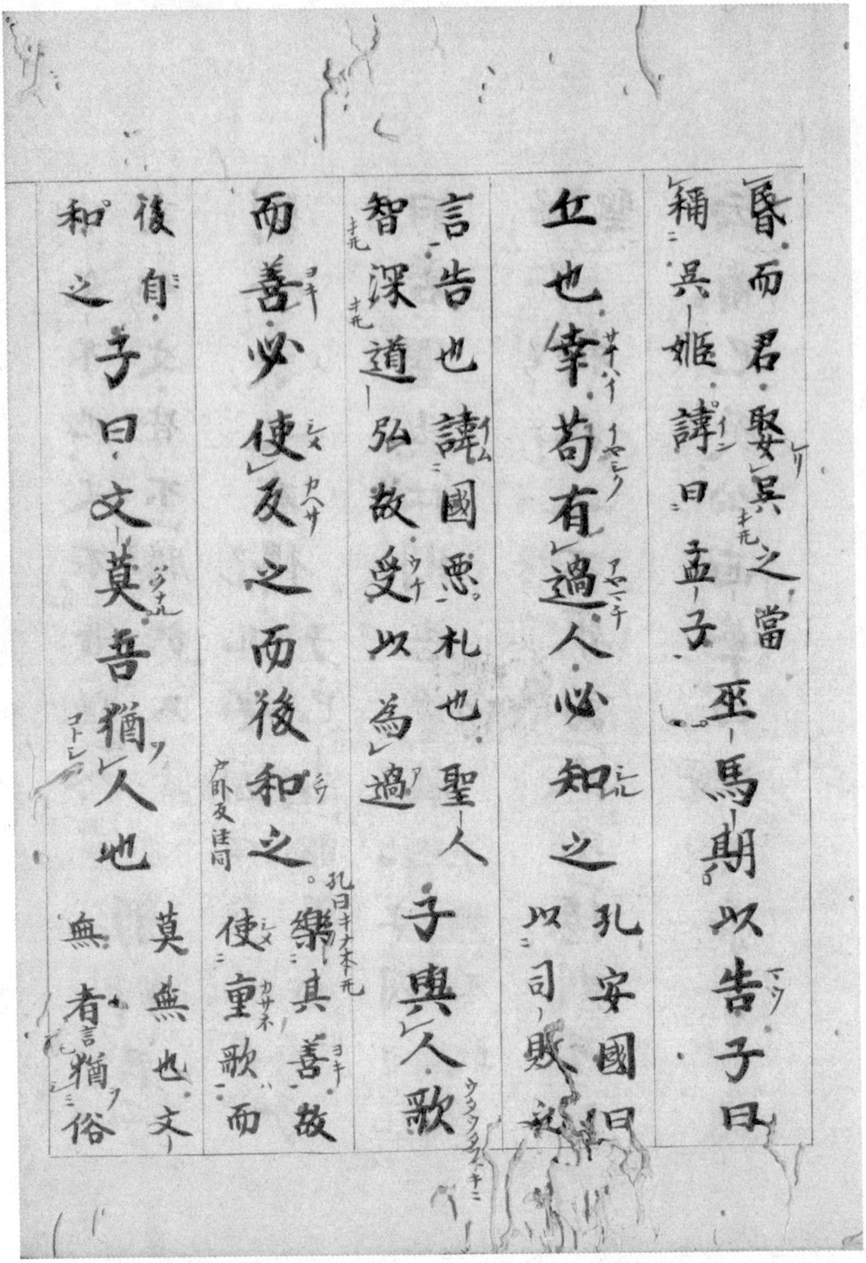

昏，而君娶吳之，當稱吳姬，諱曰孟子。巫馬期以告。子曰：丘也幸，苟有過，人必知之。孔安國曰：以司敗之言告也。諱國惡，礼也。聖人智深道弘，故受以爲過。子與人歌而善，必使反之，而後和之。孔曰：樂其善，故使重歌，而後自和之。子曰：文莫吾猶人也。莫，無也。文無者言猶俗

言文不也。文不吾猶人者，言凡文皆不勝於人。躬行君子

則吾未之有得。孔安國曰：身為君子，已未能得也。子

曰：若聖與仁，則吾豈敢。孔安國曰：孔子謙不敢自名仁聖。

抑為之不厭，誨人不倦，則可謂

云爾已矣。公西華曰：正唯弟子不能

學也　包氏曰正如所言弟子　子疾病
猶不能學况仁聖乎
子路請禱　包氏曰禱禱
請於鬼神　子曰有諸　周生
烈曰言有此禱請　子路對曰有之誄
於鬼神之事乎
曰禱爾于上下神祇　孔安國曰子路
失指誄禱篇名
也　子曰丘之禱久矣　孔安國曰孔子
素行合於神明

故曰丘之禱久矣

子曰奢則不孫儉則固與其不孫也寧固

孔安國曰俱失之奢不如儉奢則僭上儉則不及礼耳固陋也

子曰君子坦蕩蕩小人長戚戚

鄭玄曰坦蕩蕩寛廣貌長戚戚多憂懼貌

子温而厲威而不猛恭而安

雍

論語泰伯第八　凡廿一章　何晏集解

子曰泰伯其可謂至德也已矣三以天下讓民無得而稱焉　王肅曰泰伯周太王之太子次弟仲雍少弟曰季歷季歷賢又生聖子文王昌昌必有天下故泰伯以天下三讓於王季其讓隱故無得而稱之者所以為至德也

子曰

恭而無禮則勞，慎而無禮則葸。葸，畏懼之貌。言慎而不以礼節之，則常畏懼。勇而無禮則亂，直而無禮則絞。馬融曰：絞，絞刺也。君子篤於親，則民興於仁；故舊不遺，則民不偷。包氏曰：興，起也。君能厚於親屬，不遺忘其故舊，行之美者，則民皆化之，起為仁

學之行不偷薄曾子有疾召門弟子曰啓予

足啓予手鄭玄曰啓開也曾子以爲受身體於父母不敢毀傷

故使弟子開衾而視之也詩云戰戰兢兢如臨深

淵如履薄冰孔安國曰言此詩者喻己常戒愼恐有所毀傷

而今而後吾知免夫小子周生烈曰乃今日後

慢

我自知免於患難矣小子弟
子也呼之者欲使聽識其言　曾子有
疾孟敬子問之　馬融曰孟敬子魯大夫仲孫捷　曾子
言曰鳥之將死其鳴也哀人之將死
其言也善　包氏曰欲戒敬子言我將死言善可用　君子
所貴乎道者三動容貌斯遠暴慢矣

千萬反

誕　籩

正顏色斯近信矣出辭氣斯遠鄙倍
矣　鄭玄曰此道謂礼也動容貌能濟
濟蹌蹌則人不敢暴慢之正顏
色能矜莊嚴栗則人不敢欺誕之出辭
氣能順而説之則無惡戾之言入於
耳　籩豆之事則有司存　包氏曰敬子
忘大務小故
又戒之以此　曾子曰以能問於不能
籩豆礼器

以多問於寡有若無實若虛犯而不校包氏曰校報也言見侵犯不報昔者吾友嘗從事於斯矣馬融曰友謂顏淵曾子曰可以託六尺之孤孔安國曰六尺之孤幼少之君可以寄百里之命孔安國曰攝君之政令臨大節而不可奪

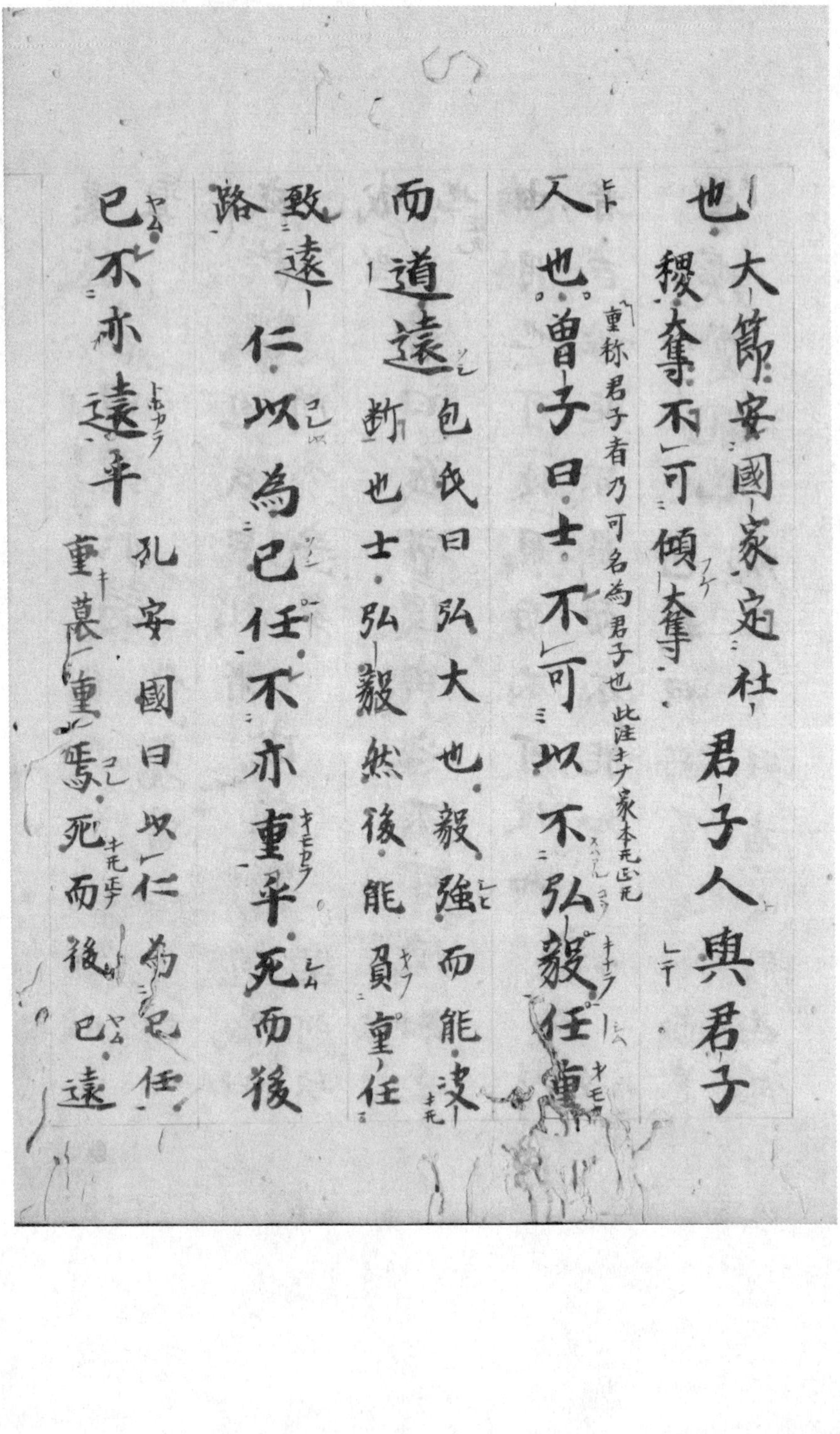

也。大節安國家定社稷，奪不可傾奪。君子人與？君子
人也。重称君子者乃可名為君子也　此注ナシ家本无　正无　曾子曰：士不可以不弘毅，任重
而道遠。包氏曰：弘，大也。毅，強而能決斷也。士弘毅，然後能負重任
致遠路。仁以為己任，不亦重乎？死而後
已，不亦遠乎？孔安國曰：以仁為己任，重莫重焉；死而後已，遠

莫遠要

子曰興於詩包氏曰興起也言修身當先學詩

立於禮包氏曰礼者所以立身成於樂包氏曰樂所以成性也

子曰民可使由之不可使知之由用也可使用而不可使知者百姓能日用而不能知

子曰好勇疾貧亂也包氏曰好勇之人而患疾己貧賤者必將為乱

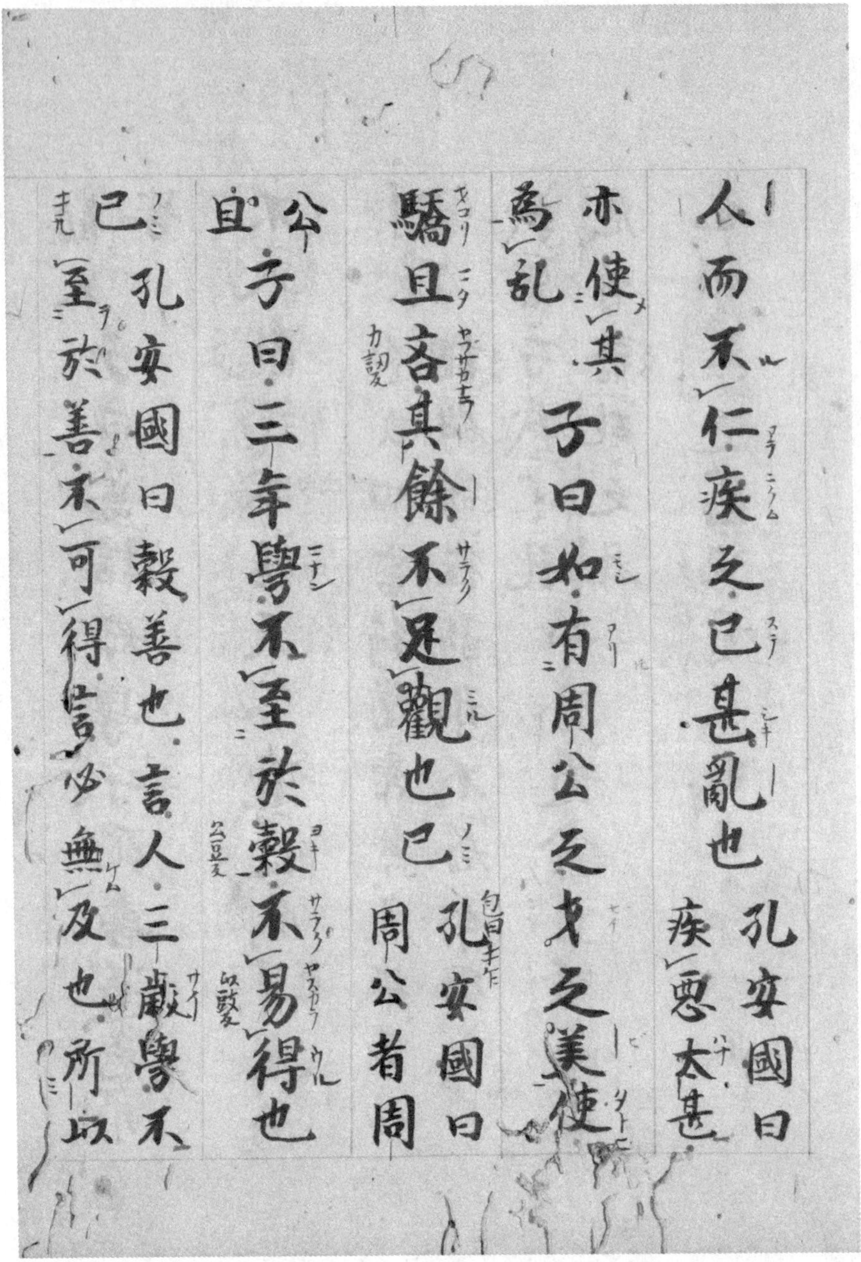

人而不仁疾之已甚亂也孔安國曰疾惡太甚亦使其爲亂子曰如有周公之才之美使驕且吝其餘不足觀也已孔安國曰周公者周公旦子曰三年學不至於穀不易得也已孔安國曰穀善也言人三歲學不至於善不可得言必無及也所以

勸人學
子曰篤信好學守死善道危邦
不入亂邦不居天下有道則見無道
則隱 包氏曰言行當常然危邦不入
謂始欲往乱邦不居今欲去邑
弑君子弑父乱
危者將乱之兆
邦有道貧且賤焉耻
也邦無道富且貴焉耻也子曰不在

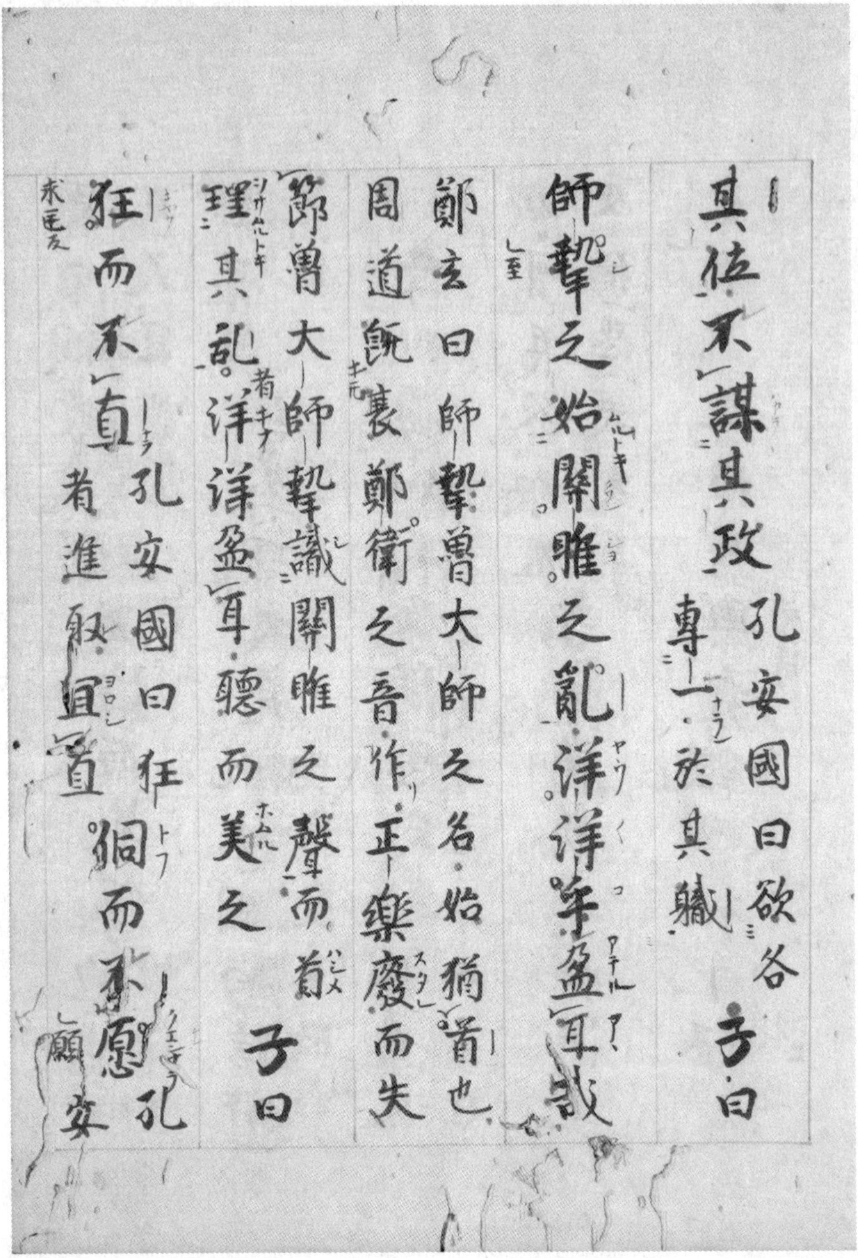

其位不謀其政　孔安國曰欲各專一於其職　子曰
師摯之始關雎之亂洋洋乎盈耳哉
鄭玄曰師摯魯大師之名始猶首也周道既衰鄭衛之音作正樂廢而失節魯大師摯識關雎之聲而首理其亂洋洋盈耳聽而美之　子曰
狂而不直　孔安國曰狂者進取宜直
侗而不愿　孔安

國曰侗未成器悾悾而不信包氏曰
之人宜謹愿悾悾愨
愨也宜吾不知之矣孔安國曰言皆
可信與常度反故哉
不知之子曰學如不及猶恐失之學自外入至孰
乃可長久如不及猶恐失之耳子曰巍巍乎舜禹之
有天下也而不與焉美舜禹已不與求天下而得之
顏注同

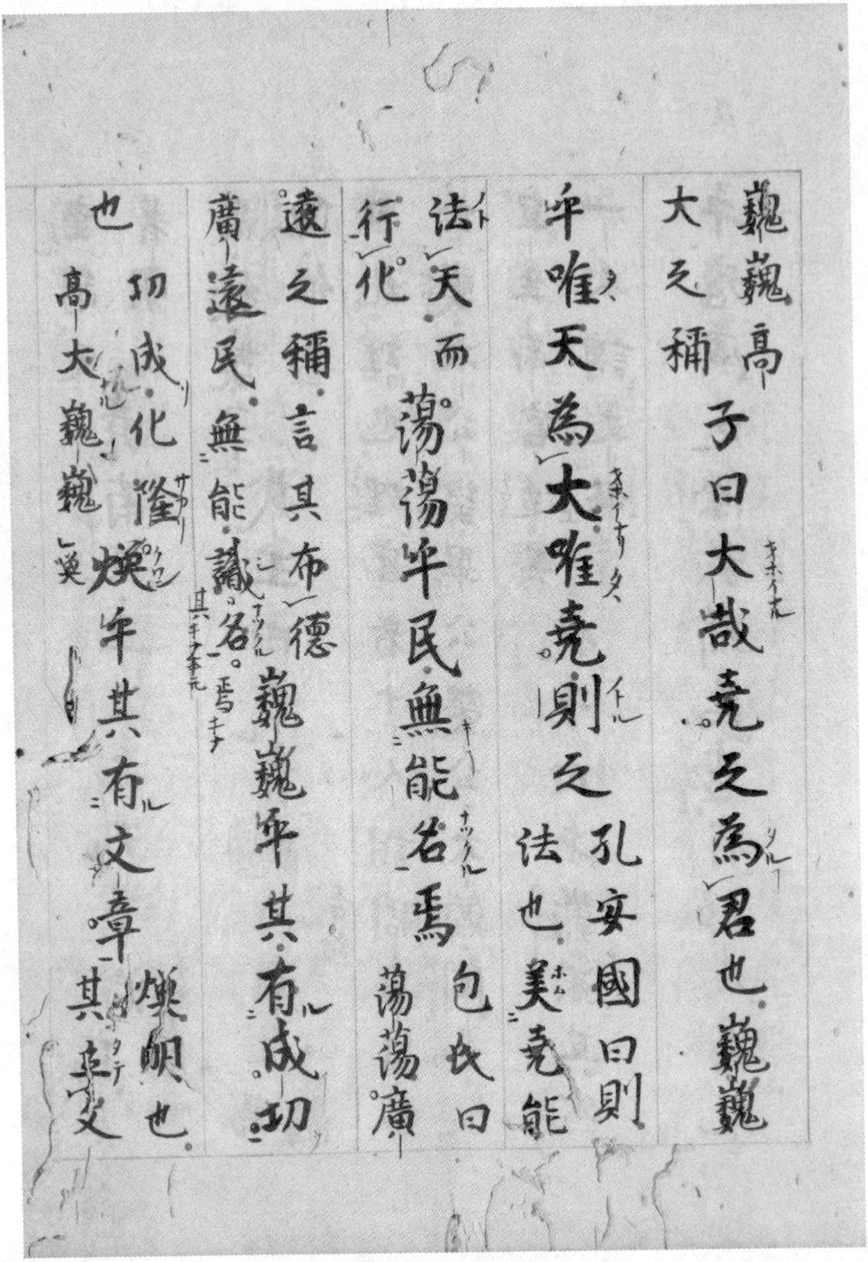

巍巍高大之稱　子曰大哉堯之為君也巍巍乎唯天為大唯堯則之　孔安國曰則法也美堯能法天而行化　蕩蕩乎民無能名焉　包氏曰蕩蕩廣遠之稱言其布德廣遠民無能識名焉　巍巍乎其有成功也　功成化隆高大巍巍　煥乎其有文章　煥明也其立文

虞

垂制。又　舜有臣五人而天下治。孔安
著明　　　　　　　　　　　　　國曰
禹。稷。契。皐　武王曰。予有亂臣十人。馬
陶。伯益　　　　　　　　　　　　　　融
曰亂。理也。理官者。十人。謂周公旦。召
公奭。太公望。畢公。榮公。太顛。閎夭。散
宜生。南宮适。其　孔子曰。才難。不其然
一人。謂文母
乎。唐虞之際。於斯為盛。有婦人焉。九

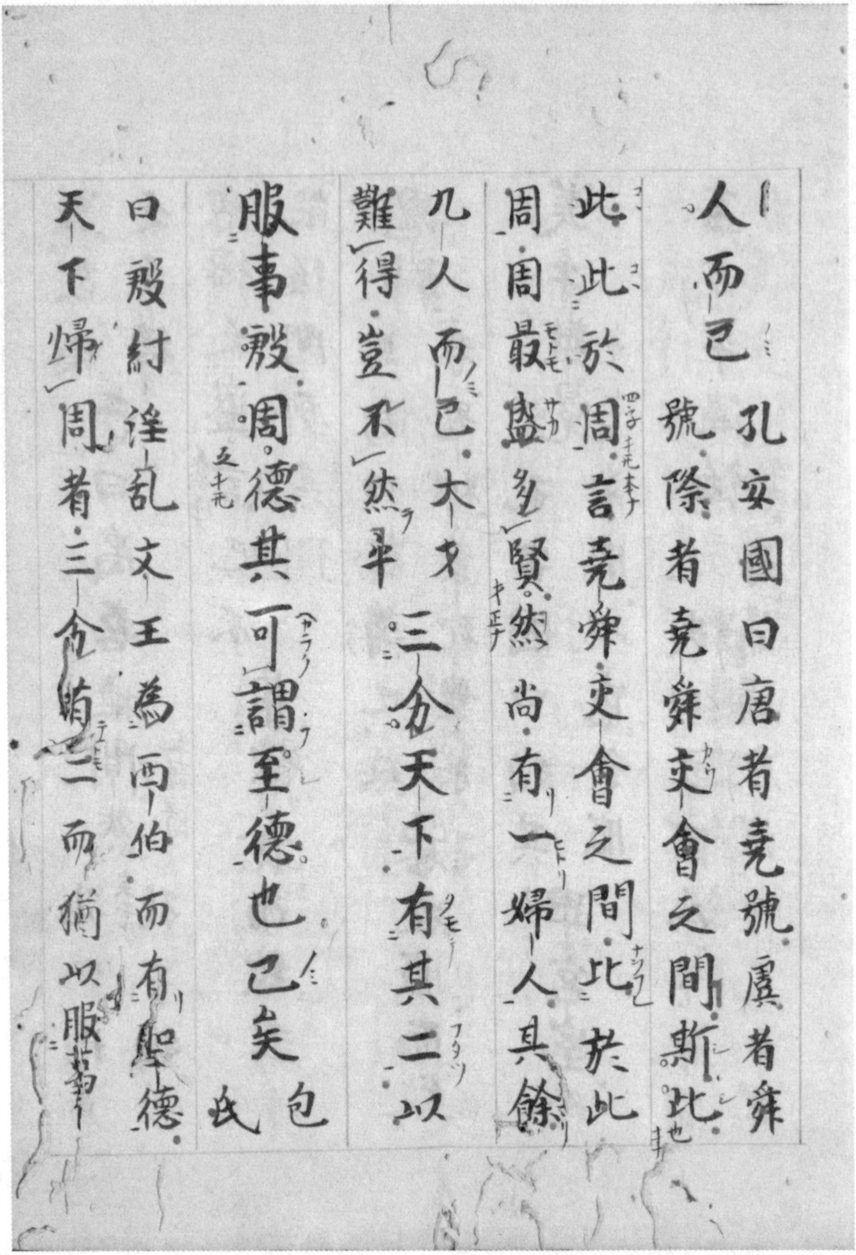

人而已
孔安國曰唐者堯號虞者舜
號際者堯舜交會之間斯此也
此此於周言堯舜交會之間比於此
周周最盛多賢然尚有一婦人其餘
九人而已大才
難得豈不然乎三分天下有其二以
服事殷周德其可謂至德也已矣包
氏
曰殷紂淫亂文王為西伯而有聖德
天下歸周者三分有二而猶以服事殷

歟故謂之至德　子曰禹吾無間然　孔安國曰孔子推禹
功德之盛美言己不能復間廁其間　菲飲食而致孝乎
鬼神　馬融曰菲薄也致孝鬼神祭祀豐絜　惡衣服而致
美乎黻冕　孔安國曰損其常服以盛祭服　卑宮室而
盡力乎溝洫　包氏曰方里為井井間有溝溝廣深四尺十里

爲一城城間有一洫
洫廣深八尺也
禹吾無間然矣

論語卷第四
經一千五百五字
注二千二百八十四字

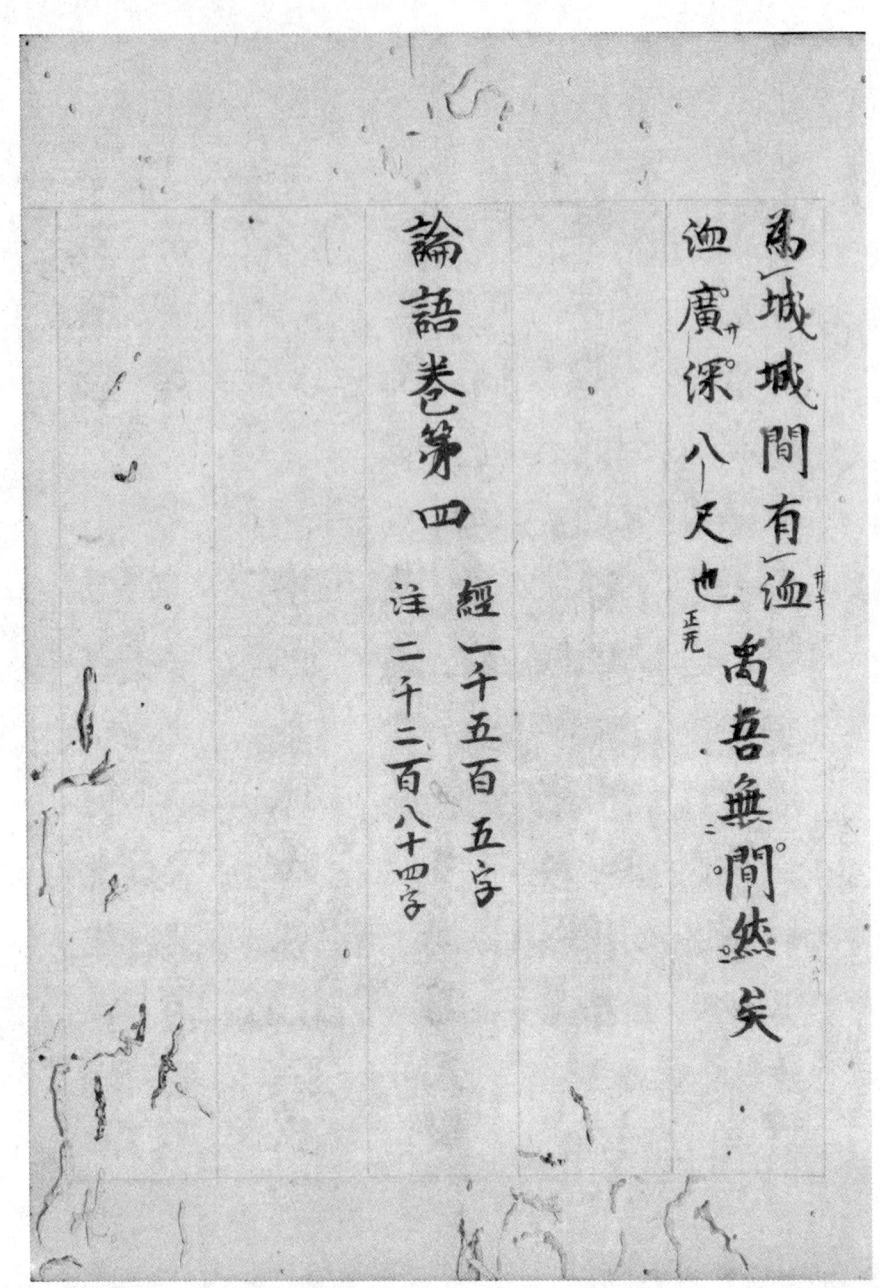

論語卷第五

論語子罕第九　凡卅一章　何晏集解

子罕言利與命與仁　罕者希也利者義之和也命者天之命也仁者行之盛也寡能及之故希言也

達巷黨人曰大哉孔子博學而無所成名　鄭玄曰達巷黨者黨名也五百家為黨此黨之人美孔子博學道藝不成一名而已

子聞

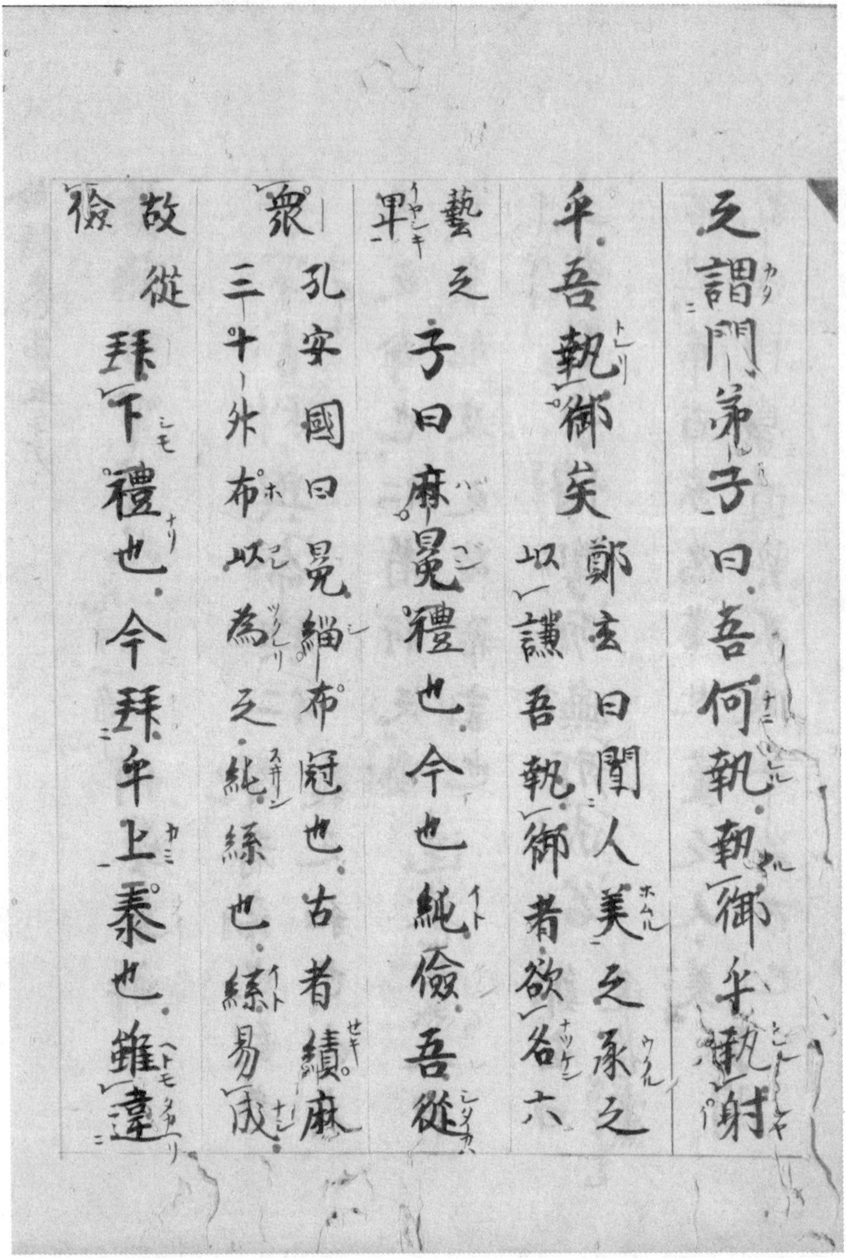

之謂門弟子曰吾何執執御乎執射
乎吾執御矣鄭玄曰聞人美之承之以謙吾執御者欲名六
藝之卑
子曰麻冕禮也今也純儉吾從
衆孔安國曰冕緇布冠也古者績麻三十升布以爲之純絲也絲易成
故從儉
拜下禮也今拜乎上泰也雖違

唯

衆吾從下王肅曰臣之與君行礼者下拜然後成礼時臣驕
泰故於上拜今從下礼之恭也子絶四毋意以道爲度故不
任意毋必用之則行舍之則藏故無專必毋固無可無不可故
無固行毋我述古而不自作處群萃而不自異唯道是從故不自
有其身子畏於匡包氏曰匡人誤圍夫子以爲陽虎陽虎曾

暴於匡。夫子弟子顔剋時又與虎俱
行。後剋爲夫子御至於匡。匡人相與
共識剋。又夫子容貌與虎
相似。故匡人以兵圍之
曰文王既
沒。文不在茲乎
孔安國曰茲此也。言
文王雖已沒其文見
在此。此自
此其身
天之將喪斯文也。後死者
不得與於斯文也
孔安國曰文王既
沒。故孔子自謂後

死言天將喪此文者本不當使　天之
我知之今使我知未欲喪也
未喪斯文也匡人其如予何　馬融曰如予何
者猶言奈我何也天之未喪此文則
我當傳之匡人欲奈我何言其不能
違天害己　太宰問於子貢曰夫子聖者與
何其多能也　孔安國曰大宰大夫官名或吳或宋未可分也

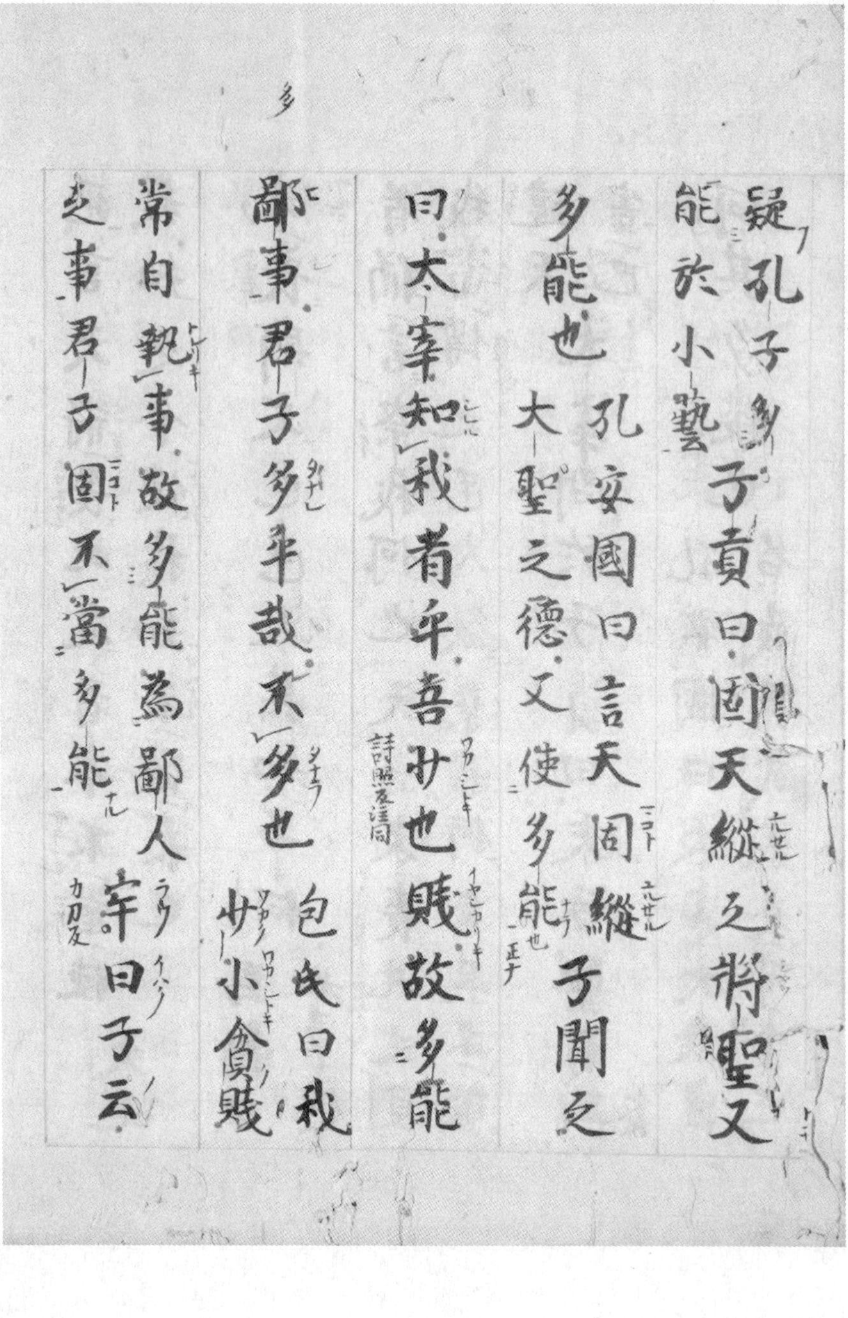
疑孔子多能於小藝　子貢曰固天縱之將聖又多能也　孔安國曰言天固縱大聖之德又使多能也　子聞之曰太宰知我者乎吾少也賤故多能鄙事君子多乎哉不多也　包氏曰我少小貧賤常自執事故多能為鄙人之事君子固不當多能　牢曰子云

吾不試故藝鄭玄曰牢弟子子牢也
試用也言孔子自云我
不見用故
多能伎藝子曰吾有知乎哉無知也
知者知意之知也言知
者言未必盡今我誠盡有鄙夫問於
我空空如也我叩其兩端而竭焉孔
安
國曰有鄙夫來問於我其意空空然我
則發事之終始兩端以語之竭盡所知

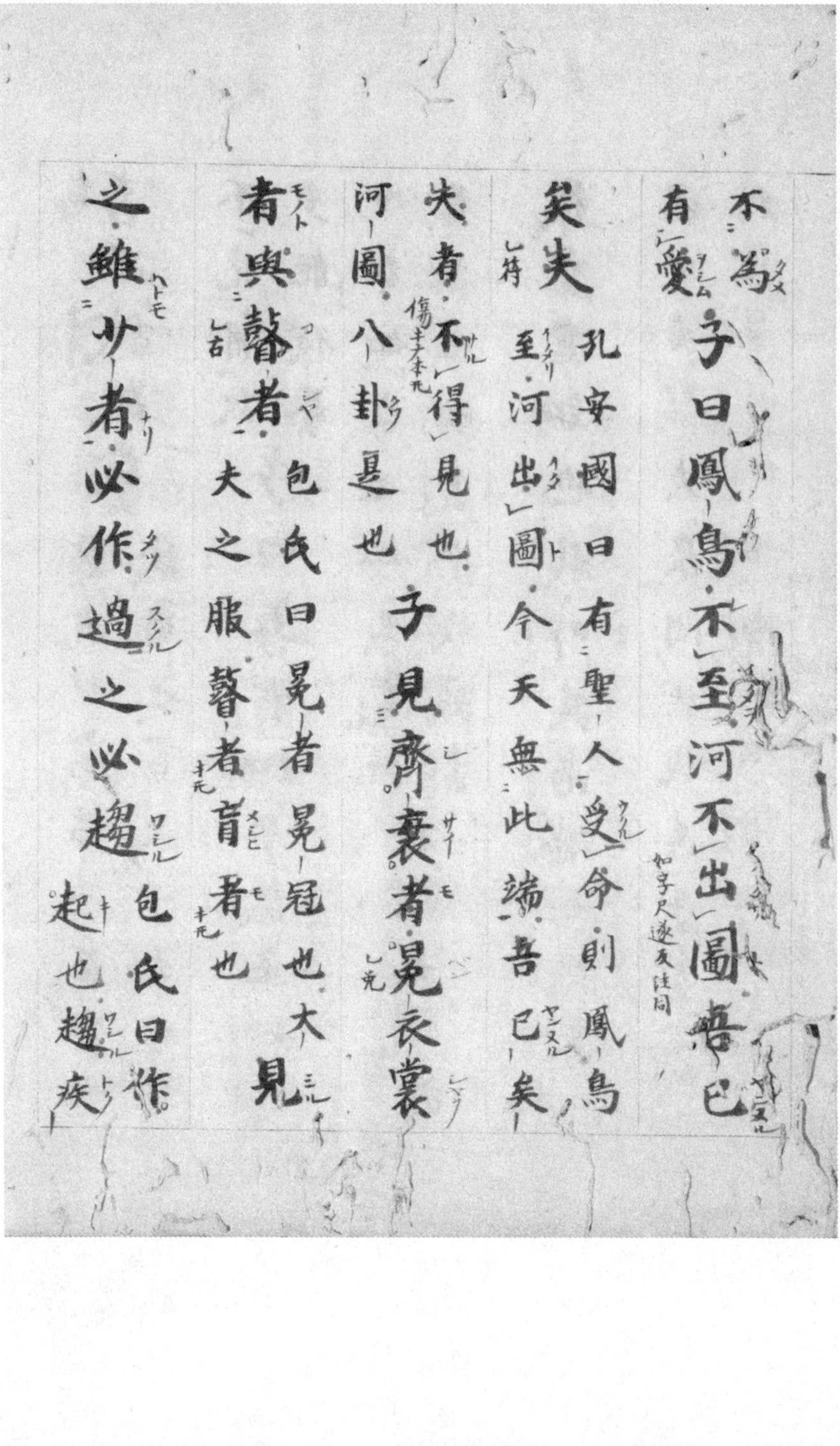
不爲有愛
子曰鳳鳥不至河不出圖吾已矣夫
孔安國曰有聖人受命則鳳鳥至河出圖今天無此瑞吾已矣夫者不得見也河圖八卦是也
子見齊衰者冕衣裳者與瞽者
包氏曰冕者冕冠也大夫之服瞽者盲者也
見之雖少者必作過之必趨
包氏曰作起也趨疾

行也此夫子衰有喪顏淵喟然歎曰尊在位恤不成人喟然歎聲仰之彌高鑽之彌堅言不可瞻竆盡之在前忽焉在後言忽怳不可爲形象夫子循循然善誘人循循次序皃誘進也言夫子正以此道勸進人有次序博我以文約我以禮欲罷不能

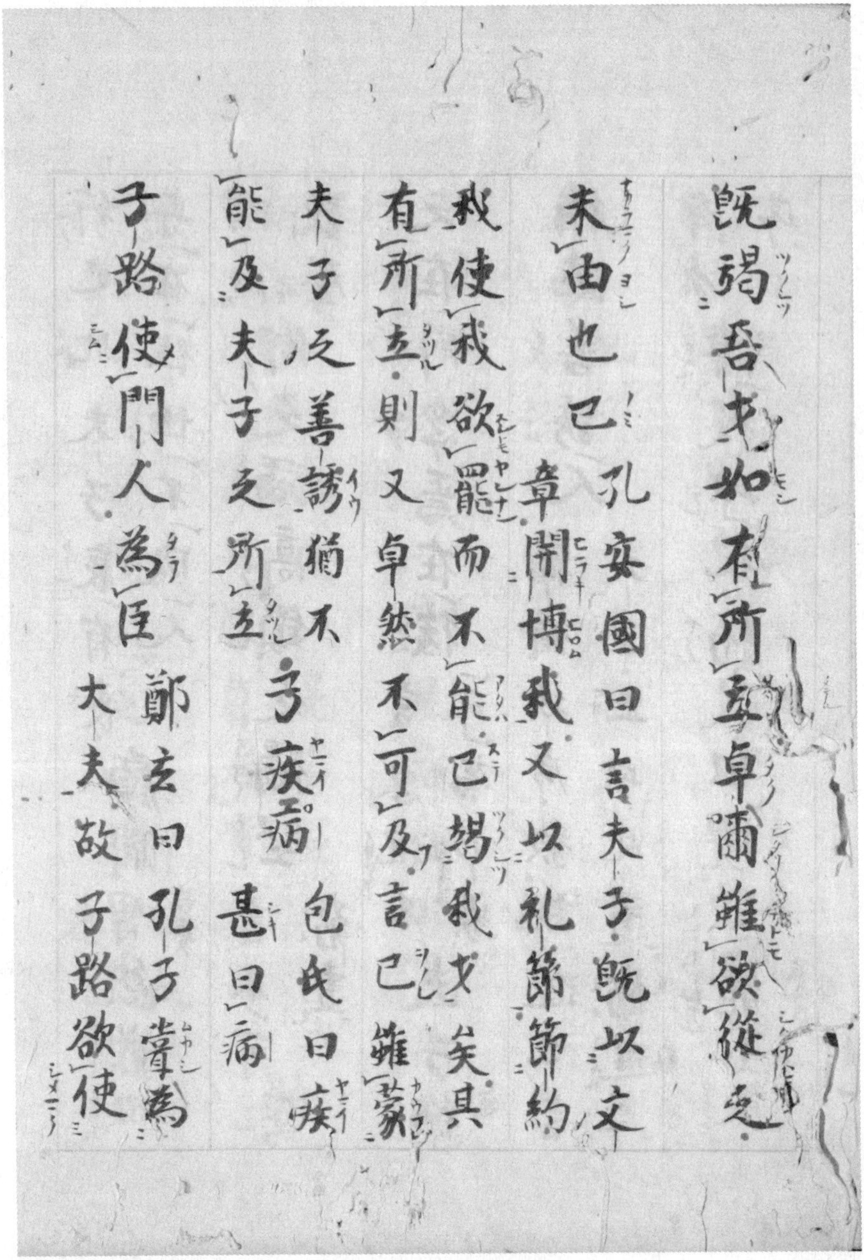
既竭吾才如有所立卓爾雖欲從之
末由也已　孔安國曰言夫子既以文
章開博我又以禮節節約
我使我欲罷而不能已竭我才矣其
有所立則又卓然不可及言已雖蒙
夫子之善誘猶不　子疾病　包氏曰疾
能及夫子之所立　甚曰病
子路使門人爲臣　鄭玄曰孔子嘗爲
大夫故子路欲使

弟子行其病間曰久矣哉由之行詐
臣之義
也無臣而為有臣吾誰欺欺天乎孔安
國曰病小差曰間言子路有是心非唯今日也且予與其死
於臣之手也無寧死於二三子之手
乎馬融曰無寧寧也二三子門人也就使我有臣而死其手我寧死

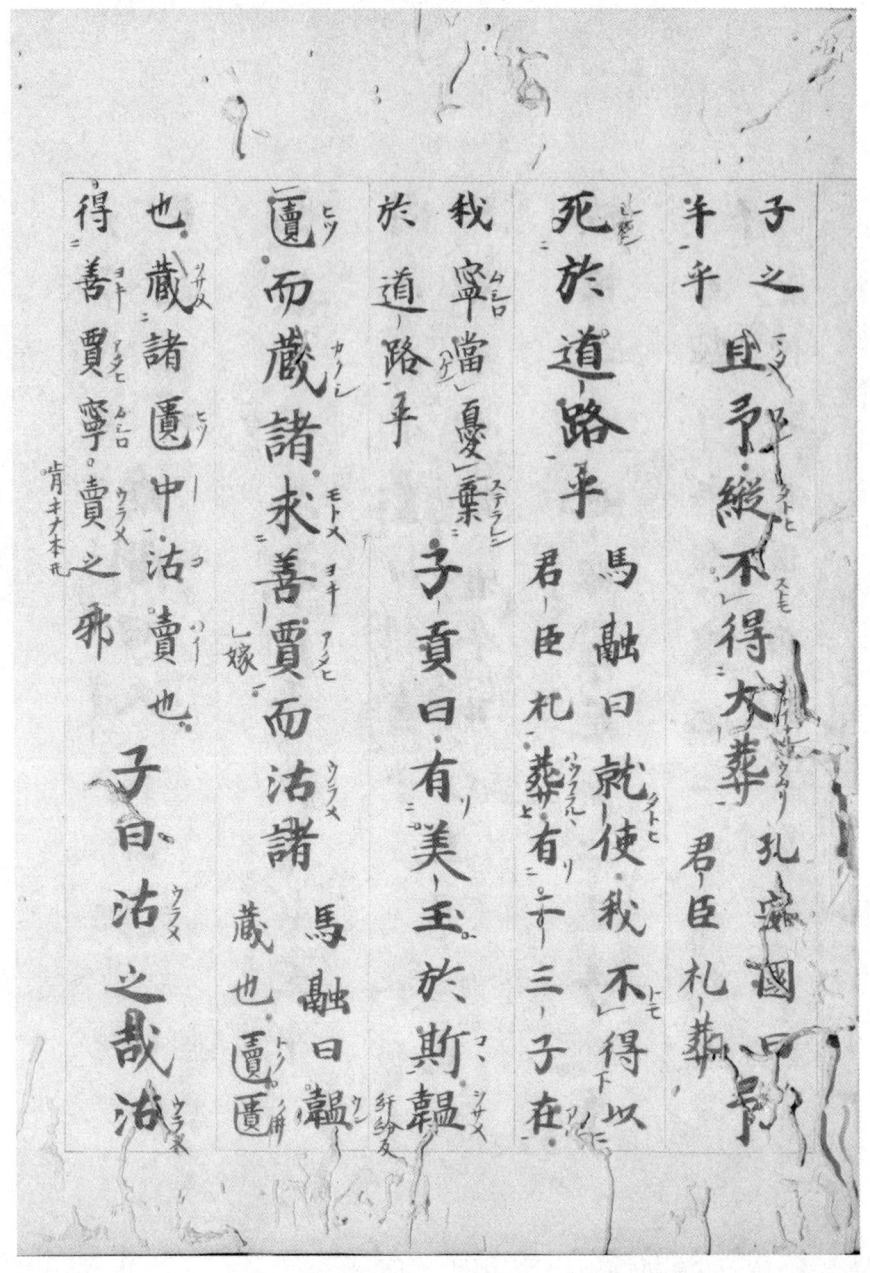

子之手乎　且予縱不得大葬　孔安國曰：君臣礼葬

死於道路乎　馬融曰：就使我不得以君臣礼葬，有二三子在，

我寧當憂棄於道路乎　子貢曰：有美玉於斯，韞

匵而藏諸？求善賈而沽諸？　馬融曰：韞，藏也。匵，匱

也。藏諸匵中。沽，賣也。得善賈，寧賣之邪　子曰：沽之哉！沽

肯キナ本无

之哉我待賈者也　包氏曰沽之哉不衒賣之辭我居而待賈者

子欲居九夷　馬融曰九夷東方之夷有九種

或曰陋如之何　子曰君子居之何陋之有　馬融曰君子所居皆化

子曰吾自衛反魯然後樂正雅頌各得其所　鄭玄曰反魯魯哀公

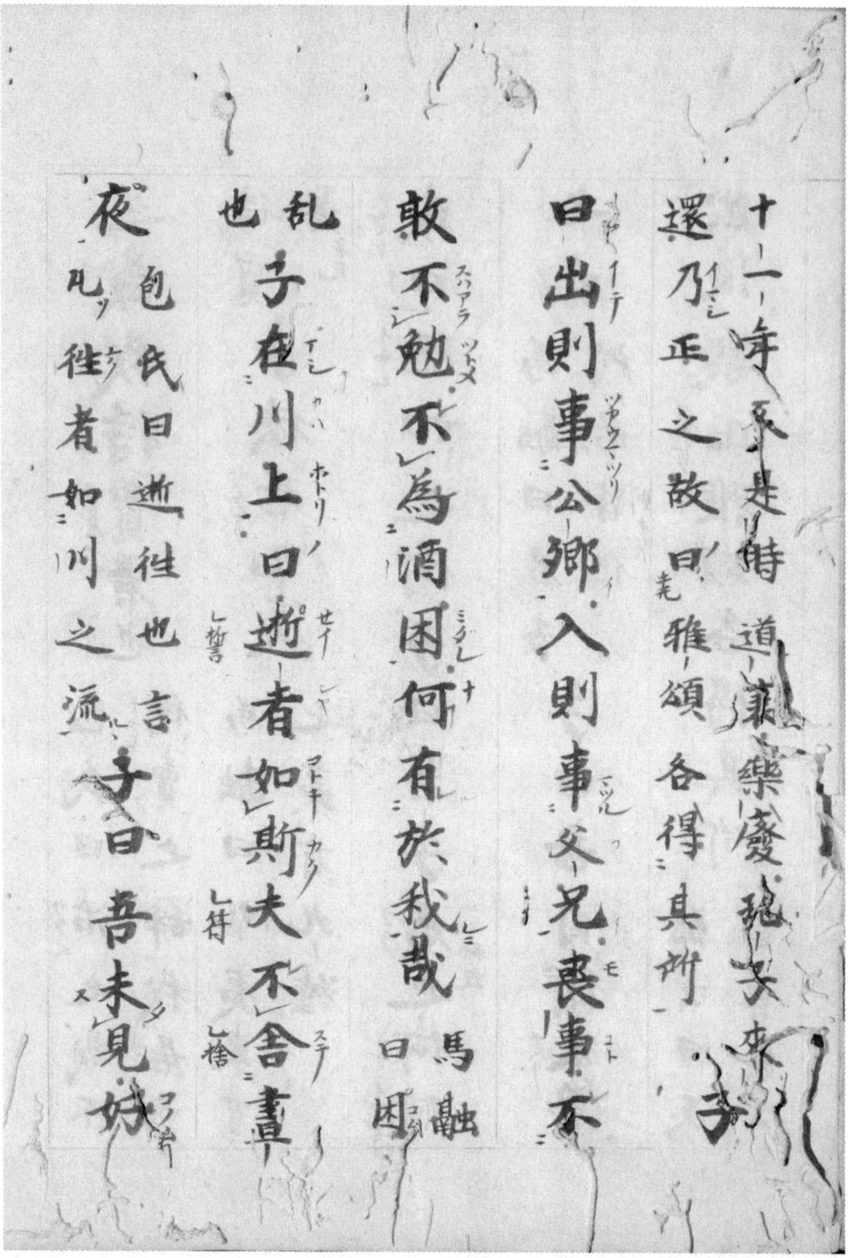

十一年冬是時道衰樂廢孔子來
還乃正之故雅頌各得其所
子曰出則事公卿入則事父兄喪事不
敢不勉不為酒困何有於我哉　馬融曰困
乱也　子在川上曰逝者如斯夫不舍晝
夜　包氏曰逝往也言凡往者如川之流　子曰吾未見好

德如好色者也 疾時人薄於德而厚於色故發此言 子

曰譬如為山未成一簣止吾止也 包氏曰簣土籠也此勸人進於道德為山者其功雖已多未成一籠而中道止者我不以其前功多而善之見其志不遂故不與也 譬如平地

雖覆（芳服反注同）一簣進吾往也 馬融曰平地者將進加功雖[illegible]

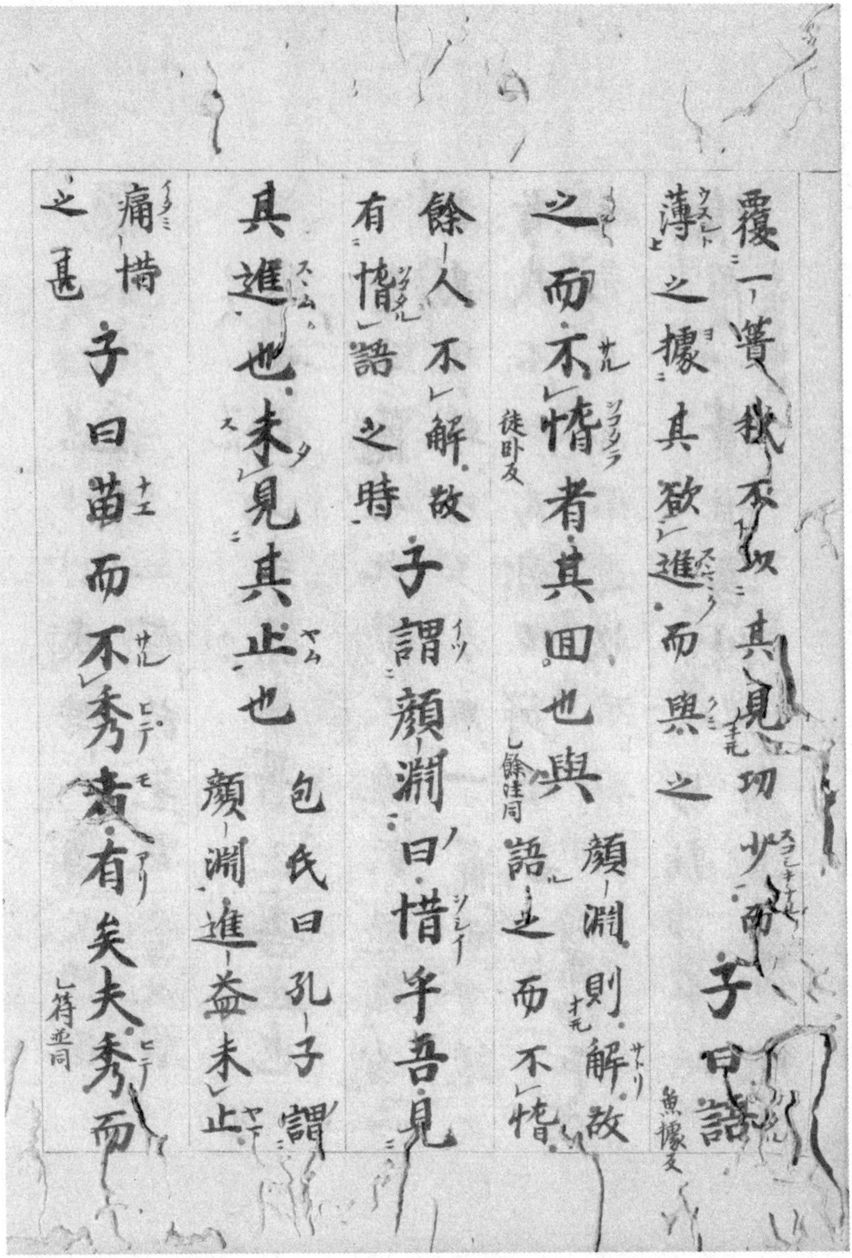

覆一簣雖不以其見功少而
薄之據其欲進而與之 子曰語
之而不惰者其回也與 顔淵則解故語之而不惰
餘人不解故有惰語之時 子謂顔淵曰惜乎吾見
其進也未見其止也 包氏曰孔子謂顔淵進益未止
痛惜之甚 子曰苗而不秀者有矣夫秀而

不實者有矣夫　孔安國曰言万物有生而不育成者喻人亦然

子曰後生可畏焉知來者之不如今也　後生謂年少　四十五十而無聞焉斯亦不足畏也已

子曰法語之言能無從乎巽之為貴　孔安國曰人有過以正道告之口無不

從之能改巽與之言能無說乎繹之
改乃為貴
為貴　馬融曰巽恭也謂恭巽謹敬之
言聞之無不說也能尋繹行之
乃為貴　說而不繹從而不改吾末如之
何也已矣子曰主忠信無友不如己
者過則勿憚改　慎其所主所友有過
務改皆所以為益

子曰三軍可奪帥也匹夫不可奪志
也　孔安國曰三軍雖衆人心非一則
其將帥可奪而取之匹夫雖微苟守
其志不可得而奪也　子曰衣敝縕袍與衣狐貉
者立而不耻者其由也與　孔安國曰
縕枲著
不忮不求何用不臧　馬融曰忮害也
臧善也言不

縕　臧

害不貪求何用為不臧　子路終身誦之

善疾貪惡忮害之詩

子曰是道也何足以臧　馬融曰臧善也尚復有美於是者何足以為善

子曰歲寒然後知松柏之後彫也　大寒之歲衆木皆死然後知松柏小彫傷平歲則衆木亦有不死者故須歲寒而後別之喩凡人處治世亦能自修整與君子同在

濁世然後知君子之正不苟容子曰知者不惑包氏曰不
惑乱仁者不憂孔安國曰無憂患勇者不懼子
曰可與共學未可與適道適之也雖學或得異
端未必能之道可與適道未可與立雖能之道未必
能以有所成立可與立未可與權雖能有所立未必能

以言思權而不得見者其道遠也

權量其輕唐棣之華偏其反而豈不
重之極
爾思室是遠而逸詩也唐棣栘也華
反而後合賦此詩以
言權道反而後至大順思其人而不
得見者其室遠也以言思權而不得
見者其子曰未之思也夫何遠之有
道遠也
夫思者當思其反反是不思所以
哉為遠能思其反何遠之有言權可

知唯不知思耳思之有次序斯可知也

論語鄉黨第十　凡一章　何晏集解

孔子於鄉黨恂恂如也似不能言者王肅曰恂恂溫恭之貌其在宗廟朝廷便便言唯謹爾鄭玄曰便便辯也雖辯而謹敬朝與下大夫言

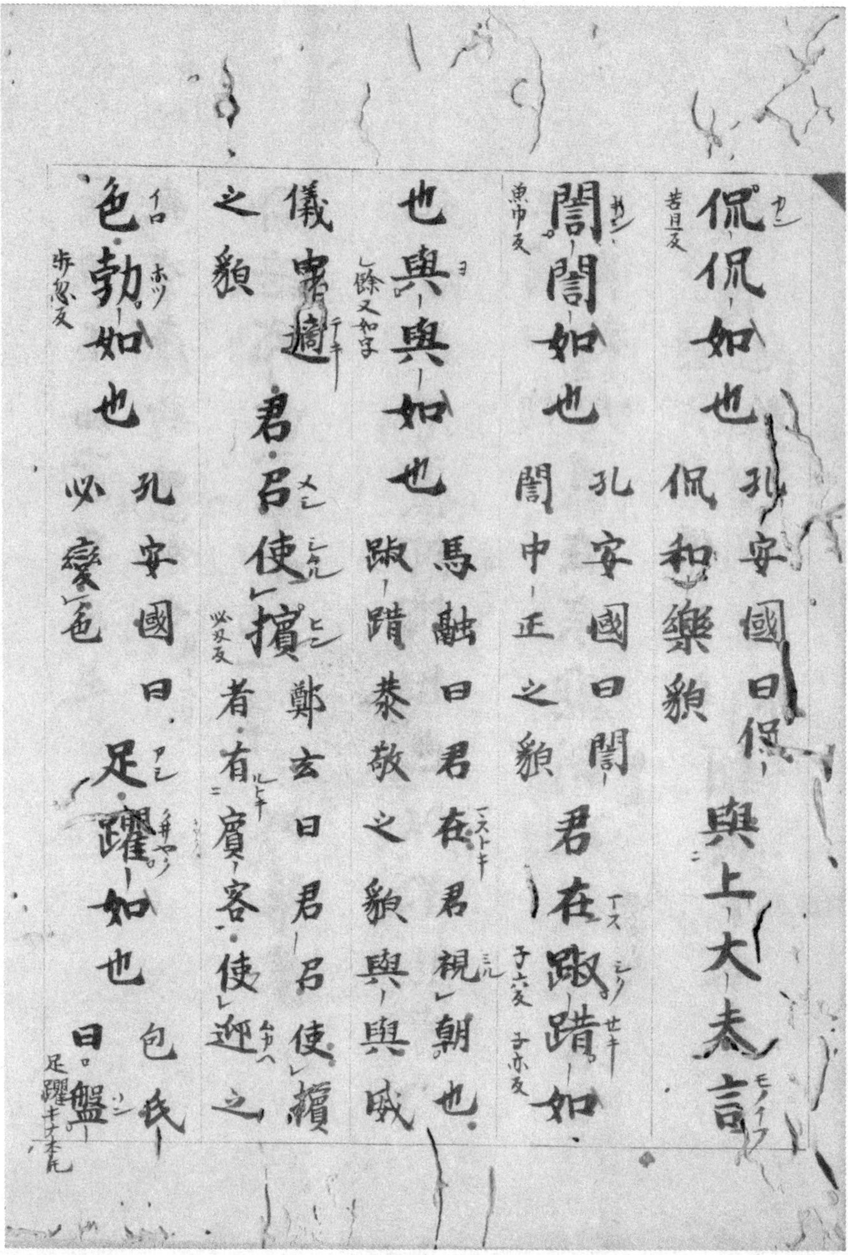

侃侃如也　孔安國曰侃侃和樂貌　與上大夫言

誾誾如也　孔安國曰誾誾中正之貌　君在踧踖如

也與與如也　馬融曰君在君視朝也踧踖恭敬之貌與與威

儀中適之貌　君召使擯　鄭玄曰君召使擯者有賓客使迎之

色勃如也　孔安國曰必變色　足躩如也　包氏曰盤

辟貌 揖所與立左右其手衣前後襜如

也 鄭玄曰揖左人左其手揖右人右其手一俛一仰故衣前後則襜如

也 趨進翼如也 孔安國曰言端好也 賓退必復

命曰賓不顧矣 孔安國曰復命白君賓已去矣 入公

門鞠躬如也如不容 孔安國曰斂身 立不中

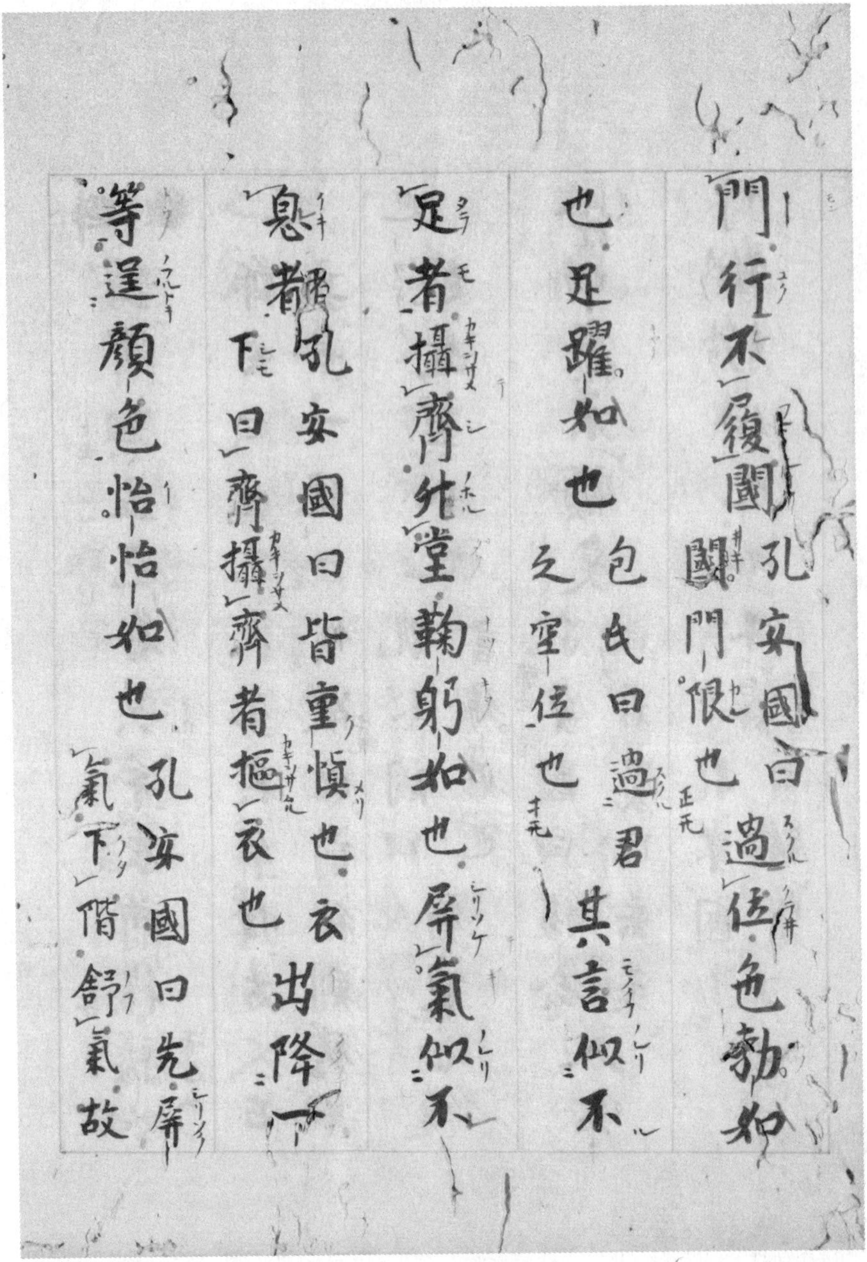

門行不履閾孔安國曰閾門限也過位色勃如
也足躩如也包氏曰過君之空位也其言似不
足者攝齊升堂鞠躬如也屏氣似不
息者孔安國曰皆重慎也衣下曰齊攝齊者摳衣也出降一
等逞顏色怡怡如也孔安國曰先屏氣下階舒氣故

怡怡如也　沒階趨進翼如也　孔安國曰沒盡也下盡階

復其位踧踖如也　孔安國曰來時所過位也　執圭

鞠躬如也如不勝　包氏曰為君使以聘問隣國執持君

之圭鞠躬者敬慎之至　上如揖下如授勃如戰

色足蹜蹜如有循　鄭玄曰上如揖授玉宜敬下如授不

敢忘礼戰色敬也足蹜　享禮有容色
蹜如有循舉前曳踵行
鄭玄曰享獻也聘礼既聘　私覿愉愉
而享享用圭璧有庭實
如也鄭玄曰覿見也既享乃　君子不
以私礼見愉愉顏色和
以紺緅飾孔安國曰一入曰緅飾者
不以爲領袖緣也紺者齊
服盛色以爲飾似衣齊服緅者三年
練以緅飾衣爲其似衣喪服故皆不

以飾衣為紅紫不以為褻服王肅曰褻服私居非公會

之服皆不正褻尚不衣正服無所施當暑袗絺綌必

表而出孔安國曰暑則單服絺綌葛也必表而出加上衣也緇

衣羔裘素衣麑裘黃衣狐裘褻裘長

短右袂孔安國曰服皆中外之色相稱也私家裘長主溫短右袂

者便作事必有寢衣長一身有半孔安國曰今之
被也狐貉之厚以居鄭玄曰在家以接賓客去喪
無所不佩孔安國曰去除也非喪則備佩所宜佩也非帷
裳必殺之王肅曰衣必有殺縫唯帷裳無殺也羔裘玄
冠不以弔孔安國曰喪主素吉主玄吉凶異服故不相弔也

吉月必朝服而朝孔安國曰吉月月朔也朝服皮弁服
齊必有明衣布也孔安國曰以布為沐浴衣齊必
變食孔安國曰改常食居必遷坐孔安國曰易常處
食不厭精膾不厭細食饐而餲孔安國曰
饐餲臭味變魚餒而肉敗不食孔安國曰魚敗曰餒

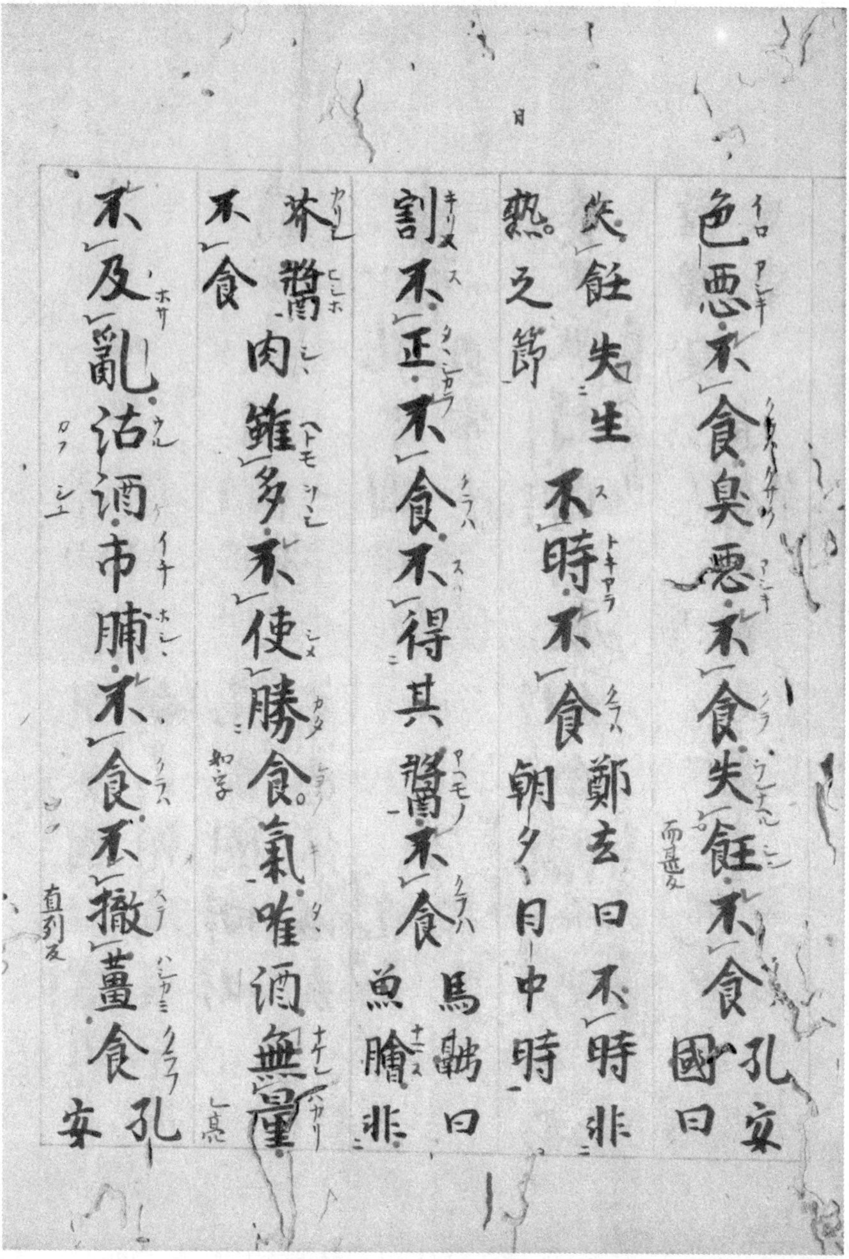
色惡不食臭惡不食失飪不食孔安國曰
失飪失生 不時不食鄭玄曰不時非
熟之節 朝夕日中時
割不正不食不得其醬不食馬融曰魚膾非
芥醬不食
肉雖多不使勝食氣唯酒無量
不及亂沽酒市脯不食不撤薑食孔安

國曰徹去也齊禁薫

物薑辛不臭故不去不多食孔安國曰不過

飽祭於公不宿肉周生烈曰助祭於君所得牲體歸則

以班賜不留神恵祭肉不出三月出三月不

食之矣鄭玄曰自其家祭肉過三月不食是褻鬼神之餘食

不語寢不言雖疏食菜羹瓜祭必齊

此嗣又如字　側皆反

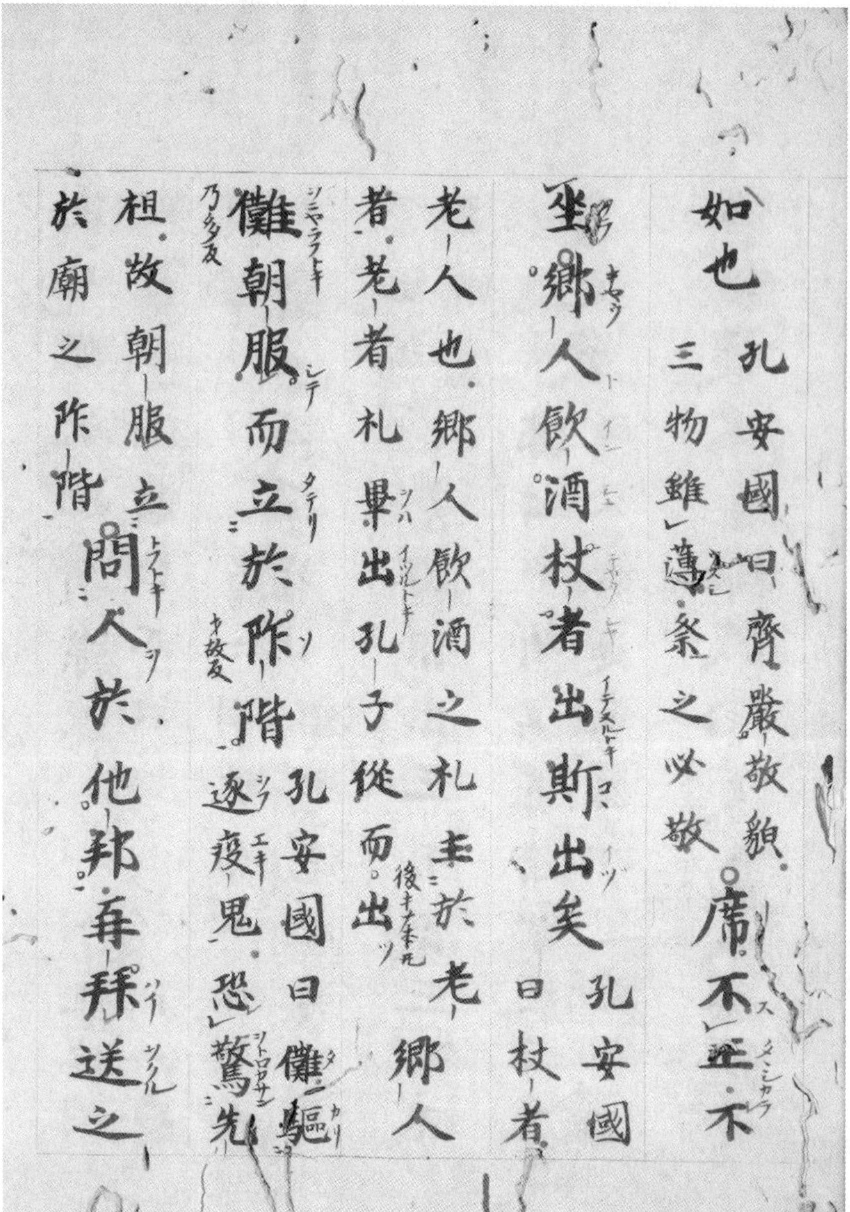
如也 孔安國曰齊嚴敬貌三物雖薄祭之必敬 席不正不坐 鄉人飲酒杖者出斯出矣 孔安國曰杖者老人也鄉人飲酒之禮主於老者老者禮畢出孔子從而出 鄉人儺朝服而立於阼階 孔安國曰儺驅逐疫鬼恐驚先祖故朝服立於廟之阼階 問人於他邦再拜送之

孔安國曰拜送使者敬也　康子饋藥拜而受之　包氏

曰饋孔子藥　曰丘未達不敢嘗　孔安國曰未知其

故不嘗礼也　廄焚子退朝曰傷人乎不問

馬　鄭玄曰重人賤畜退朝自魯君之朝来歸　君賜食必正

席先嘗　孔安國曰敬君之惠也既嘗之乃以班賜　君賜腥

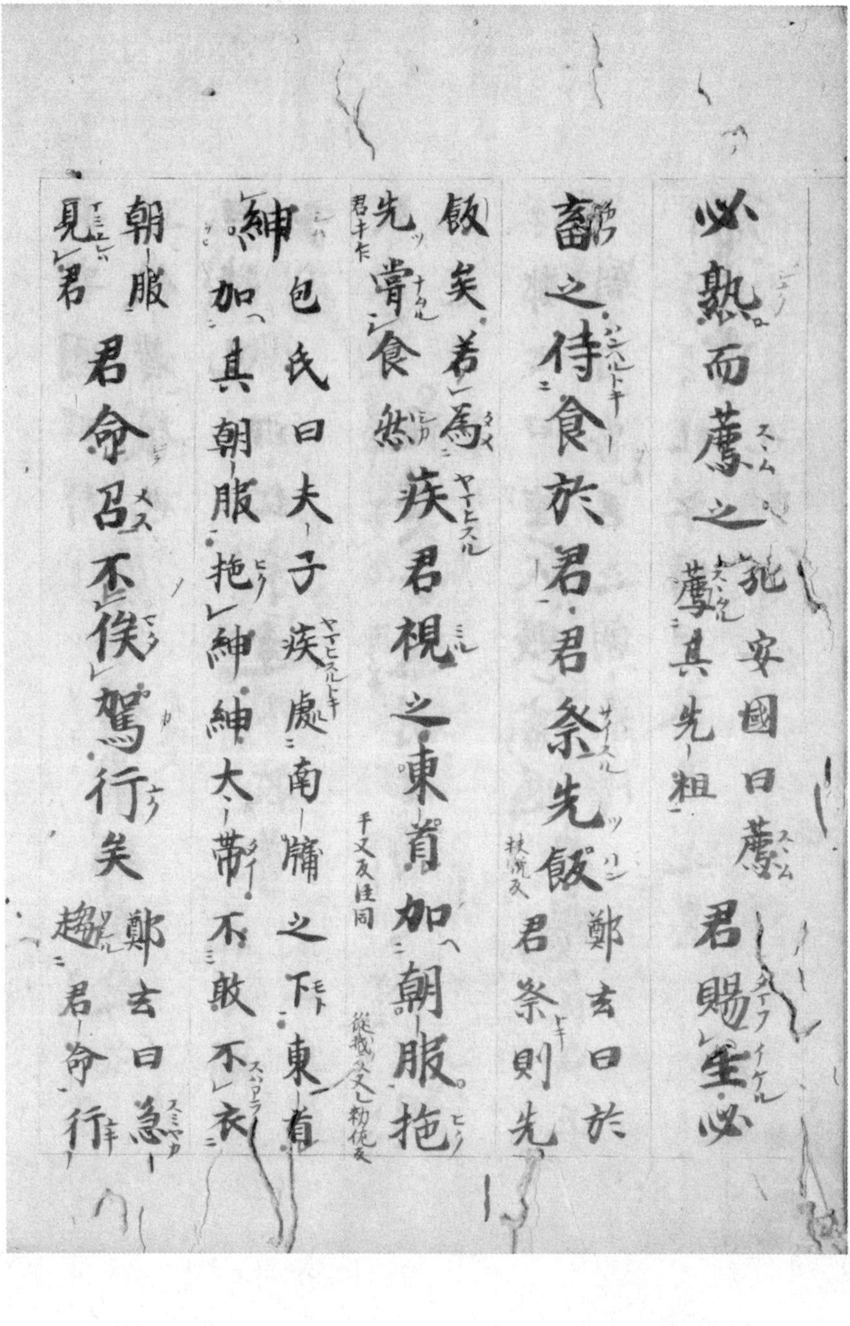
必熟而薦之孔安國曰薦薦其先祖君賜生必
畜之侍食於君君祭先飯鄭玄曰於君祭則先
飯矣若爲君先嘗食然疾君視之東首加朝服拖
紳包氏曰夫子疾處南牖之下東首加其朝服拖紳紳大帶不敢不衣
朝服見君君命召不俟駕行矣鄭玄曰急趨君命行

出而車入大廟毎事問鄭玄曰為君
既駕隨之　助祭也大廟
周公朋友死無所歸曰於我殯孔安
廟也　國曰
重朋友之恩無朋友之饋雖車馬非
所歸無親昵
祭肉不拜孔安國曰不拜寢不尸包
有通財之義　氏
曰偃臥四體布居不容孔安國曰為
展手足似死人　家室之敬難

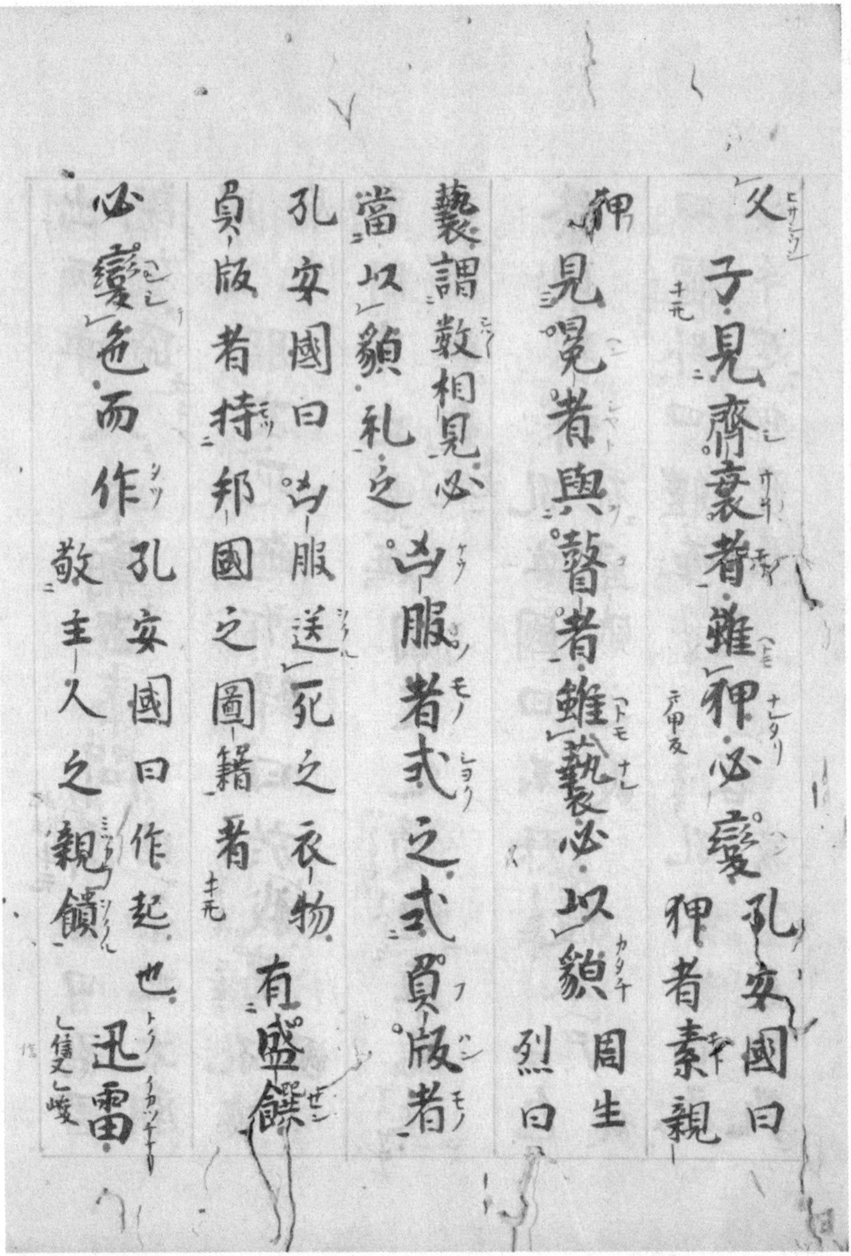

父
子見齊衰者雖狎必變孔安國曰狎者素親
狎
見冕者與瞽者雖褻必以貌周生烈曰
褻謂數相見必當以貌礼之凶服者式之式負版者
孔安國曰凶服送死之衣物負版者持邦國之圖籍者有盛饌
必變色而作孔安國曰作起也敬主人之親饋迅雷

風烈必變（鄭玄曰敬天之怒風疾雷為烈）升車必正
立執綏（周生烈曰必正立執綏所以為安）車中不内
顧（包氏曰車中不内顧者前視不過衡軛傍視不過輢轂）不疾
言不親指色斯舉矣（馬融曰見顏色不善則去之）
翔而後集（周生烈曰迴翔審觀而後下止）曰山梁雌

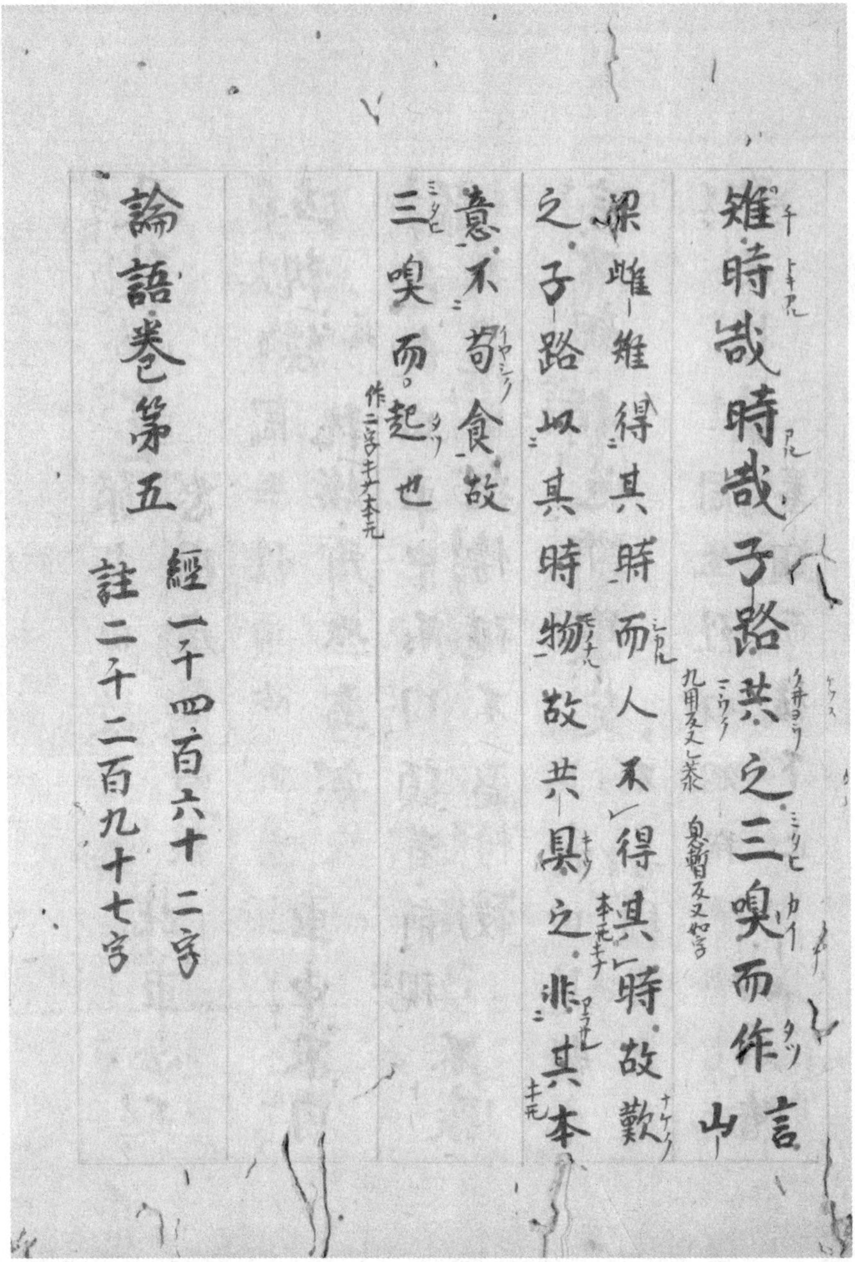

雉時哉時哉子路共之三嗅而作

言山梁雌雉得其時而人不得其時故歎

之子路以其時物故共具之非其本

意不苟食故

三嗅而起也

論語卷第五

經一千四百六十二字

註二千二百九十七字

論語

六之十

論語巻第六　十オ

論語先進第十一

鄭廿三章　皇廿四章　何晏集解

子曰先進於禮樂野人也後進於禮樂君子也　孔曰先進後進謂仕先後輩也礼樂因世損益後進與礼樂倶得時之中斯君子矣　如用之則先進有古風斯野人也吾從先進　包氏曰將移風易俗歸之淳素先進猶近古風故從

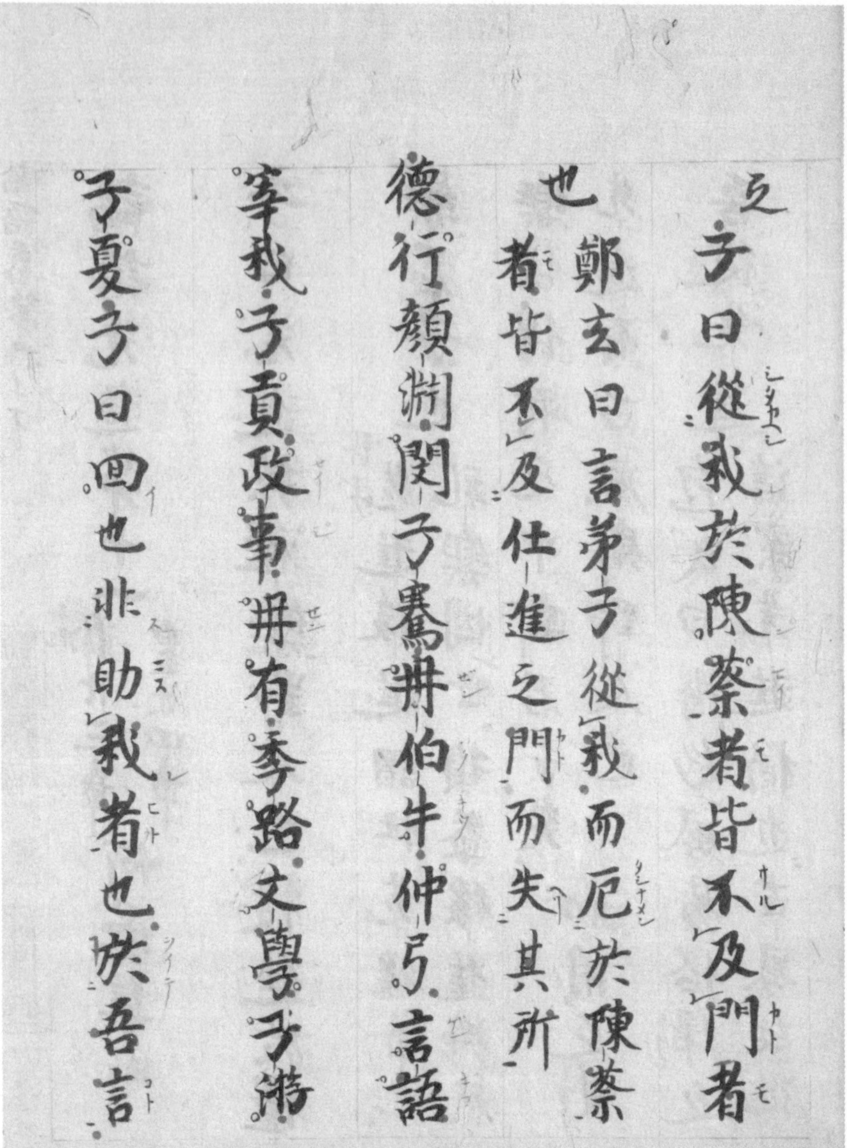
之
子曰從我於陳蔡者皆不及門者
也
鄭玄曰言弟子從我而厄於陳蔡
者皆不及仕進之門而失其所
德行顏淵閔子騫冉伯牛仲弓言語
宰我子貢政事冉有季路文學子游
子夏子曰回也非助我者也於吾言

無所不説　孔安國曰助猶益也言回
聞言即解無可發起增益
於己
子曰孝哉閔子騫人不間於其父
母昆弟之言　陳群曰言閔子騫為人
上事父母下順兄弟動
靜盡善故人不
得有非間之言
南容三復白圭　孔安國曰
詩云白圭之玷尚可磨也斯言之玷
不可為也南容讀詩至此三反覆之

是其心慎言也　孔子以其兄之子妻之季康
子問弟子孰為好學孔子對曰有顔
回者好學不幸短命死矣今也則亡
未聞好學者顔淵死顔路請子之車
孔安國曰顔路顔淵父也家貧故欲請孔子之車賣以作椁　子曰

才不才亦各言其子也鯉也死有棺
而無椁吾不徒行以為之椁以吾從
大夫之後吾以不可徒行也　孔安國
曰鯉孔
子之子伯魚也孔子時為大夫故言
吾從大夫之後不可以徒行是謙辞
也
顔淵死子曰噫　包氏曰噫
痛傷之聲
天喪予

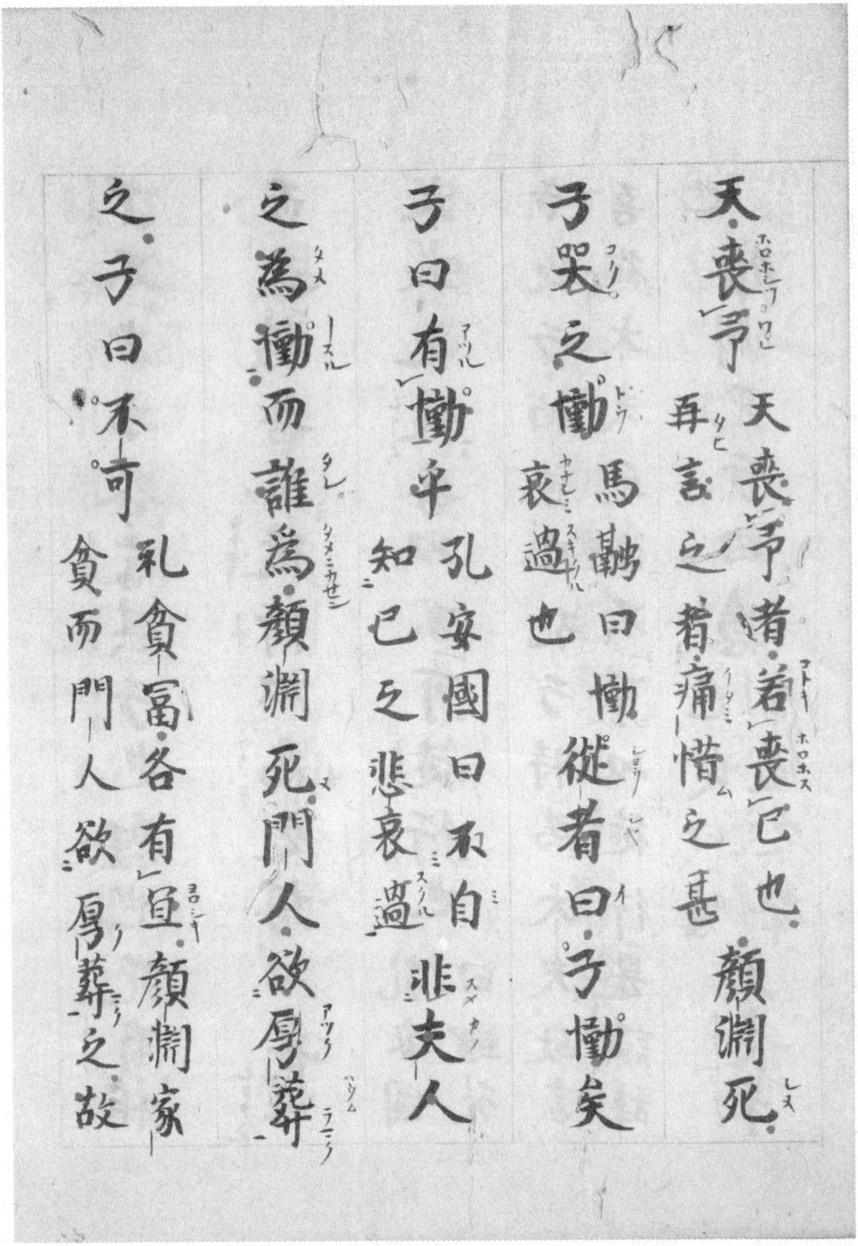
天喪予天喪予者若喪己也再言之者痛惜之甚顔淵死
子哭之慟馬融曰慟哀過也從者曰子慟矣
子曰有慟乎孔安國曰不自知己之悲哀過非夫人
之爲慟而誰爲顔淵死門人欲厚葬
之子曰不可礼貧富各有宜顔淵家貧而門人欲厚葬之故

不聽門人厚葬之子曰回也視予猶父也予不得視猶子也非我也夫二三子也

馬融曰言回自有父父意欲聽門人厚葬我不得制止非其厚葬故云爾

季路問事鬼神子曰未能事人焉能事鬼曰敢問死曰未知生焉知

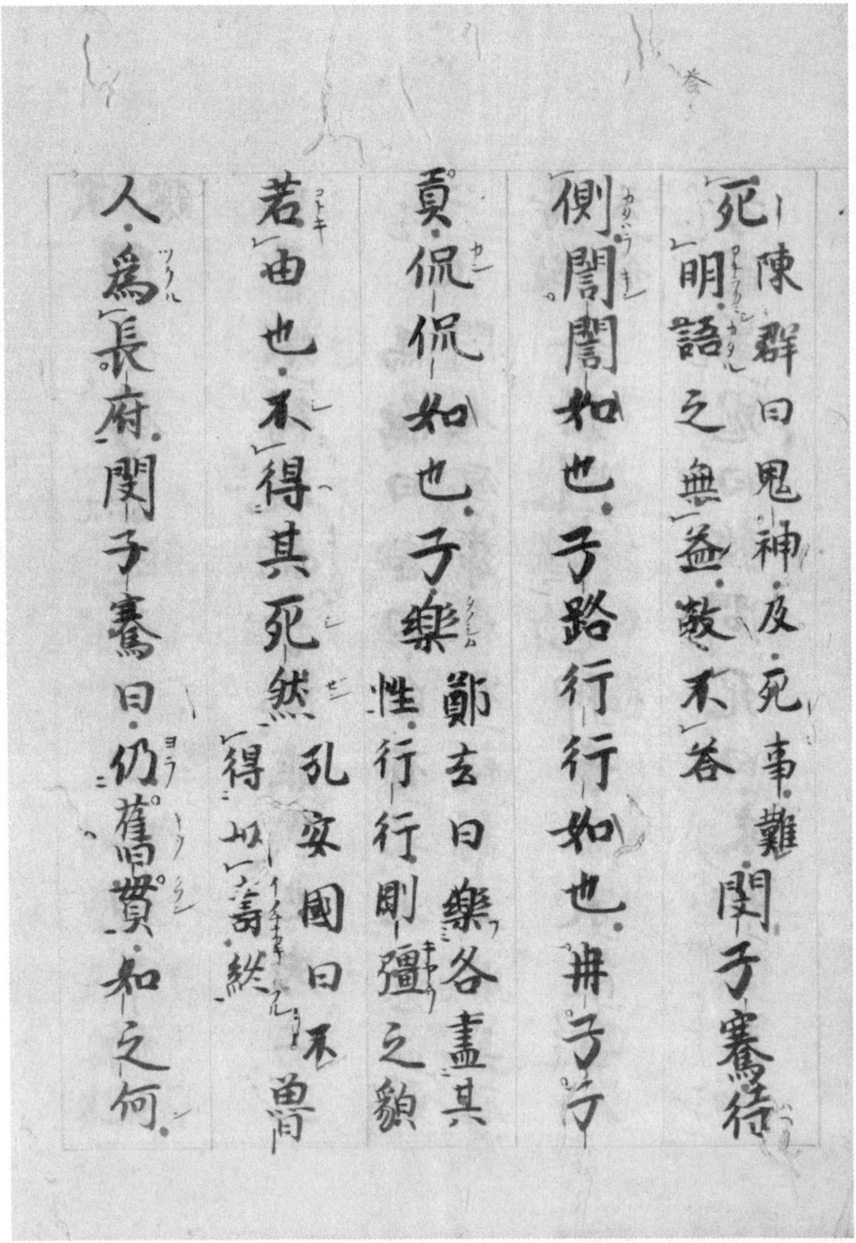

死陳群曰鬼神及死事難明語之無益故不荅閔子騫侍側誾誾如也子路行行如也冉子子貢侃侃如也子樂鄭玄曰樂各盡其性行行剛彊之貌若由也不得其死然孔安國曰不曽得以壽終人為長府閔子騫曰仍舊貫如之何

何必改作　鄭玄曰長府藏名也藏貨曰府仍因也貫事也因舊事則可何乃復更改作
子曰夫人不言言必有中　王肅曰言必有中者善其不欲勞民改作
子曰由之鼓瑟奚為於丘之門　馬融曰言子路鼓瑟不合雅頌
門人不敬子路子曰由也升堂矣未入

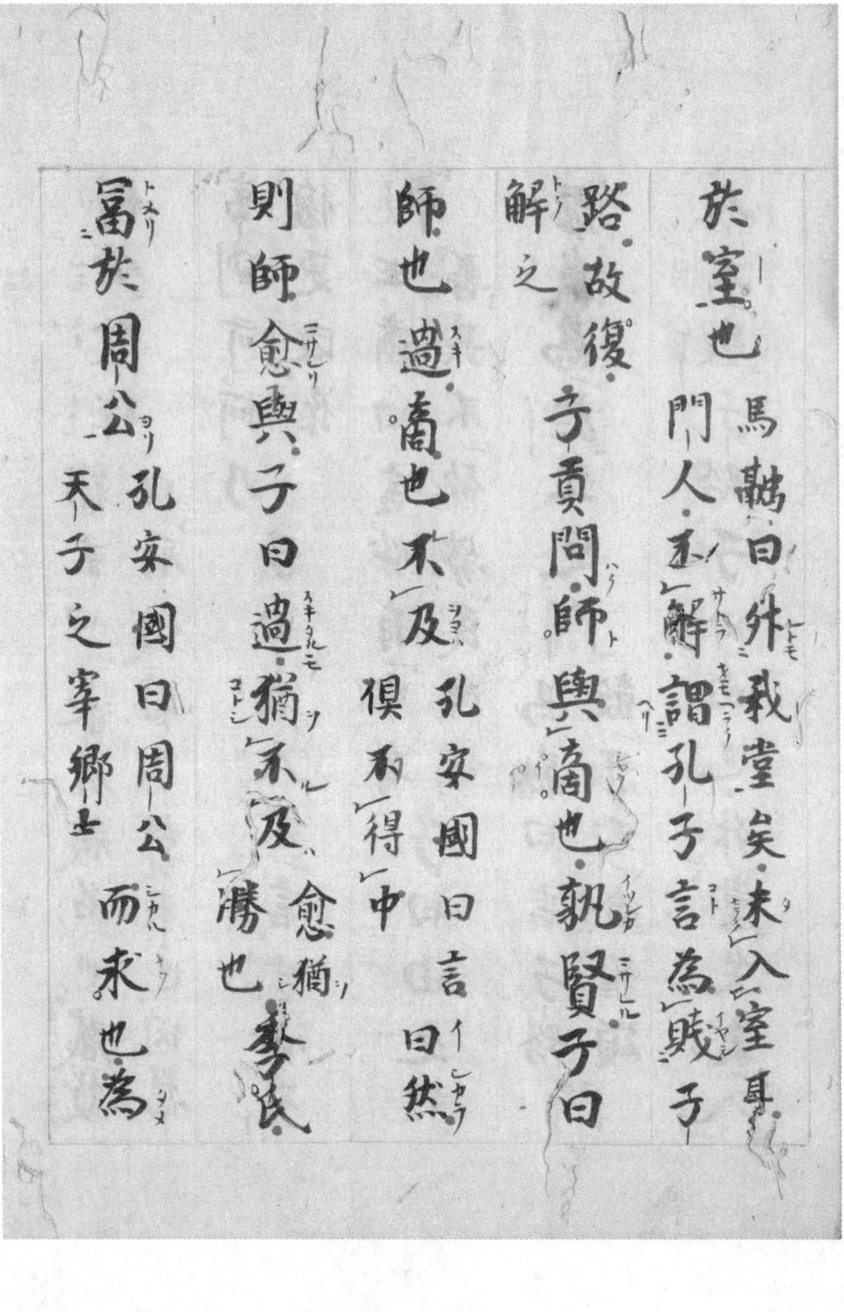
於室也馬融曰升我堂矣未入室耳門人不解謂孔子言為賤子路故復解之子貢問師與商也孰賢子曰師也過商也不及孔安國曰言俱不得中曰然則師愈與子曰過猶不及愈猶勝也季氏富於周公孔安國曰周公天子之宰卿士而求也為

之聚歛而附益之　孔安國曰冉求爲季氏宰爲之急賦稅

子曰非吾徒也小子鳴鼓而攻之可也　鄭玄曰小子門人也鳴鼓聲其罪以責之

柴也愚　弟子高柴字子羔愚愚直之愚

參也魯　孔安國曰魯鈍也曾子性遲鈍

師也辟　馬融曰子張才過人失在邪辟文過

由也喭　鄭玄

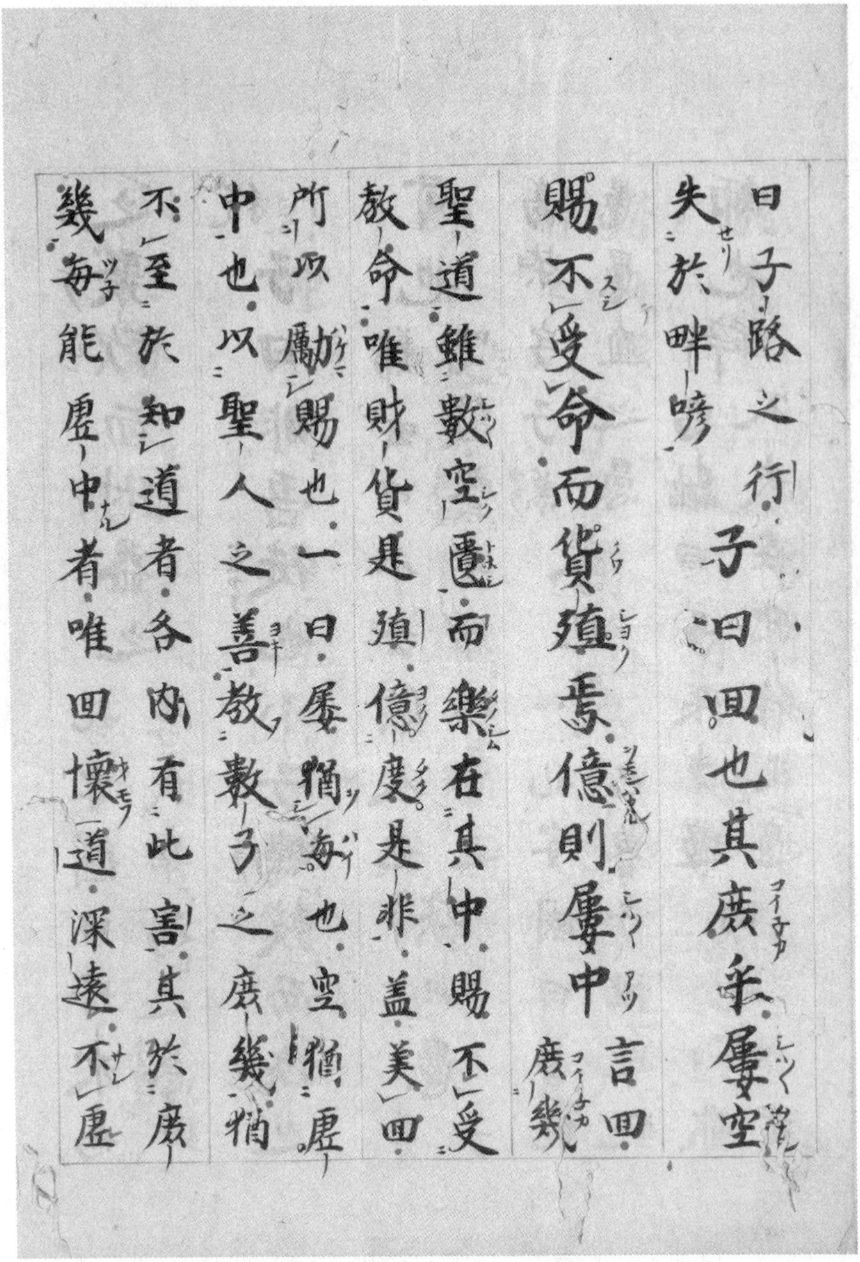

曰子路之行失於畔喭　子曰回也其庶乎屢空
賜不受命而貨殖焉億則屢中　言回庶幾
聖道雖數空匱而樂在其中賜不受
教命唯財貨是殖億度是非蓋美回
所以勵賜也一曰屢猶每也空猶虛
中也以聖人之善教數子之庶幾猶
不至於知道者各內有此害其於庶
幾每能虛中者唯回懷道深遠不虛

心不能知道子貢雖無數子病然亦不知道者雖不窮理而幸中雖非天命而偶富亦所以不虛心也

子張問善人之道子曰不踐迹亦不入於室孔安國曰踐循也言善人不循追舊迹而已亦多少能創業然亦不能入於聖人之奧室

子曰論篤是與君子者乎色莊者乎論篤者謂

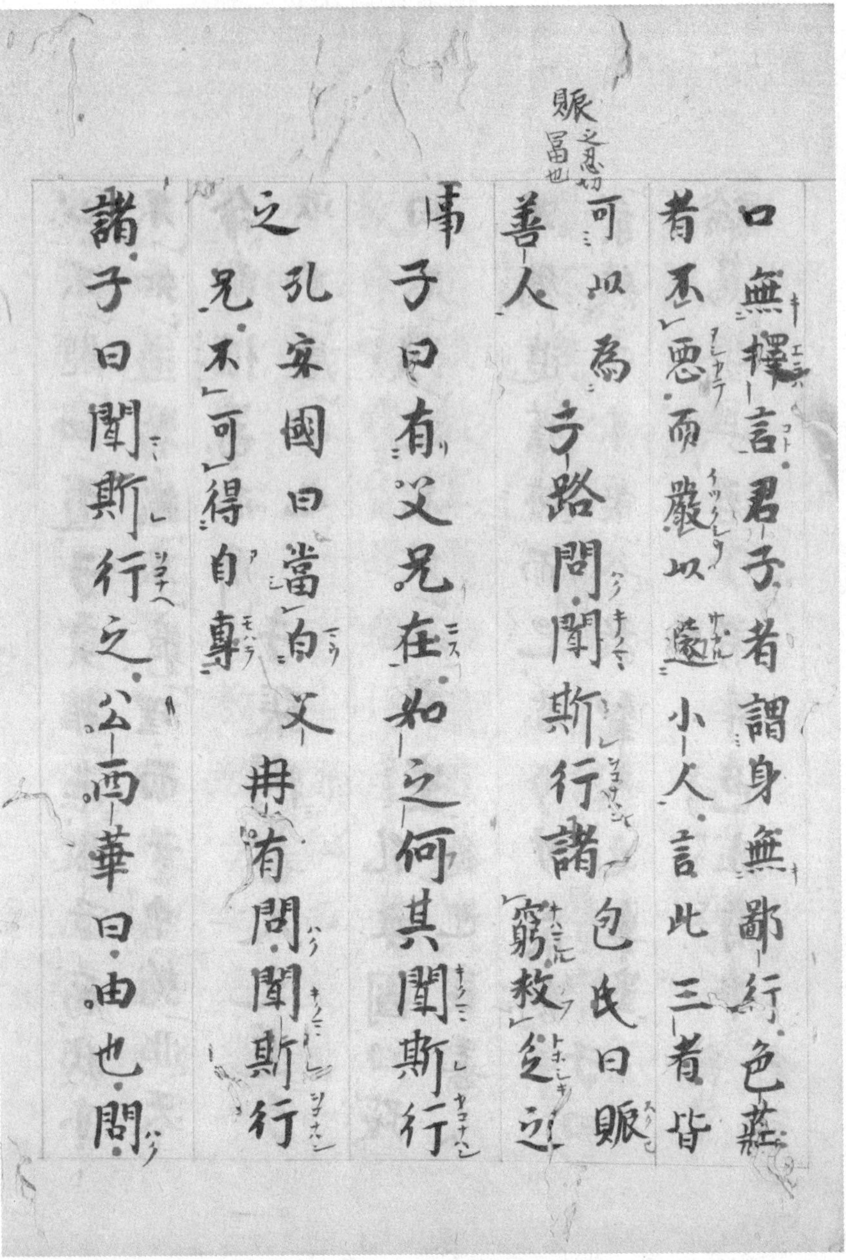

賑之忍切冨也

口無擇言君子者謂身無鄙行色莊者不惡而嚴以遠小人言此三者皆可以爲善人 子路問聞斯行諸 包氏曰賑窮救乏之事 子曰有父兄在如之何其聞斯行之 孔安國曰當白父兄不可得自專 冉有問聞斯行諸 子曰聞斯行之 公西華曰由也問

聞斯行諸子曰有父兄在求也問聞斯行諸子曰聞斯行之赤也惑敢問孔安國曰惑其問同而答異子曰求也退故進之由也兼人故退之鄭玄曰言冉有性謙退子路務在勝尚人各因其人之失而正之子畏於匡顏淵後孔[illegible]

國曰言與孔子相失故在後子曰吾以女爲死矣
曰子在回何敢死包氏曰言夫子在已無所敢死季
子然問仲由冉求可謂大臣與孔安國曰
季子然季氏子弟自多得臣此二子故問之子曰吾以子
爲異之問曾由與求之問孔安國曰謂子問異

事耳則此二人之問安足為大臣乎　所謂大臣者以道事君不可則止今由與求也可謂具臣矣　孔安國曰言備臣數而已　曰然則從之者與　孔安國曰問為臣皆當從君所欲邪　子曰弑父與君亦不從也　孔安國曰二子雖從其主亦不與為大逆　子路使

子羔為費宰。子曰：賊夫人之子。包氏曰：子羔學未熟習，而使為政，所以賊害人。子路曰：有民人焉，有社稷焉，何必讀書然後為學。孔安國曰：言治民事神，於是而習之，亦學也。子曰：是故惡夫佞者。孔安國曰：疾其以口給應，遂己非，不知窮。子路曾晳　孔安

國曰曾晳曾參父名點　冉有公西華侍坐子曰

以吾一日長乎爾毋吾以也　孔安國曰言我

問女女無以我長故難對　居則曰不吾知也　孔安國曰

女常居云人不知己　如或知爾則何以哉　孔安國曰

知有用女者則何以爲治乎　子路率爾而對曰　率爾

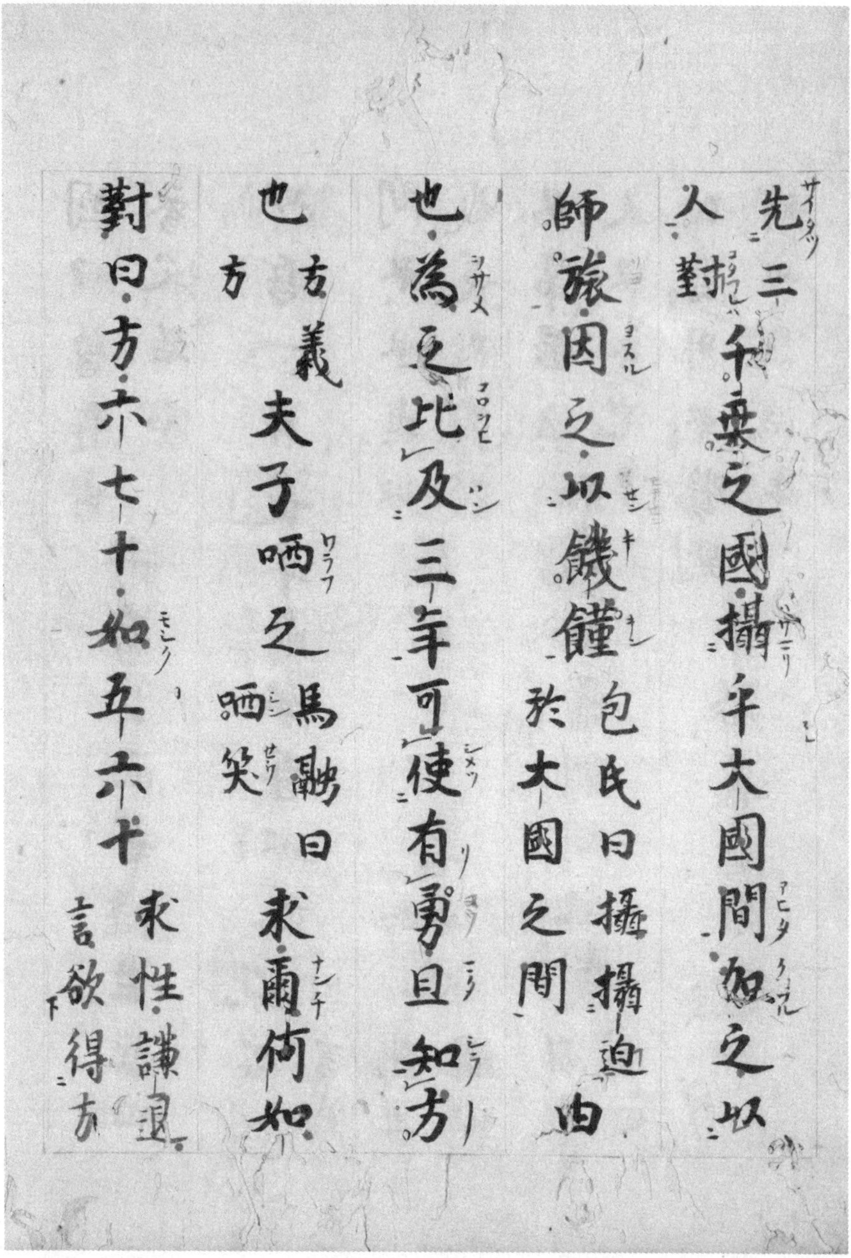

先三人對千乘之國攝乎大國間加之以
師旅因之以饑饉包氏曰攝攝迫於大國之間由
也為之比及三年可使有勇且知方
也方義方夫子哂之馬融曰哂笑求爾何如
對曰方六七十如五六十求性謙退言欲得方

顧

六七十如五六十求也爲之比及三
里小國治之而已
年可使足民如其禮樂以俟君子　孔安
國曰求自云能足民而已謂衣食足
也若礼樂之化當以待君子謙辞也
赤爾何如對曰非曰敢能之願學焉
宗廟之事如會同端章甫願爲小相

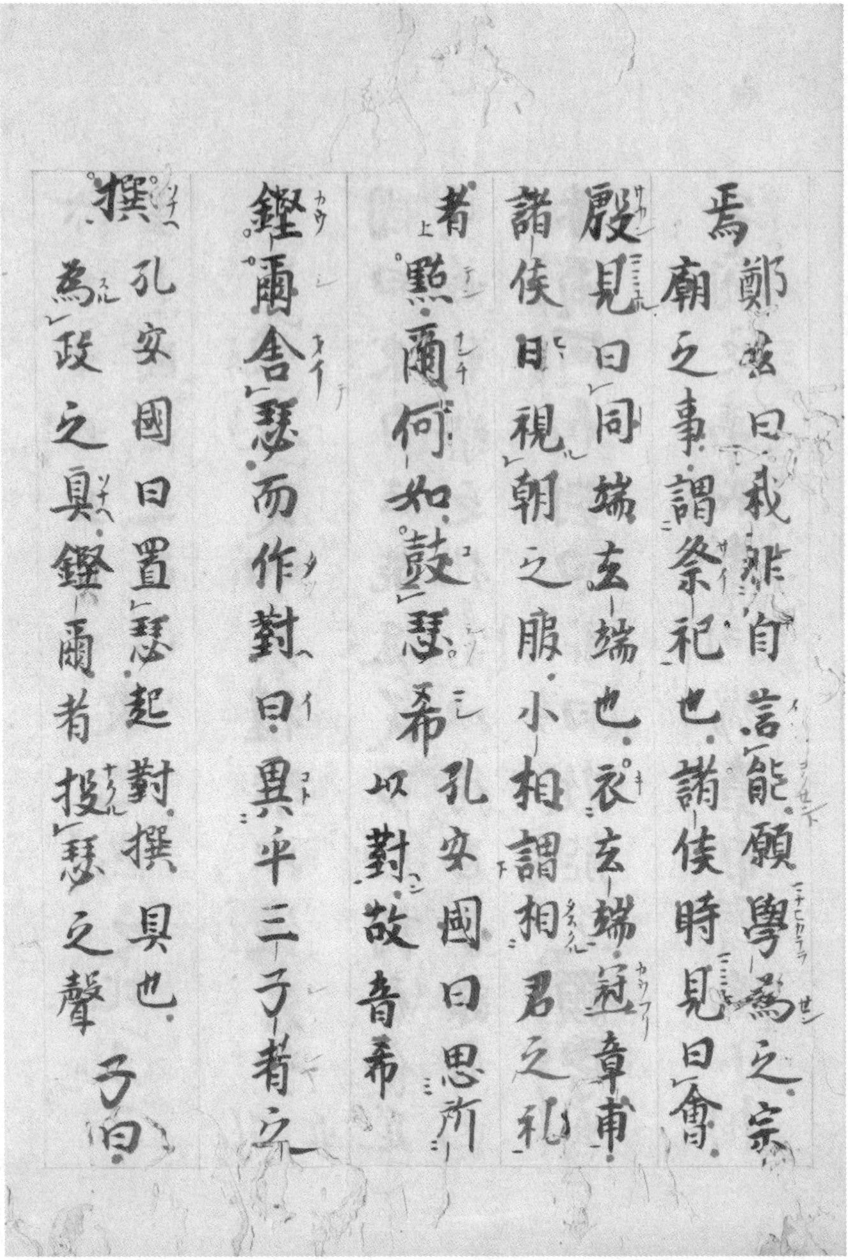
焉 鄭玄曰我非自言能願學爲之宗
廟之事謂祭祀也諸侯時見曰會
殷見曰同端玄端也衣玄端冠章甫
諸侯日視朝之服小相謂相君之礼
者 點爾何如鼓瑟希 孔安國曰思所
以對故音希
鏗爾舍瑟而作對曰異乎三子者之
撰 孔安國曰置瑟起對撰具也 子曰
爲政之具鏗爾者投瑟之聲

何傷乎亦各言其志也 孔安國曰各言己志於義無傷

曰莫春者春服既成得冠者五六人童子六七人浴乎沂風乎舞雩詠而歸 包氏曰莫春者季春三月也春服既成衣單袷之時我欲得冠者五六人童子六七人浴乎沂水之上風涼於舞雩之下歌詠先王之道

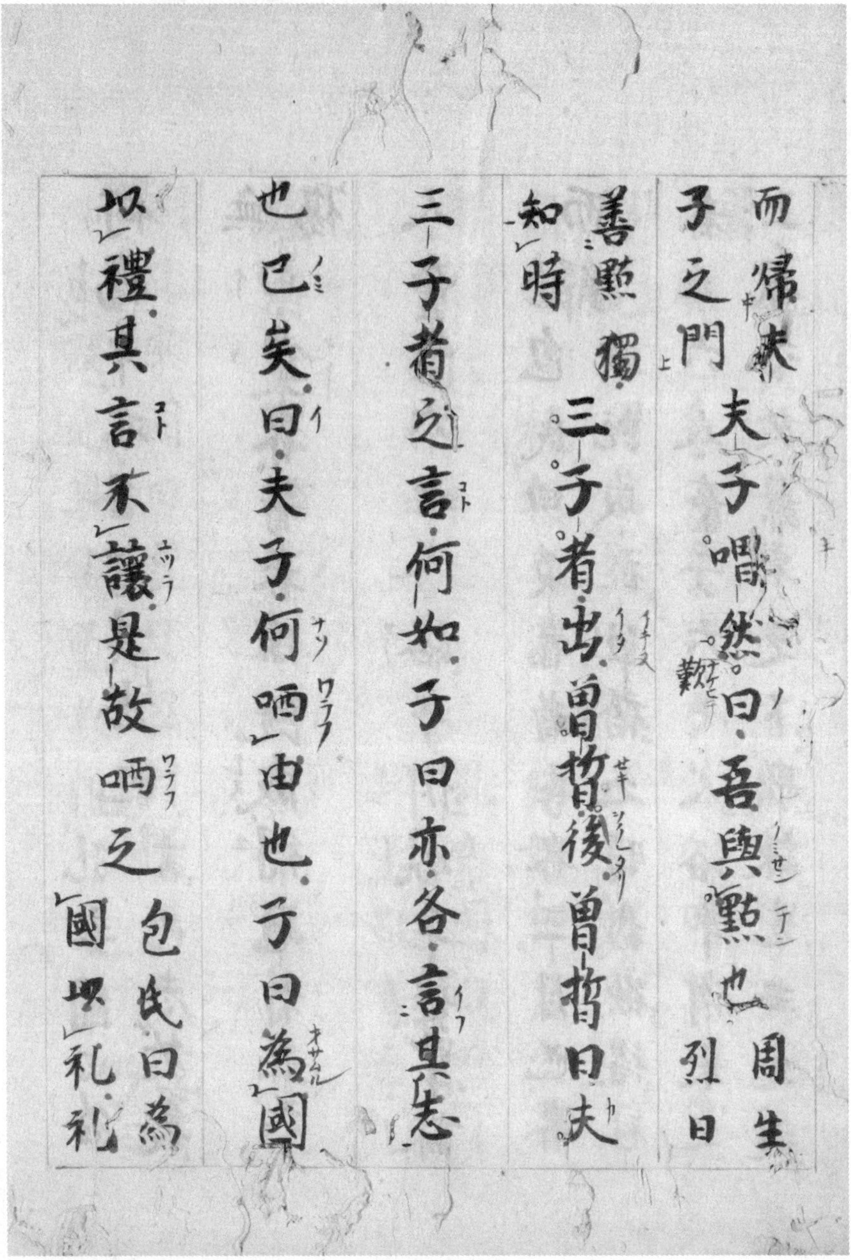
而歸夫子之門
夫子喟然歎曰吾與點也
周生烈曰善點獨知時
三子者出曾皙後曾皙曰夫
三子者之言何如子曰亦各言其志
也已矣曰夫子何哂由也子曰為國
以禮其言不讓是故哂之
包氏曰為國以礼礼

貴讓子路言不讓故笑之　唯求則非邦也與安見方六七十如五六十而非邦也者唯赤則非邦也與宗廟之事如會同非諸侯如之何　孔安國曰明皆諸侯之事與子路同徒笑子路不讓　赤也為之小孰能為之大　孔安國曰

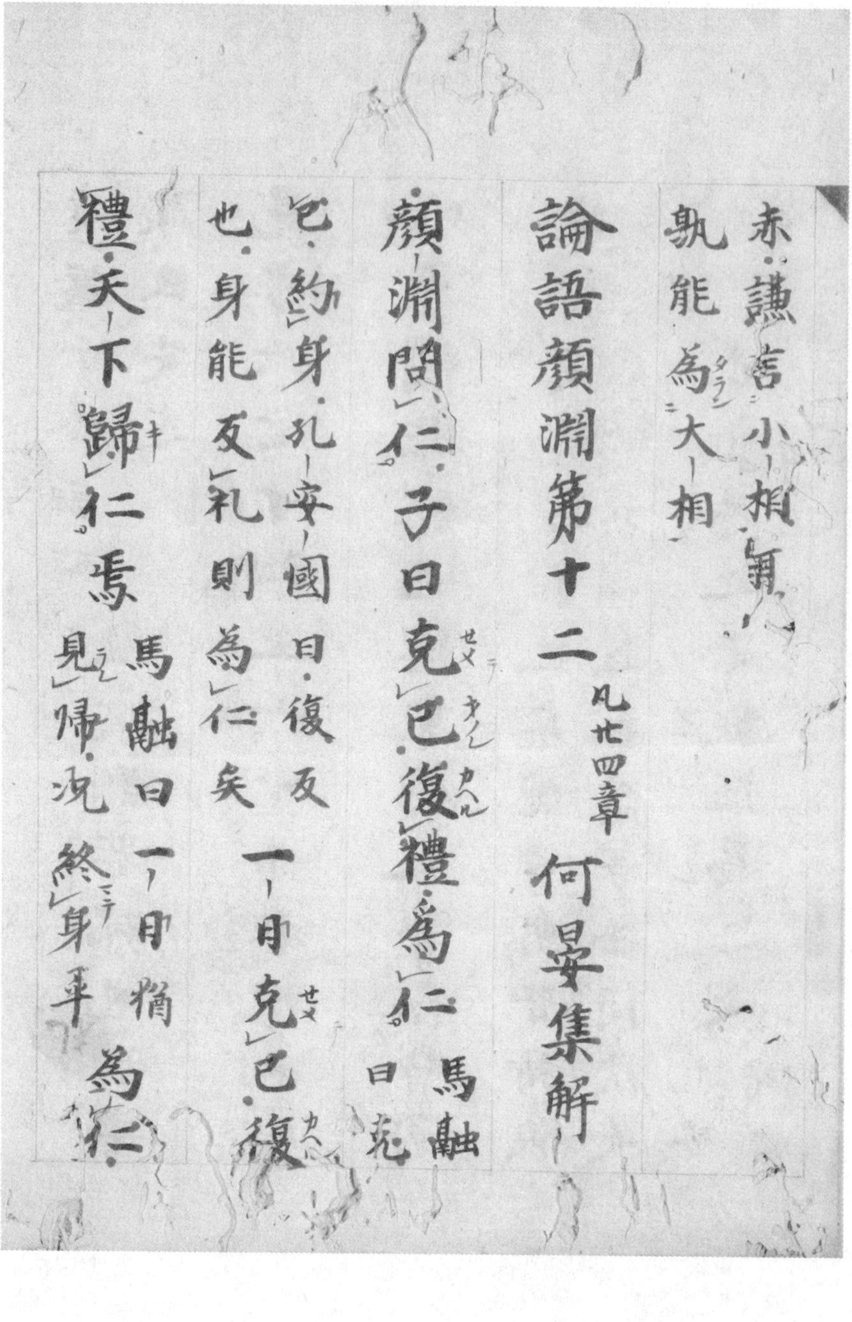
赤謙言小相耳
孰能爲大相
論語顔淵第十二　凡廿四章　何晏集解
顔淵問仁子曰克己復禮爲仁　馬融曰克
己約身孔安國曰復反
也身能反禮則爲仁矣　一日克己復
禮天下歸仁焉　馬融曰一日猶
見歸況終身乎　爲仁

由己而由人乎哉　孔安國曰行善在己不在人也

顏淵曰請問其目　包氏曰知其必有條目故請問之

子曰非禮勿視非禮勿聽非禮勿言

非禮勿動　鄭玄曰此四者克己復礼之目　顏淵曰回

雖不敏請事斯語矣　王肅曰敬事此語必行之　仲

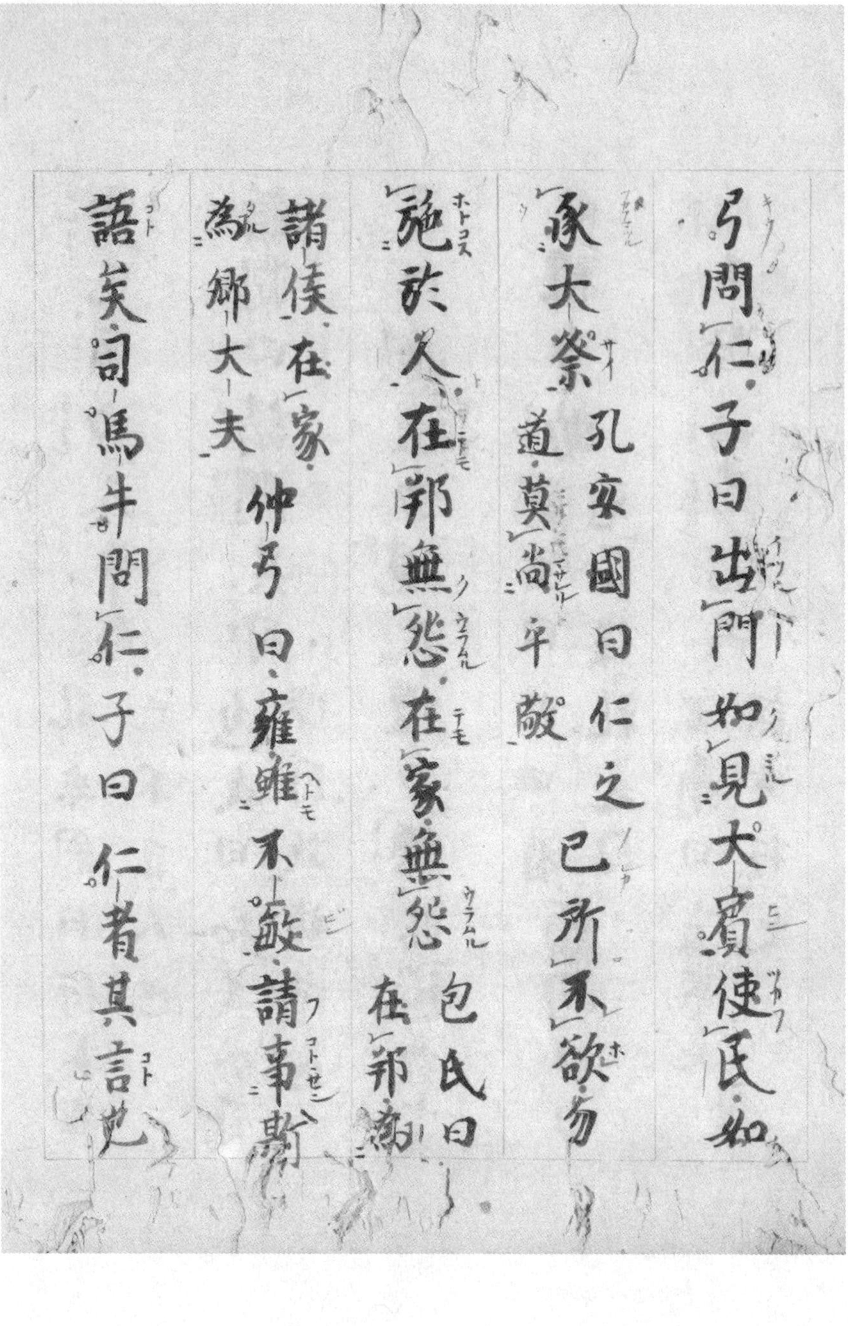

弓問仁子曰出門如見大賓使民如
承大祭 孔安國曰仁之道莫尚乎敬 己所不欲勿
施於人在邦無怨在家無怨 包氏曰在邦爲
諸侯在家爲卿大夫 仲弓曰雍雖不敏請事斯
語矣司馬牛問仁子曰仁者其言也

訒孔安國曰訒難也牛宋人也弟子司馬犂曰其言也訒

斯可謂之仁已子曰為之難言之乎

得無訒乎孔安國曰行仁難言仁亦不得不難司馬

牛問君子子曰君子不憂不懼孔安國曰

牛兄桓魋將為亂牛自宋來學常憂懼故孔子解之曰不憂不

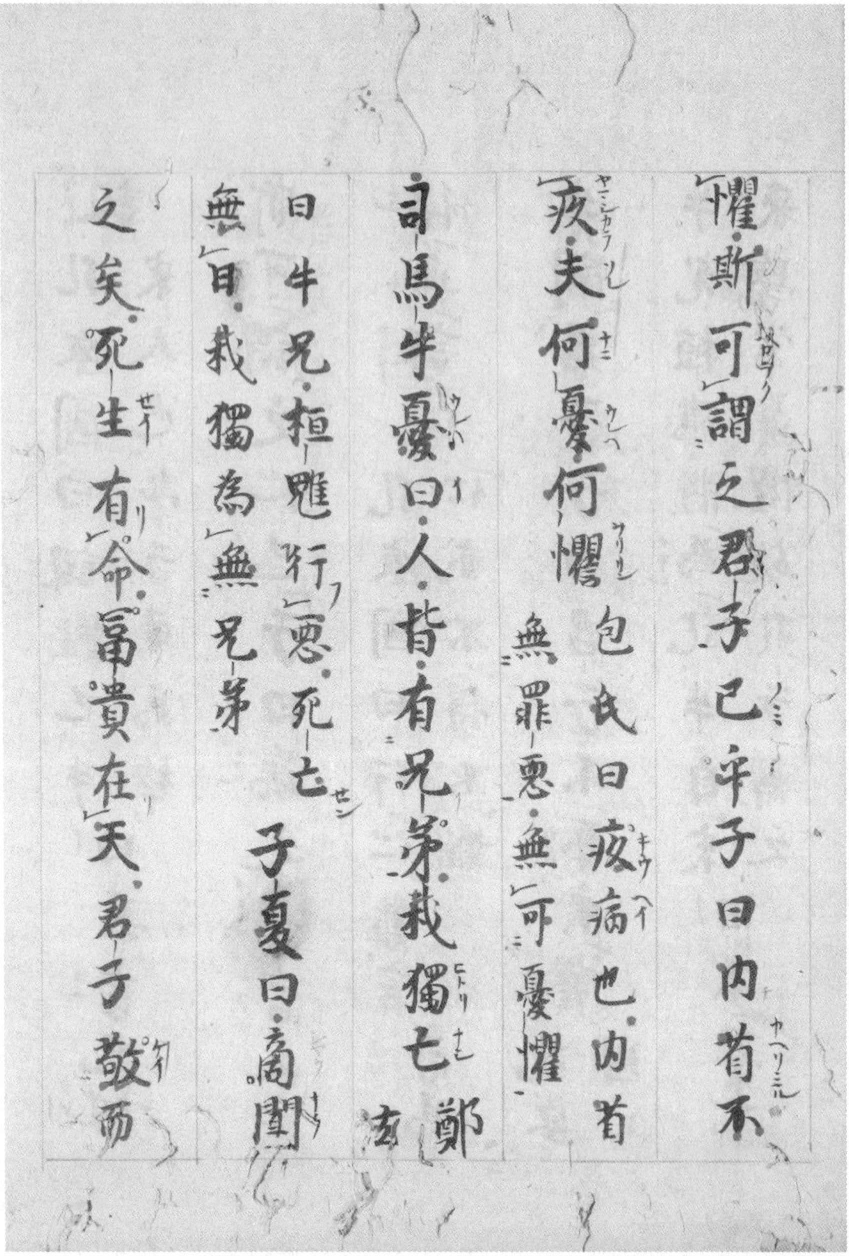

懼斯可謂之君子已乎子曰内省不
疚夫何憂何懼 包氏曰疚病也内省無罪惡無可憂懼
司馬牛憂曰人皆有兄弟我獨亡 鄭玄曰牛兄桓魋行惡死亡無日我獨為無兄弟 子夏曰商聞
之矣死生有命富貴在天君子敬而

無失與人恭而有禮四海之内皆爲
兄弟也君子何患乎無兄弟也　包氏曰君
子疏惡而友賢九州之人皆可以礼親
之　子張問明子曰
浸潤之譖膚受之愬不行焉可謂明
也已矣　鄭玄曰譖人之言如水之浸
潤以漸成人之禍馬融曰膚

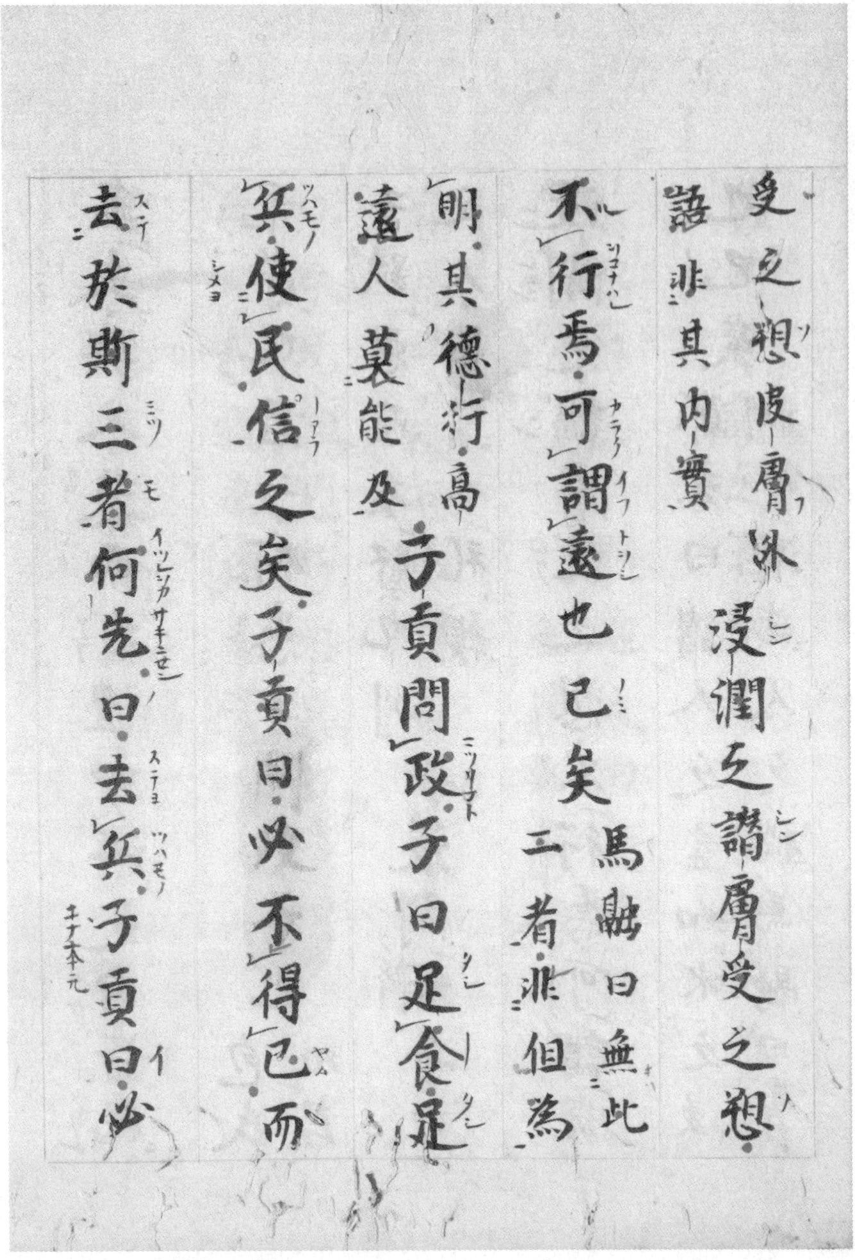

受之愬皮膚外　浸潤之譖膚受之愬
語非其內實　馬融曰無此
不行焉可謂遠也已矣　二者非但為
明其德行高　子貢問政子曰足食足
遠人莫能及
兵使民信之矣子貢曰必不得已而
去於斯三者何先曰去兵子貢曰必

不得已而去於斯二者何先曰去食
自古皆有死民不信不立孔安國曰死者古今
常道人皆有之治邦不可失信棘子城曰君子質而
已矣何以文為鄭玄曰舊說云棘子城衛大夫子貢
曰惜乎夫子之說君子也駟不及舌

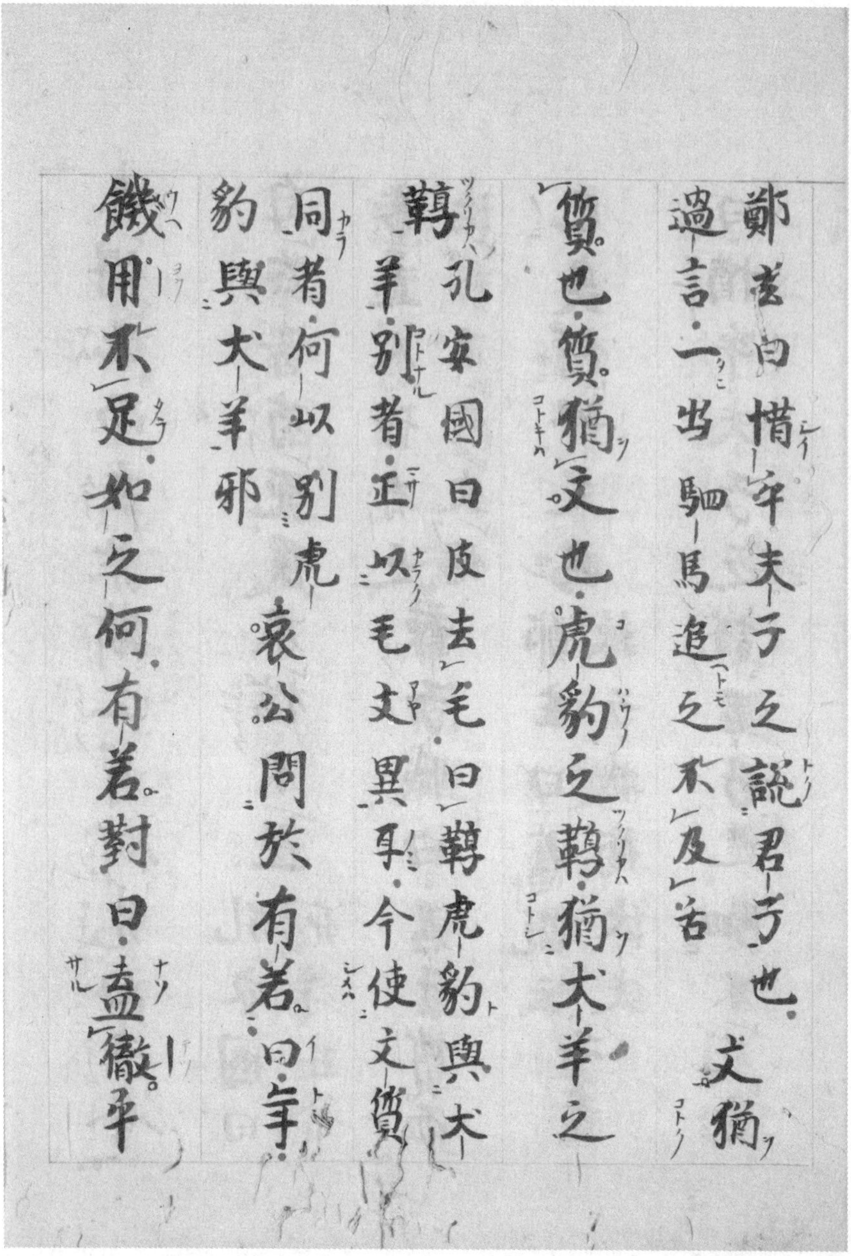
鄭玄曰惜乎夫子之說君子也。文猶
過言一出駟馬追之不及舌
質也。質猶文也。虎豹之鞟猶犬羊之
鞟。孔安國曰皮去毛曰鞟。虎豹與犬
羊別者正以毛文異耳。今使文質
同者何以別虎
豹與犬羊邪　哀公問於有若曰年
饑用不足如之何。有若對曰盍徹乎

鄭玄曰盍者何不也周法什一而曰
税謂之徹徹通也爲天下通法

二吾猶不足如之何其徹也　孔安國曰二謂什二而税

對曰百姓足君孰與不足百姓不足君孰與足　孔安國曰孰誰也

子張問崇德辨惑　包氏曰辨別也

子曰主忠信徙義崇

德也包氏曰徙義見義則徙意而從之愛之欲其生
惡之欲其死既欲其生又欲其死是
惑也包氏曰愛惡當有常一欲生之一欲死之是心惑也誠不
以富亦祇以異鄭玄曰此詩小雅也祇適也言此行誠不
可以致富適足以為異耳取此詩之異義以非之齊景公問

粟

政於孔子孔子對曰君君臣臣父父子子 孔安國曰當此時陳恒制齊君不君臣不臣父不父子不子故以此對 公曰善哉信如君不君臣不臣父不父子不子雖有粟吾豈得而食諸 孔安國曰言將危也陳氏果滅齊 子曰片言可以

折獄者其由也與　孔安國曰片猶偏也聽訟必須兩辭
以定是非偏信一言以折獄者唯子路可也　子路無宿諾
宿猶豫也子路篤信恐臨時多故故不豫諾　子曰聽訟吾
猶人也　包氏曰言與人等　必也使無訟乎　王肅
曰化之在前　子張問政子曰居之無倦行

之以忠　王肅曰言爲政之道居之於身無得懈倦行之於民必以忠信

子曰君子博學於文約之以禮亦可以弗畔矣夫　弗畔不違道

子曰君子成人之美不成人之惡小人反是

季康子問政於孔子孔子對曰政者正也

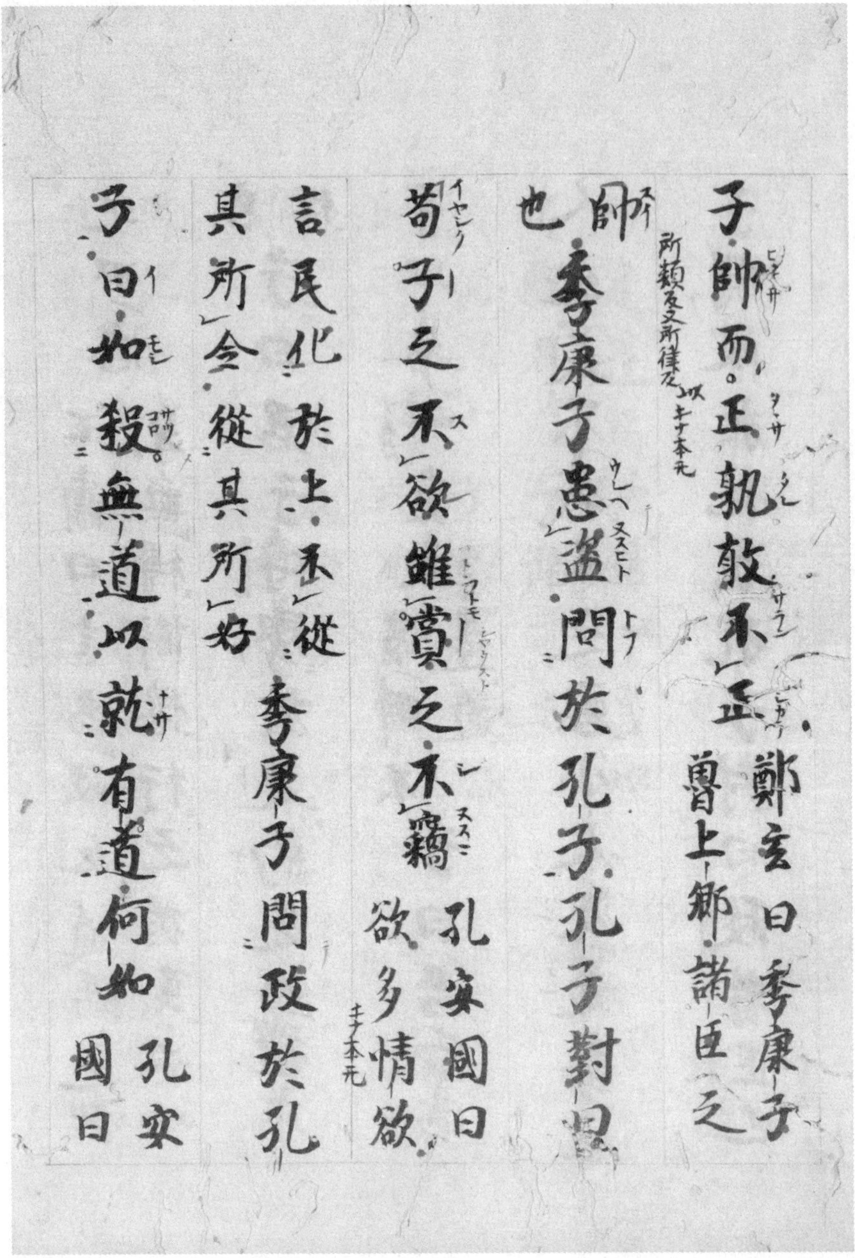

子帥而正孰敢不正　鄭玄曰季康子魯上卿諸臣之帥也　季康子患盜問於孔子孔子對曰苟子之不欲雖賞之不竊　孔安國曰欲多情欲言民化於上不從其所令從其所好　季康子問政於孔子曰如殺無道以就有道何如　孔安國曰

所頼反又所律反　以キナ本无

キナ本无

就成也欲多殺以止殺　孔子對曰子為政焉用殺子欲善而民善矣君子之德風小人之德草草上之風必偃　孔安國曰亦欲令康子先自正偃仆也加草以風無不仆者猶民之化於上　子張問士何如斯可謂之達矣子曰何哉爾

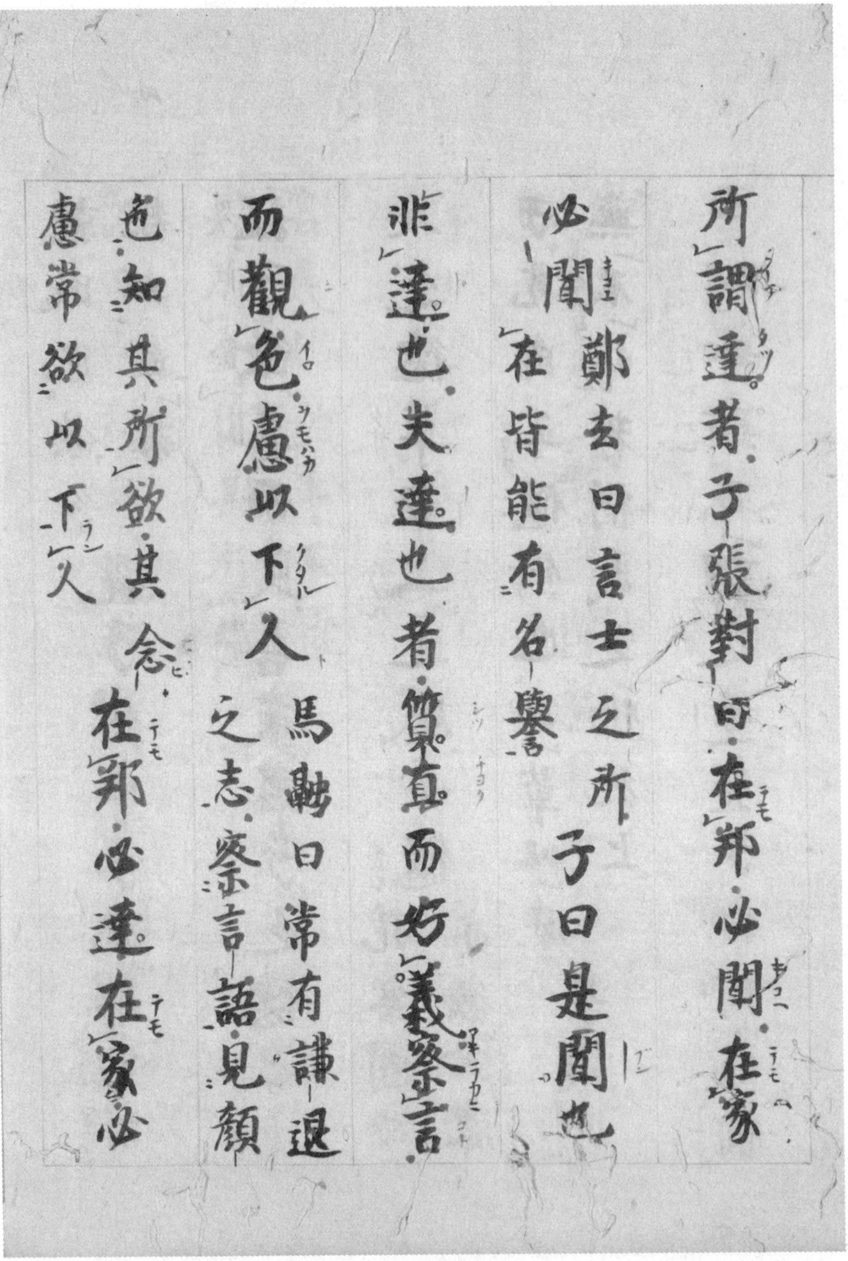

所謂達者子張對曰在邦必聞在家必聞鄭玄曰言士之所在皆能有名譽子曰是聞也非達也夫達也者質直而好義察言而觀色慮以下人馬融曰常有謙退之志察言語見顏色知其所欲其念慮常欲以下人在邦必達在家必

達。馬融曰謙尊而光卑而不可踰　夫聞也者色取仁。
而行違。居之不疑。馬融曰此言佞人佞人假仁者之色
行之則違。安居其僞而不自疑　在邦必聞。在家必聞
馬融曰佞人黨多　樊遲從遊於舞雩之下。包氏
曰舞雩之處有壇墠樹故其下可遊焉　曰敢問崇德。脩

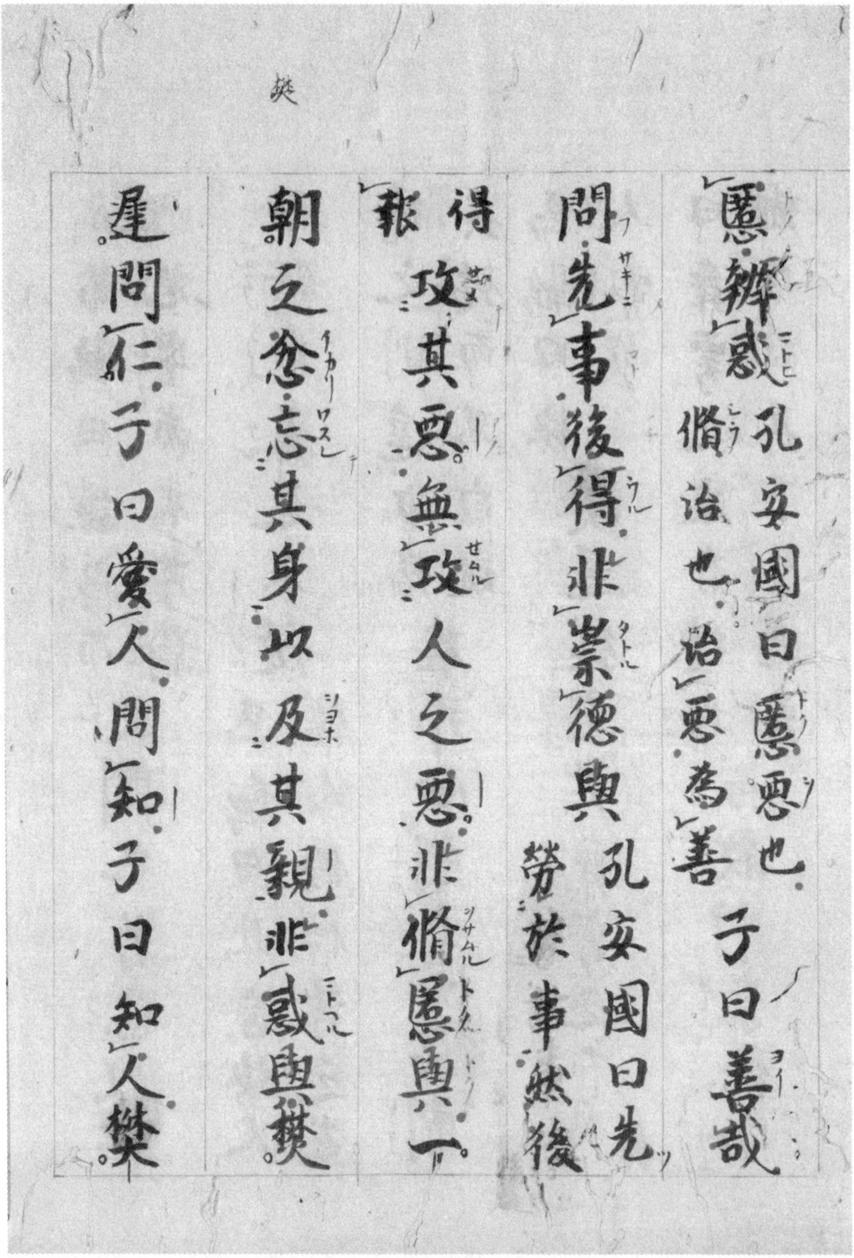

樊

慝辨惑孔安國曰慝惡也脩治也治惡爲善子曰善哉
問先事後得非崇德與孔安國曰先勞於事然後
得報攻其惡無攻人之惡非脩慝與一
朝之忿忘其身以及其親非惑與樊
遲問仁子曰愛人問知子曰知人樊

遲未達子曰舉直錯諸枉能使枉者
直包氏曰舉正直之人用之廢置邪枉之人則皆化為直樊遲
退見子夏曰鄉也吾見於夫子而問
知子曰舉直錯諸枉能使枉者直何
謂也子貢曰富哉是言乎孔安國曰富猶盛也

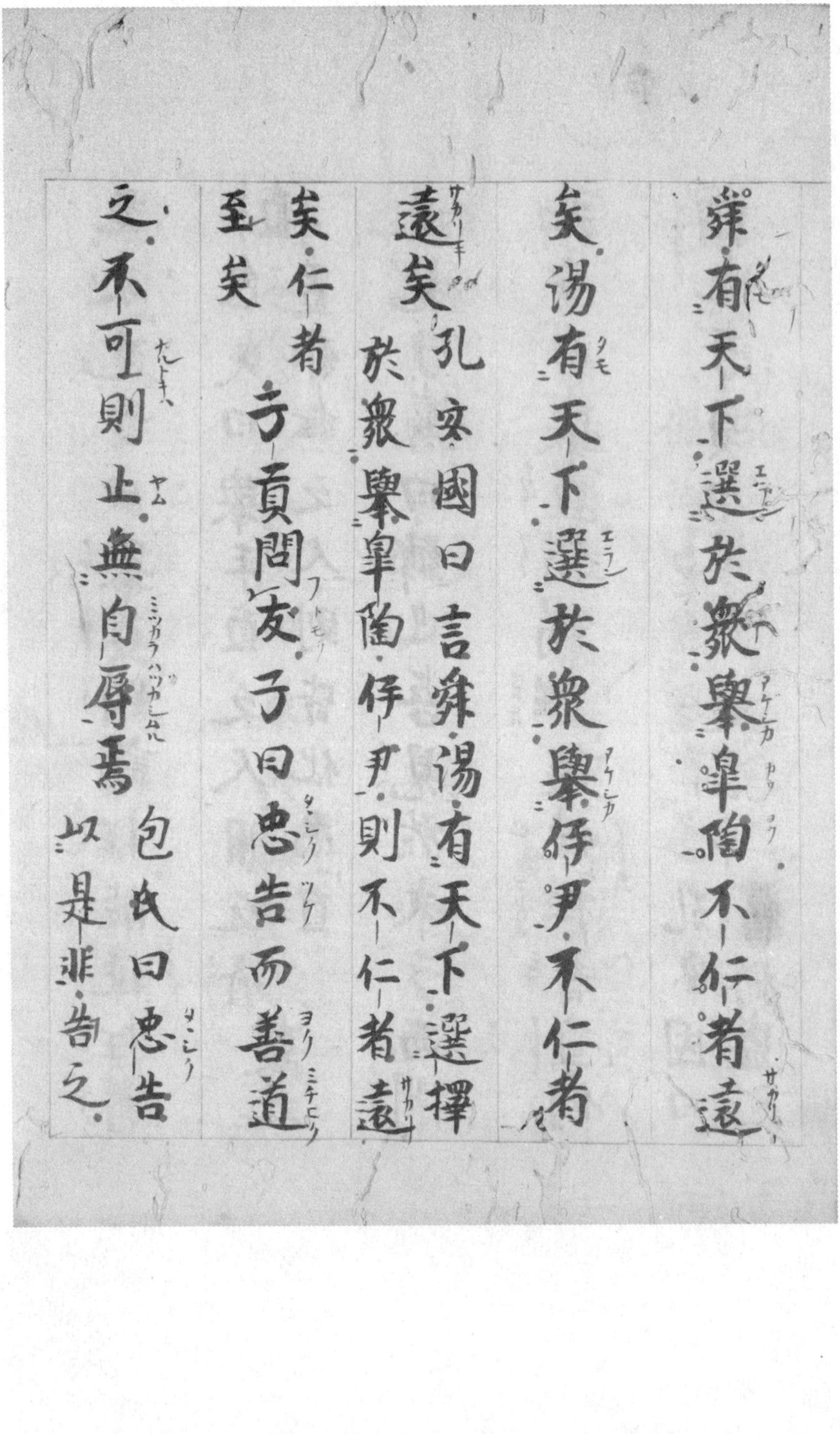

舜有天下選於衆舉皐陶不仁者遠矣湯有天下選於衆舉伊尹不仁者遠矣孔安國曰言舜湯有天下選擇於衆舉皐陶伊尹則不仁者遠矣仁者至矣

子貢問友子曰忠告而善道之不可則止無自辱焉包氏曰忠告以是非告之

曾

以善道之不見從則止必言之或見辱　曾子曰君子以

文會友　孔安國曰友以文德合　以友輔仁　孔安國曰

友有相切磋之道所以輔成己之仁

論語卷第六　經二千六十四字
注六千九百四十六字

論語巻七第七

論語子路第十三　凡三十章　何晏集解

子路問政。子曰先之勞之　孔安國曰先導之以德使民信之然後勞之易曰說以使民民忘其勞　和字鄭力報反

請益。曰無倦　其卷反　孔安國曰子路嫌其少故請益曰無倦者行此上事無倦則可

仲弓為季氏宰問政。子曰先有司　王肅曰言

為政當先任有司而後責其事

赦小過舉賢才曰焉知賢才而舉之曰舉爾所知爾所不知人其舍諸

孔安國曰汝所不知者人將自舉之各舉其所知則賢才無遺

子路曰衛君待子而為政子將奚先

包氏曰問往將何所先行

子曰必也正名

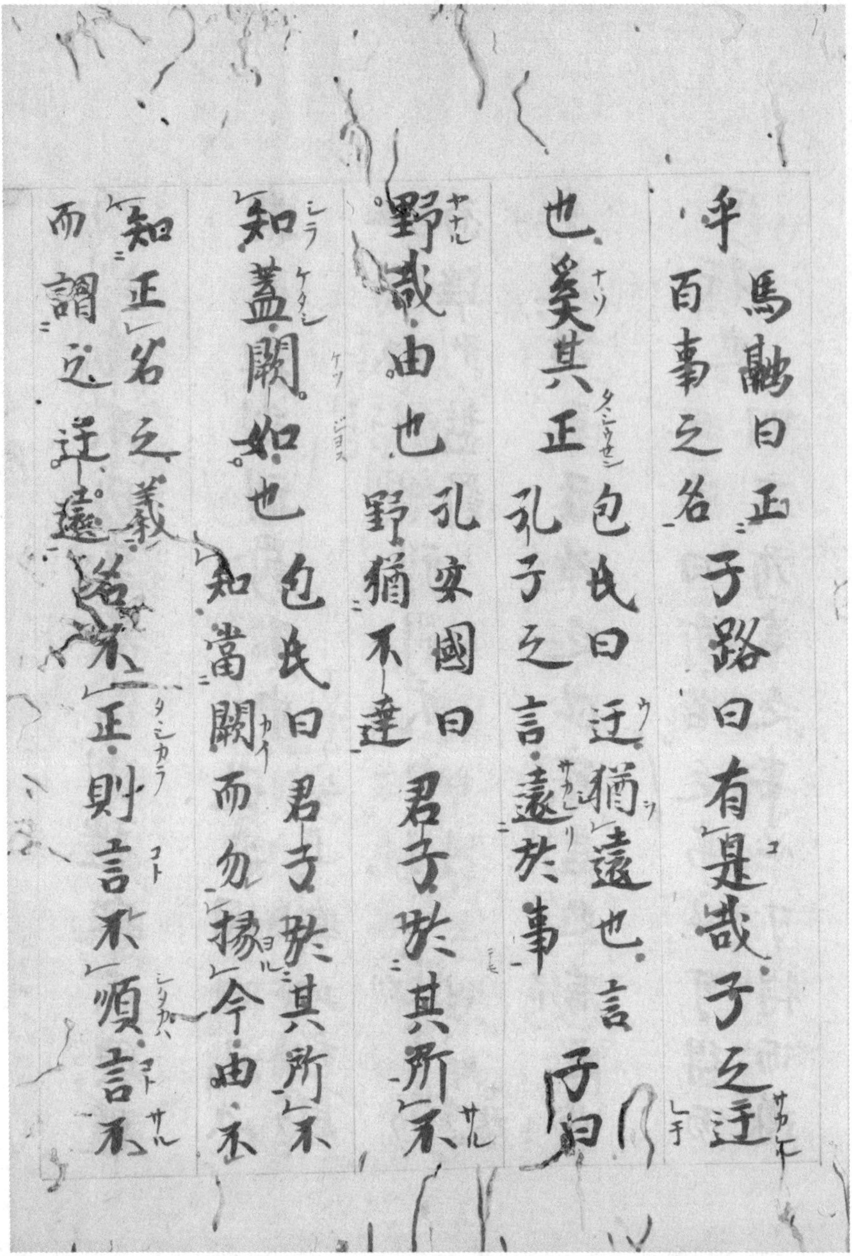
乎　馬融曰正百事之名　子路曰有是哉子之迂
也奚其正　包氏曰迂猶遠也言孔子之言遠於事　子曰
野哉由也　孔安國曰野猶不達　君子於其所不
知蓋闕如也　包氏曰君子於其所不知當闕而勿據今由不
知正名之義而謂之迂遠　名不正則言不順言不

順則事不成事不成則禮樂不興禮樂不興則刑罰不中孔安國曰礼以安上樂以移風二者不行則有淫刑濫罰刑罰不中則民無所錯手足故君子名之必可言也言之必可行也王肅曰所名之事必可得而明言所言之事必可得而遵

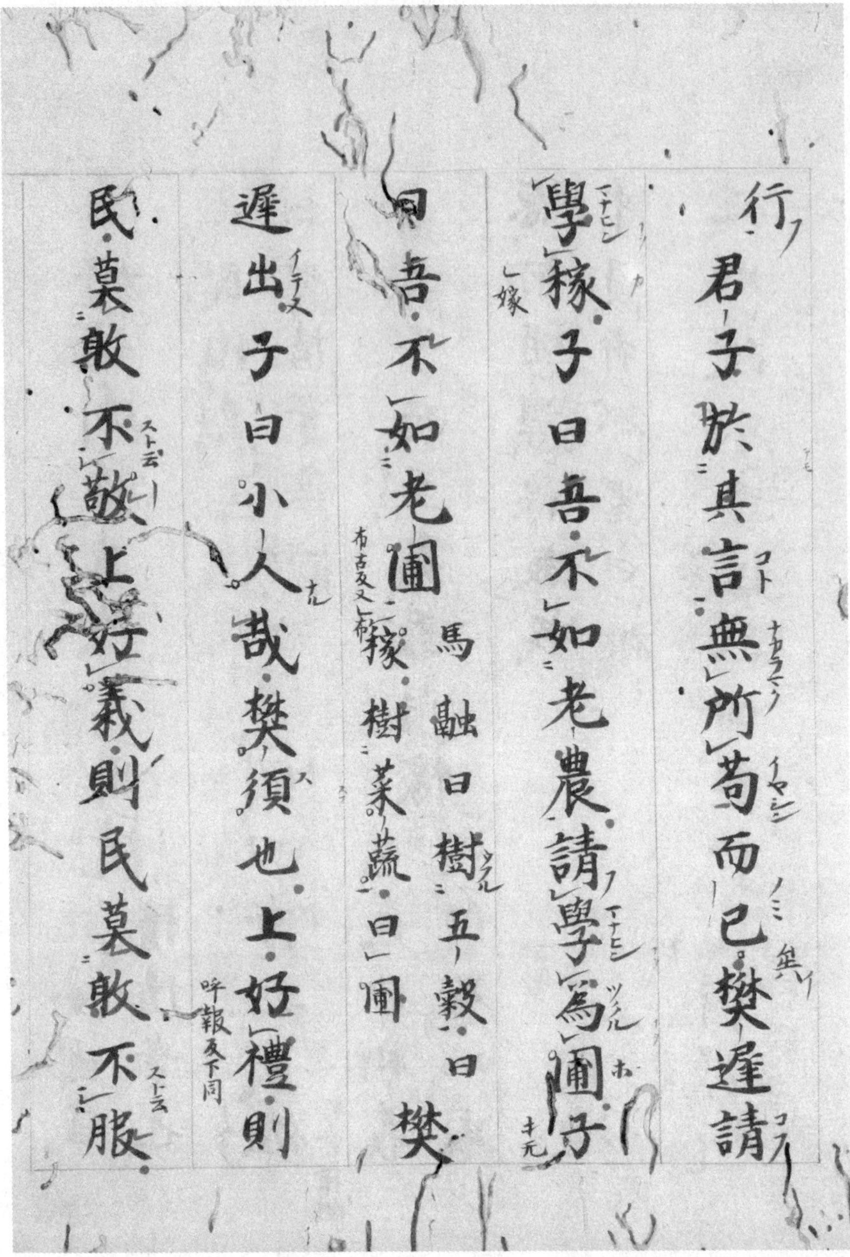

行
君子於其言無所苟而已矣樊遲請
學稼子曰吾不如老農請學爲圃子
曰吾不如老圃 馬融曰樹五穀曰稼樹菜蔬曰圃 樊
遲出子曰小人哉樊須也上好禮則
民莫敢不敬上好義則民莫敢不服

上好信則民莫敢不用情孔安國曰情情實也
言民化其上各以情實應夫如是則四方之民襁
負其子而至矣焉用稼包氏曰礼義與信足以成
德何用學稼教民乎負者以器曰襁子曰誦詩三百授
之以政不達使於四方不能專對雖

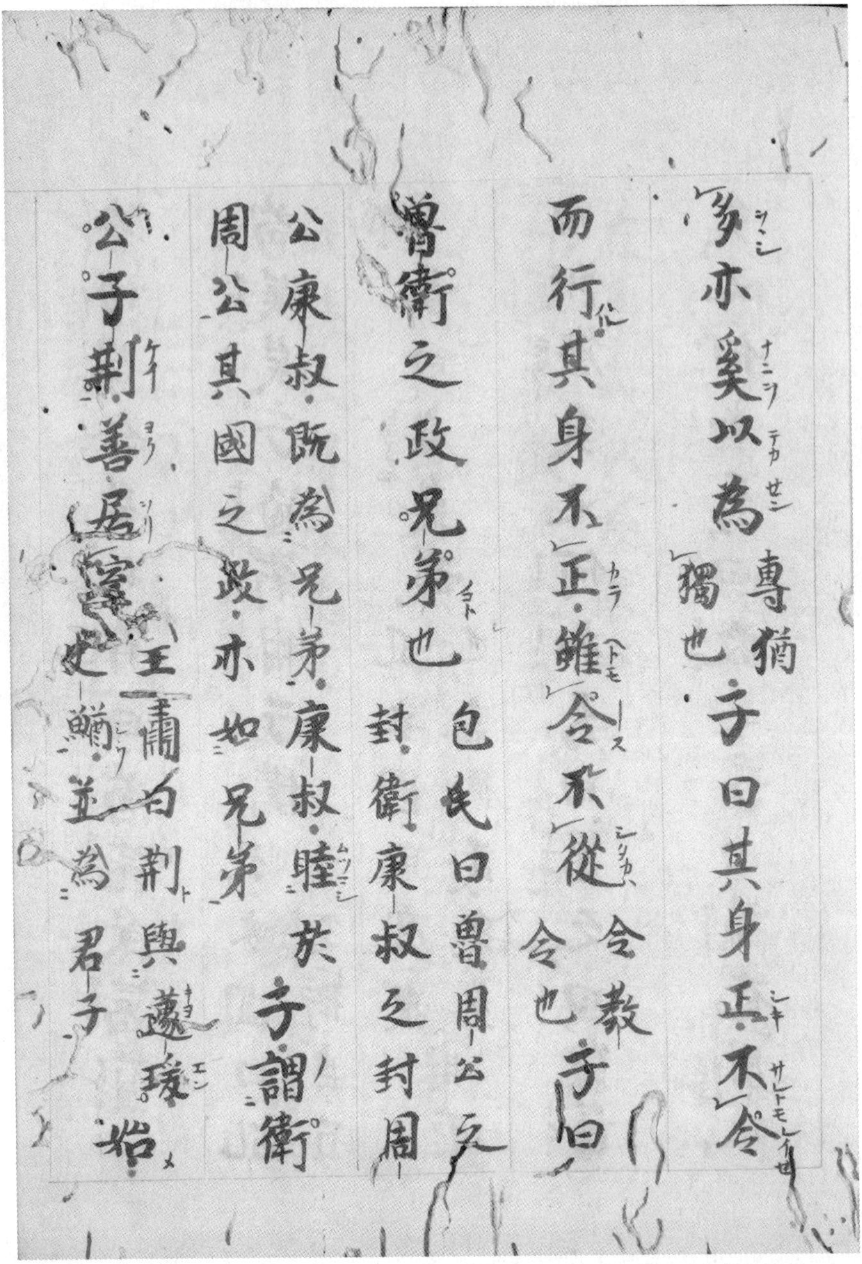

多亦奚以為專猶獨也子曰其身正不令
而行其身不正雖令不從令教令也子曰
魯衛之政兄弟也包氏曰魯周公之封衛康叔之封周
公康叔既為兄弟康叔睦於周公其國之政亦如兄弟子謂衛
公子荊善居室王肅曰荊與蘧瑗史鰌並為君子始

有曰苟合矣少有曰苟完矣富有曰
苟美矣子適衛冉有僕孔安國曰孔子之衛冉有
御子曰庶矣哉孔安國曰庶衆也言衛民衆多冉有
曰既庶矣又何加焉曰富之曰既富
矣又何加焉曰教之曰苟有用我

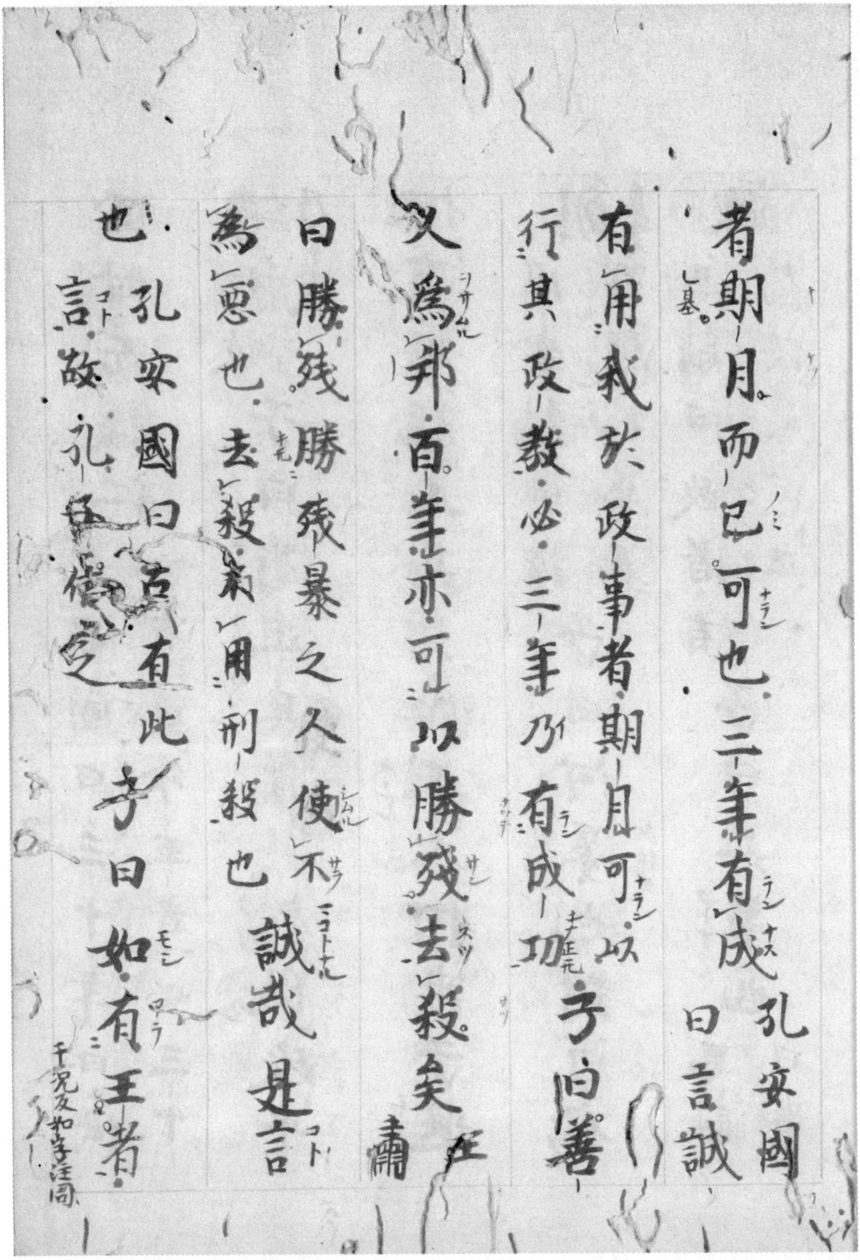

者期月而已可也。三年有成。孔安國曰言誠
有用我於政事者期月可以
行其政教必三年乃有成功。子曰善
人為邦百年亦可以勝殘去殺矣。王肅
曰勝殘勝殘暴之人使不誠哉是言
為惡也去殺不用刑殺也
也。孔安國曰古有此子曰如有王者
言故孔子信之

千况反 如字注同

必世而後仁　孔安國曰三十年曰世如有受命王者必三十年仁政　子曰苟正其身矣於從政乎何有不能正其身如正人何　冉子退朝　直遙反　周生烈曰謂罷朝於魯君　子曰何晏也　於諫反　對曰有政　馬融曰政者有所改更匡正　子曰其事也　馬融曰事

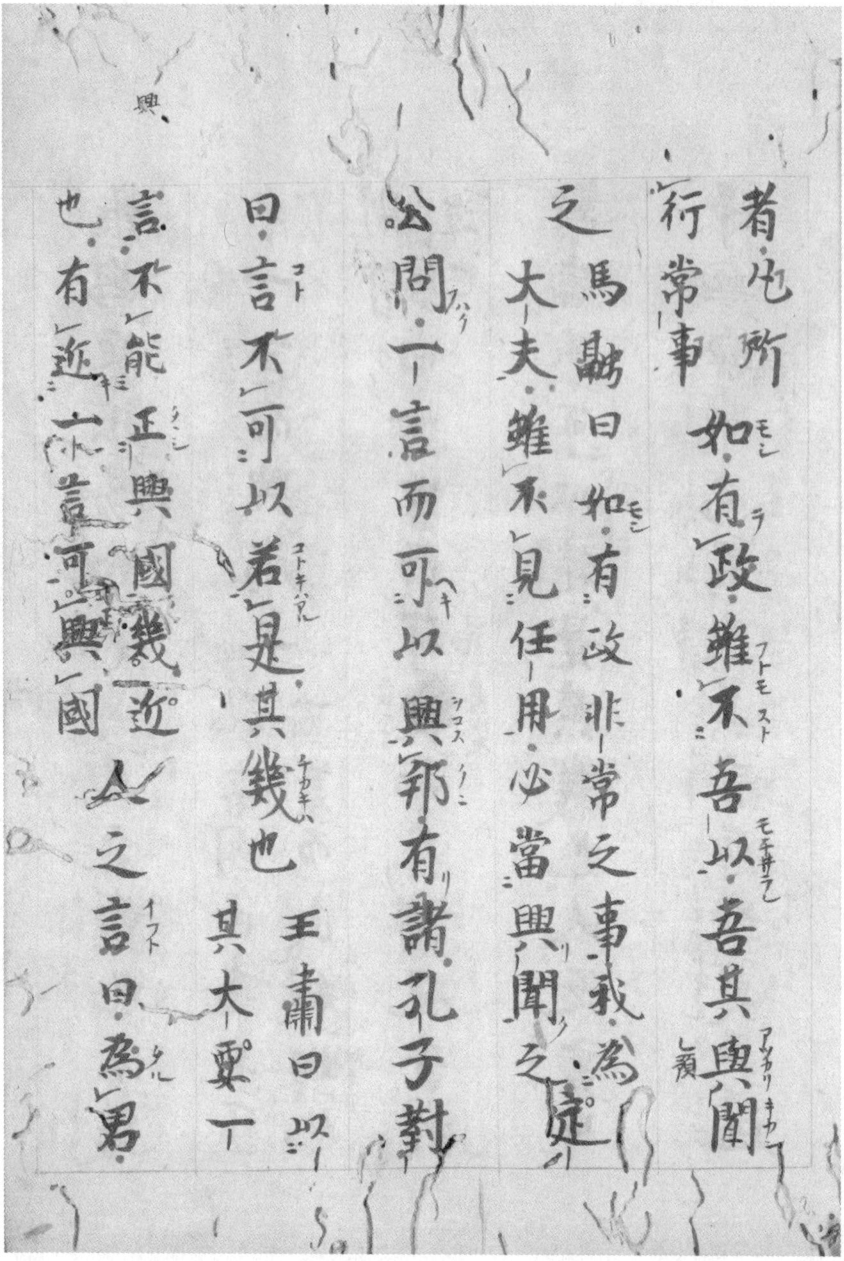

興

者凡所行常事 如有政雖不吾以吾其與聞之 馬融曰如有政非常之事我為大夫雖不見任用必當與聞之

定公問一言而可以興邦有諸孔子對曰言不可以若是其幾也 王肅曰以其大要一言不能正興國幾近也有近一言可興國 人之言曰為君

難爲臣不易如知爲君之難也不幾
乎一言而興邦乎　孔安國曰事不可
一言而成知如此
則可
近也
曰一言而可喪邦有諸孔子對
曰言不可以若是其幾也人之言曰
予無樂乎爲君唯其言而樂莫予違

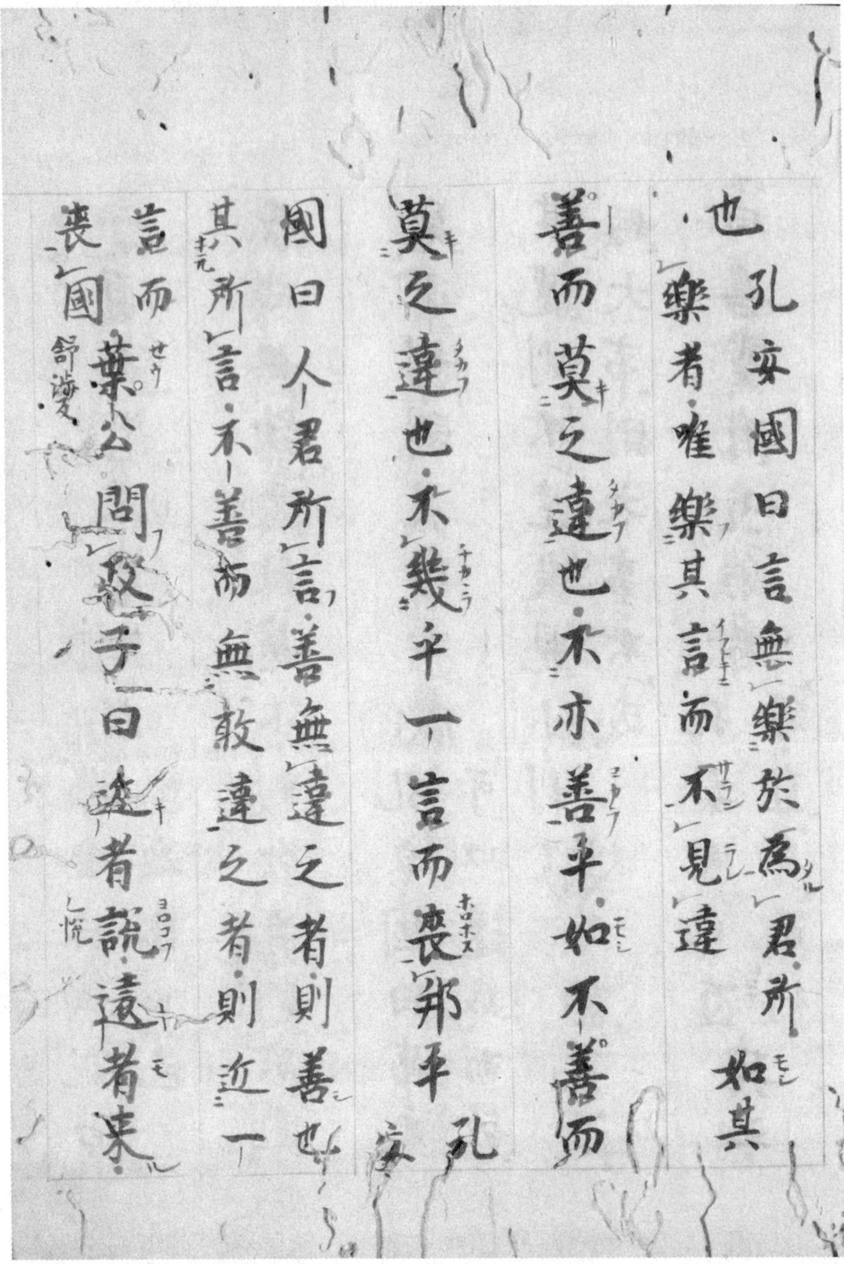
也
孔安國曰言無樂於爲君所　如其
樂者唯樂其言而不見違
善而莫之違也不亦善乎如不善而
莫之違也不幾乎一言而喪邦乎　孔安
國曰人君所言善無違之者則善也
其所言不善而無敢違之者則近一
言而
喪國
葉公問政子曰近者説遠者來

子夏爲莒父宰問政　鄭玄曰舊說云莒父魯下邑

子曰毋欲速無見小利欲速則不達見小利則大事不成　孔安國曰事不可以速成而欲其速則不達矣見小利妨大事則大事不成

葉公語孔子曰吾黨有直躬者　孔安國曰直躬直身而行

其父

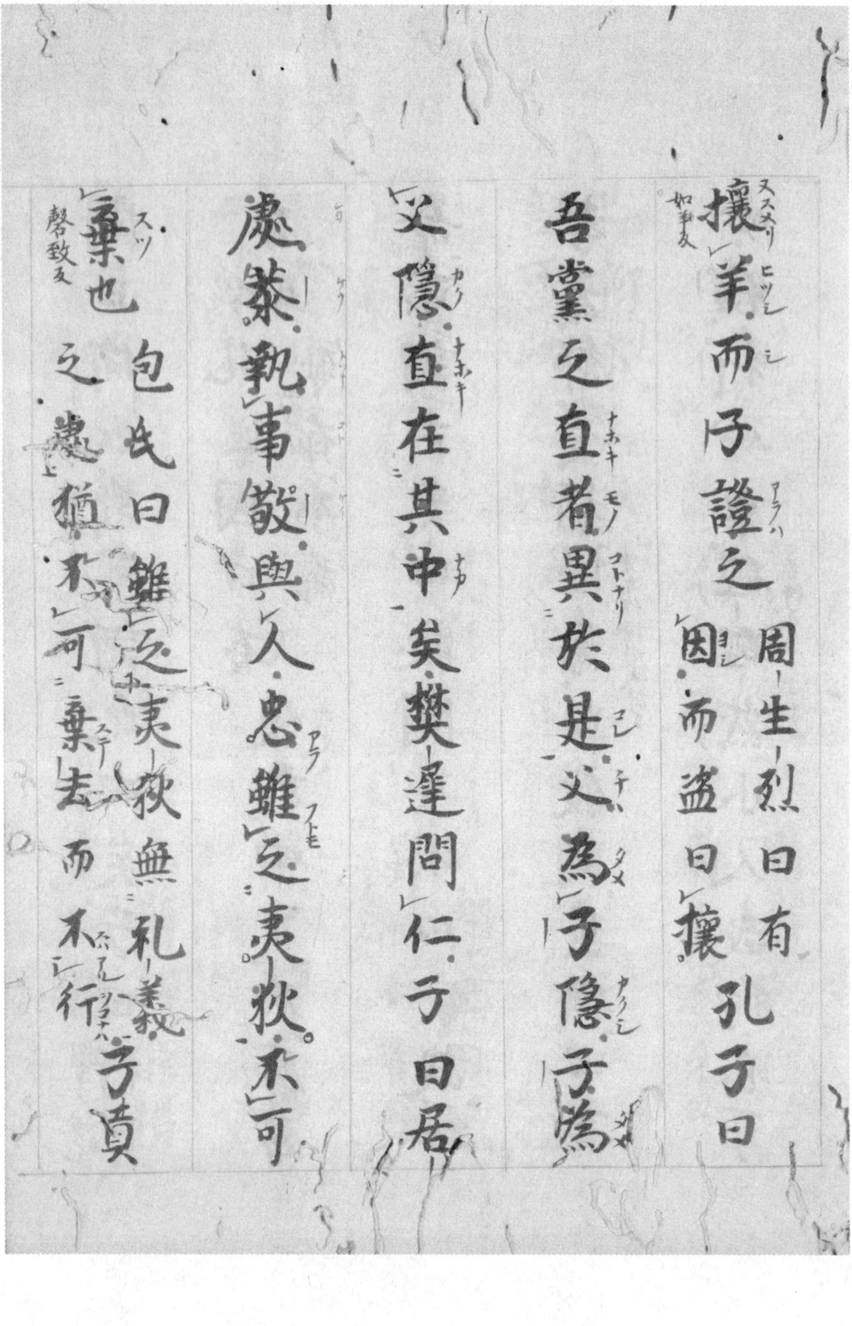

攘羊而子證之　周生烈曰有因而盜曰攘　孔子曰
吾黨之直者異於是父爲子隱子爲
父隱直在其中矣　樊遲問仁子曰居
處恭執事敬與人忠雖之夷狄不可
棄也　包氏曰雖之夷狄無礼義
之處猶不可棄去而不行　子貢

問曰何如斯可謂之士矣子曰行己
有恥孔安國曰有恥（者）有不爲使（所吏反）於四方不辱君
命可謂士矣曰敢問其次曰宗族稱
孝焉鄉黨稱悌（弟亦作悌同大計反）焉曰敢問其次曰言
必信行必果硜（苦耕反）硜然小人哉抑亦可

以爲次矣鄭玄曰行必果所欲行必敢爲之硜硜者小人之貌
也抑亦其次言可以爲次曰今之從政者何如子
曰噫斗筲之人何足筭也鄭玄曰噫心不平之
聲筲竹器容斗二外者筭數也子曰不得中行而與
之必也狂狷乎包氏曰中行行能得其中者言不得中行

則欲得狂狷者狂者進取狷者有所不為也包氏曰狂者進取於善道狷者守節無為欲得此二人者以時多進退取其恒一子曰南人有言曰人而無恒不可以作巫醫孔安國曰南人南國之人鄭玄曰言巫醫不能治無常之人善哉包氏曰善南人之言也不恒其德

或羕之羞 孔安國曰此易恒卦之辭言德無常則羞辱羕之

子曰不占而已矣 鄭玄曰易所以占吉凶無恒之人易所不占

子曰君子和而不同小人同而不和 君子心和然其所見各異故曰不同小人所嗜好者同然各爭其利故曰不和

子貢問曰鄉人皆好之何如 呼報反

者

子曰未可也郷人皆悪之何如子曰 烏路反注及下同
未可也不如郷人之善者好之其不
善者悪之 孔安國曰善人善己悪人
悪己是善善明悪悪著 是キナ本无
子曰君子易事而難説也 孔安國曰不責備於
一人故説之不以道不説也及其使
易事也

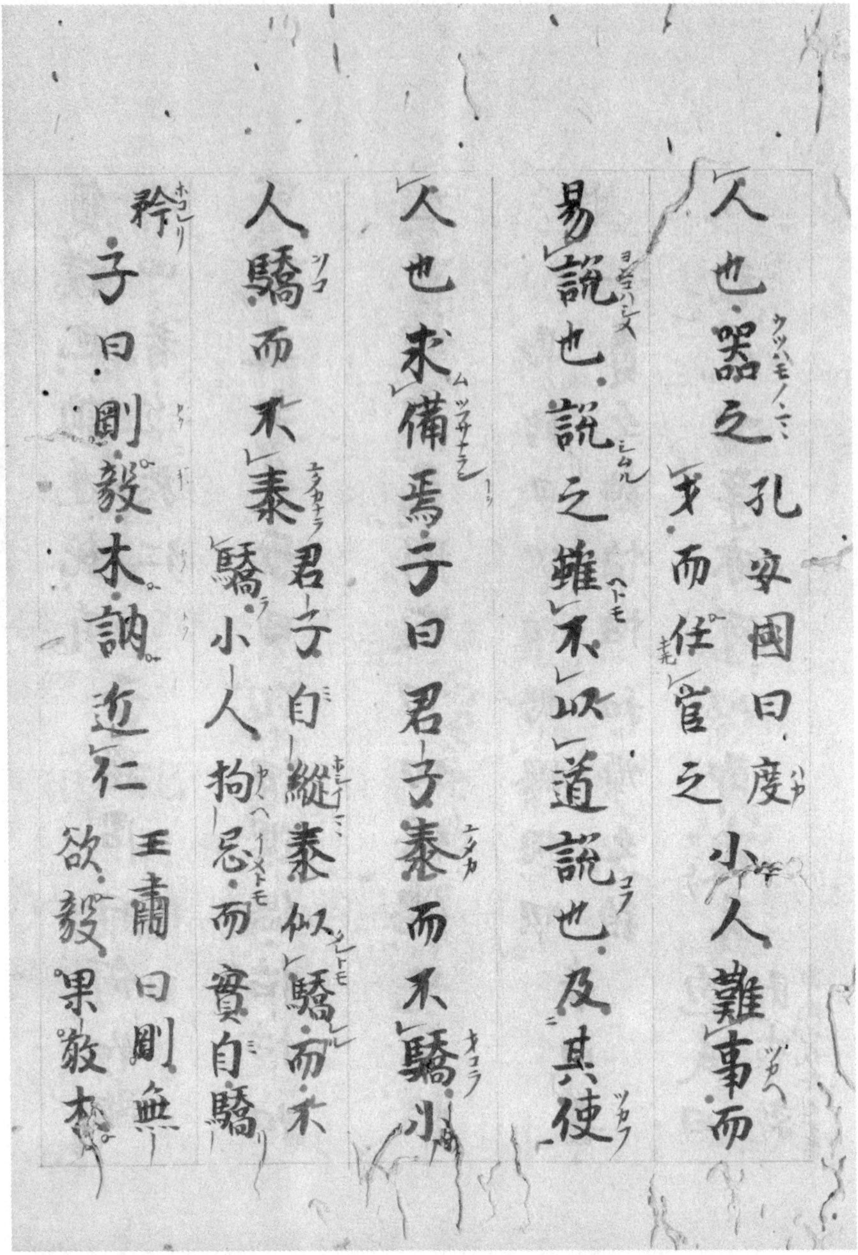

人也。器之　孔安國曰。度才而任官之　小人難事而
易説也。説之雖不以道説也。及其使
人也。求備焉。子曰君子泰而不驕。小
人驕而不泰　君子自縱泰似驕而不驕。小人拘忌而實自驕
矜　子曰剛毅木訥近仁　王肅曰剛無欲。毅果敢木

質樸也。訥遲鈍。有此四者。近於仁　子路問曰。何如斯可謂之士矣。子曰。切切偲偲怡怡如也。可謂士矣。朋友切切偲偲。兄弟怡怡如　馬融曰。切切偲偲相切責之貌。怡怡和順之貌　子曰。善人教民七年。亦可以即戎矣　包氏曰。即戎。就

即就也戎兵也本作

兵可以子曰以不教民戰是謂棄之
攻戰
馬融曰言用不習之民使
之攻戰必破敗是謂棄之

論語憲問第十四　凡四十七章　何晏集解

憲問恥子曰邦有道穀孔安國曰穀
祿也邦有道
當食邦無道穀恥也孔安國曰君無
其祿道而在其朝食

其禄是克伐怨欲不行焉可以為仁
耻辱
矣馬融曰克好勝人伐自伐
其功怨忌小怨欲貪欲也子曰可
以為難矣仁則吾不知也包氏曰此
四者行之
難者未足子曰士而懷居不足以為
以為仁
士矣士當志道不求安子曰邦有道
而懷其居非士也

危言危行　包氏曰危厲也邦有道可以厲言行

邦無道危行言孫　孫順也厲行不隨俗順言以遠害

子曰有德者必有言　德不可以億中故必有言

有言者不必有德仁者必有勇勇者不必有仁

南宮适　孔安國曰适南宮敬叔魯大夫

問於孔子曰

壽

羿善射奡盪舟　孔安國曰羿有窮國之君簒夏后相之位其臣寒浞殺之因其室而生奡奡多力能陸地行舟爲夏后少康所殺（國本无乎）

俱不得其死然　孔安國曰此二子者皆不得以壽終

禹稷躬稼而有天下夫子不答　馬融曰禹盡力於溝洫稷播殖百穀故曰躬稼禹及其身稷及後世皆王适意欲以禹稷比孔

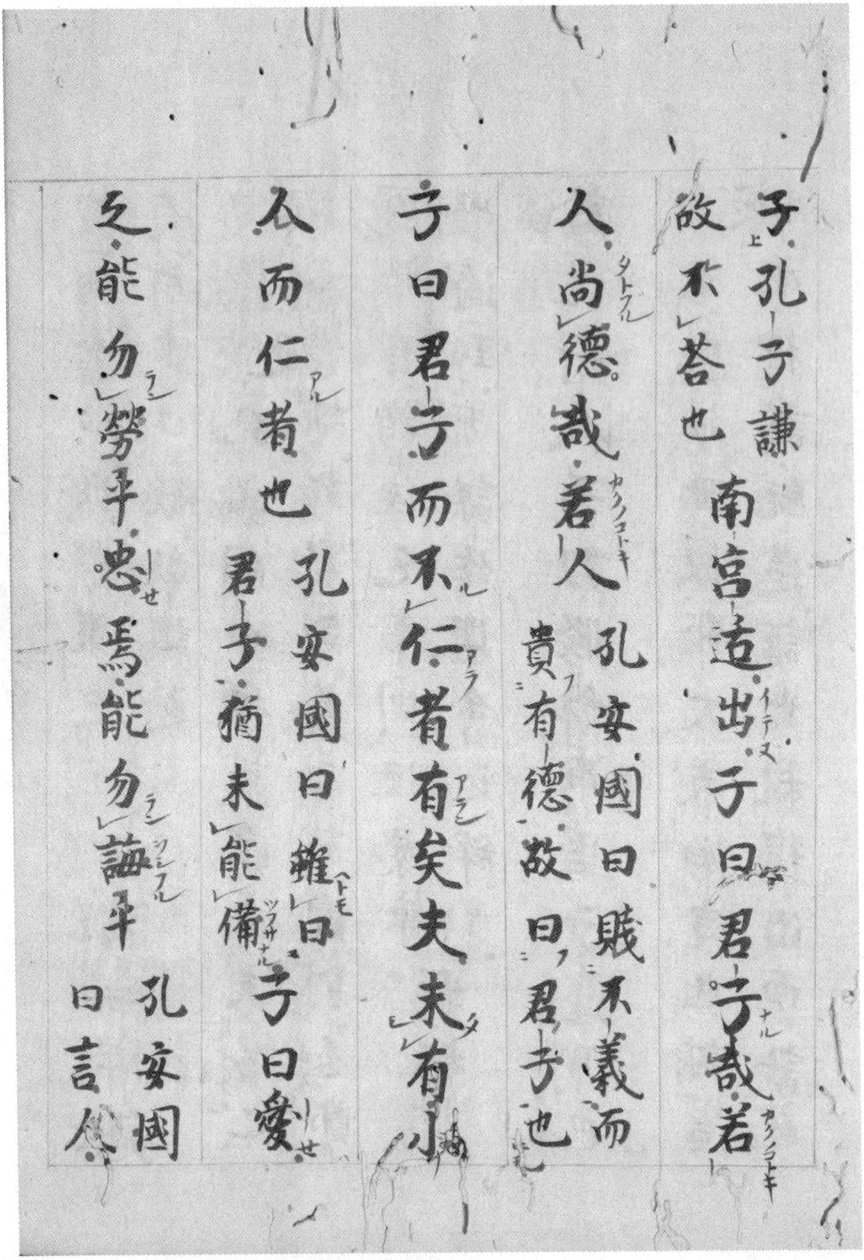
子孔子謙故不荅也
南宮适出子曰君子哉若人尚德哉若人
孔安國曰賤不義而貴有德故曰君子也
子曰君子而不仁者有矣夫未有小人而仁者也
孔安國曰雖曰君子猶未能備
子曰愛之能勿勞乎忠焉能勿誨乎
孔安國曰言人

有所愛必欲勞來之
有所忠必欲教誨之　子曰為命裨諶
草創之　孔安國曰裨諶鄭大夫名也
謀於野則獲謀於國則否鄭
國將有諸侯之事則使乘車
以適野而謀作盟會之辭　世叔討
論之行人子羽修飾東里子產潤色
之　馬融曰世叔鄭大夫游吉也討治
也裨諶既造謀世叔復治而論之

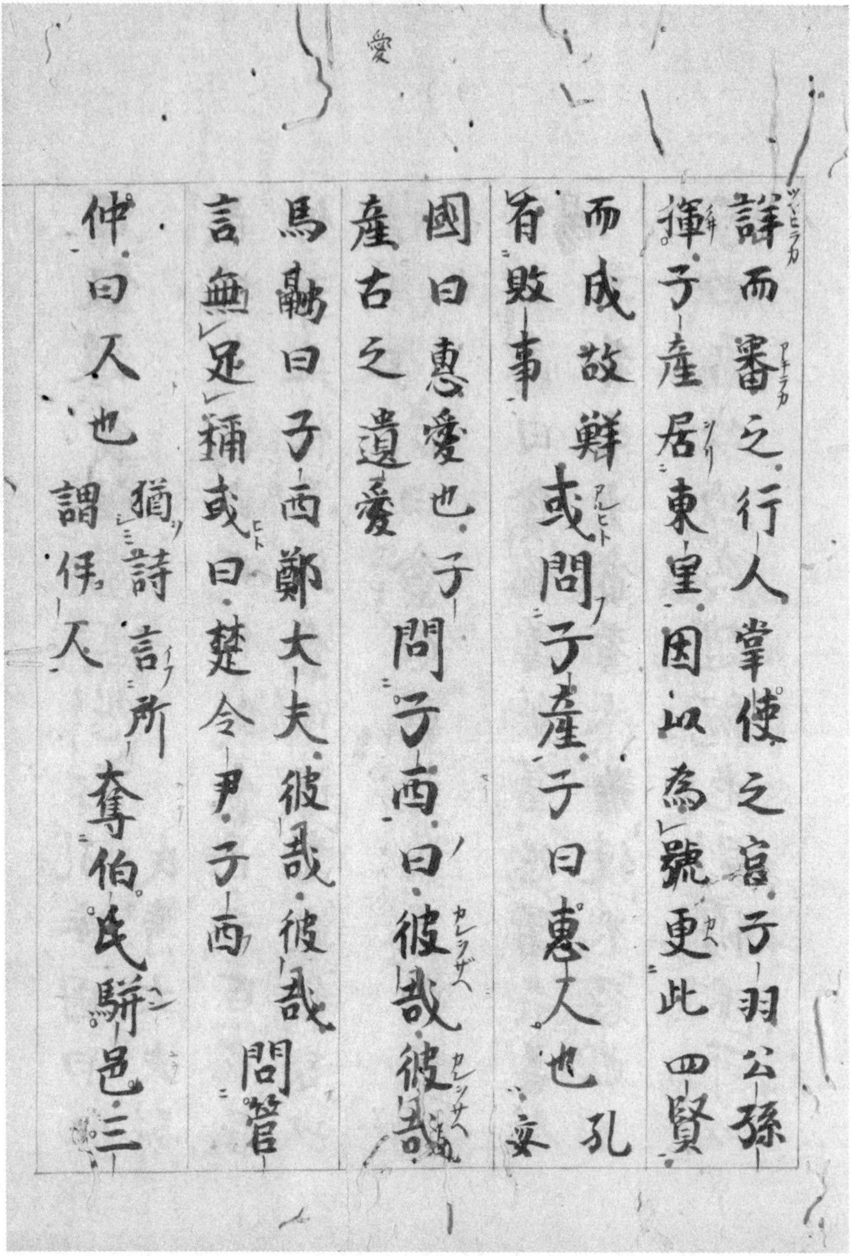
愛
諶而審之行人掌使之官子羽公孫
揮子產居東里因以為號更此四賢
而成故鮮
或問子產子曰惠人也
有敗事
孔
安
國曰惠愛也子
問子西曰彼哉彼哉
產古之遺愛
馬融曰子西鄭大夫彼哉彼哉
問管
言無足稱或曰楚令尹子西
猶詩言所
奪伯氏駢邑三
仲曰人也
謂伊人

百飯蔬食没齒無怨言孔安國曰伯氏齊大夫駢
邑地名齒年也伯氏食邑三百家管
仲奪之使至蔬食而没齒無怨言以
當其理故也子曰貧而無怨難富而無驕
易王肅曰貧者善怨富怨富者善驕二者之中貧者人難使不怨也
子曰孟公綽爲趙魏老則優不可以

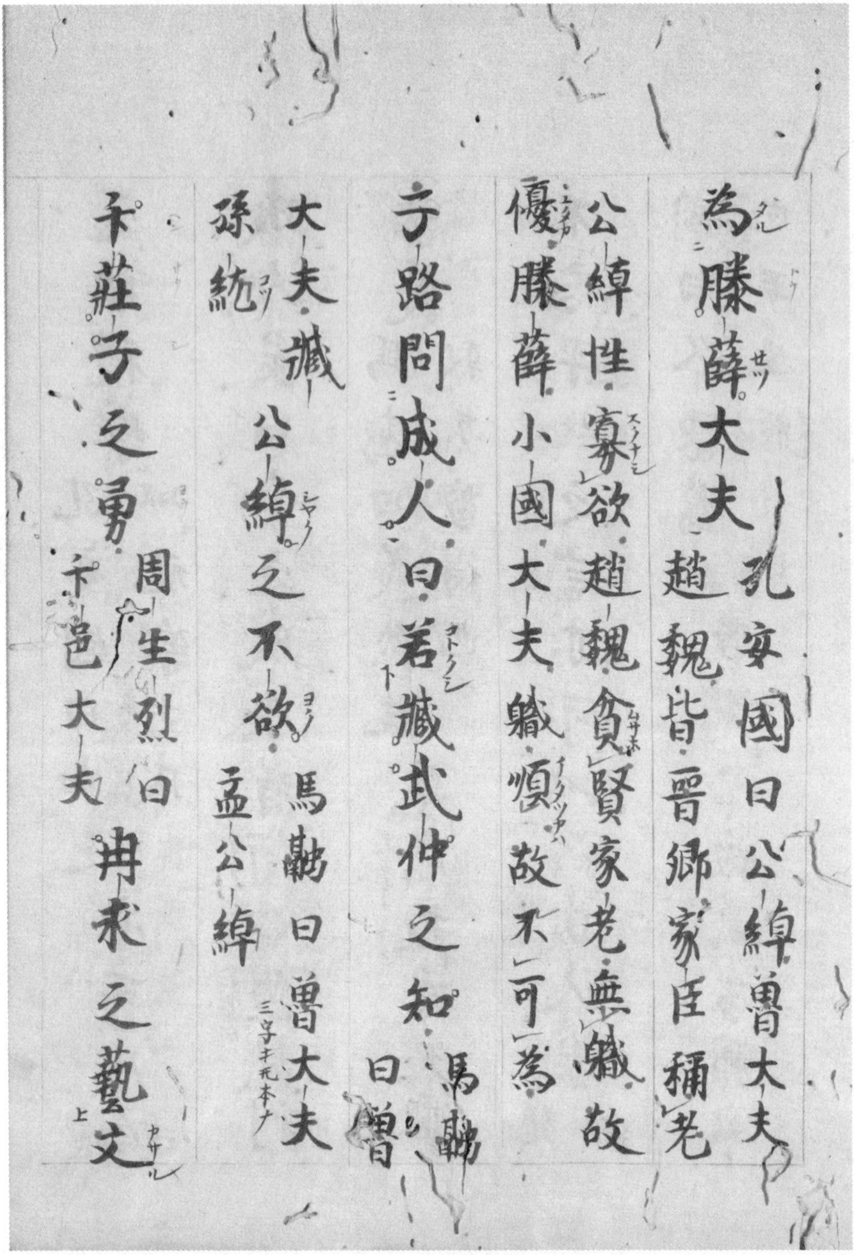
為滕薛大夫　孔安國曰公綽魯大夫
趙魏皆晉卿家臣稱老
公綽性寡欲趙魏貪賢家老無職故
優滕薛小國大夫職煩故不可為
子路問成人曰若臧武仲之知　馬融曰魯
大夫臧　公綽之不欲　馬融曰魯大夫
孫紇　孟公綽
卞莊子之勇　周生烈曰卞邑大夫　冉求之藝文

之以禮樂孔安國曰加之以礼樂文成亦可以為
成人矣曰今之成人者何必然見利
思義馬融曰義然後取不苟得也見危授命久要
不忘平生之言亦可以為成人矣孔安
國曰久要舊約也平生猶少時子問公叔文子於公

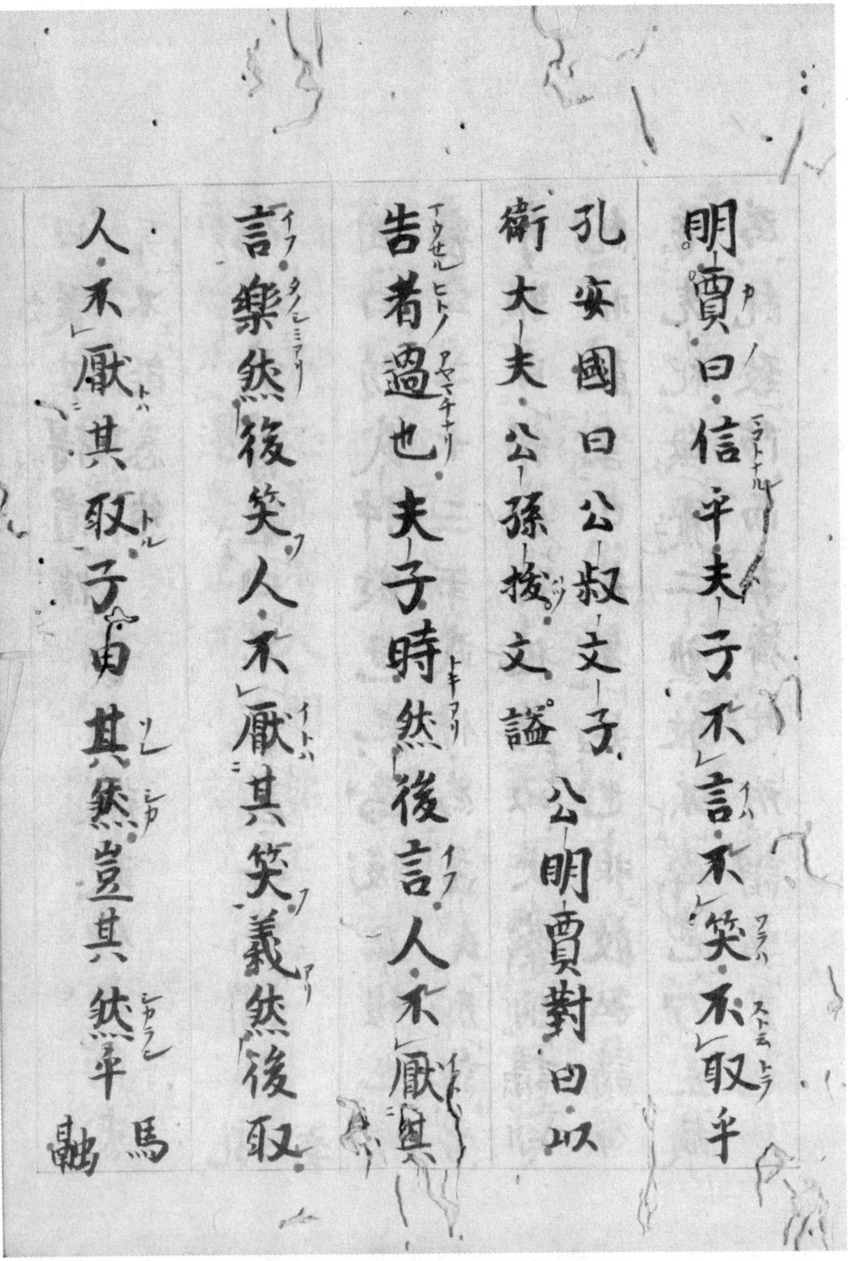

明賈曰信乎夫子不言不笑不取乎
孔安國曰公叔文子衛大夫公孫拔文謚 公明賈對曰以
告者過也夫子時然後言人不厭其
言樂然後笑人不厭其笑義然後取
人不厭其取子曰其然豈其然乎 馬融

曰美其得道嫌其不能悉然

子曰臧武仲以防求爲後於魯雖曰不要君吾不信也　孔安國曰防武仲故邑也爲後立後也魯襄公二十三年武仲爲孟氏所譖出奔邾自邾如防使爲以大蔡納請曰紇非敢害也知不足也非敢私請苟守先祀無廢二勳敢不辟邑乃立臧爲紇致防而奔齊此所謂要君也

子曰晉文公譎而不正鄭玄曰譎者詐也謂召於天子而使諸侯朝之仲尼曰以臣召君不可以訓故書曰天王狩于河陽是譎而不正也齊桓公正而不譎馬融曰伐楚以公義責包茅之貢不入問昭王南征不還是正而不譎子路曰桓公殺公子糾召忽死之管仲不死曰

未仁乎　孔安國曰齊襄公立無常鮑叔牙曰君使民慢乱將作矣奉公子小白出奔莒襄公從弟公孫無知弑襄公管夷吾召忽奉公子糾出奔魯齊人殺無知魯伐齊納子糾小白自莒先入是為桓公乃殺子糾召忽死之

子曰桓公九合諸侯不以兵車管仲之力也如其仁如其仁　孔安國曰誰如

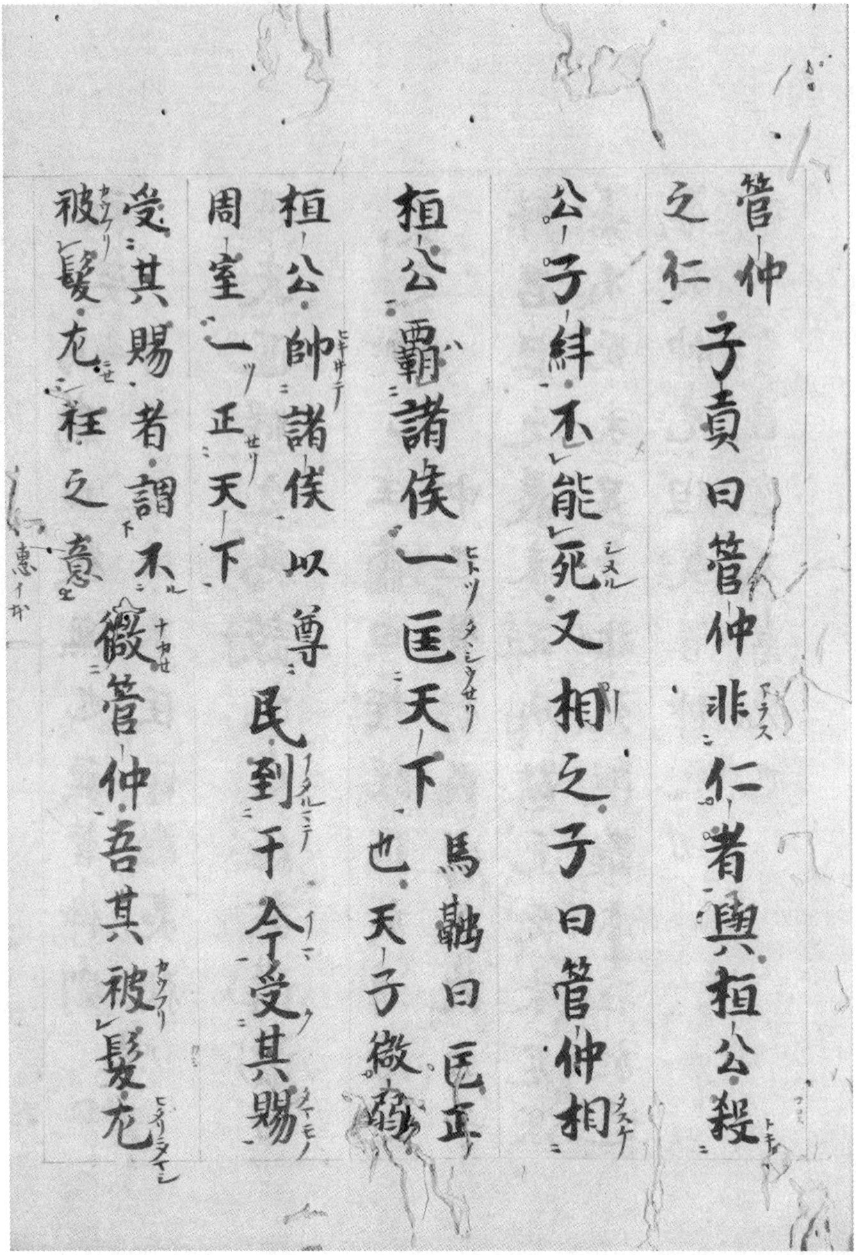

管仲
之仁
子貢曰管仲非仁者與桓公殺
公子糾不能死又相之子曰管仲相
桓公霸諸侯一匡天下
馬融曰匡正
也天子微弱
桓公帥諸侯以尊
周室一正天下
民到于今受其賜
受其賜者謂不
被髮左衽之意
惠イ本
微管仲吾其被髮左

衽矣　馬融曰微無也無管仲則
君不君臣不臣皆爲夷狄　豈若
匹夫匹婦之爲諒也自經於溝瀆而
莫之知也　王肅曰經經死於溝瀆
中也管仲召忽之於公子
糾君臣之義未正成故死之未足深
嘉不死未足多非死既難亦在於過
厚故仲尼但美管仲之功　公叔文子
亦不言召忽不當死也

之臣大夫僎與文子同升諸公孔安國曰大夫僎本文子家臣薦之使與己並為大夫同升在公朝子聞之曰可以為文矣孔安國曰行如是可謚為文子言衛靈公之無道也康子曰夫如是奚而不喪孔子曰仲叔圉治賓客祝鮀

治宗廟王孫賈治軍旅夫如是奚其喪
孔安國曰言君雖無道所任者各當其才何為當喪亡乎
子曰其言之不怍則其為之也難也
馬融曰怍慙也內有其實則言之不慙積其實者為之難也
陳成子弒簡公孔子沐浴而朝告於哀公曰陳

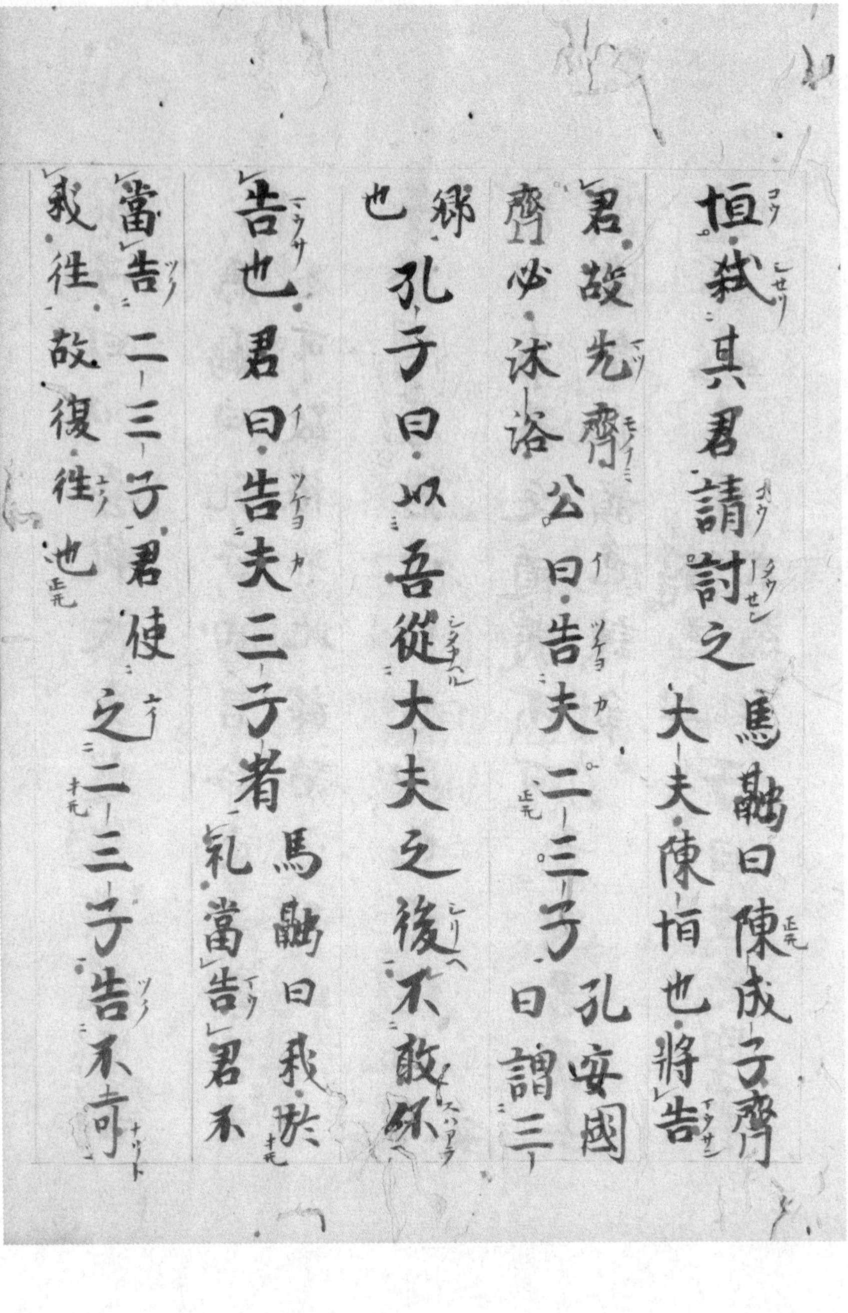

恒弑其君請討之　馬融曰陳成子齊大夫陳恒也將告君故先齊齊必沐浴　公曰告夫二三子　孔安國曰謂三卿也　孔子曰以吾從大夫之後不敢不告也　君曰告夫三子者　馬融曰我於礼當告君不當告二三子君使我往故復往也　之二三子告不可

孔子曰以吾從大夫之後不敢不告
也馬融曰孔子由君命之二三子告
不可故復以此辞語之而止
子路問事君子曰勿欺也而犯之
安國曰事君之道義不可
欺當能犯顏色諫爭
子曰君子上
達小人下達
本為上
末為下
子曰古之學者

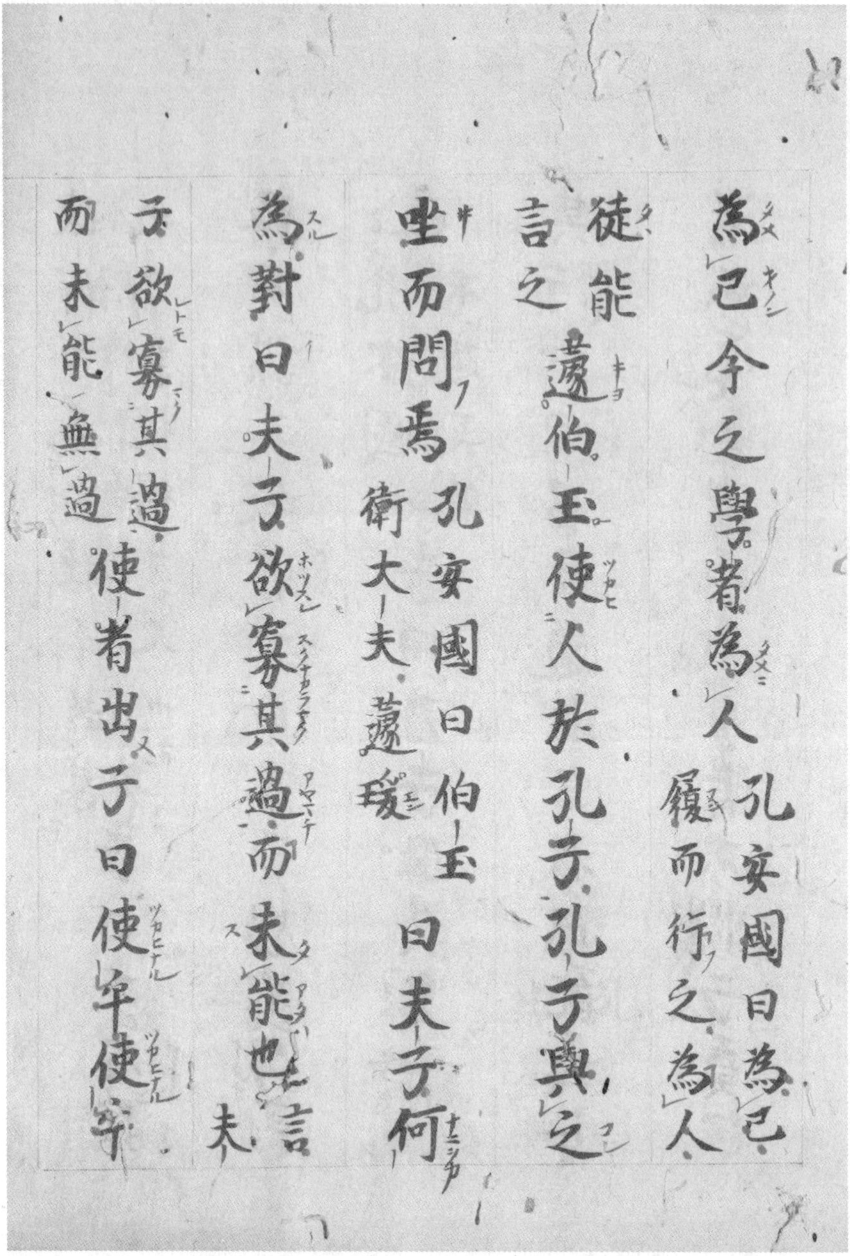

為己今之學者為人　孔安國曰為己
履而行之為人
徒能
言之
蘧伯玉使人於孔子孔子與之
坐而問焉　孔安國曰伯玉
衛大夫蘧瑗　曰夫子何
為　對曰夫子欲寡其過而未能也　言
夫
子欲寡其過
而未能無過　使者出子曰使乎使乎

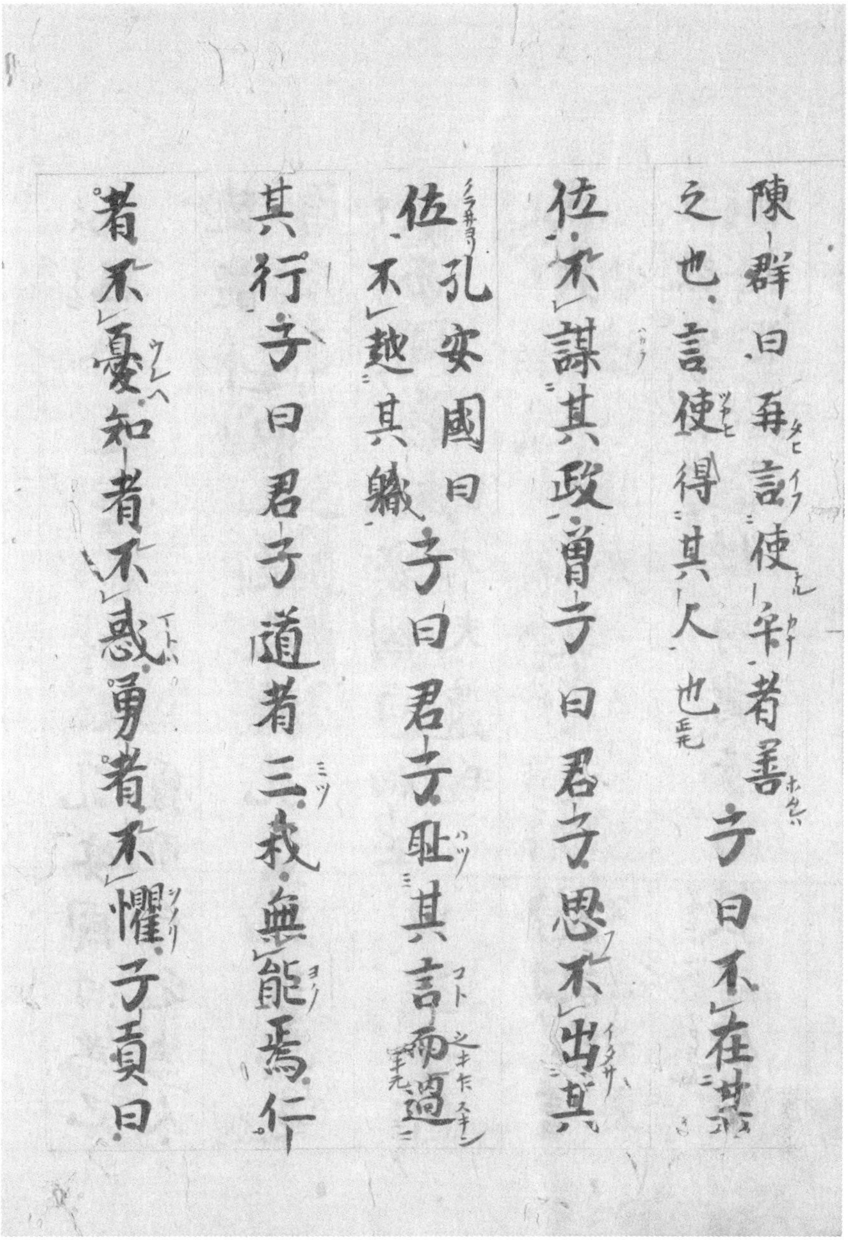

陳群曰再言使乎者善之也言使得其人也　子曰不在其位不謀其政曽子曰君子思不出其位孔安國曰不越其職子曰君子恥其言而過其行子曰君子道者三我無能焉仁者不憂知者不惑勇者不懼子貢曰

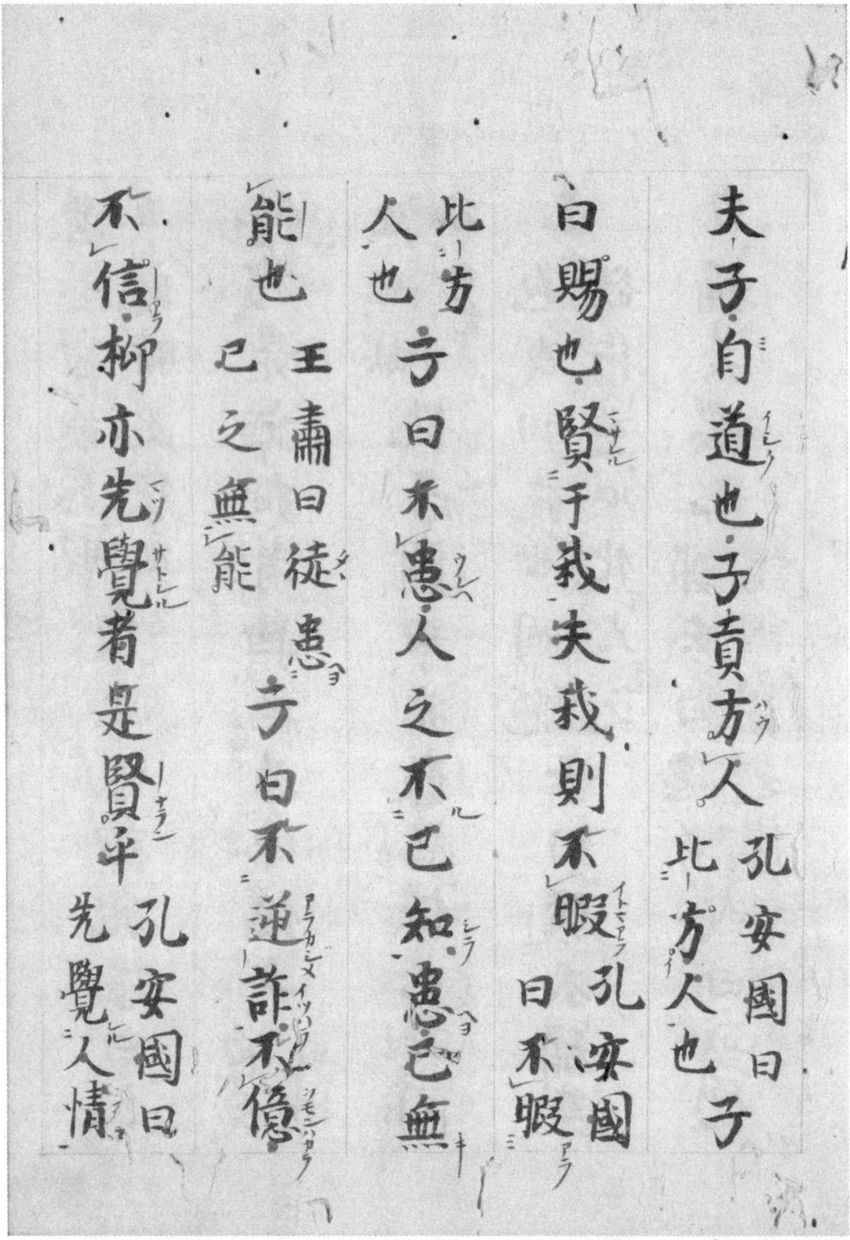

夫子自道也子貢方人　孔安國曰子比方人也
曰賜也賢乎我夫我則不暇　孔安國曰不暇比方人也
子曰不患人之不己知患己無能也　王肅曰徒患己之無能
子曰不逆詐不億不信抑亦先覺者是賢乎　孔安國曰先覺人情

者是寧能為賢乎或時及怨人

微生畝謂孔子曰丘何為是栖栖者與無乃為佞乎　包氏曰微生姓畝名也

孔子對曰非敢為佞也疾固也　包氏曰疾世固陋欲行道以化人之

子曰驥不稱其力稱其德也　鄭玄曰德者謂調良之德

或曰以德

報怨何如子曰何以報德德恩惠之德也以
直報怨以德報德子曰莫我知也夫
子貢曰何為其莫知子也子貢怪夫子言何為
莫知己故問　子曰不怨天不尤人馬融曰孔子不
用於世而不怨天人不知己亦不尤人　下學而上達孔安

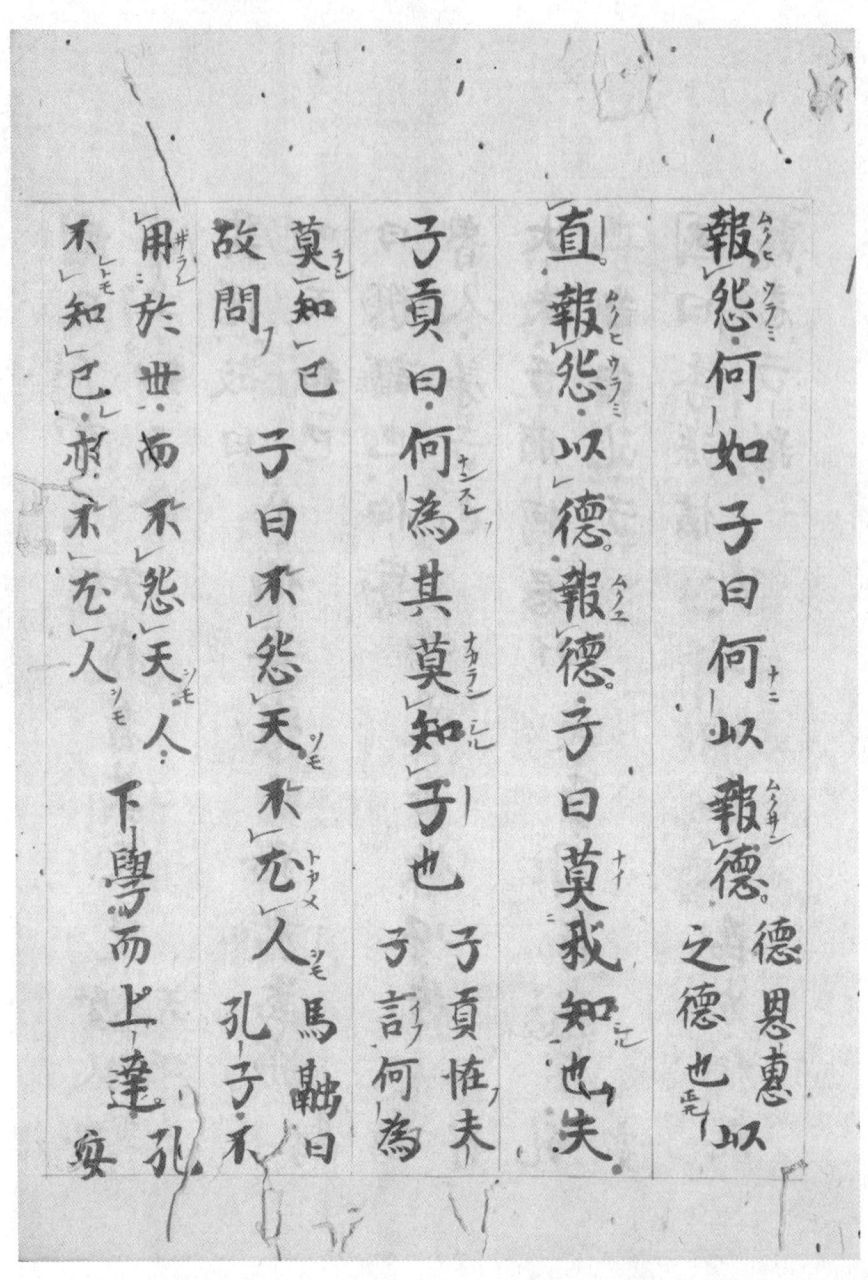

國曰下學人知我者其天乎聖人與
事上知天命天地合
其德故曰公伯寮愬子路於季孫馬
唯天知已融
曰愬譖也伯寮子服景伯以告馬融
魯人弟子也曰曾
大夫子服何忌曰夫子固有惑志孔
也告告孔子安
國曰季孫信於公伯寮也吾力猶能
讒恚子路

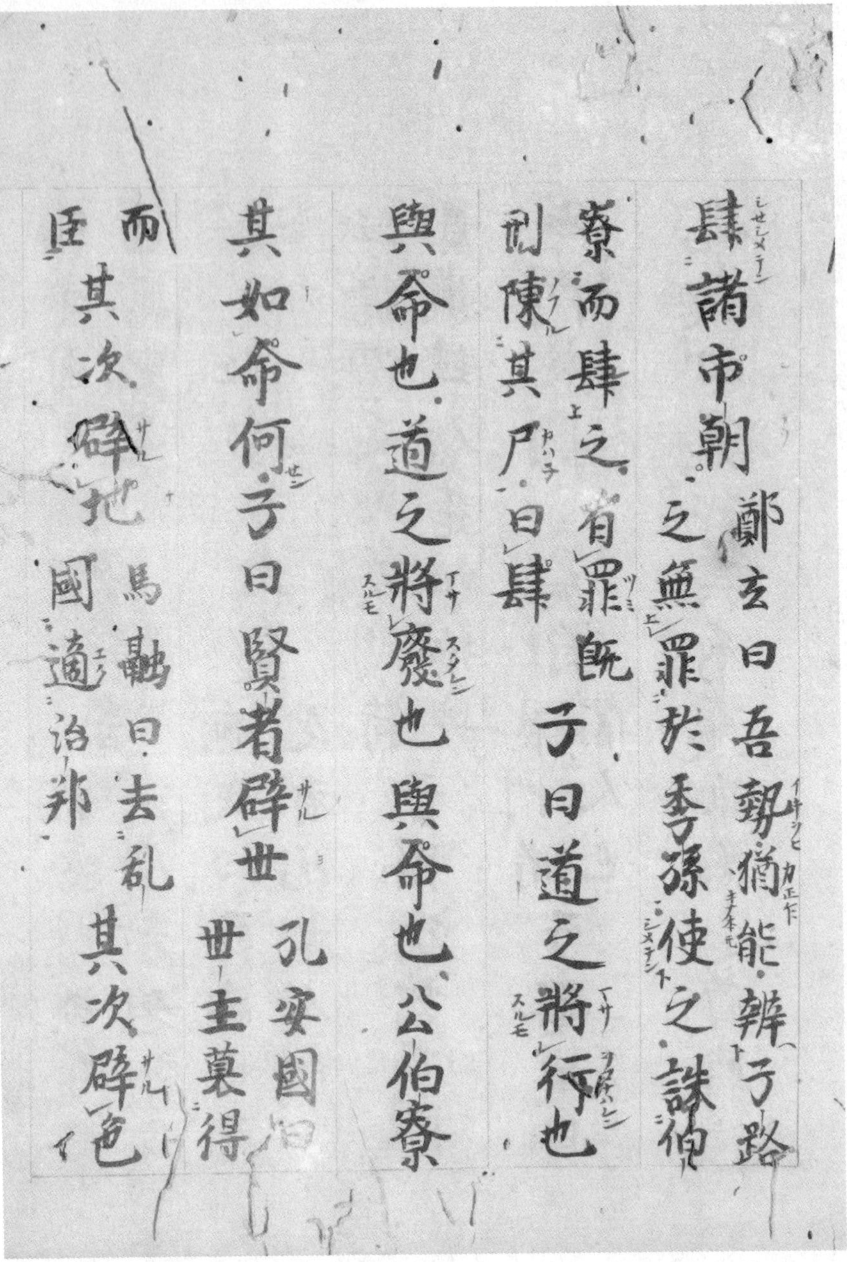

肆諸市朝。鄭玄曰吾勢猶能辨子路之無罪於季孫使之誅伯寮而肆之。有罪既刑陳其尸曰肆。子曰道之將行也與命也。道之將廢也與命也。公伯寮其如命何。子曰賢者辟世。孔安國曰世主莫得而臣。其次辟地。馬融曰去乱國適治邦。其次辟色。

孔安國曰色斯舉矣　其次辟言　孔安國曰有惡言乃去之

子曰作者七人矣　包氏曰作為也為之者凡七人謂長沮桀溺丈人石門荷蕢儀封人楚狂接輿

子路宿於石門

石門（二字才无）晨門曰奚自　晨門者閽人也　子路曰自

孔氏曰是知其不可而為之者與　包氏

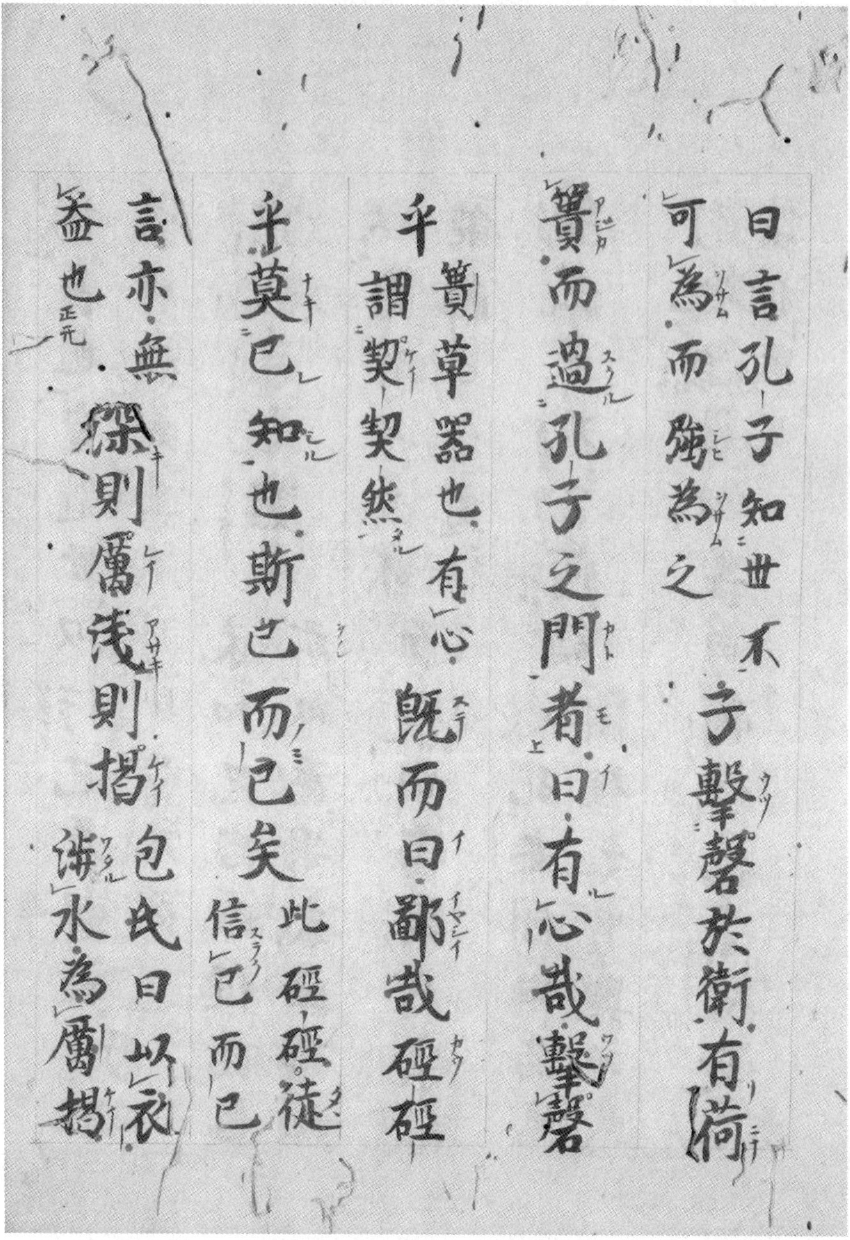
曰言孔子知世不可為而強為之　子擊磬於衛有荷
蕢而過孔子之門者曰有心哉擊磬
乎　蕢草器也有心謂契契然　既而曰鄙哉硜硜
乎莫己知也斯已而已矣　此硜硜徒信己而已
言亦無益也　深則厲淺則揭　包氏曰以衣渉水為厲揭

揭衣也。言隨世以行已，若遇水必以濟，知其不可則當不爲。子曰：果哉，末之難矣。未知己志而便譏己，所以爲果。末，無也。無以難着，以其不能解已之道。子張曰：書云高宗諒陰三年不言，何謂也。孔安國曰：高宗，殷之中興王武丁也。諒，信也。陰，猶默也。子曰：何必高宗，古之人

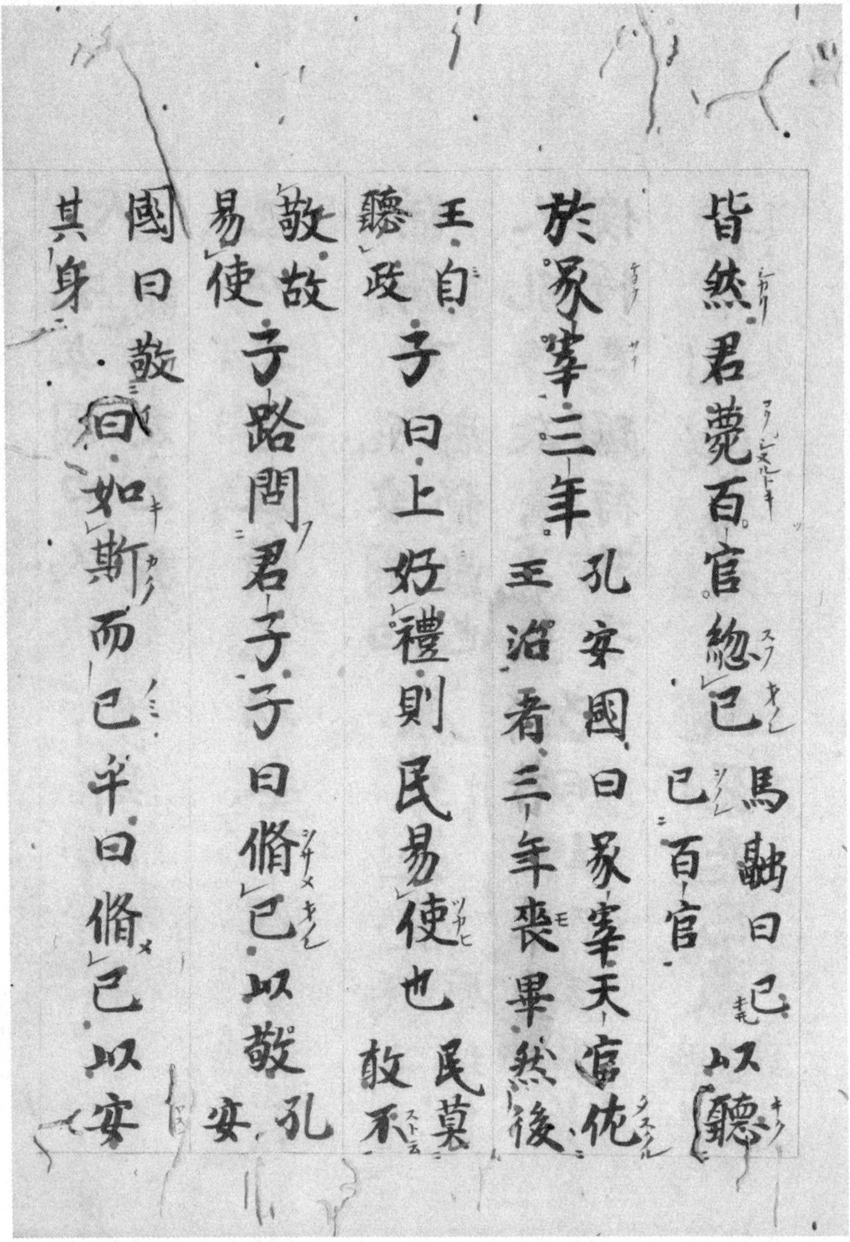
皆然君薨百官總己馬融曰己百官以聽
於冢宰三年孔安國曰冢宰天官佐王治者三年喪畢然後
王自聽政子曰上好禮則民易使也民莫敢不
敬故易使子路問君子子曰脩己以敬孔安
國曰敬其身曰如斯而已乎曰脩己以安

人孔安國曰人謂朋友九族曰如斯而已乎曰脩己以安百姓脩己以安百姓堯舜其猶病諸孔安國曰病猶難也原壤夷俟馬融曰原壤魯人孔子故舊夷踞俟待也踞待孔子子曰幼而不孫弟長而無述焉老而不死是為賊賊為賊害

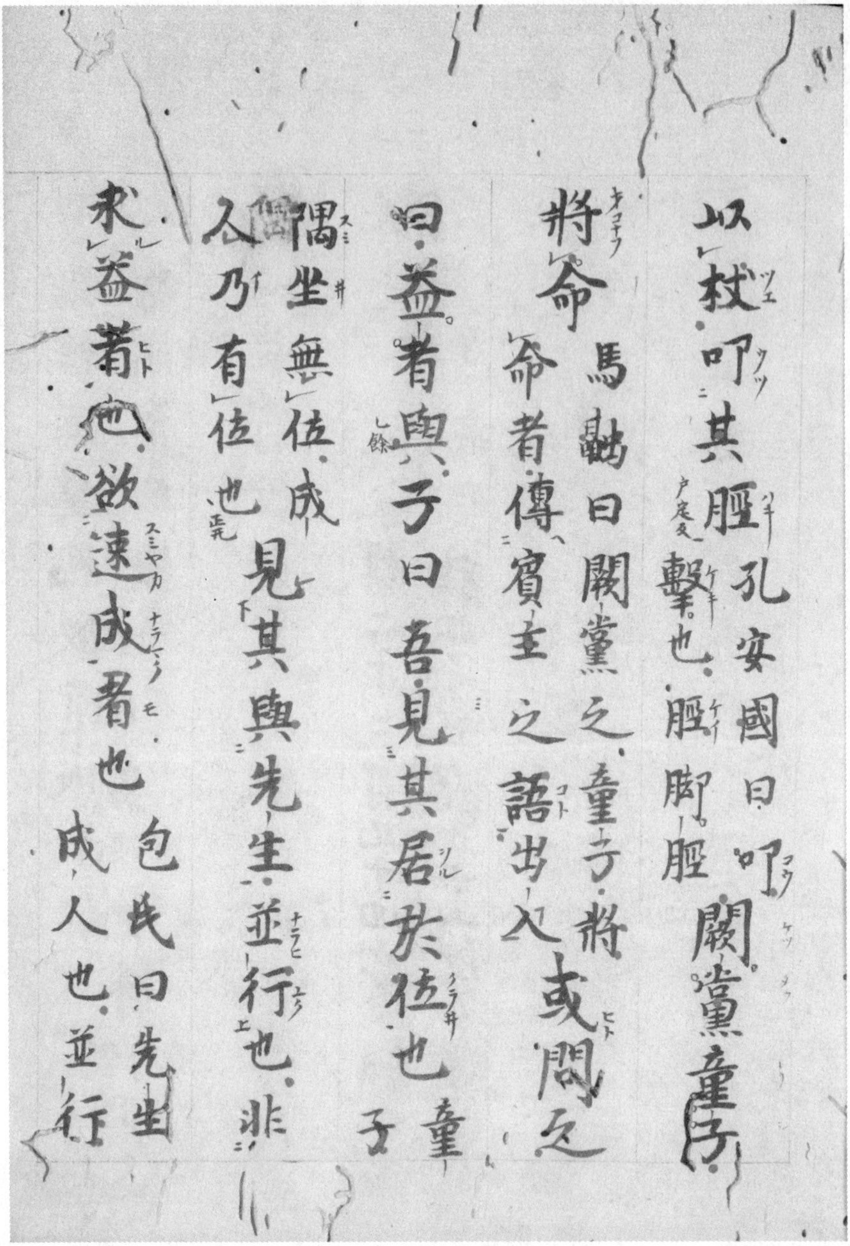
以杖叩其脛　孔安國曰叩擊也脛脚脛　闕黨童子
將命　馬融曰闕黨之童子將
命者傳賓主之語出入　或問之
曰益者與子曰吾見其居於位也　童子
隅坐無位成
人乃有位也　見其與先生並行也非
求益者也欲速成者也　包氏曰先生
成人也並行

不養在後違礼欲速成
人者則非求益者也

論語卷第七

經二千三百九十四字
註二千五百五十六字

論語卷第八

論語衛靈公第十五　何晏集解

衛靈公問陳於孔子　孔安國曰軍陳行列之法　孔子對曰俎豆之事則嘗聞之矣　孔安國曰俎豆禮器　軍旅之事未之學也　鄭玄曰萬二千五百人爲軍五百人爲旅軍旅末事本未立則不可教以末事　明日遂

行在陳絶糧從者病莫能興　孔安國曰從者弟子興起也孔子去衛如曹曹不容又之宋遭匡人之難又之陳會呉伐陳陳乱故乏食　子路慍見曰君子亦窮乎　子曰君子固窮小人窮斯濫矣　濫溢也君子固亦有窮時但不如小人窮則濫溢爲非　子曰賜也女以

予為多學而識之者與對曰然孔安國曰然謂多學而識之非與孔安國曰問今不然曰非也予一以貫之善有元事有會天下殊塗而同歸百慮而一致知其元則衆善舉矣故不待多學一以知之子曰由知德者鮮矣王肅曰君子固窮而子路慍見故謂之少於知德者子曰

無為而治者其舜也與夫何為哉恭

己正南面而已矣　言任官得其人故無為而治子

張問行子曰言忠信行篤敬雖蠻貊

之邦行矣言不忠信行不篤敬雖州

里行乎哉　鄭玄曰萬二千五百家為州五家為隣五隣為里行

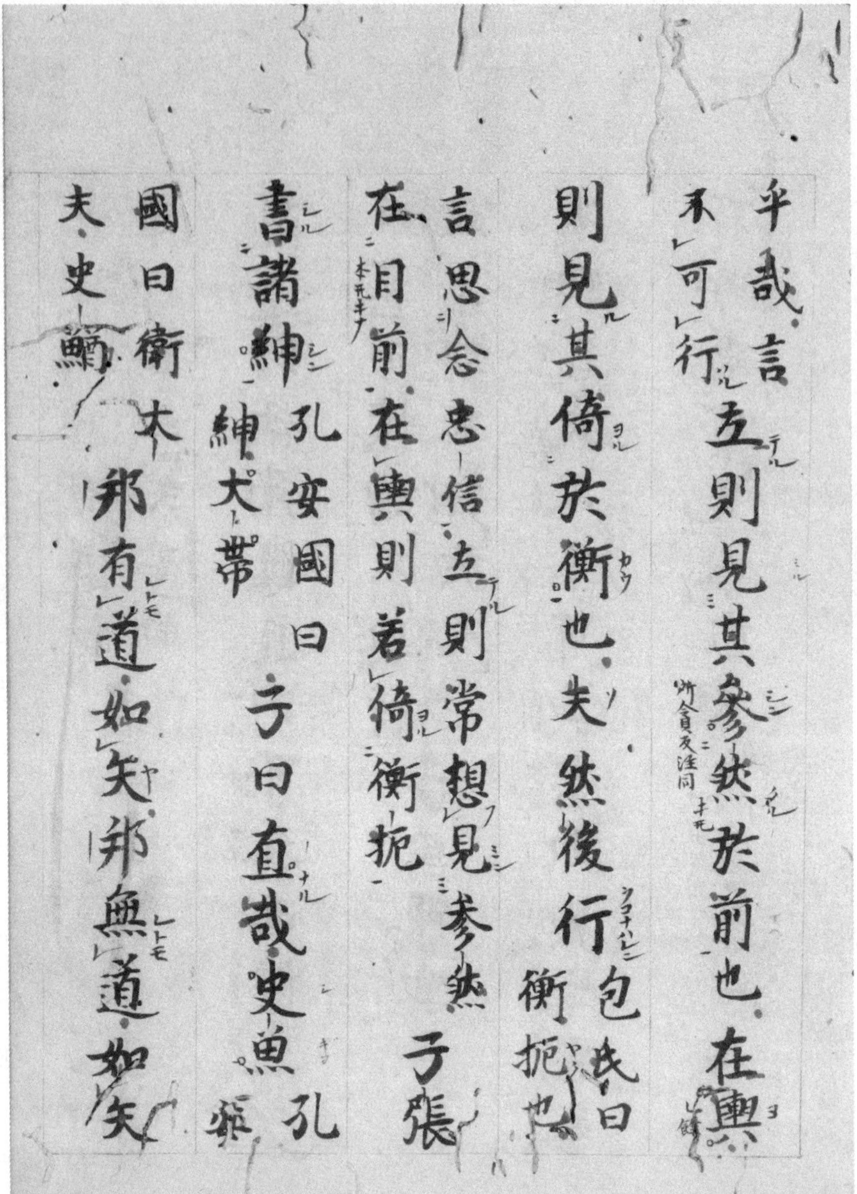

乎哉。言不可行。立則見其參然於前也。在輿則見其倚於衡也。夫然後行。包氏曰：衡，軛也。言思念忠信，立則常想見參然在目前；在輿則若倚衡軛。子張書諸紳。孔安國曰：紳，大帶。子曰：直哉史魚！孔安國曰：衛大夫史鰌。邦有道如矢，邦無道如矢。

孔安國曰有道無道行直如矢不曲

君子哉蘧伯玉邦有道則仕邦無道則可卷而懷之

包氏曰卷而懷謂不與時政柔順不忤於人

子曰可與言而不與言失人不可與言而與之言失言知者不失人亦不失言子曰志士

仁人無求生以害仁有殺身以成仁

孔安國曰無求生而害仁死而後成仁則志士仁人不愛其身也

子貢問爲仁子曰工欲善其事必先利其器居是邦也事其大夫之賢者友其士之仁者

孔安國曰言工以利器

爲用人以賢友爲助

顔淵問爲邦子曰行夏之時據見万物之生以爲四時之始取其易知乗殷之輅馬融曰殷車曰大輅左傳曰大輅越席昭其儉也服周之冕包氏曰冕礼冠周之礼文而備取其黈纊塞耳不任視聽樂則韶舞韶舜樂也盡善盡美故取之放鄭聲遠佞人鄭聲淫佞人殆

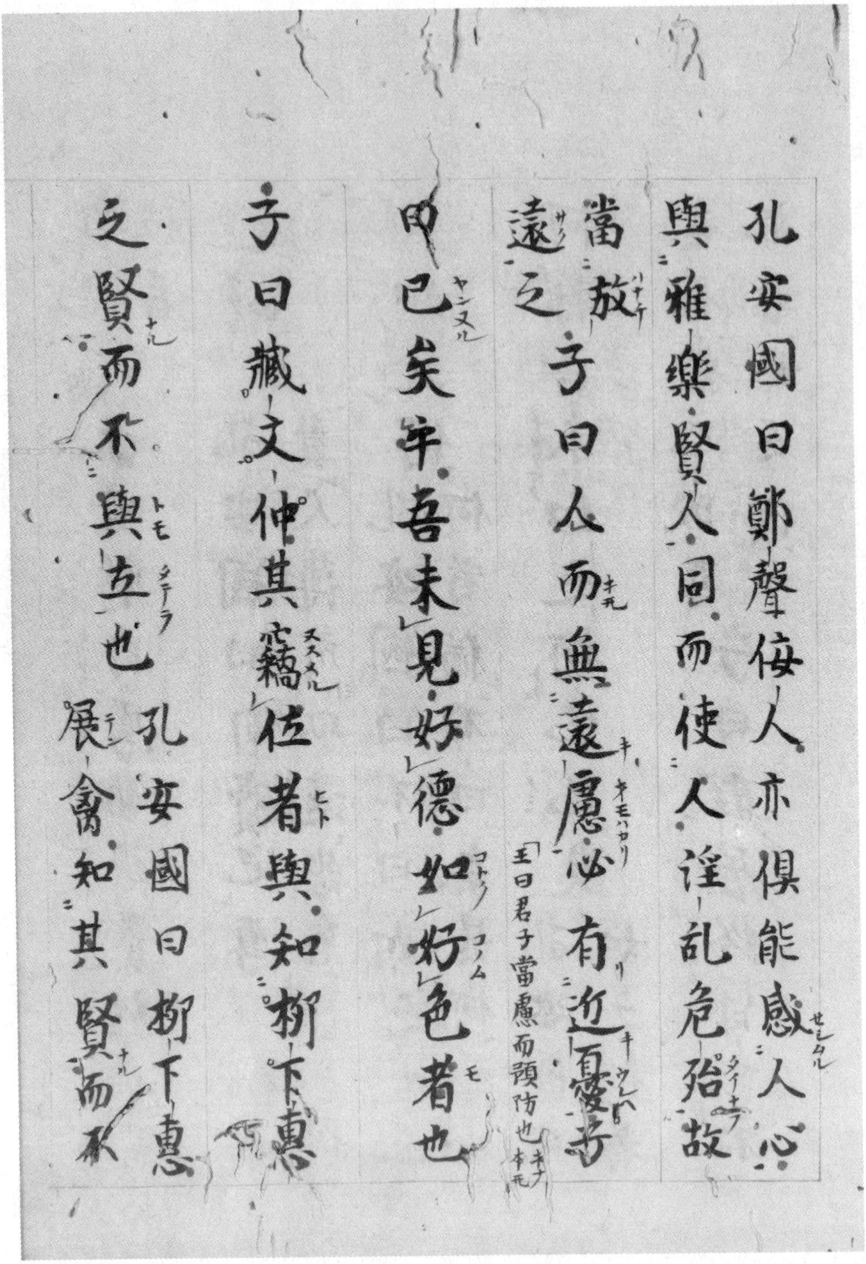

孔安國曰鄭聲佞人亦俱能惑人心與雅樂賢人同而使人淫乱危殆故當放遠之

子曰人而無遠慮必有近憂

王曰君子當慮而預防也　本无

曰已矣乎吾未見好德如好色者也

子曰臧文仲其竊位者與知柳下恵之賢而不與立也

孔安國曰柳下恵展禽知其賢而不

竊

舉爲竊佐者

子曰躬自厚而薄責於人則遠怨矣　孔安國曰自責己厚責人薄所以遠怨咎

子曰不曰如之何　孔安國曰不曰如之何者猶不曰奈是何　如之何者吾末如之何也已矣　孔安國曰如之何者言禍難已成吾亦無如之何

子曰群居終日言不

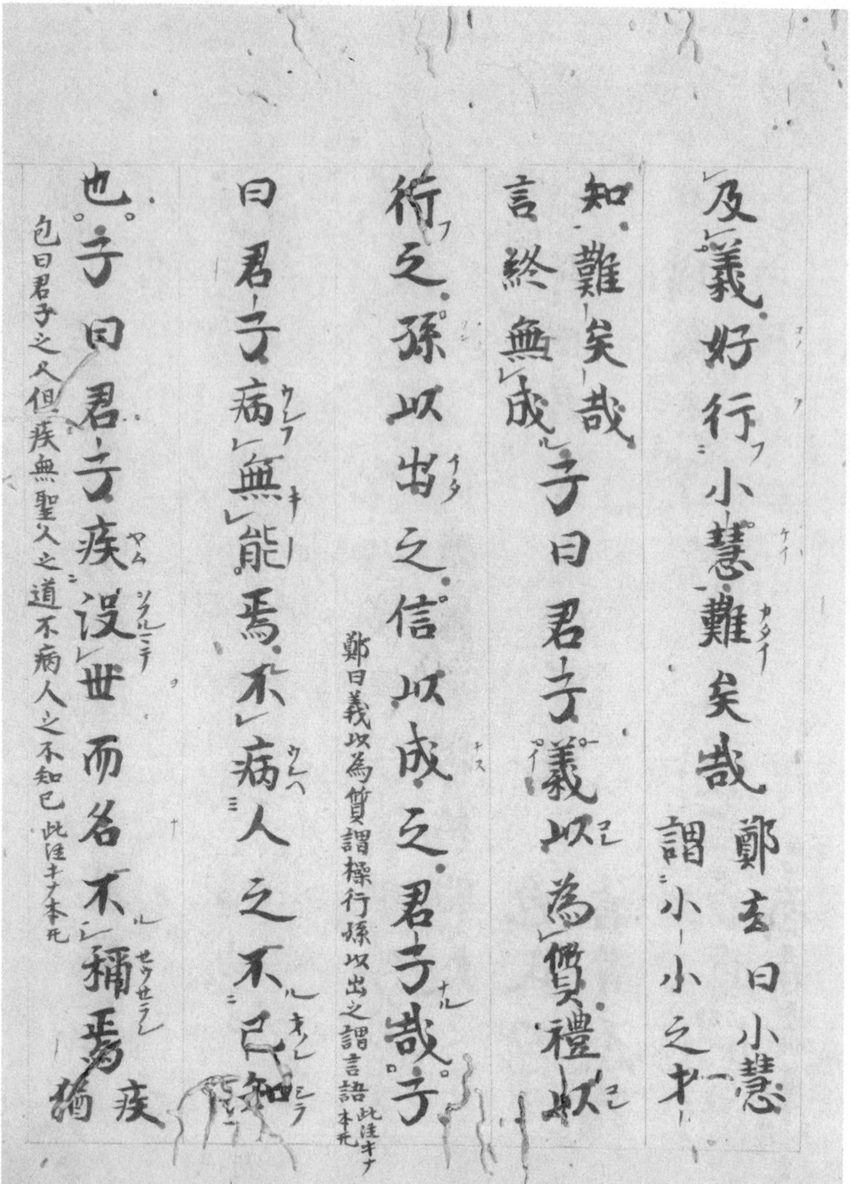
及義好行小慧難矣哉　鄭玄曰小慧謂小小之才知難矣哉言終無成
子曰君子義以爲質禮以
行之孫以出之信以成之君子哉
鄭曰義以爲質謂操行孫以出之謂言語　此注キナ本无
子曰君子病無能焉不病人之不己知
也。包曰君子之人但疾無聖人之道不病人之不知己　此注キナ本无
子曰君子疾沒世而名不稱焉　疾猶

病也　子曰君子求諸己小人求諸人　君子
責己小人責人　子曰君子矜而不爭　包氏曰矜矜莊
也　群而不黨　孔安國曰黨助也君子雖衆不相私助義之與
比　子曰君子不以言擧人　包氏曰有言者不必
有德故不可以言擧人　不以人廢言　子貢問曰
王曰不可以及德而廢善言　此注摺本无

有一言而可以終身行之者乎子曰
其恕乎己所不欲勿施於人子曰吾 言己之所惡勿加施於人 此注有本無
之於人也誰毀誰譽如有可譽者其
有所試矣 包氏曰所譽輙試
以事不空譽而已 斯民也
三代之所以直道而行也 馬融曰三代夏殷周

用民如此無所阿私所以云直道而行

子曰吾猶及史之闕文也

包氏曰古之史於書字有疑則闕之以待知者

有馬者借人乗之今則亡矣夫

包氏曰有馬不能調良則借人使習之孔子自謂及見其人如此至今無有矣言此者以俗多穿鑿

子曰巧言亂德小不忍亂大謀

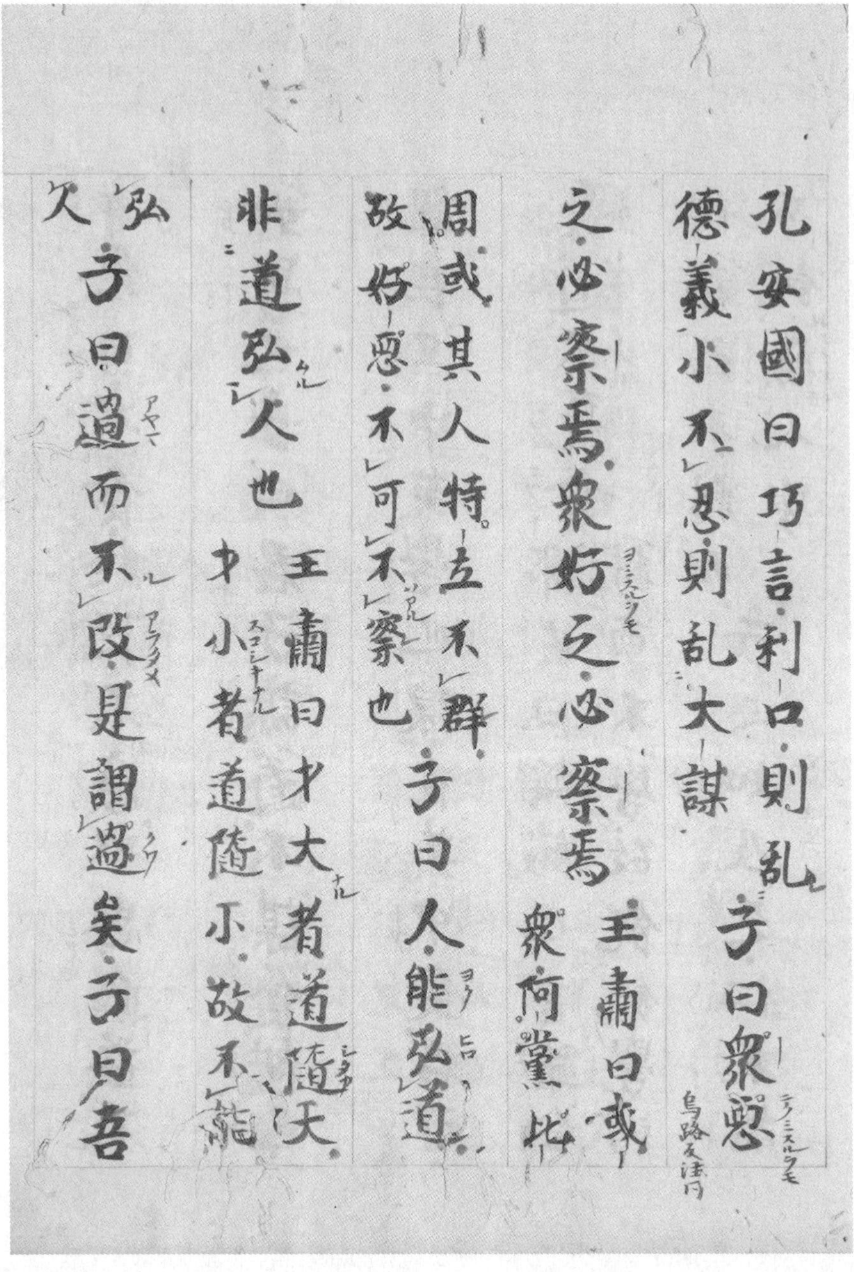

孔安國曰巧言利口則乱德義小不忍則乱大謀

子曰衆惡烏路反注同之必察焉衆好之必察焉王肅曰或衆阿黨比周或其人特立不群故好惡不可不察也

子曰人能弘道非道弘人也王肅曰才大者道隨大才小者道隨小故不能弘人

子曰過而不改是謂過矣子曰吾

嘗終日不食終夜不寢以思無益不如學也子曰君子謀道不謀食耕也餒在其中矣學也祿在其中矣君子憂道不憂貧鄭玄曰餒餓也言雖念耕而不學故飢餓學則得祿雖不耕而不飢勸人學子曰知及之仁不能

守之雖得之必失之　包氏曰知能及治其官而仁不能守雖得之必失之
知及之仁能守之不莊以莅之則民不敬　包氏曰不嚴以臨之則民不敬從其上
知及之仁能守之莊以莅之動之不以禮未善也　王肅曰動必以禮然後善
子曰君子

不可小知而可大受也小人不可大受而可小知也
君子之道深遠不可以小了知而可大受
小人之道淺近可以小了知而不可大受也
子曰民之於仁也甚於水火
馬融曰水火與仁皆民所仰而生者仁最為甚
水火吾見蹈而死者矣未見蹈仁

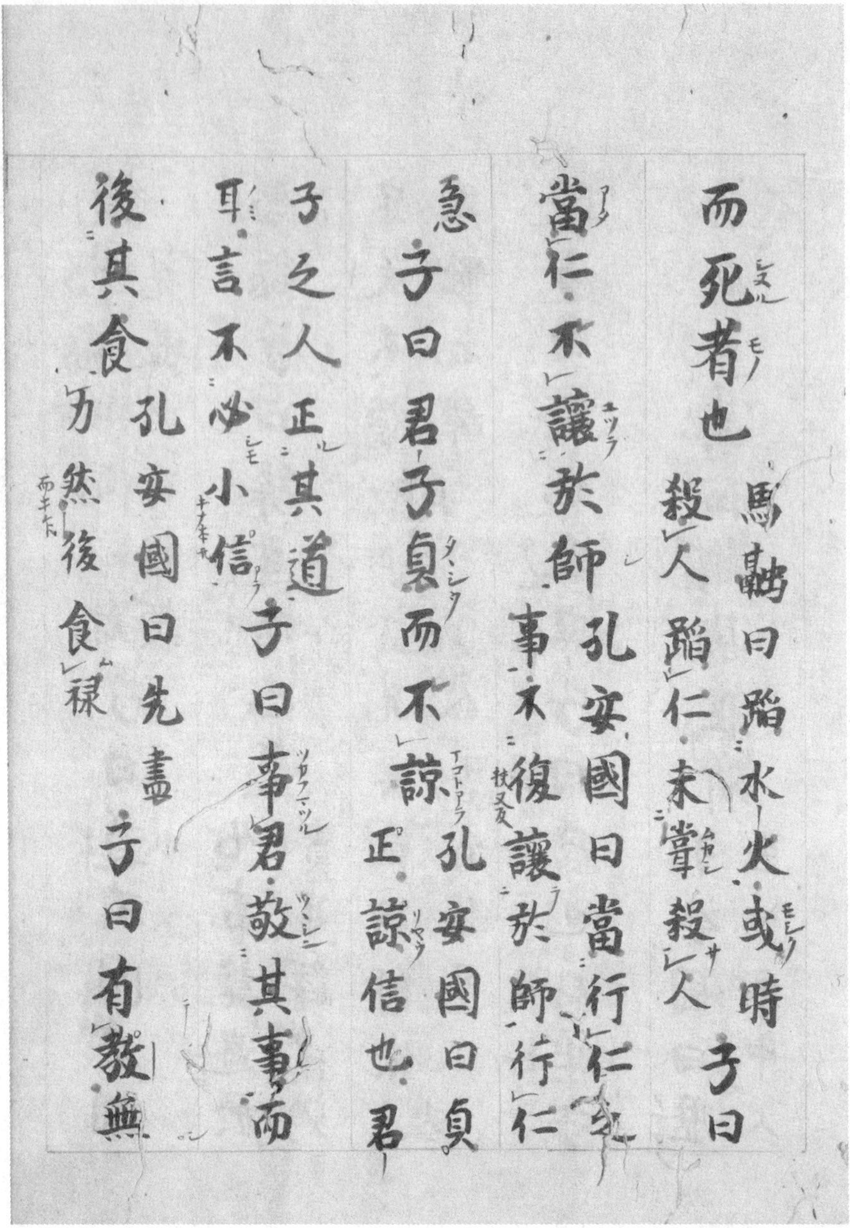
而死者也　馬融曰蹈水火或時殺人蹈仁未嘗殺人　子曰當仁不讓於師　孔安國曰當行仁之事不復讓於師行仁急　子曰君子貞而不諒　孔安國曰貞正諒信也君子之人正其道耳言不必小信　子曰事君敬其事而後其食　孔安國曰先盡力然後食祿　子曰有教無

類　馬融曰言人在見教無有種類　子曰道不同不相

為謀　子曰辭達而已矣　凡事莫過於實足辭達則

足矣不煩文艶之辭　師冕見　孔安國曰師樂人盲者名冕　及

階子曰階也及席子曰席也皆坐子

告之曰某在斯某在斯　孔安國曰歷告以坐中人

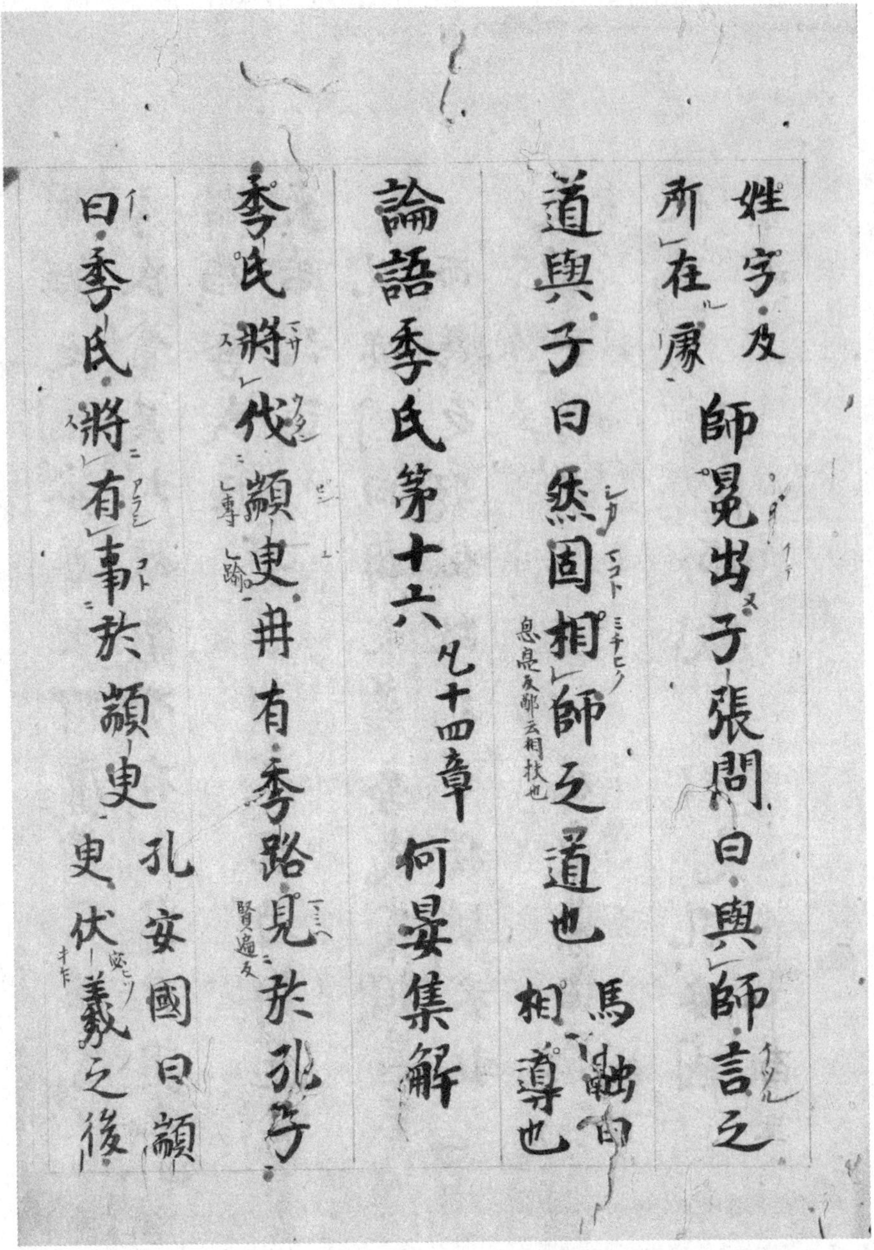
姓字及所在處　師冕出子張問曰與師言之
道與子曰然固相師之道也　馬融曰相導也
息亮反、鄭云相扶也
論語季氏第十六　凡十四章　何晏集解
季氏將伐顓臾冉有季路見於孔子
賢遍反
曰季氏將有事於顓臾　孔安國曰顓臾伏羲之後

風姓之國本魯之附庸當特臣屬魯季氏貪其地欲滅而有之冉有與季路為季氏臣來告孔子

孔子曰求無乃爾是過與

孔安國曰冉求為季氏宰相其室而為之聚斂故孔子獨疑求教之

夫顓臾昔者先王以為東蒙主

孔安國曰使主祭蒙山

且在邦域之中矣

孔安國曰魯七百里

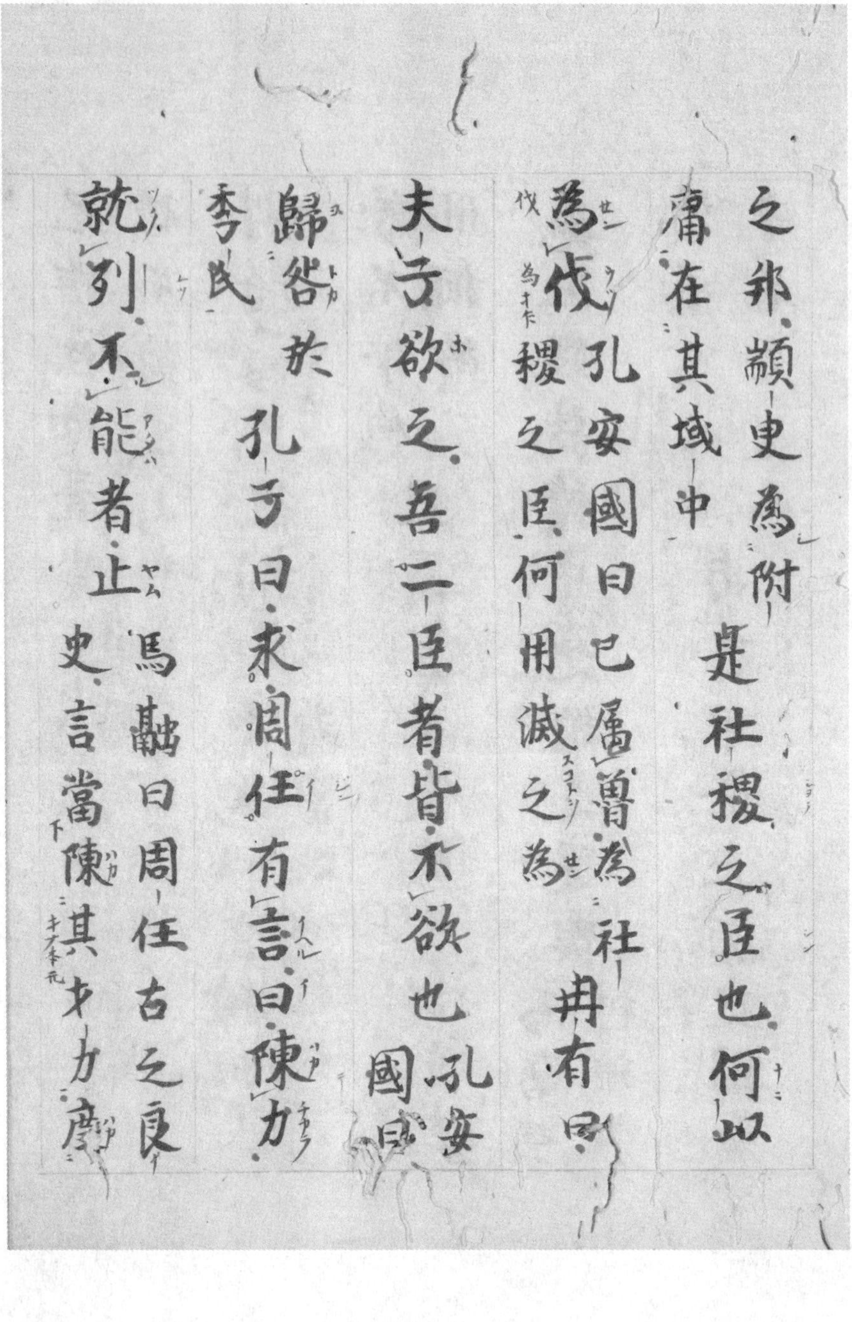
之邦顓臾爲附　是社稷之臣也何以
庸在其域中
爲伐　孔安國曰已屬魯爲社　冉有曰
稷之臣何用滅之爲
夫子欲之吾二臣者皆不欲也　孔安
國曰
歸咎於　孔子曰求周任有言曰陳力
季氏　馬融曰周任古之良
就列不能者止　史言當陳其才力度

己所任以就其危而不持顛而不扶
位不能當止
則將焉用彼相矣　包氏曰言輔相人
者當能持危扶顛
若不能何且爾言過矣虎兕出於柙
用相爲
龜玉毀於櫝中是誰之過與　馬融曰
柙檻也
櫝匱也非典
守者之過邪　冉有曰今夫顓臾固而

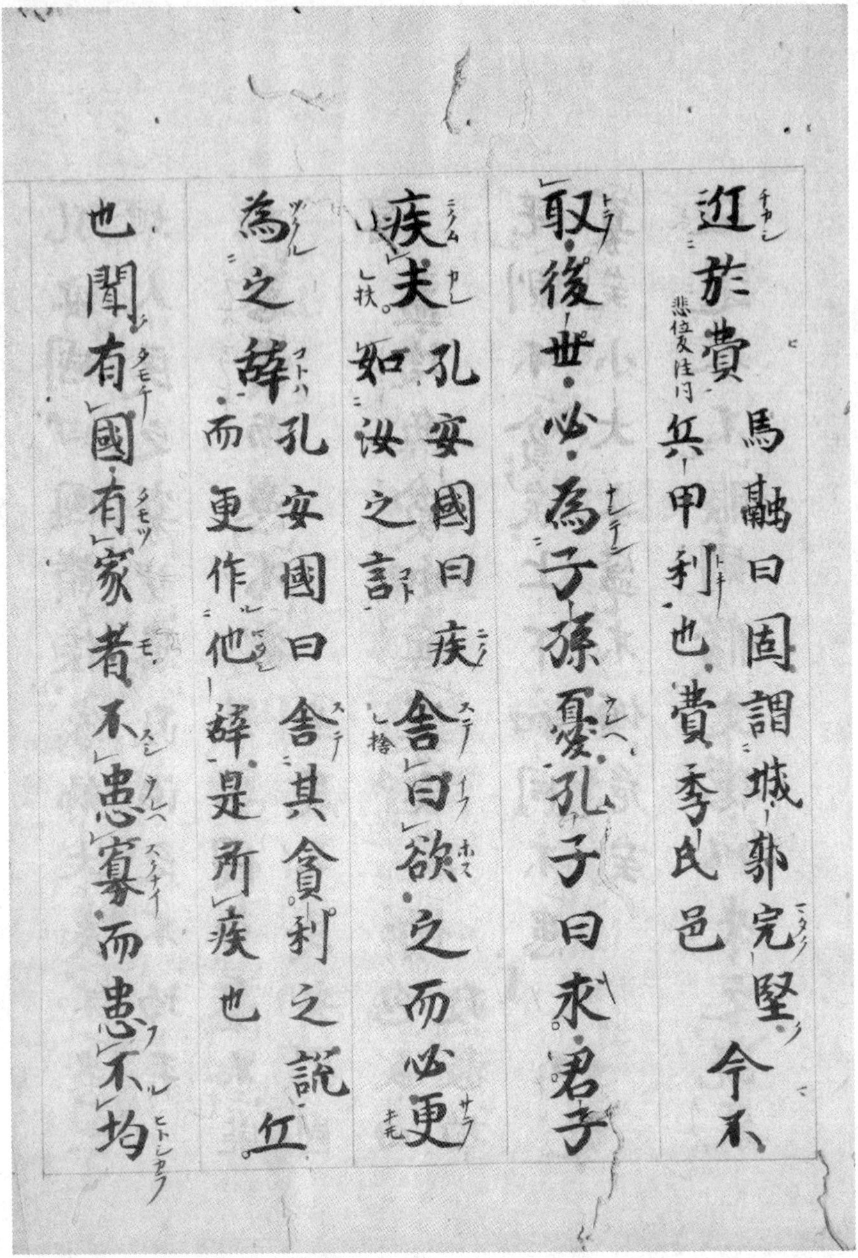

近於費（悲位反，注同）馬融曰固謂城郭完堅兵甲利也費季氏邑今不
取後世必為子孫憂孔子曰求君子
疾夫（扶）孔安國曰疾如汝之言舍（捨）曰欲之而必更
為之辭孔安國曰舍其貪利之說而更作他辭是所疾也丘
也聞有國有家者不患寡而患不均

孔安國曰國諸侯家卿大夫不患土
地人民之寡少患政治之不均平
不患貧而患不安　孔安國曰憂不能
安民耳民安則國
富
蓋均無貧和無寡安無傾　包氏曰
政教均
平則不貧矣上下和同不患
寡矣小大安寧不傾危矣　夫如是
故遠人不服則修文德以來之既來

之則安之今由與求也相夫子遠人
不服而不能來也邦分崩離析而不
能守也 孔安國曰民有異心曰分欲
去曰崩不可會聚曰離析
而謀動干戈於邦内 孔安國曰楯也戈戟也吾
恐季孫之憂不在於顓臾而在蕭牆

之内也　鄭玄曰蕭之言肅也蕭墻謂屏也君臣相見之礼至屏而加肅敬焉是以謂之蕭墻後季氏家臣陽虎果囚季桓子　孔子曰天下有道則禮樂征伐自天子出天下無道則禮樂征伐自諸侯出自諸侯出蓋十世希不失矣　孔安國曰希少也周幽王

為犬戎所殺平王東遷周始微弱諸
侯自作礼樂專行征伐始於隱公至
昭公十世失政死於乾侯自大夫出五世希不失
矣孔安國曰季文子初得政至桓子五世為家臣陽虎所囚陪臣
執國命三世希不失矣馬融曰陪重也謂家臣陽
虎為季氏家臣至虎三世而出奔齊天下有道則政不

在大夫　孔安國曰制之由君　天下有道則庶人
不議　孔安國曰無所非議　孔子曰祿之去公室
五世矣　鄭玄曰言此之時魯定公之初魯自東門襄仲殺文公之
子赤而立宣公於是政在大夫爵祿不從君出至定公爲五世矣　政
逮於大夫四世矣　鄭玄曰文子武子悼子平子　故

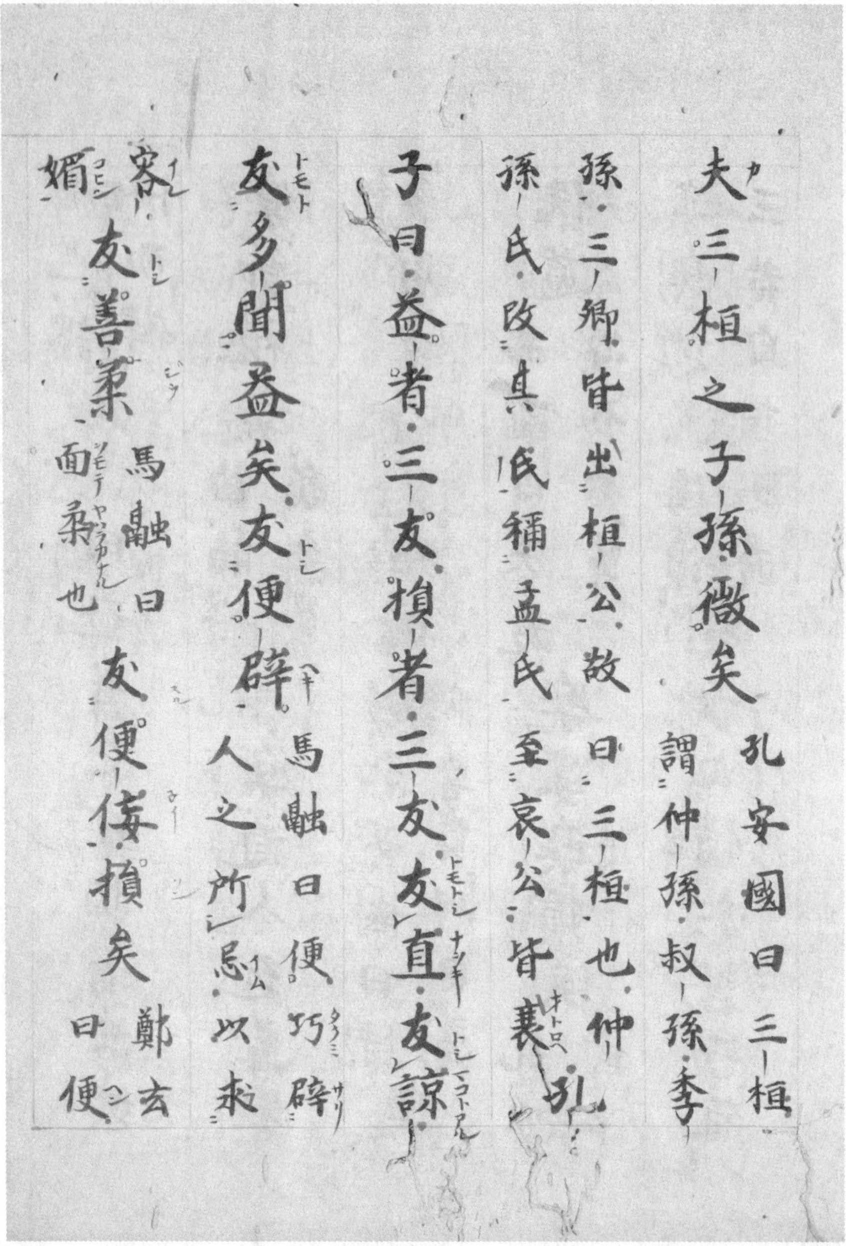
夫三桓之子孫微矣孔安國曰三桓謂仲孫叔孫季孫三卿皆出桓公故曰三桓也仲孫氏改其氏稱孟氏至哀公皆衰
子曰益者三友損者三友友直友諒友多聞益矣友便辟馬融曰便巧辟人之所忌以求容媚友善柔馬融曰面柔也友便佞損矣鄭玄曰便

辨也謂佞而辨　孔子曰益者三樂損者三樂
樂節禮樂　動静得礼樂之節　樂道人之善樂
多賢友益矣樂驕樂　孔安國曰恃尊貴以自恣　樂
佚遊　王肅曰佚遊出入不節　樂宴樂損矣　孔安國曰
宴樂沈荒淫瀆三者自損之道　孔子曰侍於君子有

三愆孔安國曰言未及之而言謂之
愆過也
躁鄭玄曰躁言及之而不言謂之隱
不安靜
孔安國曰隱未見顏色而言謂之瞽
匿不盡情實
周生烈曰未見君子顏色所趣
嚮而便逆先意語者猶瞽者也　孔子
曰君子有三戒少之時血氣未定戒

鬪

之在色及其壯也血氣方剛戒之在鬪及其老也血氣既衰戒之在得 孔安國曰得貪得

孔子曰君子有三畏畏天命 順吉逆凶天之命也 畏大人 大人即聖人與天地合其德者 畏聖人之言 深遠不可易知則聖人之言也 小人不知

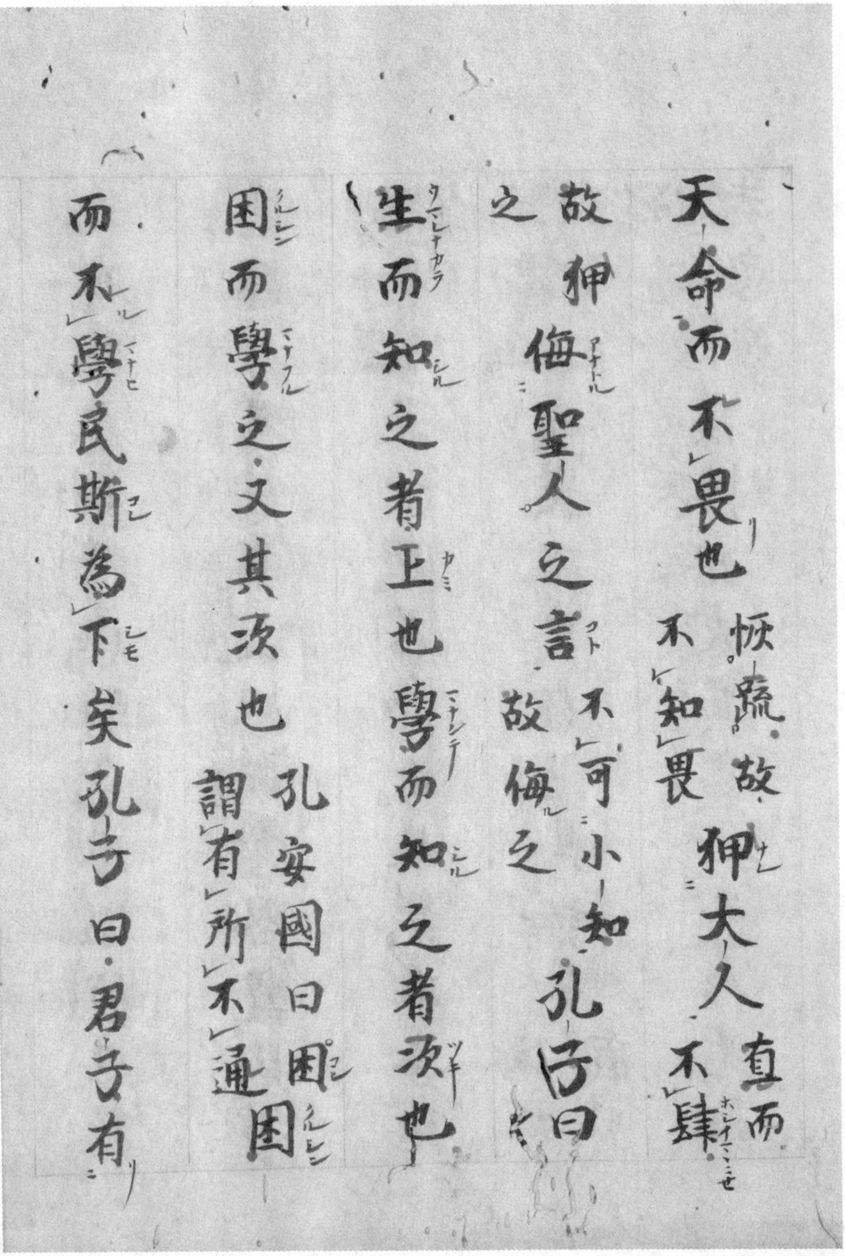
天命而不畏也　恢疏故不知畏　狎大人　直而不肆
故狎之　侮聖人之言　不可小知故侮之　孔子曰
生而知之者上也學而知之者次也
困而學之又其次也　孔安國曰困謂有所不通
困而不學民斯為下矣孔子曰君子有

九思視思明聽思聰色思温貌思恭
言思忠事思敬疑思問忿思難見得
思義孔子曰見善如不及見不善如
探湯吾見其人矣吾聞其語矣孔安國曰
探湯喻去悪疾隱居以求其志行義以達其

道吾聞其語矣未見其人也齊景公
有馬千駟死之日民無得而稱焉孔安
國曰千駟四千匹伯夷叔齊餓于首陽之下
馬融曰首陽山在河東蒲坂縣華山之北河曲之中民到于今
稱之其斯之謂與王肅曰此所謂以德為稱者陳

亢問於伯魚曰子亦有異聞乎馬融曰以
為伯魚孔子之子所聞當有異對曰未也嘗獨立孔安
國曰獨立謂孔子
鯉趨而過庭曰學詩乎對
曰未也曰不學詩無以言鯉退而學
詩他日又獨立鯉趨而過庭曰學禮

乎對曰未也不學禮無以立鯉退而
學禮聞斯二矣陳亢退而喜曰問一
得三聞詩聞禮又聞君子之遠其子
也邦君之妻君稱之曰夫人夫人自
稱曰小童邦人稱之曰君夫人稱諸

異邦曰寡小君。異邦人稱之，亦曰君夫人。孔安國曰：小君，君夫人之稱。對異邦謙，故曰寡小君。當此之時，諸侯嫡妾不正，稱號不審，故孔子正言其礼也。

論語卷苐八　經一千七百九十四字　註一千八百二十七字

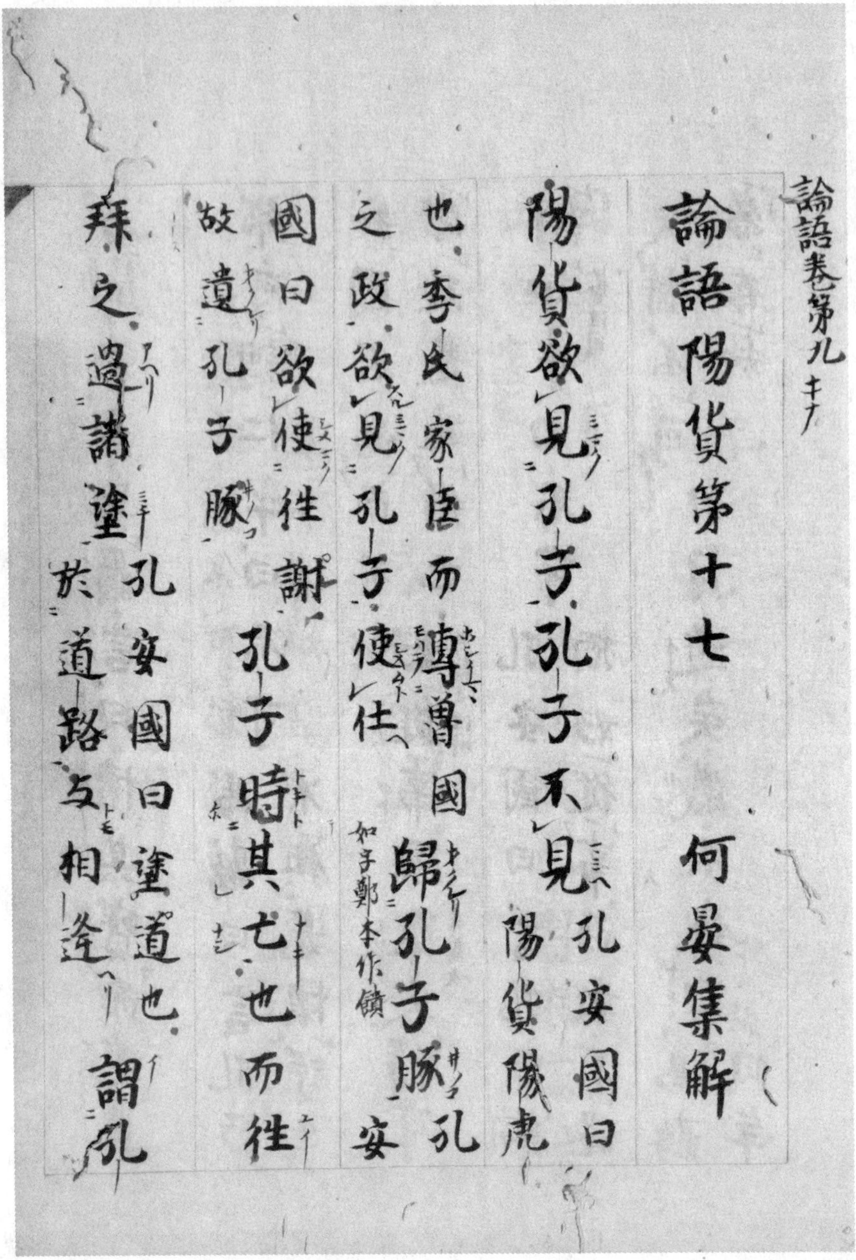

論語卷第九

論語陽貨第十七　何晏集解

陽貨欲見孔子孔子不見　孔安國曰陽貨陽虎

也季氏家臣而專魯國之政欲見孔子使仕

歸孔子豚　孔安國曰欲使往謝故遺孔子豚

孔子時其亡也而往

拜之遇諸塗　孔安國曰塗道也於道路与相逢

謂孔

子曰來予與爾言曰懷其寶而迷其邦可謂仁乎曰不可　馬融曰言孔子不仕是懷寶也

知國不治而不爲政是迷邦也（呼穀反注同）好從事而亟（去冀反）失時可謂知（智注同）乎曰不可　孔安國曰言孔子栖栖好從事而數不遇失時不可（得本作）爲有知

日月逝矣歲不我與　馬融曰年

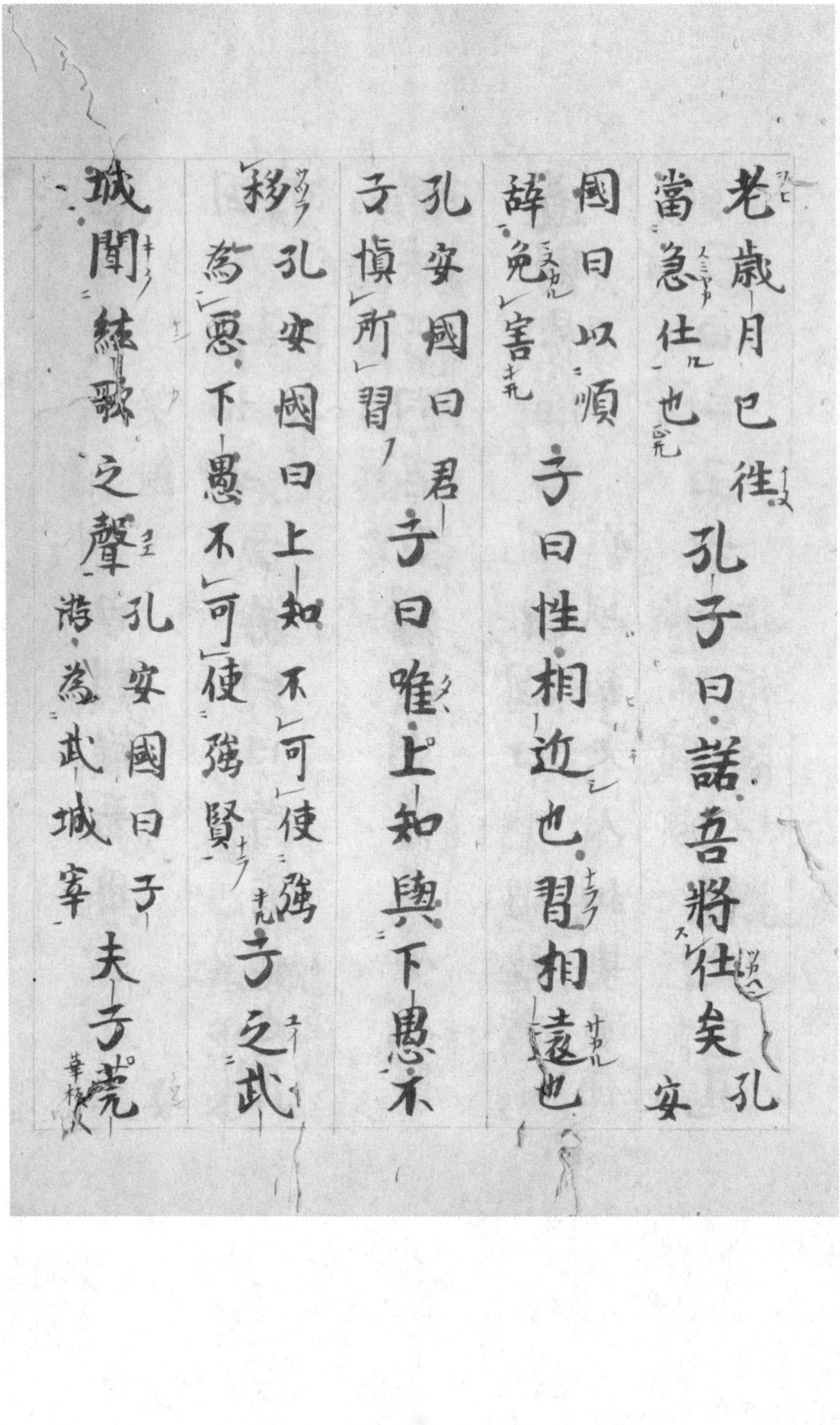

老歲月已往當急仕也孔子曰諾吾將仕矣孔安
國曰以順辭免害子曰性相近也習相遠也
孔安國曰君子慎所習子曰唯上知與下愚不
移孔安國曰上知不可使強為惡下愚不可使強賢子之武
城聞絃歌之聲孔安國曰子游為武城宰夫子莞

爾而笑莞爾小笑貌曰割雞焉用牛刀孔安
國曰言治小何須用大道子游對曰昔者偃也聞
諸夫子曰君子學道則愛人小人學
道則易使也孔安國曰道謂礼樂也樂以和人人和則易使
也子曰二三子孔安國曰從行者偃之言是

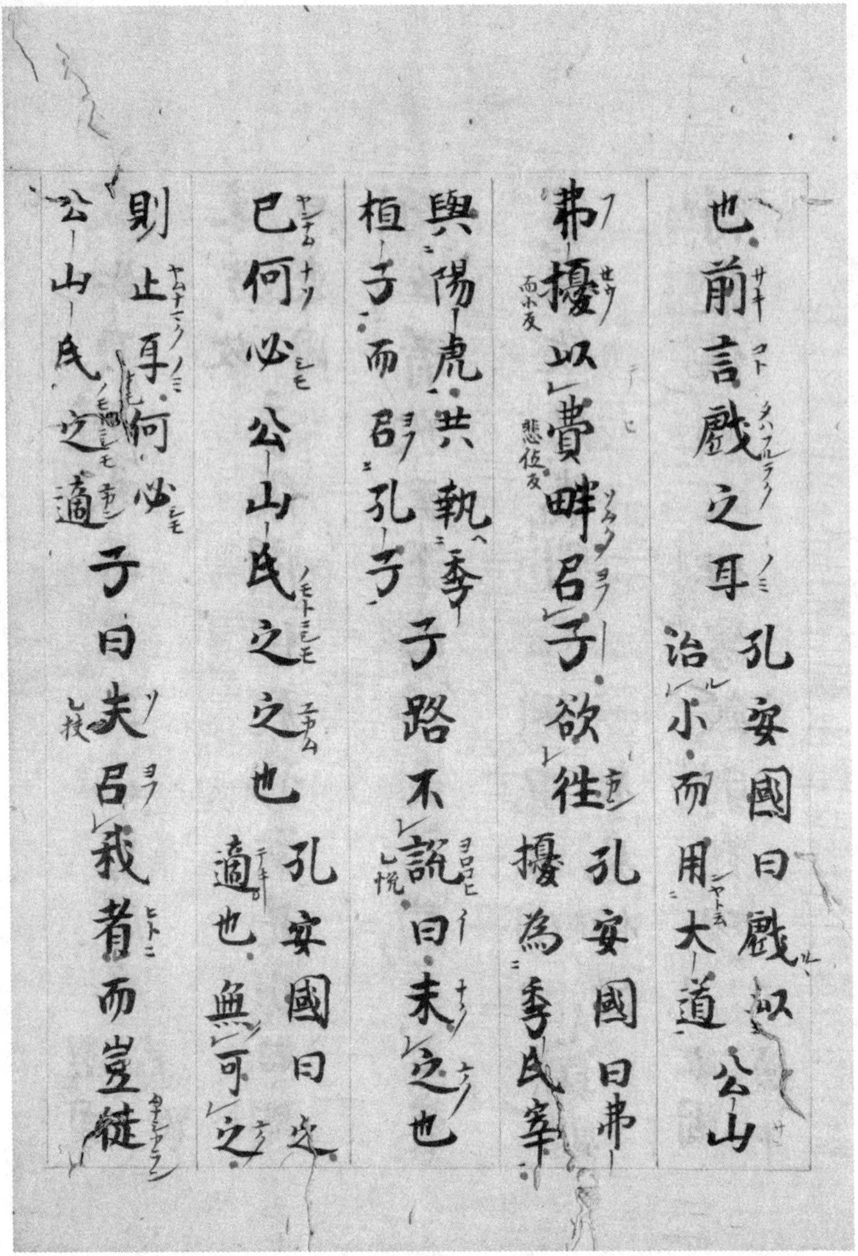

也前言戲之耳孔安國曰戲以治小而用大道公山
弗擾以費畔召子欲往孔安國曰弗擾為季氏宰與陽虎共執季桓子而召孔子子路不說曰末之也
已何必公山氏之之也孔安國曰之適也無可之則止耳何必公山氏之適子曰夫召我者而豈徒

哉如有用我者吾其為東周乎興周道於
東方故曰東周　子張問仁於孔子孔子曰能
行五者於天下為仁矣請問之曰恭
寬信敏惠恭則不侮孔安國曰不見侮慢寬則
得衆信則人任焉敏則有功孔安國曰應事

疾則多成功惠則足以使人佛肸召子欲

往孔安國曰晉大夫趙簡子之邑宰子路曰昔者由

也聞諸夫子曰親於其身為不善者

君子不入也不入其國佛肸以中牟畔子

之往也如之何子曰然有是言也不

曰堅乎。磨（末多反）而不磷（力刃反）。不曰白乎。涅（乃結反 說文云謂黒土在水中者也）而不
緇（側其反）。孔安國曰磷薄也。涅可以染皁者。
言至堅者磨之而不薄。至白者染
之於涅而不黒。君子雖
在濁亂。濁亂不能污。吾豈匏瓜（薄交反 古花反）也
哉。焉能繫而不食。匏瓜也。言匏瓜得
繫一處者不食故
也。吾自食物。當東西南北。不子曰由
得如不食之物。繫滯一處。

也。女聞六言六蔽矣乎　六言六蔽者謂下六事謂仁知信直勇剛也

對曰未也。居吾語女　孔安國曰子路起對故使還坐

好仁不好學其蔽也愚　孔安國曰仁者愛物不知所以裁之則愚

好知不好學其蔽也蕩　孔安國曰蕩無所適守

好信不好學其蔽

也賊孔安國曰父子不知相爲隱之輩好直不好學

其蔽也絞文卯反好勇不好學其蔽也亂好

剛不好學其蔽也狂孔安國曰狂妄抵觸人也子

曰小子何莫學夫詩包氏曰小子門人也詩可

以興許應反注同孔安國曰興引譬連類可以觀如字鄭玄曰觀觀風俗之

邇 玉 而紙切 近也

盛衰　可以群　孔安國曰群居相切磋　可以怨　孔安國曰

怨刺上政　邇之事父遠之事君　孔安國曰邇近也

多識於鳥獸草木之名　謂伯魚曰

女為周南召南矣乎人而不為周南

召南其猶正牆面而立也與　馬融曰周南召

南國風之詩淑女以配君子三綱之首王教之端故必而不爲如向牆而立

子曰禮云禮云玉帛云乎哉　鄭玄曰玉圭璋之屬帛束帛之屬言禮非但崇此玉帛而已所貴者乃貴其安上治民

樂云樂云鐘鼓云乎哉　馬融曰樂之所貴者移風易俗非但謂鐘鼓而已

子曰色厲而内荏　孔安

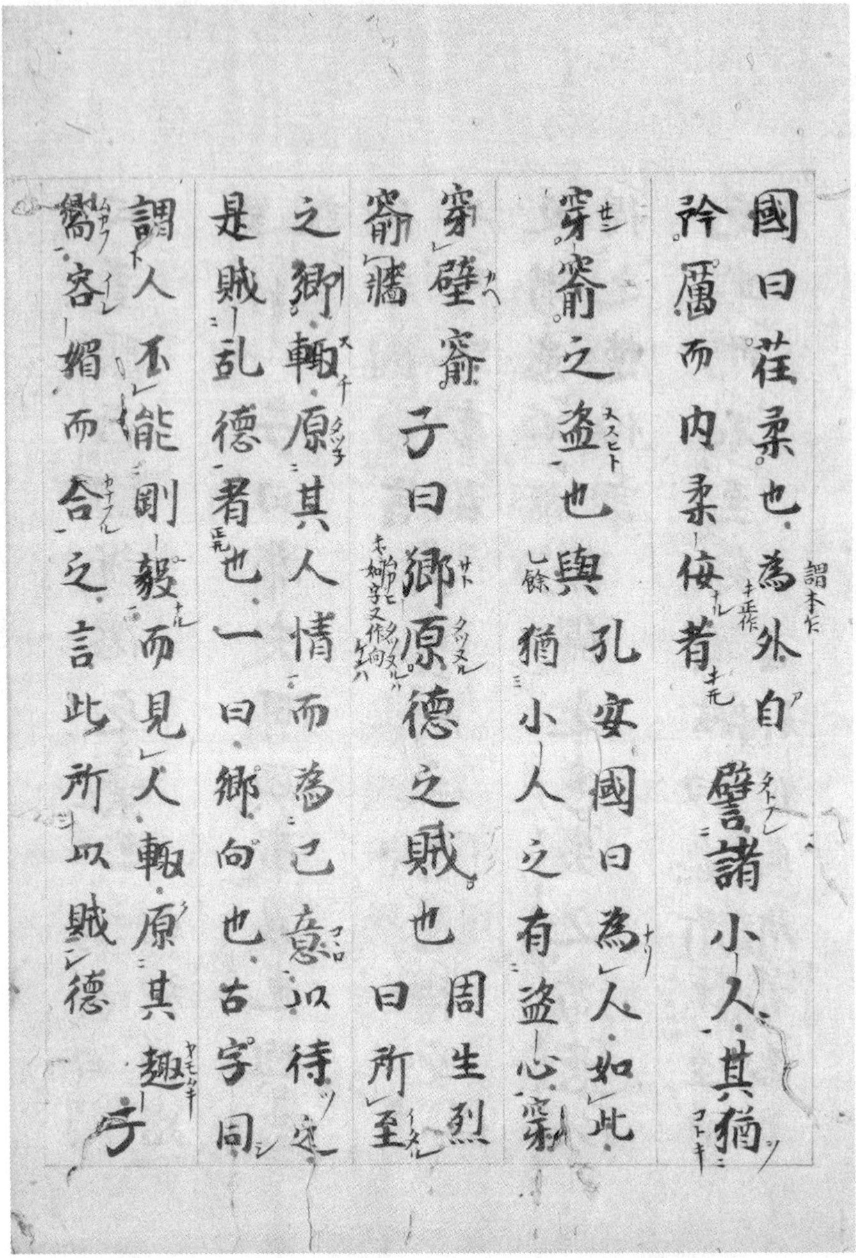
國曰荏柔也為外自矜厲而内柔佞者譬諸小人其猶穿窬之盜也與孔安國曰為人如此猶小人之有盜心穿穿壁窬窬牆子曰鄉原德之賊也周生烈曰所至之鄉輙原其人情而為己意以待之是賊乱德者也一曰鄉向也古字同謂人不能剛毅而見人輙原其趣嚮容媚而合之言此所以賊德子

曰道聽而塗説徳之棄也　馬融曰聞之於道路則傳而説之
子曰鄙夫可與事君也與哉　孔安國曰言不可與事君
其未得之也患得之　患得之者患不能得之楚俗言
既得之患失之苟患失之無所不至矣　鄭玄曰無所不至者言邪媚無所不為

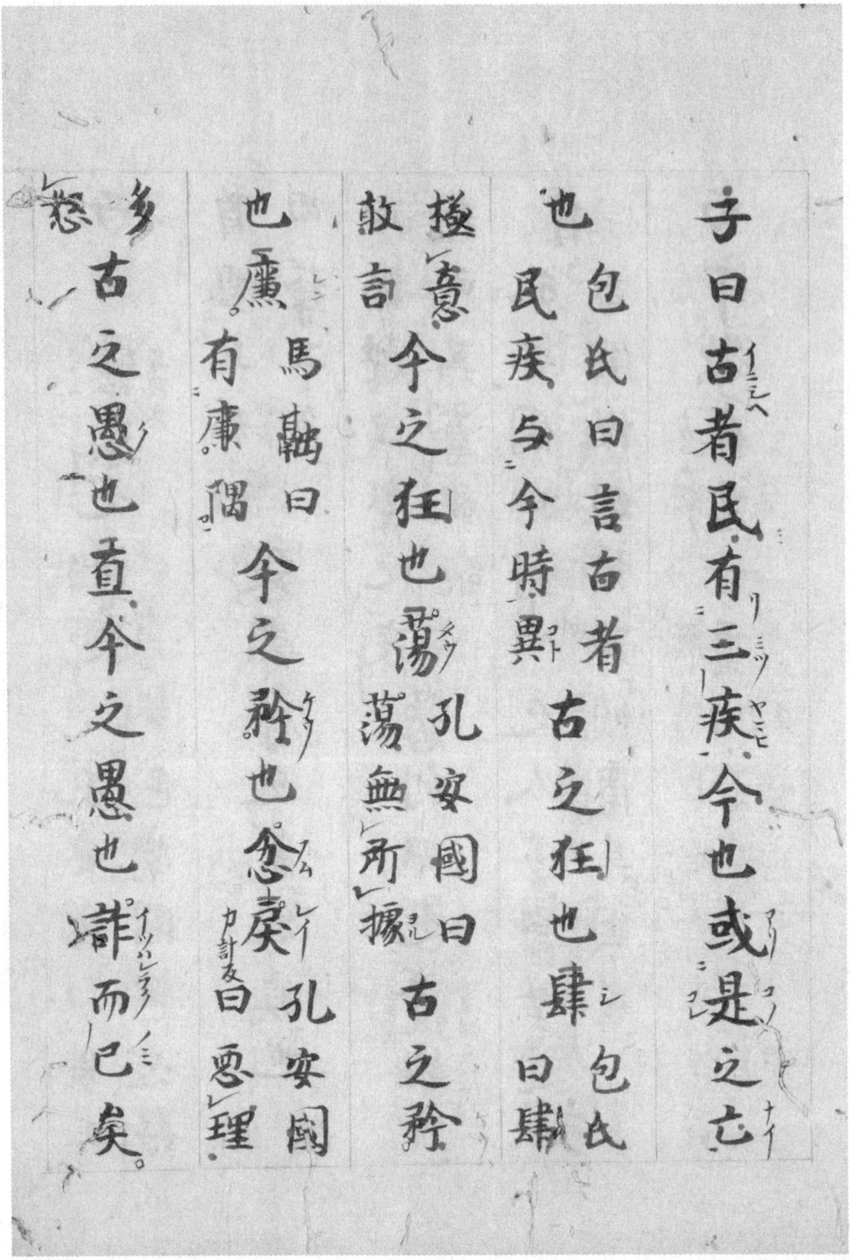
子曰古者民有三疾今也或是之亡
也包氏曰言古者民疾与今時異古之狂也肆包氏曰肆
極意敢言今之狂也蕩孔安國曰蕩無所據古之矜
也廉馬融曰有廉隅今之矜也忿戾孔安國曰惡理
多怒古之愚也直今之愚也詐而已矣

子曰惡紫之奪朱也孔安國曰朱正色紫間色之好者惡其邪好而奪正色
惡鄭聲之亂雅樂也包氏曰鄭聲淫聲之哀者惡其奪雅樂
惡利口之覆邦家者孔安國曰利口之人多言少實苟能悅媚時君傾覆其國家矣
曰予欲無言子貢曰子如不言則小

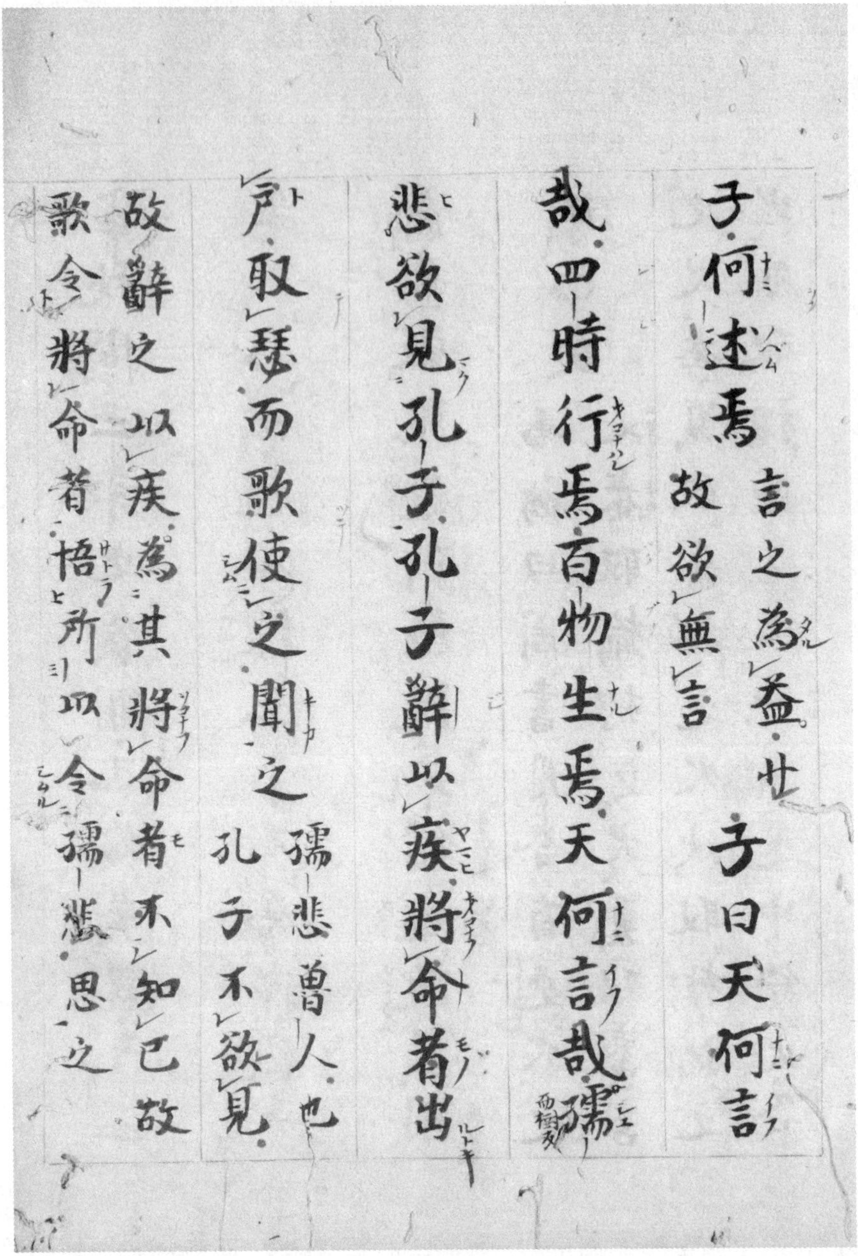

子何述焉言之爲益也故欲無言子曰天何言
哉四時行焉百物生焉天何言哉孺
悲欲見孔子孔子辭以疾將命者出
戶取瑟而歌使之聞之孺悲魯人也孔子不欲見
故辭之以疾爲其將命者不知己故
歌令將命者悟所以令孺悲思之

宰我問三年之喪期（基下同）已久矣君子三
年不為禮禮必壞三年不為樂樂必
崩舊穀既沒新穀既升鑽（子官反）燧改火期（居宜反）
可已矣　馬融曰周書月令有更火之
文春（二字イ本无）取榆柳之火夏取棗杏
之火季夏取桑柘之火秋取柞楢之
火冬取槐檀之火一年之中鑽火各

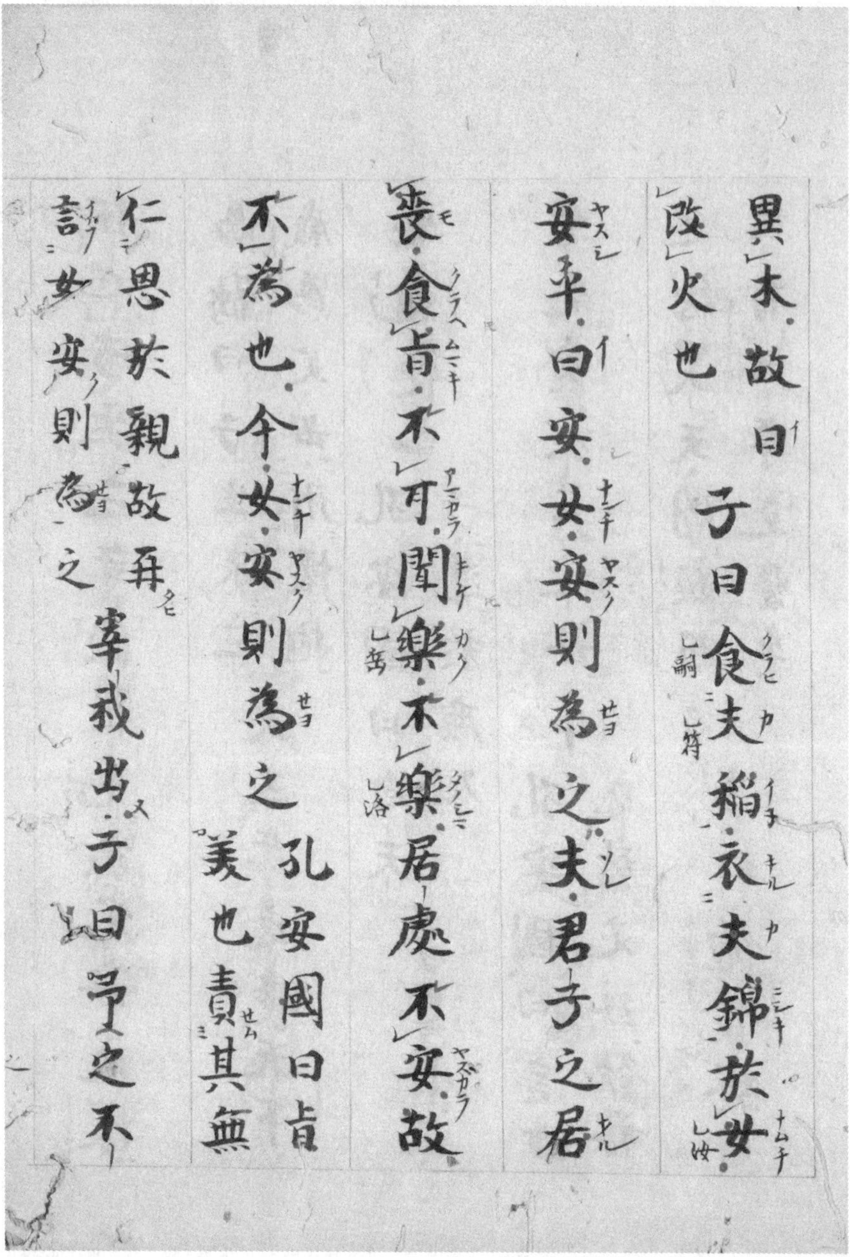
異木故曰改火也　子曰食夫稻衣夫錦於女
安乎曰安女安則爲之夫君子之居
喪食旨不甘聞樂不樂居處不安故
不爲也今女安則爲之　孔安國曰旨美也責其無
仁恩於親故再言女安則爲之　宰我出子曰予之不

仁也子生三年然後免於父母之懷

馬融曰子生未三歳為父母所懷抱夫三年之喪天下之通喪也

孔安國曰自天子達於庶人

予也有三年之愛於其父母乎

孔安國曰言子之於父母欲報之德昊天罔極而予也有三年之愛乎

子曰飽食終日

無所用心難矣哉不有博奕者乎爲
之猶賢乎已馬曰爲其無所據樂善生淫欲子路曰君
子尚勇乎子曰君子義以爲上君子
有勇而無義爲亂小人有勇而無義
爲盜子貢曰君子亦有惡乎子曰有

惡惡稱人之惡者　包氏曰好稱訐人之惡所以爲惡

惡居下流而訕上者　孔安國曰訕謗毀也

惡勇而無禮者惡果敢而窒者　馬融曰窒窒塞也

曰賜也亦有惡乎惡徼以爲知者　孔安國曰徼抄也抄人之意以爲己有

惡不孫以爲勇者

惡訐以為直者
包氏曰訐謂攻
發人之陰私
子曰唯女子與小人為難養也近之則不孫遠之則怨子曰年四十而見惡焉其終也已
鄭玄曰年在不惑而
為人所惡終無善行

論語微子第十八
凡十一章　何晏集解

微子去之箕子為之奴比干諫而死

馬融曰微箕二國名子爵也微子紂之庶兄箕子比干紂之諸父微子見紂無道早去之箕子佯狂為奴比干以諫見殺

孔子曰殷有三仁焉

仁者愛人三人行各異而同稱仁以其俱在憂亂寧民

柳下惠為士師

孔安國曰士師典獄之官

三黜人

息暫反又如字　勑律反

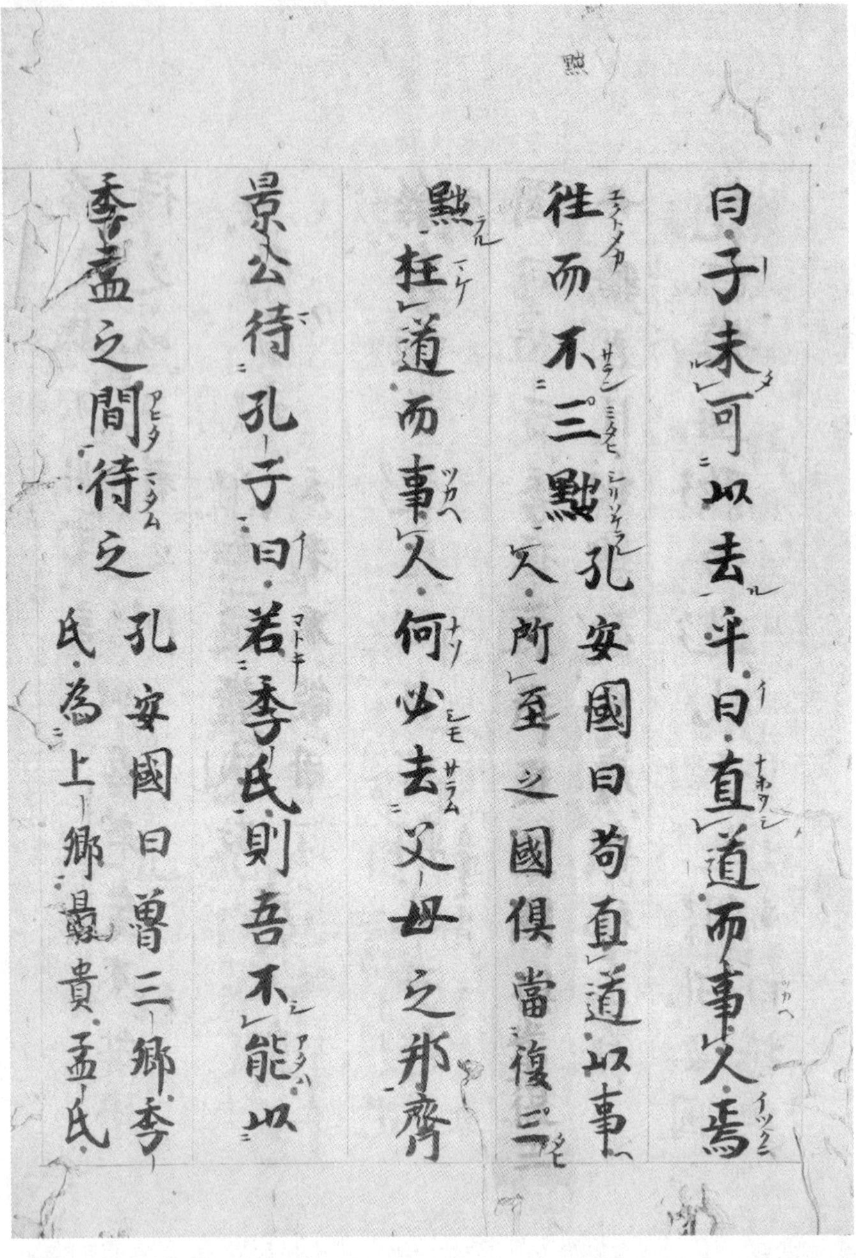

黜

曰子未可以去乎曰直道而事人焉往而不三黜孔安國曰苟直道以事人所至之國俱當復三黜枉道而事人何必去父母之邦齊景公待孔子曰若季氏則吾不能以季孟之間待之孔安國曰魯三卿季氏為上卿最貴孟氏

爲下鄉不用事言曰吾老矣不能用
待之以二者之間
也孔子去以聖道難成故云老不能用齊人歸女
樂季桓子受之三日不朝孔子行孔安
國曰桓子季孫斯也使定公受齊之
女樂君臣相與觀之廢朝禮三日
楚狂接輿歌而過孔子之門孔安國曰接輿

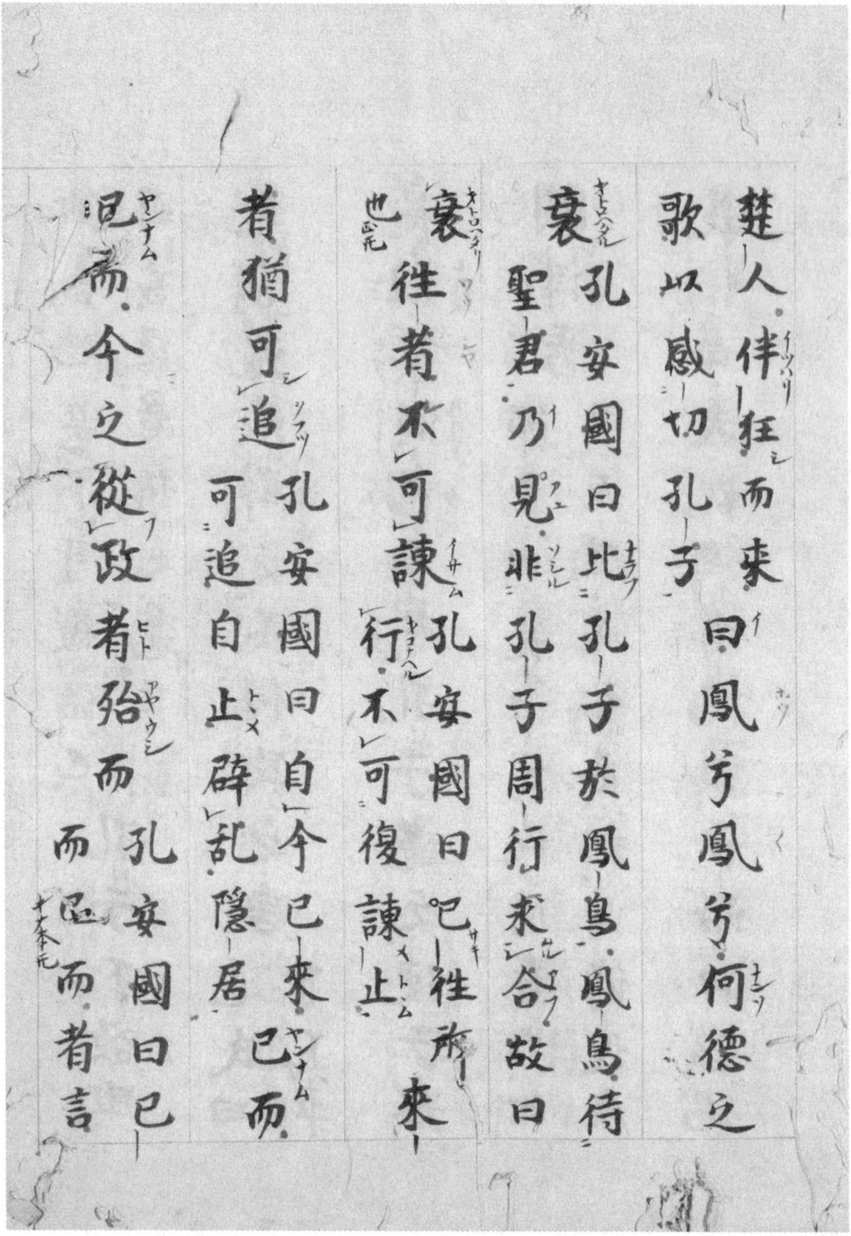
楚人佯狂而来曰鳳兮鳳兮何德之
歌以感切孔子
衰孔安國曰比孔子於鳳鳥鳳鳥待
聖君乃見非孔子周行求合故曰
衰徃者不可諫孔安國曰已徃所
也行不可復諫止来
者猶可追孔安國曰自今已来已而
可追自止辟乱隠居
已而今之從政者殆而孔安國曰已
而已而者言

世亂已甚不可復治也孔子下欲與
再言之者傷之甚也
之言趨而辟之不得與之言 包氏曰
下下車
長沮桀溺耦而耕孔子過之使子路
問津焉 鄭玄曰長沮桀溺隱者也耜
廣五寸二耜爲耦津濟渡處
長沮曰夫執輿者爲誰子路曰爲孔

丘曰是魯孔丘與曰是也曰是知津
矣馬融曰言數周流自知津處問於桀溺桀溺曰
子為誰曰為仲由曰是魯孔丘之徒
與對曰然曰滔滔者天下皆是也而
誰以易之孔安國曰滔滔者周流之貌言當今天下治乱同空

舍此適彼故曰誰以易之且而與其從辟人之士也豈若從避世之士哉士有辟人之法有辟世之法長沮桀溺謂孔子為士從辟人之法己之為士則從辟世之法也耰而不輟鄭玄曰耰覆種也輟止也覆種不止不以津告子路行以告夫子憮然為其不達己意而便非己也曰鳥

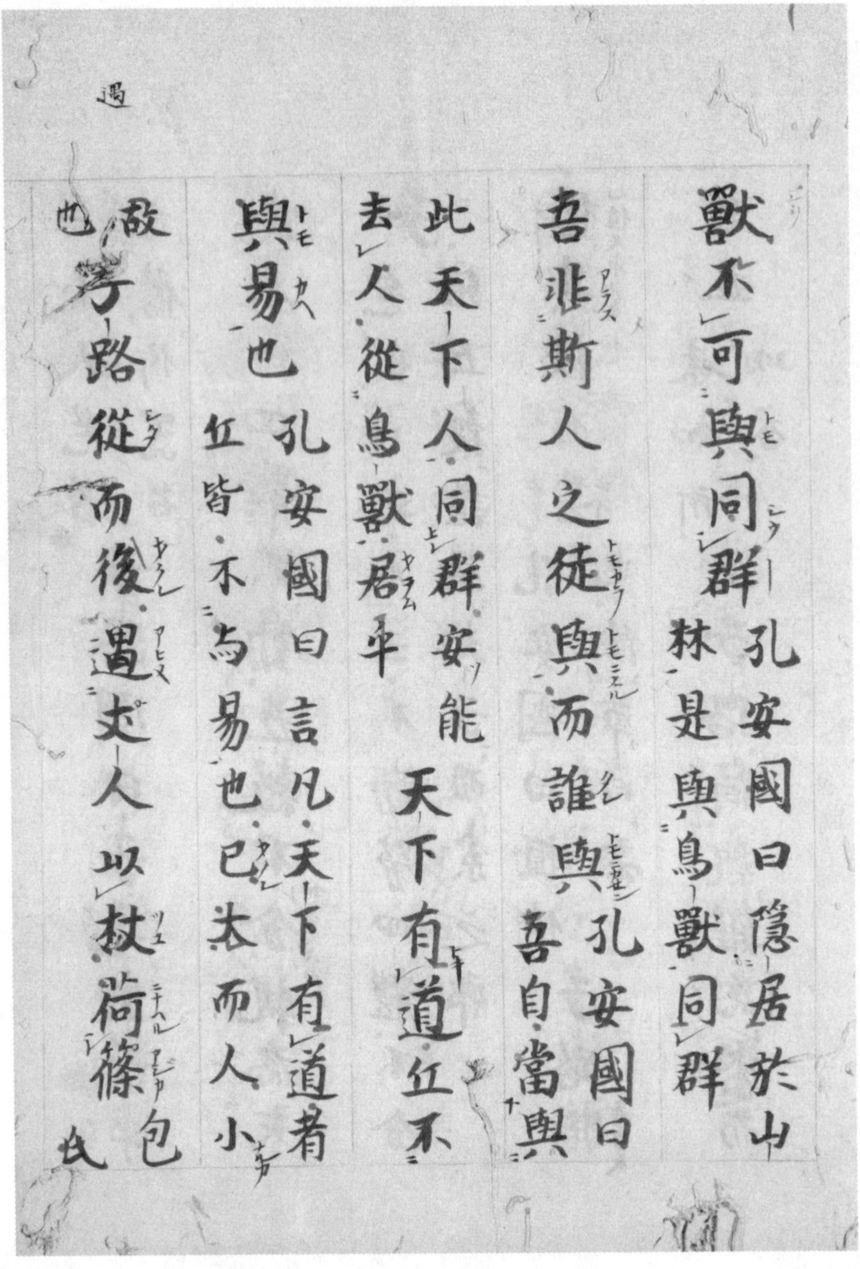

獸不可與同群 孔安國曰隱居於山林是與鳥獸同群

吾非斯人之徒與而誰與 孔安國曰吾自當與此天下人同群安能去人從鳥獸居乎

天下有道丘不與易也 孔安國曰言凡天下有道者丘皆不与易也已太而人小故也

子路從而後遇丈人以杖荷篠 包氏

過

白丈人老者也篠竹器名子路問曰子見夫子乎丈人曰四體不勤五穀不分孰為夫子包氏曰丈人云不勤勞四體不分殖五穀誰為夫子而索之邪植其杖而芸孔安國曰植倚也除草曰芸子路拱而立未知所以荅止子路宿殺雞為黍而

食之見其二子焉明日子路行以告

子曰隱者也使子路反見之至則行

矣 孔安國曰子路反至其家丈人出行不在 子路曰不仕

無義 鄭玄曰留言以語丈人之二子 長幼之節不可

廢也君臣之義如之何其廢之 孔安國曰

吾知父子相養不可廢反可廢君臣之義邪欲潔其身而

亂大倫包氏曰倫道也理也君子之仕也行其

義也道之不行已知之矣包氏曰言君子之仕

所以行君臣之義也不自必道得行孔子道不見用自已知之逸民

伯夷叔齊虞仲夷逸朱張柳下惠少詩照反下文同

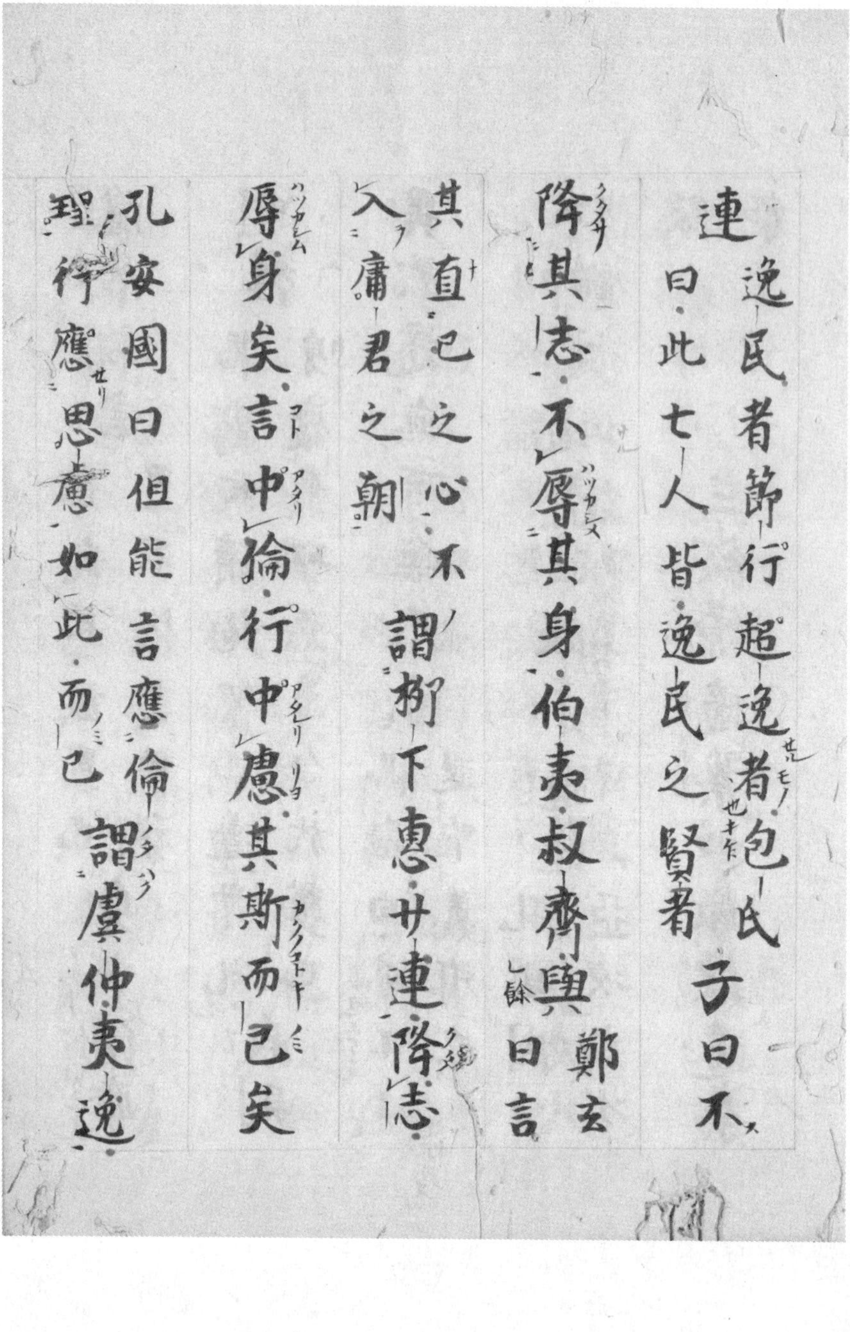

連逸民者節行超逸者包氏曰此七人皆逸民之賢者子曰不
降其志不辱其身伯夷叔齊與鄭玄曰言
其直己之心不入庸君之朝謂柳下惠少連降志
辱身矣言中倫行中慮其斯而已矣
孔安國曰但能言應倫理行應思慮如此而已謂虞仲夷逸

隱居放言　包氏曰放置也置不復言世務　身中清廢（方肺反）
中權　馬融曰清純絜也遭世乱我則身（自手下）廢棄以免患合於權也
異於是無可無不可　馬融曰亦不必（亦不必進　正本无）退唯義所在（進亦不必）
大師摯適齊亞飯干適楚（於嫁反　枝晩反下同）　孔安國曰亞次也次
飯樂師也摯干皆名　三飯繚適蔡四飯缺（窺悅反）適秦

包氏曰三飯四飯樂章名各異師繚欽皆名鼓方叔入於
河包氏曰鼓擊鼓者方叔名入謂居其河内也播鼗（徒刀反）武入
於漢孔安國曰播猶搖也武名也少（詩照反）師陽擊磬襄
入於海孔安國曰魯哀公時礼壞樂崩樂人皆去陽襄皆名
周公謂魯公曰孔安國曰魯公周公之子伯禽封於魯

君子不施其親孔安國曰施易也不以他人之親易其親不使大臣怨乎不以孔安國曰以用也怨不見聽用故舊無大故則不棄也無求備於一人孔安國曰大故謂惡逆之事周有八士伯達伯适仲突仲忽叔夜叔夏季隨季騧包氏

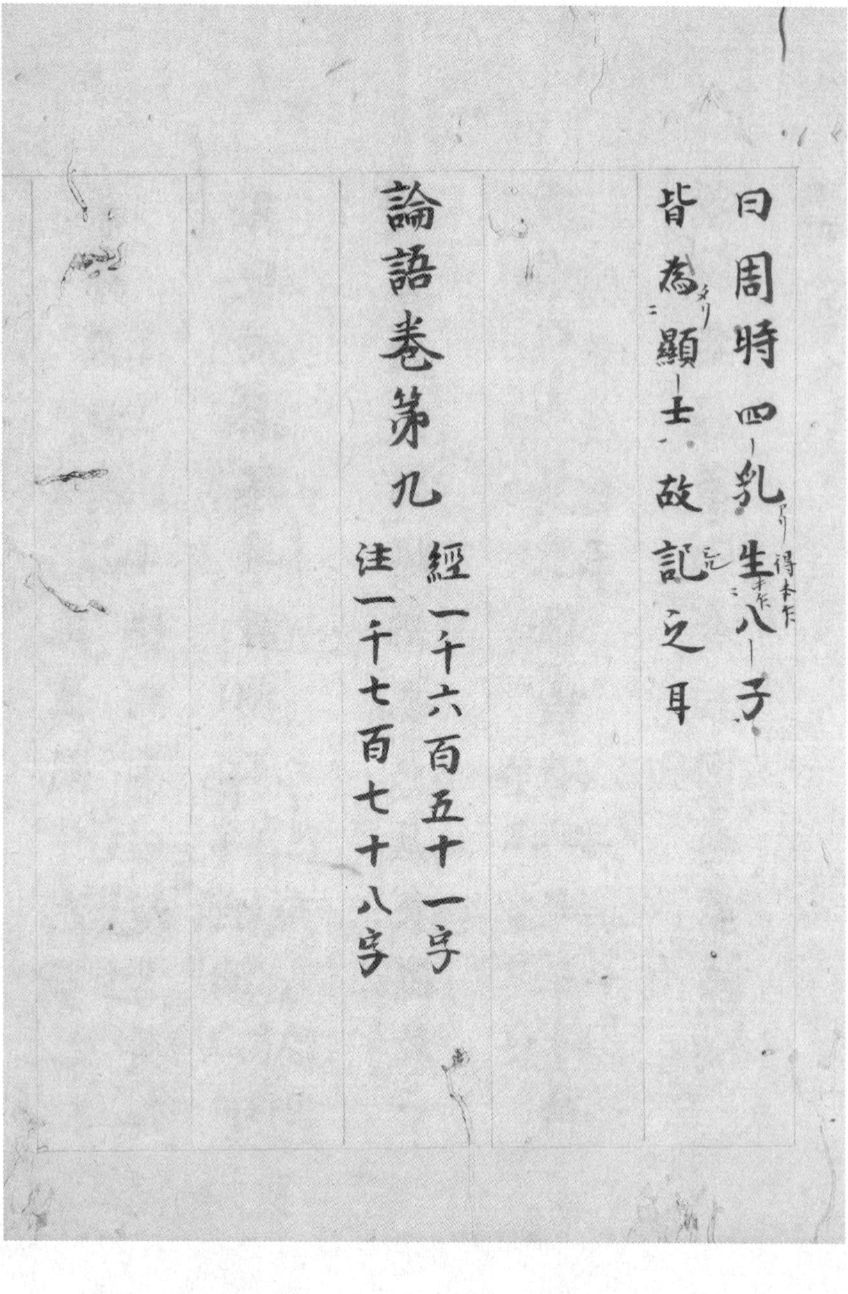
曰周時四乳生八子
皆為顯士故記之耳
論語巻第九
經一千六百五十一字
注一千七百七十八字

論語卷第十

論語子張第十九　何晏集解

子張曰士見危致命　孔安國曰致見命不愛其身

得思義祭思敬喪思哀其可已矣子張曰執德不弘信道不篤焉能為有焉能為亡　孔安國曰言子夏之門人無所輕重

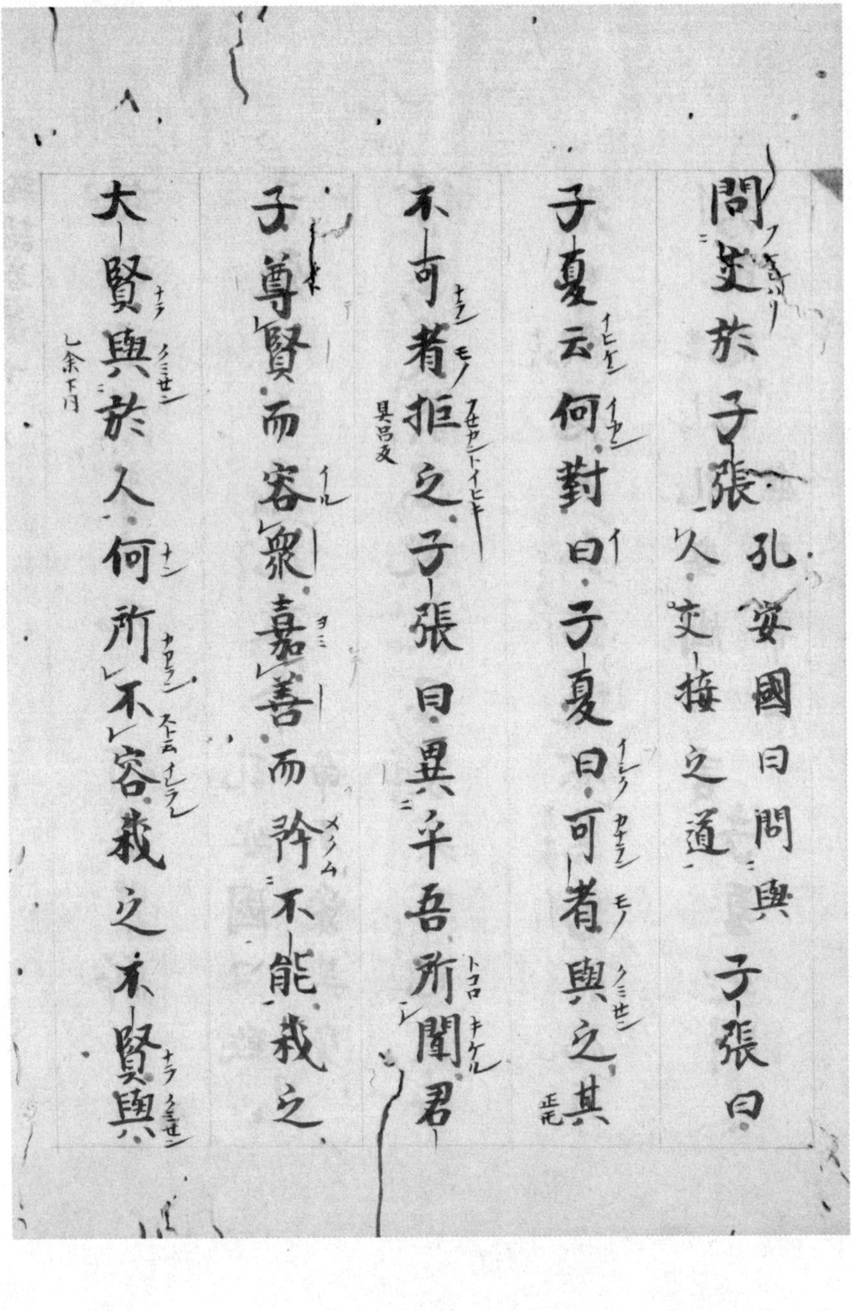

問交於子張　孔安國曰問與子張曰以交接之道

子夏云何對曰子夏曰可者與之其

不可者拒之子張曰異乎吾所聞君

子尊賢而容衆嘉善而矜不能我之

大賢與於人何所不容我之不賢與

人將拒我如之何其拒人也 包氏曰友交當如子夏汎交當如子張 子夏曰雖小道必有可觀着焉 小道謂異端 致遠恐泥 包氏曰泥難不通 乃細反下同 是以君子不為也子夏曰日知其所亡 孔安國曰日知其所未聞 月無忘其所能可謂

好學也已矣子夏曰博學而篤志孔安
國曰廣學而厚識之
切問而近思切問者切問於己所學而
未悟之事近思者近思己所能及之
事汎問所未學遠思所未達則於所
習者不精於所思者不解仁在其中矣子夏曰百
工居肆以成其事君子學以致其道

包氏曰言百工處其肆則事成猶君子學以立其道（致キト）子夏曰小人之過也必文孔安國曰文飾其過不言其情實子夏曰君子有三變望之儼（魚撿反）然即之也溫聽其言也厲鄭玄曰厲嚴正子夏曰君子信而後勞其民未信則以為厲己也

王肅曰厲猶病也 信而後諫未信則以爲謗布浪反

已也 子夏曰大德不踰閑 孔安國曰閑猶法也

小德出入可也 孔安國曰小德不能不踰法故曰出入可

子游曰子夏之門人小子當洒掃應 素報反 色買反又所綺反 抑證反

對進退則可矣抑末也本之則無如

之何　包氏曰言子夏弟子於當對賓客修威儀札節之事則可然此但是人之末事耳不可無其本故云本之則無如之何　子夏聞之曰噫（於其反）　孔安國曰噫心不平之聲　言游過矣君子之道孰先傳（直専反注同）焉孰後倦（其眷反）焉　包氏曰言先傳大業者必先厭倦故我門人先教以小事後將教以大道　譬諸草木

區以別矣（彼列反注同）馬融曰言大道與小道殊異譬如草木異類區別言學當以次

君子之道焉可誣也（無）馬融曰君子之道焉可使誣言我門人但能洒埽而已

有始有卒者（子恤反）其唯聖人乎 孔安國曰終始如一唯聖人耳

子夏曰仕而優則學 馬融曰行有餘力則以學文 學而優則仕

子游曰喪致乎哀而止 孔安國曰毀不滅性 子游曰吾友張也為難能也 包氏曰言子張容儀之難及 然而未仁 曾子曰堂堂乎張也難與並為仁矣 鄭玄曰言子張容儀盛而於仁道薄也

曾子曰吾聞諸夫子人未有自致者

也必也親喪乎　馬融曰言人雖未能自致盡於他事至於
親喪必自致盡　曾子曰吾聞諸夫子孟莊子
之孝也其他可能也其不改父之臣
與父之政是難能也　馬融曰孟莊子魯大夫仲孫速
也謂在諒闇之中父臣及父政雖不善者不忍改也　孟氏使陽

方于反

膚為士師包氏曰陽膚曾子弟子士師典獄官問於曾

子曾子曰上失其道民散久矣如得

其情則哀矜而勿喜馬融曰民之離散為輕漂犯法

乃上之所為非民之過當哀矜之勿自喜能得其情子貢曰紂

之不善不如是之甚也是以君子惡

烏路反

居下流，天下之惡皆歸焉。（孔安國曰：紂為不善以喪天下，後世憎甚之，皆以天下之惡歸之於紂。）子貢曰：君子之過也，如日月之食焉。過也，人皆見之；更也，人皆仰之。（孔安國曰：更，改也。）衛公孫朝（馬融曰：朝，衛大夫。直遙反）問於子貢曰：仲尼焉

學子貢曰文武之道未墜於地在人
直類反
賢者識其大者不賢者識其小者莫
不有文武之道焉夫子焉不學孔安國曰
文武之道未墜落於地賢與不賢各有所識夫子無所不從學而亦
何常師之有孔安國曰無所不從學故曰無常師叔孫

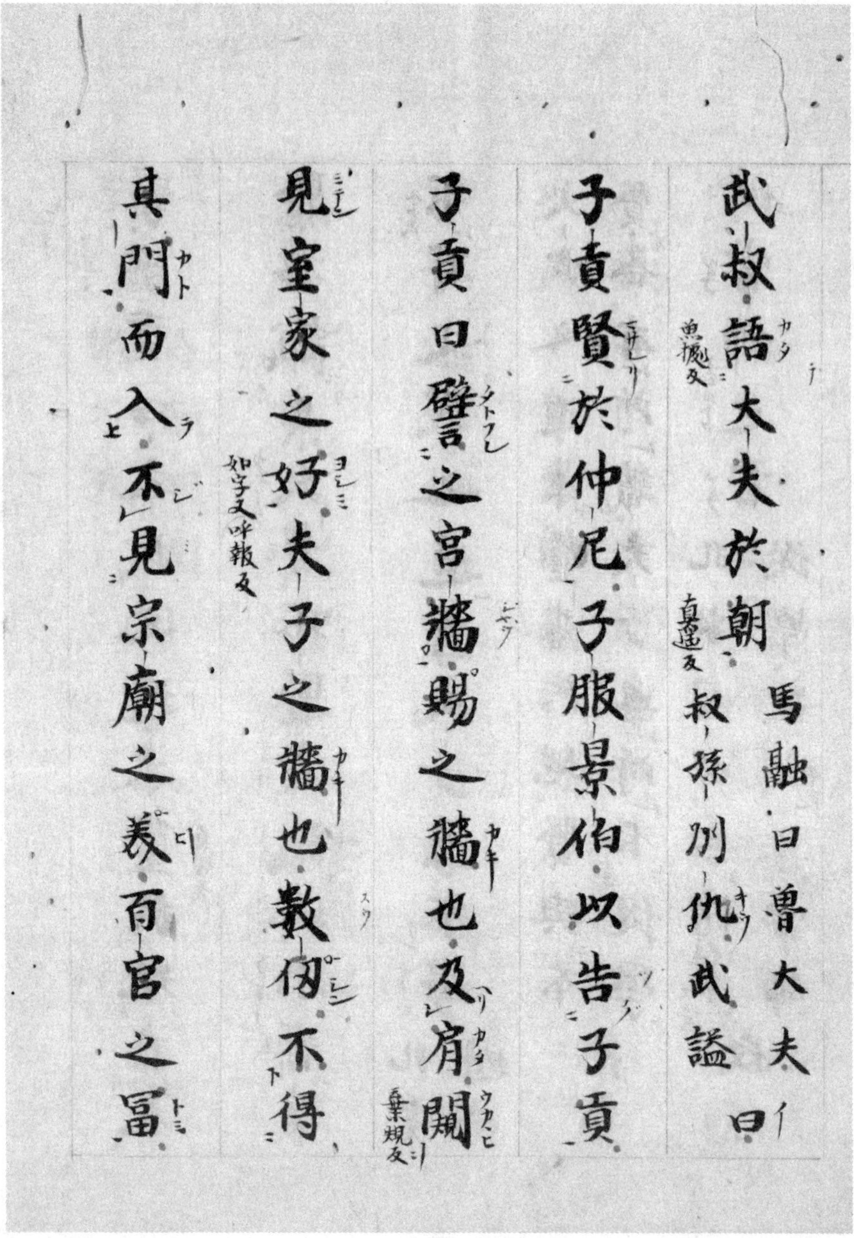
武叔語大夫於朝馬融曰魯大夫叔孫州仇武謚曰
子貢賢於仲尼子服景伯以告子貢
子貢曰譬之宮牆賜之牆也及肩闚
見室家之好夫子之牆也數仞不得
其門而入不見宗廟之美百官之富

得其門者或寡矣包氏曰七尺曰仞夫子之
云不亦宜乎包氏曰夫子謂武叔叔孫武叔毀
仲尼子貢曰無以為也仲尼不可毀
也他人之賢者丘陵也猶可踰也仲
尼如日月也無得而踰焉人雖欲自

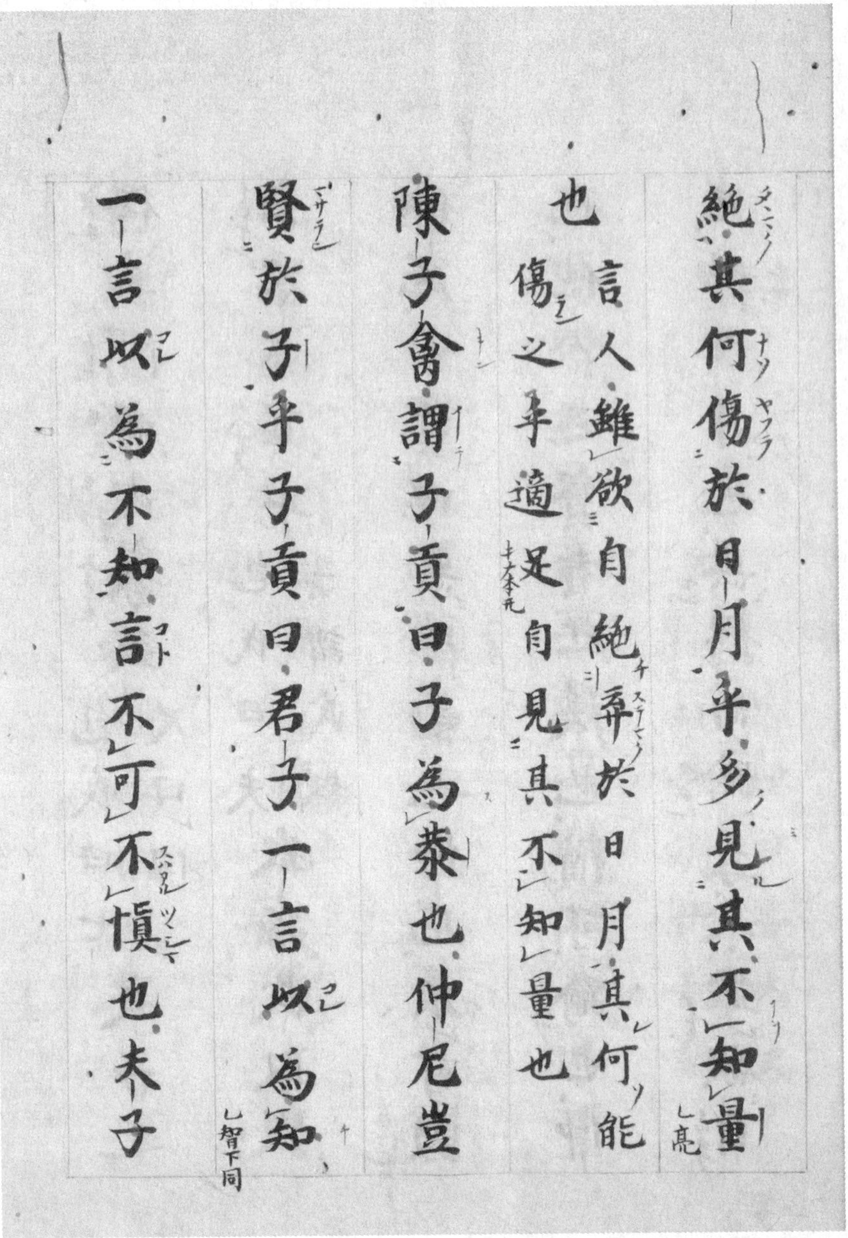
絶其何傷於日月乎多見其不知量（亮）
也　言人雖欲自絶弃於日月其何能
傷之乎適足（十大本无）自見其不知量也
陳子禽謂子貢曰子爲恭也仲尼豈
賢於子乎子貢曰君子一言以爲知（智下同）
一言以爲不知言不可不愼也夫子

之不可及也猶天之不可階而升也

夫子之得邦家者　孔安國曰謂爲所諸侯若卿大夫

謂立之斯立道之斯行綏之斯來動

之斯和其生也榮其死也哀如之何

其可及也　孔安國曰綏安也言孔子爲政其立教則無不立道

之則莫不興行安之則遠者來至動之則莫不和睦故能生則見榮顯死則見哀痛

論語堯曰第二十 凡三章 何晏集解

堯曰咨爾舜天之曆數在爾躬 曆數謂列次也 允執其中四海困窮天祿永終 包氏

曰允信也困極也永長也言為政信
執其中則能窮極四海天祿所以長
終

舜亦以命禹　孔安國曰舜亦以堯命巳之辞命禹

曰予小子履敢用玄牡敢昭告于皇
皇后帝　孔安國曰履殷湯名也此伐桀告天之文殷家尚白未變
夏礼故用玄牡皇大后君也太大君
帝謂天帝也墨子引湯誓其辞若此

有罪不敢赦 包氏曰順天奉法帝臣有罪者不敢擅赦

不蔽簡在帝心 言桀居帝臣之位有罪過不可隱蔽已簡在天心故也

朕躬有罪無以萬方萬方有罪在朕躬 孔安國曰無以萬方萬方不與也萬方有罪我身之過

周有大賚善人是富 周周家賚賜也言周家受

天大賜富於善人
有乱臣十人是也　雖有周親不如仁
人　孔安國曰親而不賢不忠則誅之
管蔡是也仁人箕子微子來則用
之　百姓有過在予一人　謹權量審法
度修廢官四方之政行焉　包氏曰權秤也量斗
斛　興滅國繼絶世舉逸民天下之民歸

心。等所重民食喪祭　孔安國曰重民
國之本也重食
民之命也重喪所以
盡哀重祭所以致敬　寬則得衆敏則
有功公則民説　孔安國曰言政教公
平則民説矣凡此二
帝三王所以治也
故傳以示後世　子張問政於孔子
曰何如斯可以從政矣子曰尊五美

屏四惡斯可以從政矣孔安國曰屏除也

子張曰何謂五美子曰君子惠而不

費芳味反下同勞而不怨欲而不貪泰而不驕威

而不猛子張曰何謂惠而不費子曰

因民之所利而利之斯不亦惠而不費

王肅曰利民在擇其可勞而勞之

乎政無費於財

又誰怨欲仁而得仁又焉貪君子無

衆寡無小大無敢慢孔安國曰言君子不以寡小而

慢斯不亦泰而不驕乎君子正其衣

冠尊其瞻視儼然人望而畏之斯不

亦威而不猛乎子張曰何謂四惡子

曰不教而殺謂之虐不戒視成謂之

暴 馬融曰不宿戒而責目前成為視成 慢令致期謂之

賊 孔安國曰與民無信而虐刻期 猶之與人也出納

之吝謂之有司 孔安國曰謂財物俱當與人而吝嗇於出

内惜難之此有司之　孔子曰不知命
任耳非人君之道
無以爲君子也　孔安國曰命謂窮達之分扶問反　不知禮
無以立也不知言無以知人也　馬融曰聽
言則別彼列反其是非也

論語卷第十

經一千二百二十三字

註一千一百七十五字

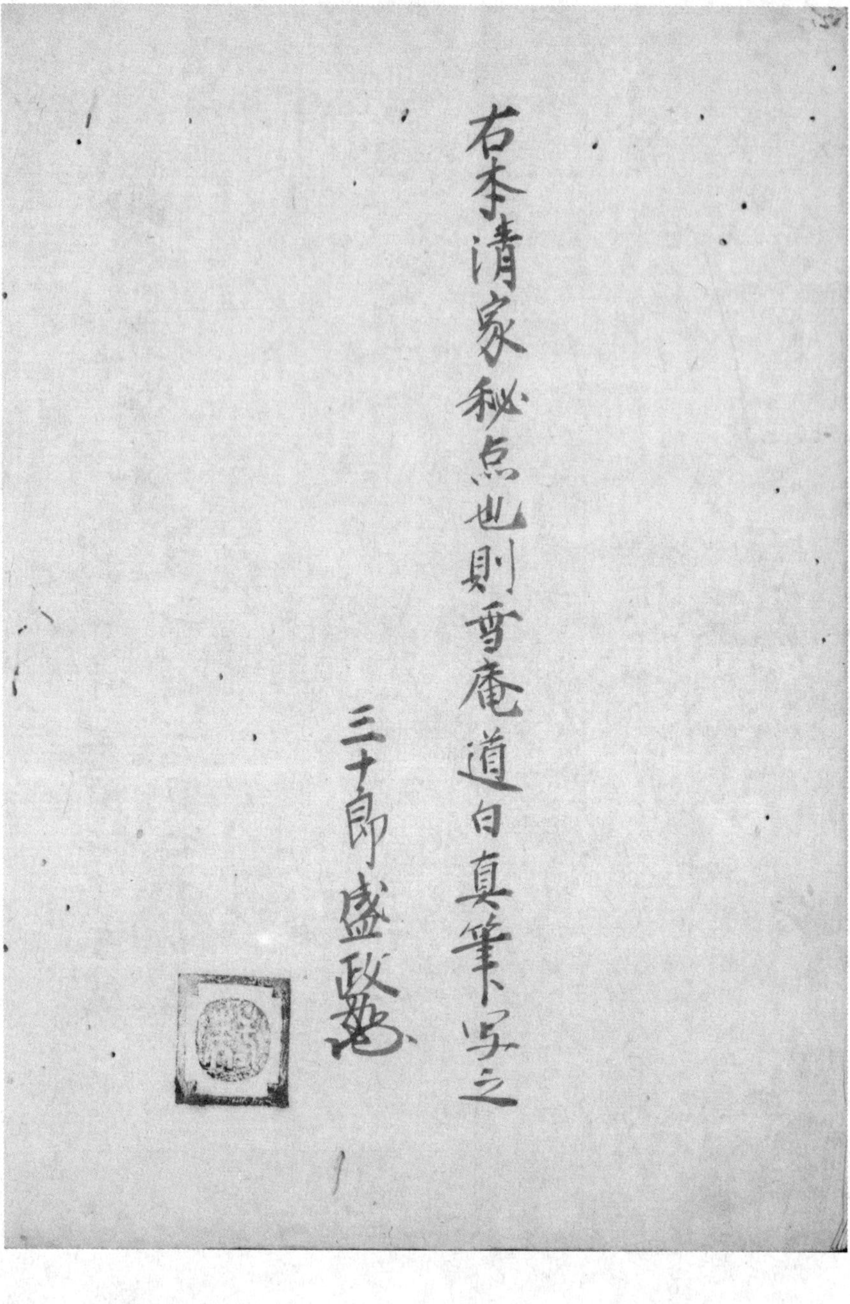
右本清家秘点也則雪庵道白真筆写之
三十郎盛政

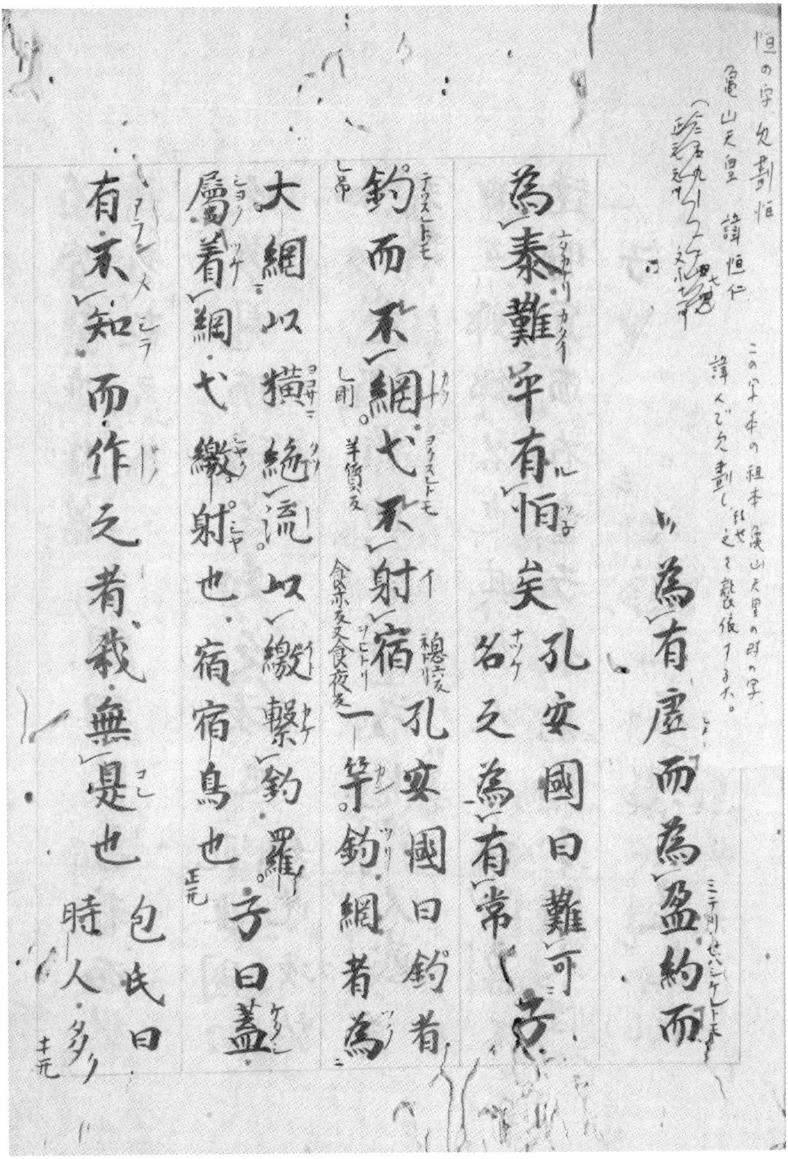
為有虚而為盈約而
為泰難乎有恒矣　孔安國曰難可名之為有常
釣而不綱弋不射宿　孔安國曰釣者一竿釣綱者為
大綱以横絶流以繳繫釣羅　子曰蓋
屬着綱也弋繳射也宿宿鳥也
有不知而作之者我無是也　包氏曰時人多

注：此附頁即第一二八頁，因頁内夾有籤條，特單獨影印附於書後。

三十郎盛政傳鈔清家點本《論語集解》校勘記

吴國武

説明

校勘工作，是以慶應義塾大學附屬研究所斯道文庫藏室町末三十郎盛政寫清家點本《論語集解》（省稱"三十郎本"）爲底本，校以臺灣藝文印書館影印嘉慶二十年江西南昌府學栞《重栞宋本論語注疏》二十卷本（省稱"阮本"）。

校勘記格式，基本依照阮元《重栞宋本論語注疏》的校勘記格式。先列章名，换行列出有異文的底本經注文摘句，下空一格列校本異文。經文校勘記頂格，注文校勘記低二格。異體字不出校，另见附録《通行字與原本用字對照表》。

序解

論語序　阮本作"序解"。

皆以教之　阮本作"教授"。

爲之訓説　阮本"説"作"解"。

亦爲訓説　阮本作"亦爲之訓説"。

以爲之註　阮本無"以"字。

傳受師説　阮本作"傳授師説"。

論語學而第一

論語學而第一　阮本"學"上無"論語"二字，後篇題倣此。

學而時習之章

馬融曰　阮本作"馬曰",後倣此。

王肅曰　阮本作"王曰",後倣此。

包氏曰　阮本作"包曰",後倣此。

君子不愠　阮本"愠"作"怒"。

其爲人也孝弟章

可乃仁成　阮本作"仁道可大成"。

吾日三省吾身章

得無素不講習而傳乎　阮本作"得無素不講習而傳之"。

道千乘之國章

井十爲屋通　阮本"通"上無"屋"字,是也。

井十爲乘　阮本"井十"作"十井"。

馬融依周禮包氏依王制孟子　阮本"融"上無"馬"字,包下無"氏"字。

弟子入則孝章

出則弟　阮本作"悌"。

賢賢易色章

必謂之矣　阮本"之"下有"學"字,是也。

君子不重章

言人不敢重　阮本作"言人不能敦重"。

既無威　阮本"威"下有"嚴"字。

鄭玄曰主親也　阮本"鄭玄曰"作"鄭曰",後倣此。

慎終追遠章

祭盡敬　阮本"敬"上有"其"字。

人君其行此二者　阮本"其"作"能"。

夫子至於是邦也章

子貢弟子姓端木名賜字子貢也　阮本“賜”下無“字子貢也”四字。

柳人君自願與之爲治邪　阮本“柳”作“抑”，是也；“治”下無“邪”字。

夫子求也之其諸異乎人求之與　阮本作“夫子求之也其諸異乎人之求之與”。

人君自願與爲治也　阮本作“明人君自與之”。

父在觀其志章

猶若父在　阮本“在”作“存”。

信近於義章

信不必義也　阮本作“信非義也”。

論語爲政第二

論語爲政第二　阮本下無小字“凡二十四章”。

爲政以德章

譬猶北辰之不移　阮本“猶”上無“譬”字。

道之以政章

苟免罪　阮本作“免苟免”。

吾十有五而志于學章

有所成立　阮本作“有所成也”。

耳順聞其言　阮本“耳”下無“順”字。

孟懿子問孝章

孟孫不曉無違之意　阮本“孟”上有“恐”字。

孟武伯問孝章

唯疾病然後使父母憂耳　阮本“憂”下無“耳”字。

子游問孝章

人之所養能至於犬馬　阮本“至”上無“能”字。

養而弗愛豕畜也愛而弗敬獸畜也　阮本作“食而不愛豕畜之愛而不敬獸畜之”。

子夏問孝章

色難謂承望父母顔色　阮本“色”上有“包曰”二字，“難”下有“者”字，“望”作“順”。

孔子喻子夏曰　阮本“夏”下無“曰”字。

未足爲孝也　阮本無“足爲”二字。

乃爲孝耳也　阮本無“耳”字。

視其所以章

觀人終始安有所匿其情也　阮本“有”下無“所”字，“情”下無“也”字。

子貢問君子章

疾小人多言而行不周　阮本“行”下有“之”字。

學而不思章

學而不尋思其義理　阮本作“學不尋思義”。

使人精神疲殆也　阮本作“徒使人精神疲殆”。

由誨汝知之乎章

由弟子姓仲名由　阮本“弟”上無“由”字。

子張學干禄章

子張弟子姓顓孫名師　阮本“弟”上無“子張”二字。

何爲則民服章

舉用正直之人 阮本作“舉正直之人用之”。

或謂孔子曰章

奚其爲政爲 阮本作“奚其爲爲政”,是也。

即是與爲政同 阮本“與”上無“即是”二字。

人而無信章

轅端上曲拘衡者 阮本“拘”作“鉤”,“衡”下無“者”字。

子張問十世章

雖百世亦可知也 阮本“可”上無“亦”字。

馬融曰物類相召勢數相生 阮本此注無“馬融曰”,“勢”作“世”。

非其鬼而祭之章

是諂以求福 阮本“求”上無“以”字。

論語卷第一 阮本作“卷第二”,後倣此。下無雙行小字“經一千四百七十字/註一千五百一十五字”。

論語八佾第三

論語八佾第三 阮本下無小字“凡二十六章”。

孔子謂季氏章

今三家亦作此樂者 阮本“樂”下無“者”字。

奚取三家之堂 阮本“取”下有“於”字。

季氏旅於泰山章

林放尚知礼 阮本作“林放尚知問禮”。

巧笑倩兮章

可與共言詩已 阮本“詩”下無“已”字。

禘自既灌而往章

既灌者後別尊卑序昭穆 阮本“者”作“之”,“別”作“列”,“卑”作“卑”。

或問禘之説章

爲魯君諱 阮本“魯”下無“君”字。

與其媚於奧章

欲使孔子求暱之故徵以世俗之言感動之也 阮本“暱”作“昵”,“徵”作“微”,“微”上無“故”字。

射不主皮章

爲力爲力役之事 阮本無下“爲”字。

子貢欲去告朔之餼羊章

羊在猶以識其礼 阮本作“羊存猶以識其禮”。

管仲之器小哉章

以爲謂之太儉 阮本“太”作“大”。

曰然則管仲知禮乎 阮本“然”上無“曰”字。

便謂爲知礼 阮本便謂爲得禮。

人君有別内外 阮本“別”上無“有”字。

更酌畢則各反爵於酌坫上 阮本作“更酌酌畢則各反爵於坫上”。

子語魯太師樂章

子語魯太師樂曰 阮本“太”作“大”。

放縱盡其聲 阮本“聲”上有“音”字。

純純如和諧也 阮本“和”上無“如”字。

言樂始翕如而成於三者 阮本“翕”上有“作”字,“三”下無“者”字。

儀封人請見章

極衰必有盛 阮本"有"上無"必"字。

子謂韶章

詔舜樂名 阮本"詔"作"韶",是也。

故曰盡善 阮本"故"下無"曰"字。

論語里仁第四

論語里仁第四 阮本下無小字"凡二十六章"。

里仁爲美章

求善居而不處仁者之里 阮本"居"上無"善"字。

唯仁者能好人能惡人章

唯仁者能審人之好惡 阮本"之"下有"所"字。

富與貴章

不以其道得富貴不處 阮本"貴"下有"則仁者"三字。

不以其道而得之者 阮本作"不以其道得之"。

我未見好仁者章

無以加尚之爲優 阮本"以"下無"加"字。

云爲能有爾 阮本"云"上有"故"字。

人之過也章

觀其過使賢愚各當其所 阮本"觀"下無"其"字。

君之於天下也章

君之於天下也 阮本"君"下有"子"字,是也。

言君子之於天下無適無莫無所貪慕唯義所在也 阮本無注二十字。

三年無改於父之道章

無改其父之道 阮本作“無所改於父之道”。

古者言之不出章

不妄出口爲耻身行之將不及 阮本“爲”下無“耻”字。

君子欲訥於言章

言欲遲鈍而行欲疾 阮本“遲”下無“鈍”字。

論語卷第二 阮本作“卷第四”,下無雙行小字“經一千二百一十二字/註一千九百三十一字”。

論語公冶長第五

論語公冶長第五 阮本下無小字“凡二十九章”。

子謂公冶長章

所以拘於罪人 阮本“拘”下無“於”字。

子謂南容章

不廢言見任用 阮本“用”上無“任”字。

賜也何如章

言女是器用之人 阮本“女”下無“是”字。

宗廟之器之貴者 阮本“器”下無“之”字。

雍也仁而不佞章

數爲民所憎 阮本“民”作“人”,“憎”下有“惡”字。

子使漆雕開仕章

喜其志道深 阮本“喜”作“善”。

子曰道不行章

言無所取桴材 阮本“無”上無“言”字。

古材哉同 阮本“古”下有“字”字。

孟武伯問子路仁乎章

卿大夫故曰百乘　阮本作"大夫百乘"。

女與回也孰愈章

既然子貢弗如　阮本"弗"作"不"。

蓋欲以慰子貢之心　阮本作"蓋欲以慰子貢也"。

宰予晝寢章

二者喻雖施功猶不成也　阮本作"此二者以喻雖施功猶不成"。

深責之辭　阮本作"深責之"。

改是始聽言信行　阮本"是"下無"始"字。

今更察言以觀行　阮本"更"上無"今"字。

夫子之文章章

文彩形質箸見可得以耳目脩　阮本作"文彩形質著見可以耳目循"。

不可得而聞也已　阮本"也"下無"已"字。

子路有聞章

前所聞未及得行　阮本"及"下無"得"字。

孔文子何以謂之文也章

孔文子衛大夫孔叔圉　阮本"孔"下無"叔"字。

下問問凡在己下者　阮本下"問"作"謂"。

晏平仲章

久而人敬之　阮本"而"下無"人"字。

周生烈曰　阮本作"周曰"，後倣此。

臧文仲居蔡章

山節藻税　阮本"税"作"棁"，是也，後倣此。

非時人謂以爲知　阮本"以"作"之"。

令尹子文章

　　姓鬬名穀於菟　阮本"穀"下有"字"字。

必以尹告新令尹　阮本"以"下無"尹"字，是也，阮本此章下注無"孔字國曰"四字。

違之至一邦　阮本作"違之之一邦"。

　　文子辟惡逆無道　阮本"逆"下有"去"字。

季文子三思而後行章

再思斯可矣　阮本作"再斯可矣"。

　　不必及三思也　阮本作"不必乃三思"。

子在陳章

　　曰吾黨之小子狂者進取於大道妄穿鑿以成文章　阮本"曰"上有"故"字，"狂"下有"簡"字，"妄"下有"作"字。

　　我當歸以裁制之耳　阮本"裁"下無"制"字。

顏淵季路侍章

子曰盍各曰爾志　阮本下"曰"字作"言"。

　　自無稱己之善　阮本作"不自稱己之善"。

　　無以勞事置施於人　阮本"無"作"不"。

論語雍也第六

論語雍也第六　阮本下無小字"凡三十章"。

雍也可使南面章

　　言任諸侯可使治國　阮本作"言任諸侯治"。

　　以其能簡故曰可也　阮本此注有"孔曰"二字。

無乃太簡乎　阮本"太"作"大"。

　　伯子之簡大簡　阮本"大"作"太"。

哀公問曰弟子章

哀公問曰弟子孰爲好學 阮本"問"下無"曰"字。

顔淵任道 阮本"淵"作"回"。

子華使於齊章

子華弟子公西華赤字 阮本"赤"下有"之"字。

十六斗爲庾 阮本"爲"作"曰"。

五秉合八十斛 阮本"合"下有"爲"字。

原思爲之宰章

辭讓不受 阮本"辭"字重。

禄法所當受無以讓 阮本作"禄法所得當受無讓"。

子謂仲弓章

騂赤色 阮本作"騂赤也"。

不害於其子之美 阮本"子"上無"其"字。

回也其心三月不違仁章

言餘人暫有至仁時 阮本無"言"字。

季康子問仲由章

子曰賜也達 阮本無"子"字。

子曰求也藝 阮本無"子"字。

季氏使閔子騫爲費宰章

而其邑宰叛 阮本作"而其邑宰數畔"。

聞閔子騫賢故欲用之 阮本"子"上無"閔"字。

語使者曰 阮本作"託使者"。

善爲我作辞 阮本作"善爲我辭焉"。

伯牛有疾章

有惡疾不欲見人 阮本作"牛有惡疾不欲見人"。

賢哉回也章

簞笥瓢瓠也 阮本無“瓢瓠”二字。

子謂子夏章

毋爲小人儒 阮本“毋”作“無”。

君子爲儒將以明道 阮本此注有“孔曰”二字。

女得人焉耳乎哉 阮本“乎”下無“哉”字。

焉耳乎哉皆辭 阮本“乎”下無“哉”字。

孟之反不伐章

殿在軍後者 阮本“後”下無“者”字。

軍大奔猶在後爲殿 阮本“猶”作“獨”。

故曰我非敦在後距敵 阮本作“曰我非敢在後拒敵”。

馬不能進也 阮本作“馬不能前進”。

不有祝鮀之佞章

衛大夫名子魚也 阮本“子”上無“名”字。

宋國之美人 阮本“宋”下無“國”字。

難矣免於今之世害也 阮本“矣”作“乎”。

誰能出不由户者章

誰能出不由户者 阮本“户”下無“者”字。

言人立身成功當由道 阮本此注有“孔曰”二字。

譬猶人出入要當從户 阮本“猶”下無“人”字。

人之生也直章

言人之所以生於世而自終者以其正直道也 阮本作“言人所生於世而自終者以其正直也”。

知之者章

好之者又不如樂之者深也 阮本“不”上無“又”字，“深”下無“也”字。

樊遲問知章

敬鬼神而不瀆 阮本“瀆”作“黷”。

仁者先難而後穫章

問仁子曰 阮本“仁”下無“子”字。

先勞苦乃得功 阮本“乃”作“而後”。

知者樂水章

自進故動 阮本“自”作“日”。

性靜故壽考 阮本作“性靜者多壽考”。

仁者雖告之曰章

井有仁者焉其從之也 阮本“仁”下無“者”字。

宰我以爲仁者 阮本“以”下無“爲”字。

而出之乎 阮本作“從而出之”。

仁人憂樂之所至 阮本“人”作“者”。

包氏曰逝往也 阮本“包氏曰”作“孔曰”。

子見南子章

等以爲南子 阮本作“舊以南子者”。

故夫子誓之曰 阮本作“故夫子誓之”。

如能博施於民章

如能博施於民而能濟衆者 阮本作“如有博施於民而能濟衆”。

若能廣施恩惠 阮本“若”作“君”。

己所不欲而勿施之於人 阮本作“己所欲而施之於人”。

論語卷第三 阮本作“卷第六”，下無雙行小字“經一千七百一十一字/註二千八百二十字”。

論語述而第七

論語述而第七　阮本下無雙行小字“舊三十九章/今三十八章”。

述而不作章

無有是行於我我獨有之　阮本“無”下無“有”字。

德之不脩章

聞義不能從　阮本“從”作“徙”,是也。

甚矣吾衰也章

明盛之時夢見周公欲行其道　阮本“時”上無“之”字,“道”下有“也”字。

不憤不啟章

舉一隅示之　阮本無“示之”二字。

則吾不復也　阮本“則”下無“吾”字。

子於是日哭章

子於是日哭則不歌　阮本下有注文“一日之中或哭或歌是褻於禮容”。

喪者哀感飽食於其側是無惻隱之心也　阮本注文在“子食於有喪者之側未嘗飽也”句下。

子謂顏淵章

唯我與顏淵同耳　阮本“同”下無“耳”字。

子行三軍章

亦當唯與己俱　阮本“唯”作“誰”,“俱”作“同”。

富而可求也章

雖執鞭賤職　阮本作“雖執鞭之賤職”。

子在齊聞韶樂章

子在齊聞韶樂　阮本“韶”下無“樂”字。

故忘於肉味也　阮本“故”下有“忽”字,“味”下無“也”字。

夫子爲衛君乎章

孔安國曰爲猶助也 阮本“孔安國曰”作“鄭曰”。

衛君者謂輒也 阮本“輒”作“輒”，後倣此。

後晉趙鞅納蒯聵於戚 阮本“戚”下有“城”字。

子曰古之賢人也 阮本“曰”上無“子”字。

又何怨乎 阮本“怨”下無“乎”字。

豈怨乎 阮本“豈”下有“有”字。

飯蔬食章

飯蔬食 阮本“蔬”作“疏”。

葉公問孔子於子路章

食菜葉 阮本“菜”下有“於”字。

我非生而知之者章

好古敏而求之者也 阮本“而”作“以”。

言此者勉人學 阮本作“善此者勸人學”。

孔安國曰恠恠異也 阮本“孔安國曰”作“王曰”，“恠恠”作“怪怪”。

我三人行章

我三人行必得我師焉 阮本“三”上無“我”字，“得”作“有”。

天生德於予章

宋司馬黎也 阮本無“黎也”二字。

天生德於予者 阮本無“於予”二字。

合德天地 阮本作“德合天地”。

二三子以我爲隱子乎章

二三子以我爲隱子乎 阮本“隱”下無“子”字。

蓋有不知而作之者章

如此次於知之者 阮本作“如此者次於天生知之”。

互鄉難與言章

惡惡何一甚 阮本作“惡惡一何甚”。

當與其進 阮本“其”作“之”。

仁遠乎哉章

行之則是至 阮本作“行之即是”。

陳司敗問昭公知禮乎章

孔子對曰知禮 阮本無“對”字。

君娶於吴 阮本“娶”作“取”。

而君娶吴之 阮本作“而君取之”,是也。

聖人智深道弘 阮本無“智深”二字。

子與人歌章

而後自和之 阮本“而”下無“後”字。

文莫吾猶人也章

言凡文皆不勝於人 阮本“言凡”作“凡言”。

身爲君子己未能得也 阮本“能”下無“得”字。

包氏曰正和所言 阮本作“馬曰正如所言”,是也。

子疾病章

言有此禱請於鬼神之事乎 阮本無“乎”字。

奢則不孫章

儉則不及礼耳 阮本作“儉不及禮”。

君子坦蕩蕩章

多憂懼貌 阮本無“貌”字。

論語泰伯第八

論語泰伯第八　阮本下無小字“凡廿一章”。

泰伯章

泰伯周太王之太子　阮本“太子”作“長子”。

次仲雍　阮本“次”下有“弟”字。

故無得而稱之者　阮本“稱”下有“言”字。

曾子有疾孟敬子問之章

則人不敢欺誕之　阮本“誕”作“詐”。

敬子忘大務小　阮本“忘”作“忽”。

三年學章

不易得也已　阮本無“已”字。

言必無及也　阮本無“及”字。

篤信好學章

臣弑君子弑父乱　阮本作“亂謂臣弑君子弑父”。

師摯之始章

周道即衰　阮本“既衰”作“衰微”。

洋洋盈耳　阮本“洋”上有“有”字。

狂而不直章

悾悾慤慤也　阮本作“悾悾慤也”。

故我不知　阮本作“我不知之”。

学如不及章

猶恐失之耳　阮本無“耳”字。

大哉堯之爲君也章

民無能識名　阮本作“民無能識其名焉”。

舜有臣五人而天下治章

亂理也 阮本作"亂治也"。

理官者 阮本"理"作"治"。

大顛 阮本作"太顛"。

斯此此此於周 阮本作"斯此也"。

比於此周 阮本無"此"字。

多賢 阮本"賢"下有"才"字。

周德 阮本"周"下有"之"字。

孔子推禹功德之盛 阮本"盛"下有"美"字。

十里爲城 阮本"城"作"成",後倣此。

論語卷第四 阮本作"卷第八",下無雙行小字"經一千五百五字/注二千二百八十四字"。

論語子罕第九

論語子罕第九 阮本下無小字"凡卅一章"。

達巷黨人曰章

達巷黨名也 阮本"巷"下有"者"字。

吾執御者欲名六藝之卑 阮本無"者"字。

麻冕章

下拜然後升成礼 阮本作"下拜然後成禮"。

子絶四章

故不自有其身 阮本無"自"字。

子畏於匡章

文王雖已没 阮本作"文王雖已死"。

自此其身 阮本作"自謂其身"。

知未欲喪也　阮本作“知之未欲喪也”。

如予何者　阮本“如”上有“其”字。

太宰問於子貢章

太宰問於子貢曰　阮本“太”作“大”。

太宰知我者乎　阮本無“者”字。

故多能伎藝　阮本作“故多技藝”。

吾有知乎哉章

言知者言未必盡　阮本“知”上無“言”字。

鳳鳥不至章

有聖人受命　阮本無“有”字。

今天無此端　阮本“端”作“瑞”。

不得見也　阮本“不”上有“傷”字。

子見齊衰者章

冕者冕冠也　阮本“冠”上無“冕”字。

瞽者盲者也　阮本作“瞽盲也”。

雖少者必作　阮本作“雖少必作”。

顔淵喟然歎曰章

喟然歎聲　阮本無“然”字。

言忽恍不可爲形象　阮本“忽恍”作“恍惚”。

言夫子正以此道勸進人有次序　阮本“勸進人”作“進勸人”，“次”作“所”。

未由也已　阮本“未”作“末”，是也。

子疾病章

行其臣之義　阮本“義”作“禮”。

病小差曰間　阮本無“病”字。

非唯今日也　阮本無“唯”字。

死弟子之手乎　阮本“死”下有“於”字。

有美玉於斯章

藏諸匱中沽賣也　阮本“藏”上有“謂”字。

寧賣之邪　阮本“寧”下有“肯”字。

我居而待賈者　阮本無“者”字。

子欲居九夷章

君子所居皆化　阮本“皆”作“則”。

吾自衛反魯章

故曰雅頌各得其所　阮本無“曰”字。

凡往者　阮本“往”下有“也”字。

譬如爲山章

我不以其見功少而薄之　阮本無“見”字。

顔淵則解　阮本無“則”字。

法語之言章

能必改乃爲貴　阮本作“能必自改之以爲貴”。

恭巽謹敬之言　阮本“巽”作“孫”。

無不説也　阮本作“無不説者”。

主忠信章

無友不如己　阮本“無”作“毋”。

慎其所主所友　阮本作“慎所主友”。

三軍可奪帥也章

人心非一　阮本“非”作“不”。

奪而取　阮本“取”下有“之”字。

可與共學章

未必能以有所成立　阮本作“未必能有所立”。

　　賦此詩　阮本“詩”下有“者”字。

夫何遠之有哉　阮本無“哉”字。

　　斯可知也　阮本“也”作“矣”。

論語鄉黨第十

論語鄉黨第十　阮本下無小字“凡一章”。

孔子於鄉黨節

　　便便辨也　阮本“辨”作“辯”,後倣此。

　　和樂貌　阮本“樂”下有“之”字。

　　君在君視朝也　阮本作“君在視朝也”。

君召使擯節

　　盤辟貌　阮本“盤”上有“足躩”二字。

左右其手　阮本無“其”字。

　　故衣前後則襜如也　阮本無“故”字。

　　孔安國曰復命白君　阮本“孔字國曰”作“鄭曰”。

執圭節

　　爲君使以聘問鄰國　阮本無“以”字。

　　既聘而享享用圭璧　阮本不重“享”字。

君子不以紺緅飾節

　　以爲飾　阮本“飾”下有“衣”字。

　　故皆不以飾衣　阮本“以”下有“爲”字。

　　褻服私居非公會之服　阮本“居”下有“服”字。

表而出　阮本“出”下有“之”字,後倣此。

　　短右袂者便作事　阮本無“者”字。

吉凶異服故不相吊也　阮本無“故不相吊也”五字。

齊必變食節

改常食　阮本“食”作“饌”。

孔安國曰魚敗曰餒　阮本無“孔安國曰”四字。

徹去也　阮本“徹”作“撤”。

齊禁薰物薑辛不臭　阮本“辛”下有“而”字，是也。

歸則以班賜　阮本無“以”字。

雖疏食菜羹　阮本“疏”作“蔬”。

孔子從而出　阮本“而”下有“後”字。

康子饋藥節

再拜送之　阮本“拜”下有“而”字。

故不嘗　阮本作“故不敢嘗”。

廄焚節

自魯君之朝來帰　阮本無“魯”字，“帰”作“歸”。

君賜食節

必正席先嘗　阮本作“必正席先嘗之”。

薦薦其先祖　阮本不重“薦”字。

若爲先嘗食然　阮本作“若爲君嘗食然”。

疾君視之節

車既駕隨　阮本作“車駕隨之”。

入太廟節

入太廟　阮本此節下無注文“鄭玄曰爲君助祭也大廟周公廟也”。

朋友死節

無親昵　阮本“無”上有“言”字。

朋友之饋節

不拜有通財之義 阮本“拜”下有“者”字。

寢不尸節

爲家室之故難久 阮本作“爲室家之故難久”。

子見齊衰者節

子見齊衰者 阮本無“子”字。

持邦國之圖籍者 阮本作“持邦國之圖籍”。

升車節

前視不過衡扼 阮本“扼”作“軛”。

曰山梁雌雉節

非其本意 阮本無“其”字。

故三嗅而起也 阮本“而”下有二“作”字。

論語卷第五 阮本作“卷第十”,下無雙行小字“經一千四百六十二字/註二千二百九十七字”。

論語先進第十一

論語先進第十一 阮本下無雙行小字“鄭廿三章/皇廿四章”。

先進於禮樂章

先進後進謂仕先後輩也 阮本“先”上有“孔曰”二字。

包氏曰將移風俗 阮本無“包氏曰”三字。

從我於陳蔡章

不及門者也 阮本無“者”字。

回也非助我者章

助猶益也 阮本無“猶”字。

無可發起增益於己 阮本無“可”字。

孝哉閔子騫章

陳群曰 阮本作“陳曰”。

閔子騫爲人上事父母 阮本作“子騫上事父母”。

南容三復白圭章

復之 阮本作“覆之”。

今也則亡未聞好學者 阮本無“未聞好學者”五字。

顔淵死章

請子之車 阮本“車”下有“以爲之椁”四字。

顔路顔淵父也 阮本作“路淵父也”。

家貧故欲請 阮本無“故”字。

吾以不可徒行也 阮本無“吾以”二字。

故言吾從大夫之後不可以徒行是謙辭也 阮本作“言從大夫之後不可以徒行謙辭也”。

顔淵死子哭之慟章

子曰有慟乎 阮本無“子”字。

顔淵死門人厚葬之章

制止非其厚葬故云爾 阮本作“割止非其厚葬故云耳”。

閔子騫侍側章

閔子騫 阮本作“閔子”。

冉子 阮本作“冉有”。

魯人爲長府章

藏貨曰府 阮本作“藏財貨曰府”。

由之鼓瑟章

由之鼓瑟 阮本無“鼓”字。

未入室耳 阮本“入”下有“於”字。

柴也愚章

言子張才過人 阮本無“言”字。

回也其庶乎章

以聖人之善 阮本“善”下有“道”字。

雖無數子病 阮本作“雖無數子之病”。

子張問善人之道章

善人不循追舊迹 阮本“不”下有“但”字。

不能入於聖人之奧室 阮本無“能”字。

子路問聞斯行諸章

不可得自專 阮本無“可”字。

季子然問仲由冉求章

季子然季氏子弟 阮本“子然”上無“季”字。

安足爲大臣乎 阮本作“安足大乎”。

二子雖從其主 阮本作“言二子雖從其王”。

子路使子羔爲費宰章

所以賊害人 阮本作“所以爲賊害”。

子路曾晳冉有公西華侍坐章

曾晳曾參父 阮本作“晳曾參父”。

不知己 阮本作“人不知也”。

何以爲治乎 阮本無“乎”字。

攝攝迫於大國之間 阮本作“攝迫也迫於大國之間”。

當以待君子謙辭也 阮本無“辭”字。

非曰敢能之 阮本無“敢”字。

相君之礼者 阮本作“相君之禮”。

鏗爾者 阮本無“爾”字。

宗廟之事如會同非諸侯如之何　阮本作“宗廟會同非諸侯而何”。

論語顏淵十二

論語顏淵第十二　阮本下無小字“凡廿四章”。

司馬牛問仁章

斯可謂之仁已　阮本作“斯謂之仁已乎”。

斯可謂之君子已乎　阮本無“可”字。

司馬牛憂曰章

我獨爲無兄弟　阮本無“獨”字。

皆爲兄弟也　阮本無“爲”字。

子張問明章

以漸成人之禍　阮本作“漸以成之”。

子貢問政章

使民信之矣　阮本無“使”字。

民不信不立　阮本作“民無信不立”。

棘子城曰君子質而已矣章

與犬羊別者　阮本無“者”字。

何以別虎豹與犬羊邪　阮本作“別虎豹與羊犬邪”。

哀公問於有若章

盍者何不也　阮本無“者”字。

子張問崇德辨惑章

包氏曰辨別也　阮本“包氏曰”作“孔曰”。

齊景公問政於孔子章

當此時　阮本作“當此之時”。

吾豈得而食諸 阮本無“豈”字。

子曰聽訟章

言與人等 阮本無“言”字。

子張問政章

無得懈倦 阮本“懈”作“解”。

子曰君子博學於文章

君子博學於文 阮本無“君子”二字。

弗畔不違道 阮本此注有“鄭曰”二字。

季康子問政章

子帥而正 阮本作“子帥以正”。

季康子魯上卿 阮本作“康子魯上卿”。

季康子患盜章

不從其所令 阮本無“所”字。

子張問士章

其念慮常欲以下人 阮本“念”作“志”。

樊遲問仁章

子貢曰富哉言 阮本作“子夏曰富哉言”。

富猶盛也 阮本作“富盛也”。

子貢問友章

告之以善道之不見從則止 阮本“道”下有“導”字。

曾子曰君子以文會友章

友有相切磋之道 阮本作“友相切磋之道”。

論語卷第六 阮本作“卷第十二”，下無雙行小字“經二千六十四字/註一千九百四十六字”。

論語子路十三

論語子路第十三 阮本下無小字“凡三十章”。

仲弓爲季氏宰章

汝所不知者 阮本“汝”作“女”。

人將自舉之各舉其所知 阮本無“之各舉”三字。

衛君待子而爲政章

淫刑監罰 阮本“監”作“濫”,是也。

樊遲請學稼章

子曰吾不如老圃 阮本無“子”字。

民化其上 阮本“其”作“於”。

各以情實應 阮本無“情”字。

學稼教民 阮本“稼”下有“以”字。

子適衛冉子僕章

言衛民衆多 阮本“民”作“人”。

苟有用我者章

期月可以行其政教 阮本“月”下有“而”字。

善人爲邦百年章

勝殘勝殘暴之人使不爲惡也 阮本“勝殘暴之人”作“殘暴之人”。

故孔子信之 阮本作“孔子信之”。

冉子退朝章

凡所行常事 阮本無“所”字。

定公問一言而可以興邦章

知如此則可近也 阮本“知如”作“如知”。

一言而可喪邦 阮本作“一言而喪邦”。

唯其言而樂莫予違也　阮本無“樂”字。

　　其所言不善而無敢違之者　阮本無“其”字。

子夏爲莒父宰章

　　舊説曰　阮本作“舊説云”。

毋欲速　阮本作“無欲速”。

見小利則大事不成　阮本作“見小利大大事不成”。

　　見小利妨大事　阮本作“小利妨大”。

何如斯可謂之士章

　　有耻有不爲　阮本作“有恥者有所不爲”。

鄉黨稱悌焉　阮本“悌”作“弟”。

　　敢爲之　阮本“敢”上有“果”字。

　　容斗二升者筭數也　阮本作“容斗二升算數也”。

南人有言章

　　巫醫不能治無常之人　阮本“常”作“恒”。

善哉　阮本作“善夫”。

君子和而不同章

　　各争其利　阮本作“各爭利”。

君子易事而難説章

　　度才而任官之　阮本無“任”字。

何如斯可謂之士章

兄弟怡怡如　阮本無“如”字。

善人教民七年章

　　即戎就兵可以攻戰　阮本作“即就也戎兵也言以攻戰”。

論語憲問第十四

論語憲問第十四 阮本下無小字“凡四十七章”。

憲問耻章

邦有道當食其禄 阮本作“邦有道當食禄”。

此四者行之難者未足以爲仁 阮本作“四者行之難未足以爲仁”。

南宫适章

羿有窮之君 阮本“窮”下有“國”字。

爲命章

裨諶鄭大夫名也 阮本“名”上有“氏”字。

謀於野則獲謀於國 阮本“獲”下無“謀”字。

行人子羽修飾 阮本“飾”下有“之”字。

或問子産章

以當其理也 阮本作“以其當理也”。

貧而無怨難章

富而無驕易 阮本此章下無注文“王肅曰貧者善怨富怨富者善驕二者之中貧者人難使不怨也”。

子路問成人章

魯大夫孟公綽 阮本無“魯大夫”三字。

子問公叔文子於公明賈章

嫌其不能悉然 阮本無“其”字。

臧武仲以防章

紇非敢害也 阮本作“紇非能害也”。

晉文公譎而不正章

召於天子而使諸侯朝之 阮本無“於”字。

責包茅之貢不入 阮本“包”作“苞”。

桓公殺公子糾章

桓公九舍諸侯 阮本“舍”作“合”，是也。

管仲非仁者與章

不被髪左衽之意 阮本“意”作“惠”。

自経於溝瀆而莫之知也 阮本“経”作“經”。

経経死於溝瀆之中也 阮本兩“経”均作“經”，無“之”字。

公叔文子之臣大夫僎章

行如是可謚爲文 阮本“行”上有“言”字。

子曰衛靈公之無道也章

子曰衛靈公之無道也 阮本作“子曰”作“子言”。

言君雖無道所任者各當其才 阮本無“君”字。

何爲當喪亡乎 阮本作“何爲當亡”。

其言之不怍章

則其爲之也難也 阮本作“則爲之也難”。

陳成子弑簡公章

陳成子齊大夫 阮本無“陳”字。

告夫二三子 阮本無“二”字。

我於礼當告君 阮本作“我禮當告君”。

不當告二三子 阮本無“二”字。

之二三子告 阮本無“二”字。

子路問事君章

犯顔色諫争 阮本作“犯顔諫爭”。

不患人之不己知章

患己無能也 阮本作“患其不能也”。

微生畝謂孔子曰章

孔子對曰非敢爲佞也 阮本無"對"字。

欲行道以化人之 阮本無"人"字。

驥不稱其力章

德者謂調良之德 阮本作"德者調良之謂"。

公伯寮愬子路於季孫章

吾勢猶能辨子路之無罪 阮本"勢"下有"力"字。

使之誅伯寮 阮本無"伯"字。

賢者辟世章

有惡言乃去之 阮本作"有惡言乃去"。

子路宿於石門章

子路宿於石門石門晨門曰 阮本不重"石門"二字。

子擊磬於衛章

此硜硜徒信己而已 阮本"硜硜"下有"者"字。

無以難者以其不能解己之道 阮本"無"下無"以"字。

子張曰書云章

己己百官 阮本不重"己"字。

家宰天官佐王治者 阮本"官"下有"卿"字。

闕黨童子章

欲速成人者則非求益者也 阮本無"者"字。

論語卷第七 阮本作"卷第十四",下無雙行小字"經二千三百九十四字/註二千五百五十六字"。

論語衛靈公第十五

衛靈公問陳於孔子章

本未立則不可教以末事 阮本無"則"字。

子路慍見章

君子亦窮乎 阮本"亦"下有"有"字。

賜也女以予爲多學而識之者與章

不待多學一以知之 阮本作"不待多學而一知之"。

由知德者鮮矣章

少於知德者 阮本無"者"字。

子張問行章

立則見其參然於前也 阮本無"然"字。

在輿則若倚衡軛 阮本作"在輿則若倚車軛"。

直哉史魚章

行直如矢不曲 阮本"矢"下有"言"字。

顔淵問爲邦章

鄭聲佞人亦俱能感人心 阮本"感"作"惑"。

臧文仲其竊位者與章

知其賢而不舉 阮本無"其"字。

爲竊位者 阮本作"是爲竊位"。

躬自厚而薄責於人章

自責己厚 阮本無"自"字。

不曰如之何章

猶不曰奈是何 阮本作"猶言不曰奈是何"。

君子義以爲質章

君子哉 阮本此章下有注文"鄭曰義以爲質謂操行孫以出之謂言語"。

君子病無能焉章

不病人之不己知也 阮本此章下有注文"包曰君子之人但病無聖人之道不病人之不己知"。

君子不以言舉人章

不以人废言　阮本此章下有注文“王曰不可以無德而廢善言”。

有一言而可以終身行之者乎章

勿施於人　阮本此章下有注文“言己之所惡勿加施於人”。

吾之於人也章

如有可譽者　阮本“可”作“所”。

所譽輙試以事不空譽而已　阮本作“所譽者輒試以事不虛譽而已”。

吾猶及史之闕文也章

古之史　阮本“史”上有“良”字。

今則亡矣夫　阮本無“則”字。

借人使習之　阮本“便”作“乘”。

人能弘道章

才大者道隨天　阮本“天”作“大”。

君子謀道不謀食章

言雖念耕而不學　阮本“言”下有“人”字。

雖不耕而不飢　阮本“飢”作“餒”。

君子不可小知章

君子之道深遠　阮本“君”上有“王曰”二字。

不可以小了知　阮本無“以”字。

可以小了知　阮本無“以”字。

民之於仁也章

水火與仁　阮本“與”作“及”。

皆民所仰而生者　阮本“皆”作“故”。

當仁不讓於師章

行仁急 阮本"行"上有"言"字。

事君敬其事而後其食章

事君敬其事而後其食 阮本"而"作"然"。

有教無類章

言人在見教無有種類 阮本"人"下有"所"字。

辭達而已矣章

凡事莫過於實足辭達則足矣 阮本作"孔曰凡事莫過於實辭達則足矣"。

師冕見章

歷告以坐中人姓字及所在處 阮本無"及"字。

論語季氏第十六

論語季氏第十六 阮本下有小字"凡十四章"。

季氏將伐顓臾章

季氏貪其地 阮本"地"上有"土"字。

相其室而爲之聚斂 阮本無"而"字。

何以爲伐 阮本作"何以伐爲"。

不能當止 阮本"能"下有"則"字。

非典守者之過邪 阮本"非"上有"失虎毀玉豈"五字,"守"下無"者"字。

而必更爲之辭 阮本無"更"字。

小大安寧 阮本"小大"作"大小"。

民有異心 阮本"異"作"畏"。

蕭牆謂屏也 阮本無"蕭"字。

禄之去公室章

鄭玄曰文子武子悼子平子 阮本“鄭玄曰”作“孔曰”。

益者三友章

便巧辟人之所忌以求容媚 阮本“便”下有“辟”字。

益者三樂章

動静得礼樂之節 阮本作“動得禮樂之節”。

侍於君子有三愆章

猶瞽者也 阮本無“者”字。

君子有三畏章

大人即聖人與天地合其德者 阮本無“者”字。

深遠不可易知則聖人之言也 阮本“則”作“測”。

齊景公有馬千駟章

民無得而稱焉 阮本“得”作“德”。

此所謂以德爲稱者 阮本無“者”字。

論語卷第八 阮本作“卷第十六”，下無雙行小字“經一千七百九十四字/註一千八百二十七字”。

論語陽貨第十七

陽貨欲見孔子章

失時不可爲有知 阮本“可”作“得”。

以順辭免害 阮本無“害”字。

性相近也章

上知不可使强爲悪 阮本無“强”字。

公山弗擾以費畔章

無可之則止耳 阮本“止”下無“耳”字。

佛肸召章

佛肸召　阮本"肸"作"肹"。

不入其國　阮本"不"上有"孔曰"二字。

涅可以染皁者　阮本無"者"字。

由也女聞六言六蔽矣乎章

謂仁知信直勇剛也　阮本無"謂"字。

好直不好學其蔽也紋　阮本"紋"作"絞"，是也。

小子何莫學夫詩章

觀觀風俗之盛衰　阮本不重"觀"字。

淑女以配君子　阮本"淑"上有"樂得"二字。

禮云禮云章

但非謂鐘鼓而已　阮本作"非谓鍾鼓而已"。

色厲而内荏章

爲外自矜厲而内柔佞者　阮本無"者"字。

鄉原章

而爲己意以待之　阮本無"己"字。

是賊乱德者也　阮本作"是賊亂德也"。

鄙夫章

言邪媚無所不爲　阮本"言"下有"其"字。

巧言令色章

底本無此章。阮本爲："子曰巧言令色鮮矣仁。"有注："王曰巧言無實令色無質。"

惡紫之奪朱也章

惡其奪雅樂　阮本作"惡其亂雅樂"。

傾覆其國家　阮本作"傾覆國家"。

孺悲欲見孔子章

爲其將命者不知己　阮本無“知”字。

宰我問三年之喪章

子生未三歲　阮本作“子生於二歲”。

欲報之德　阮本“德”作“恩”。

飽食終日章

爲其無所據樂善生淫欲　阮本此注有“馬曰”二字。

論語微子第十八

論語微子第十八　阮本下無小字“凡十一章”。

微子去之章

三人行各異而同稱仁　阮本無“各”字。

齊景公待孔子章

孔子去　阮本“去”作“行”。

老不能用　阮本“老”上有“吾”字。

楚狂接輿歌而過孔子之門章

楚狂接輿歌而過孔子之門　阮本無“之門”二字。

佯狂而來歌以感切孔子　阮本“佯”作“佯”，是也；“以”上有“欲”字。

傷之甚也　阮本“甚”作“深”。

長沮桀溺耦而耕章

隱居於山林是與鳥獸同群　阮本作“隱於山林是同羣”。

子路從而後章

丈人老者也蓧竹器名　阮本作“丈人老人也蓧竹器”。

不自必道　阮本作“不必自己道”。

逸民章

置不復言世務 阮本無“置”字。

身廢棄以免患 阮本“身”作“自”。

亦不必退 阮本“亦”上有“亦不必進”四字。

大師摯適齊章

播猶摇也 阮本作“播搖也”。

周公謂魯公曰章

孔安國曰魯公周公之子伯禽封於魯 阮本此注在經文“魯公”二字下。

君子不施其親 阮本“施”作“易”。

周有八士章

故記之耳 阮本“耳”作“爾”。

論語卷第九 阮本作“卷第十八”,下無雙行小字“經一千六百五十一字/注一千七百七十八字”。

論語子張第十九

執德不弘章

言無所輕重 阮本“言”作“君”。

博學而篤志章

切問於己所學而未悟之事 阮本無“而”字。

思己所能及之事 阮本“能”上有“未”字。

於所思者不解 阮本無“於”字。

百工居肆章

君子學以立其道 阮本“立”作“致”。

小人之過也章

文飾其過不言其情實 阮本"言"下無"其"字。

子夏之門人小子章

子夏弟子於當對賓客修威儀礼節之事則可 阮本"於"作"但"。

言先傳大業者 阮本無"大"字。

吾聞諸夫子孟莊子之孝也章

雖不善者 阮本作"雖有不善者"。

孟氏使陽膚爲士師章

士師典獄官 阮本"官"上有"之"字。

衛公孫朝章

朝衛大夫 阮本"朝"上有"公孫"二字。

故曰無常師 阮本無"曰"字。

叔孫武叔毁仲尼章

仲尼如日月也 阮本無"如"字。

人雖欲自絶棄於日月 阮本無"欲"字。

陳子禽謂子貢章

故能生則見榮顯死則見哀痛 阮本無兩"見"字。

論語堯曰第二十

論語堯曰第二十 阮本下無小字"凡三章"。

堯曰章

在爾射 阮本"射"作"躬",是也。

殷家尚白 阮本"家"作"豕",是也。

有罪過不可隱蔽 阮本無"有"字。

　　已簡在天心故也　阮本"已"作"以其",無"也"字。

萬方有罪在朕躬　阮本重"罪"字。

寬則得衆　阮本"衆"下有"信則民任焉"五字。

公則民説　阮本無"民"字。

子張問政於孔子章

子張問政於孔子　阮本無"政"字。

　　君子不以寡小而慢人　阮本"慢人"作"慢也"。

　　吝嗇於出内　阮本"内"作"納"。

論語卷第十　阮本作"卷第二十",下無雙行小字"經一千二百二十三字/註一千一百七十五字"。

通行字與原本用字對照表

説明：此表分用字、例句、備注三欄。用字欄内，依次列出通行字（阮本用字）和原本（三十郎本）用字；例句欄内，列出三十郎本中包含相關用字的典型例句；備注欄内，注明該字在三十郎本中的使用情況。此對照表以字頭拼音爲序排列。

用字	例句	備注
備 俻	周之禮文而俻（衛靈公）	多數情況下作備
鞭 鞕	雖執鞕之士吾亦爲之（述而）	
賓 賔	可使與賔客言也（公冶長）	均作賔
擯 擯	君召使擯（鄉黨）	
殯 殯	於我殯（鄉黨）	
博 愽	唯愽士孔安國爲之訓説（論語序）	多數情況下作愽
處 處 處	求居而不處仁者之里（里仁） 歷告以坐中人姓字及所在處（衛靈公）	多數情況下作處
聰 聦	聽思聦（季氏）	
悼 悼	悼子（季氏）	
稻 稲	食夫稲衣夫錦於女安乎（陽貨）	
動 動 動	言無所輕動（子張） 動静得禮樂之節（季氏）	
藏 蔵	韞匵而蔵諸（子罕）	
策 筞	將入門筞其馬（雍也）	

諂　諂　諂	贫而无諂(学而) 非其鬼而祭之諂也(爲政)	
嘗　甞	未甞至於偃之室也(雍也)	均寫作甞
乘　乗	乗肥馬衣輕裘(雍也)	
承　羕	不恒其德或羕之羞(子路)	
恥　耻	遠耻辱也(學而)	均寫作耻
辭　辞	善爲我辭焉(雍也) 善爲我作辞説(雍也)	多數情況下經文作辭,注文作辞
刺　剌	絞絞剌也(泰伯)	
俎　爼	爼豆之事則嘗聞之矣(衛靈公)	
磋　磋	如切如磋(學而)	
荅　答	夫子不答(憲問) 孔子謙故不荅也(憲問)	多數情況下寫作荅
憚　㦎	過則勿㦎改(學而)	
鬭　鬪	令尹子文楚大夫姓鬪(公冶長)	
對　對	子路不對(述而)	
慟　慟	顔淵死子哭之慟(先進)	
惰　惰	語之而不惰者(子罕)	
惡　悪	仁者能好人能悪人(里仁)	兩種寫法並存
餓　餓	餒餓也(衛靈公)	
棫　棫	大者曰棫(公冶長)	
費　費	今夫顓臾固而近於費(季氏)	
忿　忿	一朝之忿忘其身以及其親(顔淵)	
豐　豊	致孝鬼神祭祀豊絜(泰伯)	

逢　逄	於道路與相逄(陽貨)	
膚　膚	孟氏使陽膚爲士師(子張)	
剛　剛	吾未見剛者(公冶長)	
功　切	雖施切猶不成(公冶長)	
恭　恭	恭而無禮則勞(泰伯)	
溝　溝	卑宫室而盡力乎溝洫(泰伯)	
鉤　拘	輗端上曲拘衡(爲政)	
鼓　鼓	由之鼓瑟奚爲於丘之門(先進)	兩種寫法並存
穀　穀	舊穀既没新穀既升(陽貨)	
騧　騧	季騧(微子)	
寡　寡	不患寡而患不均(季氏)	
怪　恠	子不語恠力亂神(述而)	多數情況下作恠
關　関	関雎之亂洋洋乎盈耳哉(泰伯)	
歸　帰	管氏有三歸(八佾) 故殊塗而同歸異端不同帰(爲政)	多數情況下經文作歸，注文兩可
鬼　鬼	非其鬼而祭之(爲政)	均作鬼
過　過	不自知己之悲哀過(先進)	均作過
害　害　宫	無求生以害仁(衛靈公) 無求生而宫仁(衛靈公)	多數情況下作害
虎　虎　虎	虎兕出於柙(季氏) 爲家臣陽虎所囚(季氏)	
槐　槐	冬取槐檀之火(陽貨)	
患　患	不患人之不己知(憲問)	多數情況下作患
恢　恢	恢疏故不知畏(季氏)	

回 囬 囘 回	吾與囬言終日不違如愚(爲政) 女與回也孰愈(公冶長) 何敢望回(公冶長)	
毁 毀	誰毁誰譽(衛靈公) 訕謗毀也(陽貨)	
會 會	諸侯時見曰會(先進)	
畸 畸	方三百一十六里有畸(學而)	
技 伎	故多能伎藝(子罕)	
棘 棘	棘子城曰(顔淵)	
兼 蒹	亦蒹取和容也(八佾)	
諫 諫	比干諫而死(微子)	
僭 僣	今管仲皆僣爲之如是(八佾)	多數情況下作僣
解 觧	以其不能觧己之道(憲問)	兩種寫法並存
矜 矝	嘉善而矝不能(微子)	
盡 盡	先盡力然後食禄(衛靈公)	
恐 忈	唯忈有聞(公冶長)	均作忈
匡 匩	子畏於匩(子罕)	均作匩
賚 賫	周有大賫善人是富(堯曰)	
牢 牢	牢弟子牢也(子罕)	多數情況下作牢
禮 礼	恭近於禮(學而) 恭不合禮非礼也以其能遠耻辱(學而)	多數情況下,經文作禮,注文兩可
歷 曆 厯	天之曆數在爾躬(堯曰) 厯告以坐中人姓字(衛靈公)	

廉　廉	古之矜也廉(陽貨)	兩種寫法並存
鄰　隣	爲君使以聘問隣國(鄉黨)	
靈　霊	南子衛霊公夫人滛亂(雍也)	
柳　桺	桺下惠爲士師(微子)	
亂　乱	好勇疾貧亂也(泰伯) 好勇之人而患疾已貧賤者必將爲乱(泰伯)	多數情況下經文作亂,注文作乱
旅　旅	王孫賈治軍旅(憲問)	
屢　屡	回也其庶乎屢空(先進) 一曰屡猶每也(先進)	經文作屢,注文作屡
慮　慮	百慮而一致(衛靈公)	
貌　皃	穆穆天子之容皃(八佾)	均作皃
蒙　蒙	昔者先王以爲東蒙主(季氏)	
面　靣	猶正牆靣而立也(陽貨)	兩種寫法並存
默　嘿	嘿而識之(述而)	
牟　牟	佛肸以中牟畔(陽貨)	
柰　奈　奈	猶不曰奈是何(衛靈公) 如予何者猶言奈我何也(子罕)	後兩種寫法並存
難　難	反如宋朝之美難矣(雍也)	兩種寫法並存
涅　湼	湼而不緇(陽貨)	
佞　佞　佞	放鄭聲遠佞人(衛靈公) 友便佞損矣(季氏)	
儺　儺	鄉人儺(鄉黨)	
虐　虐	不教而殺謂之虐(堯曰)	

盼　盻	美目盻兮(八佾)	
蒲　蒱	首陽山在河東蒱坂縣(季氏)	
謙　謙	聞人美之承之以謙(子罕)	兩種寫法並存
強　彊	行行剛彊之貌(先進)	
傾　傾	安無傾(季氏)	
秦　秦	四飯缺適秦(微子)	
卿　卿	魯卿季孫肥(爲政)	
慤　慤	悾悾慤慤也(泰伯)	
羣　群	鳥獸不可與同群(微子)	多數情況下作群
染　涤	涅可以涤阜者(陽貨)	
冉　冄	子謂冄有曰(八佾)	多數情況下作冄
容　容	便巧辟人之所忌以求容媚(季氏)	
融　融	馬融曰(學而)	均作融
喪　丧　喪	去丧無所不佩(鄉黨) 天喪予天喪予(先進)	
色　㐌	巧言令㐌鮮矣仁(學而)	
殺　殺	有殺身以成仁(衛靈公)	兩種寫法並存
擅　檀	有罪者不敢檀赦(堯曰)	
商　商	起予者商也(八佾)	
舍　舎	山川其舎諸(雍也)	
深　深	聖人智深道弘(述而)	
審　審	稱號不審(季氏)	
世　卋	雖百卋亦可知也(爲政)	多數情況下作卋
疏　疏	朋友數斯疏矣(里仁)	均作疏

蔬 蔬	飯蔬食飲水曲肱而枕之(述而)	
叔 叔	子問公叔文子於公明賈曰(憲問)	多數情況下作叔
樹 樹	邦君樹塞門(八佾) 樹屏以蔽之(八佾)	多數情況下,經文作樹,注文作樹
庶 庻	囬也其庻乎屢空(先進)	
衰 衰	至哀公皆衰(季氏)	
算 筭	多筭飲少筭君子之所爭(八佾)	
雖 雖	雖百世亦可知也(爲政)	均作雖
隨 隨	君命行出而車既駕隨(鄉黨)	
歲 歳	日月逝矣歳不我與(陽貨)	
損 損	所損益可知也(爲政)	均作損
檀 檀	冬取槐檀之火(陽貨)	
滔 滔	滔滔者周流之貌(微子)	
體 體	四體不勤(微子)	
悌 弟	出則弟(學而)	
聽 聴	聴而美之(泰伯)	兩種寫法並存
魋 魋	桓魋其如予何(述而)	
往 徃	告諸徃而知來者(學而)	多數情況下作徃
微 㣲	故㣲以世俗之言感動之也(八佾)	多數情況下作㣲
魏 魏	孟公綽爲趙魏老則優(憲問)	
我 我	好勇過我無所取材(公冶長)	兩種寫法並存
務 務	有過務改皆所以爲益(子罕)	均作務
羲 羲	顓臾伏羲之後(季氏)	
肸 肹	佛肹召(陽貨)	

席　席	及席子曰席也(衛靈公)	
習　習	習將遠也(陽貨)	
戲　戯	前言戯之耳(陽貨)	
陷　陥	不可陥也(雍也)	
笑　笑	巧笑倩兮(八佾)	均作笑
虚　虗	實若虗(泰伯)	
須　湏	亦湏禮以感之(八佾)	均作湏
學　學	軍旅之事未之學也(衛靈公)	多數情況下作學
勳　勲	茍守先祀無廢二勲(憲問)	
抑　枊	枊亦先覺者是賢乎(憲問)	
堯　尭	尭舜其猶病諸(憲問)	
葉　葉	葉公問孔子於子路(述而)	
宜　冝	各以其生所冝之木(八佾)	多數情況下作冝
疑　疑　疑	不疑惑(爲政) 居之不疑(顔淵)	
倚　倚	在輿則見其倚於衡也(衛靈公)	
義　義	徙義崇德也(顔淵)	
殷　殷	殷有三仁焉(微子)	
淫　淫	樂而不淫(八佾)	多數情況下作淫
隱　隠　隱	征伐始隠公(季氏) 言及之而不言謂之隱(季氏)	
幼　㓜	六尺之孤㓜少之君(泰伯)	均作㓜
臾　史	季氏將伐顓史(季氏)	
虞　虞	謂虞仲夷逸隱居放言(微子)	

魚　魚	衛大夫子魚也(雍也)	
怨　怨	貧者人難使不怨也(憲問)	多數情況下作怨
遠　遠	仁遠乎哉(述而)	
樂　樂	禮樂征伐自天子出(季氏)	多數情況下作樂
再　再　再	再思斯可矣(公冶長) 再言之者痛惜之甚(雍也)	
皂　皂	涅可以染皂者(陽貨)	
鑿　鑿	有穿鑿妄作篇籍者故云然(述而) 言此者以俗多穿鑿(衛靈公)	
棗　棗	夏取棗杏之火(陽貨)	
譖　譖	浸潤之譖膚受之愬不行焉(顔淵)	均作譖
職　職	欲各專一於其職(泰伯)	均作職
旨　旨	食旨不可(陽貨)	
冢　冢	以聽於冢宰三年(憲問)	
重　重	言人不敢重(學而)	多數情況下作重
著　著	文彩形質著見(公冶長)	
總　總	君薨百官總己(憲問)	
鑽　鑽	燧改火期可已矣(陽貨)	
左　左	左丘明魯大夫(公冶長)	多數情況下作左

日本《論語》古鈔本綜合研究

影印日本《論語》古鈔本三種

青蓮院本《論語集解》

〔日〕高橋智 解題／林嵩 校勘

北京大學出版社
PEKING UNIVERSITY PRESS

論語
自
至

學

論語學而第一

子曰學而時習之不亦悅乎馬融曰子者男子之通稱謂孔子也王肅曰時者學者以時誦習之誦習以時學無廢業所以為悅懌也有朋自遠方来不亦樂乎苞氏曰同門曰朋也人不知而不慍不亦君子乎慍怒也凡人有所不知君子不慍也

有子

目　録

解　題

高橋 智

斯道文庫藏本(092—2)室町時代中期鈔本青蓮院本(戊類)五册。

此書經《論語善本書影》(大阪府立圖書館 1931)第四十一影印,以及財團法人大橋圖書館編纂《論語展覽會目録》第四十六號著録。因第一册卷首副葉及其餘各册首葉(分别爲"公治長第五"、"子罕第九"、"子路第十三"和"陽貨第十七"之首葉)鈐"青蓮/王府"大方印,而又被稱爲"青蓮王府本"。室町時代日本儒學的發展趨勢,是一方面在以清原博士家爲中心的公卿學士等階層的帶動下,武士等新興階層也得到教化,宫中的秘本文化漸趨開放;另一方面自古以來學問的舊勢力即寺院的學僧,其藏書和講讀對學界仍具有不可撼動的影響力,學僧勢力與公卿學士們又有著或明或暗的交點,構成了日本中世儒學空前活躍的重要因素。用於講讀的博士家傳本以及如青蓮院本一類在寺院中流傳的《論語》鈔本的存在,是見證當時儒學發展動態的實物。因此,如青蓮院本這樣流傳有緒的足本,其價值實難一言而盡。此書每册末葉均鈐"靖齋/圖書"印,經日本國學者谷森善臣(1817—1911)收藏。谷森善臣是伴信友門人,參加過明治年間御用的皇室系譜調查等工作,或緣此入藏該書。

此書外封爲原裝的藍色古紙,開本爲 26.2cm×20cm。僅第一、第三册有原裝書簽,書簽上以墨筆題"論語自一/至二"和"論語自五/至六",爲室町時代書風。每册有二卷四篇。卷首有何晏"論語序"二葉,從第三葉起爲"學而第一"正文,注釋用小字雙行。各册有文字的葉數分别是三十二、三十八、四十一、四十五和三十葉。版式無框無界,每半葉六行,行十三字,行高約 18.5cm,寬約 15cm,版心空白。紙張爲雁皮與楮混製,較厚。字跡墨色鮮明，全書出自同一人之筆，一氣呵成。

除“學而第一”和“衛靈公第十五”兩篇僅題書名外，其餘各篇均以“論語爲政第二　何晏集解　凡廿四章”的方式題名。略有不同的，是第七篇作“論語述而第七　何晏集解　舊卅九章/今卅八章”，第九篇作“論語子罕第九　何晏集解　凡卅一章/皇卅章”，以及第十九篇作“論語子張第十九　何晏集解　凡廿四章/凡廿五章”。另外，各卷卷末以“論語卷第三　經一千七百一十一字/注二千八百二十字”的方式題名，注明經注文字數。

此書從文字異同、字體風格等方面來看，都可歸入正平版《論語》系統。不過，“學而”末章“不患人之不己知”下附注“王肅曰但患己無能知之也”一句，正平版以後的集解本多無，而見於《論語義疏》本。由這類例子來看，此書雖可歸入正平版系統，但也受到《論語義疏》影響。雖然我們不擬討論《義疏》本與《集解》本具有怎樣的關聯，不過可以判斷，中世的讀書人並非淺學之人，他們以相對開放的姿態接受儒學書籍，對其進行校勘和講讀。

此書正文與注文的字體，多有見於《古文尚書》的異體字。雖不清楚這類字體是否有文本依據，或只是受到書寫習慣的影響，但可見其淵源非淺。

對正文的批注，用朱墨兩筆書寫，與正文出自同一人，書寫時間也相同。朱筆點有句點和線點，墨筆點用薄墨，有返點、送假名、附訓、縱點和聲點。訓點的方式，從大的方面來看，與清家本屬於同一系統，但從細部來看，例如虛字也訓點等，又與清家本有所不同。我們雖不能將其徑定爲某一家點本，不過如果要據以説明室町時代縉紳與僧侶訓讀方式的變化，還需進行更爲細緻的整理。

該本爲京都粟田青蓮院舊藏。青蓮院是天台宗的門跡寺院（由出家皇族擔任住持），也稱粟田御所。青蓮院開山爲行玄，其弟子鳥羽法皇的第七皇子將寺院從比叡山遷至京都，建立了御所寺院，成爲“粟田宮”。青蓮院在第三任住持慈圓的時期最爲繁榮，而第十七任住持尊圓法親王的書法作爲“御家流”被世代繼承。最近有《青蓮院門跡吉水藏聖教目録》編纂出版（汲古書院，1999）。此書鈐“安田文庫”藏書印。

論語

論語序

叙曰漢中壘校尉劉向言魯論語二十篇皆孔子弟子記諸善言也太子太傅夏侯勝前將軍蕭望之丞相韋賢及子玄成等傳之齊論語二十二篇其二十篇中章句頗

多於魯語瑯琊王卿及膠東庸生
昌邑中尉王吉皆以教之故有魯
論有齊論魯恭王時嘗欲以孔子
宅爲宮壞得古文論語齊論有問
王知道多於魯論二篇古論亦無
此二篇分堯曰下章子張問以爲

侯　傳

一篇有兩子張凡二十一篇篇次
不與齊魯論同安昌侯張禹本受
魯論兼講齊說善從之號曰張侯
論爲世所貴苞氏周氏章句出焉
古論唯博士孔安國爲之訓說而
世不傳至順帝時南郡太守馬融

漢
亦爲之訓說漢末太司農鄭玄就
魯論篇章考之齊古以爲之註近
故司空陳群太常王肅博士周生
傳
烈皆爲義說前世傳受師說雖有
異同不爲訓解中間爲之訓解至
于今多矣所見不同互有得失今

集諸家之善説記其姓名有不安
者頗爲改易名曰論語集解光禄
大夫關内侯臣孫邕光禄大夫臣
鄭冲散騎常侍中領軍安鄉亭侯
臣曹羲侍中臣荀顗尚書駙馬都
尉關内侯臣何晏等上

曹

學

論語學而第一

子曰學而時習之不亦悦乎

馬融曰子者男子之通稱謂孔子也王肅曰時者學者以時誦習之誦習以時學無廢業所以爲悦懌也

有朋自遠方來不亦樂乎

苞氏曰同門曰朋也

人不知而不慍不亦君子乎

慍怒也凡人有所不知君子不慍也

有子

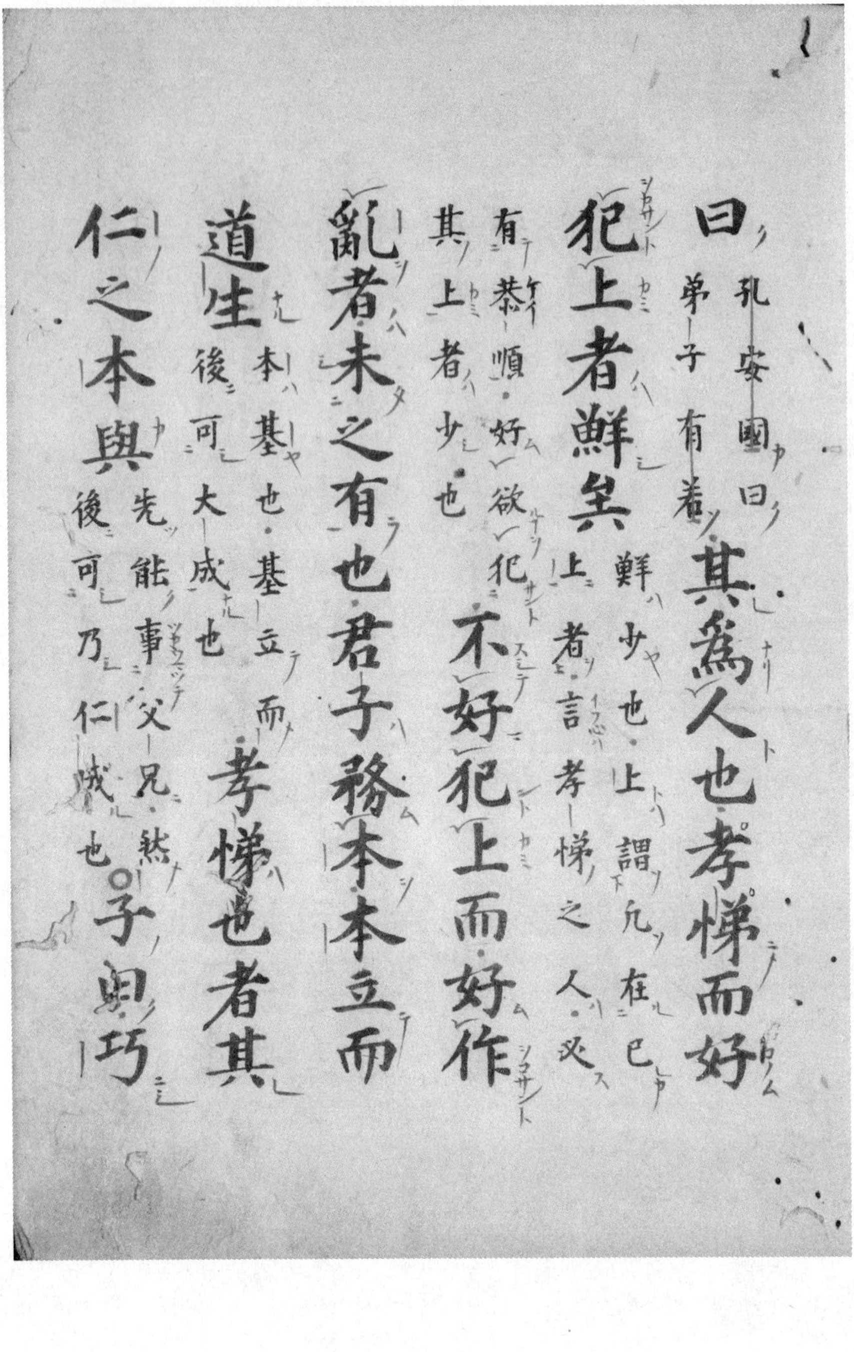

曰孔安國曰弟子有若其爲人也孝悌而好犯上者鮮矣鮮少也上謂凡在己上者言孝悌之人必有恭順好欲犯其上者少也不好犯上而好作亂者未之有也君子務本本立而道生本基也基立而後可大成也孝悌也者其仁之本與先能事父兄然後可乃仁成也子曰巧

巧言令色鮮矣仁

苞氏曰巧言好其言語令色善其顔色皆欲令人說之少能有仁也

○曾子曰

馬融曰弟子曾參也

吾日三省吾身爲人謀而不忠乎

與朋友交言而不信乎傳不習乎

言凡所傳之事得無素不講習而傳乎

○子曰導千乘之國

馬融曰導謂爲之政教也司馬法六尺爲步步百爲畝畝

佰為夫夫三為屋屋三為井井十為通通十為城城出革車一乘然則千乘之賦其地千城也居地方三百一十六里有奇唯公侯之封乃能容之雖大國之賦亦不是過焉苞氏曰導治千乘之國者百里之國也古者井田方里為井井十為乘百里之國適千乘也馬融依周禮苞氏依王制孟子義疑故兩存焉之

敬事而信

苞氏曰為國者舉事必敬愼與民必誠信也

節用而愛人

謹

苞氏曰節用不奢侈國以民爲本故愛養也使民以時苞氏曰作使民必以其時不妨奪農務也

○子曰弟子入則孝出則悌謹而信汎愛衆而親仁行有餘力則以學文馬融曰文者古之遺文也

○子夏曰賢賢易色孔安國曰子夏弟子卜商也言以好色之心好賢則善也事父母能竭其力

事君能致其身孔安國曰盡忠節不愛其身也與

朋友交言而有信雖曰未學吾必

謂之學矣子曰君子不重則不威

學則不固孔安國曰固蔽也一曰言人不敢重既無威學

又不能堅固識其義理也主忠信無友不如己

者過則勿憚改鄭玄曰主親也憚難也曾子

哀

曰。慎終追遠。民德歸厚矣。孔安國曰。慎終者。喪盡其哀也。追遠者。祭盡其敬也。人君行此二者。民化其德。而皆歸於厚也。

子禽問於子貢曰。夫子至於是邦也。必聞其政。求之與。抑與之與。鄭玄曰。子禽。弟子陳亢也。子貢。弟子。姓端木。名賜。字子貢也。亢怪孔子所至之邦。必與聞其邦政。求而得邪。抑人君自願與爲治邪。

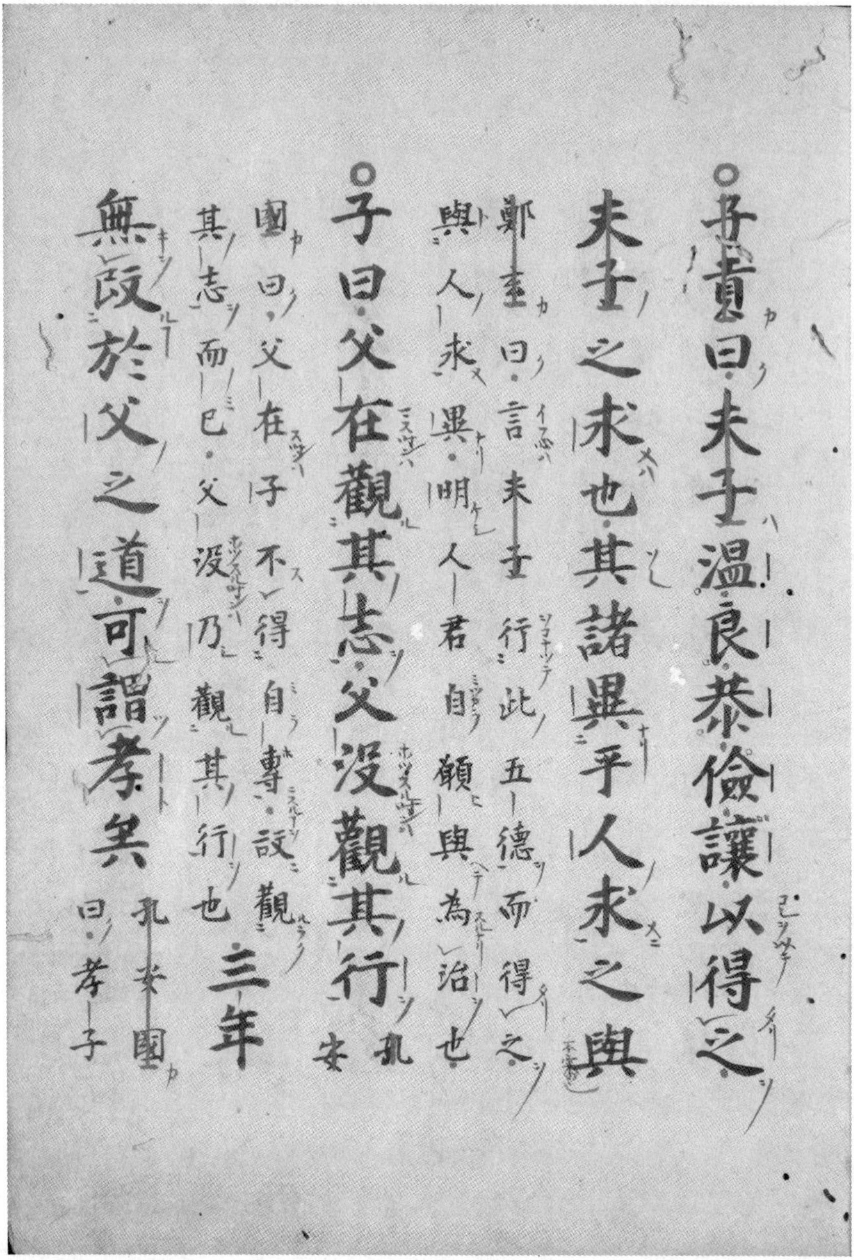

子貢曰夫子溫良恭儉讓以得之夫子之求也其諸異乎人求之與鄭玄曰言夫子行此五德而得之與人求異明人君自願與為治也

子曰父在觀其志父沒觀其行孔安國曰父在子不得自專故觀其志而已父沒乃觀其行也三年無改於父之道可謂孝矣孔安國曰孝子

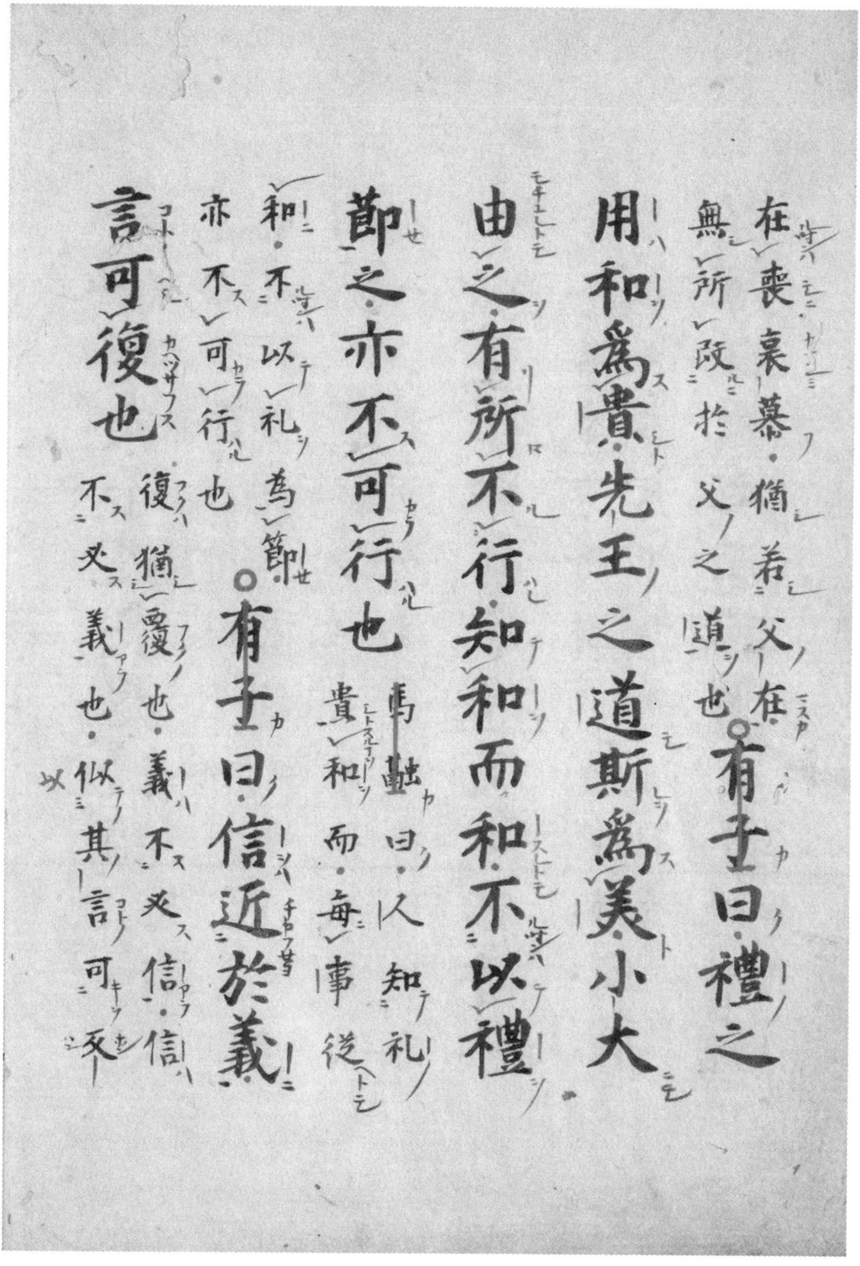
在喪哀慕猶若父在
無所改於父之道也 ○有子曰禮之
用和爲貴先王之道斯爲美小大
由之有所不行知和而和不以禮
節之亦不可行也 馬融曰人知礼
貴和而每事從
和不以礼爲節
亦不可行也 ○有子曰信近於義
言可復也 復猶覆也義不必信信
不必義也似以其言可反

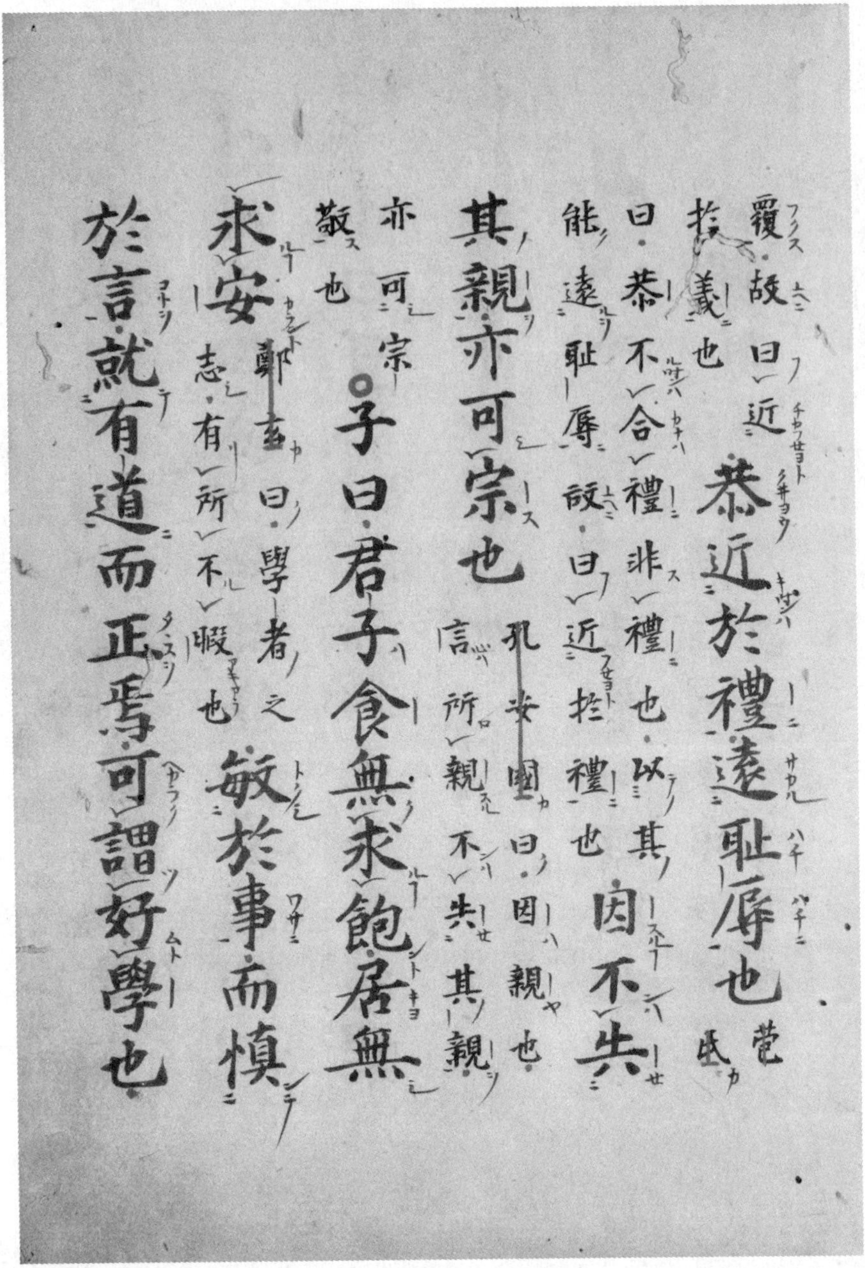
覆故曰近於義也 恭近於禮遠恥辱也 苞氏曰恭不合禮非禮也以其能遠恥辱故曰近近於禮也 因不失其親亦可宗也 孔安國曰因親也言所親不失其親亦可宗敬也 ○子曰君子食無求飽居無求安 鄭玄曰學者之志有所不暇也 敏於事而慎於言就有道而正焉可謂好學也

已矣 孔安國曰敏疾也有道有道德者也正謂問事是非也

子貢曰貧而無諂富而無驕何如

子曰可也 孔安國曰未足多也 未若貧而樂道富而好禮者也 鄭玄曰樂謂志於道不以貧賤為憂苦也

子貢曰詩云如切如磋如琢如磨其斯之謂與 孔安國曰能貧而樂道富而好

琢　引　琢

禮者能自切子曰賜也始可與言
瑳琢磨者也詩已矣告諸往而知来者也孔安國曰
諸之也子貢知引詩以成孔子義
善取類也故然之往告之以貧而
樂道來荅以切瑳琢磨也子曰不患人之不己
知患己不知人也王肅曰但患己
無能知之也

論語爲政第二　何晏集解　凡廿四章

子曰爲政以德譬如北辰居其所而衆星共之　苞氏曰德者無爲譬猶北辰之不移而衆星共之

子曰詩三百　孔安國曰篇之大數也　一言以蔽之　苞氏曰蔽猶當也　曰思無邪　苞氏曰歸於正

子曰導之以政　孔安國曰政謂法教　齊之以刑　馬融曰齊整之以刑罰也　民免而無耻

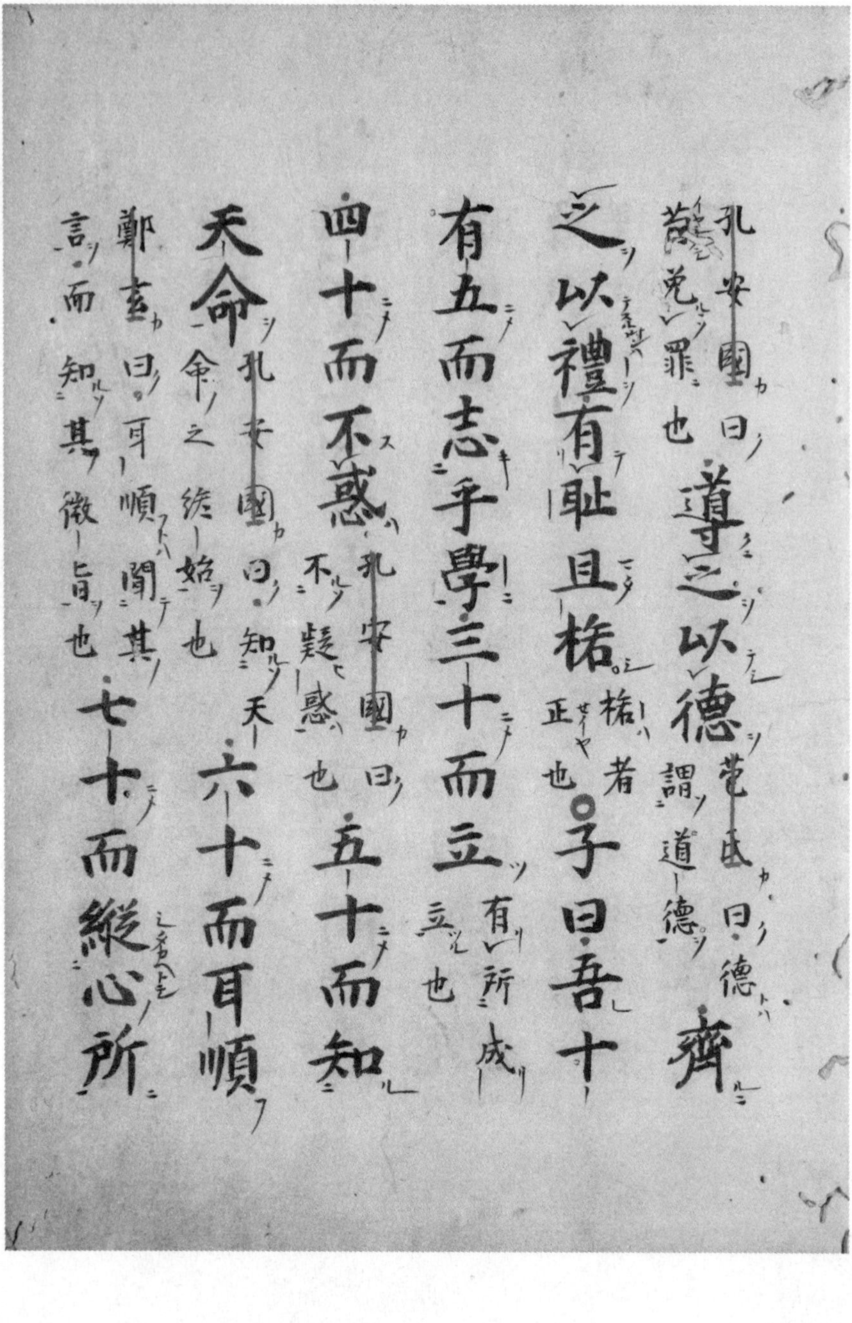

孔安國曰苟免罪也導之以德苞氏曰德謂道德齊
之以禮有恥且格格者正也子曰吾十
有五而志乎學三十而立有所成立也
四十而不惑孔安國曰不疑惑也五十而知
天命孔安國曰知天命之終始也六十而耳順
鄭玄曰耳聞其言而知其微旨也七十而從心所

御　對

欲不踰矩馬融曰矩法也縱心所欲無非法也○孟懿
子問孝孔安國曰魯大夫仲孫何忌懿謚也○子曰無
違樊遲御子告之曰孟孫問孝於
我我對曰無違鄭玄曰孟孫不曉無違意將問於樊
遲故告之樊遲弟子樊須也○樊遲曰何謂也○子
曰生事之以禮死葬之以禮祭之

以禮。孟武伯問孝。子曰：父母唯其疾之憂。馬融曰：武伯，懿子之子仲孫彘也。武，謚也。言孝子不妄為非，唯疾病然後使父母憂耳也。○子游問孝。孔安國曰：子游，弟子也，姓言名偃也。○子曰：今之孝者，是謂能養。至於犬馬，皆能有養。不敬，何以別乎？苞氏曰：犬以守禦，馬以代勞，能養人者也。一曰：人所

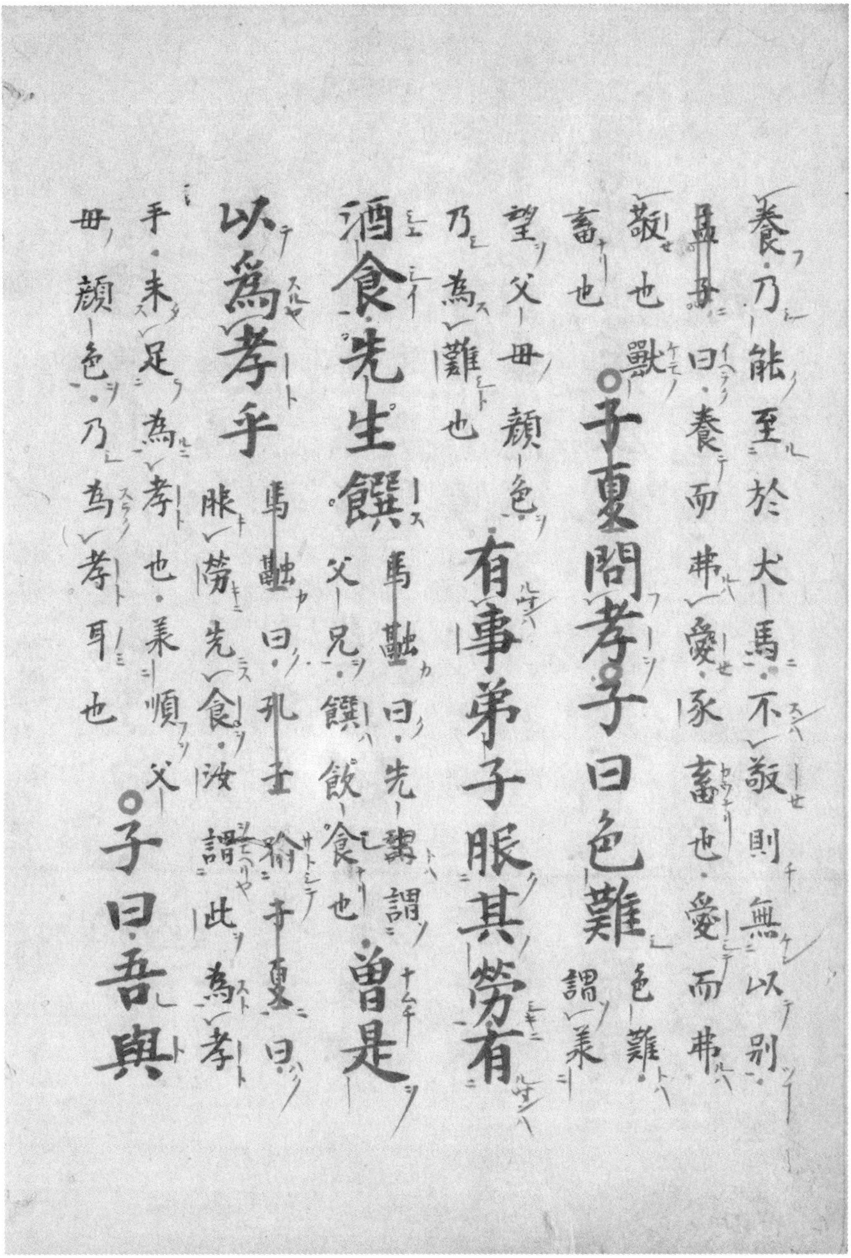
養乃能至於犬馬不敬則無以別
孟子曰養而弗愛豕畜也愛而弗
敬也獸
畜也
子夏問孝子曰色難
色難
謂承
望父母顔色
乃爲難也
有事弟子服其勞有
酒食先生饌
馬融曰先生謂
父兄饌飲食也
曾是
以爲孝乎
馬融曰孔子喩子夏曰
服勞先食汝謂此爲孝
乎未足爲孝也承順父
母顔色乃爲孝耳也
子曰吾與

回言終日不違如愚孔安國曰回弟子也姓顔
字子淵魯人也不違者無所怪問
於孔子之言默而識之如愚也
退而省其私亦足以發回也不愚
孔安國曰察其退還與二三子説
釋道義發明大體知其不愚也
子曰視其所以以用也言視所其行用也觀其
所由由經也言觀其所經從也察其所安人焉廋

廋哉。人焉廋哉

孔安國曰。廋匿也。言觀人終始。安有所匿其情也

○子曰。温故而知新。可以爲師矣

温尋也。尋繹故者。又知新。可以爲師也

○子曰。君子不器

苞氏曰。器者各周其用。至於君子。無所不施也

○子子不器

子貢問君子。○子曰。先行其言。而後從之

孔安國曰。疾小人多言而行不周也

○子曰。君子周

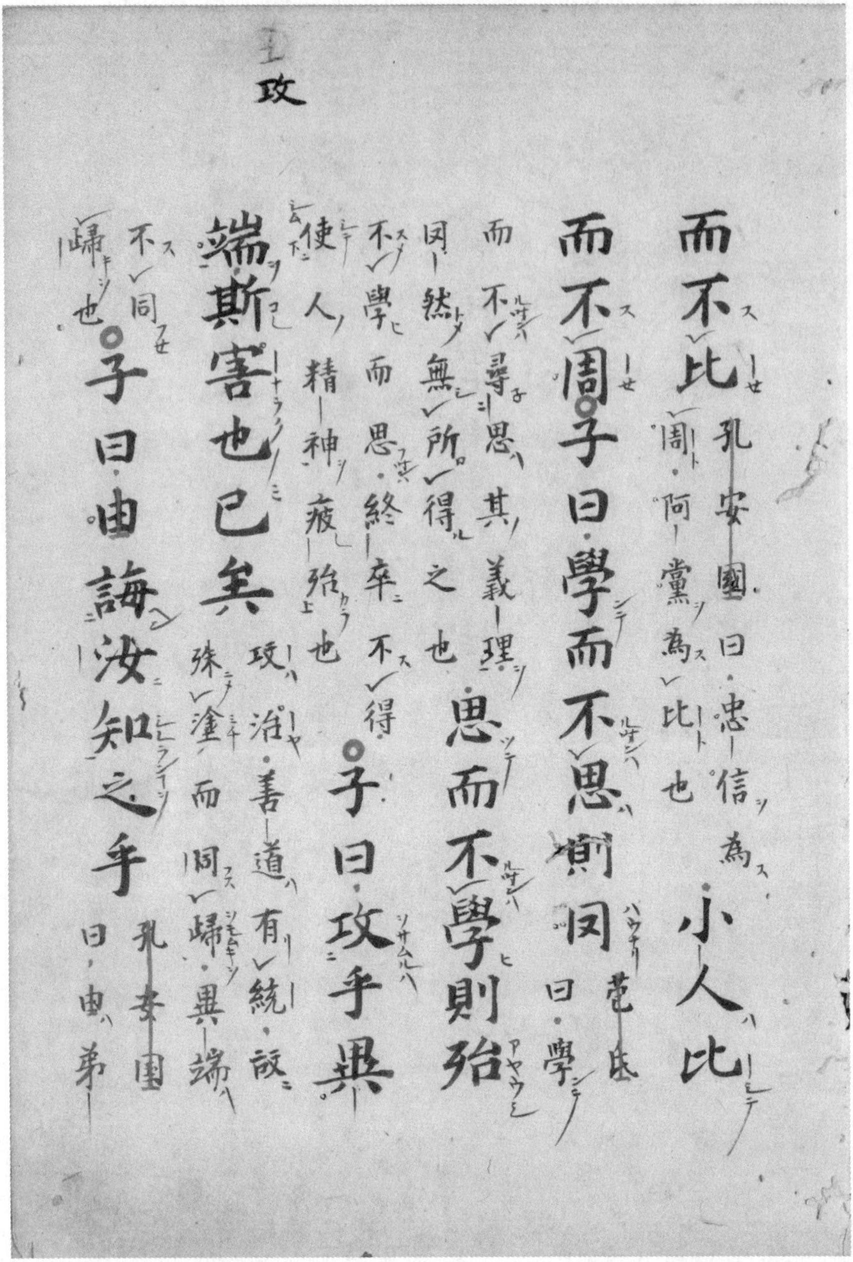
攻

而不比孔安國曰忠信為周阿黨為比也小人比
而不周子曰學而不思則罔苞氏曰學
而不尋思其義理罔然無所得之也思而不學則殆
不學而思終卒不得使人精神疲殆也子曰攻乎異
端斯害也已矣攻治也善道有統故殊塗而同歸異端
不同歸也子曰由誨汝知之乎孔安國曰由弟

張干　古寒切　求也

子也・姓仲・名由・字子路也

知之爲知之・不知爲不知是知也

鄭玄曰・子張弟子・姓顓孫・名師・字子張・干・求也・祿・祿位也

○子曰多聞闕疑慎言其餘則寡尤

苞氏曰・尤過也・疑則闕之・其餘不疑・猶慎言之・則少過也

多見闕殆慎行其餘則寡悔

苞氏曰・殆危也・所見危者闕・而不行・則少悔也

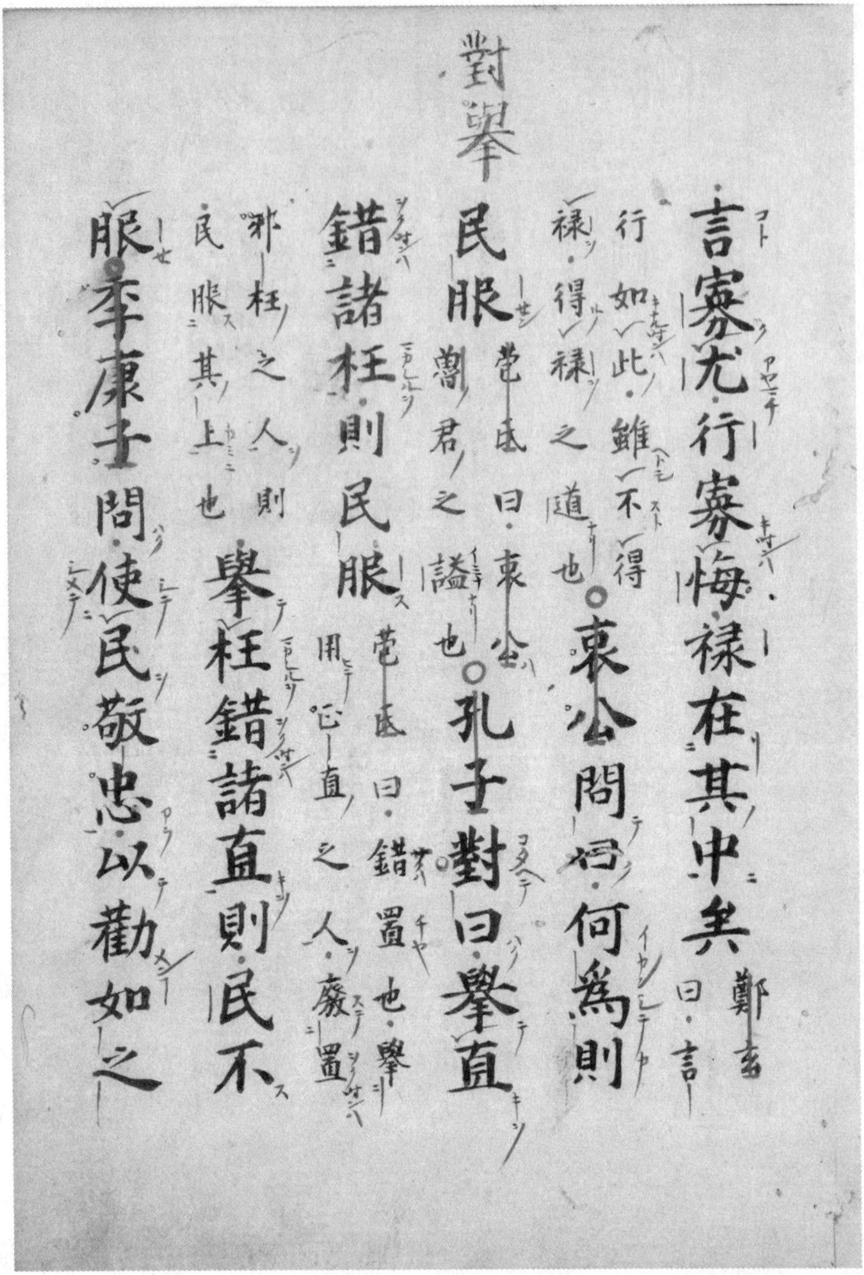
對舉
言寡尤行寡悔祿在其中矣鄭玄曰言行如此雖不得祿得祿之道也○哀公問曰何爲則民服○孔子對曰舉直錯諸枉則民服苞氏曰哀公魯君之謚也錯諸枉則民服苞氏曰錯置也舉用正直之人廢置邪枉之人則民服其上也舉枉錯諸直則民不服○季康子問使民敬忠以勸如之

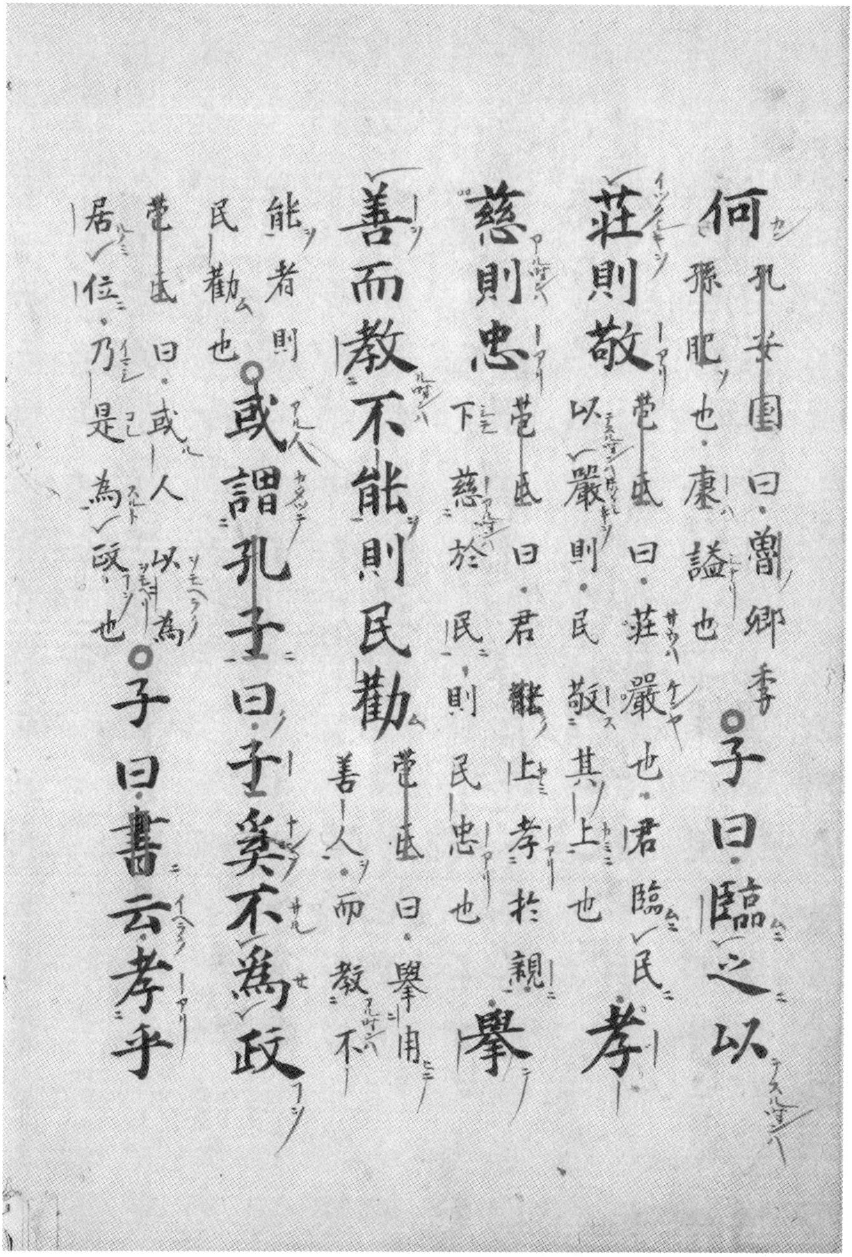

何　孔安國曰。魯卿季孫肥也。康謚也

子曰。臨之以莊則敬　苞氏曰。莊嚴也。君臨民以嚴則民敬其上也

孝慈則忠　苞氏曰。君能上孝於親下慈於民則民忠也

擧善而教不能則民勸　苞氏曰。擧用善人而教不能者則民勸也

或謂孔子曰。子奚不爲政　苞氏曰。或人以爲居位乃是爲政也

子曰。書云孝乎

辞

惟孝友于兄弟施於有政是亦為政也奚其為為政也

苞氏曰孝乎惟孝美大孝之辞也友于兄弟善於兄弟施行也所行有政道即是與為政同也

○子曰人而無信不知其可也

孔安國曰言人而無信其餘終無可也

大車無輗小車無軏其何以行之哉

苞氏曰大車牛車也輗者轅端

兀　此ツクリ也

横木以縛枙者也小車四馬車也輗者轅端上曲拘衡者也

子張問十世可知也　孔安國曰文質礼變也

子曰殷因於夏禮所損益可知也周因於殷禮所損益可知也　馬融曰所因謂三綱五常也所損益謂文質三統也

其或繼周者雖百世亦可知　馬融曰物類相招勢数相生其變有常故

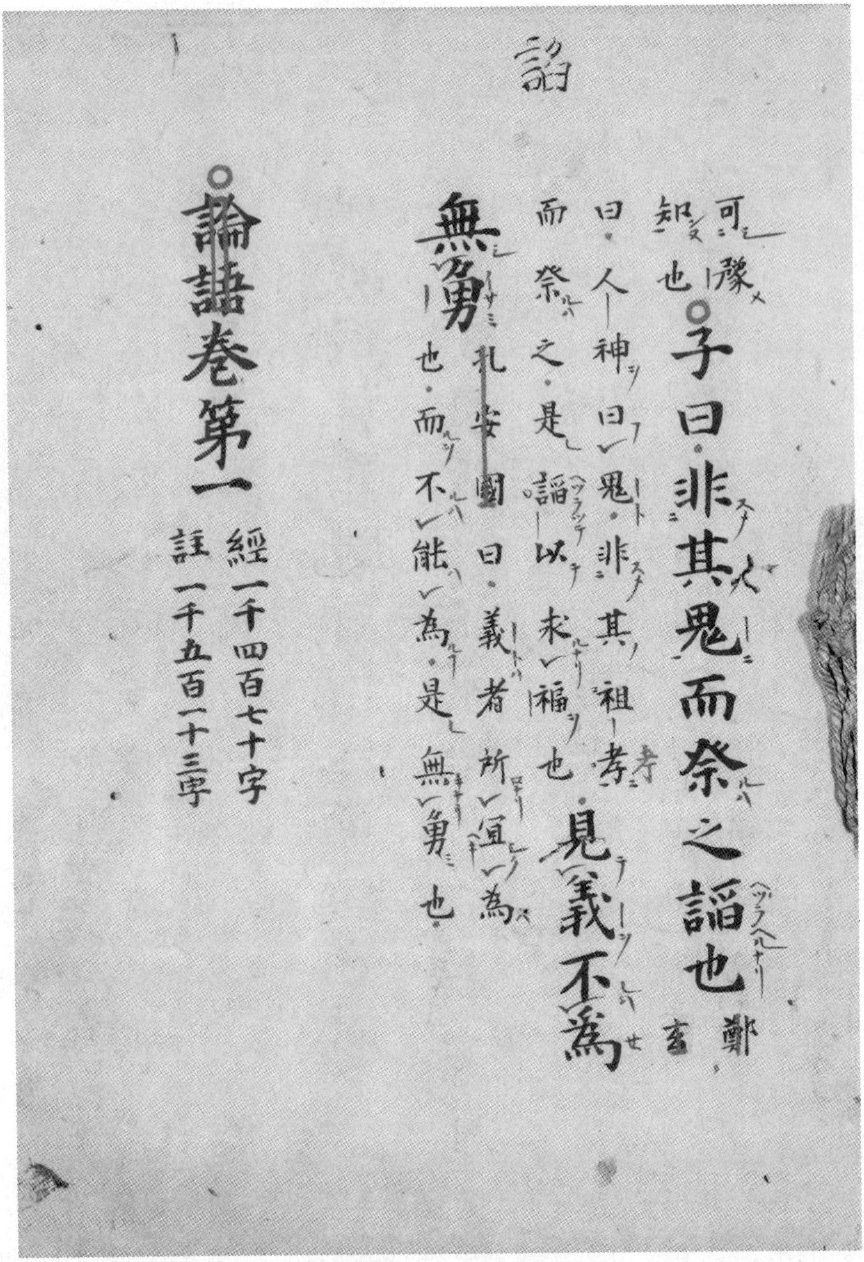

諂

可豫知也

子曰：非其鬼而祭之，諂也。鄭玄曰：人神曰鬼。非其祖考而祭之，是諂以求福也。

見義不爲，無勇。孔安國曰：義者所宜爲也，而不能爲，是無勇也。

論語卷第一

經一千四百七十字

註一千五百一十三字

○論語八佾第三　何晏集解 凡廿六章

○孔子謂季氏八佾舞於庭是可忍也孰不可忍也　馬融曰孰誰也佾列也天子八佾諸侯六卿大夫四士二八人為列八八六十四人也魯以周公故受王者礼樂有八佾之舞今季桓子僭於其家廟舞之故孔子譏之也

三家者以雍徹　馬融曰三家者謂仲孫叔孫季孫也

庭

舞

穆辟

雍周頌臣工篇名也天子祭於宗
廟歌之以徹祭今三家亦作此樂
者也
子曰相維辟公天子穆穆奚取
於三家之堂
苞氏曰辟公謂諸侯
及二王之後也穆穆
天子之容也雍篇歌此者有諸侯
及二王之後來助祭故也今三家
但家臣而已何取此
義而作之於堂邪也
子曰人而不
仁如禮何人而不仁如樂何
苞氏
曰言

人而不仁必不能行礼樂也

林放問禮之本　鄭玄曰林放魯人也

子曰大哉問禮與其奢也寧儉喪與其易也寧戚　苞氏曰易和易也言礼之本意失於奢不如儉也喪失於和易不如哀戚也

子曰夷狄之有君不如諸夏之亡也　苞氏曰諸夏中国也亡無也

季氏旅於泰山子謂

泰　一　戚

旅

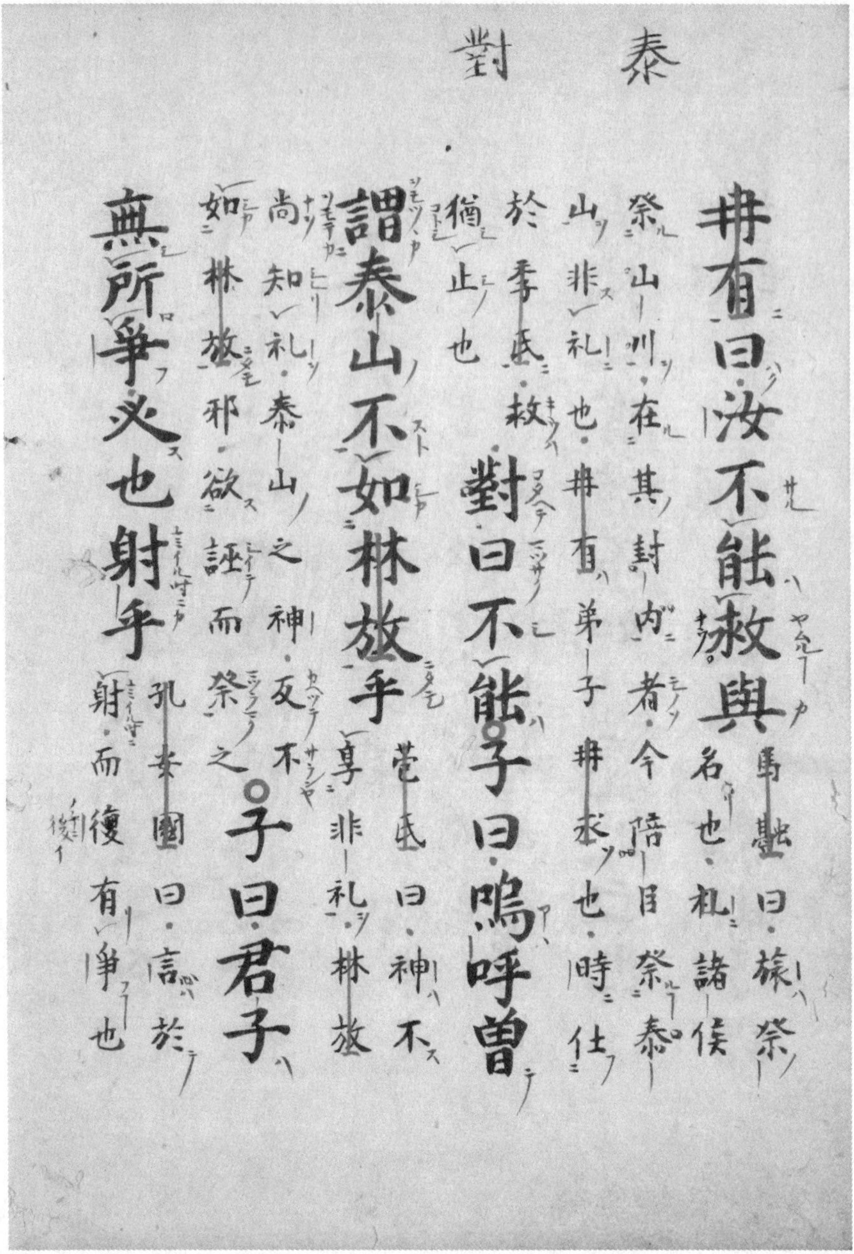

泰
對
冉有曰汝不能救與馬融曰旅祭名也礼諸侯祭山川在其封内者今陪臣祭泰山非礼也冉有弟子冉求也時仕於季氏救猶止也對曰不能子曰嗚呼曾謂泰山不如林放乎苞氏曰神不享非礼林放尚知礼泰山之神反不如林放邪欲誣而祭之子曰君子無所争必也射乎孔安国曰言於射而後有争也

揖讓而升下而飲　王肅曰射於堂升及下皆揖讓而相飲也　其爭也君子　馬融曰多筭飲少筭君子之所爭也

○子夏問曰巧笑倩兮美目盼兮素以爲絢兮何謂也　馬融曰倩笑貌盼動目貌也絢文貌也此上二句在衛風碩人二章其下一句逸也

○子曰繪事後素　鄭玄曰繢畫文也凡畫繢先布衆色然後以素

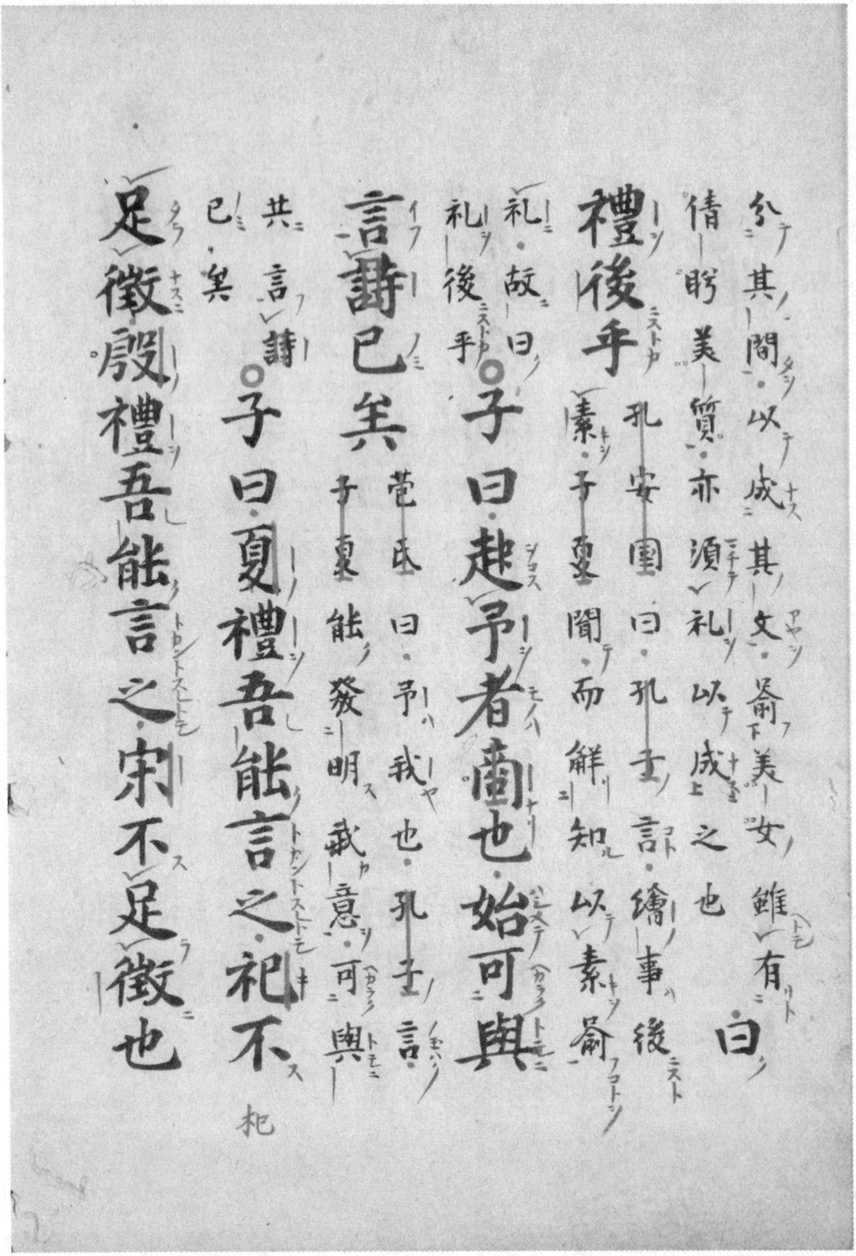
兮其間以成其文𢑱美女雖有倩盼美質亦須礼以成之也
曰禮後乎孔安國曰孔子言繪事後素子夏聞而解知以素喻礼故曰禮後乎
子曰起予者商也始可與言詩已矣苞氏曰予我也孔子言子夏能發明我意可與共言詩已矣
子曰夏禮吾能言之杞不足徵殷禮吾能言之宋不足徵也
杞

獻

苞氏曰徵成也杞宋二國名也夏殷之後也夏殷之禮吾能説之杞宋之君不足以成之也

文獻不足故也足則吾能徵之矣

鄭玄曰獻猶賢也我能不以其禮成之者以此二國之君文章賢才不足故也

子曰禘自既灌而往者吾不欲觀之矣

孔安國曰禘祫之禮為序昭穆也故毀廟之主及群廟之主皆合食於大祖灌者酌鬱鬯

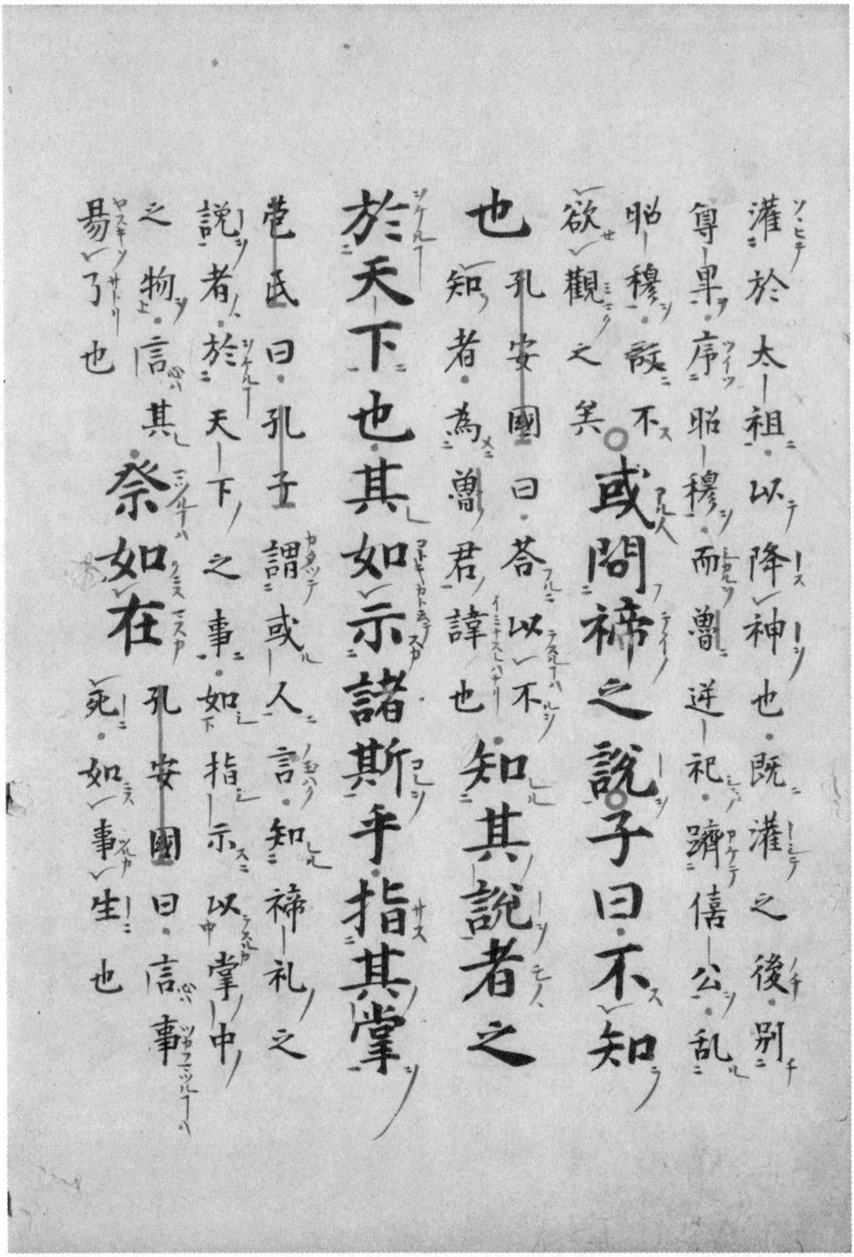

灌於太祖以降神也既灌之後別
尊卑序昭穆而亂逆祀躋僖公亂
昭穆故不
欲觀之矣○或問禘之說○子曰不知
也 孔安國曰荅以不知者為魯君諱也 知其說者之
於天下也其如示諸斯乎指其掌
苞氏曰孔子謂或人言知禘礼之說者於天下之事如指示以掌中之物言其易了也 祭如在 孔安國曰言事死如事生也

祭神如神在孔安國曰謂祭百神也○子曰吾不與祭如不祭苞氏曰孔子或出或病而不自親祭使攝者為之不致敬於心與不祭同也○王孫賈問曰與其媚於奧寧媚於竈何謂也孔安國曰王孫賈衛大夫也奧内也以喻近臣也竈以喻執政也賈者執政者也欲使孔子求昵之故微以世俗之言感動之○子曰不

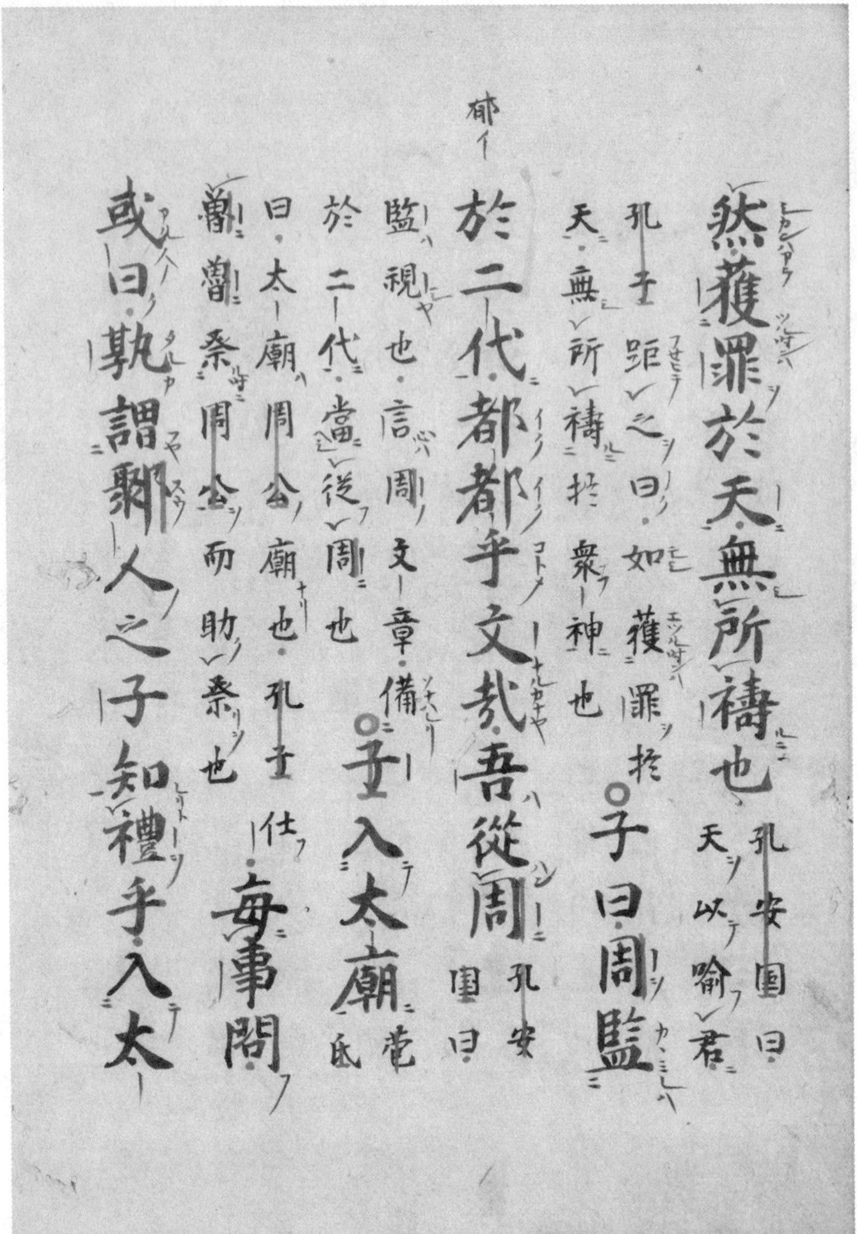
然獲罪於天無所禱也　孔安國曰天以喻君
孔子距之曰如獲罪於
天無所禱於衆神也　子曰周監
於二代都都乎文哉吾從周　孔安國曰
監視也言周文章備
於二代當從周也　子入太廟　苞氏
曰太廟周公廟也孔子仕　每事問
鄹鄹叅周公而助叅也
或曰孰謂鄹人之子知禮乎入太

廟每事問孔安國曰鄹孔子父叔梁紇所治邑也時人多言孔子知礼或人以爲知礼者不當復問也子聞之曰是禮也孔安国曰雖知之當復問慎之至也子曰射不主皮馬融曰射有五善焉一曰和志體和也二曰和容有容儀也三曰主皮能中質也四曰和頌合雅頌也五曰興儛與舞同也天子有三侯以熊虎豹皮爲之言射者不但以中皮爲善亦兼取

和容也為力不同科古之道也馬融曰為力為力役之事也亦有上中下設三科焉故曰不同科之也子貢欲去告朔之餼羊鄭玄曰牲生曰餼礼人君每月告朔於廟有祭謂之朝享也魯自文公始不視朔子貢見其礼廢故欲去其羊也子曰賜也汝愛其羊我愛其禮苞氏曰羊在猶所以識其礼也羊亡礼遂廢也子

諂

曰事君盡禮人以爲諂　孔安国曰時事君者多無礼故以有礼者爲諂也

○定公問君使臣臣事君如之何　孔安國曰定公魯君謚也時臣失礼定公患之故問也

孔子對曰君使臣以禮臣事君以忠

○子曰關雎樂而不淫哀而不傷　孔安国曰樂而不至淫哀公不至傷言其和也

○哀

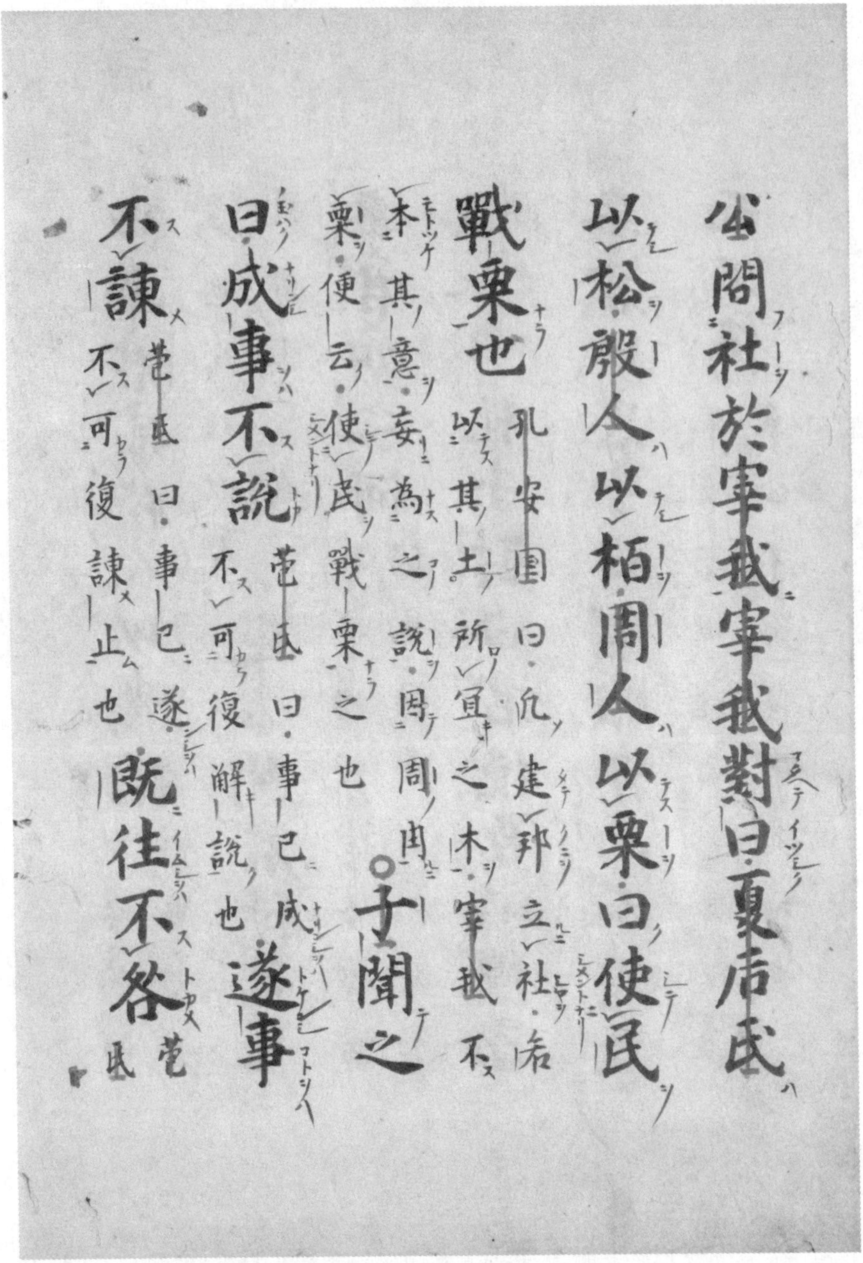

公問社於宰我宰我對曰夏后氏以松殷人以栢周人以栗曰使民戰栗也孔安国曰凡建邦立社各以其土所宜之木宰我不本其意妄為之説因周用栗便云使民戰栗之也○子聞之曰成事不説苞氏曰事已成不可復解説也遂事不諫苞氏曰事已遂不可復諫止也既往不咎苞氏

攝

曰事已往不可復追非咎也孔子非宰我故歷言三者欲使慎其後也

○子曰管仲之器小哉言其器量小也或曰管仲儉乎苞氏曰或人見孔子小之以為謂之太儉也

曰管氏有三歸官事不攝焉得儉乎苞氏曰三歸娶三姓女也婦人謂嫁為歸攝猶兼也礼国君事大官各有人大夫并兼今管仲家臣備職非為儉也

曰然

則管仲知禮乎 苞氏曰或人以儉
問設答以安得儉
或人聞不儉更
謂為得礼也 曰邦君樹塞門管
氏亦樹塞門邦君為兩君之好有
反坫管氏亦有反坫 鄭玄曰反坫
反爵之坫也
在兩楹之間人君有別外内於門
樹屏以蔽之也若與鄰国君為好
會其獻酢之礼更酌酌畢則各反
爵於坫上今管仲皆僭為之如是

皦 公了切 白也 又珠 皎 白見

是不知礼也

管氏而知礼，孰不知礼。

語魯太師樂曰：樂其可知已也。始作翕如也，大師樂官名也。五音始奏翕如盛也。從之純如也，從讀曰縱。言五音既發放縱盡其聲，純純和諧也。皦如也，言其音節明也。繹如也以成。縱之以純如皦如繹如，言樂始於翕如而成於三也。

儀封人請見

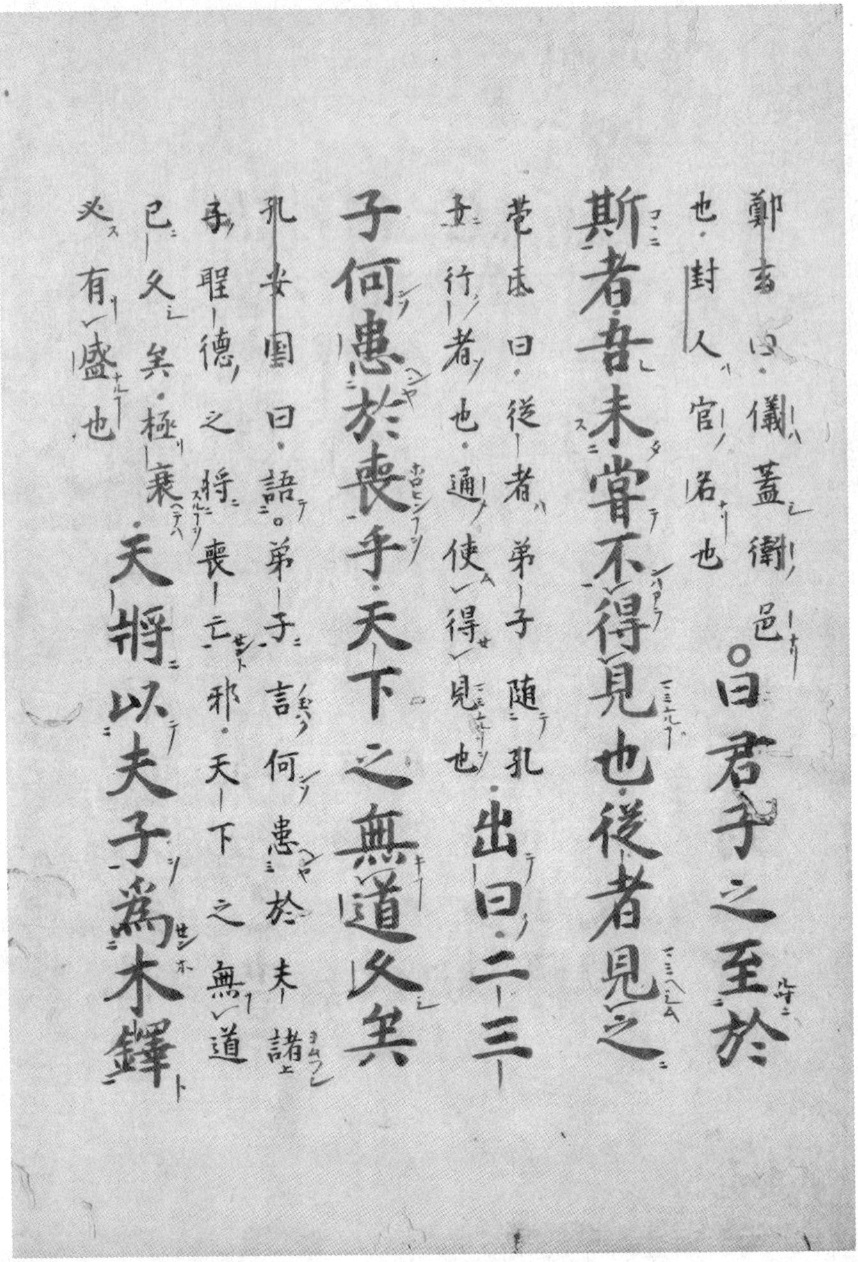

鄭玄曰儀蓋衛邑曰君子之至於
也封人官名也
斯者吾未嘗不得見也從者見之
苞氏曰從者弟子隨孔出曰二三
子行者也通使得見也
子何患於喪乎天下之無道久矣
孔安國曰語弟子言何患於夫諸
乎聖德之將喪亡邪天下之無道
已久矣極衰天將以夫子為木鐸
必有盛也

孔安國曰木鐸施政教之時所振也言天將命孔子制法度以号令於天下也

○子謂韶盡美矣又盡善也

孔安國曰韶舜樂也謂以聖德受禪故曰盡善也

謂武盡美矣未盡善也

孔安國曰武武王樂也以征伐取天下故曰未盡善也

○子曰居上不寬爲禮不敬臨喪不哀吾何以觀之哉

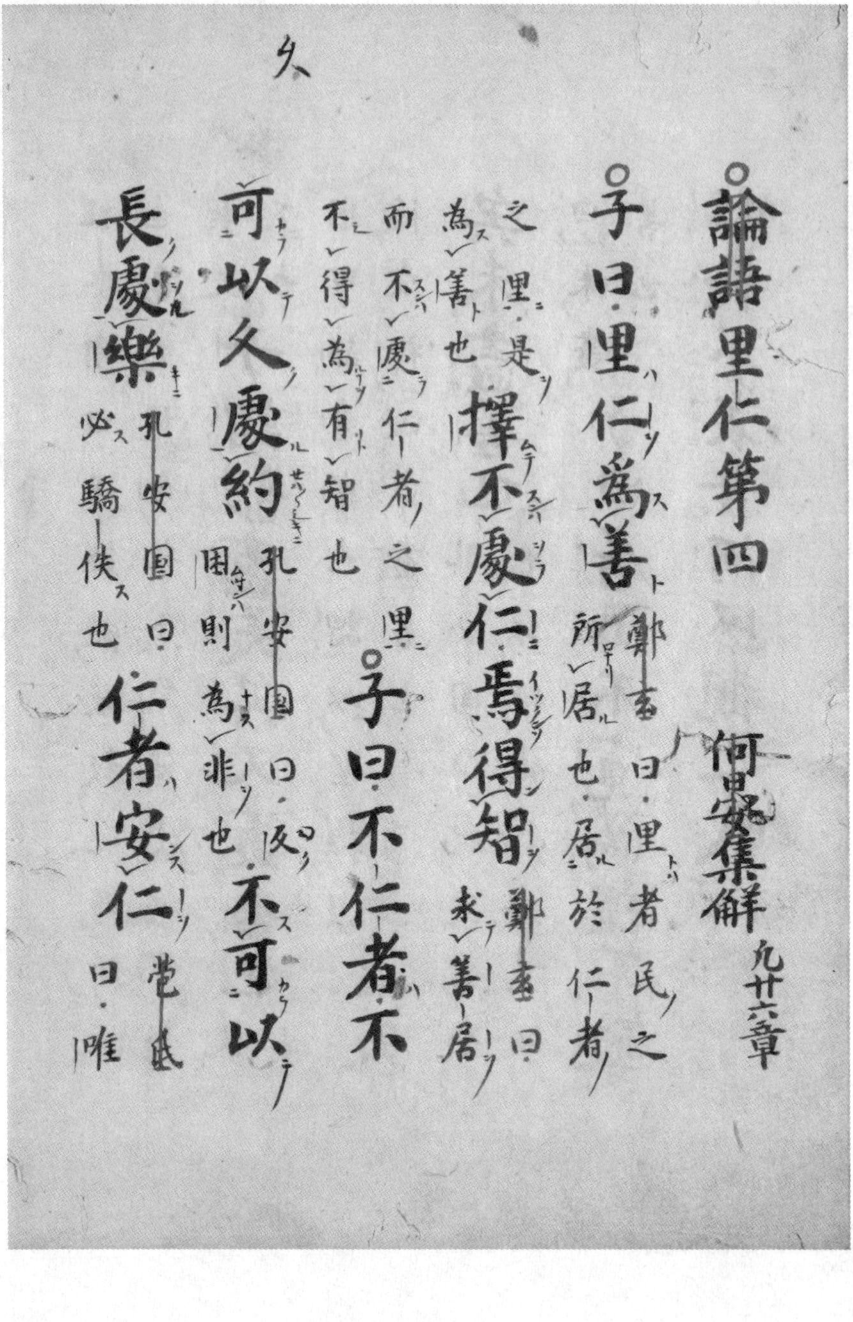

○論語里仁第四　何晏集解　凡廿六章

○子曰：里仁爲善。鄭玄曰：里者民之所居也。居於仁者之里，是爲善也。擇不處仁，焉得智。鄭玄曰：求善居而不處仁者之里，不得爲有智也。

○子曰：不仁者不可以久處約，孔安國曰：久困則爲非也。不可以長處樂。孔安國曰：必驕佚也。仁者安仁，包氏曰：唯

久

性仁者自然躰之故謂安仁也智者利仁王粛曰知仁為美故利而行之也子曰唯仁者能好人能惡人孔安国曰唯仁者能審人好惡也子曰苟志於仁矣無惡孔安国曰苟誠也言誠能志於仁者則其餘無惡也子曰冨與貴是人之欲也所不以其道得之不處也孔安国曰不以其道得冨

貴不處也 貧與賤是人之所惡不以其

道得之不去 時有否泰故君子履道而反貧賤此則不

以其道而得之者也雖是人之所惡不可違而去也 君子去

仁惡乎成名 孔安國曰惡乎成名者不得成名為君子

也 君子無終食之間違仁造次必

於是顛沛必於是 馬融曰造次急遽也顛沛偃仆

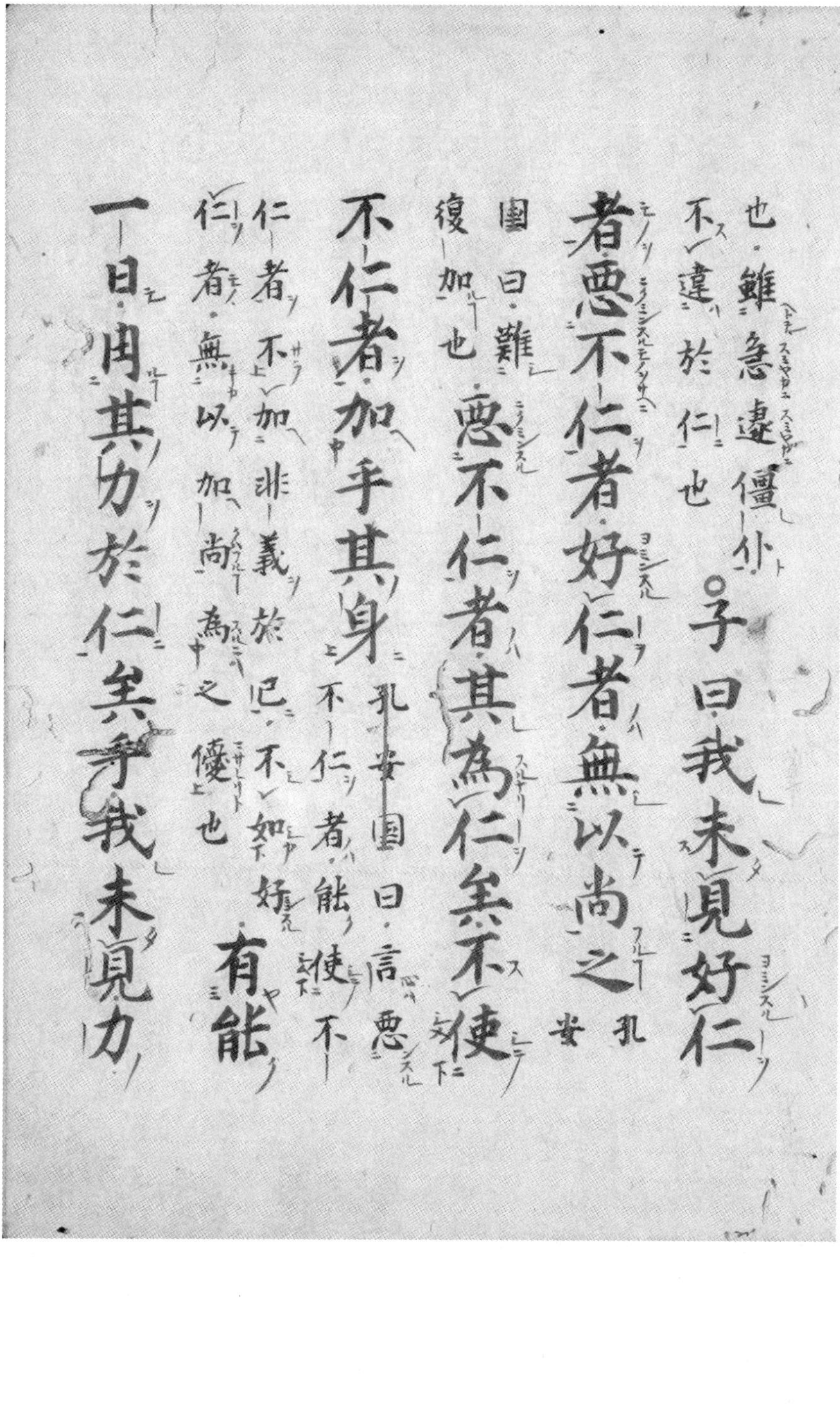

也。雖急遽僵仆　○子曰我未見好仁
不違於仁也
者悪不仁者。好仁者。無以尚之　孔安
國曰。難復加也　悪不仁者。其為仁矣不使
不仁者。加乎其身　孔安國曰。言悪不仁者能使不
仁者不加非義於己。不如好仁者。無以加尚為之優也　有能
一日。用其力於仁矣乎我未見力

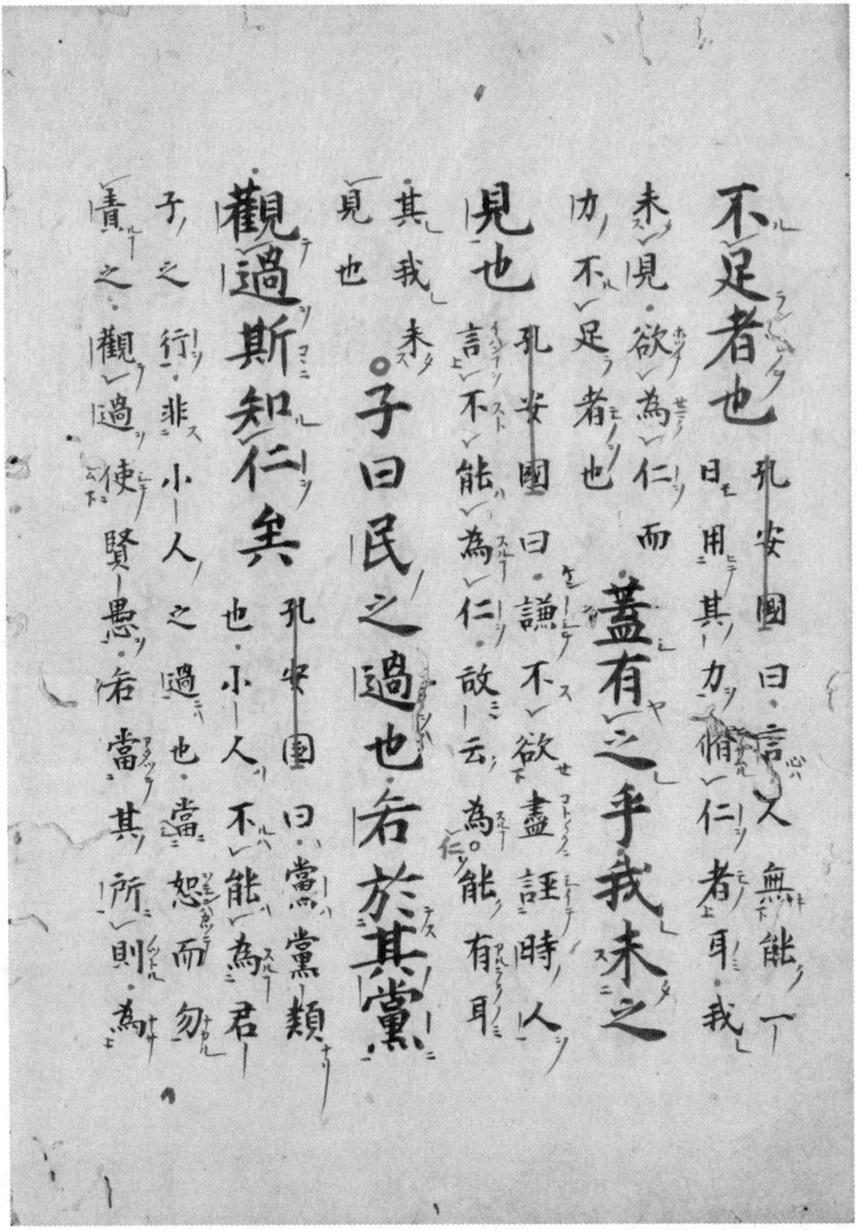
不足者也 孔安國曰言人無能一
日用其力脩仁者耳我
未見欲為仁而蓋有之乎我未之
力不足者也
見也 孔安國曰謙不欲盡誣時人
言不能為仁故云為能有耳
其我 未 ○子曰民之過也各於其黨
見也
觀過斯知仁矣 孔安國曰黨黨類
也小人不能為君
子之行非小人之過也當恕而勿
責之觀過使賢愚各當其所則為

仁
也。子曰朝聞道夕死可矣 言將至死不聞
世之有道也。子曰士志於道而恥惡衣
惡食者未足與議也。子曰君子之
於天下也无適也无莫義之與比
言君子於天下無適莫无無所貪慕也唯義之所在也。子曰
君子懷德 孔安国曰懷安也 小人懷土 孔安

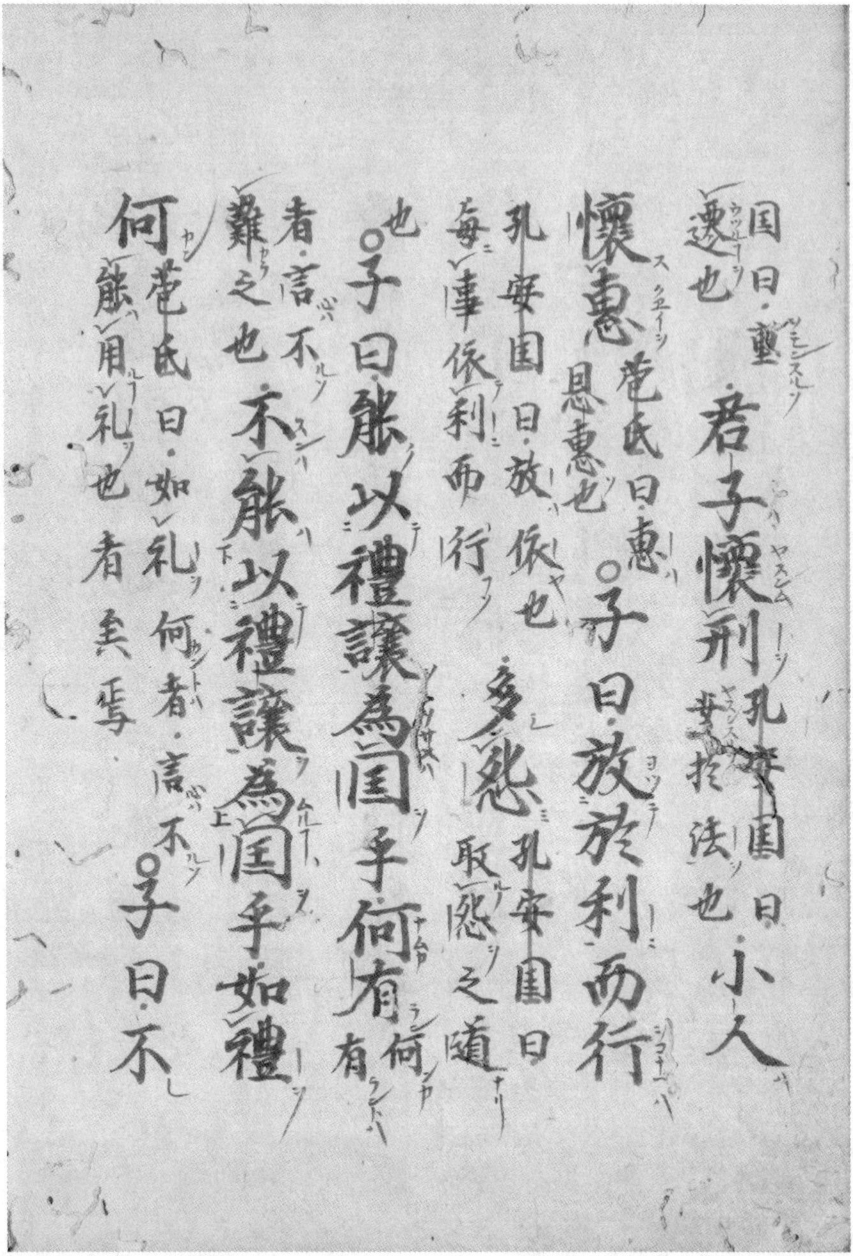

国曰重遷也 君子懐刑 孔安国曰安於法也 小人
懐恵 苞氏曰恵恩恵也 子曰放於利而行
孔安国曰放依也毎事依利而行 多怨 孔安国曰取怨之道
也 子曰能以禮譲為国乎何有 何有者言不難之也
不能以禮譲為国乎如禮
何 苞氏曰如礼何者言不能用礼也者矣焉 子曰不

患無位患所以立不患莫己知也

求爲可知也　苞氏曰求善道而學行之則人知己也

○子曰參乎吾道一以貫之哉曽子

曰唯　孔安國曰直曉不問故荅曰唯也　子出門人

問曰何謂也曽子曰夫子之道忠

恕而已矣子曰君子喻於義小人

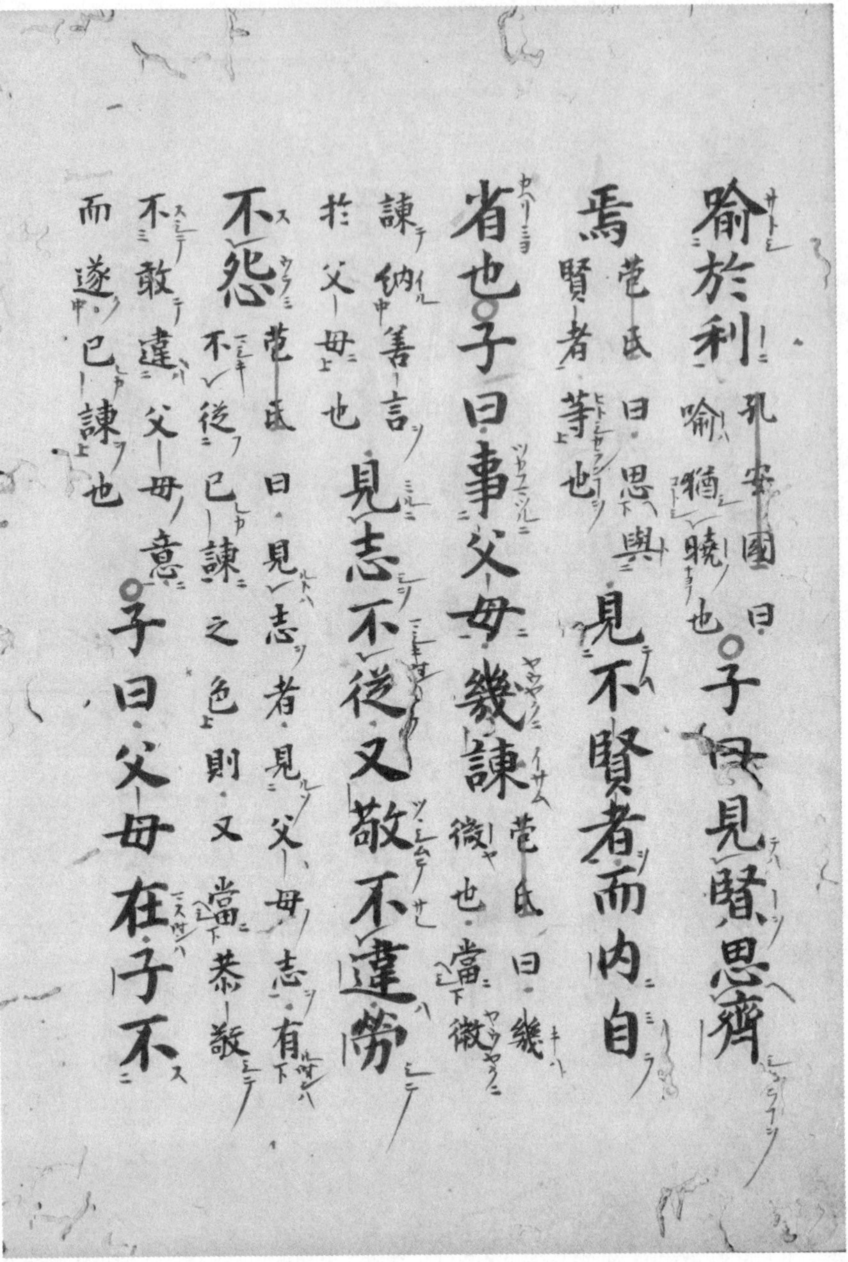
喻於利。孔安國曰：喻猶曉也。子曰：見賢思齊焉，苞氏曰：思與賢者等也。見不賢者而内自省也。子曰：事父母幾諫，苞氏曰：幾者微也。當微諫納善言於父母也。見志不從，又敬不違，勞不怨。苞氏曰：見志者，見父母志有不從己諫之色，則又當恭敬，不敢違父母意而遂己諫也。子曰：父母在，子不

遠遊遊必有方　鄭玄曰方猶常也　○子曰三
年無改於父之道可謂孝矣　鄭玄曰孝
子在喪哀慼思慕無改其
父之道非心所忍為也　○子曰父
母之年不可不知也一則以喜一
則以懼　孔安国曰見其壽考則
喜見其衰老則懼之也　○子
曰古者言之不出也恥躬之不逮

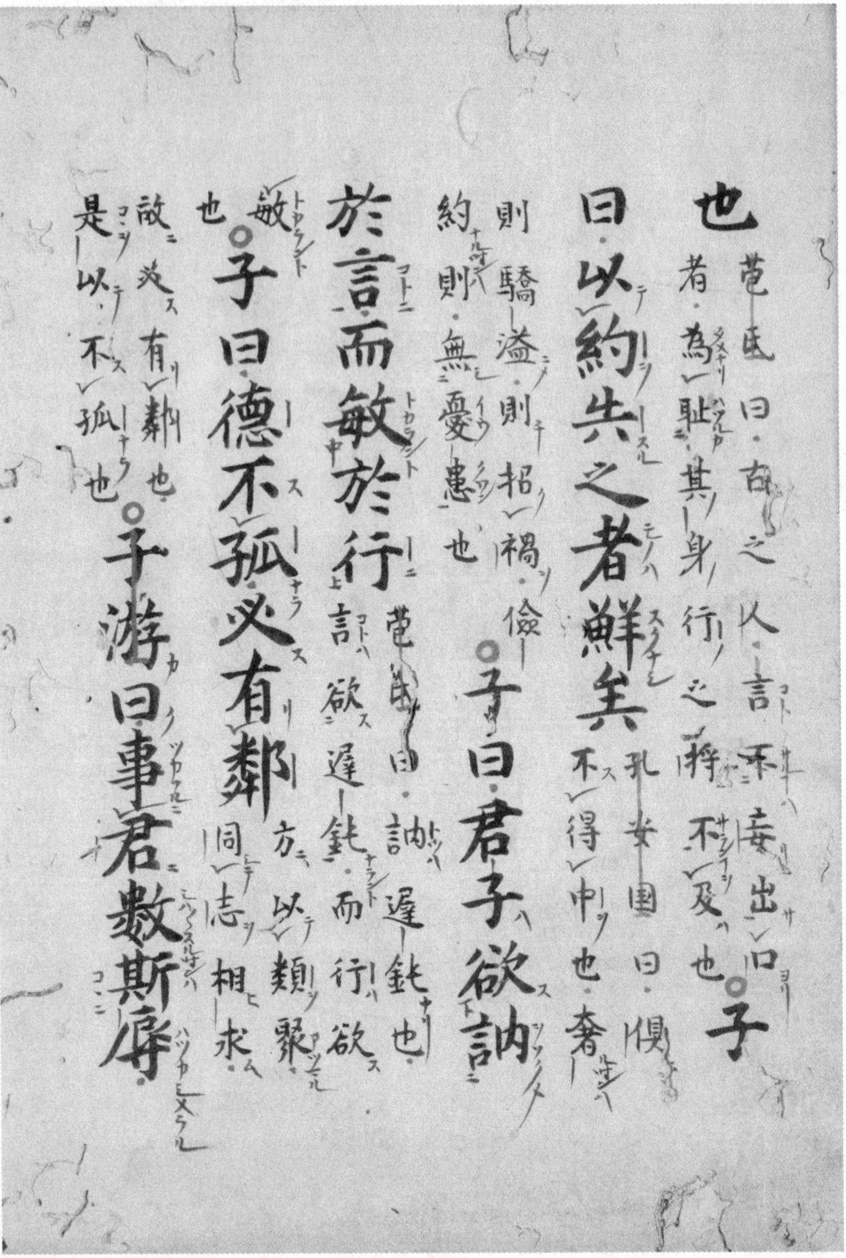

也苞氏曰古之人言不妄出口者為恥其身行之將不及也子曰以約失之者鮮矣孔安国曰倶不得中也奢則驕溢則招禍倹約則無憂患也子曰君子欲訥於言而敏於行苞氏曰訥遅鈍也言欲遅鈍而行欲敏也子曰徳不孤必有鄰方以類聚同志相求故必有鄰也是以不孤也子游曰事君數斯辱

矣朋友數斯疏矣 數謂速數之數

○論語八佾第四

何晏集解 凡廿六章

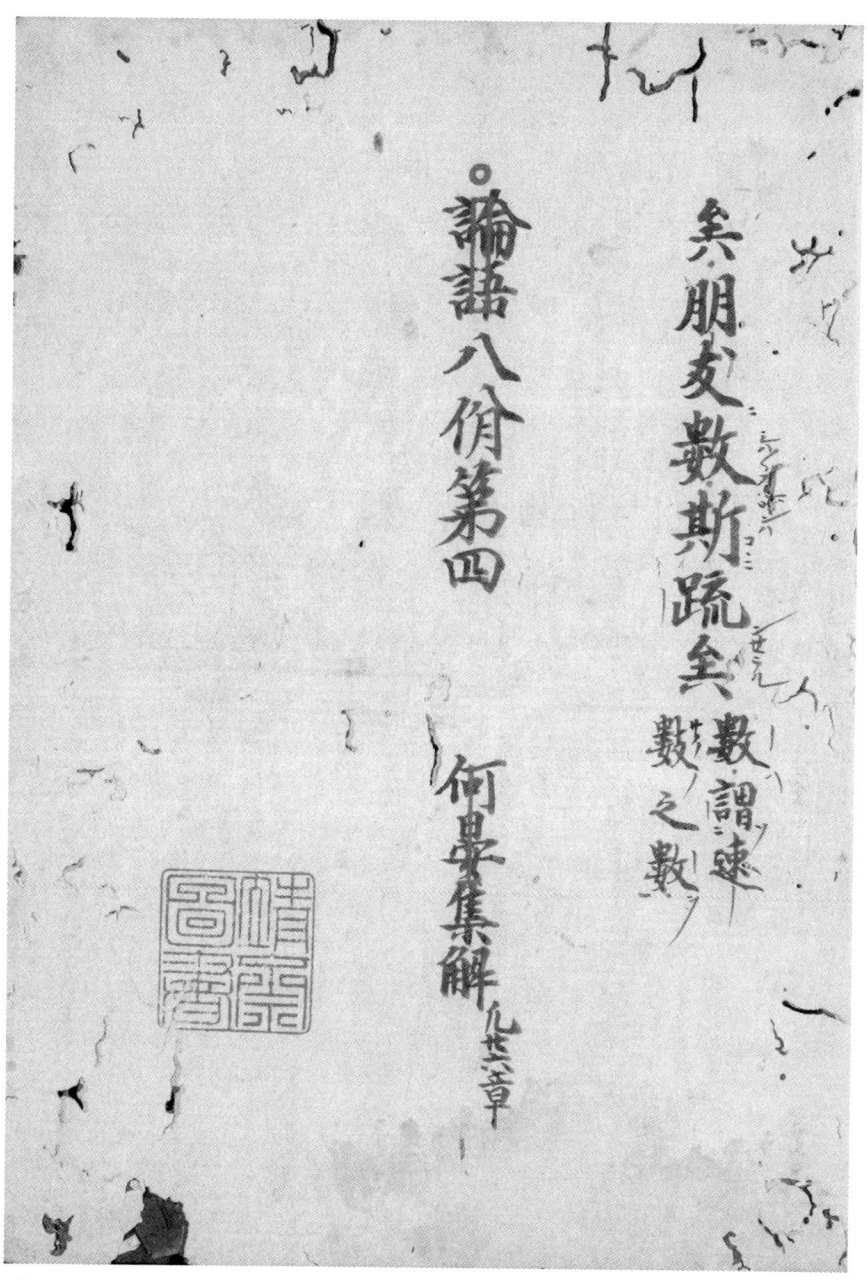

論語公冶長第五　何晏集解　凡廿九章

子謂公冶長可妻也雖在縲紲之中非其罪也以其子妻之

孔安國曰公冶長弟子魯人也姓公冶名長也縲黒索紲攣也所以拘於罪人也

子謂南容邦有道不廢邦無道免於刑戮以其兄之子妻之

王肅曰南容弟子

廢

子南宮縚也。魯人也。字子容。不廢言見任用也。○子謂子賤

孔安国曰。子賤魯人弟子宓不齊也。君子哉若人。魯

無君子者斯焉取斯

苞氏曰。若人若此人也。如魯無君子。子賤安得此行而學行之

○子貢問曰。賜也

如何。子曰。汝器也

孔安国曰。言汝器用之人也

曰何器也。曰瑚璉也

苞氏曰。瑚璉者黍。黍稷之器。

黍稷

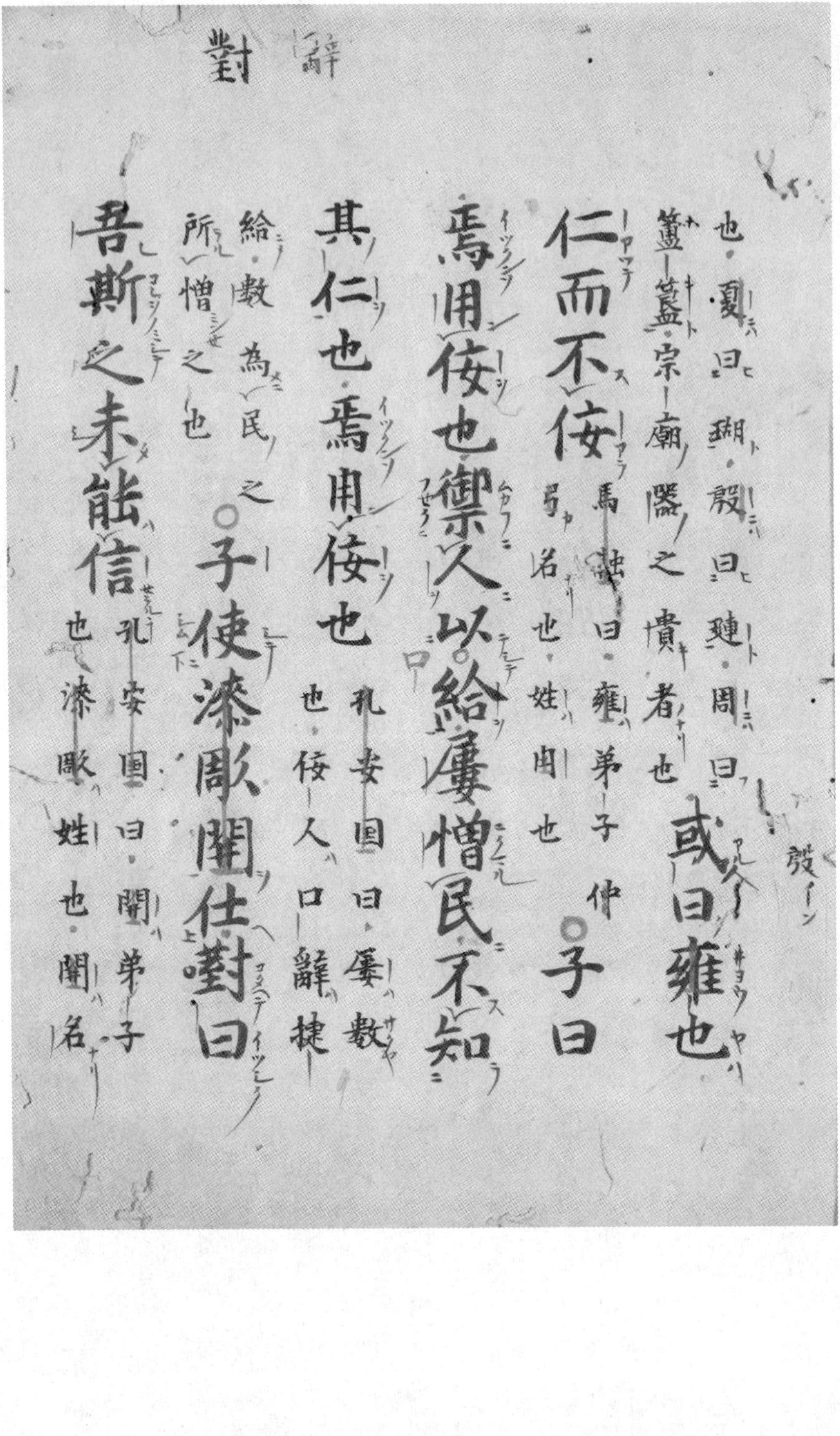

辭
對
也夏曰瑚殷曰璉周曰
簠簋宗廟之器之貴者也
或曰雍也
仁而不佞
馬融曰雍弟子仲
弓名也姓冉也
子曰
焉用佞也禦人以口給屢憎民不知
其仁也焉用佞也
孔安國曰屢數
也佞人口辭捷
給數為民之
所憎之也
子使漆彫開仕對曰
吾斯之未能信
孔安國曰開弟子
也漆彫姓也開名

也・仕進之道・未能
信者・未能究習也
子説
鄭玄曰・喜
其志道之
深
也
子曰・道不行乘桴浮於海從我
者其由也與
馬融曰・桴編竹木也
大者曰筏・小者曰桴
子路聞之喜
孔安國曰・喜
與己倶行矣
子曰由
也好勇過我無所取材
鄭玄曰・子
路信夫子
欲行・故言好勇過我也・無所取材
者・言無所取桴材也・以子路不解

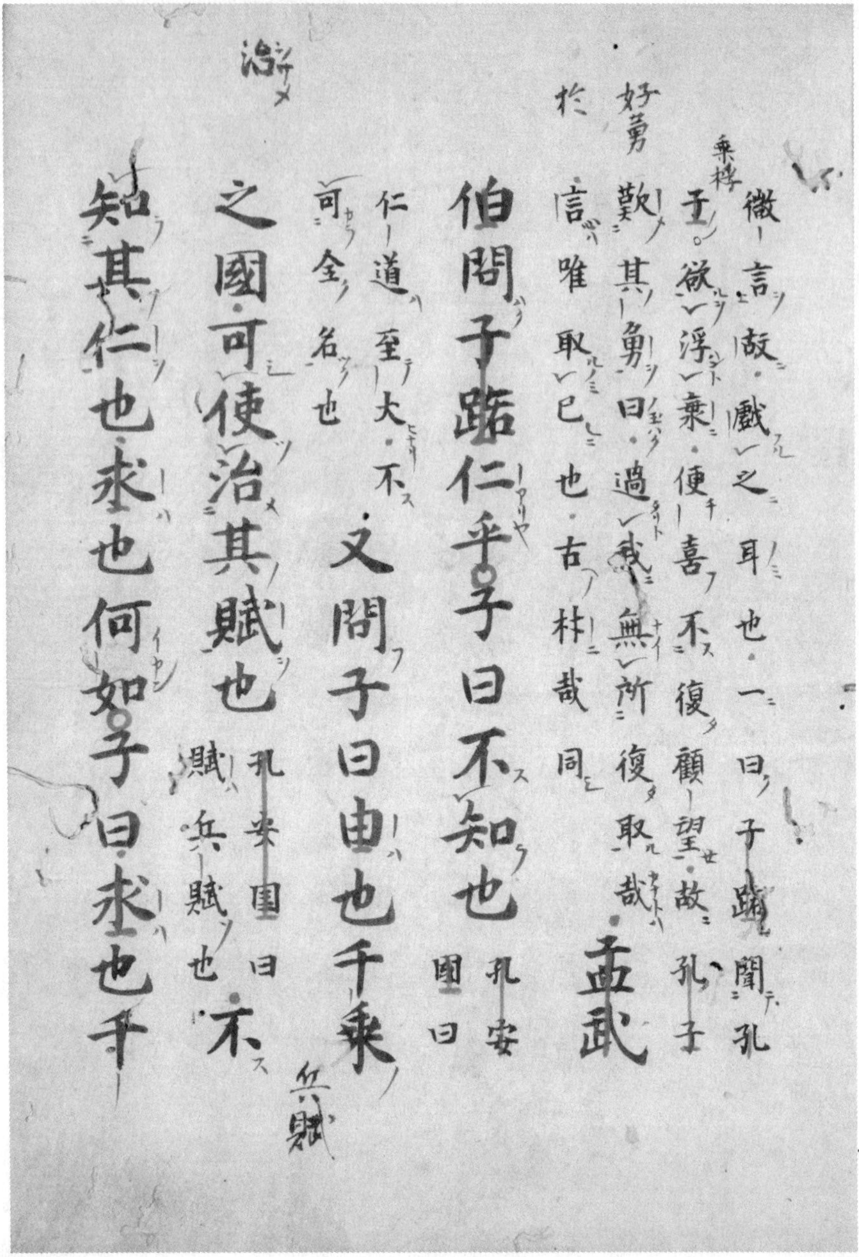
微言故戲之耳也一曰子路聞孔
子欲浮乘便喜不復顧望故孔子
歎其勇曰過我無所復取哉
言唯取已也古材哉同孟武
伯問子路仁乎子曰不知也孔安國曰
仁道至大不可全名也
又問子曰由也千乘
之國可使治其賦也孔安國曰賦兵賦也不
知其仁也求也何如子曰求也千

室之邑百乘之家可使為之宰也孔安國曰千室之邑卿大夫之邑也卿大夫稱家諸侯千乘卿大夫故曰百乘也宰家臣也不知其仁也赤也何如子曰赤也束帶立於朝可使與賓客言也馬融曰赤弟子公西華也有容儀可使為行人之也不知其仁也子謂子貢曰女與

對

回也孰愈 孔安國曰愈猶勝也 對曰賜也何

敢望回回也聞一以知十賜也聞

一以知二子曰弗如也吾與女弗

如也 苞氏曰既然子貢弗如復云吾與女俱不如者蓋欲以慰

子貢心也 宰予晝寢 苞氏曰宰予弟子宰我也 子曰

朽木不可彫也 苞氏曰朽腐也彫彫琢刻畫也 糞

土之墻不可杇也王肅曰杇槾也二者喻雖施功猶不成也於予與何誅孔安國曰誅責也今我當何責於汝乎深責之辭也

子曰始吾於人也聽其言而信其行今吾於人也聽其言而觀其行於予與改是孔安國曰改是始聽言信行今更察言觀行發於宰我之晝寢也

子曰吾未

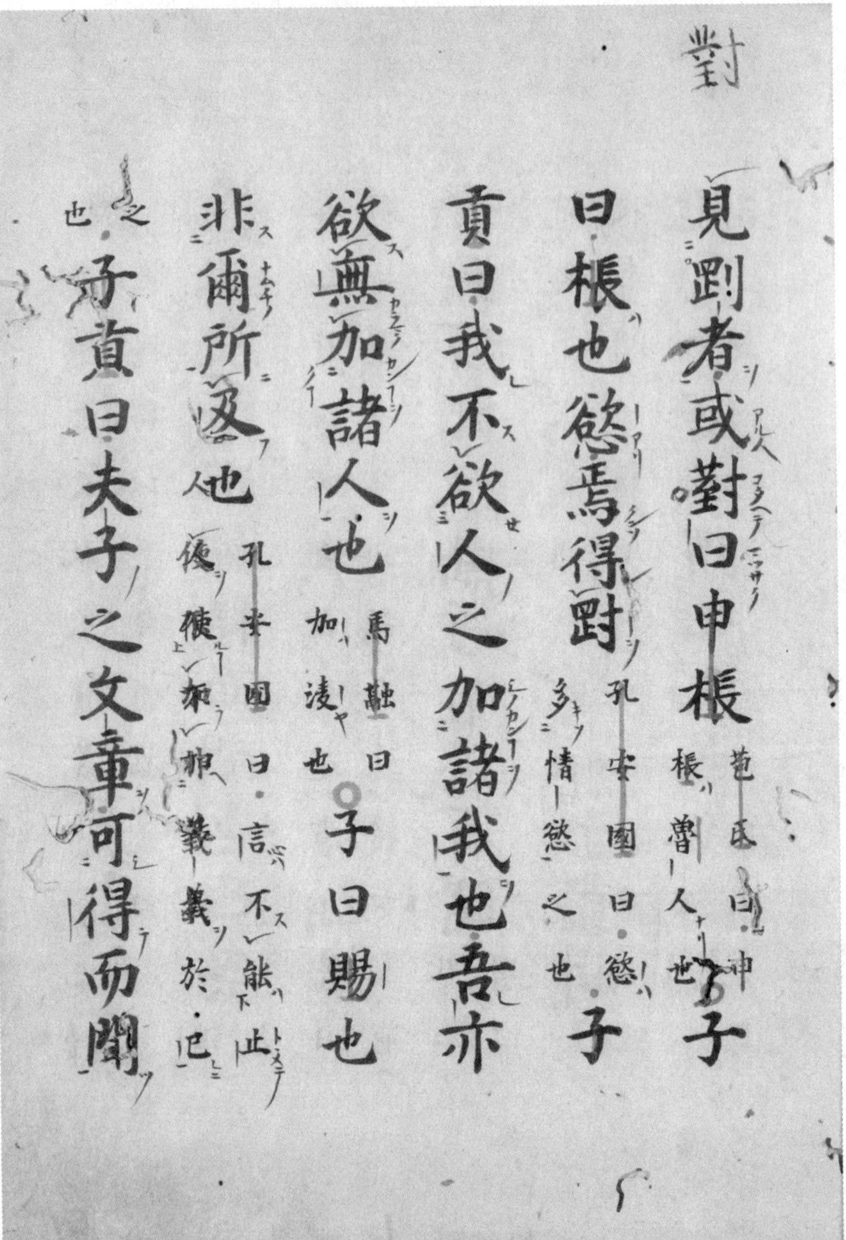

對

見剛者或對曰申棖苞氏曰申棖魯人也子曰棖也慾焉得剛孔安國曰慾多情慾之也子貢曰我不欲人之加諸我也吾亦欲無加諸人也馬融曰加陵也子曰賜也非爾所及也孔安國曰言不能止人使彼加非義義於己之也子貢曰夫子之文章可得而聞

彩也章明也文彩形質著見可得以耳目脩也夫子之言性與天道不可得而聞也已矣性者人之所受以生也天道者元亨日新之道也深微故不可得而聞也

子路有聞未能行唯恐有聞孔安國曰前所聞未及得行故恐復有聞不得並行也

子貢問曰孔文子何以謂之文也孔安國曰孔文子衛

大夫孔叔圉也文謚也子曰敏而好學不恥
下問是以謂之文也孔安國曰敏者識之疾也
下問問凡在己下者也子謂子產有君子之
道四焉孔安國曰子產鄭大夫姓公孫名僑也其行己
也恭其事上也敬其養民也惠其
使民也義子曰晏平仲善與人交

敬

久而人敬之 周生烈曰齊大夫晏姓也平謚也名嬰也

子曰臧文仲居蔡 苞氏曰臧文仲魯大夫臧孫辰也文謚也蔡國君之守龜也出蔡地因以為名焉長尺有二寸居蔡僭也

山節藻梲 苞氏曰節者栭也刻鏤為山也梲者梁上之楹畫為藻文也言其奢侈也

何如其知也 孔安國曰非時人謂以為知之

子張問曰令尹子文 孔安

舊

國曰令尹子文楚大夫姓鬬名穀於菟也 三仕為令尹無喜色三已之無慍色舊令尹之政必以告新令尹何如也子曰忠矣曰仁矣乎曰未知焉得仁 孔安國曰但聞其忠事未知其仁也 崔子弑齊君陳文子有馬十乘棄而違之 孔安國曰皆齊大夫也崔

杼作亂陳文子惡之捐至於他邦

四十匹馬違而去之

則又曰猶吾大夫崔子也違之至

一邦則又曰猶吾大夫崔子也違

矣

之何如子曰清矣曰仁矣乎曰未

知焉得仁孔安國曰文子避惡逆

無道求有道當春秋時

臣淩其君皆如崔

子無有可者也季文子三思而

矣

後行。子聞之曰再思斯可矣（鄭玄曰季文子魯大夫季孫行父也文謚也文子忠而有賢行其擧事寡過不必及三思之也）

子曰甯武子（馬融曰衛大夫甯喩也武謚也）邦有道則知邦無道則愚其知可及也其愚不可及也（孔安國曰詐愚似實故曰不可及也）

子在陳曰歸與歸與吾黨

斐

之小子狂簡斐然成章不知所以裁之也

孔安國曰簡大也孔子在陳思歸欲去曰吾黨之小子狂者進取於大道妄穿鑿以成文章不知所以裁制我當歸以裁制之耳遂歸也

叔

○子曰伯夷叔齊不念舊惡怨是用希

舊

孔安國曰伯夷叔齊孤竹君之二子也孤竹國名也

○子曰孰謂微生高直

孔安國曰微生姓也

名高魯人也或乞醯焉乞諸其隣而與之孔安國曰乞之四隣以應求者用意委曲非為直人也子曰巧言令色足恭孔安國曰足恭便僻之貌也左丘明耻之丘亦耻之孔安國曰左丘明魯大夫也匿怨而友其人孔安國曰心内相怨而外詐親也左丘明耻之丘亦恥之顏淵

季路侍子曰盍各曰爾志子路曰
願車馬衣輕裘與朋友共敝之而
無憾　憾恨也孔安國曰　顏淵曰願無伐善
孔安国曰自無稱己之善也　無施勞　孔安国曰無以勞事
置施於人也　子路曰願聞子之志子曰
老者安之朋友信之少者懷之子

曰已矣乎吾未見能見其過而内

訟似縱反自訟者也苞氏曰訟猶責也言人有過莫能自責也○子

曰十室之邑必有忠信如丘者焉

不如丘之好學者也

○論語雍也第六　何晏集解凡卅章

○子曰雍也可使南面也苞氏曰可使南面者

言任諸侯可使治國也　仲弓問子桑伯子　王肅曰伯子書傳無見焉　子曰可也簡　以其能簡故曰可也　仲弓曰居敬而行簡以臨其民不亦可乎　孔安國曰居身敬肅臨下寬畧則可也　居簡而行簡無乃太簡乎　苞氏曰伯子之簡太簡也　子曰雍之言然哀公問曰弟子孰

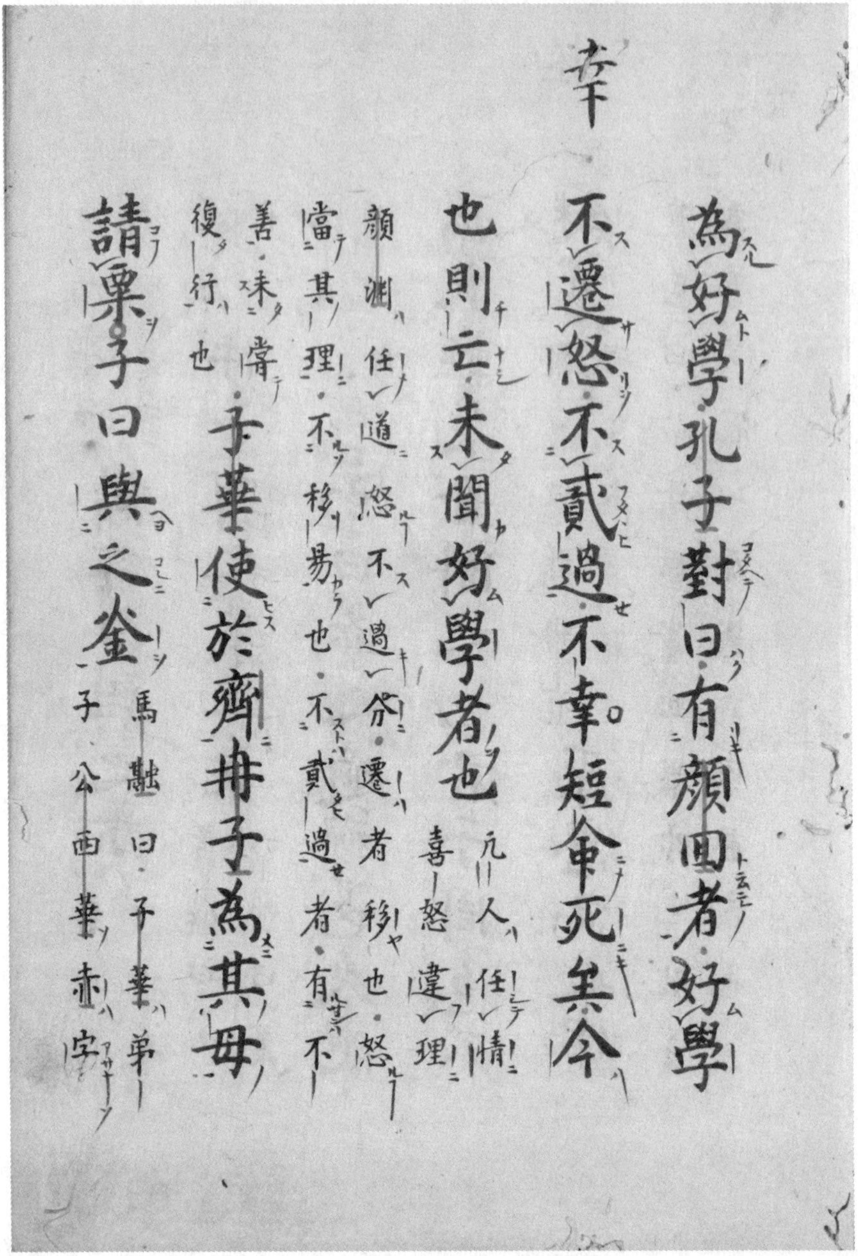
為好學孔子對曰有顔回者好學不遷怒不貳過不幸短命死矣今也則亡未聞好學者也凡人任情喜怒違理顔淵任道怒不過分遷者移也怒當其理不移易也不貳過者有不善未嘗復行也子華使於齊冉子為其母請粟子曰與之釜馬融曰子華弟子公西華赤之字

也六斗四升曰釜也

請益曰與之庾

苞氏曰十六斗為庾也

冉子與之粟五秉

馬融曰十六斛曰秉五秉合八十斛也

子曰赤之適齊也乘肥馬衣輕裘吾聞之也君子周急不繼富

鄭玄曰非冉有與之太多

原思為之宰

苞氏曰弟子原憲也思字也孔子為魯司寇以原憲為家邑宰也

辭

與之粟九百辭 孔安国曰九百九百斗也辭讓不受也

○子曰毋 孔安国曰祿法所當受毋以讓也 以與爾隣里鄉黨乎 鄭玄曰五家為鄰五鄰為里万二千五百家為鄉五百家為黨也

○子謂仲弓曰犂牛之子騂且角雖欲勿用山川其舍諸 犂雜文也騂赤色角者角周正中犧牲也雖欲以其所生犂而

肯舍

不用山川寧青舍之乎言父

雖不善不害於其子之美也

子曰回也其心三月不違仁其餘則日

月至焉而已矣　言餘人暫有至仁時唯回移時而不變也

變

季康子問仲由可使從政也與

子曰由也果　苞氏曰果謂果敢決斷也　於從政

乎何有曰賜也可使從政也與子

達曰賜也達。孔安国曰達謂通於物理也於從政乎何有曰求也可使從政也與子曰求也藝孔安国曰藝謂多才能也於從政乎何有季氏使閔子騫爲費宰孔安国曰費季氏邑也季氏不臣而其邑宰數畔聞子騫賢故欲用之也閔子騫曰善爲我辭焉孔安国曰不欲爲季氏宰辭

語使者曰善為我作辭説令不復召我之也
如有復我者
孔安国曰復我者重来召我也
則吾必在汶上矣
孔安國曰去之汶水上欲北如齊也
伯牛有疾
馬融曰伯牛弟子冉耕也
子問之自牖執其手
苞氏曰有悪疾不欲見人故孔子従牖執其手也
曰亡之
孔安国曰亡喪也疾甚故持其手曰喪之也
命矣夫斯人

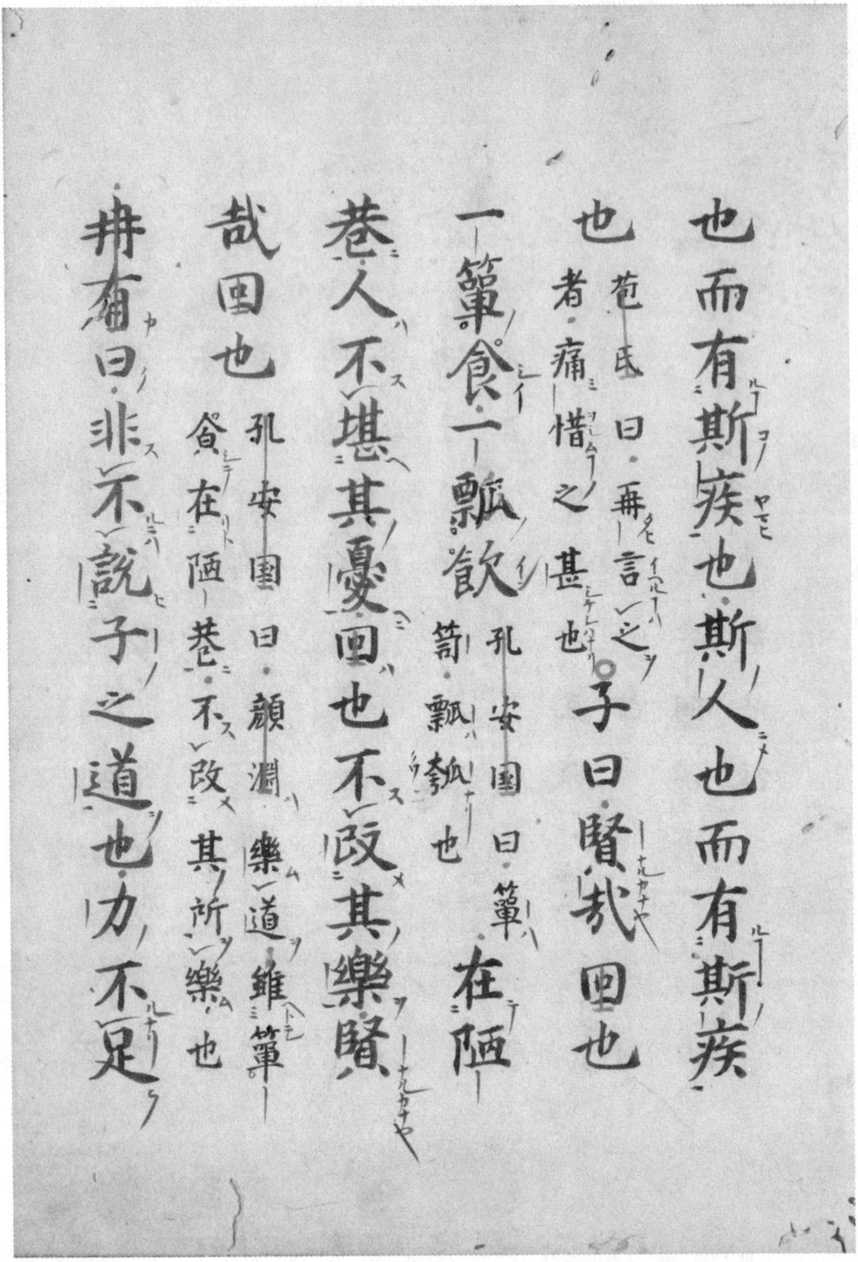

也而有斯疾也斯人也而有斯疾

也苞氏曰再言之者痛惜之甚也子曰賢哉回也

一簞食一瓢飲孔安国曰簞笥也瓢瓠也在陋

巷人不堪其憂回也不改其樂賢

哉回也孔安国曰顔淵樂道雖簞貧在陋巷不改其所樂也

冉有曰非不説子之道也力不足

也子曰力不足者中道而廢今女
畫　孔安國曰畫止也力不足者當中道而廢今女自止耳非力極
也之　子謂子夏曰為君子儒毋為小
人儒　君子為儒將以明道小人為儒則矜其名也　子游
為武城宰　苞氏曰武城魯下邑也　子曰女得
人焉耳乎哉　孔安國曰焉耳乎哉皆辭也　曰有

辭

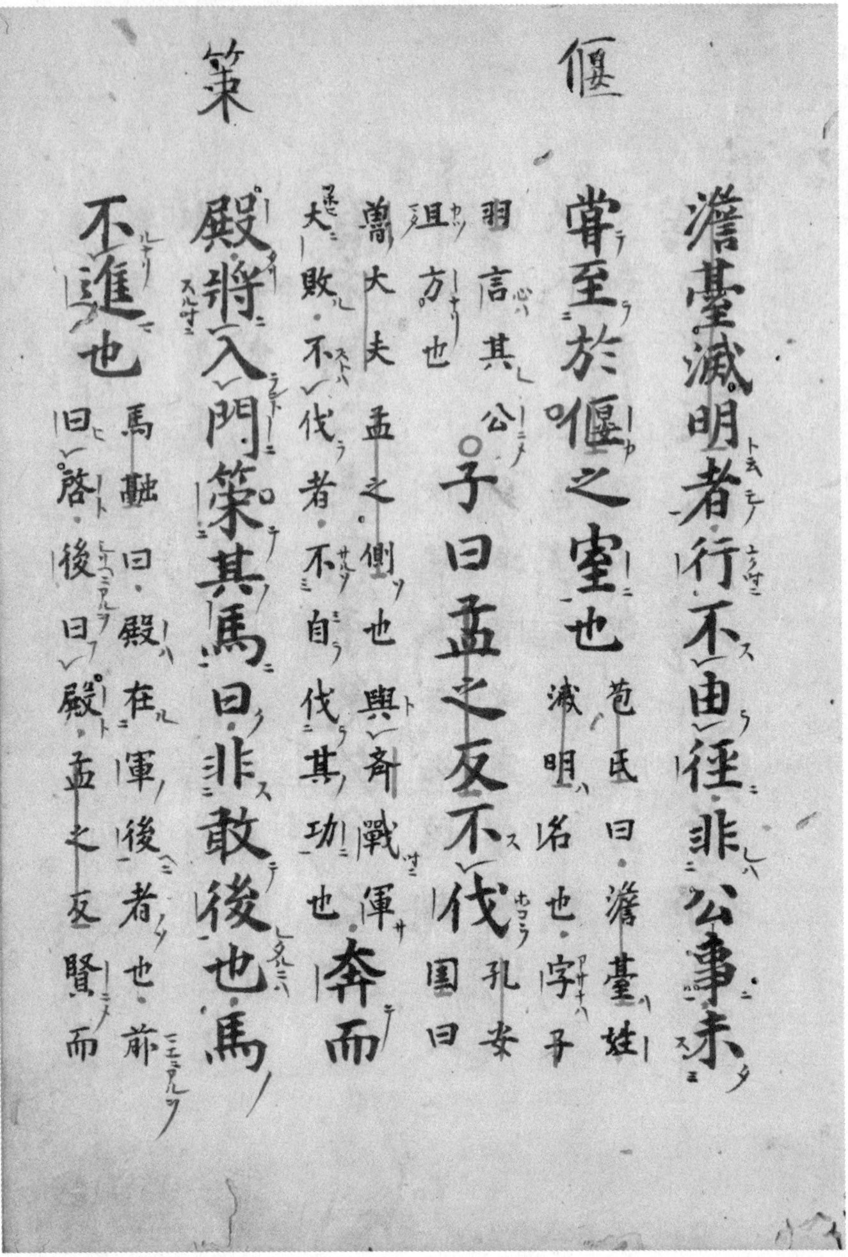

偃

澹臺滅明者，行不由徑，非公事未嘗至於偃之室也。苞氏曰：澹臺姓，滅明名也，字子羽，言其公且方也。子曰：孟之反不伐，孔安國曰：魯大夫孟之側也。與齊戰，軍大敗，不伐者，不自伐其功也。奔而殿，將入門，策其馬曰：非敢後也，馬不進也。馬融曰：殿在軍後者也，前曰啓，後曰殿，孟之反賢而

策

有勇軍大奔猶爲殿人迎功之不
欲獨有其名故曰我非敢在後距
敵也馬不
能進也
子曰不有祝鮀之佞而
有宋朝之美難乎免於今之世矣
孔安國曰佞口才也祝鮀衛大夫
名子魚也時世貴之宋朝宋國之
美人也而善淫言當如祝鮀佞而
交如宋朝之美難矣免於今世之
害
也
子曰誰能出不由戶者何莫由

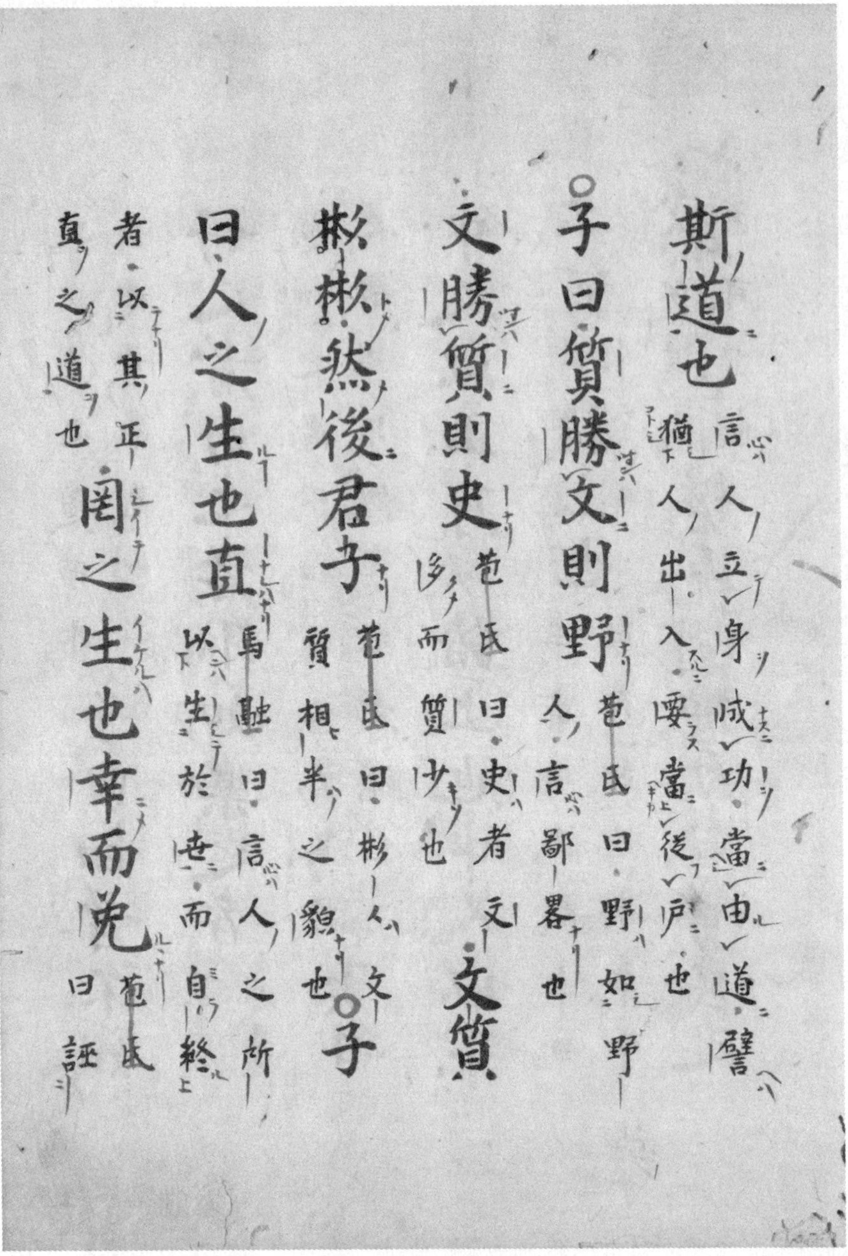
斯道也 言人立身成功當由道譬猶人出入要當從戶也
子曰質勝文則野 苞氏曰野如野人言鄙略也
文勝質則史 苞氏曰史者文多而質少也
文質彬彬然後君子 苞氏曰彬彬文質相半之貌也
子曰人之生也直 馬融曰言人之所以生於世而自終者以其正直之道也
罔之生也幸而免 苞氏曰誣

樂
囙正直之道而亦　子曰知者不如
生是幸而免也
好之者好之者不如樂之者　苞氏曰學
問知之者不如好之者篤好
之者又不如樂之者深也　子曰
中人以上可以語上也中人以下
不可以語上也　王肅曰上謂上知
之所知也兩舉中　舉
人以其可
上可下也　樊遲問知子曰務民之
从兩入
兩也

敬

難

樂

義（王肅曰：務所以化導民之義也）敬鬼神而遠之

可謂知矣（苞氏曰：敬鬼神而不黷也）問仁子曰

仁者先難而後獲可謂仁矣（孔安國曰：矣

先勞苦乃得功此所以為仁也）子曰知者樂水（苞氏

曰知者樂運其才知以治世如水流而不知已也）仁者樂

山（仁者樂如山之安固自然不動而万物生焉也）知者動

苞氏曰日進故動也

仁者静孔安国曰無欲故静也

知者樂鄭玄曰知者自役得其志故樂之也

仁者壽苞氏曰性静故壽考也

子曰齊一變至於魯魯一變至於道苞氏曰言斉魯有太公周公之餘化也太公大賢周公聖人也今其政教雖衰若有明君興之者斉可使如魯魯可使如大道行之時之也

子曰觚不觚馬融曰觚

礼器也。一升曰爵。二升曰觚也。觚哉觚哉。觚哉觚哉。言非觚也。以喻爲政。而不得其道。則不成也。宰我問曰。仁者雖告之曰。井有仁者焉。其從之也。孔安国曰。宰我以僞仁者必濟人於患難。故問有仁人墮井。將自投下而出之乎否乎。欲極觀仁人憂樂之所至也。子曰。何爲其然也。君子可逝也。不可陷也。

苞氏曰逝往也言君子可使往視之耳不肯自投從之也可欺也不可罔也馬融曰可欺者可使往也不可罔者不可得誣罔令自投下也子曰君子博學於文約

ム矢

之以禮亦可以弗畔矣夫鄭玄曰弗畔不違道也子見南子子路不說夫子矢之曰予所否者天厭之天厭之孔安

国曰等以為南子者衛霊公夫人
也淫乱而霊公惑之孔子見之者
欲因以説霊公使行治道也矢誓
也子路不説故夫子誓之曰行道
既非婦人之事而弟子不
説與之呪誓義可疑也 ○子曰中
庸之為徳也其至矣乎民鮮久矣
庸常也中和可常行之徳也世乱
先王之道廢民鮮能行此道久矣
非適今也 子貢曰如能博施於民而能

濟衆者何如可謂仁乎子曰何事
於仁必也聖乎堯舜其猶病諸孔安
囯曰若能廣施恩惠濟民於
患難堯舜至聖猶病其難夫仁
者己欲立而立人己欲達而達人
能近取譬可謂仁之方也已孔安
國曰
更為子貢說仁者之行也方道也
但能近取譬於己皆恕己所不欲

而勿施於
人之也

論語卷第三

經一千七百一十一字
註二千八百二十字

論語述而第七　何晏集解　舊卅九章　今卅八章

子曰述而不作信而好古竊比於我老彭　包氏曰老彭殷賢大夫也好述古事我若老彭但述之耳也

子曰默而識之學而不厭誨人不倦何有於我哉　鄭玄曰人無有是行於我我獨有之也

子曰德之不脩也學之不

改
講也。聞義不能也。不善不能改從
也。是吾憂也。孔安國曰：夫子常以此四者為憂也。子
之燕居，申申如也，夭夭如也。馬融曰：申
矣衰
申夭夭，和舒之貌也。子曰：甚矣吾衰也。久矣
吾不復夢見周公也。孔安國曰：孔子衰老，不復
夢見周公也。明盛時夢見周公，欲行其道也。子曰：志於

道志慕也道不可體故志之而已矣也據於德據杖也德有成形故可據也依於仁依倚也仁者功施於人故可倚之也遊於藝藝六藝也不足據依故曰遊也子曰自行束脩以上吾未嘗無誨焉孔安國曰言人能奉礼自行束脩以上則皆教誨之也子曰不憤不啓不悱不發舉一隅而示之不

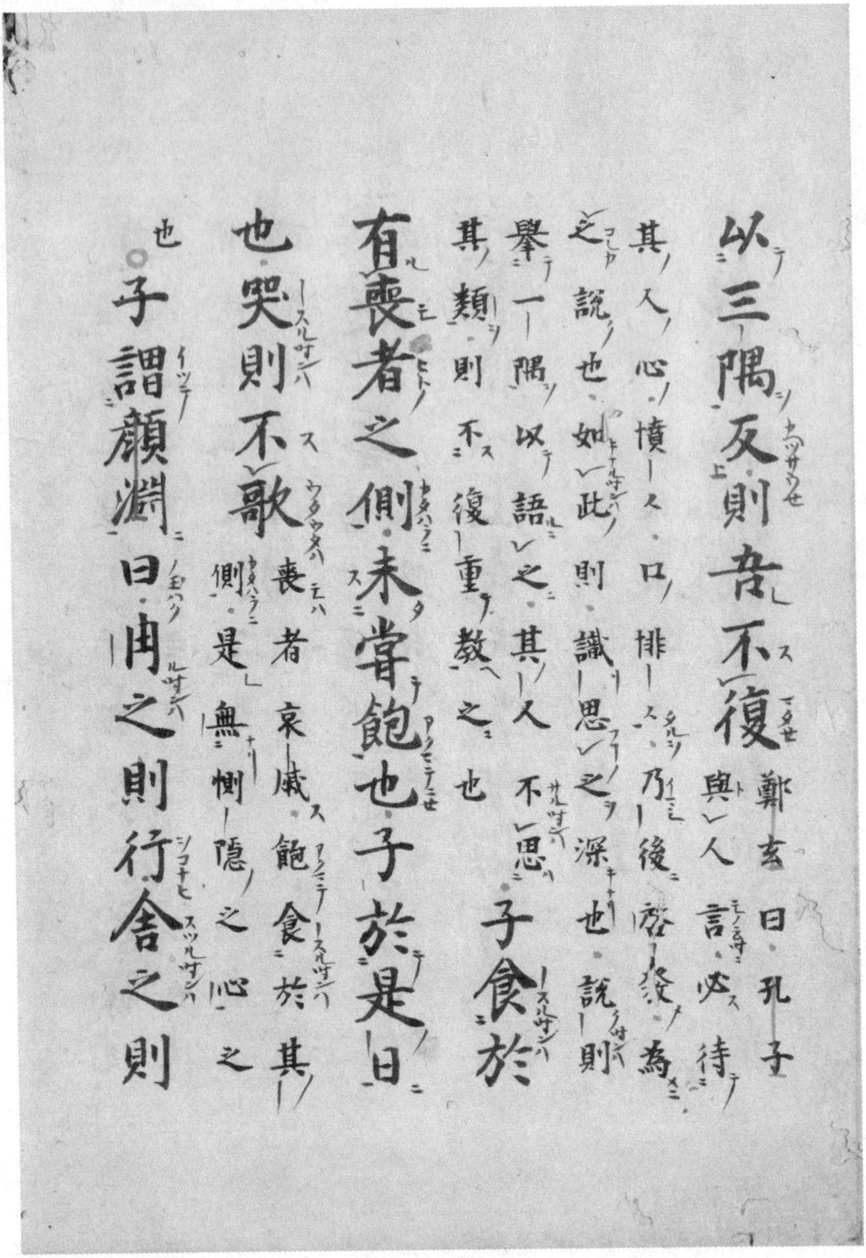
以三隅反則吾不復鄭玄曰孔子與人言必待其人心憤口悱乃後啓發為之說也如此則識思之深也說則舉一隅以語之其人不思其類則不復重教之也

子食於有喪者之側未嘗飽也喪者哀戚飽食於其側是無惻隱之心也子於是日也哭則不歌

子謂顔淵曰用之則行舍之則

發

藏唯我與爾有是夫　孔安國曰言可行則行可止則止唯我與顏淵同耳

子路曰子行三軍則誰與　孔安國曰大國三軍子路見孔子獨美顏淵以為己有勇至於夫子為三軍將亦當唯有與己俱故發此問也

子曰暴虎憑河死而無悔者吾不與也　孔安國曰暴虎徒搏也憑河徒涉也

必也臨事而懼

好謀而成者也。子曰：富而可求也，雖執鞭之士，吾亦爲之。鄭玄曰：富貴不可求而得者也。當脩德以得之矣。若於道可求者，雖執鞭賤職，我亦爲之矣。如不可求，從吾所好。孔安国曰：所好者，古人之道也。子之所慎：齊、戰、疾。孔安国曰：此三者，人所不能慎，而夫子能慎之也。子在齊聞韶樂三月不知肉味周生烈曰孔子在斉聞習韶樂之盛美故忘於肉味也曰不圖為樂之至於斯也王肅曰為作也不圖作韶樂至於此此斉也冉有曰夫子為衛君乎孔安国曰為猶助也衛君者謂輒也衛霊公逐太子蒯聵公薨而立孫輒也後晋趙鞅納蒯聵于戚衛石曼姑帥師圍之故問其意助輒否乎子貢曰諾吾將

問之。入曰。伯夷叔齊何人也。子曰古之賢人也。曰。怨乎。曰。求仁而得仁。又何怨乎。孔安国曰。夷斉讓国。遠去。終於餓死。故問怨乎。以讓為仁。豈怨乎。出曰。夫子不為也。鄭玄曰。父子争国。悪行也。孔子以伯夷叔斉為賢且仁。故知不助衛君明也。子曰。飯疏食飲水。曲肱而枕之。

樂

樂亦在其中矣孔安国曰疏食菜食也肱臂也孔子以此為樂也不義而冨且貴於我如浮雲鄭玄曰冨貴而不以義者於我如浮雲非己之有也○子曰加我數年五十以學易可以無大過矣易窮理盡性以至於命年五十而知天命以知天命之年讀至命之書故可以無大過也子所雅言孔安国曰雅言

對

正言也

詩書執禮皆雅言也 鄭玄曰讀先王典法必正言其音然後義全故不可有所諱也礼不誦故言執也

葉公問孔子於子路子路不對 孔安國曰葉公名諸梁楚大夫也食菜於葉僭稱公不對者未知所以答也

子曰女奚不曰其爲人也發憤忘食樂以忘憂不知老之將至也

云尒。子曰我非生而知之者好古敏而求之者也　鄭玄曰言此者勉人於学也　子不語怪力乱神　孔安国曰恠怪異也力謂若奡盪舟烏獲挙千鈞之属也乱謂臣弑君子弑父也神謂鬼神之事也或無益於教化也或所不忍言也　子曰我三人行必得我師焉擇其善者而従之其不善者而改之言我三人行本無賢愚擇善從之不善改之故無常師也○子曰天生德於予桓魋其如予何苞氏曰桓魋宋司馬黎也天生德於予者謂授以聖性也合德天地吉無不利故曰其如予何也○子曰二三子以我為隱子乎吾無隱乎尒苞氏曰二三子謂諸弟子也聖人知廣道深弟子學之不能及以為有所

隠匿故解之也

吾無所行而不與二三子者是丘也　苞氏曰我所爲無不與尒共之者是丘之心也

子以四教文行忠信　四者有形質可挙以教也

○子曰聖人吾不得而見之矣得見君子者斯可矣　疾世無明君也

○子曰善人吾不得而見之矣得見有恒者斯

難

可矣亡而為有虚而為盈約而為

泰難乎有恒矣 孔安國曰難可名之為有常也 子

釣而不綱弋不射宿 孔安國曰釣者一竿釣也綱者為大綱以橫絕流以繳繫釣羅屬著綱也弋繳射也宿宿鳥也

子曰蓋有不知而作之者我無是

也 苞氏曰時人多有穿鑿妄作篇籍者故云然也 多聞擇

其善者而從之多見而識之知次
也 孔安國曰如此次於知之者也 互鄉難與言童
子見門人惑 鄭玄曰互鄉鄉名也其鄉人言語自專不達時宜而有童子來見孔子門人怪孔子見也 ○子曰與其
進也不與其退也唯何甚 孔安國曰教誨之道與其進不與其退怪我見此童子惡何一甚也 人潔

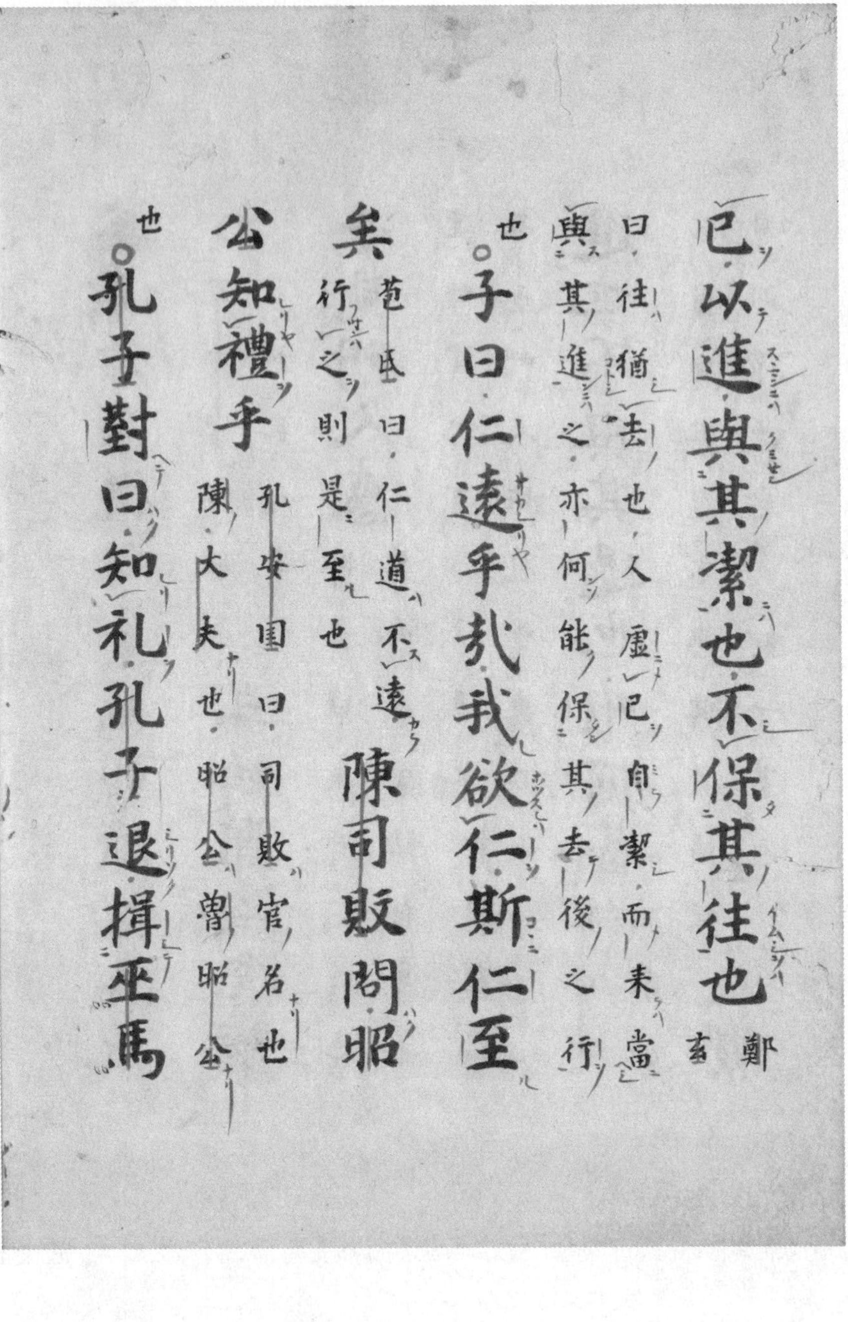

已以進與其絜也不保其往也鄭玄曰往猶去也人虛已自絜而來當與其進之亦何能保其去後之行也
○子曰仁遠乎哉我欲仁斯仁至矣苞氏曰仁道不遠行之則是至也
陳司敗問昭公知禮乎孔安国曰司敗官名也陳大夫也昭公魯昭公也
○孔子對曰知礼孔子退揖巫馬

君子亦黨乎

期而進之曰吾聞君子不黨君娶
於吳為同姓謂之吳孟子君而知
禮孰不知禮
孔安國曰巫馬期弟
子也名施相助匿非
曰黨魯吳俱姫姓也礼同姓不婚
而君娶之當稱吳姫諱曰孟子也
巫馬期以告子曰丘也幸苟有過
人必知之
孔安國曰以司敗言告
也諱國惡禮也聖人智

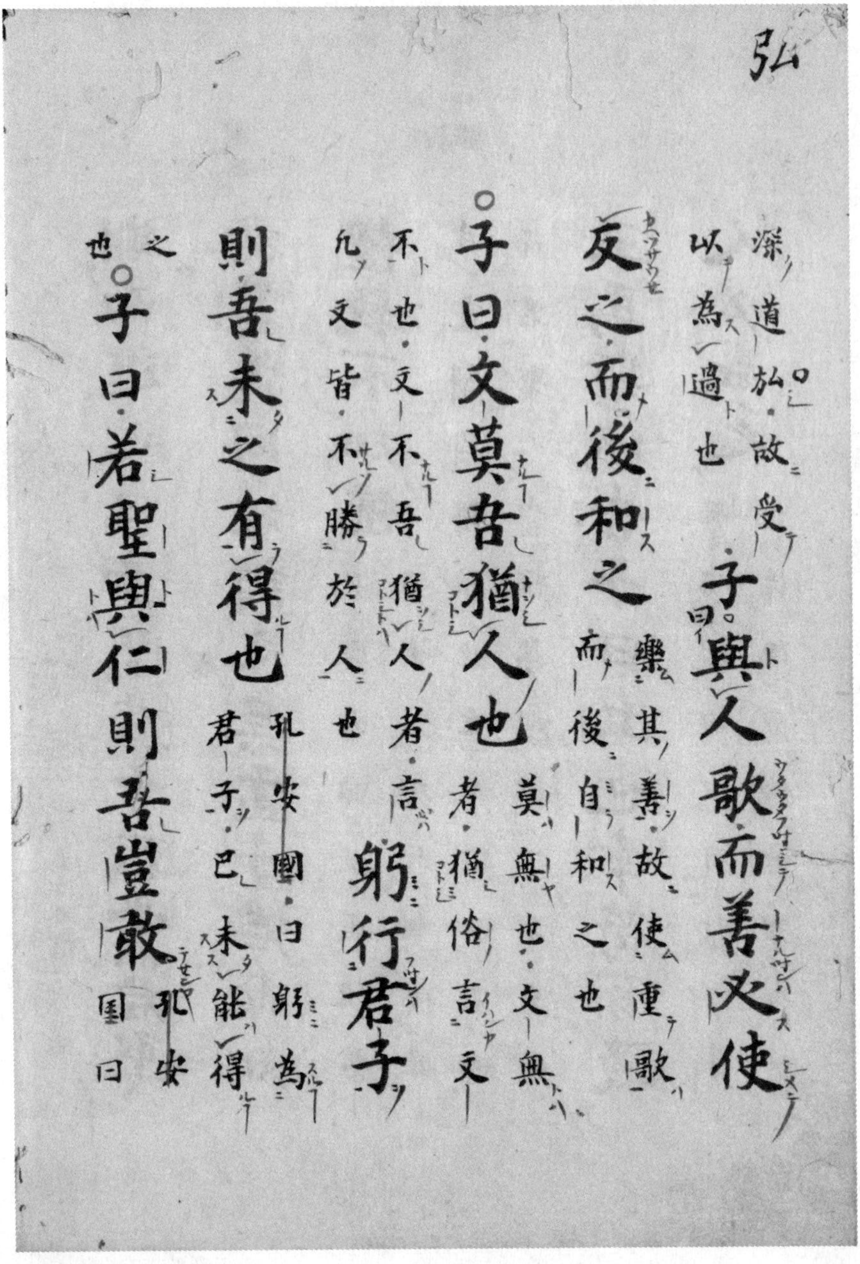
弘
深道弘故受以為過也
子與人歌而善必使反之而後和之
樂其善故使重歌而後自和之也
○子曰文莫吾猶人也
莫無也文無者猶俗言文不也文不吾猶人者言凡文皆不勝於人也
躬行君子則吾未之有得也
孔安國曰躬為君子已未能得之也
○子曰若聖與仁則吾豈敢
孔安國曰

孔子謙不敢自名仁聖也抑爲之不厭誨人不
倦則可謂云尓已矣。公西華曰正
唯弟子不能學也苞氏曰正如所言弟子猶不能
學也況仁聖乎也子疾病子路請禱苞氏曰禱
禱請於鬼神也子曰有諸周生烈曰言有此禱請於鬼神
之事乎也子路對曰有之誄曰禱尓于

上下神祇　孔安国曰子路失指也誄禱篇名也　子曰
丘之禱之久矣　孔安国曰孔子素行合於神明故曰
丘之禱之久矣　○子曰奢則不遜儉則固與
其不遜也寧固　孔安国曰倶失之也奢不如儉奢則
僭上儉則不及禮耳固陋也　○子曰君子坦蕩〻
小人長戚〻　鄭玄曰坦蕩〻寬廣貌也長戚〻多憂懼

貌也

子温而厲威而不猛恭而安

論語泰伯第八 何晏集解 凡廿一章

子曰泰伯其可謂至德也已矣三

以天下讓民無得而稱焉 王肅曰泰伯周

大王之太子也次弟仲雍少弟曰季

歷季歷賢又生聖子文王昌昌必

有天下故泰伯以天下三讓於王

季其讓隱故無得而稱言之者所

泰从水之字也 非恣也

讓

以為至德也

子曰恭而無礼則勞慎而無禮則葸

葸畏懼之貌也言慎而不以禮節之則常畏懼也

勇而無禮則乱直而無禮則絞

馬融曰絞絞刺也

君子篤於親則民興於仁故舊不遺則民不偷

苞氏曰興起也君能厚於親屬不遺忘其故舊行之美者也則民皆化之起為仁厚之行

不偷薄也

曾子有疾召門弟子曰啓予足啓予手

鄭玄曰啓開也曾子以為受身躰於父母不敢毀傷之故使弟子開衾而視之也

詩云戰戰兢兢如臨深淵如履薄氷

孔安國曰言此詩者喻己常誠慎恐有所毀傷也

而今而後吾知免夫小子

周生烈曰乃今日而後我自知免於患難矣小子弟子也

呼者欲使聽識其言也

曾子有疾，孟敬子問之。馬融曰：孟敬子，魯大夫仲孫捷也。

曾子言曰：鳥之將死，其鳴也哀；人之將死，其言也善。苞氏曰：欲戒敬子，言我將且死，言善可用也。

君子所貴道者三：動容貌，斯遠暴慢矣；正顏色，斯近信矣；出辭氣，斯遠鄙

倍矣
鄭玄曰此道謂礼也動容貌能濟濟蹌蹌則人不敢暴慢之也正顔色能矜莊嚴栗則人不敢欺誕之也出辭氣能順而說則無惡戾之言入於耳也
籩豆之事則有司存
苞氏曰敬子忘大務小故又戒之以此也籩豆禮器也
曾子曰以能問於不能以多問於寡有若無實若虛犯而不校
苞氏曰校報也言見

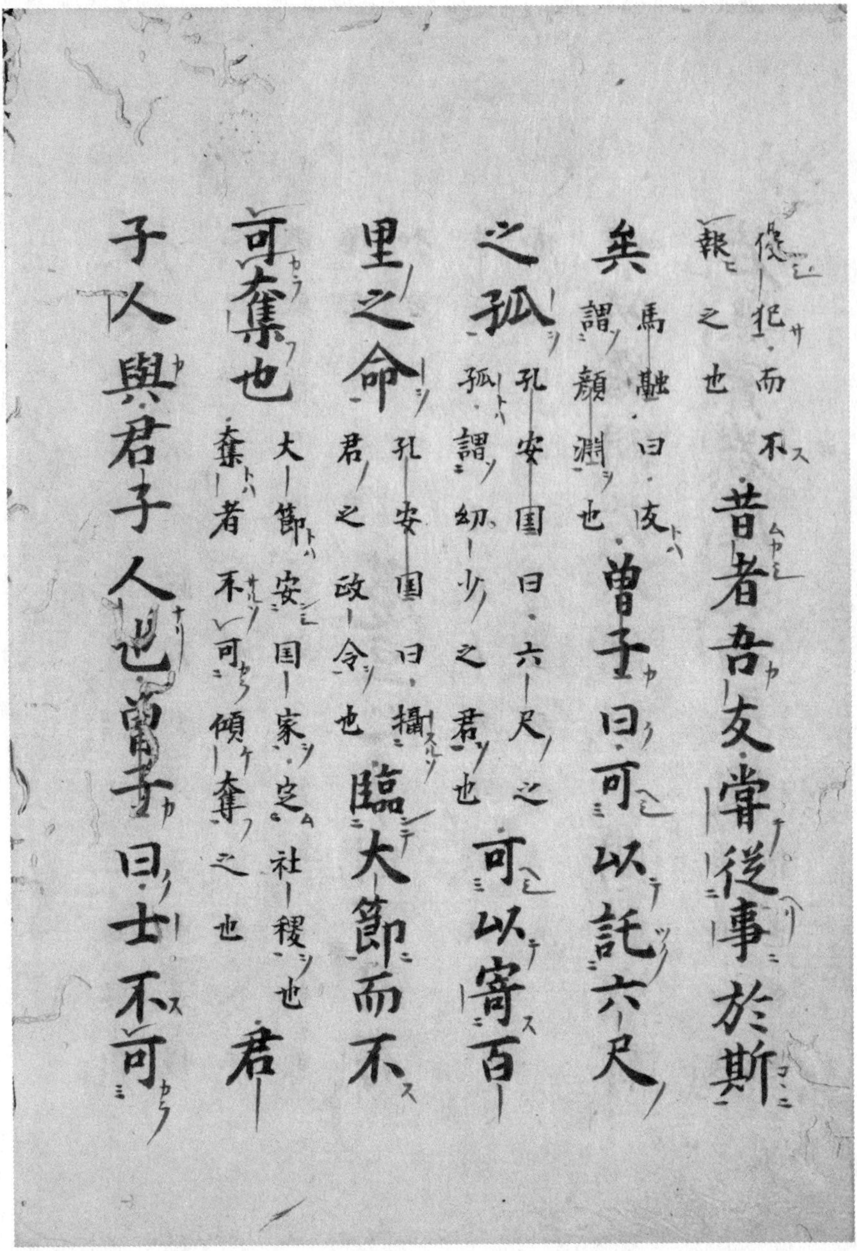

侵犯而不報之也

昔者吾友嘗從事於斯矣

馬融曰友謂顏淵也

曾子曰可以託六尺之孤

孔安国曰六尺之孤謂幼少之君也

可以寄百里之命

孔安国曰攝君之政令也

臨大節而不可奪也

大節安国家定社稷也奪者不可傾奪之也

君子人與君子人也曾子曰士不可

以不弘毅任重而道遠　苞氏曰弘大也毅強而能决斷也士弘毅然後能負重任致遠路也

仁以為己任不亦重乎死而後已不亦遠乎　孔安国曰以仁為己任重莫重焉死而後已遠莫遠焉也

子曰

興於詩　苞氏曰修身當先學詩也

立於禮　苞氏曰禮者所以立身也

成於樂　孔安国曰樂所以成性也

子曰民可使由之不可使知之由用也

也可使用而不可使知者

百姓能日用而不能知也子曰好

勇疾貧亂也

苞氏曰好勇之人而

患疾已之貧賤者必

將為乱也人而不仁疾之已甚乱也孔安

國曰疾悪大甚

亦使其為乱也子曰如有周公之

才之美使驕且悋其餘不足觀也

已矣 孔安國曰周公者周公旦也 子曰三年學

不至於穀不易得也已 孔安国曰穀善也言人三歳學不至於善不可得言必無及也所以勸人於學也 ○子

曰篤信好學守死善道危邦不入

亂邦不居天下有道則見無道則

隱 苞氏曰言行當常然也危邦不入謂始欲往也乱邦不居今欲

去也。臣弑君。子弑父乱 也。危者將亂之兆也 邦有道貧

且賤焉恥也。邦無道富且貴焉恥

也○子曰。不在其位不謀其政也 孔安

國曰。欲各專 一於其職也 ○子曰。師摯之始關雎

之亂。洋洋乎盈耳哉 鄭玄曰。師摯 魯大師之名

始猶首也。周道既衰。鄭衛之音作 正樂廢而失節。魯大師摯識關雎

之聲而首理其亂洋々乎盈耳哉聽而美也　○子曰狂而
不直　孔安國曰狂者進取宜直也　侗而不愿　孔安國曰侗未成器之人也宜謹愿也
悾而不信　苞氏曰悾々愨々也宜可信也
吾不知之矣　孔安國曰言皆與常度反故我不知也
○子曰學如不及猶恐
失之　斈自外入至熟乃可長久如不及猶恐失之耳也
○子

曰巍巍乎舜禹之有天下也而不
與焉　美舜禹已不與求天下而得之也巍巍者高大之稱也
子曰大哉堯之為君也巍巍乎唯
天為大唯堯則之　孔安国曰則法也美堯能法天而行化也
蕩蕩乎民無能名焉　苞氏曰蕩蕩廣遠之稱也言其布德廣遠民無能識名焉
巍巍乎其有

成功也功成化隆高大巍々也煥乎其有文

章煥明也其立文垂制復著明也舜有臣五人而

天下治孔安国曰禹稷契皐陶伯益也武王曰予

有乱臣十人孔安国曰乱理也理官者十人也謂周公

旦召公奭太公望畢公栄公太顛閎夭散宜生南宮适也其餘一人

謂文母也孔子曰才難不其然乎唐虞

之際於斯爲盛有婦人焉九人而已

孔安國曰唐者堯號也虞者舜虞也際者堯舜文會之閒也斯此也此於周也言堯舜文會之閒比於此周最盛多賢然尚有一婦人其餘九人而已大才難得豈不然乎

三分天下有其二以服事殷周德其可謂至德也已矣

苞氏曰殷紂淫乱文王爲西伯而有聖德天下之歸

閒者三分有二而猶以
服事殷故謂之至德也　○子曰禹吾
無閒然矣　孔安國曰孔子推禹功
德之盛言已不能復閒
廁其閒也　菲飲食而致孝乎鬼神　馬融
曰菲
薄也致孝乎鬼
神祭祀豐潔也　惡衣服而致美乎
黻冕　孔安國曰損其常
服以盛祭服也　卑宮室而
盡力乎溝洫　苞氏曰方里爲井井
閒有溝溝廣深四尺

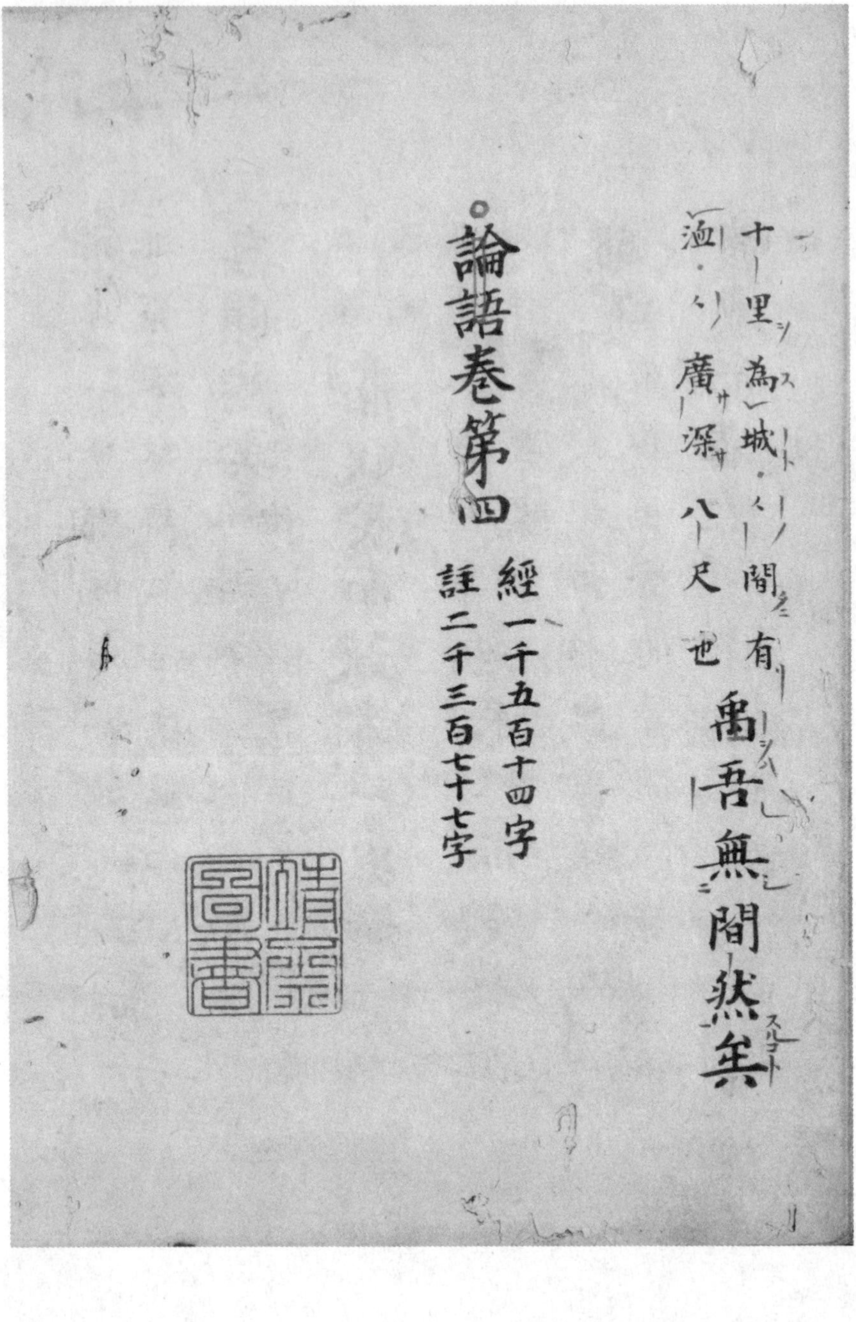
十里為城，城閒有洫，洫廣深八尺也。
禹吾無閒然矣
論語卷第四
經一千五百十四字
註二千三百七十七字

論語子罕第九

何晏集解　凡卅章　皇卅章

子罕言利與命與仁　罕者希也利者義之和也命者天之命也仁者行之盛也寡能及之故希言也

達巷黨人曰大哉孔子博學而無所成名　鄭玄曰達巷黨名也五百家為黨此黨之人美孔子博學道藝不成一名而已也

子聞之謂門弟子曰吾何

御

執人御乎執射乎吾執御矣　鄭玄曰聞

人美之承以謙也吾執

御者欲名六藝之卑也　子曰麻冕

禮也今也純儉吾從衆　孔安國曰

冕緇布冠

也古者績麻三十升布以爲

之純絲也絲易成故從儉也　拜下

禮也今拜乎上泰也雖違衆吾從下

王肅曰臣之與君行禮者下拜然

後升成禮時臣驕泰故於上拜今

泰

從下禮
之恭也
子絶四毋意
以道為度故
不任意也
毋必
用之則行捨之則
蔵故無専必也
毋固
無可
無不
可故無
固行也
毋我
述古而不自作処群
萃而不自異唯道是
從故不自
有其身也
子畏於匡
苞氏曰国人
誤圍夫子以
為陽虎陽虎嘗暴於国夫子弟子
顔尅時又與虎俱往後尅為夫子
御至於国匡人相與共識尅又夫
子容貌與虎相似故国人以兵圍

之也

曰：文王既没，文不在茲乎？

孔安國曰：茲，此也。言文王雖已没，其文見在此。此，自此其身也。

天之將喪斯文也，後死者不得與於斯文也。

孔安國曰：文王既没，故孔子自謂後死也。言天將喪此文者，本不當使我知之；今使我知之，未欲喪之。

天之未喪斯文，匡人其如予何？

馬融曰：如予何者，猶言奈我何也。天

之未喪此文也則我當傳之国人
欲奈我何言其不能違天而害已
也
太宰問於子貢曰夫子聖者與
何其多能也孔安国曰太宰大夫
官名也或呉或宋未
可分也疑孔子
多能於小藝也子貢曰固天縱之
將聖又多能也孔安国曰言天固
縱之大聖之德又
使多
能也
子聞之曰太宰知我者乎吾

少也賤故多能鄙事君子多乎哉不多也苞氏曰我少小貧賤常自執事故多能為鄙人之事君子固不當多能也

牢曰子云吾不試故藝鄭玄曰牢弟子子牢也試用也言孔子自云我不見用故多能伎藝也

子曰吾有知乎哉無知也知者知意之知也言知者言未必盡也今我誠盡也

有鄙夫問於

我空空如也我叩其兩端而竭焉

孔安國曰有鄙夫來問於我其意空空然我則發事之終始兩端以語之竭盡所知不爲吝愛也

子曰鳳鳥不至河不出圖吾已矣夫

孔安國曰有聖人受命則鳳鳥至河出圖今天無此瑞吾已矣夫者不得見也河圖八卦是也

子見齊衰者冕衣裳者與瞽者

苞氏曰冕

弥　歎

者冕冠也。大夫之見之雖少者必
服也。瞽者盲者也
作過之必趨苞氏曰。作起也。趨疾
行也。此夫子哀有喪
尊在位恤不顔淵喟然歎曰喟然
成人之也　　　　　　　　歎聲
也仰之弥高鑽之弥堅言不可
　　　　　　　　　窮盡也瞻
之在前忽焉在後言忽怳不可
　　　　　　　為形像也夫
子循循然善誘人循循次序貌也
　　　　　　　誘進也善誘子

文

正以此道勸進人有次序博我以文約我以禮欲罷不能既竭吾才如有所立卓尒雖欲從之末由也已孔安國曰言夫子既以文章開博我又以礼節約我使我欲罷而不能已竭我才矣其有所立則又卓然不可及言己雖蒙夫子之善誘猶不能及夫子之所立也

子疾病苞氏曰疾甚曰病也子路使

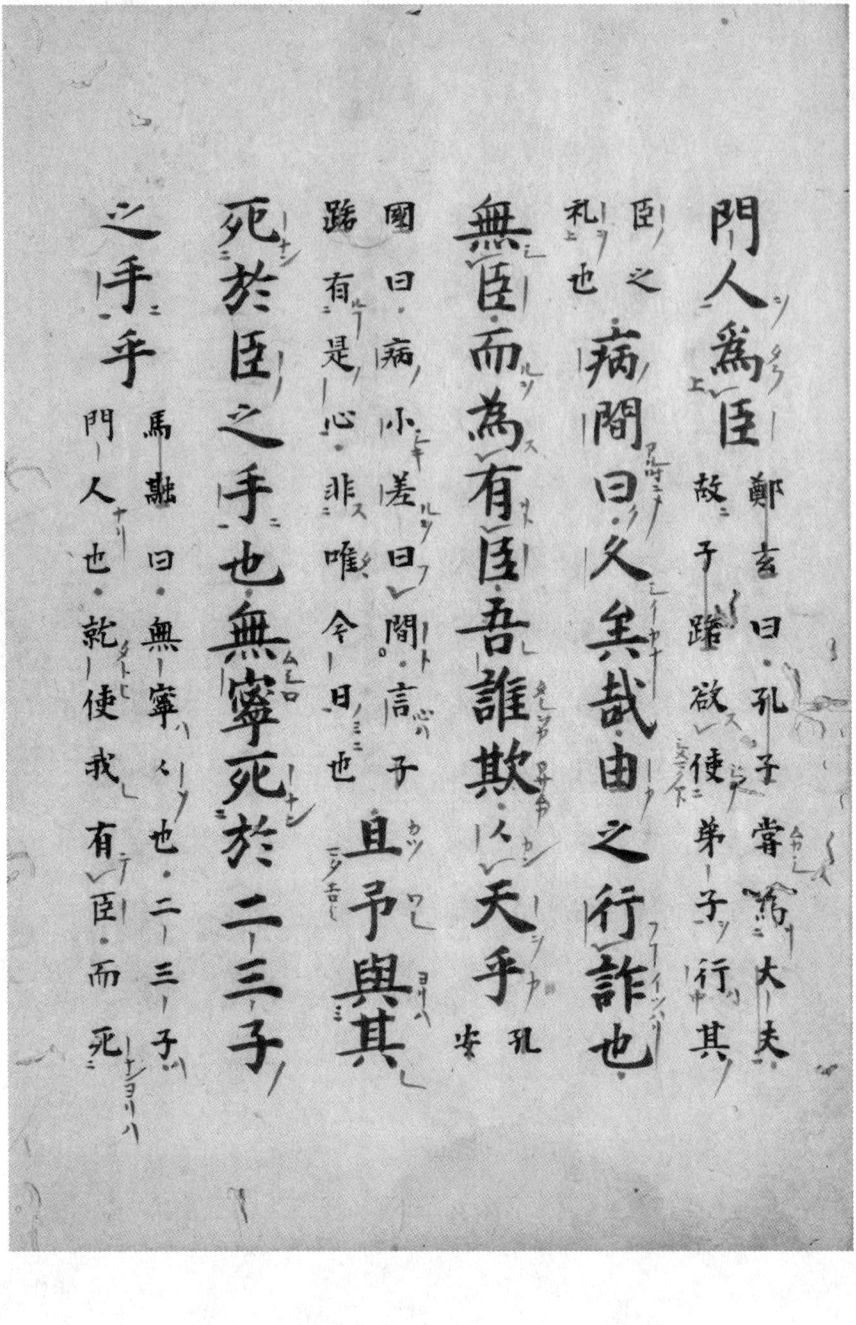

門人爲臣 鄭玄曰孔子嘗爲大夫
故子路欲使弟子行其
臣之 病閒曰久矣哉由之行詐也
礼也
無臣而爲有臣吾誰欺欺天乎 孔
安
國曰病小差曰閒言子
路有是心非唯今日也 且予與其
死於臣之手也無寧死於二三子
之手乎 馬融曰無寧寧也二三子
門人也就使我有臣而死

其手我寧死於弟子之手乎也　且予縱不得大葬

孔安国曰君臣礼葬也　予死於道路乎　馬融曰就

使我之不得以君臣之礼葬有二三子在我寧當憂棄於道路乎　子

貢曰有美玉於斯韞匵而蔵諸求

善賈而沽諸　馬融曰韞蔵也匵匵也蔵諸匵中沽賣也

得善賈寧賣之耶也　子曰沽之哉沽之哉我

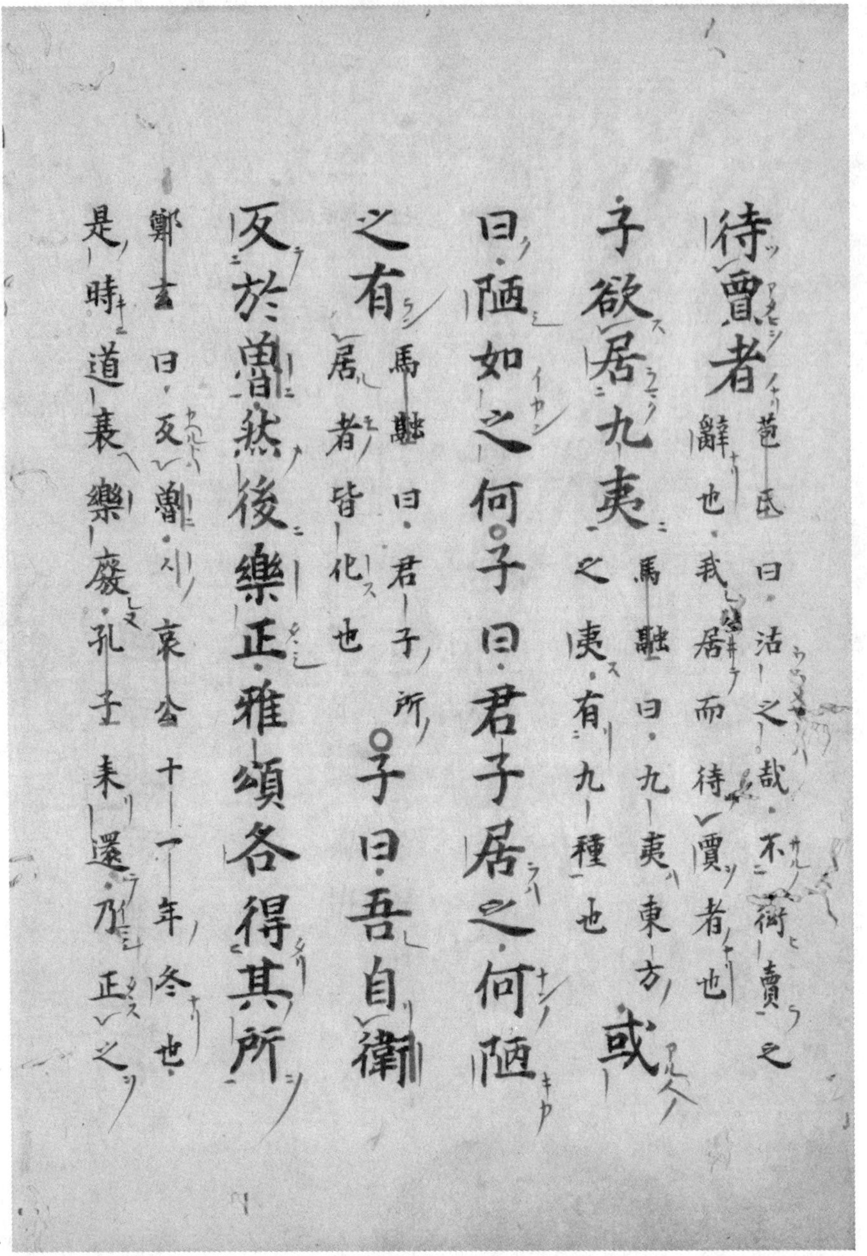
待賈者 苞氏曰：沽之哉，不衒賣之辭也。我居而待賈者也。
子欲居九夷。馬融曰：九夷，東方之夷有九種也。
或曰：陋，如之何？子曰：君子居之，何陋之有？馬融曰：君子所居者皆化也。
子曰：吾自衛反於魯，然後樂正，雅頌各得其所。鄭玄曰：反魯，哀公十一年冬也。是時道衰樂廢，孔子來還，乃正之。

故曰雅頌各
得其所也
○子曰出則事公卿入
則事父兄喪事不敢不勉不為酒
困何有於我哉
馬融曰
困乱也
○子在川上
曰逝者如斯夫不舍晝夜
苞氏曰
逝往也
言凡往者如
川之流也
○子曰吾未見好德如
好色者也
疾時人薄於德而厚
於色也故發此言也
○子

曰譬如爲山未成一簣止吾止也
苞氏曰簣土籠也此勸人進於道
德也爲山者其功雖已多未成一
籠而中道止者我不以其前功多
而善之見其志不遂故不與也
譬如平地雖覆一簣進吾往也 馬融
曰平地者將進加功雖始覆一簣
我不以其見功少而薄之也據其
欲進而
與之也○子曰語之而不惰者其回

與　顔淵則解故語之不惰餘人不解故有惰語之時也　子謂
顔淵曰惜乎吾見其進也未見其
止也　苞氏曰孔子謂顔淵進益未止痛惜之甚也　子曰
苗而不秀者有矣夫秀而不實者
有矣夫　孔安国曰言万物有生而不育成者喩人亦然也
子曰後生可畏也焉知来者之不

如今也後生謂年少也四十五十而無聞焉斯亦不足畏也已矣子曰法語之言能無從乎改之為貴孔安国曰人有過以正道告之口無不順從之能必改乃為貴也矣巽與之言能無說乎繹之為貴馬融曰巽恭也謂恭巽謹敬之言聞之無不悦也能尋繹行之乃為貴也悦而不

繹從而不改吾末如之何也已矣

○子曰主忠信無友不如己者過則勿憚改 慎其所主所友有過務改皆所以為益也

○子曰三軍可奪帥也匹夫不可奪志也 孔安国曰三軍雖衆人心不一則其將帥可奪之而取匹夫雖微苟守其志不可得而奪也

○子曰衣敝縕袍與衣

狐狢者立而不恥者其由與孔安國曰縕枲著也不忮不求何用不臧馬融曰忮害也臧善也言不忮害不貪求何用為不善疾貪惡忮害之詩也子路終身誦之子曰是道也何足以臧馬融曰臧善也尚復有美扵是者何足以為善也子曰歲寒然後知松柏之後彫也大寒之歲

衆木皆死然後知松柏小彫傷也平歳則衆木亦有不死者故須歳寒而後别之喩凡人處治世亦能自修整與君子同在濁世然後知君子之正不苟容也

子曰知者不惑苞氏曰不惑乱也仁者不憂孔安国曰無憂患也勇者不懼

子曰可與共學未可與適道適之也雖學或得異端未必能之道也可與適道未可與

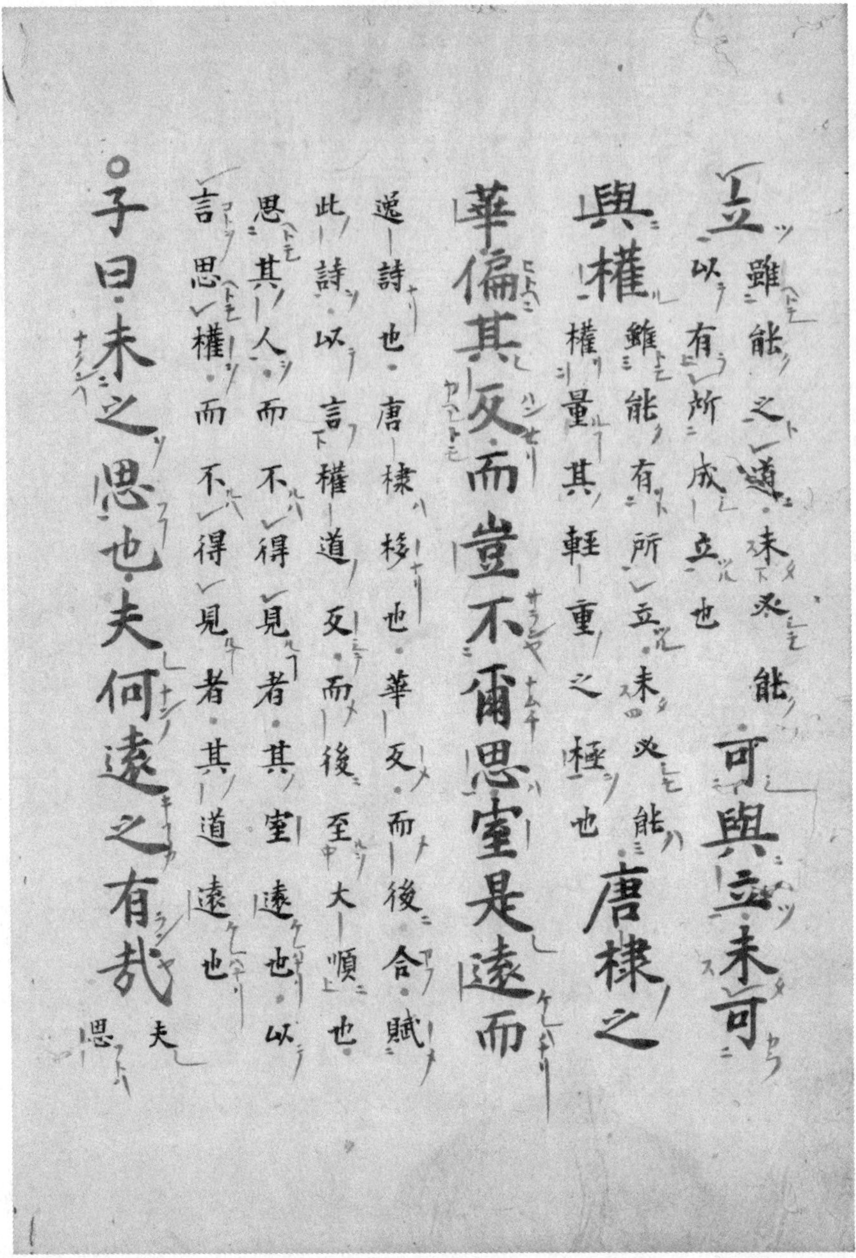

立雖能之道未必能以有所成立也可與立未可與權雖能有所立未必能權量其輕重之極也唐棣之華偏其反而豈不爾思室是遠而逸詩也唐棣移也華反而後合賦此詩以言權道反而後至大順也思其人而不得見者其室遠也以言思權而不得見者其道遠也

子曰未之思也夫何遠之有哉夫思

者。當思其反。是不思。所以爲遠

也。能思其反。何遠之有。言權可知

唯不知思耳。思之有

次序。斯可知之也

論語鄉黨第十　何晏集解凡一章

孔子於鄉黨恂恂如也。似不能言

者。王肅曰。恂恂温恭之貌也　其在宗廟朝廷。便便

言唯謹尓。鄭玄曰。便便辯也。雖辯而謹敬也　朝

廷

與下大夫言侃侃如也孔安國曰侃侃和樂
之貌也與上大夫言誾誾如也孔安國曰
誾誾中正之貌也君在踧踖如也與與如
也馬融曰君在者君視朝也踧踖恭敬之貌也與與威儀中適之
貌也君召使擯鄭玄曰君召使擯者有賓客使迎也色
勃如也孔安國曰必變色也足躩如也苞氏曰盤

辟貌之也　揖所與立左右其手衣前後襜如也　鄭玄曰揖左人左其手揖右人右其手一俛一仰故衣前後則襜如也　趨進翼如也　孔安国曰言端好也　賓退必復命曰賓不顧矣　孔安國曰復命白君賓已去也矣　入公門鞠躬如也如不容　孔安国曰斂身也　立不中門行不履閾

孔安國曰閾門限也 過位色勃如也足躩如也 苞氏曰過君之空位也 其言似不足者攝齊升堂鞠躬如也屏氣似不息者 孔安国曰皆重慎也衣下曰齊攝齊者摳衣也 出降一等逞顔色怡怡如也 孔安國曰先屏氣下階舒氣故怡怡如也 沒階趨進翼如也 孔安国曰沒盡也下

聘　匹正反

盡階復其位踧踖如也孔安国曰来時所過位也

執圭鞠躬如也如不勝苞氏曰為君使鄭聘問隣國執持君之圭鞠躬者敬慎之至也

上如揖下如授勃如戰色足蹜々如有循也鄭玄曰上如揖授玉宜敬也下如授不敢忘礼戰色敬也足蹜々如有循舉前曳踵行之也

享禮有容色鄭玄曰享獻也

緅

聘礼既聘而享。享 私覿愉愉如也
用圭璧有庭實也
鄭玄曰。覿見也。既享乃以 君子不
私礼見。愉愉顔色之和也
以紺緅飾 孔安国曰。一人曰緅。飾
者。不以為領袖縁也。紺
者齊服盛色。以為飾。似衣齊服也。
緅者。三年練。以緅飾衣。為其似衣
喪服。故皆不 紅紫不以為褻服 王肅
以飾衣也
曰。褻服私居非公會之服者也。皆
不正。褻尚不衣。正服無無施施也

綌 去逆反

當暑縝絺綌必表而出 孔安国曰當暑則單服絺綌葛也必表而出加上衣也 緇衣羔裘素衣麑裘黄衣狐裘褻裘長短右袂 孔安国曰服皆中外之色相稱也私家裘長主温也短右袂者便作事也 必有寢衣長一身有半 孔安国曰今之被也 狐貉之厚以居 鄭玄曰在家以接賓客之也 去喪

無所不佩（孔安國曰：袪，除也。非喪則備佩所宜佩也。）非帷裳必殺之（王肅曰：衣必有殺縫，唯帷裳無殺之也。）羔裘玄冠不以弔（孔安國曰：喪主素，吉主玄，吉凶異服，故不相弔也。）吉月必朝服而朝（孔安國曰：吉月，月朔也。朝服，皮弁服也。）齊必有明衣布也（孔安國曰：以布爲沐浴之衣也。）齊必變食（孔安國曰：改常

敗

食也居必遷坐孔安国曰易常処也食不猒精

膾不猒細食饐而餲孔安国曰饐餲臭味変也

魚餒而肉敗不食孔安国曰魚敗曰餒也色

悪不食臭悪不食失飪不食孔安国曰

失飪失生熟之節也不時不食鄭玄曰不時非朝夕日中

時也割不正不食不得其醤不食馬融

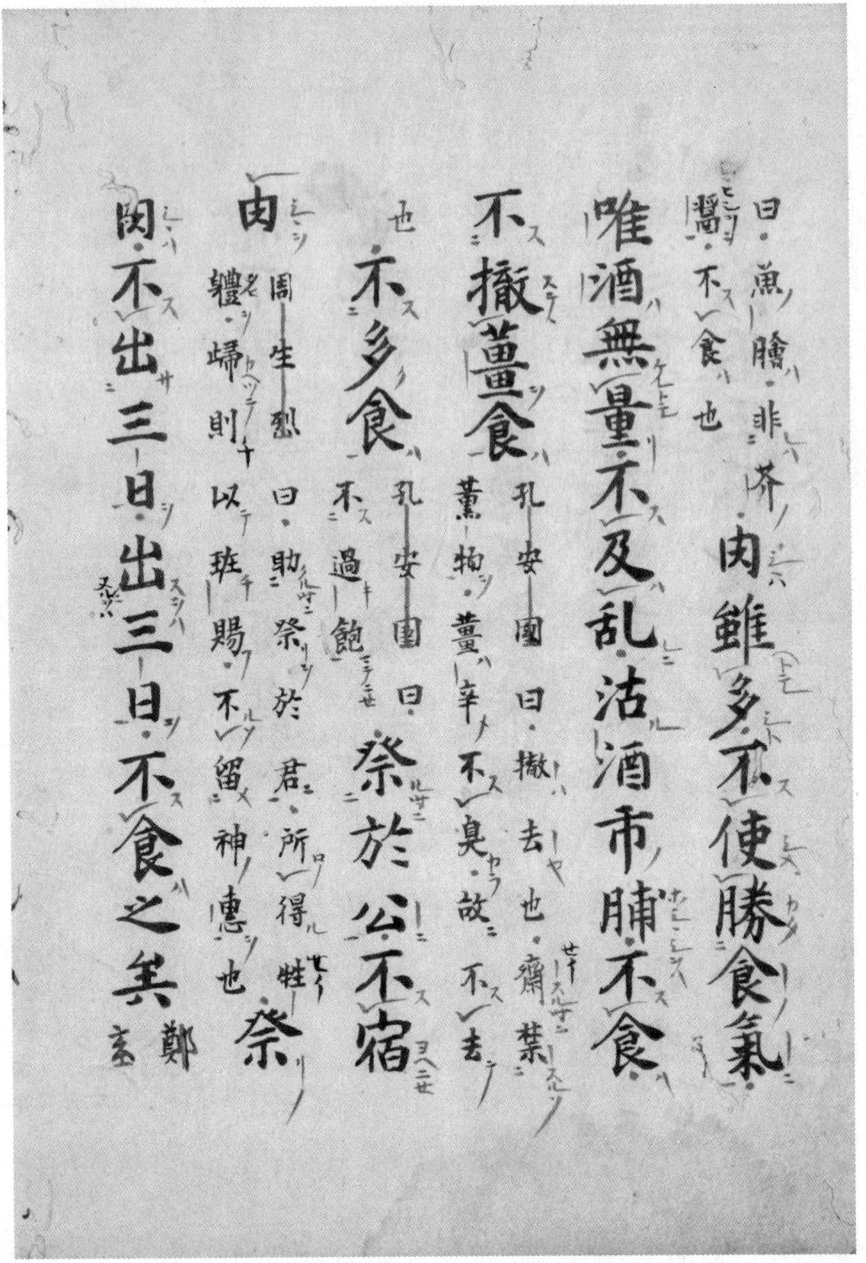

曰：魚膾非芥醬不食也。肉雖多，不使勝食氣。唯酒無量，不及乱。沽酒市脯不食。不撤薑食。孔安國曰：撤，去也。齋禁薰物，薑辛不臭，故不去也。不多食。孔安國曰：不過飽。祭於公，不宿肉。周生烈曰：助祭於君，所得牲體，歸則以班賜，不留神惠也。祭肉不出三日，出三日，不食之矣。鄭玄

寢

曰自其家祭肉也過三日不食也是褻鬼神之餘也

食不語

寢不言雖疏食菜羹瓜祭必齊如

也 孔安国曰齋嚴敬之貌也三物雖薄祭之必敬也

席不

正不坐鄉人飲酒杖者出斯出矣

孔安国曰杖者老人也郷人飲酒之礼主於耆者老者礼畢出孔子従而出之

鄉人儺朝服而立阼階

孔安国曰

儺・驅逐疫鬼也・恐驚先祖 問人於
故朝服立於廟之阼階也
他邦再拜送之 孔安國曰・拜送使者敬也 康子
饋藥拜而受之 苞氏曰・遺 曰丘未
達不敢嘗之 孔安國曰・未知其故・故不嘗礼也 廐
焚子退朝曰・傷人乎・不問馬 鄭玄曰・重
人・賤畜也・退朝・自
魯君之朝來歸 君賜食必正席

先嘗孔安国曰敬君之恵也既嘗之乃以班賜之也君賜腥必熟而薦之孔安国曰薦薦其先祖也君賜生必畜之侍食於君々祭先飯鄭玄曰於君祭則先飯矣若為先嘗食然也疾君視之東首加朝服拖紳苞氏曰夫子疾處南牖之下東首加其朝服拖紳々太帯不敢不衣朝服見君也君命召不

俟

俟駕行矣鄭玄曰急趨君命也行出而車既駕從也入

太廟毎事問鄭玄曰爲君助祭也太廟周公廟也朋

友死無所歸曰於我殯孔安國曰重朋友之恩也無所歸無親昵也

朋友之饋雖車馬非

祭肉不拜孔安國曰不拜有通則之義也寢不尸

寢

苞氏曰偃臥四體布展手足似死人也居不容孔安國曰

爲家室之敬難久也

子見齊衰者雖狎必變

孔安国曰狎者素親狎也

見冕者與瞽者雖褻必以貌

周生烈曰褻謂數相見也必當以貌礼也

凶服者式之式負版者

孔安国曰凶服者送死之衣物也負版者持邦國之圖籍者也

有盛饌必變色而作

孔安国曰作起也敬主人之親饋也

迅雷風烈必

變鄭玄曰敬天之怒風疾雷爲烈也升車必正立執綏周生烈曰必正立執綏所以爲安也車中不内顧苞氏曰車中不内顧者前視不過衡軛傍視不過輢轂之也不疾言不親指色斯擧矣馬融曰見顔色不善則去之也翔而後集周生烈曰廻翔審觀而後下止也曰山梁雌雉時哉時哉子路供

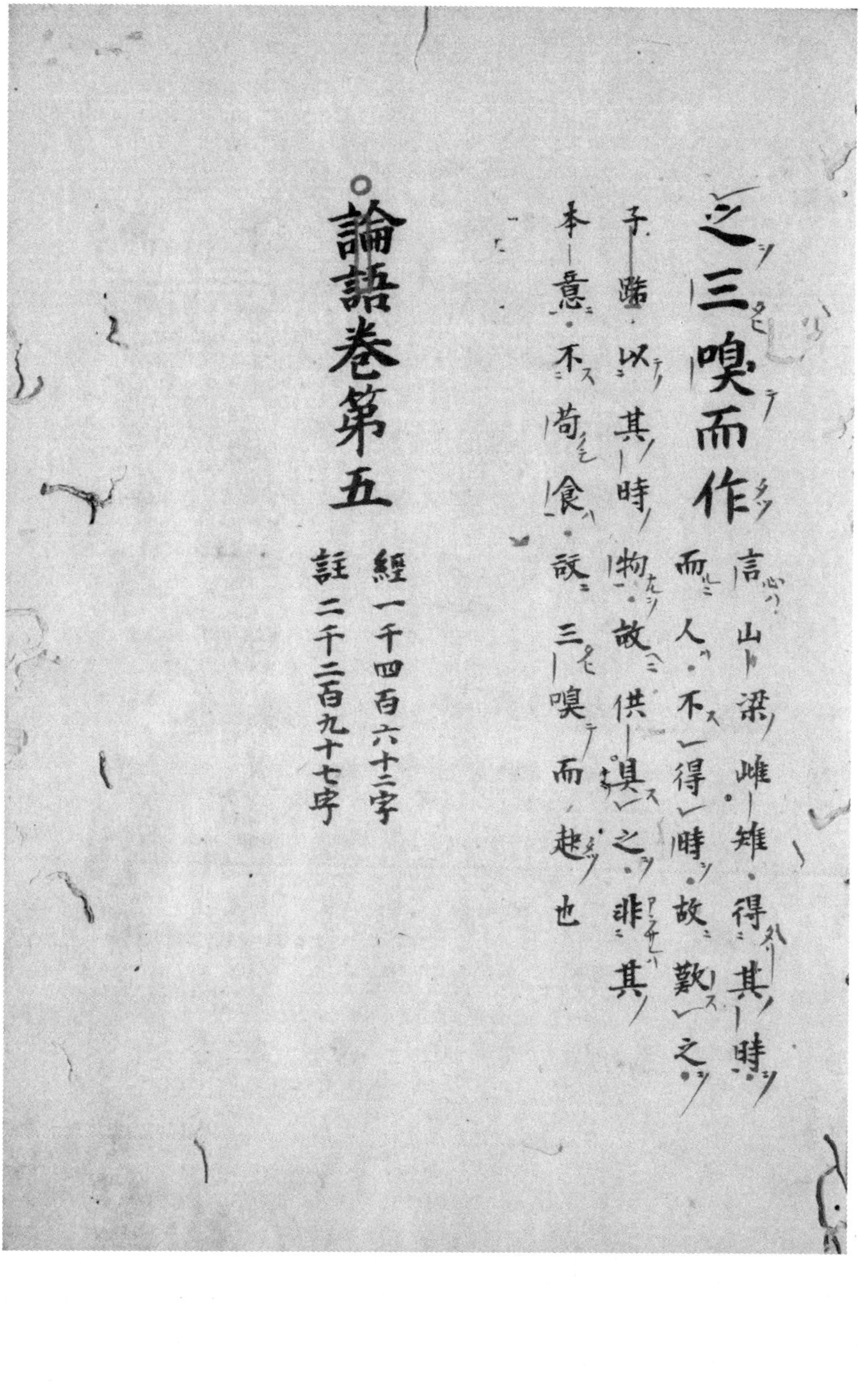
之三嗅而作
言山梁雌雉得其時而人不得時故歎之
子路以其時物故供具之非其本意不苟食故三嗅而起也
論語卷第五
經一千四百六十二字
註二千二百九十七字

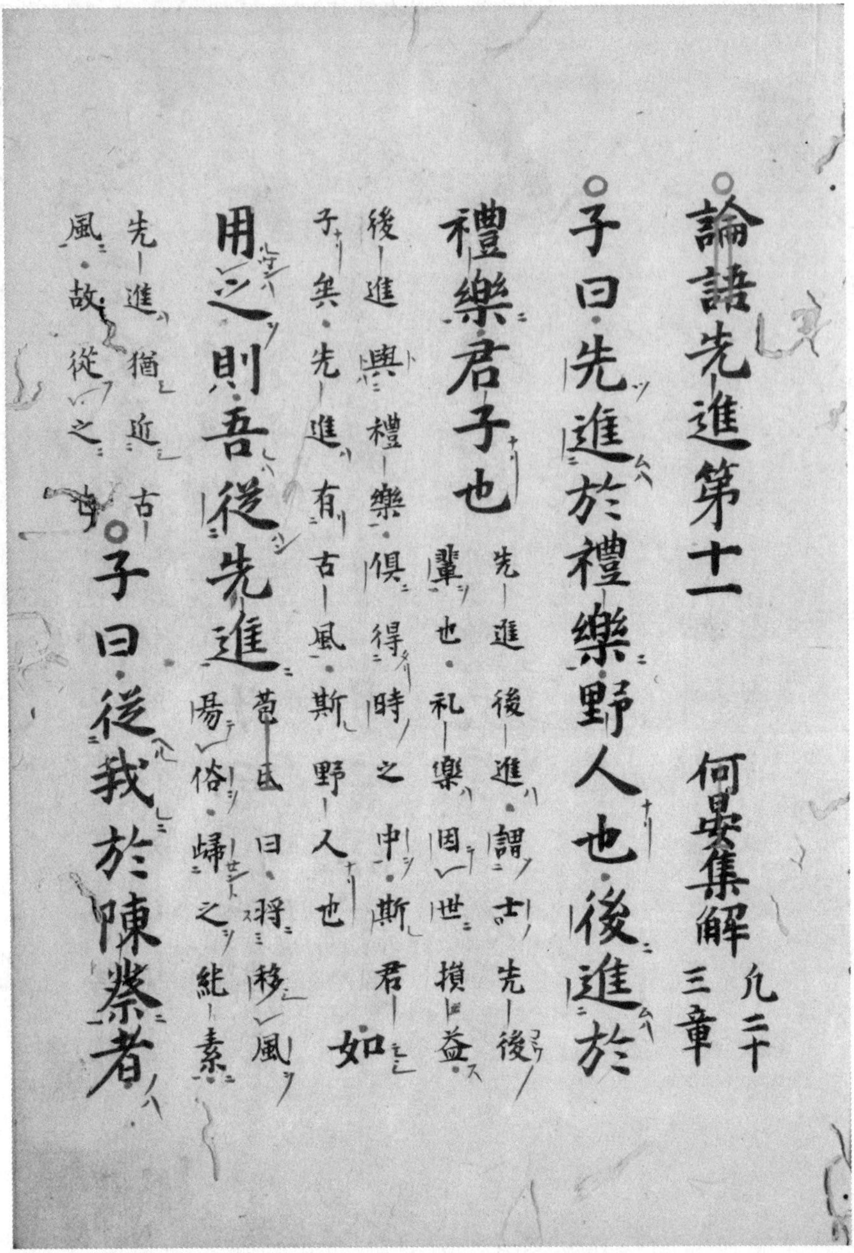

論語先進第十一　何晏集解　凡二十三章

子曰先進於禮樂野人也後進於禮樂君子也先進後進謂士先後輩也禮樂因世損益後進與禮樂俱得時之中斯君子矣先進有古風斯野人也如用之則吾從先進苞氏曰將移風易俗歸之純素先進猶近古風故從之也

子曰從我於陳蔡者

皆不及門者也

鄭玄曰言弟子之從我而厄於陳蔡者皆不及仕進之門而失其所也

○子曰德行顔淵閔子騫冉伯牛仲弓言語宰我子貢政事冉有季路文學子游子夏

○子曰回也非助我者也於吾言無所不説

孔安國曰助猶益也言回聞言即解無可發起增益

於己也

○子曰孝哉閔子騫人不間於其父母兄弟之言陳群曰言閔子騫為人上事父母下順兄弟動靜盡善故人不得有非間之言也

南容三復白圭孔安國曰詩云白圭之玷尚可磨也斯言之玷不可為也南容讀詩至此三反覆之是其心慎言也

○孔子以其兄之子妻之季康子問弟子孰為

好學孔子對曰有顏回者好學不
遷怒不貳過不幸短命死矣今也
則亡未聞好學者也顏淵死顏路
請子之車孔安國曰顏路顏淵之父也家貧故欲請孔子
之車賣以作槨子曰才不才亦各言其子
也鯉死有棺而無槨吾不可徒行

以爲之椁以吾從大夫之後吾以不可徒行也孔安國曰鯉孔子之子伯魚孔子時爲大夫故言吾從大夫之後不可以徒行是謙辭也顔淵死子曰噫包氏曰噫痛傷之聲天喪予天喪予天喪予者若喪已也再言之者痛惜之甚也顔淵死子哭之慟馬融曰慟哀過也從者曰子慟矣子

曰有慟乎孔安國曰不自知已之悲哀之過也非夫人之爲慟而誰爲慟顏淵死門人欲厚葬之子曰不可禮貧富各有宜顏淵家貧而門人欲厚葬之故不聽也門人厚葬之子曰回也視予猶父也予不得視猶子也非我也夫二三子也馬融曰言回自有父

父意。欲聽門人厚葬之。哉不得制止。非其厚葬。故云介也。季路

問事鬼神。子曰。未能事人。焉能事

鬼。曰。敢問事死。曰。未知生。焉知死。

陳群曰。鬼神及死事難明。語之無益。故不荅也。閔子騫侍

側。誾誾如也。子路行行如也。冉有

子貢侃侃如也。子樂。鄭玄曰。樂各盡其性也。行

行剛強之貌也若由也不得其死然孔安國曰不得以壽終也魯人爲長府閔子騫曰仍舊貫如之何何必改作鄭玄曰長府藏名也藏貨曰府仍因也貫事也因舊事則可何乃復更改作也○子曰夫人不言言必有中王肅曰言必有中善其不欲勞民改作之也○子曰由之鼓瑟奚爲於

丘之門（馬融曰言子路鼓瑟不合雅頌也）門人不敬子路子曰由也升堂矣未入於室也（馬融曰升我堂矣未入室耳門人不解謂孔子言為賤子路故復解之也）子貢問師與商也孰賢乎子曰師也過商也不及（孔安國曰言俱不得中也）曰然則師愈與子曰過猶不及

也愈猶勝也季氏富於周公孔安国曰周公天子
之宰卿士也而求也為之聚斂而附益
之孔安国曰冉求為季氏宰為之急賦税也○子曰非吾
徒也小子鳴鼓而攻之可也鄭玄曰小
子門人也鳴鼓聲其罪以責之柴也愚弟子高柴也字子羔
愚人直之愚也參也魯孔安國曰魯鈍也曾子性遲鈍也師

僻也　馬融曰子張才過人失在邪僻文過也　由喭也

鄭玄曰子路之行失於畔喭也　子曰回也其庶乎

屢空賜不受命而貨殖焉億則屢

中　言回庶幾聖道雖數空匱而樂

在其中矣賜不受教命唯財貨

是殖億度是非蓋美回所以勵賜

也一曰屢猶每也空猶虛中也以

聖人之善教數子之庶幾猶不至

於知道者各内有此害也其於庶

矣。每能虚中者。唯回。懐道深遠。不
虚心。不能知道。子貢無數子病。然
亦不知道者。雖不窮理。而幸中。雖
非天命。而偶富。亦所以不虚心也
子張問善人之道。子曰。不践迹亦
不入於室　孔安國曰。践循也。言善
人不循追舊迹而已。亦
多少能創業。然亦不能　子曰。論篤
入於聖人之奥室也　論篤者
是與君子者乎。色莊者乎　謂口無

擇言也。君子者。謂身無鄙行也。色
莊者。不惡而嚴。以遠小人者也。言
此三者。皆可以
為善人者也
子路問。聞斯行諸
苞氏曰。賑窮
救乏之事也
○子曰。有父兄在。如之
何其聞斯行之也
孔安國曰。當白
父兄。不可得自
專
也
冉有問。聞斯行諸。子曰。聞斯行
之。公西華曰。由也問。聞斯行諸。子

曰有父兄在求也問聞斯行諸子曰聞斯行之赤也惑敢問孔安國曰惑其問同而荅異也○子曰求也退故進之由也兼人故退之鄭玄曰言冉有性謙退子路務在勝尚人者因其人之失而正也○子畏於匡顏淵後孔安國曰言與孔子相失故在後也○子曰吾以汝為死

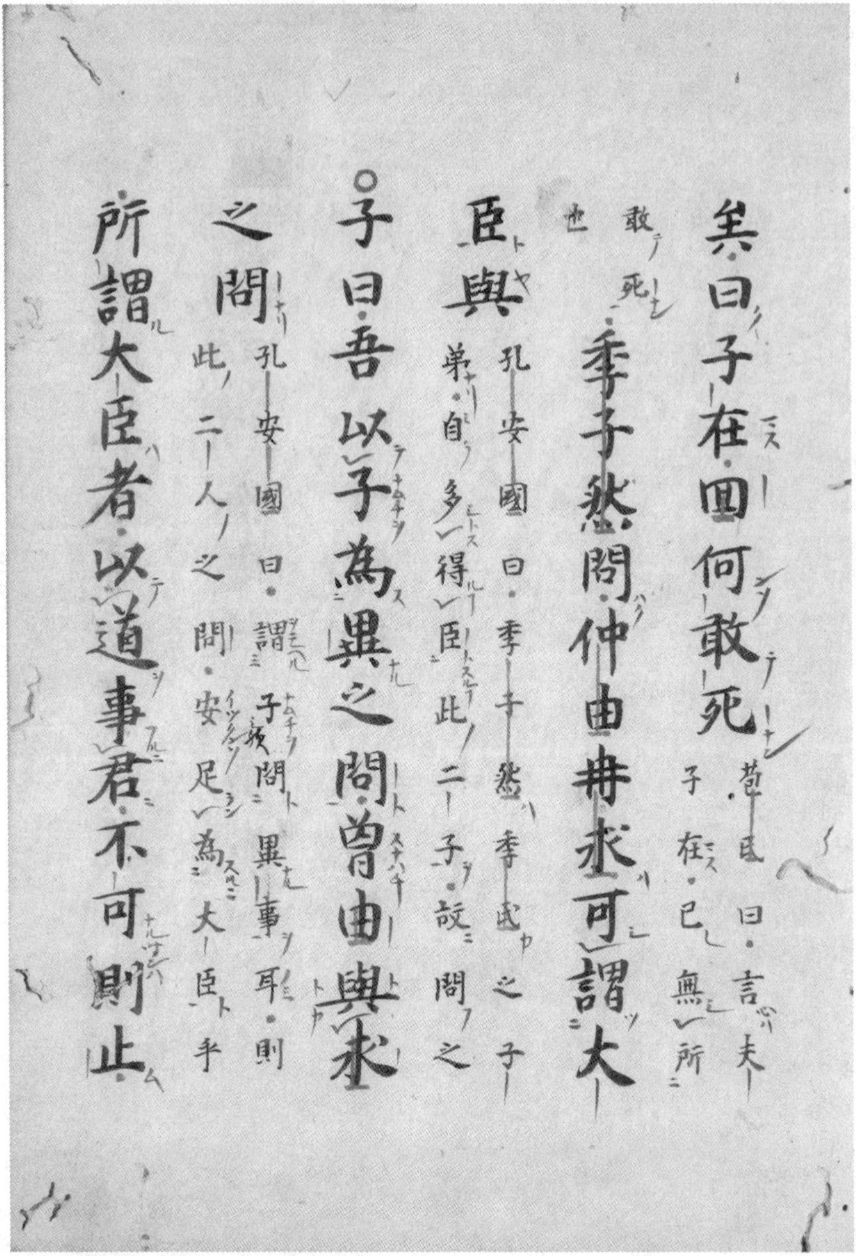
矣曰子在回何敢死　苞氏曰言夫子在己無所敢死也
季子然問仲由冉求可謂大臣與　孔安國曰季子然季氏之子弟自多得臣此二子故問之
子曰吾以子為異之問曾由與求之問　孔安國曰謂子問異事耳則此二人之問安足為大臣乎
所謂大臣者以道事君不可則止

今由與求也可謂具臣矣孔安國曰言備臣數而已也曰然則從之者與孔安國曰問為臣皆當從君所欲邪子曰弑父與君亦不從也孔安國曰二子雖從其主亦不與為大逆也子路使子羔為費宰子曰賊夫人之子苞氏曰子羔學未熟習而使為政所以賊害人也子路曰有

賊 費 賊

民人焉有社稷焉何必讀書然後為學孔安國曰言治民事神於是而習亦學也子曰是故惡夫佞者孔安国曰疾其以口給應遂已非而不知窮也子路曾皙曽參父也名點孔安國曰曽晳冉有公西華侍坐子曰以吾一日長乎尒無吾以也孔安国曰言我問汝汝無以我長故難對

也

居則曰不吾知也　孔安國曰汝常居云人不知己也

如或知尒則何以哉　孔安國曰如有用汝者則何以爲治手

子路率尒而對　率尒先三人對也

曰千乘之國攝手大國閒加之以師旅因之以飢饉　苞氏曰攝〻迫手大國之閒也

由也爲之比及三年可使有勇

對
里
俟
辭

且知方也　方義方也　夫子哂之　馬融曰哂咲也
尒何如對曰方六七十如五六
十。　馬融曰求性謙退言欲得方六七十如五六十里小國治之而已也
求也爲之比及三年可使足民也
如其禮樂以俟君子　孔安國曰求自云能足民而已謂衣食足也若礼樂之化當以待君子謙辭也
赤尒何

如對曰非曰能之也願學焉宗廟之事如會同端章甫願爲小相焉

鄭玄曰我非自言能也願學爲之宗廟之事謂祭祀也諸侯時見曰會殷見曰同端玄端也衣玄端冠章甫諸侯日視朝之服也小相謂相君之禮者也

點尓何如鼓瑟希

孔安國曰思所以對故音希也

鏗尓舍瑟而作對曰異乎

對

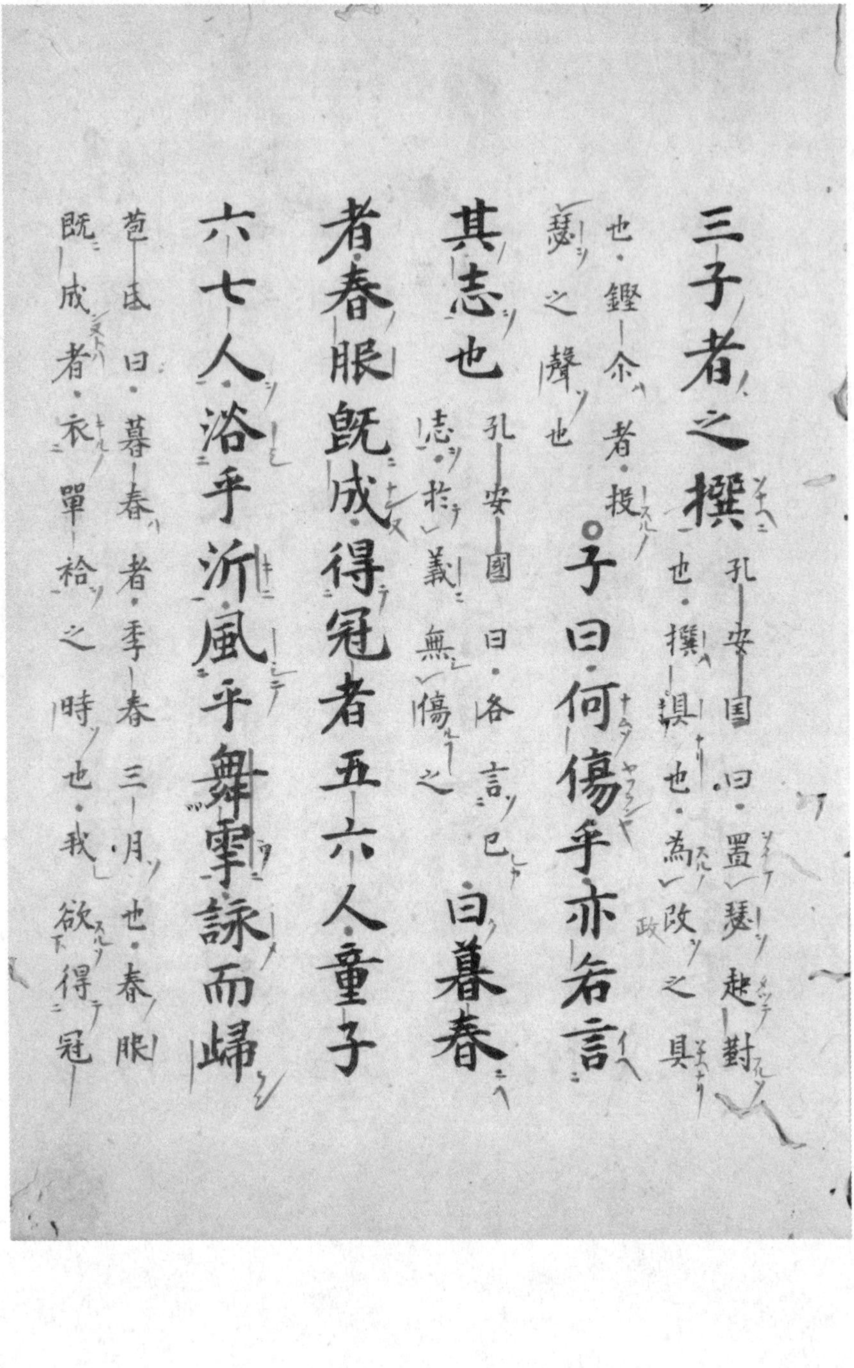

三子者之撰孔安国曰置瑟起對也撰具也為政之具也鏗尒者投瑟之聲也子曰何傷乎亦各言其志也孔安國曰各言己志於義無傷之曰暮春者春服既成得冠者五六人童子六七人浴乎沂風乎舞雩詠而歸苞氏曰暮春者季春三月也春服既成者衣單袷之時也我欲得冠

歟

者・五六人・童子六七人・浴於沂水之上・風涼於舞雩之下・歌詠先王之道・歸夫子之門也

夫子喟然歎曰・吾與點也

周生烈曰・善點之獨知時之

三子者出・曾晳後・曾晳曰・夫三子者之言何如・子曰・亦各言其志也已矣・曰・夫子何哂由也・子曰・爲國以礼・其言不讓

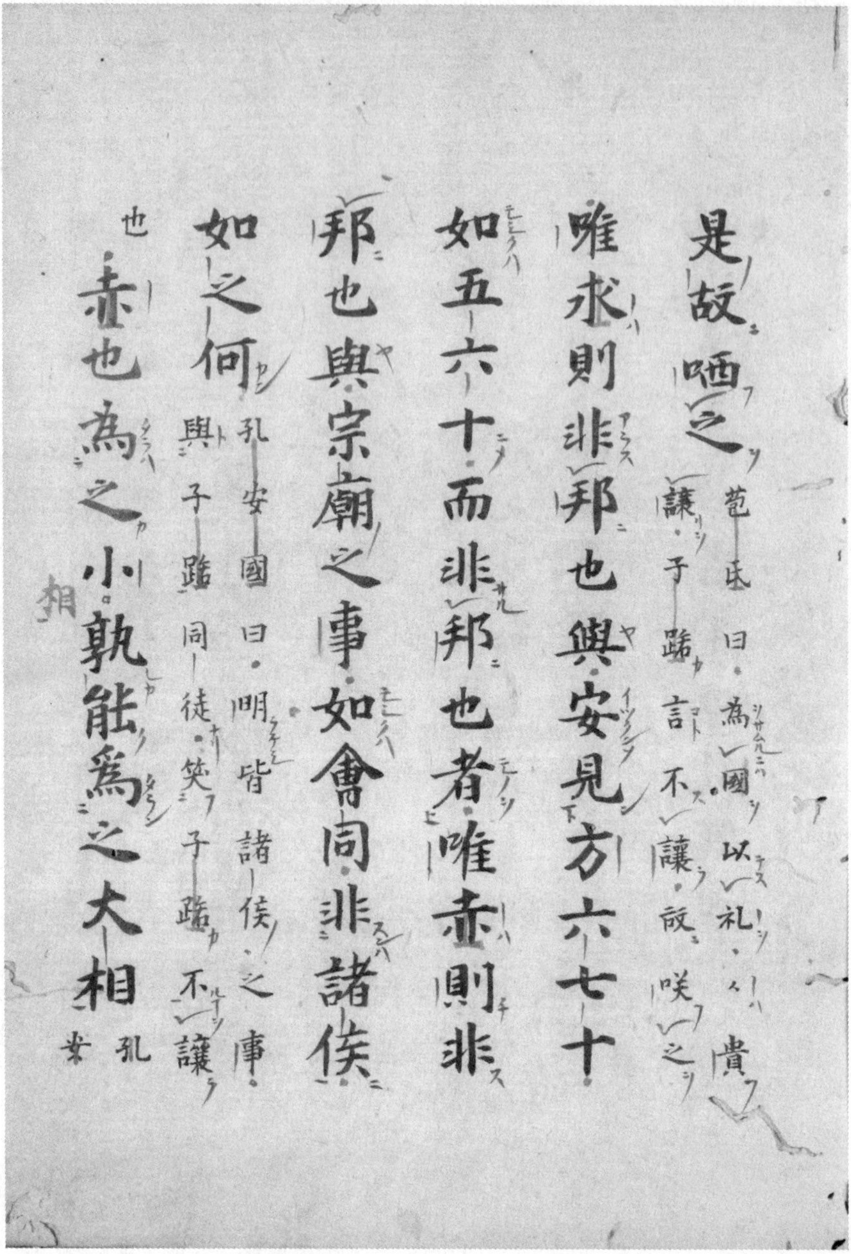
是故哂之 苞氏曰為國以礼貴讓子路言不讓故哂之
唯求則非邦也與安見方六七十
如五六十而非邦也者唯赤則非
邦也與宗廟之事如會同非諸侯
如之何 孔安國曰明皆諸侯之事與子路同徒笑子路不讓也
赤也為之小孰能為之大相 孔安
相

國曰。赤謙言小相耳。孰能為大相者也

論語顏淵第十二　何晏集解　凡廿四章

顏淵問仁。子曰。尅己復礼為仁。馬融曰。尅己約身也。孔安國曰。復。反也。身能反礼。則為仁矣。一日尅己復禮。天下歸仁焉。馬融曰。一日猶見歸仁。況終身乎。為仁由己。而由人乎哉。孔安國曰。

行善在己不在人也顏淵曰請問其目苞氏曰知
其必有條目故請問之也子曰非禮勿視非礼
勿聽非禮勿言非禮勿動鄭玄曰此四者
尅己復禮之目顏淵曰回雖不敏請事斯
語矣王肅曰敬事此語必行之仲弓問仁子曰
出門如見大賓使民如承大祭孔安

國曰。仁之道莫尚乎敬也

己所不欲勿施於人

在邦無怨在家無怨

苞氏曰。在邦為諸侯也。在家為卿大夫也

仲弓曰。雍雖不敏請事斯語矣

司馬牛問仁。子曰。仁者其言也訒

孔安国曰。訒難也。牛宋人也。弟子司馬犂也

曰。其言也訒斯可謂之仁已矣乎。子

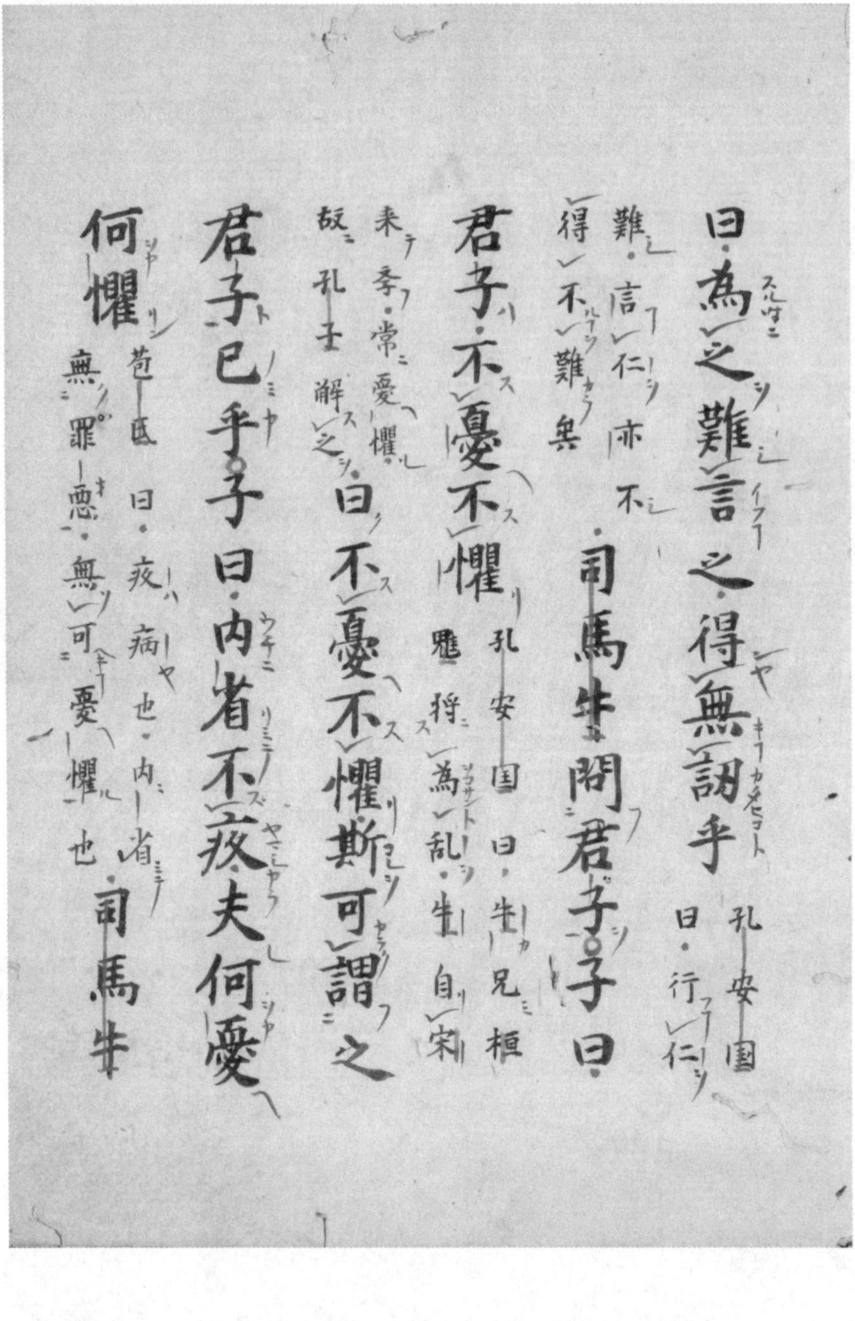
曰為之難言之得無訒乎　孔安国曰行仁難言仁亦不得不難矣
司馬牛問君子子曰君子不憂不懼　孔安国曰牛兄桓魋將為乱牛自宋來斈常憂懼故孔子解之
曰不憂不懼斯可謂之君子已乎子曰内省不疚夫何憂何懼　苞氏曰疚病也内省無罪悪無可憂懼也
司馬牛

疏

憂曰人皆有兄弟我獨亡 鄭玄曰牛兄桓魋行悪死亡無日我為無兄弟也 子夏曰商聞之矣死生有命富貴在天君子敬而無失與人恭而有礼四海之内皆為兄弟也君子何患乎無兄弟也 苞氏曰君子疏悪而友賢九州之人皆可以礼親之 子張問

明。子曰：浸潤之譖，膚受之愬，不行焉，可謂明也已矣。鄭玄曰：譖人之言，如水之浸潤，以漸成人之禍。馬融曰：膚受之愬，皮膚外語，非其內實也。浸潤之譖，膚受之愬，不行焉，可謂遠也已矣。馬融曰：無此二者，非但為明，其德行高遠，人莫能及之。子貢問政。子曰：足食，足兵，使民信之。

矣
矣子貢曰必不得已而去於斯三
者何先曰去兵曰必不得已而去
於斯二者何先曰去食自古皆有
死民不信不立　孔安国曰死者古
今常道人皆有之治邦不可失信也
棘子城曰君子質而已
矣何以文為矣　鄭玄曰舊説云棘子城衛大夫也　子

貢曰惜乎夫子之説君子也駟不

及舌鄭玄曰惜乎夫子之説君子也過言一出駟馬追之不及舌

文猶質也質猶文也虎豹之鞹

猶犬羊之鞹也孔安国曰皮去毛曰鞹虎豹與犬羊別者正以毛文異耳今使文質同者何以別虎豹與犬羊邪

哀公問於有若曰年飢用不足如之

何有若對曰盍徹乎　鄭玄曰盍者何不也周法十一而税謂之徹徹通也為天下之通法也　曰二吾猶不足如之何其徹也　孔安国曰二謂什二而税也　對曰百姓足君孰與不足百姓不足君孰與足　孔安國曰孰誰也　子張問崇德辨惑　苞氏曰辨明也　子曰主忠信徙義

崇德也苞氏曰徙義見義則徙意從之愛之欲其生也惡之欲其死也既欲其生又欲其死是惑苞氏曰愛惡當有常一欲生之一欲死之是心惑也誠不以富亦祇以異鄭玄曰此詩小雅也祇適也言此行誠不可以致富適以足為異耳取此詩之異義以非之也齊景公問政於孔子孔子對

曰君〻臣〻父〻子〻　孔安国曰當此時陳桓制斉君君不君臣不臣故以此對也

公曰善哉信如君不君臣不臣父不父子不子雖有粟吾豈得而食諸　孔安國曰言将危也陳氏果滅斉也

子曰片言可以折獄者其由也與　孔安国曰片猶偏也聽訟必須兩辭以定是非偏信一言

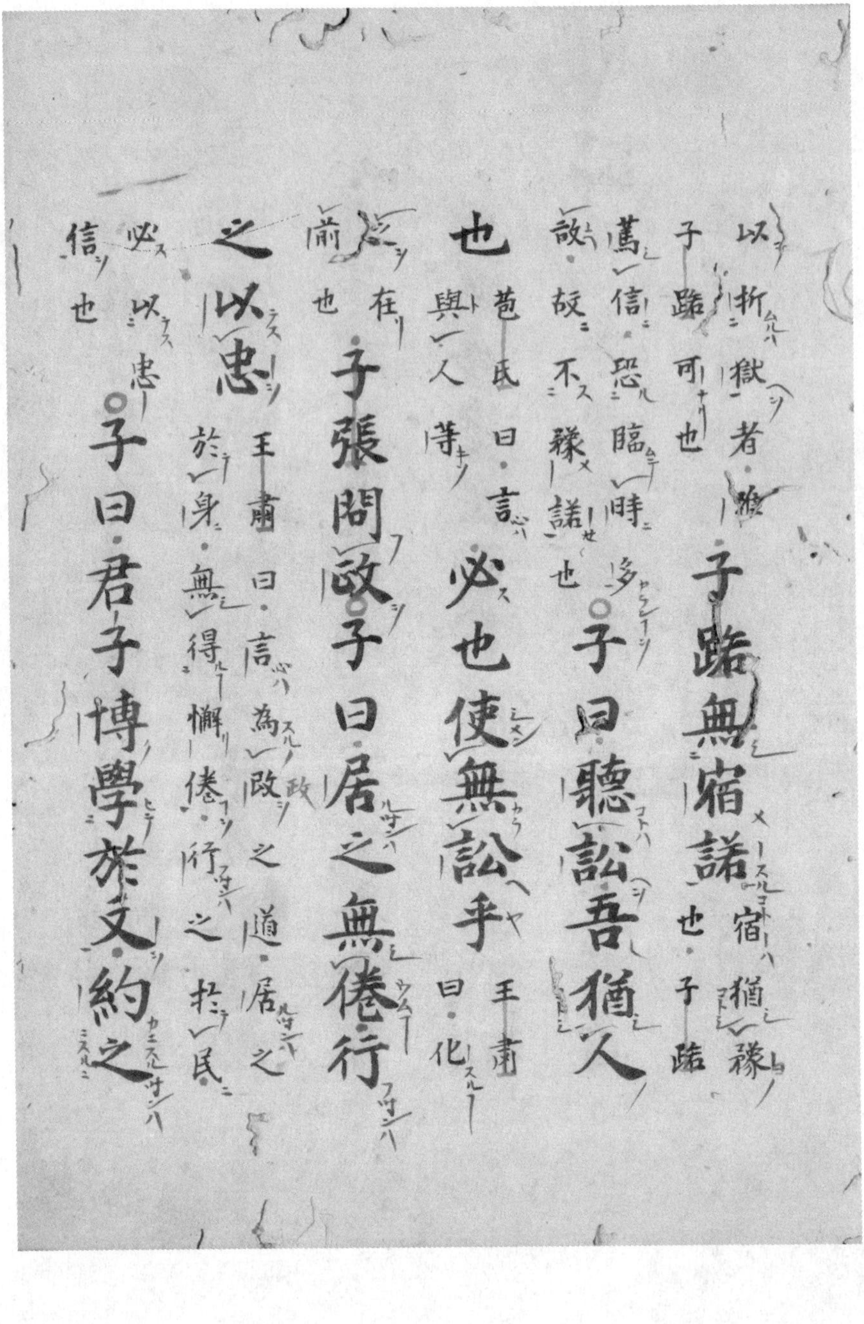

以折獄者唯子路可也
子路無宿諾
宿猶豫也子路篤信恐臨時多故故不豫諾也
子曰聽訟吾猶人也
苞氏曰言與人等
必也使無訟乎
王肅曰化之在前也
子張問政子曰居之無倦行之以忠
王肅曰言為政之道居之於身無得懈倦行之於民必以忠信也
子曰君子博學於文約之

以禮亦可以弗畔矣夫弗畔不違道也子

曰君子成人之美不成人之惡小

人反是季康子問政於孔子孔子

對曰政者正也子帥而正孰敢不

正鄭玄曰季康子魯上卿諸臣之帥也季康子患盜

問於孔子孔子對曰苟子不欲雖

竊
賞之不竊。孔安國曰欲情慾也言民化於上不從其所令
從其所好也　季康子問政於孔子曰如
殺無道以就有道何如　孔安國曰就成也欲
對
多殺以止姦也。孔子對曰子為政焉用殺
子欲善而民善矣君子之德風也
偃
小人之德草也草上之風必偃。孔安

国曰亦欲令康子先自正也偃仆也
加草以風無不仆者猶民之化於
上也　子張問士何如斯可謂之達也
○子曰何哉尓所謂達者矣子張對
曰在邦必聞在家必聞　鄭玄曰言士之所在
皆能有名譽也　○子曰是聞也非達也夫達
者質直而好義察言而觀色慮以

下人。馬融曰常有謙退之志察言
語見顔色知其所欲其念慮
常欲以下人也
在邦必達在家必達
馬融曰謙
尊而光卑而
不可踰也
夫聞者色取仁而行
違居之不疑
馬融曰此言佞人也
佞人假仁者之色行
之則違安居其僞
而不自疑者也
在邦必聞在家
必聞
馬融曰佞
人黨多也
樊遲從遊於舞雩

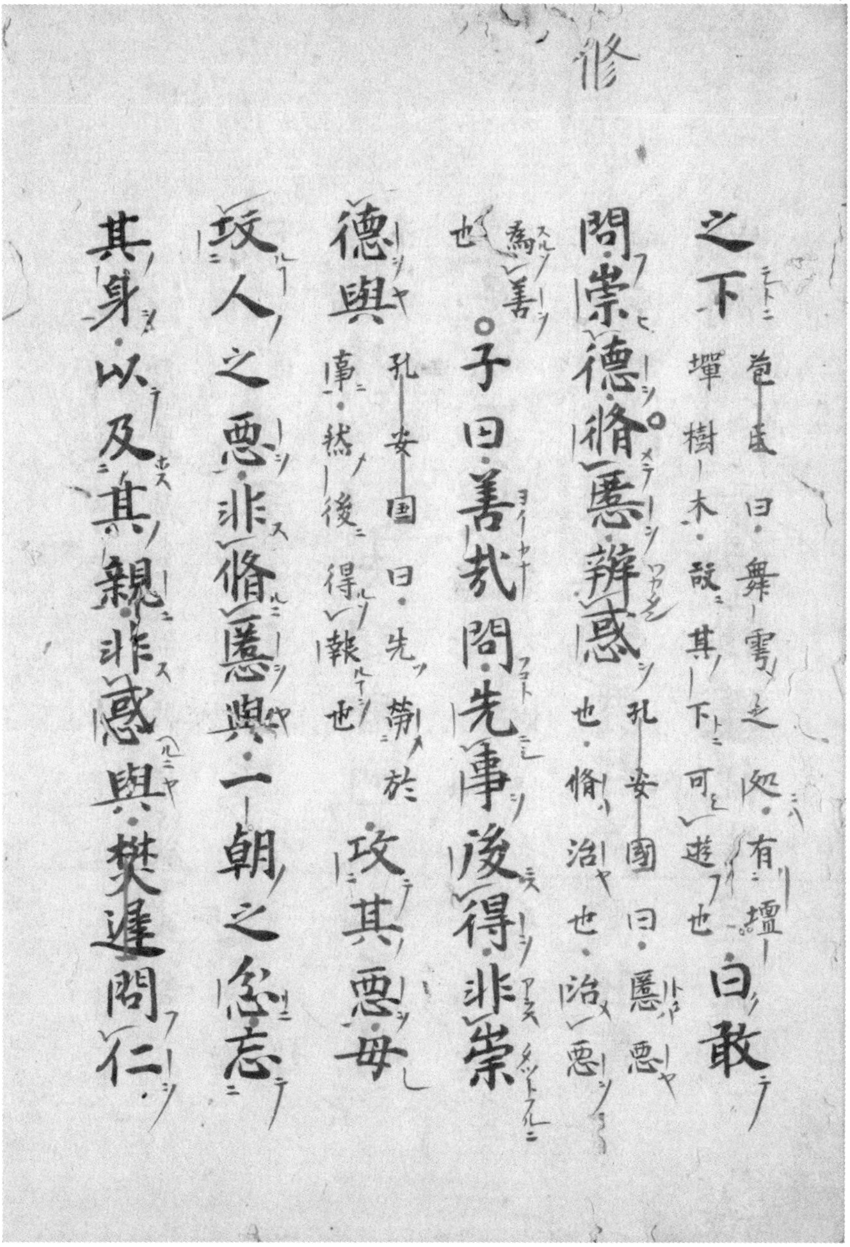

脩

之下　苞氏曰舞雩之処有壇墠樹木故其下可遊也　曰敢

問崇德脩慝辨惑　孔安国曰慝悪也脩治也治悪

爲善也　○子曰善哉問先事後得非崇

德與　孔安国曰先勞於事然後得報也　攻其悪毋

攻人之悪非脩慝與一朝之忿忘

其身以及其親非惑與樊遅問仁

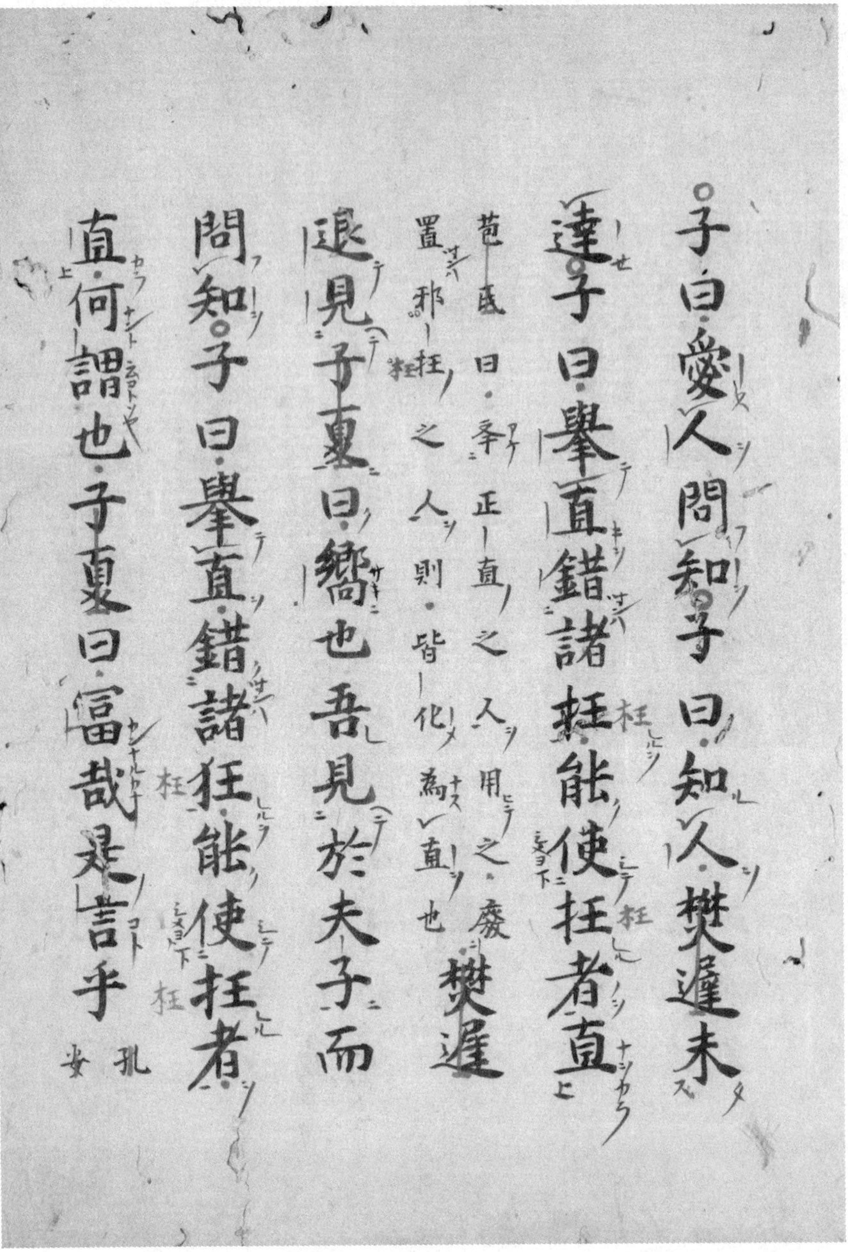

子曰愛人問知子曰知人樊遲未
達子曰舉直錯諸枉能使枉者直
苞氏曰舉正直之人用之廢置邪枉之人則皆化為直也
樊遲退見子夏曰嚮也吾見於夫子而
問知子曰舉直錯諸枉能使枉者
直何謂也子夏曰富哉是言乎
孔安

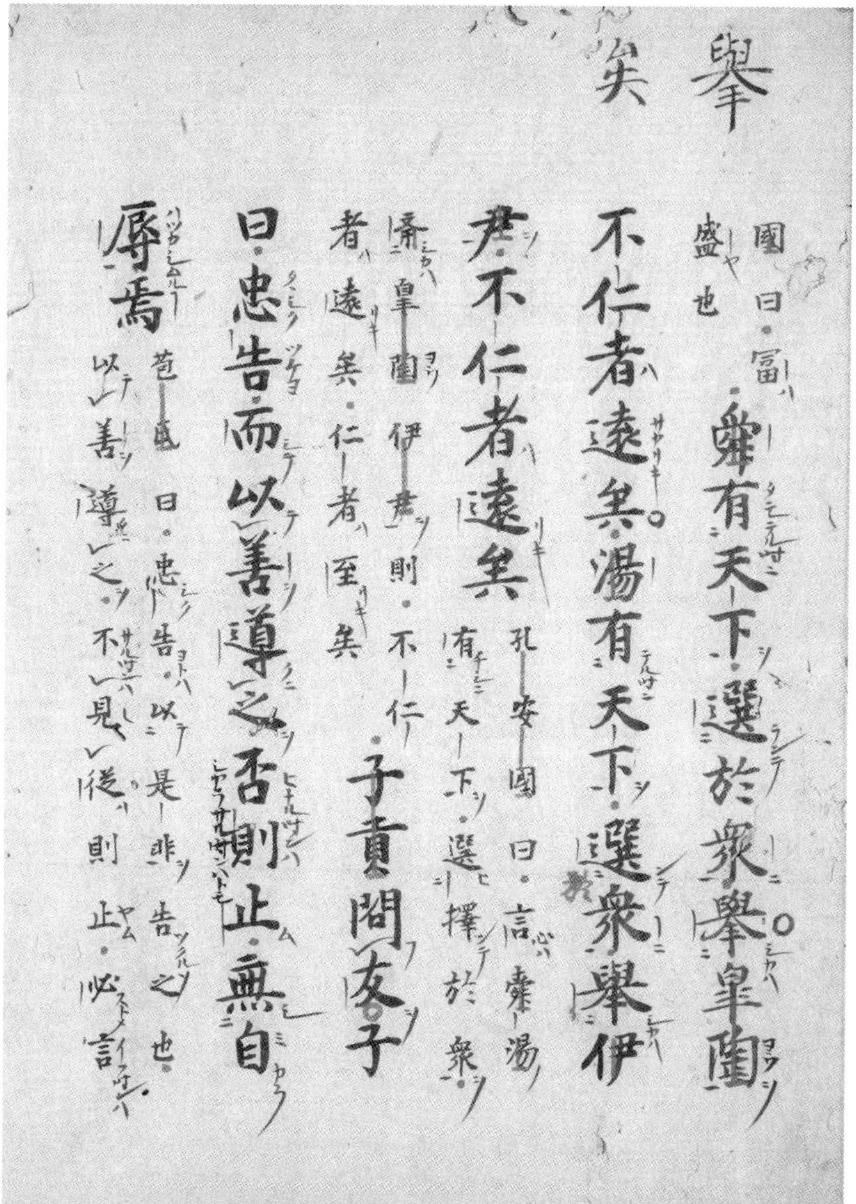
擧
矣
國曰富 舜有天下選於衆擧皋陶
盛也
不仁者遠矣湯有天下選衆擧伊
尹不仁者遠矣 孔安國曰言舜湯
有天下選擇於衆
皋陶伊尹則不仁
者遠矣仁者至矣 子貢問友子
曰忠告而以善導之否則止無自
辱焉 苞氏曰忠告以是非告之也
以善導之不見從則止必言

之。或見辱也

曾子曰：君子以文會友，孔安國曰：友以文德合也

以友輔仁。孔安國曰：友有相切磋之道，所以輔成己之仁也

論語卷第六

經二千六十二字

注一千九百四十六字

論語子路第十三　何晏集解　凡卅章

子路問政子曰先之勞之　孔安國曰先導之以德使民信之然後勞之也易曰悅以使民民忘其勞之也　請益曰無倦　孔安國曰子路嫌其少故請益曰無倦者行此上事無倦則可也

仲弓為季氏宰問政子曰先有司　王肅曰言為政當先任有司而後責其事也

赦小過舉賢才曰焉知賢才而舉之曰舉尒所知尒所不知人其舍諸孔安國曰汝所不知者人將自舉之各舉其所知則賢才無遺也子路曰衛君待子而為政子將奚先苞氏曰問往將何所先行也子曰必也正名乎馬融曰正百事之名也子路曰有是哉

達

子之迂也奚其正 苞氏曰迂猶遠也言孔子之言遠於事也

○子曰野哉由也 孔安國曰野猶不達也

君子於其所不知蓋闕如也 苞氏曰君子於其所不知當闕而勿據今由不知正名之義而謂之迂遠也

名不正則言不順言不順則事不成事不成則禮樂不興禮樂不興

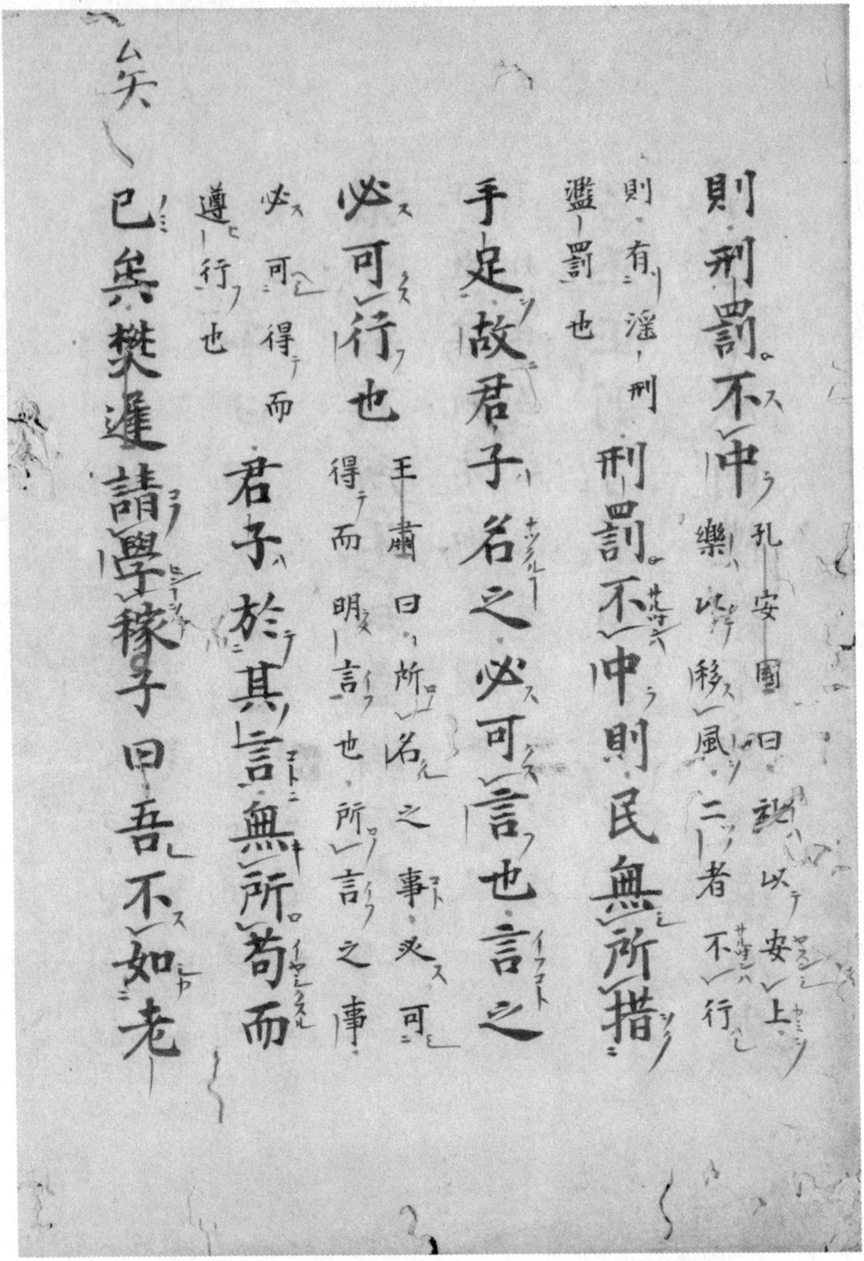

則刑罰不中孔安國曰禮以安上樂以移風二者不行則有淫刑濫罰也刑罰不中則民無所措手足故君子名之必可言也言之必可行也王肅曰所名之事必可得而明言也所言之事必可得而遵行也君子於其言無所苟而

矣

已矣樊遲請學稼子曰吾不如老

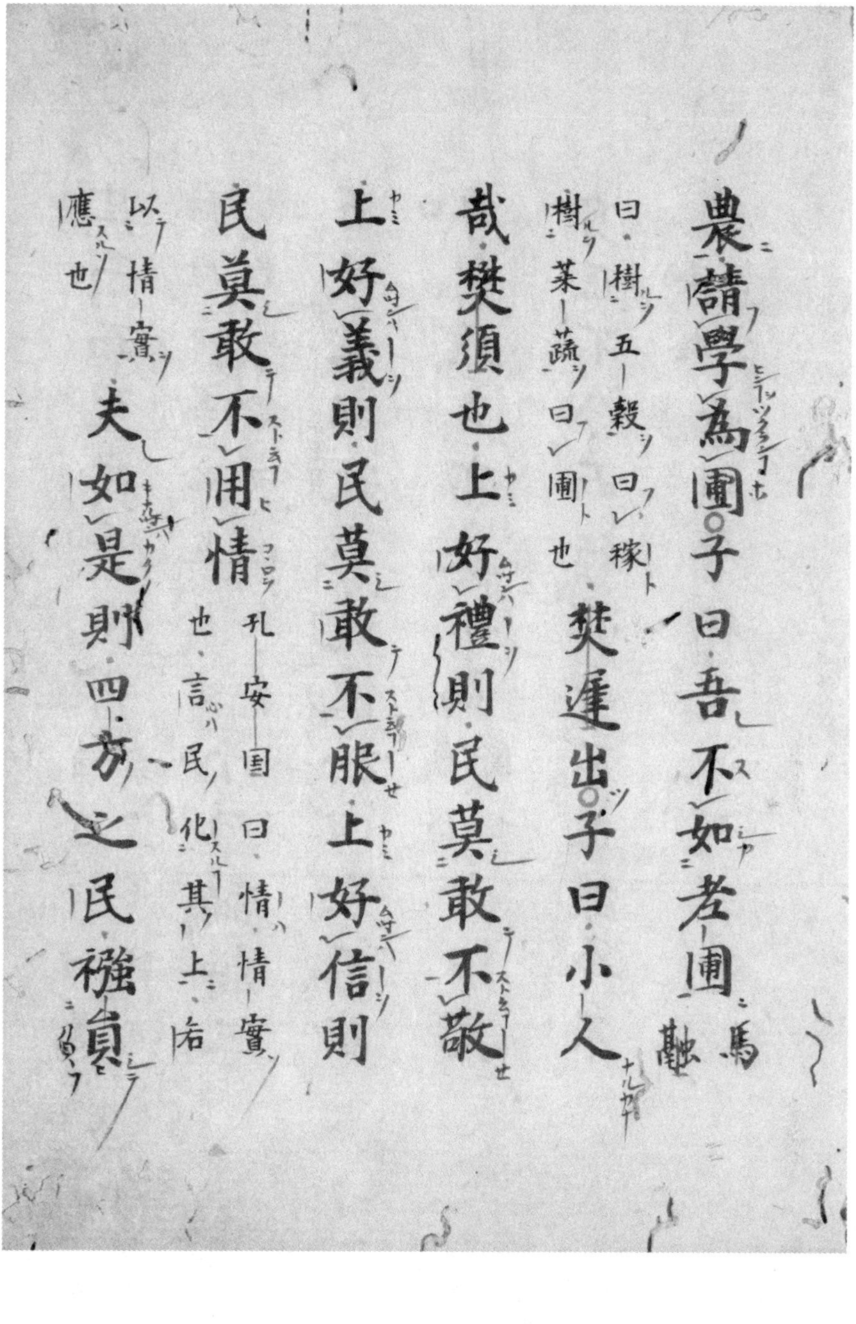
農。請學為圃。子曰。吾不如老圃。馬融曰。樹五穀曰稼。樹菜蔬曰圃也。樊遲出。子曰。小人
哉。樊須也。上好禮則民莫敢不敬。
上好義則民莫敢不服。上好信則
民莫敢不用情。孔安国曰。情，情實也。言民化其上，各
以情實應也。夫如是則四方之民襁負

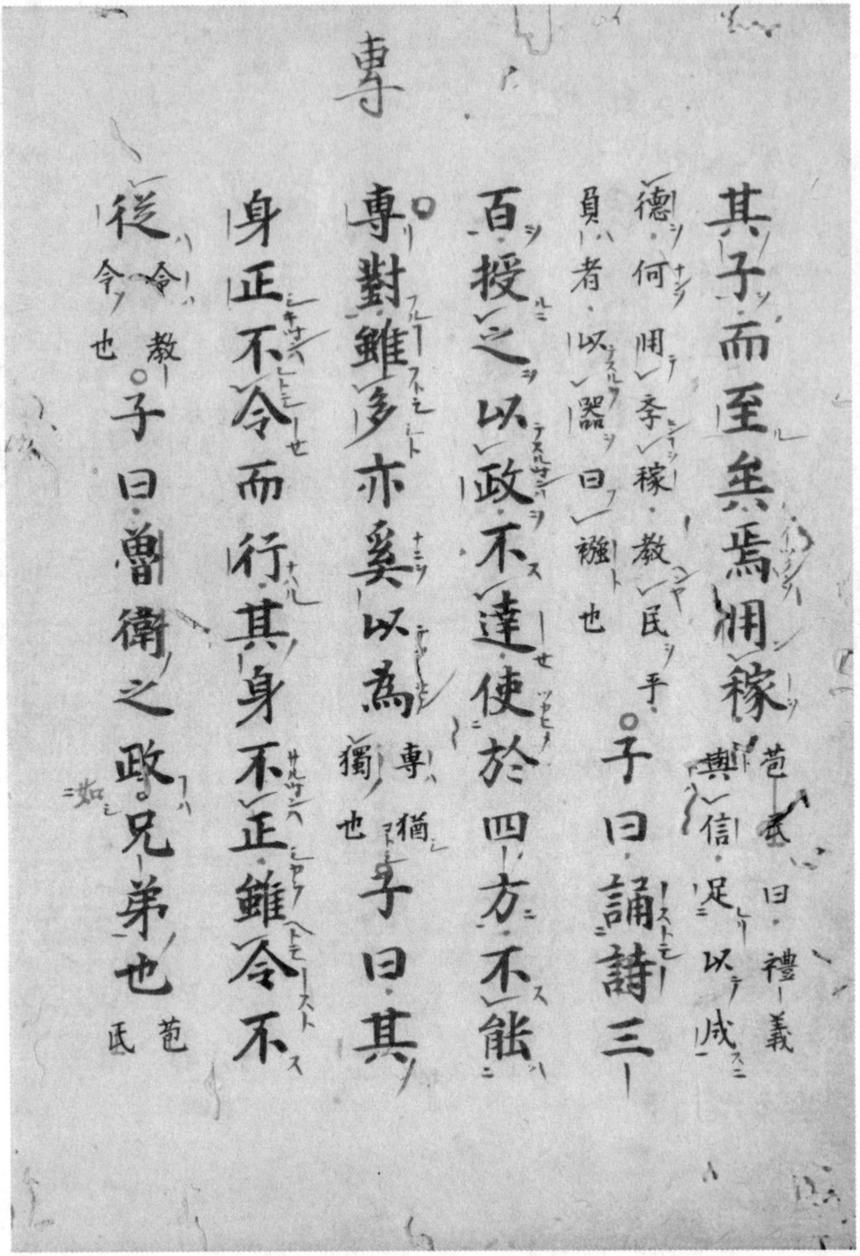

專

其子而至矣焉用稼苞氏曰禮義與信足以成德何用學稼教民乎負者以器曰襁也子曰誦詩三百授之以政不達使於四方不能專對雖多亦奚以為專猶獨也子曰其身正不令而行其身不正雖令不從令教令也子曰魯衛之政兄弟也苞氏

曰魯周公之封衞康叔之封也周公康叔既爲兄弟康叔睦於周公其國之政亦如兄弟也

○子謂衞公子荆善居室王肅曰荆與蘧瑗史鰌竝爲君子也始有曰苟合矣少有曰苟完矣富有曰苟美矣

御

○子適衞冉子僕孔安國曰孔子之衞冉有御也○子曰庶矣哉孔安國曰庶衆也言衞民衆多也冉有

曰既庶矣又何加焉曰冨之曰既冨矣又何加焉曰教之子曰苟有用我者期月而已可也三年有成

孔安國曰言誠有用我於政事者期月而可以行其政教必三年乃有成功也

子曰善人為邦百年亦可以勝殘去殺矣

王肅曰勝殘勝殘暴之人使不為悪也去

殺不用刑殺也

誠哉是言也孔安国曰古有此言故孔子信也

○子曰如有王者必世而後仁孔安國曰三十年曰世如有受命王者必三十年仁政乃成也

○子曰苟正其身矣於從政乎何有不能正其身如正人何

冉子退朝周生烈曰謂罷朝於魯君也

○子曰何晏也對曰有

對

政馬融曰政者有所改更匡正也子曰其事也馬融
曰事者凡所行常事也如有政雖不吾以吾
其與聞之馬融曰如有政非常之事我為大夫雖不見任
用必當與聞之定公問一言而可以興邦
有諸孔子對曰言不可以若是其
幾也王肅曰以其大要一言不能正興國也幾近也有近一言

可與
固也
人之言曰爲君難爲臣不易
如知爲君之難也不幾乎一言而
興邦乎
孔安國曰事不可一言而
成也知如此則可近也
曰一言而可喪邦有諸孔子對曰
言不可以若是其幾也人之言曰
予無樂乎爲君唯其言而樂莫予

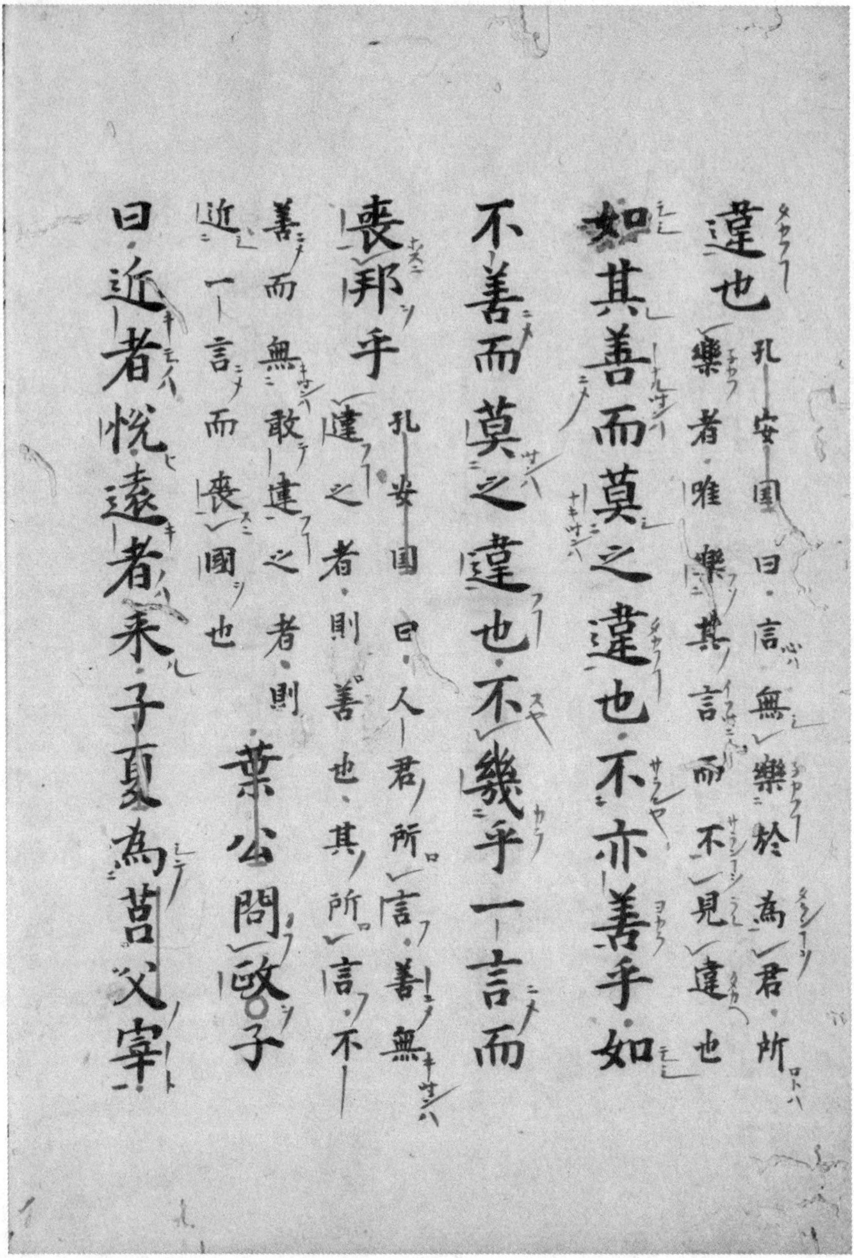

違也　孔安国曰言無樂於為君所樂者唯樂其言而不見違也
如其善而莫之違也不亦善乎如
不善而莫之違也不幾乎一言而
喪邦乎　孔安国曰人君所言善無違之者則善也其所言不善而無敢違之者則近一言而喪國也
葉公問政子
曰近者悦遠者來子夏為莒父宰

問政鄭玄曰舊説曰莒父魯下邑也子曰毋欲速
毋見小利欲速則不達見小利則
大事不成孔安国曰事不可以速成而欲其速則不達矣
見小利妨大事則大事不成也葉公語孔子曰吾
黨有直躬者孔安国曰直躬直身而行也其父
攘羊而子證之周生烈曰有因而盗曰攘孔子

曰吾黨之直者異於是父為子隱

子為父隱直在其中矣樊遲問仁

子曰居處恭執事敬與人忠雖之

夷狄不可棄也 苞氏曰雖之夷狄無礼義之處猶不可棄去而不行也

子貢問曰何如斯可謂

之士矣子曰行已有耻 孔安国曰有耻有所

矣

族

不為也

使於四方不辱君命可謂士矣曰敢問其次曰宗族稱孝焉鄉黨稱悌焉曰敢問其次曰言必信行必果硜硜然小人也抑亦可以為次矣

鄭玄曰行必果所欲行必敢為之硜硜者小人之貌也抑亦其次言可以為次也

曰今之從政者何

如子曰噫斗筲之人何足算也鄭玄曰噫心不平之聲也筲竹器容斗二升者也筭數也子曰不得中行而與之必也狂狷乎苞氏曰中行行能得其中者也言不得中行則欲得狂狷也狂者進取狷者有所不為也苞氏曰狂者進取於善道狷者守節無為欲得此二人者以時多進退取其恒一也子曰

南人有言曰人而無恒不可以作
巫醫　孔安國曰南人南國之人也
鄭玄曰言巫醫不能治無常
之人　善夫　苞氏曰善南
也　人之言也　不恒其德
承羞　或承之羞　孔安國曰此易恒卦之
辭也言德無常則羞辱
承之　子曰不占而已矣　鄭玄曰易所
之　以占吉凶也
厶矣　無恒之人易
所不占也　子曰君子和而不同

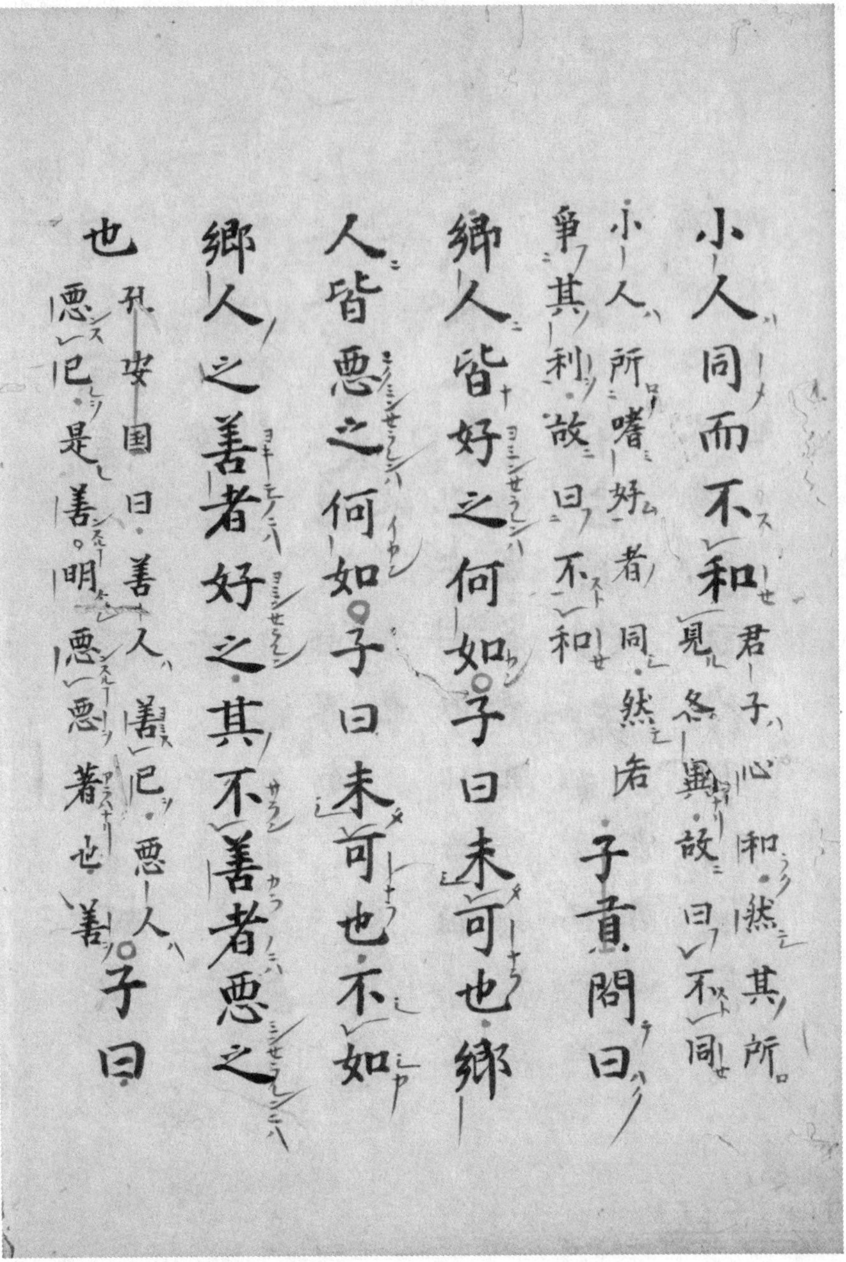
小人同而不和君子心和然其所見各異故曰不同小人所嗜好者同然各爭其利故曰不和子貢問曰鄉人皆好之何如子曰未可也鄉人皆惡之何如子曰未可也不如鄉人之善者好之其不善者惡之也孔安国曰善人善已惡人惡已是善明惡惡著也善子曰

君子易事而難悅也孔安國曰不責備於一人故易事也悅之不以道不悅也及其使人也器也孔安國曰度才而任官也小人難事而易悅也悅之雖不以道悅也及其使人也求備焉子曰君子泰而不驕小人驕而不泰君子自縱泰似驕而不驕

泰

小人拘忌而實自驕矜也 ○子曰剛毅木訥近仁王肅曰剛無欲也毅果敢也木質樸也訥遲鈍也有此四者近於仁也 ○子路問曰何如斯可謂之士矣

○子曰切々偲々怡々如也可謂士矣朋友切々偲々兄弟怡々如也馬融曰切々偲々相切責之貌也怡々和順之貌也 ○子曰善

矣

人教民七年亦可以即戎矣。苞氏曰即戎就兵可以攻戰也

子曰以不教民戰是謂棄之　馬融曰言用不習民使之戰必破敗是謂棄之也

論語憲問第十四　何晏集解　凡卌章

憲問恥子曰邦有道穀　孔安國曰穀祿也邦有道當食其祿也

邦無道穀恥也　孔安國曰君無

道而在其朝食其祿是恥辱也剋伐怨欲不行焉

可以為仁矣馬融曰剋好勝人也伐自伐其功也怨忌小怨也欲貪欲也子曰可以為難矣仁則

吾不知也苞氏曰此四者行之難者未足以為仁也子

曰士而懷居不足以為士矣士當志道不求安而懷其居非士也

子曰邦有道危言危

行苞氏曰危厲也邦有道可以厲言稱也邦無道危行言遜遜順也厲行不隨俗順言以遠害也子曰有德者必有言德不可以憶中故必有言也有言者不必有德仁者必有勇〻者不必有仁南宮适孔安國曰适南宮敬叔魯大夫也問於孔子曰羿善射奡盪舟孔安國曰

羿有窮之君也，篡夏后相之位，其臣寒浞殺之，因其室而生奡，奡多力，能陸地行舟，為夏后少康所殺也。

俱不得其死然。

孔安國曰：此二子者皆不得以壽終也。

禹稷躬稼而有天下。夫子不答。

馬融曰：禹盡力於溝洫，稷播殖百穀，故曰躬稼也。禹及其身，稷及後世，皆王也。适意欲以禹稷比孔子，孔子謙，故不答也。

南宮适出。子曰：君子哉

若人尚德哉若人　孔安國曰賤不義而貴有德故曰君子也

子曰君子而不仁者有矣夫未有小人而仁者也　孔安國曰雖曰君子猶未能備也

子曰愛之能勿勞乎忠焉能勿誨乎　孔安國曰言人有所愛必欲勞來之有所忠必欲教誨之也

子曰為命卑諶草創之　孔安國曰

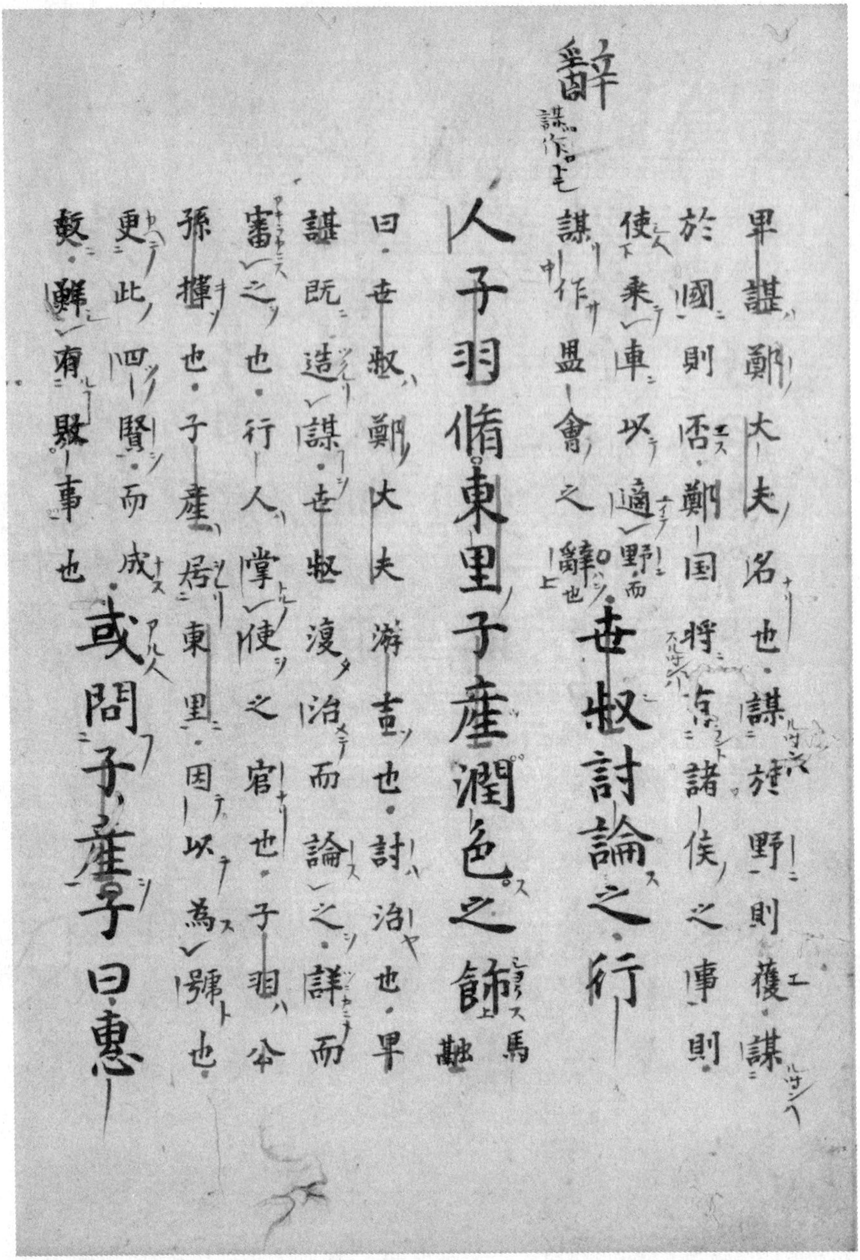
辭
卑諶鄭大夫名也。謀於野則獲，謀
於國則否。鄭国將有諸侯之事，則
使乘車以適野而
謀作盟會之辭也。世叔討論之，行
人子羽脩東里子產潤色之飾 馬融
曰：世叔鄭大夫游吉也。討，治也。卑
諶既造謀，世叔復治而論之，詳而
審之也。行人掌使之官也。子羽，公
孫揮也。子產居東里，因以為號也。
更此四賢而成，
故鮮有敗事也。或問子產，子曰：惠

人也　孔安國曰惠愛也子產古之遺愛也　問子西曰彼哉彼哉　馬融曰子西鄭大夫彼哉彼哉言無足稱也或曰楚令尹子西也　問管仲曰人也　猶詩言所謂伊人也　奪伯氏駢邑三百飯蔬食沒齒無怨言　孔安國曰伯氏齊大夫駢邑地名也齒年也伯氏食邑三百家管仲奪之使至蔬食而沒齒無怨言以當其理故也　子

王肅曰貧者善怨富者善驕二之中者人難使不怨也

曰貧而無怨難富而無驕易子曰

孟公綽為趙魏老則優不可以為

滕薛大夫也　孔安國曰公綽魯大夫也趙魏皆晉卿也家臣稱老公綽性寡欲趙魏貪賢家老無職故優滕薛小国大夫職煩故不可為也

寡

子路問成人曰若臧武仲之智　馬融曰魯大夫臧孫紇也　公綽之不欲　馬融

曰魯大夫卞莊子之勇周生烈曰卞邑大夫
孟公綽也
也冉求之藝文之以禮樂孔安國曰加之
以禮樂文成也亦可以為成人矣曰今之
成人者何必然見利思義馬融曰義然後
取不苟
得也見危授命久要不忘平生
之言亦可以為成人矣孔安國曰
久要舊約

叔

也平生猶少時也

子問公叔文子於公明賈曰信乎夫子不言不笑不取乎

孔安國曰公叔文子衛大夫公孫拔也文謚也

公明賈對曰以告者過也夫子時然後言人不厭其言也樂然後笑人不厭其笑也義然後取人不厭其取也子

曰其然豈其然乎　馬融曰美其得道嫌其不能悉然也

○子曰臧武仲以防求為後於魯雖曰不要君吾不信也　孔安國曰防武仲故邑也為後立後也魯襄公二十三年武仲為孟氏所譖出奔邾自邾如防使以大蔡納請曰紇非敢害也智不足也非敢私請苟守先祀無廢二勳敢不避邑乃立臧為紇致防而奔齊此所謂要君也

○子

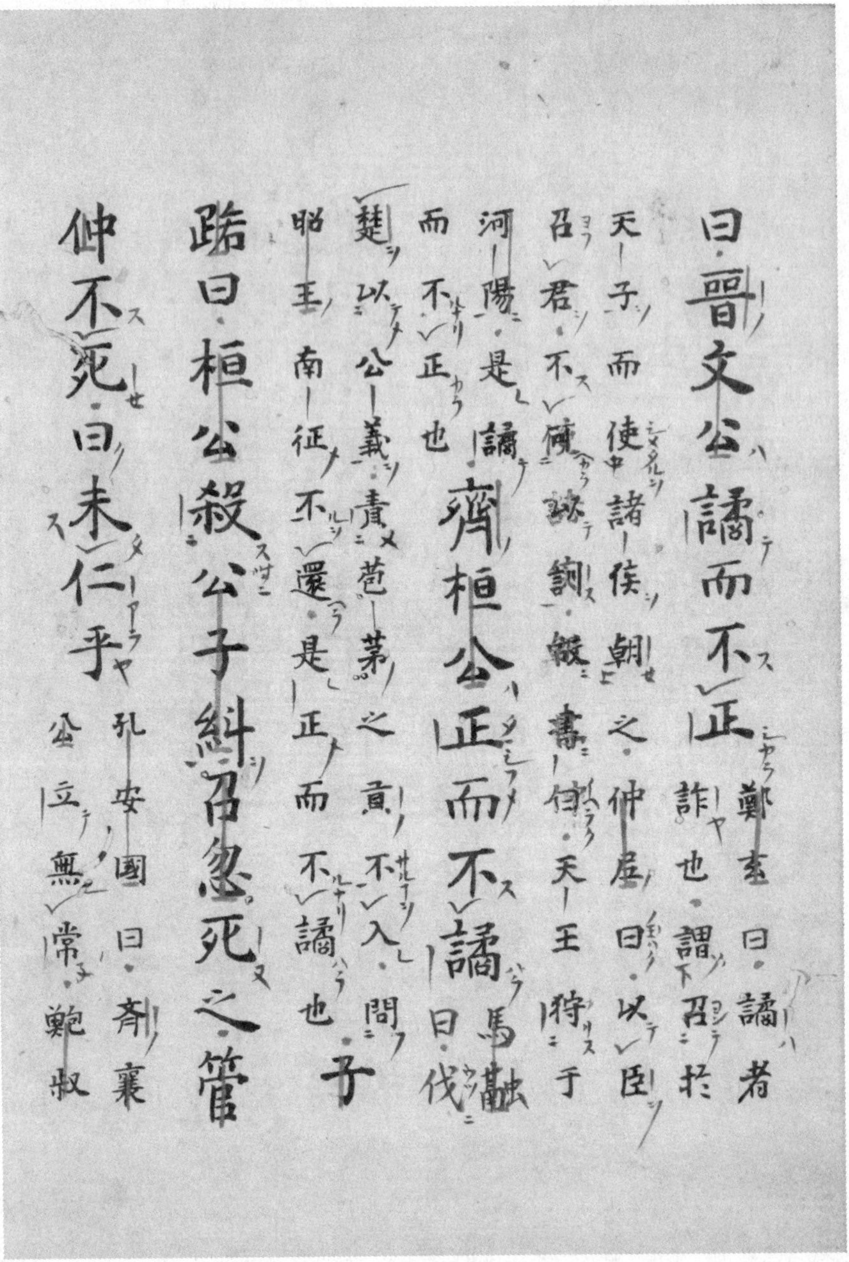
曰晉文公譎而不正鄭玄曰譎者詐也謂召於天子而使諸侯朝之仲尼曰以臣召君不可以訓故書曰天王狩于河陽是譎而不正也齊桓公正而不譎馬融曰伐楚以公義責苞茅之貢不入問昭王南征不還是正而不譎也子路曰桓公殺公子糾召忽死之管仲不死曰未仁乎孔安國曰齊襄公立無常鮑叔

牙曰君使民慢亂將作與奉公子小白出奔莒襄公從弟公孫無知殺襄公管夷吾召忽奉公子糾出奔魯齊人殺無知魯伐齊納子糾小白自莒先入是為桓公乃殺子糾召忽死也

○子曰桓公九合諸侯不以兵車管仲之力也如其仁如其仁孔安国曰誰如管仲之仁矣

子貢曰管仲非仁者與桓公殺公子

侯

糾不能死又相之子曰管仲相桓公霸諸侯一匡天下馬融曰匡正也天子微弱桓公率諸侯以尊周室一正天下也民到于今受其賜受其賜者謂不被髮左衽之恵也微管仲吾其被髮左衽矣馬融曰微無也無管仲則君不君臣不臣皆為夷狄也豈若匹夫匹婦之為諒也

自經於溝瀆而莫之知也　王肅曰
經經死
於溝瀆之中也管仲召忽之於公
子糾君臣之義未正成故死之未
足深嘉不死未足多非死既難亦
在於過厚故仲尼但美管仲之功
亦不言召忽　公叔文子之臣大夫
不當死也
僎與文子同升諸公　孔安國曰大
夫僎本文子
家臣也薦之使與己竝
爲大夫同升在公朝也　子聞之曰

叔　旅

可以為文矣孔安國曰言行如是可謚為文也○子曰
衛靈公之無道也康子曰夫如是
奚而不喪○孔子曰仲叔圉治賓客
祝鮀治宗廟王孫賈治軍旅○夫如
是奚其喪孔安国曰言君雖無道所任者各當其才何為
當亡乎也○子曰其言之不怍則其為之

難也 馬融曰作慚也内有其實則言之不慚積其實者為之難也

陳成子殺簡公孔子沐浴而朝

告於東公曰陳栢殺其君請討之

馬融曰陳成子齊大夫陳栢也將告君故先齊齊必沐浴也 公

曰告夫二三子 孔安國曰謂三卿也 孔子曰

以吾從大夫之後不敢不告也君

曰告夫二三子者馬融曰我於礼當告君不當告二三子君使我往故復往也之二三子告不可

○孔子曰以吾從大夫之後不敢不告馬融曰孔子由君命之二三子告不可故復以此辭語之而止也

子路問事君子曰勿欺也而犯之孔安國曰事君之道義不可欺當能犯顏色諫爭也

○子曰

君子上達，小人下達（本爲上，末爲下也）。子曰：古之學者爲己，今之學者爲人也（孔安國曰：爲己，履而行之；無爲人，徒能言之也）。蘧伯玉使人於孔子，孔子與之坐而問焉（孔安國曰：伯玉，衞大夫蘧瑗也）。曰：夫子何爲？對曰：夫子欲寡其過而未能也（言夫子欲寡其

過而未能無過也使者出子曰使乎使乎
陳羣曰再言使乎善之也言使得其人也子曰不在其
位不謀其政曾子曰君子思不出
其位孔安國曰不越其位子曰君子恥其言之過其行
也子曰君子道者三我無能焉仁
者不憂知者不惑勇者不懼子貢

曰夫子自導也子貢方人孔安國曰比方人也子曰賜也賢乎我夫我則不暇孔安國曰不暇比方人也子曰不患人之不己知患己無能也王肅曰徒患己之無能也子曰不逆詐不憶不信抑亦先覺者是賢乎孔安國曰先覺人情者是寧能為賢乎或時反怨人也

畝

微生畝○謂孔子曰丘何為是栖〻

者與無乃為佞乎 苞氏曰微生姓也畝名也 孔

子對曰非敢為佞也疾固也 苞氏曰疾

世固陋欲行道以化人也 ○子曰驥不稱其力稱

其德也 鄭玄曰德者謂調良之德也 或曰以德

報怨何如○子曰何以報德 德恩惠之德也

以直報怨以德報德子曰莫我知
也夫子貢曰何為其莫知子也子貢
怪夫子言何為莫知己故問也子曰不怨天不尤
人馬融曰孔子不用於世而不怨天人不知己亦不尤人也下
達
學而上達孔安國曰下學人事上知天命也知我
者其天乎聖人與天地合其德故曰唯天知己也公

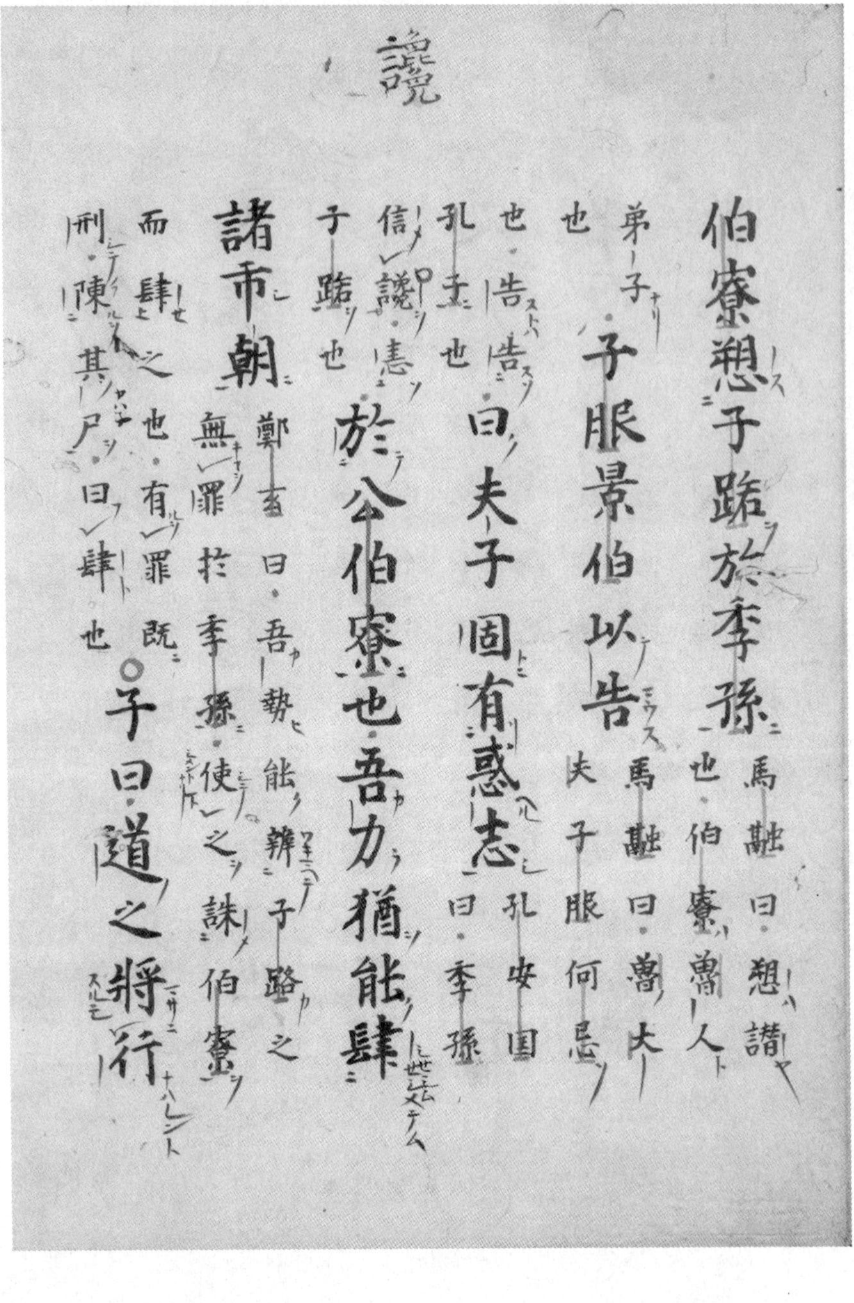

讒

伯寮愬子路於季孫馬融曰愬譖也伯寮魯人弟子也子服景伯以告馬融曰魯大夫子服何忌也告告孔子也曰夫子固有惑志孔安国曰季孫信讒恚子路也於公伯寮也吾力猶能肆諸市朝鄭玄曰吾勢能辨子路之無罪於季孫使之誅伯寮而肆之也有罪既刑陳其尸曰肆也子曰道之將行

殺

也與命也道之將廢也與命也公伯寮其如命何子曰賢者避世孔安国曰世主莫得而臣之也其次避地馬融曰去乱国適治邦也其次避色孔安國曰色斯挙也其次避言孔安国曰有悪言乃去也子曰作者七人矣苞氏曰作為也為之者凡七人謂長沮桀溺丈人石門荷蕢儀封人楚狂

接輿

子路宿於石門石門晨門曰 也

奚自 晨門者閽人也 子路曰自孔氏曰是

知其不可而為之者與 苞氏曰言孔子知世不可為而強為之也

子擊磬於衛有荷蕢而

過孔子之門者曰有心哉擊磬乎

蕢草器也有心謂契契然也 既而曰鄙哉硜

乎。莫己知也。斯已而已矣〔此硜硜徒信己而已。言亦無益也〕深則厲。淺則揭〔苞氏曰。以衣涉水為厲。揭揭衣也。言隨世以行己。若遇水必以濟。知其不可則當不為也〕

○子曰。果哉。末之難矣〔未知己志而便譏己。所以為果也。末無也。無以難者。以其不能解己道也〕

子張曰。書云。高宗諒陰。三年不言。何謂也。

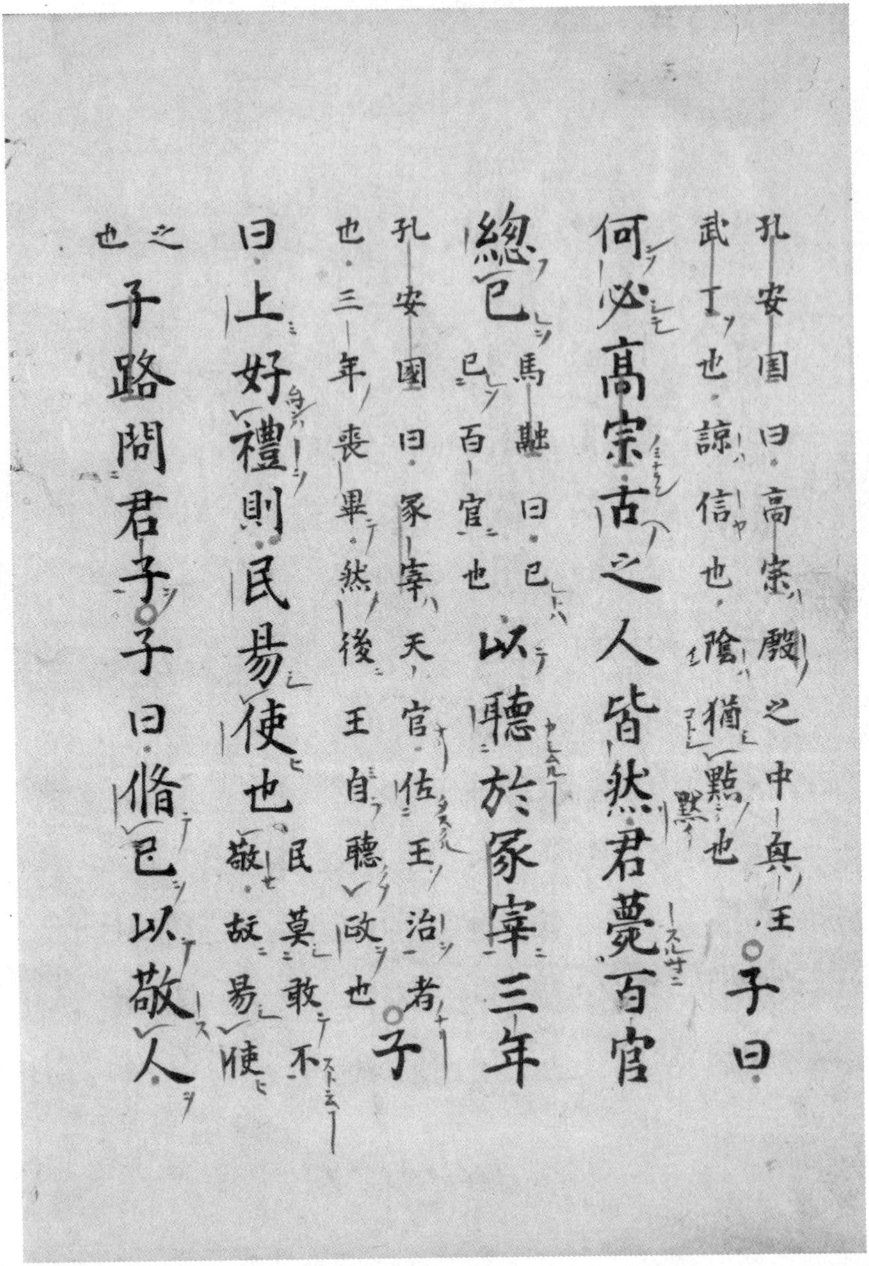

孔安国曰高宗殷之中興王武丁也諒信也陰猶黙也子曰何必高宗古之人皆然君薨百官總己馬融曰己己百官也以聽於冢宰三年孔安國曰冢宰天官佐王治者也三年喪畢然後王自聽政也子曰上好禮則民易使也民莫敢不敬故易使之也子路問君子子曰脩己以敬人

俟

孔安国曰敬其身也 曰如斯而已乎曰脩己以安人 孔安国曰人謂朋友九族也 曰如斯而已乎曰脩己以安百姓脩己以安百姓堯舜其猶病諸 孔安国曰病猶難也 原壤夷俟 馬融曰原壤魯人孔子故舊也夷踞也俟待也踞待孔子也 子曰幼而不遜悌長而無述

幼

焉老而不死是爲賊 賤・爲賤 害也賊 以杖

叩其脛 孔安国曰・叩擊 也・脛脚脛也 闕黨童子

將命矣 馬融曰・闕黨之童子・將命 者・傳賓主之語・出入之也

或問之曰・益者與子曰・吾見其踞

於位也 童子隅坐無位 成人乃有位也 見其與先

生竝行也・非求益者也・欲速成者・

也苞氏曰先生成人也竝行不差在後也違禮欲速成者也則非求益者也

論語巻第七

經二千三百九十四字
注二千五百五十六字

論語衛靈公第十五

衛靈公問陳於孔子。孔安国曰：軍陳行列之法也。

孔子對曰：俎豆之事則嘗聞之矣。孔安國曰：俎豆，礼器也。軍旅之事未之學也。鄭玄曰：万二千五百人為軍，五百人為旅。軍旅，末事。本未立，則不可教以末事也。

明日遂行。在陳絶粮，從

旅

者病莫能興 孔安國曰從者弟子也與起也孔子去衛

如曹曹不容又之宋遭匡人之難

又之陳會吳伐陳陳乱故乏食也

子路慍見曰君子亦有窮乎子曰君

子固窮小人窮斯濫矣 濫溢也君子固亦有

窮時但不如小人

窮濫溢為非也 子曰賜也汝以

對

予為多學而識之者與對曰然 孔安

國曰・然謂多學而識之也　非與　孔安國曰・問今不然邪也　○曰
非也・予一以貫之　善有元・事有會・天下殊塗而同
歸・百慮而一致・知其元則・衆善
舉矣・故不待多學・一以知之也　○子
曰・由知德者鮮矣　王肅曰・君子固窮・而子路慍見
故謂之少於知德者也
○子曰・無為而治者其
舜也與・夫何為哉・恭己・正南面而

已矣 言任官得其人故無爲而治也 子張問行子曰言忠信行篤敬雖蠻貊之邦行矣言不忠信行不篤敬雖州里行乎哉 鄭玄曰万二千五百家爲州五家爲鄰五鄰爲里行乎哉言不可行也 立則見其參然於前也在輿則見其倚於衡也夫然後行也

矢

苞氏曰衛柂也言思念忠信立則常想見參然在前在輿則若倚衡柂也

子張書諸紳孔安國曰紳大帶也

子曰直哉史魚孔安國曰衛大夫史鰌也邦有道如矢

邦無道如矢孔安國曰有道無道行直如矢言不曲也

君子哉蘧伯玉邦有道則仕邦無道則可卷而懐也苞氏曰卷而懐謂不與時政柔

順不忤於人也子曰可與言而不與言失
人不可與言而與言失言知者
不失人亦不失言子曰志士仁人
無求生以害仁有殺身以成仁孔安
國曰無求生而害仁死而後成仁則志士仁人不愛其身也子
貢問為仁子曰工欲善其事必先

利其器居是邦也事其大夫之賢者友其士之仁者也孔安國曰言工以利器為用人以賢友為助也顔淵問為邦子曰行夏之時據見万物之生以為四時之始取其易知也乘殷之輅馬融曰殷車曰大輅左傳曰大輅越席也昭其儉服周之冕苞氏曰冕禮冠也周之禮文而備也取其黈纊塞耳

不任視聽也。樂則韶舞。韶舞、樂也。盡善盡美、故取之。

放鄭聲、遠佞人。鄭聲淫、佞人殆。孔安國曰：鄭聲佞人、亦俱能感人心、與雅樂賢人同、而使人淫乱危殆、故當放遠也。

○子曰：人而無遠慮、必有近憂。

矣

○子曰：已矣乎。吾未見好德如好色者也。

○子曰：臧文仲其竊位者與。知

柳下恵之賢而不與立也 孔安國曰柳下恵展禽也知其賢而不挙為竊位
○子曰躬自厚而薄責於人則遠怨矣 孔安國曰自責己厚責人薄所以遠怨咎也
○子曰不曰如之何如之何者 孔安國曰不曰如之何者猶言不曰奈是何也
吾未如之何也已矣 孔安國曰如之何者言禍難已成吾

亦無如之何也

○子曰群居終日言不及義好行小慧難矣哉

鄭玄曰小小才知也難矣哉言終無成功也

○子曰君子義以為質禮以行之遜以出之信以成之君子哉

鄭玄曰義以為質謂於操行遜以出之謂言語

○子曰君子病無能焉不病人之不已知也

○子曰君子疾沒世而名

苞氏曰君子之人但病無聖人之道不病人之不已知

不稱焉 疾猶病也 子曰君子求諸己小人求諸人 君子責己小人責人也 子曰君子矜而不争 苞氏曰矜矜莊也 群而不黨 孔安國曰黨助也君子雖衆不相私助義之與比之也 子曰君子不以言舉人 苞氏曰有言者不必有德故不可以言舉人也 不以人廢言 王肅曰不可以無德而廢善言 子貢問曰有一

言而可以終身行者乎。子曰。其恕乎。己所不欲。勿施於人也。

言己之所悪勿加施於人

子曰。吾之於人也。誰毀誰譽。如有可譽者。其有所試矣。

苞氏曰。所譽輙試以事。不空譽而已矣

斯民也。三代之所以直道而行也

馬融曰。三代夏殷周也。用民如此。無所阿私。所以云直道而行也子曰吾猶及史之闕文也 苞氏曰古之史於書字有疑則闕之以待知者也 有馬者借人乘之今則亡矣夫 苞氏曰有馬不能調良則借人使習之孔子自謂及見其人如此至今無有矣言此者以俗多穿鑿也

子曰巧言亂德小不忍亂大謀 孔安國曰巧言利口則乱德義小不忍則乱大謀也

子曰衆惡

之必察焉衆好之必察焉
王肅曰或衆阿
黨比周或其人特立不
群故好惡不可不察也子曰人能
弘道非道弘人也
王肅曰材大者道随大材小者道随小
故不能弘人也
子曰過而不改是謂過矣
子曰吾嘗終日不食終夜不寢以
思無益不如學也子曰君子謀道
寢

不謀食耕也餒在其中矣學也祿在其中矣君子憂道不憂貧也 鄭玄曰餒餓也言人雖念耕而不學故飢餓學則得祿雖不耕而不飢勸人學也 ○子曰知及之仁不能守之雖得之必失之 苞氏曰知能及治其官而仁不能守雖得之必失之也 知及之仁能守之不莊以

莅之則民不敬 苞氏曰不嚴以臨之則民不敬從其上也 知及之仁能守之莊以莅之動之不以禮未善也 王肅曰動必以礼然後善也

○子曰君子不可小知而可大受也小人不可大受也而可小知也 王肅曰君子之道深遠不可以小了知而可大受也小人之道淺近可以小了知

而不可大受也

○子曰：民之於仁也，甚於水火。馬融曰：水火與仁，皆民所仰而生者也。仁最為甚也。水火，吾見蹈而死者矣，未見蹈仁而死者也。馬融曰：蹈水火，或時殺人；蹈仁，未嘗殺人也。

○子曰：當仁不讓於師。孔安國曰：當行仁之事，不復讓於師，言行仁急也。

○子曰：君子貞而不諒。孔安國曰：貞，正也。

也諒信也君子之人正其道耳言不必信也
子曰事君敬其事而後其食
孔安國曰先盡力然後食祿也
子曰有教無類
馬融曰言人在見教無有種類也
子曰道不同不相為謀
子曰辭達而已矣
凡事莫過於實足也辭達則足矣不頻文艶之辭也
師冕見
孔安國曰師樂人盲者也名冕也
及階子

曰階也及席也子曰席也皆坐子告之曰某在斯某在斯孔安国曰歷告以坐中人姓字及所在處也師冕出子張問曰與師言之道與子曰然固相師之道也馬融曰相導也

論語季氏第十六　何晏集解　凡十四章

季氏將伐顓臾。冉有季路見於孔子曰。季氏將有事於顓臾。孔安國曰。顓臾宓犧之後。風姓之國。本魯之附庸。當時臣屬魯。季氏貪其地。欲滅而有之。冉有與季路為季氏臣。來告孔子也。孔子曰。求無乃尒是過與。孔安國曰。冉求為季氏宰。相其室。為之聚斂。故孔子獨疑求教也。夫顓臾昔者先王以

為東蒙主孔安國曰使主祭蒙山也且在邦域

之中矣孔安國曰顓臾七百里之邦顓臾為附庸在其域中也

是社稷之臣也何以為伐也孔安國曰已屬魯為社稷之臣何用滅之為也冉有曰夫子欲

之吾二臣者皆不欲也孔安國曰歸咎於季氏也○孔子曰求周任有言曰陳力就

列不能者止馬融曰周任古之良吏也言當陳才力度己所任以就其位不能則當止也危而不持顛而不扶則將焉用彼相矣苞氏曰言輔相人者當持危扶顛若不能何用相為且尒言過矣虎兕出於柙龜玉毀櫝中是誰之過與馬融曰柙檻也櫝櫃也非典守者之過邪也冉有曰

今夫顓臾固而近於費馬融曰固謂城郭完
堅兵甲利也費季氏之邑也今不取後世必為
子孫憂孔子曰求君子疾夫孔安國曰
疾如汝之言也舍曰欲之而必更為之辭
孔安國曰舍其貪利之説更作佗辭是所疾也丘也聞有
國有家者不患寡而患不均孔安國曰

國者諸侯家者卿大夫也不患土
地人民之寡少患政治之不均平
不患貧而患不安孔安國曰憂不
能安民耳民安
則國
富也
蓋均無貧和無寡安無傾苞
氏
曰政教均平則不患貧矣上下和同
不患寡矣小大安寧不傾危也矣
夫如是故遠人不服則修文德以
來之既來之則安之今由與求也

相夫子遠人不服而不能来也邦
分崩離析而不能守也 孔安国曰民有異心
曰分欲去曰崩不
可會聚曰離析也 而謀動干戈於
邦内 孔安國曰干
楯也戈戟也 吾恐季孫之憂
不在於顓臾而在蕭墻之内也 鄭玄
曰蕭之言肅也蕭墻謂屏也君臣
相見之礼至屏而加肅敬焉是以

崩

樂侯

謂之蕭墻後季氏之家臣陽虎果囚季桓子也○孔子曰天下有道則禮樂征伐自天子出天下無道則禮樂征伐自諸侯出自諸侯出蓋十世希不失矣孔安国曰希少也周幽王為犬戎所殺平王東遷周始微弱諸侯自作礼樂專征伐始於隠公至昭公十世失政死於乾侯也自大夫出五

世希不失矣　孔安国曰季文子初得政至桓子五世為家臣陽虎所囚也　陪臣執國命三世希不失矣　馬融曰陪重也謂家臣也陽氏為季氏家臣至虎三世而出奔齊　天下有道則政不在大夫　孔安國曰制之由君也　天下有道則庶人不議　孔安國曰無所非議也　孔子曰祿之去公室

五世矣鄭玄曰言此之時魯定公之初也魯自東門襄仲殺文公之子赤而立宣公於是政在大夫爵祿不從君出至定公為五世也政逮大夫四世矣鄭玄曰文子武子悼子平子也故夫三桓之子孫微矣孔安國曰三桓者謂仲孫叔孫季孫也卿卿皆出桓公也故曰三桓也仲孫氏改其氏稱孟氏至哀公皆衰也孔子曰益者三友損

者三友，直友，諒友，多聞益矣。友便僻（馬融曰便僻巧辟人所忌以求容媚也），友善柔（馬融曰面柔也），友便佞損矣（鄭玄曰便辯也謂佞而辯也）。

○孔子曰：益者三樂，損者三樂。樂節禮樂（動得禮樂之節也），樂道人之善，樂多賢友，益矣。樂驕樂（孔安国曰恃尊貴以即恣也）

樂佚遊王肅曰佚遊出入不知節也樂宴樂損
矣孔安國曰宴樂沈荒淫瀆也三者自損之道也孔子曰
侍於君子有三愆孔安國曰愆過也言未
及之而言謂之躁鄭玄曰躁不安靜也言及
之而不言謂之隱孔安國曰隱匿不盡情實也未
見顏色而言謂之瞽周生烈曰未見君子顏色

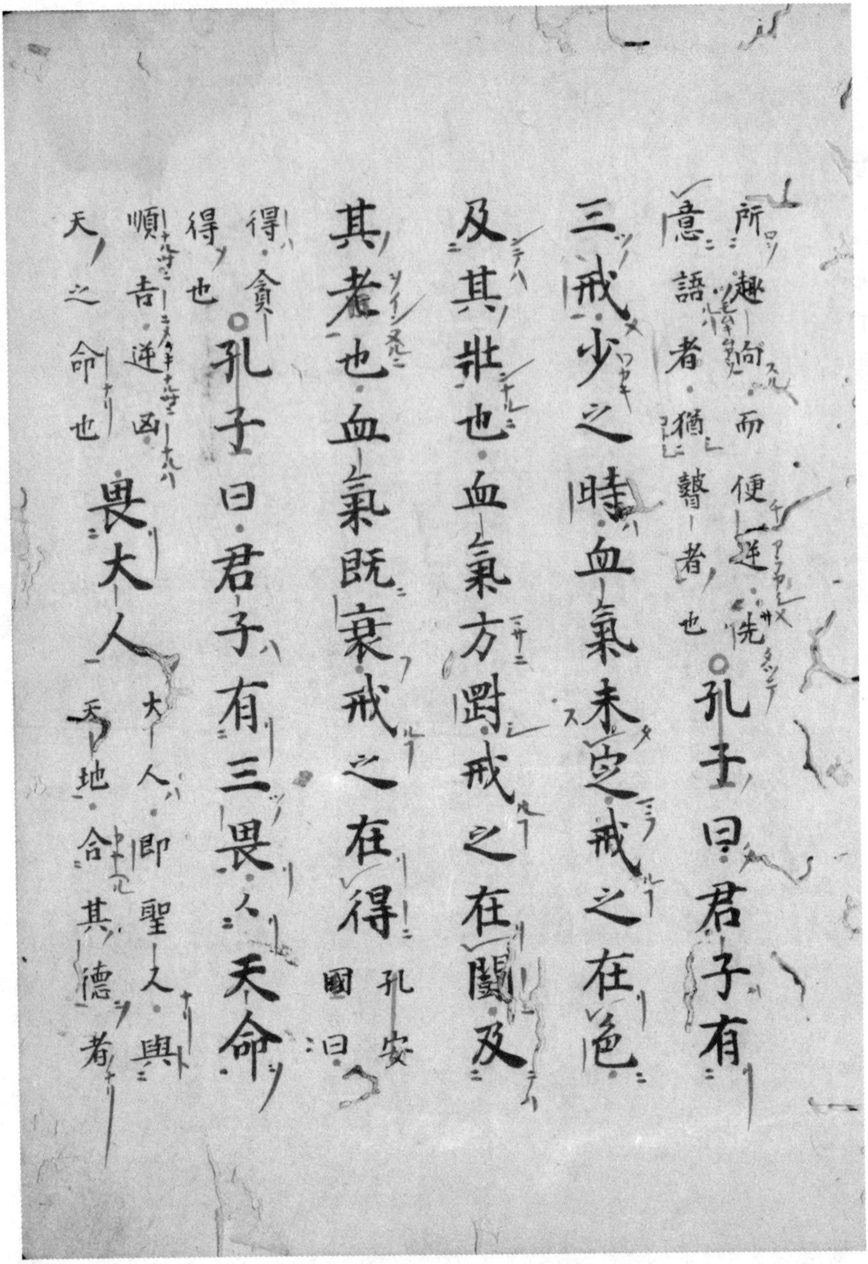

所趣向而便逆先意語者猶譬者也孔子曰君子有
三戒少之時血氣未定戒之在色
及其壯也血氣方剛戒之在鬭及
其老也血氣既衰戒之在得孔安國曰
得貪得也孔子曰君子有三畏天命
順吉逆凶天之命也畏大人大人即聖人與天地合其德者

也
畏聖人之言深遠不可易知則聖人之言也小
人不知天命而不畏也恢踈故不知畏也
狎大人直而不肆故狎之也侮聖人之言不可
小知故侮之也孔子曰生而知之者上也
學而知之者次也困而學之又其
次也孔安國曰困謂有所不通之也困而不學民

斯為下矣孔子曰君子有九思視
思明聽思聰色思溫貌思恭言思
忠事思敬疑思問忿思難見得思
義孔子曰見善如不及見不善如
探湯吾見其人矣吾聞其語孔安國曰
探湯喻去惡疾也隱居以求其志行義以

達

達其道吾聞其語矣未見其人也
齊景公有馬千駟死之日民無得
而稱焉　孔安國曰千駟四千匹也　伯夷叔齊餓死
于首陽之下　馬融曰首陽山在河東蒲坂縣華山之北河
曲之
中也　民到于今稱之其斯謂與　王
河肅
曰此所謂以
聽爲稱者也　陳亢問於伯魚曰子
德

亦有異聞乎馬融曰以爲伯魚孔子之子所聞當有異也

對曰未也嘗獨立孔安國曰獨立謂孔子也

庭對

鯉趨而過庭曰學詩乎對曰未也

曰不學詩無以言也鯉退而學詩

他日又獨立鯉趨而過庭曰學禮

乎對曰未也不學禮無以立也鯉

退而學禮聞斯二矣陳亢退喜曰
問一得三聞詩聞禮又聞君子之
遠其子也邦君之妻君稱之曰夫
人夫人自稱曰小童邦人稱之曰
君夫人稱諸異邦曰寡小君異邦
人稱之亦曰君夫人也孔安國曰小君君夫

寡

侯

人之稱也。對異邦謙。故曰寡小君

當此時。諸侯嫡妾。不正。稱號不審

故孔子正言其禮也

論語巻第八

經一千七百七十四字

註一千九百七十字

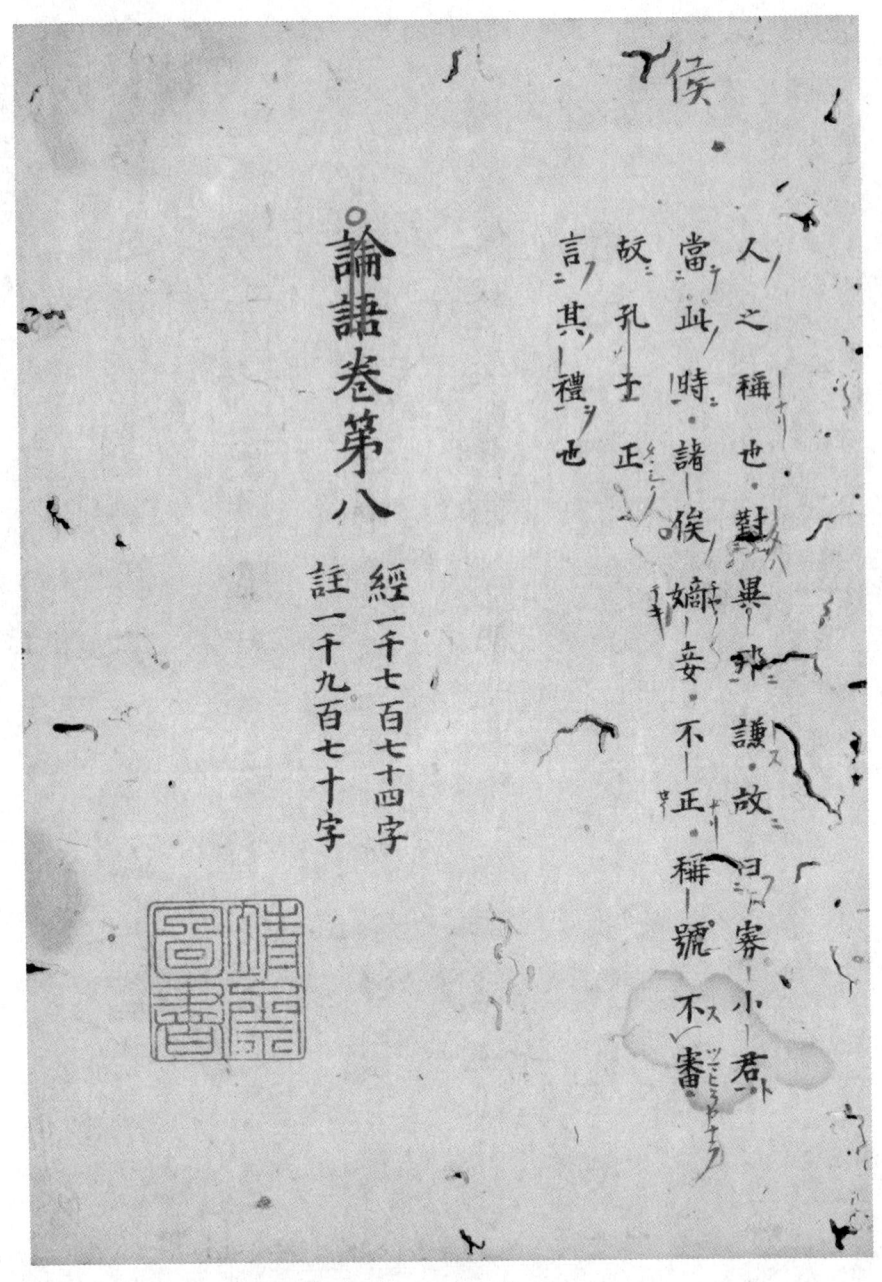

論語陽貨第十七　何晏集解 凡廿四章

陽貨欲見孔子孔子不見 孔安國曰陽貨陽虎也季氏家臣而專魯國之政欲見孔子使仕也 歸孔子豚 孔安國曰欲使往謝故遺孔子豚也 孔子時其亡也而往拜之遇諸塗 孔安國曰塗道也於道路與相逢也 謂孔子曰来予與尒言曰懷寶

其寶而迷其邦可謂仁乎曰不可
馬融曰言孔子不仕是懷寶也
好
知國不治而不為政是迷邦也
從事而亟失時可謂智乎曰不可
孔安國曰言孔子栖〻好從事
而數不遇失時不為有智也
日
月逝矣歲不我與
馬融曰年老歲
月已往當急仕
也
○孔子曰諾吾將仕矣
孔安國曰
以順辭免

辭

害也

子曰性相近也習相遠也　孔安國曰君子慎所習也

子曰唯上智與下愚不移　孔安國曰上智不可強使爲惡下愚不可使強賢也

子之武城聞絃歌之聲　孔安國曰子游爲武城宰

夫子莞尒而笑　莞尒小咲貌

曰割鷄焉用牛刀　孔安國曰言治小何須用大道

子游對曰昔者

偃也聞諸夫子曰君子學道則愛人小人學道則易使孔安國曰道礼樂也樂以和人人和則易使也○子曰二三子孔安國曰從行者也偃之言是也前言戲之耳孔安國曰戲以治小而用大道公山不擾以費畔召子欲往孔安國曰不擾為季氏宰與陽虎共執季桓子而召孔子也

子路不悦曰末之也已何必公山氏之人也孔安國曰之適也無可之則止耳何必公山氏

子曰夫召我者而豈徒哉如有用我者吾其為東周乎興周道於東方故曰東周

子張問仁於孔子孔子對曰能行五者於天下為仁矣請問之曰

恭寬信敏惠恭則不侮孔安國曰不見侮慢也寬則得衆信則人任焉敏則有功孔安國曰應事疾則多成功也惠則足以使人

佛肸召子欲往孔安國曰晉大夫趙簡子之邑宰子路曰昔者由也聞諸夫子曰親於其身爲不善者君子不入孔安國曰不入其國

佛肸以中牟叛子之往也如之何
子曰然有是言曰不曰堅乎磨而
不磷不曰白乎涅而不緇　孔安國
曰磷薄也
皂
也涅可以染皂者言至堅者磨之
而不薄至白者染之涅不黒君子
雖在濁乱濁
乱不能汚也
吾豈匏瓜也哉焉能
繫而不食
匏瓠也言瓠匏瓜得繫
一處者不食故也吾自

食物當東西南北不得如不食之物繫滯一處也
子曰由也汝聞六言六蔽矣乎六言六蔽下六事謂仁智信直勇剛也
對曰未也居吾語汝孔安國曰子路起對故使還坐也
好仁不好學其蔽也愚孔安國曰仁者愛物不知所以裁之則愚
好知不好學其蔽也蕩孔安國曰蕩無所適守也
好信

不好學其蔽也賊　孔安國曰父子不知相爲隱之輩

好直不好學其蔽也絞好勇不好學其蔽也亂好剛不好學其蔽也狂　孔安國曰狂妄抵觸人

○子曰小子何莫學夫詩　苞氏曰小子門人也　詩可以興　孔安國曰興引譬連類　可以觀　鄭玄曰觀觀風俗之盛衰　可以

群孔安國曰群居相切磋也可以怨孔安國曰怨刺上政

邇之事父遠之事君孔安國曰邇近也多

識於鳥獸草木之名子謂伯魚曰

女為周南邵南矣乎人而不為周

南邵南其猶正牆面而立也與馬融

曰周南邵南國風之始淑女以配君子三綱之首王教之端故人而

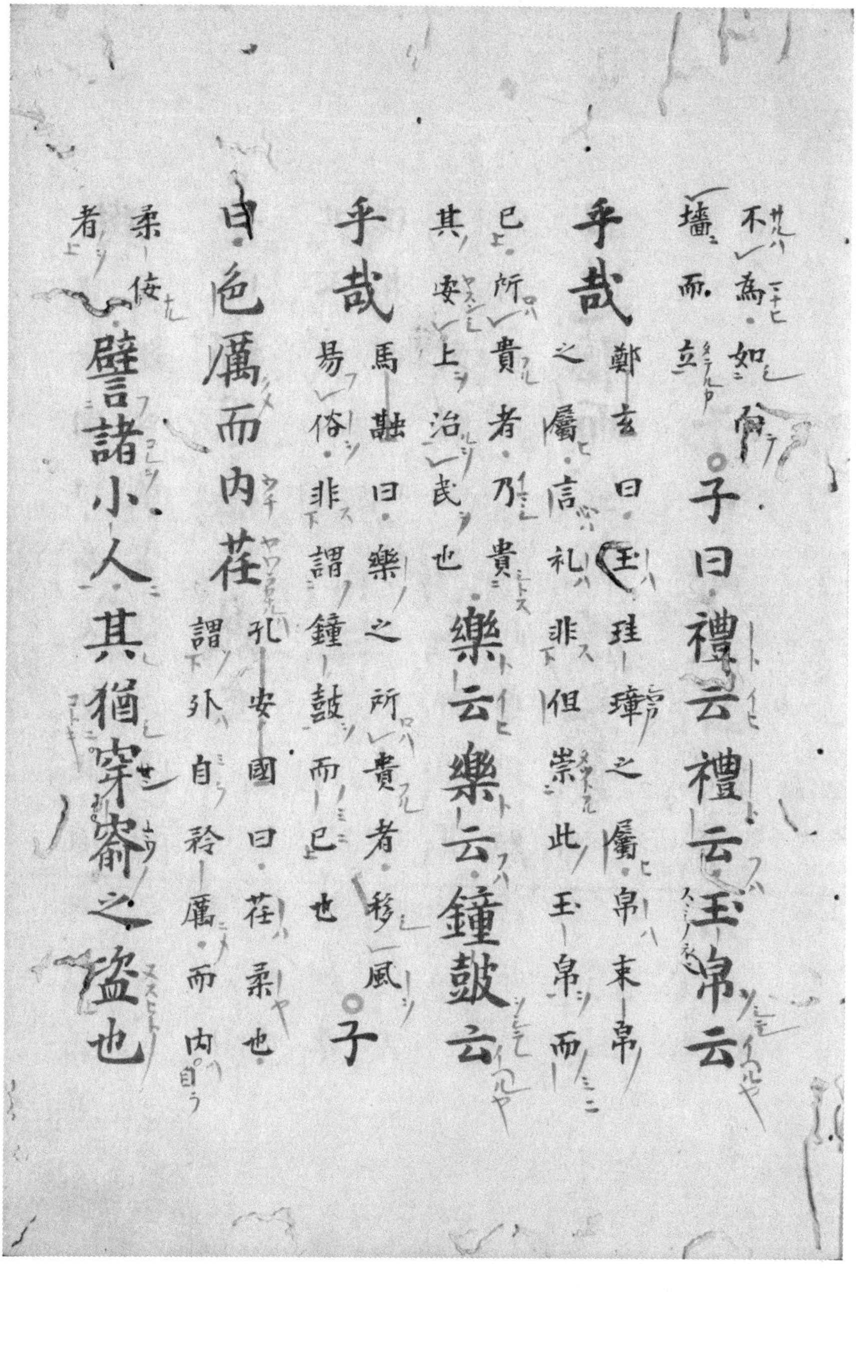

不為如向墻而立
子曰禮云禮云玉帛云乎哉　鄭玄曰玉珪璋之屬帛束帛之屬言礼非但崇此玉帛而已所貴者乃貴其安上治民也
樂云樂云鍾鼓云乎哉　馬融曰樂之所貴者移風易俗非謂鍾鼓而已也
子曰色厲而内荏　孔安國曰荏柔也謂外自矜厲而内柔佞者
譬諸小人其猶穿窬之盜也

與孔安國曰為人如此猶小人之有盜心穿穿壁窬窬墻之也

子曰鄉原德之賊也周生烈曰所至之鄉輙原其人情而為己意以待之是賊亂德者也一曰鄉向也古字同謂人不能對毅而見人輙原其趣向容媚而合之言此所以賊德也

子曰道聽而塗說德之棄馬融曰聞之於道路則傳而說之

子曰鄙夫可與事君哉孔安

國曰・言不可與事君其未得之患得之患得之者
患不能得之・楚俗言既得之患失之苟患失
無所不至矣鄭玄曰・無所不至者言邪媚無所不為也
◦子曰・古者民有三疾今也或是之
亡也苞氏曰・言古者民疾・與今時異也古之狂也
肆苞氏曰・肆極意敢言也今之狂也蕩孔安國曰

蕩無所據古之矜也廉馬融曰有廉隅也今之
矜也忿戾孔安國曰惡理多怒古之愚也直
今之愚也詐而已矣子曰惡紫之
奪朱孔安國曰朱正色紫間色之好者惡其邪好而奪正色
惡鄭聲之亂雅樂苞氏曰鄭聲淫聲之哀者惡其
奪雅樂也惡利口之覆邦家孔安國曰利口之人

奪

多言少實苟能悦媚
時君傾覆其國家也　○子曰予欲無
言　子貢曰子如不言則小子何述
焉　言之爲益少故欲無言也　○子曰天何言哉四
時行焉百物生焉天何言哉　孺悲
欲見孔子孔子辭之以疾將命者
出戶取瑟而歌使之聞之　孺悲魯人也孔

辭

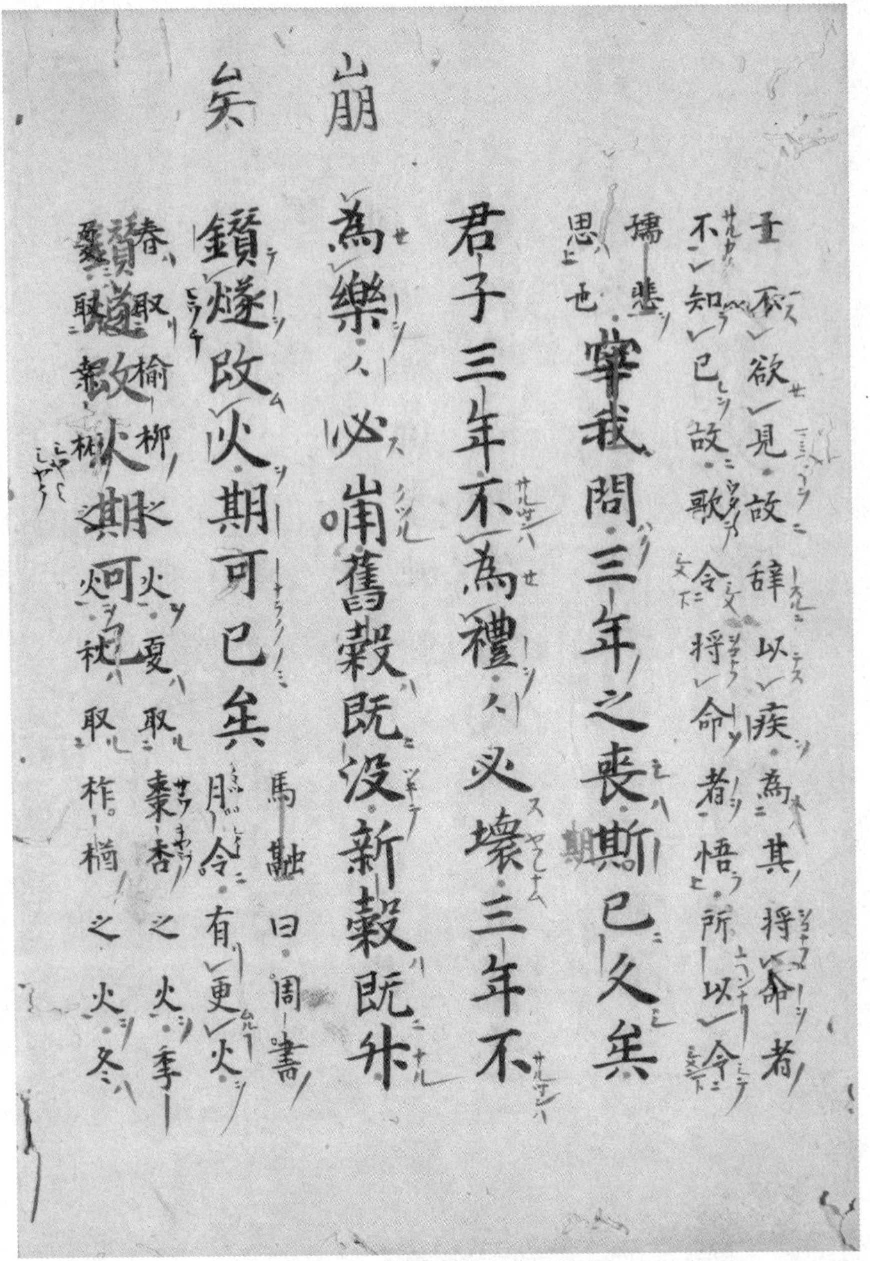
崩
矣
壬不欲見故辭以疾爲其將命者不知已故歌令將命者悟所以令孺悲思也
宰我問三年之喪期已久矣
君子三年不爲禮禮必壞三年不
爲樂樂必崩舊穀既沒新穀既升
鑽燧改火期可已矣
馬融曰周書月令有更火春取榆柳之火夏取棗杏之火季夏取桑柘之火秋取柞楢之火冬

取槐檀之火一年之中鑽火各異木故曰改火也○子曰食夫稻也衣夫錦也於女安乎曰安

之女安則為之夫君子之居喪食旨不甘聞樂不樂居處不安故不為也今女安則為之

孔安國曰旨美也責其無仁於親故再言女安則為之

宰我出○曰予之不

仁也子生三年然後免於父母之

懷馬融曰子生未三歲為父母所懷抱也夫三年之

喪天下之通喪也孔安國曰自天子達於庶人

予也有三年之愛於其父母乎孔安國曰言子之於父母欲報之德昊天罔極而予也有三年之愛也

子曰飽食終日無所用心難矣哉

不有博奕者乎為之猶賢乎已（其無所據樂善生淫慾）子路曰君子尚勇乎子曰君子義以為上君子有勇而無義為乱小人有勇而無義為盗子貢問曰君子亦有悪乎子曰有悪悪稱人之悪者（苞氏曰好稱説人悪所以為悪也）

徼

發

惡居下流而訕上者孔安國曰訕謗毀也惡勇而無禮者惡果敢而窒者馬融曰窒窒塞也曰賜也亦有惡也惡徼以為知者孔安國曰徼抄也抄人之意以為己有惡不遜以為勇者惡訐以為直者苞氏曰訐謂攻發人之陰私

子曰唯女子與小人為難

養

養也近之則不遜遠之則怨子曰

年四十而見惡焉其終也已　鄭玄

曰年

在不惑而為人所

惡終無善行也

○論語微子第十八　何晏集解　凡十一章

諫

微子去之箕子為之奴比干諫而

死　馬融曰微箕二国名子爵也微

子紂之庶兄箕子比干紂之諸

父也。微子見紂無道早去之。箕子
佯狂為奴。比干以諫而見殺也
仁者愛人。三
孔子曰殷有三仁焉
人行異而
同稱仁。以其俱
在憂乱寧民也
柳下惠為士師
孔安
國曰。士師
典獄之官
三黜人曰子未可以去
乎。曰直道而事人焉往而不三黜
孔安國曰。苟直道以事人
所至之國俱當復三黜
枉道而

枉

事父何必去父母之邦齊景公待
孔子曰若季氏則吾不能以季孟
之閒待之孔安國曰魯三卿季氏爲上卿冣貴孟氏爲下
卿不用事言待之以二者之閒曰吾老矣不能用
也孔子行以聖道難成故云老矣不能用齊人歸
女樂季桓子受之三日不朝孔子

行孔安國曰桓子季孫斯也使定公受斉之女樂君臣相與觀之癈朝礼三日也楚狂接輿歌而過孔子之門孔安國曰接輿楚人也詳狂而来歌欲以感切孔子曰鳳兮鳳兮何德之衰也孔安國曰比孔子於鳳鳥也鳳鳥待聖君而乃見非孔子周行求合故曰衰之也往者不可諫也孔安國曰已往所行不可復諫止来者

詩

待

猶可追也　孔安國曰自今以来　已
可追自止避乱隠居
而已而今之從政者殆而　孔安國曰已而
者言世乱已甚不可復　孔子下欲
治再言之者傷之甚也
與之言趨而避之不得與之言　苞氏
曰下下　長沮桀溺耦而耕孔子過　耕
車也
之使子路問津焉　鄭玄曰長沮桀
溺隠者也耜廣
桀

對

五寸二耜為耦津濟渡處長沮曰夫執輿者為
誰子路曰為孔丘曰是魯孔丘與
對曰是也曰是知津矣馬融曰言數周流自
知津處也問於桀溺桀溺曰子為誰曰
為仲由曰是魯孔丘之徒與對曰
然曰滔滔者天下皆是也而誰以

易之孔安國曰滔滔者周流之貌也言當今天下治乱同空舍此適彼故曰誰以易之且而與其從避人之士豈若從避世之士哉士有避人之法有避世之法長沮桀溺謂孔子為士從避人之法也已為士則從避世之法也耰而不輟鄭玄曰耰覆種也輟止也覆種不止不以津告也子路行以告夫子憮然為其不達

已意而便非已曰鳥獸不可與同群也孔安國曰隱居於山林是與鳥獸同群吾非斯人之徒與而誰與孔安國曰吾自當與此天下人同群安能去人從鳥獸居乎天下有道丘不與易也孔安國曰言凡天下有道者丘皆不與易之已大而人小故也子路從而從遇丈人以杖荷蓧苞氏曰丈人

人荷者也蓧竹器名也

子路問曰子見夫子

乎丈人曰四體不勤五穀不分孰

為夫子苞氏曰丈人曰不勤勞四體不分殖五穀誰為夫子

而索之耶植其杖而芸孔安國曰植倚也除草曰芸

子路拱而立未知所以荅畢止子路宿殺

雞為黍而食之見其二子焉明日

子路行以告子曰隱者也使子路

反見之至則行矣孔安國曰子路反至其家丈人

出行不在子路曰不仕無義鄭玄曰留言以語文

人之子也長幼之節不可廢也君臣

之義如之何其可廢也孔安國曰言女知父

子相養不可廢反可廢君臣之義耶欲潔其身而乱

廢

大倫苞氏曰倫道也理也君子之仕也行其
義也道之不行也已知之矣苞氏曰言
君子之仕所以行君臣之義也不
自必道得行孔子道不見用自已
知之也逸民伯夷叔齊虞仲夷逸朱
張柳下惠少連逸民者節行超逸
者苞氏曰此七人皆逸民之
賢者也子曰不降其志不辱其

身者伯夷叔齊與〔鄭玄曰言其直己之心不入庸君之朝〕謂柳下惠少連降志辱身矣言中倫行中慮其斯而已矣〔孔安国曰但能言應倫理行應思慮若此而已〕謂虞仲夷逸隱居放言〔苞氏曰放置也置不復言世務也〕身中清廢中權〔馬融曰清純潔也遭世乱身廢棄以免患合於權也〕

遭

我則異於是無可無不可馬融曰亦不必進亦不必退唯義所在大師摯適齊亞飯干適楚孔安國曰亞次也次飯樂師也摯干皆名也三飯繚適蔡四飯缺適秦苞氏曰三飯四飯樂章名也各異師繚缺皆名也鼓方叔入于河苞氏曰鼓擊鼓者方叔名也入謂居其河內也播鞀武入于漢孔安

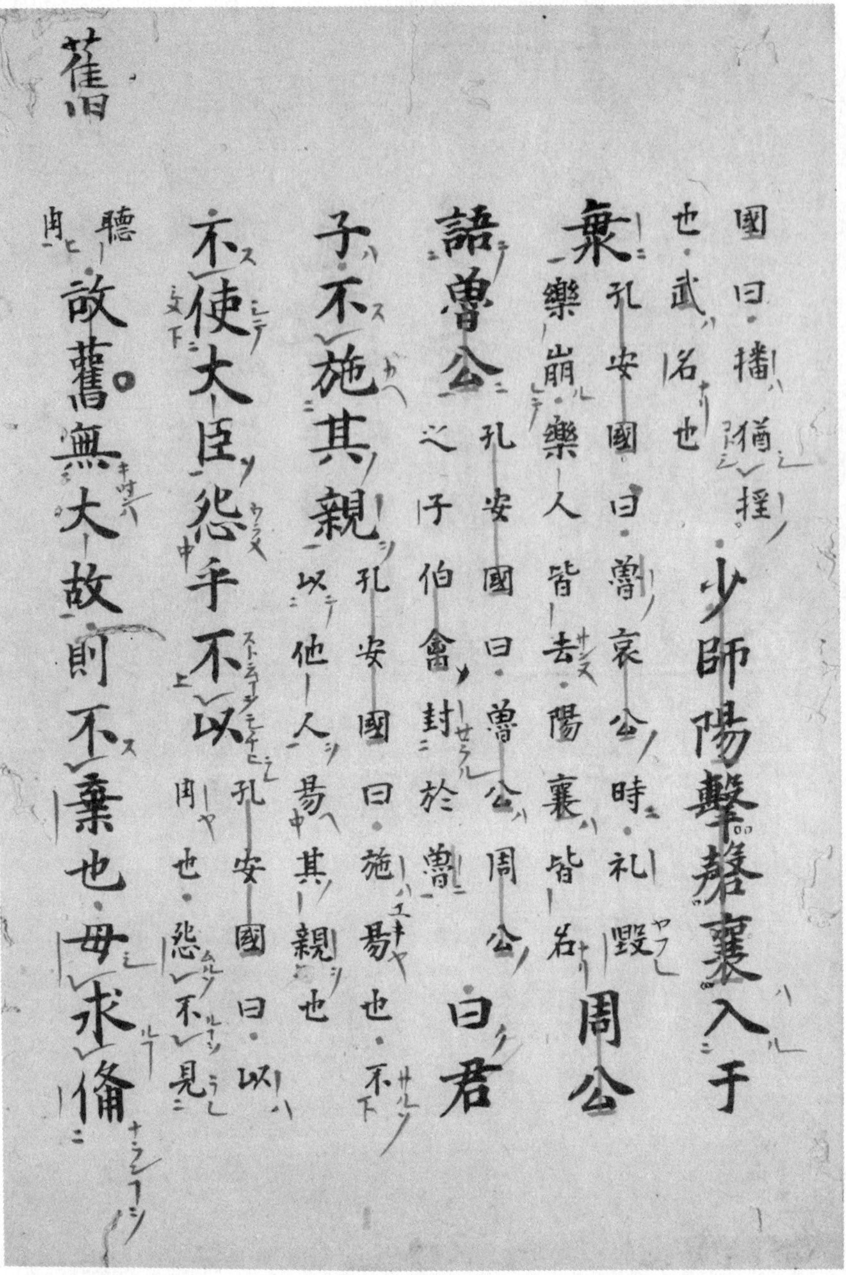

國曰播猶揺也武名也少師陽擊磬襄入于
海孔安國曰魯哀公時礼毀樂崩樂人皆去陽襄皆名周公
語魯公孔安國曰魯公周公之子伯禽封於魯曰君
子不施其親孔安國曰施易也不以他人易其親也
不使大臣怨乎不以孔安國曰以用也怨不見
聴用故舊無大故則不棄也毋求備
舊

逆

違

於一人　孔安國曰大故謂惡逆之事

周有八士伯達伯适仲突仲忽叔夜叔夏季隨季騧　苞氏曰周時四乳得八子皆為顯士故記之

論語卷第九　經一千六百五十字　註一千七百七十八字

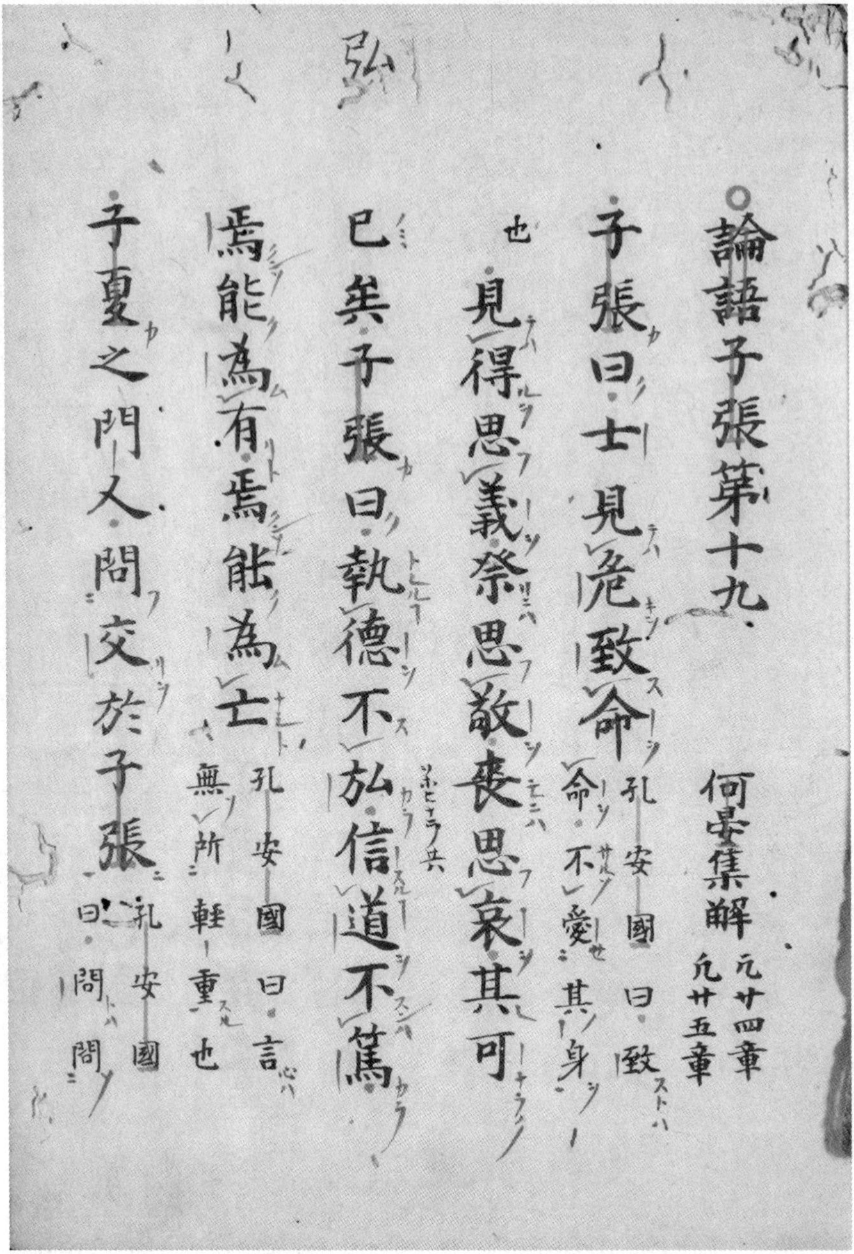

論語子張第十九　何晏集解　凡廿四章　凡廿五章

子張曰士見危致命　孔安國曰致命不愛其身也

見得思義祭思敬喪思哀其可已矣

子張曰執德不弘信道不篤焉能為有焉能為亡　孔安國曰言無所軽重也

子夏之門人問交於子張　孔安國曰問問

與人交接之道也　子張曰子夏云何對曰
子夏曰可者與之其不可者距之
子張曰異乎吾所聞也君子尊賢
而容衆嘉善而矜不能我大賢與
於人何所不容我不賢與人將距
我如之何其距人也　苞氏曰友交當如子夏汎

文當如子張

子夏曰雖小道必有可觀者焉小道謂異端也致遠恐泥苞氏曰泥難不通也是以君子不爲也

子夏曰日知其所亡孔安國曰日知其所未聞也月無忘其所能可謂好學也已矣

子夏曰博學而篤志孔安國曰博斈而厚識也切問而近思

切

切問者切問於己所學而未寤之
事也近思者近思己所能及之事
也汎問所未學遠思所未達則於
所習者不精於所思者不解之
仁在其中矣子夏曰百工居肆以
成其事君子學以致其道 苞氏曰言百工
處其肆則事成猶君子以立其道也 子夏曰小人
之過也必文 孔安國曰文飾其過不言其情實也 子

夏曰君子有三變望之儼然即之也温聽其言也厲（鄭玄曰厲嚴正也）子夏曰君子信而後勞其民未信則以為厲已也（王肅曰信而後諫未信厲病也）則以為謗已矣子夏曰大德不踰閑（孔安國曰閑猶法也）小德出入可也（孔安國曰

小德不能不踰法故曰出入可也　子游曰子夏之門人小子當洒掃應對進退則可矣抑末也本之則無如之何

苞氏曰言子夏弟子於當對賓客修威儀禮節之事則可然此但是人之末事耳不可無其本也故云本之則無如之何也

子夏聞之曰噫

孔安國曰噫心不平之聲也

言游過矣君

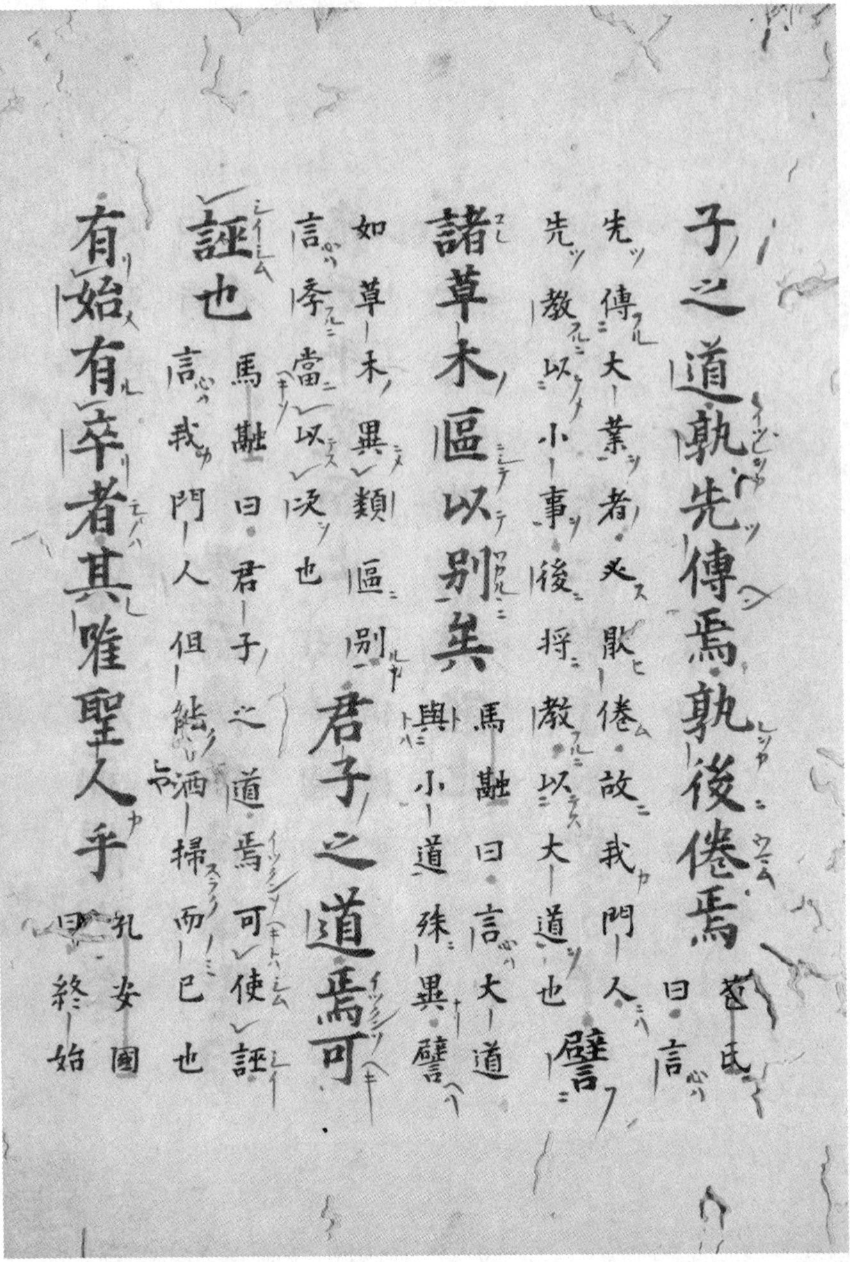

子之道孰先傳焉孰後倦焉 苞氏曰言
先傳大業者必厭倦故我門人
先教以小事後將教以大道也 譬
諸草木區以別矣 馬融曰言大道
與小道殊異譬
如草木異類區別 君子之道焉可
言學當以次也
誣也 馬融曰君子之道焉可使誣
言我門人但能洒掃而已也
有始有卒者其唯聖人乎 孔安國
曰終始

如一唯聖人耳也

子夏曰仕而優則學馬融曰行有餘力則以學文

學而優則仕子游曰

喪致乎哀而止孔安國曰毀不傷性也

子游曰吾友張也為難能也苞氏曰言子張容儀之難及也

然而未仁曾子曰堂堂乎張

也難與竝為仁矣鄭玄曰言子張容儀盛而於仁

道薄也

曾子曰吾聞諸夫子人未有自致也者必也親喪乎

馬融曰言人雖未能自致盡於他事至於親喪必自致盡也

曾子曰吾聞諸夫子孟莊子之孝也其他可能也其不改父之臣與父之政是難也

馬融曰孟莊子魯大夫仲孫速也謂在諒闇之中父臣及父政

雖不善者不忍改。孟氏使陽膚為士師。苞氏曰。陽膚曾子弟子也。士師典獄官也。問於曾子。曾子曰。上失其道。民散久矣。如得其情。則哀矜而勿喜。馬融曰。民之離散為輕漂犯法。乃上之所為也。非民之過也。當哀矜之。勿之自喜能得其情也。子貢曰。紂之不善也。不如是之甚也。是以君子悪居下流天下之悪皆歸焉（孔安國曰紂爲不善以喪天下後世憎甚之皆以天下之悪歸之於紂也）子貢曰君子之過也如日月之蝕也過也人皆見之更也人皆仰之（孔安國曰更改也）衛公孫朝（馬融曰朝衛大夫也）問於子貢曰仲尼焉學子貢曰

文武之道未墜於地在人賢者識
其大者不賢者識其小者莫不有
文武之道焉夫子焉不學孔安國
曰文武
之道未墜落於地賢與不賢各
有所識夫子無所不從學也而
亦何常師之有孔安國曰無所不
從學故無常師也
叔孫武叔語大夫於朝馬融曰魯
大夫叔孫

州仇也武諡也曰子貢賢於仲尼子服景

伯以告子貢子貢曰譬諸宮墻也

也賜之墻也及肩闚見室家之好夫

子之墻也數仞不得其門而入者

不見宗廟之美百官之富得其門

者或寡矣包氏曰七尺曰仞也夫子之云不

亦宜乎　苞氏曰夫子謂武叔也　叔孫武叔毀
仲尼子貢曰無以為也仲尼不可
毀也他人之賢者丘陵也猶可踰
也仲尼如日月也無得而踰焉人
雖欲自絕也其何傷於日月乎多
見其不知量也　言人雖自欲絕棄於日月其何能傷

之乎。適自見不知量陳子禽謂子貢曰。子爲

恭也。仲尼豈賢於子乎。子貢曰。君

子一言以爲智。一言以爲不智。言

不可不愼也。夫子之不可及。猶天

之不可階而升也。夫子得邦家者

孔安國曰。謂爲諸侯若卿大夫也所謂立之斯立

導之斯行綏之斯来動之斯和其生也榮其死也哀如之何其可及也

孔安國曰綏安也言孔子為政其立教則莫不立導之則莫不興行也安之則遠者来至動之則莫不和穆也故能生則見榮顯死則見哀痛矣也

論語堯曰第二十　何晏集解　凡三章

堯曰咨尒舜天之曆數在尒躬曆數謂列次也允執其中四海困窮天祿永終包氏曰允信也困極也永長也言爲政信執其中則能窮極四海天祿所以長終也舜亦以命禹孔安國曰舜亦以堯命已之辭命禹也曰予小子履敢用玄牡敢昭告于皇皇后帝孔安國曰履殷湯名也此

伐桀告天文也殷家尚白未變夏禮故用玄牡也皇大也后君也大大君帝謂天帝也墨子引湯誓其辭若此也

有罪不敢赦

苞氏曰順天奉法有罪者不敢擅赦也

帝臣不蔽簡在帝心

言桀居帝臣之位也有罪過不可隱蔽已簡在天心也

朕躬有罪無以万方万方有罪罪在朕躬

孔安国曰無以万方万方不與也万方有

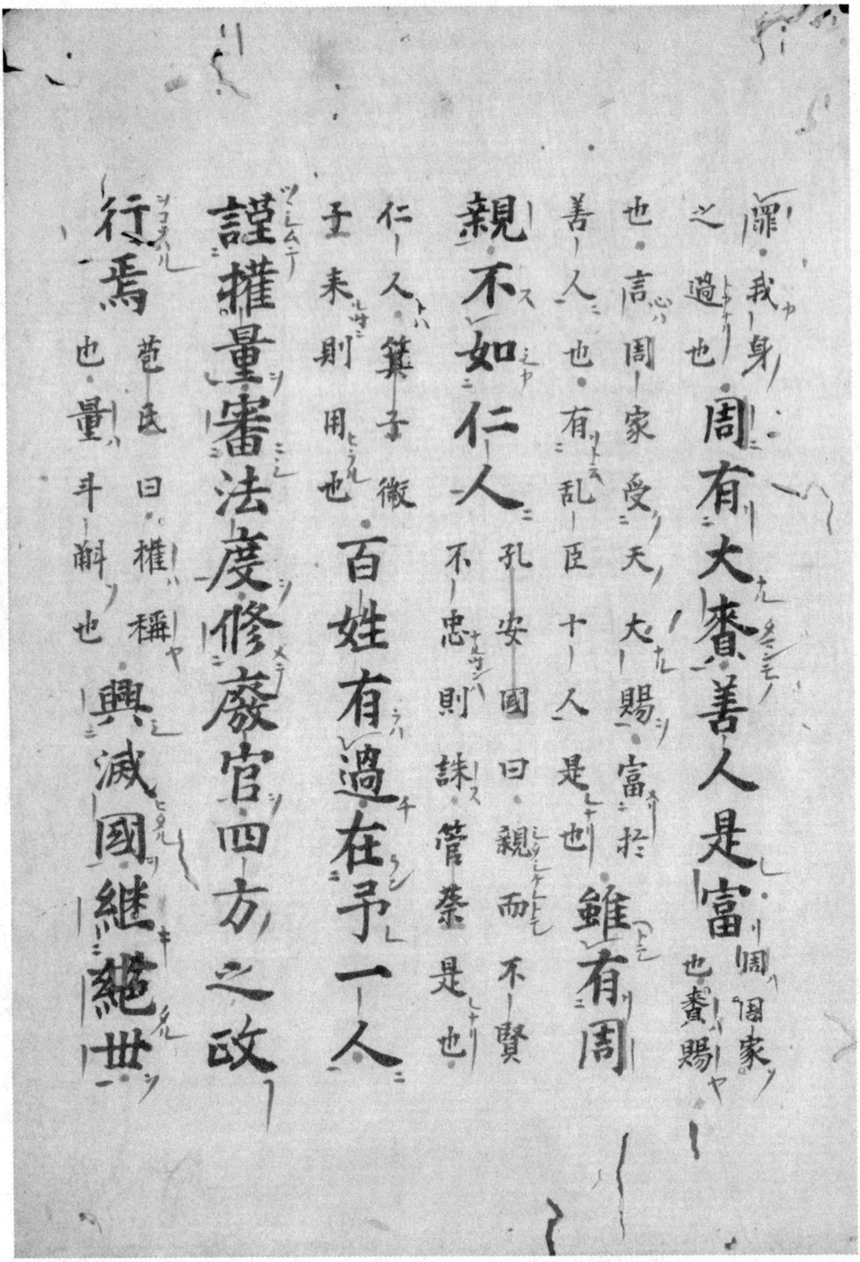
罪我身之過也
周有大賚善人是富
周周家也賚賜
也言周家受天大賜富於善人也有乱臣十人是也
雖有周
親不如仁人
孔安國曰親而不賢不忠則誅管蔡是也
仁人箕子微子來則用也
百姓有過在予一人
謹權量審法度修廢官四方之政
行焉
苞氏曰權稱也量斗斛也
興滅國繼絕世

擧逸民天下之民歸心焉所重民食喪祭孔安國曰重民國之本也重食民之命也重喪所以盡哀也重祭所以致敬也寛則得衆敏則有功公則民説孔安國曰言政教公平則民説矣凡此二帝三王所以治也故傳以示後世也子張問政於孔子曰何如斯可以從政矣子曰尊五

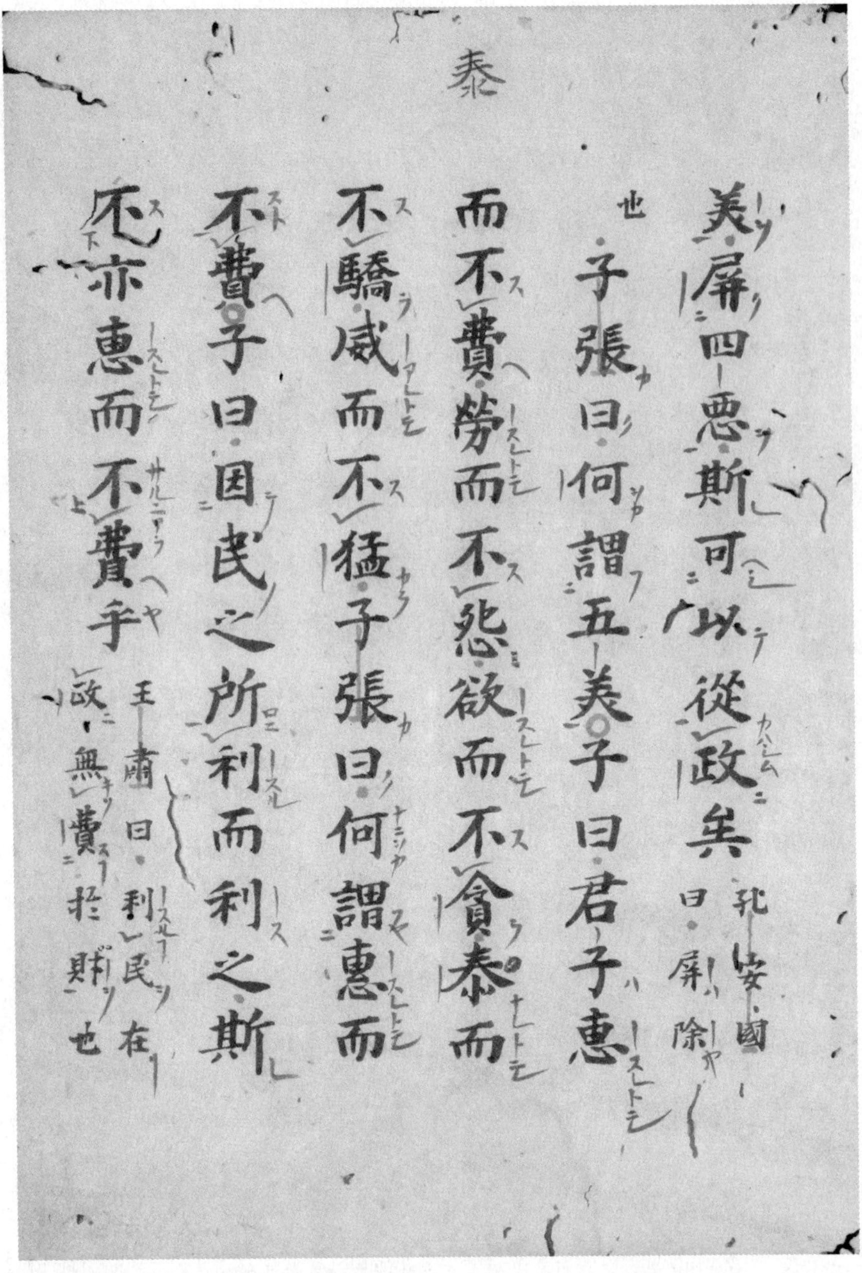
泰
美屏四惡斯可以從政矣　孔安國曰屏除
也
子張曰何謂五美子曰君子惠
而不費勞而不怨欲而不貪泰而
不驕威而不猛子張曰何謂惠而
不費子曰因民之所利而利之斯
不亦惠而不費乎　王肅曰利民在政無費於財也

擇其可勞而勞之又誰怨欲仁而
得仁又焉貪君子無衆寡無小大
無敢慢（孔安國曰言君子不以寡小而慢也）斯不亦
泰而不驕乎君子正其衣冠尊其
瞻視儼然人望而畏之斯不亦威
而不猛乎子張曰何謂四惡子曰

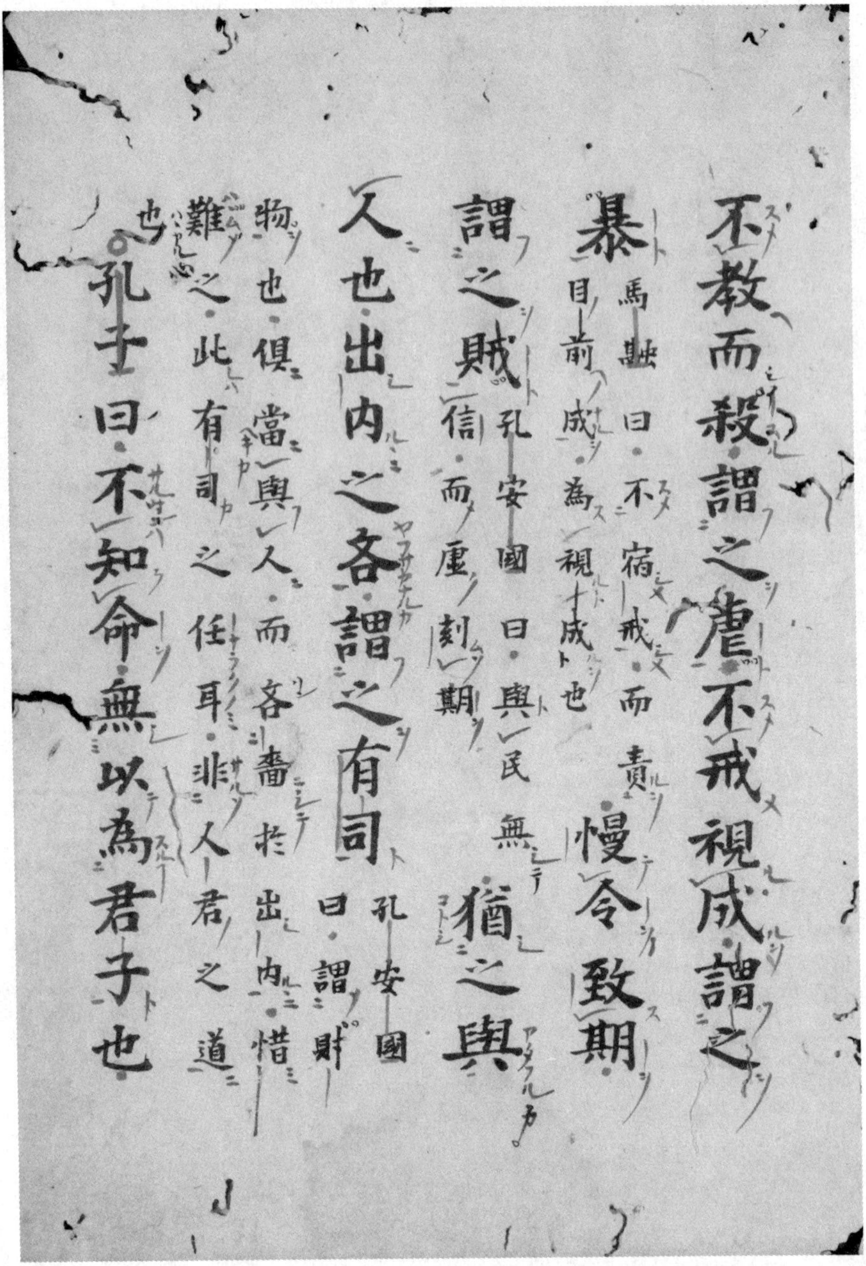

不教而殺謂之虐不戒視成謂之暴
馬融曰不宿戒而責目前成為視成也
慢令致期謂之賊
孔安國曰與民無信而虛刻期
猶之與人也出内之吝謂之有司
孔安國曰謂財物也俱當與人而吝嗇於出内惜難之此有司之任耳非人君之道也
孔子曰不知命無以為君子也

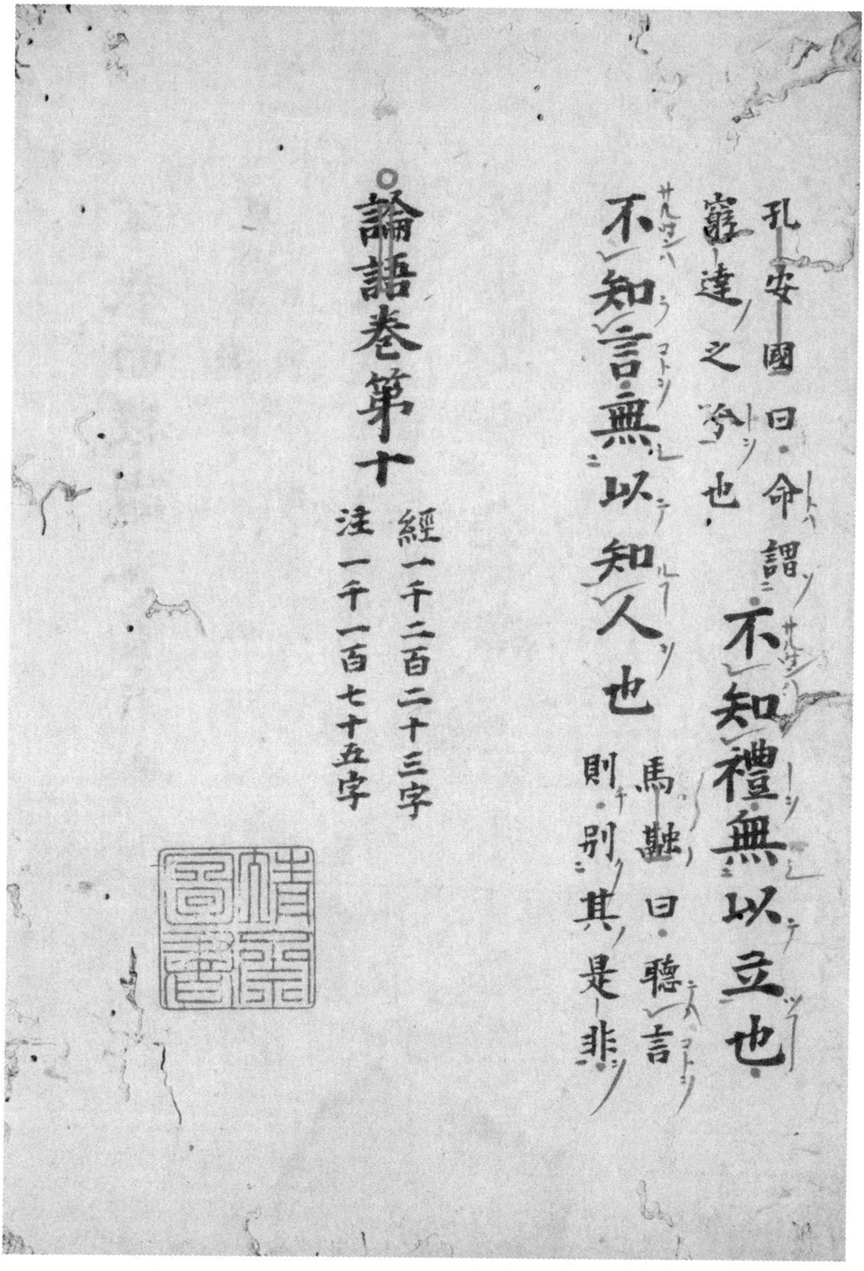

孔安國曰命謂窮達之分也

不知禮無以立也

不知言無以知人也

馬融曰聽言則別其是非

論語卷第十

經一千二百二十三字

注一千一百七十五字

青蓮院本《論語集解》校勘記

林　嵩

凡例

1. 底本採用慶應義塾大學附屬研究所斯道文庫所藏日本室町時代後期"青蓮院本"《論語集解》(全書分裝五册,卷前鈐"青蓮王府"印記,外有桐木書匣,正面刻寫書名"古寫論語集解",背面刻"靖齋珍藏"),以下稱"原本";對校以台灣藝文印書館所影印之嘉慶二十年江西南昌府學《重栞宋本論語注疏附校勘記》,以下稱"阮本"、"阮校"。

2. 校記之格式與寫法仿照阮校,出文依據原本,經文頂格,注文低兩格,並參考、吸收阮校成果。

3. 原本之句末虛字"也",阮本中多無。其中凡屬經文之異同,必一一羅列;注文中或有"也"或無"也",則不悉出校記。

4. 原本有朱墨筆校改,凡原本脱、衍、倒、訛之處經朱墨筆更正而無誤者,不再出校。

5. 原本用字情況較爲複雜,凡屬"古今字"範疇(如"孝弟"作"孝悌"),參照阮校辦法,出校説明;異體字、俗體字統一見《原本用字與通行字對照表》;明顯而常見的誤用、混用字(如"已"、"己"等)不再出校。

論語序　阮本作"序解"。

太子太傅　阮本"太"作"大"。

瑯琊王卿　阮本"瑯琊"作"琅邪"。

皆以教之　阮本"教之"作"教授"。

魯恭王時　阮本"恭"作"共"。

善從之　阮本"善"下有"者"字。

苞氏周氏　阮本"苞"作"包"。

爲之訓説　阮本"説"作"解"。

考之齊古以爲之註　阮本無"以"字。

前世傳受師説　阮本"受"作"授"。

今集諸家之善説　阮本無"説"字。

曺義　阮本作"曹羲",按:作"曹羲"是。

學而第一

學而時習之章

不亦悦乎　阮本"悦"作"説";後竝同此,唯《先進篇》"無所不説"原本與阮本同作"説"。

馬融曰　阮本作"馬曰",下倣此。

王肅曰　阮本作"王曰",下倣此。

所以爲説懌也　阮本無"也"字。原本注文中句末用"也"字處甚多,阮本十去八九,今不悉出。

苞氏曰　阮本作"包曰",下倣此。

君子不慍　阮本作"君子不怒也"。

其爲人也孝悌章

孔安國曰弟子有若　阮本作"孔子弟子有若",按:"孔子"疑"孔曰"之譌,原本"孔安國曰"阮本皆省稱"孔曰"。

其爲人也孝悌　阮本"悌"作"弟"。本章"孝悌也者"竝同。

必有恭順　阮本作"必恭順"。

其仁之本與　阮本其下有"爲"字。

先能事父兄然後可乃仁成也　阮本"可乃仁成也"作"仁道可大成"。

吾日三省吾身章

與朋友交言而不信乎　阮本無"言"字。

得無素不講席而傳乎　阮本"乎"作"之"。

導千乘之國章

導千乘之國　阮本此章"導"皆作"道"。

通十爲城城出革車一乘　阮本二"城"字作皆作"成"。

居地方三百一十六里有奇　阮本"奇"作"畸"。

井十爲乘　阮本"井十"作"十井"。

馬融依周禮苞氏依王制孟子　阮本無"馬"字,"苞氏"作"包"。

君子不重則不威章

固獘也　阮本"獘"作"蔽"。

言人不敢重　阮本作"言人不能敦重"。

既無威　阮本"威"下有"嚴"字。

鄭玄曰　阮本作"鄭曰",下倣此。

慎終追遠章

人君行此二者　阮本"人君"作"君能"。

而皆歸於厚也　阮本無"而"字。

夫子至於是邦也章

姓端木名賜字子貢也　阮本無"字子貢也"四字。

必與聞其邦政　阮本"邦"作"國"。

抑人君自願與爲治邪　阮本作"抑人君自願與之爲治"。

夫子之求也其諸異乎人求之與　阮本作"夫子之求之也其諸

異乎人之求之與”。

明人君自願與爲治也　阮本作“明人君自與之”。

父在觀其志章

猶若父在　阮本“在”作“存”。

信近於義章

信不必義也　阮本作“信非義也”。

故曰近於義也　阮本作“故曰近義”。

故曰近於禮也　阮本無“於”字。又此節注作“苞氏曰”。

君子食無求飽章

可謂好學也已矣　阮本作“可謂好學也已”。

貧而無諂章

未若貧而樂道　阮本無“道”字。

不以貧賤爲憂苦也　阮本無“賤”字、“也”字。

告諸往而知來者也　阮本無“也”字。

不患人之不己知章

不患人之不己知患己不知人也　阮本作“不患人之不己知患不知人也”。此節“王肅曰但患己無能知之也”十一字注文阮本無。

爲政第二

爲政以德章

譬猶北辰之不移　阮本無“譬”字。

導之以政章

導之以政　阮本“導”作“道”,下節同。

苟免罪也　阮本作“免苟免”。

吾十有五而志乎學章

有所成立也　阮本無"立"字。

耳順聞其言　阮本無"順"字。

縱心所欲無非法也　阮本作"從心所欲無非法"。

孟懿子问孝章

孟孫不曉無違意　阮本"孟"上有"恐"字,"違"下有"之"字。

子游問孝章

能養人者　阮本"能"作"皆"。

養而弗愛豕畜也愛而弗敬也獸畜也　阮本作"食而不愛豕畜之愛而不敬獸畜之"。

子夏問孝章

謂承望父母顔色　阮本"謂"上有"者"字,"順"作"望"。

孔子喻子夏曰　阮本無"曰"字。

未足爲孝也　阮本作"未孝也"。

乃爲孝耳也　阮本無"耳"字。

吾與回言終日章

姓顔　阮本"顔"下有"名回"二字。

視其所以章

安有所匿其情　阮本無"有"字。

温故而知新章

可以爲師也　阮本"爲"下有"人"字,"也"作"矣"。

學而不思章

學而不尋思其義理　阮本作"學不尋思其義"。

罔然無所得之也　阮本"罔"上有"則"字,無"之也"二字。

攻乎異端章

斯害也已矣 阮本無“矣”字。

由誨汝知之乎章

誨汝知之乎 阮本“汝”作“女”。

由弟子也姓仲名由 阮本作“弟子姓仲名由”。

子張學干禄章

得禄之道也 阮本“得”上有“亦同”二字,無“也”字。

何爲則民服章

魯君之謚也 阮本作“魯君謚”。

季康子問使民敬忠以勸章

魯卿季孫肥也康謚也 阮本無二“也”字。

不能則民勸 阮本無“民”字。

則民勸也 阮本“也”作“勉”。

或謂孔子曰章

是亦爲政也 阮本無“也”字。

奚其爲爲政也 阮本無“也”字。

美孝之辭也 阮本作“美大孝之辭”。

人而無信章

四馬車 阮本“四”作“駟”。

轅端上曲拘衡者也 阮本“拘”作“鉤”,無“者也”二字。

子張問十世章

雖百世亦可知也 阮本無“亦”字。

馬融曰物類相招勢數相生 阮本無“馬融曰”三字,“招”作“召”,“勢”作“世”。

故可豫知也 阮本作“故可預知”。

非其鬼而祭之章

而祭之是諂以求福也　阮本"之"下有"者"字。"是諂以求福也"作"是諂求福"。

義者所宜爲也　阮本作"義所宜爲"。

八佾第三

孔子谓季氏章

今三家亦作此樂者也　阮本無"者也"二字。

天子之容也　阮本"也"作"貌"。

季氏旅於泰山章

汝不能救與　阮本"汝"作"女","不"作"弗"。

巧笑倩兮章

倩笑皃　阮本"皃"作"貌",下二"貌"字並同。

凡畫繪先布衆色　阮本"畫繪"作"繪畫"。

分其間　阮本"分"下有"布"字。

可與共言詩已矣　阮本無"已矣"二字。

夏禮吾能言之章

杞不足徵　阮本"徵"下有"也"字。

杞宋之君不足以成之也　阮本無"之"字。

我能不以其礼成之者　阮本作"我不以禮成之者"。

禘自既灌而往章

别尊卑　阮本"别"作"列"。

或問禘之説章

爲魯君諱也　阮本作"爲魯諱"。

如指示以掌中之物　阮本無"以"字。

祭如在章

不致敬於心　阮本"致"下有"肅"字。

與其媚於奥章

賈者執政者也　阮本作"賈執政者"。

孔子距之曰　阮本"距"作"拒"。

周監於二代章

當從周也　阮本作"當從之"。

射不主皮章

五曰興儛　阮本"儛"作"武"。按《正義》:"五曰興舞。"作"儛"是。

故曰不同科之也　阮本無"之也"二字。

子貢欲去告朔之餼羊章

汝愛其羊　阮本"汝"作"爾"。

羊在猶所以識其礼　阮本作"羊存猶以識其禮"。

事君盡禮章

人以爲諂　阮本"諂"下有"也"字。

樂而不至淫哀而不至傷　阮本無二"而"字。

哀公問社於宰我章

使民戰栗也　阮本"栗"下無"也"字。

便云使民戰栗之也　阮本無"之也"二字。

不可復追非咎也　阮本作"不可復追咎"。

歷言三者　阮本"言"下有"此"字。

管仲之器小章

以爲謂之太儉　阮本"太"作"大"。

焉得儉乎　阮本無"乎"字。

婦人謂嫁爲歸 阮本“爲”作“曰”。

大夫并兼 阮本“并兼”作“兼并”。

曰然則管仲知禮乎 阮本無“曰”字。

更謂爲得礼 阮本作“便謂爲得禮”。

反坫 阮本本章“坫”並作“坫”。

人君有别外内 阮本作“人君别内外”。

若與鄰國君爲好會 阮本無“君”字。

子語魯太師樂章

子語魯太師樂曰 阮本“太”作“大”。

樂其可知已也 阮本無“已”字。

始於翕如 阮本“於”作“作”。

儀封人請見章

君子之至於斯者 阮本“者”作“也”。

天下之無道久矣 阮本“道”下有“也”字。

語弟子言何患於夫諸子 阮本作“語諸弟子言何患於夫子”。

極衰必有盛也 阮本作“極衰必盛”。

施政教之時 阮本無“之”字。

制法度 阮本“制”下有“作”字。

子謂韶章

韶舜樂也 阮本“也”作“名”。

故曰盡善也 阮本作“故盡善”。

故曰未盡善也 阮本作“故未盡善”。

里仁第四

里仁爲善章

里仁爲善　阮本"善"作"美"。

　　里者民之所居也　阮本作"里者仁之所居";阮校曰:"皇本作'里者民之所居也。案此當依皇本作民,《文選・潘岳閒居賦》注引作'人之所居也',當是避唐諱耳。"

　　是爲善也　阮本作"是爲美"。《考文》:"謹按《義疏》云:'文云美而注云善者,夫美未必善,故鄭深明居仁者里必是善也。'"

焉得智　阮本"智"作"知",下倣此。

　　求善居而不處仁　阮本無"善"字。

不仁者不可以久處約章

　　唯性仁者　阮本"唯"作"惟"。

　　故利行之也　阮本作"故利而行之"。

唯仁者能好人能惡人章

　　能審人好惡也　阮本作"能審人之所好惡"。

苟志於仁章

無惡　阮本"惡"下有"也"字。

　　誠能志於仁者則其餘無惡也　阮本作"誠能志於仁則其餘終無惡"。

富與貴章

　　不處也　阮本作"則仁者不處"。

是人之所惡　阮本"惡"下有"也"字。

　　不以其道而得之者也　阮本作"不以其道得之"。

　　不可違而去也　阮本"也"作"之"。

　　僵仆　阮本"僵"作"偃",下同。

我未見好仁者章

無以加尚之爲優也　阮本作“無以尚之爲優”。

蓋有之乎　阮本“乎”作“矣”。

其我未見也　阮本作“我未之見也”。

民之過也章

民之過也　阮本“民”作“人”。

君子之於天下章

無也　阮本“無”下有“莫”字。

言君子於天下無適莫无無所貪慕也唯義之所在也　阮本無此二十一字注文。

能以禮讓爲國乎章

言不難之也　阮本無“之也”二字。

不能以禮讓爲國乎　阮本無“乎”字。

言不能用礼也者矣焉　阮本無“也者矣焉”四字。

不患無位章

不患莫己知也　阮本無“也”字。

參乎章

吾道一以貫之哉　阮本無“哉”字。

事父母幾諫章

幾微也　阮本“幾”下有“者”字。

勞不怨　阮本“勞”下有“而”字。

見志者　阮本無“者”字。

遂己諫也　阮本作“遂己之諫”。

父母在子不遠遊章

父母在子不遠遊　阮本無“子”字。

哀慼思慕　阮本"慼"作"戚"字。

無改其父之道　阮本作"無所改於父之道"。

父母之年章

見其衰老則懼之也　阮本無"之也"。

古者言之不出章

古者言之不出也　阮本無"也"字。

不妄出口者爲耻其身行之將不及也　阮本作"不妄出口爲身行之將不及"。

以約失之者章

奢則驕溢招禍　阮本"溢"作"佚"。

儉約則無憂患也　阮本作"儉約無憂患"。

君子欲訥於言章

言欲遲鈍而行欲敏也　阮本作"言欲遲而行欲疾"。

公冶長第五

子謂公冶長章

雖在縲紲之中　阮本"紲"作"絏",注文同。阮校曰:"宋石經亦作'紲'。案:字本作'紲',唐人避太宗諱改作'絏'。《釋文》出'紲'字云:本今作'絏'。《五經文字》云:'絏'本文從世,緣廟諱偏旁,今經典並準式例變。"

公冶長　阮本作"冶長"。

言見任用也　阮本作"言見用"。

若人　阮本"人"下有"者"字。

如魯無君子賤安得此行而學行之　阮本"子賤"上有"子"字,原本脱。

賜也如何章

賜也如何　阮本"如何"作"何如"。

雍也仁而不佞章

子曰焉用佞也　阮本無"也"字。

屢憎民　阮本"民"作"於人",《考文》作"屢憎於人"。按:改"民"作"人"者,避唐諱也。

不知其仁也焉用佞也　阮本無二"也"字。

子使漆彫開仕章

　喜其志道之深也　阮本作"善其志道深"。

道不行章

乘桴浮於海從我者其由也與　阮本"於"作"于",無"也"字。

　大者曰筏　阮本"筏"作"桃"。

　言無所取桴材也　阮本無"言"字。

　無所復取哉　阮本無"復"字。

孟武伯問子路仁乎章

　卿大夫故曰百乘也　阮本作"大夫百乘"。

女與回也孰愈章

　蓋欲以慰子貢心也　阮本無"心"字。

宰予晝寢章

　苞氏曰宰予弟子宰我　阮本"苞氏曰"作"孔曰"。

朽木不可彫也　阮本"彫"作"雕"。

　杇槾也　阮本"槾"作"鏝"。

　二者喻雖施功猶不成也　阮本作"此二者以喻雖施功猶不成"。

　深責之辭也　阮本無"辭也"二字。

改是始聽言信行　阮本無“始”字。

今更察言觀行發於宰我之晝寢也　阮本無“今”、“也”字。

吾未見剛者章

多情慾之也　阮本無“之也”二字。

夫子之文章章

可得以耳目脩也　阮本作“可以耳目循”，阮校曰：“皇本作‘可得以耳目自修也。’”按《考文》“‘可以耳目循’作‘可得以耳目自修也’，足利本作‘可得以耳目修’”，《史記集解·孔子世家》引何晏曰作“可以耳目修也”；則“循”當爲“脩”之訛。

不可得而聞也已矣　阮本無“已矣”二字。

子路有聞章

子路有聞未能行　阮本“未”下有“之”字。

未及得行　阮本無“得”字。

孔文子何以謂之文章

孔叔圉也　阮本作“孔圉”。

下問問凡在己下者也　阮本作“下問謂凡在己下者”。

晏平仲章

久而人敬之　阮本無“人”字。

周生烈曰　阮本作“周曰”，下皆倣此。

臧文仲居蔡章

梁之上楹畫爲藻　阮本無“之”字。

令尹子文章

姓鬬名穀字於菟　阮本“穀”作“穀”。

必以告新令尹何如也　阮本無“也”字。

孔安國曰但聞其忠事未知其仁也　阮本無“孔安國曰”四字。

則又曰猶吾大夫崔子也　阮本無“又”字。

違之至一邦　阮本“至”作“之”。

文子避惡逆無道　阮本“避”作“辟”，後並同此；又阮本“逆”下有“去”字。

無有可者　阮本“可”下有“止”字。

季文子三思而後行章

再思斯可矣　阮本作“再斯可矣”。

不必乃三思之也　阮本作“不必及三思”。

甯武子章

甯喻　阮本“喻”作“俞”。

詳愚似實　阮本“詳”作“佯”。

子在陳章

不知所以裁之也　阮本無“也”字。

狂者進取於大道妄穿鑿以成文章　阮本狂下有“簡”字，“妄”下有“作”字。

我當歸之以裁制之耳　阮本無“制”字。

巧言令色足恭章

便僻之貌也　阮本“之貌也”作“貌”。

魯大夫也　阮本“大夫也”作“太史”。

顔淵季路侍章

盍各曰爾志　阮本“曰”作“言”。

自無稱己之善　阮本“自無”作“不自”。

無以勞事置施於人　阮本“無”作“不”。

少者懷之　阮本此下有注："孔曰懷歸也。"

十室之邑章

不如丘之好學者也　阮本無"者"字。

雍也第六

雍也可使南面也章

雍也可使南面也　阮本無"也"字。

　　言任諸侯可使治國也　阮本作"言任諸侯治"。

　　以其能簡故曰可也　阮本"以"上有"孔曰"二字。

無乃太簡乎　阮本"太"作"大"。

子華使於齊章

　　十六斗爲庾也　阮本"爲"作"曰"。

　　五秉合八十斛也　阮本作"五秉合爲八十斛"。

原思爲之宰章

　　辭讓不受也　阮本"辭"字重。

　　禄法所當受毋以讓也　阮本作"禄法所得當受無讓"。

子謂仲弓章

　　不害於其子之美也　阮本作"不害於子之美"。

回也其心三月不違仁章

　　言餘人暫有至仁時　阮本無"言"字。

季康子問仲由章

子曰賜也達　阮本無"子"字。

子曰求也藝　阮本無"子"字。

　　藝曰多才能也　阮本作"藝謂多才藝"。

季氏使閔子騫爲費宰章

叛聞　阮本作“數畔聞”。

語使者曰善爲我辭　阮本作“託使者善爲我辭焉”。

伯牛有疾章

有惡疾　阮本“有”上有“牛”字。

賢哉回也章

簞笥瓢瓠也　阮本無“瓢瓠”二字。

非不説子之道也章

冉有曰非不説子之道也　阮本作“冉求曰非不説子之道”。

非力極之也　阮本無“之也”二字。

子謂子夏章

爲君子儒毋爲小人儒　阮本“爲”上有“女”字，“毋”作“無”。

君子爲儒將以明道　阮本“君”上有“孔曰”二字。

女得人焉耳乎哉　阮本無“哉”字。

焉耳乎哉皆辞也　阮本作“焉耳乎皆辭”。

孟之反不伐章

殿在軍後者也　阮本無“者也”二字。

猶爲殿　阮本作“獨在後”。

故曰我非敢在後距敵也　阮本作“曰我非敢在後拒敵”。

馬不能進也　阮本作“馬不能前進”。

不有祝鮀之佞章

祝鮀衛大夫名　阮本無“名”字。

難矣免於今世之害也　阮本“矣”作“乎”，“世之”作“之世”。

誰能出不由户者章

誰能出不由户者　阮本無“者”字。

言人立身成功　阮本“言”上有“孔曰”二字。

譬猶人出入要當從户　阮本無“人”字。

人之生也直章

人之所以生於世　阮本作“人所生於世”。

以其正直之道也　阮本無“之道”二字。

誣罔正直之道而亦生　阮本“生”下有“者”字。

知者不如好之者章

知者　阮本“知”下有“之”字。

樊遲問知章

務所以化導民之義　阮本“導”作“道”。

敬鬼神而不瀆　阮本“瀆”作“黷”。

子曰仁者先難而後獲　阮本無“子”字。

先勞苦乃得功　阮本“乃”作“而後”。

知者樂水章

如水流而不知已之也　阮本無“之也”二字。

自進故動　阮本“自”作“日”。

知者自役　阮本“知”作“智”。

得其志故樂之也　阮本無“之也”二字。

性静者故壽　阮本“故”作“多”。

齊一變至於魯章

若有明君興之者　阮本無“者”字。

可使如大道行之時之也　阮本無“之也”二字。

觚不觚章

以喻爲政而不得其道　阮本無“而”字。

仁者雖告之章

宰我以爲仁者必濟人於患難　阮本無“爲”字。

將自投下而出之乎否乎　阮本作“將自投下從而出之不乎”。

欲極觀仁人憂樂之所至　阮本“人”作“者”。

苞氏曰逝往也　阮本“苞氏曰”作“孔曰”。

子見南子章

等以爲南子者　阮本“等”作“舊”,無“爲”字。按《經典釋文》出“等以爲南子者”云:“《集解》本皆爾,或不達其義,妄去‘等’字,非也。今注云‘舊以南子者’。”又,臧庸《拜經日記》卷九:“按《學而》篇‘道千乘之國’章《集解》載馬融及苞氏注,又云‘馬融依《周禮》,苞氏依《王制》、《孟子》義,疑故兩存焉’,與此章先引孔安國等説,而何氏自疑其義,其注例正同。‘孔安國等以爲’者,首舉孔安國説以該馬、鄭、苞、周諸儒之義也。淺人不知此章爲何氏之言,而必於‘孔安國下’妄補‘曰’字,又不達‘等’字之義而删之改之,遂至不可解。至邢昺遂誤以‘行道既非婦人之事’以下亦爲孔氏之言矣。兹特正之。”

故夫子誓之曰　阮本無“曰”字。

義可疑也　阮本“也”作“焉”。

如能博施於民章

如能博施於民而能濟衆者　阮本無“者”字。

若能廣施恩惠　阮本“若”作“君”。

己所不欲而勿施於人之也　阮本作“己所欲而施之於人”。

述而第七

述而不作章

我若老彭矣　阮本無“矣”字。

默而識之章

人無有是行於我　阮本作"無是行於我"。

德之不脩也學之不講也聞義不能也不善不能改從也　阮本作"德之不脩學之不講聞義不能徙不善不能改"。

志於道章

故志之而已矣也　阮本無"矣也"二字。

不憤不啟章

舉一隅而示之　阮本無"而示之"三字；又按《考文》："足利本作'示之'無'而'字。謹按《文獻通考》云：石經《論語》舉一隅下有而示之三字，亦足證古本之可據也。"阮校曰："皇本、高麗本'隅'下有'而示之'三字。案《文選・西京賦》注引有此三字。又晁公武《蜀石經考異》云'舉一隅下有而示之三字，與李鶚本不同'。據此則古本當有此三字也。"

則吾不復也　阮本無"吾"字。

爲説之　阮本"説之"二字乙。

子食於有喪者之側章

喪者哀戚　阮本"戚"作"慼"。

是無惻隱之心之也　阮本無"之也"二字。

子於是日也哭則不歌　阮本無"也"字。又，阮本此下有"一日之中或哭或歌是褻於禮容"十三字注，原本脱。原本"子於是日也哭"連上爲一章。

子謂顔淵曰章

唯我與顔淵同耳　阮本無"耳"字。

以爲己有勇　阮本無"有"字。

亦當唯有與己俱　阮本作"亦當誰與己同"。

暴虎憑河　阮本"憑"作"馮"。

富而可求也章

富貴不可求而得者也　阮本"者也"作"之"。

當脩德以得之矣　阮本"之"下有"矣"字。

雖執鞭賤職我亦爲之矣　阮本作"雖執鞭之賤職我亦爲之"。

如不可求者　阮本無"者"字。

子之所慎章

齊戰疾　阮本"齊"作"齋"。

夫子能慎之　阮本"子"下有"獨"字。

子在齊聞韶樂章

子在齊聞韶樂　阮本無"樂"字。

夫子爲衛君乎章

孔安國曰爲猶助也　阮本"孔安國曰"作"鄭曰"。

後晉趙鞅納蒯聵於戚　阮本"戚"下有"城"字。

助輒否乎　阮本"否"作"不"。

子曰古之賢人也　阮本無"子"字。

又何怨乎　阮本無"乎"字。

豈怨乎　阮本"豈"下有"有"字。

故知不助衛君明也　阮本"也"作"矣"。

飯蔬食章

飯蔬食　阮本"蔬"作"疏"。

加我數年章

以知天命之年讀至命之書　阮本無"天"字。

葉公問孔子於子路章

不知老之將至也云尔　阮本"也云尔"作"云爾"。

我非生而知之者章

勉人於學也　阮本作"勸人學"。

子不語章

孔安國曰恠怪異也　阮本“孔安國曰”作“王曰”。

我三人行章

我三人行必得我師焉　阮本作“三人行必有我師焉”。阮校曰：“唐石經、皇本‘三’上有‘我’字，‘有’作‘得’。案《釋文》出‘我三人行’云：‘一本無我字。’下出‘必得我師焉’云：‘本或作必有。’與唐石經、皇本合。觀何晏自注及邢昺疏並云‘言我三人行’，即朱子《集注》亦云：‘三人同行，其一我也。’當以皇本爲是。”

天生德於予章

宋司馬黎　阮本無“黎”字。

天生德於予者　阮本無“於予”二字。

謂授以聖性　阮本“授”下有“我”字。

合德天地　阮本“合德”二字互乙。

二三子以我爲隱子乎章

吾無所行而不與二三子者是丘也　阮本無“所”字。

蓋有不知而作之者章

時人多有穿鑿　阮本無“多”字。

如此次於知之者也　阮本作“如此者次於天生知之”。

互鄉難與言章

何一甚　阮本“何一”二字互乙。

仁遠乎哉章

行之則是至也　阮本“則是至也”作“即是”。

陳司敗問昭公知禮乎章

孔子對曰知禮　阮本無“對”字。

君娶於吴　阮本“娶”作“取”。

同姓不婚　阮本"婚"作"昏"。

聖人智深道弘　阮本無"智深"二字。

子與人歌章

故使重歌而後自和之也　阮本無"後"字。

文莫吾猶人也章

則吾未之有得也　阮本無"也"字。

躬爲君子己未能得之也　阮本作"身爲君子己未能也"。

苞氏曰正如所言　阮本"苞氏曰"作"馬曰"。

子疾病章

此禱請於鬼神之事乎也　阮本無"乎也"二字。

故曰丘之禱之久矣　阮本無"之"字。

奢則不遜章

奢則不遜　阮本"遜"作"孫",後同此。

儉則不及禮耳　阮本作"儉不及禮"。

君子坦蕩蕩章

多憂懼貌也　阮本無"貌也"二字。

泰伯第八

泰伯其可謂至德也章

周大王之太子　阮本作"周太王之長子"。

曾子有疾章

不敢毁傷之　阮本無"之"字。

喻己常誡慎　阮本"誡"作"戒"。

乃今日而後　阮本無"而"字。

曾子有疾孟敬子問之章

仲孫𨄔 阮本"𨄔"作"捷"。

言我將且死 阮本無"且"字。

君子所貴道者三 阮本"貴"下有"乎"字。

則人不敢欺誕之 阮本"誕"作"詐"。

能順而説 阮本"説"下有"之"字。

敬子忘大務小 阮本"忘"作"忽"。

以能問於不能章

言見侵犯而不報之也 阮本"而不報之也"作"不報"。

可以託六尺之孤章

謂幼少之君也 阮本作"幼少之君"。

奪者不可傾奪之也 阮本作"奪不可傾奪"。

士不可以不弘毅章

强而能决斷也 阮本無"决"字。

好勇疾貧亂也章

而患疾己之貧賤者 阮本無"之"字。

如有周公之才之美章

使驕且悋 阮本"悋"作"吝"。

其餘不足觀也已矣 阮本無"矣"字。

三年章

不易得也已 阮本無"已"字。

言必無及也 阮本無"及"字。

所以勸人於學 阮本無"於"字。

篤信好學章

謂始欲往也 阮本作"始欲往"。

臣弑君子弑父乱也 阮本作“亂謂臣弑君子弑父”。

不在其位章

不謀其政也 阮本無“也”字。

師摯之始章

周道既衰 阮本“既衰”作“衰微”。

洋洋乎盈耳哉 阮本作“有洋洋盈耳”。

狂而不直章

悾悾愨愨也 阮本作“悾悾愨也”。

故我不知也 阮本作“我不知之”。

學如不及章

猶恐失之耳也 阮本無“耳也”二字。

舜有臣五人而天下治章

孔安國曰亂理也理官者十人也 阮本作“馬曰亂治也治官者十人”。

其餘一人 阮本無“餘”字。

斯此也此於周也 阮本無“此於周也”四字。

比於此周 阮本無“此”字。

周最盛多賢 阮本“賢”下有“才”字。

周德其可謂至德也已矣 阮本“周”下有“之”字。

天下之歸周者 阮本無“之”字。

禹吾無間然矣章

十里爲城 阮本“城”作“成”,後同此。

子罕第九

達巷黨人章

吾執御者　阮本無"者"字。

麻冕禮也章

下拜然後升成礼　阮本無"升"字。

子絶四章

捨之則藏　阮本"捨"作"舍"。

故不自有其身也　阮本無"自"字。

子畏於匡章

陽虎嘗暴於匡　阮本"嘗"作"曾"。

與虎俱往　阮本"往"作"行"。

言文王雖已没　阮本"没"作"死"。

如予何者　阮本"如"上有"其"字。

太宰問於子貢章

太宰問於子貢　阮本"太"作"大",下同此。

太宰知我者乎　阮本無"者"字。

吾有知乎哉章

言知者言未必盡也今我誠盡也　阮本無上"言"字,無二"也"字。

鳳鳥不至章

有聖人受命　阮本無"有"字。

今天無比瑞　阮本"比"作"此",原本訛。

不得見也　阮本"不"上有"傷"字。

子見齊衰者

瞽者盲者也　阮本無二"者"字。

卹不成人之也　阮本無"之也"二字。

顏淵喟然嘆曰章

喟然嘆聲　阮本無"然"字。

言忽怳不可爲形像也　阮本"忽怳"作"恍惚"。

有次序　阮本"次"作"所"。

未由也已　阮本"未"作"末"。

子疾病章

病小差曰間　阮本作"少差曰間"。

言子路有是心非唯今日也　阮本"路"下有"久"字，無"唯"字。

就使我不得以君臣之禮葬　阮本無"之"字。

有美玉於斯章

寧賣之耶也　阮本"耶也"作"邪"。

我待賈者　阮本此下有"也"字。

我居而待賈者也　阮本無"者也"二字。

子欲居九夷章

君子所居者皆化也　阮本"所居者皆化也"作"所居則化"。

吾自衛反於魯章

吾自衛反於魯　阮本無"於"字。

反魯魯哀公十一年　阮本"魯"字不重。

故曰雅頌各得其所　阮本無"曰"字。

語之而不惰者其回與章

語之而不惰者其回與　阮本"回"下有"也"字。

顏淵則解故語之不惰　阮本無"則"字，"之"下有"而"字。

後生可畏也章

後生可畏也　阮本無"也"字。

斯亦不足畏也已矣　阮本無"矣"字。

法語之言能無從乎章

能必改乃爲貴也矣　阮本作"能必自改之乃爲貴"。

謂恭巽謹敬之言聞之無不悦也　阮本"巽"作"孫","悦也"作"説者"。

悦而不繹　阮本"悦"作"説"。

主忠信章

無友不如己　阮本"無"作"毋"。

慎其所主所友　阮本作"慎所主友"。

三軍可奪帥也

人心非一則其將帥可奪之而取　阮本作"人心不一則其將帥可奪而取之"。

衣弊緼袍章

衣弊緼袍　阮本"弊"作"敝"。

可與共學未可與適道章

未必能以有所成立也　阮本"能以有所成立也"作"能有所立"。

唐棣之華章

夫何遠之有哉　阮本無"哉"字。

斯可知之也　阮本"之也"作"矣"。

鄉黨第十

孔子於鄉黨節

君在者君視朝也　阮本作“君在視朝也”。

君召使擯節

孔安國曰復命白君　阮本“孔安國曰”作“鄭曰”。

有賓客使迎也　阮本“也”作“之”。

槃辟貌之也　阮本“槃”作“盤”，無“之也”二字。

執圭節

爲君使以聘問鄰國　阮本無“以”字。

舉前曳踵行之也　阮本無“之也”二字。

君子不以紺緅飾節

以爲飾　阮本“飾”下有“衣”字。

非公會之服者也　阮本無“者也”二字。

當暑縝絺綌　阮本“縝”作“袗”。

必表而出　阮本“出”下有“之”字。

在家以接賓客之也　阮本無“之也”二字。

故不相予也　阮本無。

齋必有明衣布也　阮本“齋”作“齊”，下同此。

齋必變食節

改常食也　阮本“食”作“饌”。

薑辛不臭　阮本“辛”下有“而”字。

雖蔬食菜羹　阮本“蔬”作“蔬”。

席不正節

孔子從而出之　阮本“出之”作“後出”。

康子遺藥節

遺孔子藥　阮本"遺"作"饋"。

厩焚節

自魯君之朝來　阮本無"魯"字。

君賜食節

必正席先嘗　阮本"嘗"下有"之"字。

乃以班賜之也　阮本無"之也"二字。

薦薦其先祖也　阮本"薦"字不重。

君命召節

車既駕從也　阮本"從"作"隨"。

入太廟節

鄭玄曰爲君助祭也太廟周公廟也　阮本無此注。

朋友之饋節

不拜有通則之義也　阮本作"不拜者有通財之義"。原本"則"字形近而誤。

寢不尸節

爲家室之敬難久也　阮本"家室"二字互乙。

子見齊衰者節

子見齊衰者　阮本無"子"字。

必當以貌禮也　阮本"也"作"之"。

凶服者送死之衣服　阮本無"者"字。

持邦國之啚籍者也　阮本無"者也"二字。

升車節

傍視不過輢轂之也　阮本無"之也"二字。

山梁雌雉節

子路供之　阮本“供”作“共”。

三嗅而起也　阮本作“三嗅而作作起也”。

先進第十一

先進於禮樂章

先進後進謂士先後輩也　阮本此注作“孔曰”,又“士”作“仕”。

苞氏曰將移風易俗　阮本無“苞氏曰”三字。

歸之純素　阮本“純”作“淳”。

德行章

子曰德行　阮本無“子曰”二字。

回也非助我者也章

助猶益也　阮本無“猶”字。

無可發起增益於己也　阮本無“可”、“也”二字。

孝哉閔子騫章

人不間於其父母兄弟之言　阮本“兄”作“昆”。

陳群曰　阮本“陳群”作“陳”。

言閔子騫爲人上事父母　阮本“言閔子騫爲人”作“言子騫”。

季康子問弟子孰爲好學章

有顔回者好學不遷怒不貳過　阮本無“不遷怒不貳過”六字。按《雍也》篇:“哀公問曰弟子孰爲好學。孔子對曰:‘有顔回者好學,不遷怒不貳過,不幸短命死矣,今也則亡,未聞好學者也。’”皇侃曰:“此與哀公問同而荅異者,舊有二通,一云:緣哀公有遷怒貳過之事,故孔子因荅以箴之也；康子無此事，故不煩言也。又一云：哀公是君之尊，故須具荅；而康子是臣爲卑，故略以相酬也。"則舊本此處無"不遷怒不貳過"六字，原本涉《雍也》篇而衍。

今也則亡未聞好學者也　阮本無"未聞好學者也"六字。

顔淵死章

顔路請子之車　阮本"車"下有"以爲之椁"四字。

顔路顔淵之父也　阮本作"路淵父也"。

賣以作槨　阮本"槨"作"椁"，下同此。

鯉死　阮本"鯉"下有"也"字。

吾不可徒行　阮本無"可"字。

故言吾從大夫之後　阮本"故言吾"作"言"。

是謙辭也　阮本無"是"字。

顔淵死子哭之章

子曰有慟乎　阮本無"子"字。

非夫人之爲慟而誰爲慟　阮本無下"慟"字。

顔淵死門人欲厚葬之章

禮貧富各有宜　阮本無"各"字。

顔淵家貧而門人欲厚葬之　阮本無"家"。

我不得制止　阮本"制"作"割"。

故云尔也　阮本"尔也"作"耳"。

閔子騫侍側章

閔子騫侍側　阮本"閔子騫"作"閔子"。

剛强之貌也　阮本"貌也"作"皃"。

魯人爲長府章

藏貨曰府　阮本"藏"下有"財"字。

由之鼓瑟奚爲於丘之門章

由之鼓瑟奚爲於丘之門　阮本無"鼓"字。

言子路鼓瑟　阮本無"言"字。

未入室耳　阮本"入"下有"於"字。

子貢問師與商也孰賢乎章

子貢問師與商也孰賢乎　阮本無"乎"字。

柴也愚章

師僻也　阮本"僻"作"辟",下同此。

由喭也　阮本"喭也"二字互乙。

而樂在其中矣　阮本無"矣"字。

以聖人之善　阮本"善"下有"道"字。

子貢無數子病　阮本"子貢雖無數子之病"。

子張問善人之道章

亦多少能創業　阮本無"多"字。

然亦不能入於聖人之奥室　阮本無"能"字。

論篤是與章

而嚴以遠小人者也　阮本無"者也"二字。

皆可以爲善人者也　阮本無"者也"二字。

子路問聞斯行諸章

如之何其聞斯行之也　阮本無"也"字。

不可得自專　阮本無"可"字。

各因其人之失而正也　阮本"也"作"之"。

子畏於匡章

吾以汝爲死矣　阮本"汝"作"女"。

季子然問仲由冉求章

季子然季氏之子弟　阮本無上"季"字，無"之"字。

安足爲大臣乎　阮本作"安足大乎"。

子路使子羔爲費宰章

所以賊害人也　阮本作"所以爲賊害"。

而習亦學也　阮本"習"下有"之"字。

子路曾晳章

曾晳曾參父也　阮本作"晳曾參父"。

無吾以也　阮本"無"作"毋"。

我問汝　阮本"汝"作"女"，下同此。

攝乎大國間　阮本"國"下有"之"字。

因之以飢饉　青蓮院本"飢"作"饑"。

謙辭也　阮本無"辭"字。

非曰敢能之　原本"敢"字爲朱筆添補，阮本無"敢"字，《考文》："足利本曰下有敢字。"

謂相君之禮者也　阮本無"者也"二字。

鏗尔者投瑟之聲也　阮本無"尔"、"也"字。

暮春者春服既成得冠者五六人　阮本"暮"作"莫"，下同此；無"得"字。

善點之獨知時之　阮本無二"之"字。

宗廟之事如會同非諸侯如之何　阮本作"宗廟會同非諸侯而何"。

赤也爲之小相孰能爲之大相　阮本無二"相"字。

誰能爲大相者也　阮本無"者也"二字。

顔淵第十二

顔淵問仁章

尅己復礼　阮本“尅”作“克”，下及注同。

　　一日猶見歸仁　阮本無“仁”字。

仲弓問仁章

　　仁之道　阮本“仁”上有“爲”字。

司馬牛問仁章

仁者其言也訒也　阮本無“也”字。

斯可謂之仁已矣乎　阮本無“可”、“矣”字。

　　言仁亦不得不難矣　阮本無“矣”字。

司馬牛憂曰章

四海之内皆爲兄弟也　阮本無“爲”字。

　　皆可以禮親之　阮本無“之”字。

子張問明章

　　以漸成人之禍　阮本作“漸以成之”。

　　膚受愬　阮本“受”下有“之”字。

　　人莫能及之　阮本無“之”字。

子貢問政章

足食足兵使民信之　阮本無“使”字。

曰必不得已而去於斯二者　阮本曰上有“子貢”二字。

民不信不立　阮本上“不”字作“無”。

棘子城曰章

棘子城曰　阮本“城”作“成”，下同此。

　　駟馬追之不及舌　阮本無“舌”字。

虎豹之鞹猶犬羊之鞹也　阮本二“鞹”字並作“鞟”，下同此；又阮本無“也”字。

虎豹與犬羊别者　阮本無“者”字。

何以别虎豹與犬羊邪　阮本“犬羊”二字互乙。

哀公問於有若章

年飢用不足　阮本“飢”作“饑”。

盍者何不也　阮本無“者”字。

爲天下通法也　阮本作“爲天下之通法”。

孰誰而税也　阮本作“什二而税”。

子張問崇德辨惑章

惡之欲其死也　阮本無“也”字。

是惑　阮本“惑”下有“也”字。

齊景公問政於孔子章

吾豈得而食諸　阮本無“豈”字。

聽訟吾猶人也章

言與人等　阮本無“言”字。

子張問政章

無得懈倦　阮本“懈”作“解”。

博學於文章

弗畔不違道也　阮本此上有“鄭曰”二字。

季康子問政於孔子孔子對曰章

子帥而正　阮本“而”作“以”。

季康子魯上卿　阮本無“季”字。

季康子患盜章

欲情慾也　阮本“欲”下有“多”字。

季康子問政於孔子章

小人之德草也　阮本無“也”字。

子張問士章

何如斯可謂之達　阮本此下有“矣”字。

夫達者　阮本“者”上有“也”字，下“夫聞者”同。

見顔色　阮本“見”作“觀”。

其念慮　阮本“念”作“志”。

佞人假仁者之色　阮本無“佞人”二字。

而不自疑者也　阮本無“者也”二字。

樊遲從遊於舞雩之下章

毋攻人之惡　阮本“毋”作“無”。

樊遲問仁章

嚮也　阮本“嚮”作“鄉”。

富哉是言乎　阮本無“是”字。

子貢問友章

忠告而以善導之否則止無自辱焉　阮本“導”作“道”，下同此；又，“否”作“不可”，“無”作“毋”。

君子以文會友章

友有相切磋之道　阮本無“有”字。

子路第十三

子路問政章

民忘其勞之也　阮本無“之也”二字。

人將自舉之各舉其所知　阮本作“人將自舉其所知”。

子路曰衛君待子而爲政章

民無所措手足　阮本"措"作"錯"。

樊遲請學稼章

子曰吾不如老圃　阮本無"子"字。

　　樹菜蔬曰圃也　阮本"蔬"作"蔬"。

　　各以情實應也　阮本無"情"字。

子適衛章

冉子僕　阮本"子"作"有"。

　　言衛民衆多　阮本"民"作"人"。

善人爲邦百年章

　　勝殘暴之人　阮本無"勝"字。

　　孔子信也　阮本"也"作"之"。

冉子退朝章

　　凡所行常事　阮本無"所"字。

定公問一言而可以興邦章

　　有近一言可興國　阮本"可"下有"以"字。

　　知如此則可近也　阮本"知如"二字互乙。

曰一言而可喪邦　阮本無"可"字。

唯其言而樂莫予違也　阮本無"樂"字。

　　其所言不善　阮本無"其"字。

葉公問政章

近者悦　阮本"悦"作"説"。

子夏爲莒父宰章

　　舊説曰　阮本"曰"作"云"。

毋欲速毋見小利　阮本二"毋"字並作"無"。

見小利妨大事 阮本無“見”、“事”字。

子貢問曰何如斯可謂之士矣章

鄉黨稱悌焉 阮本“悌”作“弟”。

硜硜然小人也 阮本“也”作“哉”。

容斗二升者也 阮本無“者也”二字。

不得中行章

則欲得狂狷也 阮本“也”作“者”。

南人有言曰章

無常之人 阮本“常”作“恒”,下同此。

君子和而不同章

然各爭其利 阮本無“其”字。

子貢問曰鄉人皆好之章

其不善者惡之也 阮本無“也”字。

君子易事而難悦也章

君子易事而難悦也 阮本“悦”作“説”,下同此。

及其使人也器也 阮本下“也”字作“之”。

度才而任官也 阮本“任官也”作“官之”。

子路問曰何如斯可謂之士矣章

兄弟怡怡如也 阮本無“如也”二字。

善人教民七年章

即戎就兵可以攻戰也 阮本作“即就也戎兵也言以攻戰”。

以不教民戰章

言用不習民 阮本“習”下有“之”字。

憲問第十四

憲問耻章

當食其禄　阮本無“其”字。

剋伐怨欲不行焉　阮本“剋”作“克”。

此四者行之難　阮本無“此”字。

邦有道章

危行言遜　阮本“遜”作“孫”。

有德者必有言章

德不可以憶中　阮本“憶”作“億”。

南宫适章

有窮　阮本“窮”下有“國”字。

稷播殖百谷　阮本無“殖”字。

爲命章

卑諶草創之　阮本“卑”作“裨”，下同此。

鄭大夫名也　阮本“夫”下有“氏”字。

行人子羽修　阮本此下有“之”字。

或問子産章

飯蔬食　阮本“蔬”作“疏”。

貧而無怨章

王肅曰貪者善怨富者善驕二之中者人人難使不怨也　（原本蟲蠹，個别字跡難以辨認）　阮本無此注。按原本此注以墨筆添補於脅旁。又據《考文》：“王肅曰：‘貧者善怨，富者善驕；二者之中，貧者人難使不怨也。’謹按：子曰貧而無怨難章一本補入此注，校足利本亦有此注。”

孟公綽爲趙魏老則優章

不可以爲藤薛大夫也　阮本“藤”作“滕”，下同此。

子路問成人章

若臧武仲之智　阮本“智”作“知”。

　　魯大夫孟公綽也　阮本作“孟公綽”。

子問公叔文子於公明賈章

人不厭其言也　阮本無“也”字；下“不厭其取也”，阮本亦無“也”字。

　　嫌其不能悉然　阮本無“其”字。

臧武仲以防求爲後於魯章

　　使以大蔡　阮本“使”下有“爲”字。

　　非敢害也智不足也　阮本“敢”作“能”，“智”作“知”。

晉文公譎而不正章

　　謂召於天子　阮本無“於”字。

　　書曰天王狩于河陽　阮本“于”作“於”。

子路曰桓公殺公子糾章

　　召忽死也　阮本“也”作“之”。

　　誰如管仲之仁矣　阮本無“矣”字。

子貢曰管仲非仁者與章

　　桓公率諸侯以尊周室　阮本“率”作“帥”。

　　爲不被髮左衽　阮本“衽”作“衽”，下同此。

子曰衛靈公之無道也章

　　言君雖無道　阮本無“君”字。

　　何爲當亡乎也　阮本無“乎也”二字。

陳成子殺簡公章

陳桓殺其君　阮本"桓"作"恒",下同此。

　　陳成子　阮本無"陳"字。

告夫二三子　阮本"二三子"作"三子",下同此。

子路問事君章

　　當能犯顔色諫爭也　阮本無"色"字。

君子上達章

　　未爲下　阮本"未"作"末",原本形近而訛。

古之學者爲己章

今之學者爲人也　阮本無"也"字。

　　無爲人徒能言之也　阮本無"無"字。

不在其位章

　　不越其位　阮本"位"作"職"。

君子耻其言章

君子耻其言之過其行也　阮本無"也"字。

君子道者三章

夫子自導也　阮本"導"作"道"。

子貢方人章

賜也賢乎我　阮本"我"作"哉"。

我則不暇　阮本"暇"作"暇"。

不患人之不己知章

患己無能也　阮本作"患其不能也"。

不逆詐章

不憶　阮本"憶"作"億"。

微生畝謂孔子曰章

孔子對曰非敢爲佞也　阮本無"對"字。

　　欲行道以化人也　阮本"人也"作"之"。

驥不稱其力章

　　德者調良之德也　阮本"德也"作"謂"。

公伯寮愬子路於季孫章

　　馬融曰魯大夫子服何忌也　阮本"馬融曰"作"孔曰"。

於公伯寮也　阮本無"也"字。

　　吾勢能辨子路之無罪　阮本"勢"下有"力猶"二字。

　　使之誅伯寮　阮本無"伯"字。

賢者避世章

賢者避世　阮本"避"作"辟",下節同。

　　世主莫得而臣之也　阮本無"之也"二字。

子路宿於石門章

石門晨門曰奚自　阮本無"石門"二字。

子擊磬於衛章

有荷蕢而過孔子之門者　阮本"子"作"氏"。

　　若遇水必以濟　阮本"遇"作"過"。

　　無以難者　阮本無"以"字。

　　以其不能解己道　阮本"己"下有"之"字。

子張曰書云章

　　馬融曰已已百官也　阮本"已"字不重。

　　冢宰天官佐王治者也　阮本"官"下有"卿"字,無"也"字。

子路問君子章

脩己以敬人　阮本無“人”字。

原壤夷俟章

幼而不遜悌長而無述焉　阮本“遜”作“孫”,“悌”作“弟”。

闕黨童子將命矣章

闕黨童子將命矣　阮本無“矣”字。

　　傳賓主之語出入之也　阮本無“之也”二字。

吾見其踞於位也　阮本“踞”作“居”。

　　欲速成者　阮本“成”下有“人”字。

衛靈公第十五

賜也汝以予爲多學而識之者與章

賜也汝以予爲多學而識之者與　阮本“汝”作“女”。

　　問今不然邪也　阮本無“邪也”二字。

　　故不待多學一以知之　阮本“一以”作“而一”。

子張問行章

立則見其參然於前也　阮本無“然”字。

　　衡梔也　阮本“梔”作“軛”。

　　參然在前　阮本“在”下有“目”字。

　　則若依衡軛也　阮本“衡軛也”作“車軛”。

直哉史魚章

邦無道則可卷而懷也　阮本“也”作“之”。

可與言而不與言章

不可與言而與　阮本此下有“之”字。

志士仁人章

無求生而害仁　阮本“而”作“以”。

子貢問爲仁章

友其士之仁者也　阮本無“也”字。

顏淵問爲邦章

亦俱能感人心　阮本“感”作“惑”。

故當放遠也　阮本“也”作“之”。

臧文仲其竊位者與章

爲竊位　阮本“爲”上有“是”字。

躬自厚而薄責於人章

自責已厚責人薄　阮本無“自”字。

不曰如之何章

猶言不曰奈是何也　阮本“奈”作“柰”。

吾未如之何也已矣　阮本“未”作“末”。

群居終日章

小惠謂小小才知　阮本“惠”作“慧”,“才”上有“之”字。

君子義以爲質章

遜以出之　阮本“遜”作“孫”,注文同。

謂於操行　阮本無“於”字。

君子矜而不爭章

義之與比之也　阮本無“之也”二字。

子貢問曰有一言而可以終身行者乎章

勿施於人也　阮本無“也”字。

吾之於人也章

如有可譽者　阮本“可”作“所”。

有所譽輒試以事不空譽而已矣 阮本作“所譽者輒試以事不虚譽而已”。

吾猶及史之闕文也章

古之史 阮本“之”下有“良”字。

今則亡矣 阮本無“則”字。

則借人使習之 阮本“使”作“乘”。

人能弘道章

材大者道随大 阮本“材”作“才”，下節同。

君子謀道不謀食章

雖不耕而不飢 阮本“飢”作“餒”。

知及之仁章

不莊以莅之 阮本“莅”作“涖”。

君子不可小知而可大受也章

可以小了知而不可大受也 阮本無“以”字。

民之於仁章

水火與仁皆民所仰而生者 阮本“與”作“及”，“皆”作“故”。

當仁不讓於師章

行仁急 阮本此上有“言”字。

君子貞而不諒章

言不必信 阮本“必”下有“小”字。

事君敬其事章

先盡力然後食禄也 阮本“然”作“而”。

有教無類章

言人在見教無有種類也 阮本“人”下有“所”字。

辭達而已矣章

凡事莫過於實足也 阮本無“足也”二字。

師冕見章

及席也 阮本無“也”字。

季氏第十六

季氏將伐顓臾章

宓羲之後 阮本“宓”作“伏”。阮校曰：“《釋文》出‘宓’字云：‘音密，又音伏，本亦作伏。’案《五經文字》云：‘宓，《論語注》亦用作宓犧，字音伏。’是唐時《論語注》俱作宓犧。”

欲灭而有之 阮本“有”作“取”。

何以爲伐也 阮本作“何以伐爲”。

言當陳才力度己所任 阮本“才”上有“其”字。

櫝櫝也 阮本“櫝”作“匱”。

非典守之過邪 阮本此上有“失虎毁玉豈”五字。

疾如汝之言 阮本“汝”作“女”。

舍曰欲之而必更爲之辭 阮本無“更”字。

更作佗辭 阮本此上有“而”字，“佗”作“他”。

患政治之不均平 阮本“治”作“理”。

政教均平則不患貧 阮本無“患”字。

蕭牆謂屏也 阮本無“蕭”字。

後季氏之家臣陽虎果囚季桓子 阮本無“之”字。

專征伐 阮本“專”下有“行”字。

政逮大夫 阮本“逮”下有“於”字。

鄭玄曰文子武子悼子平子也 阮本“鄭玄曰”作“孔曰”。

益者三友章

友便僻　阮本"僻"作"辟"。

　　巧辟人所忌　阮本"人"下有"之"字。

益者三樂章

　　出入不知節　阮本無"知"字。

君子有三畏章

　　與天地合其德者　阮本無"者"字。

　　深遠不可易知則　阮本"則"作"測"。

生而知之者章

　　困謂有所不通之也　阮本無"之也"二字。

見善如不及章

吾聞其語　阮本此下有"矣"字。

齊景公有馬千駟章

民無得而稱焉　阮本"得"作"德"。

餓死於首陽之下　阮本無"死"字。

其斯謂與　阮本"斯"下有"之"字。

　　此所謂以德爲稱者也　阮本無"者也"二字。

陳亢問於伯魚章

曰不學詩無以言也　阮本無"曰"、"也"字。

無以立也　阮本無"也"字。

退喜曰　阮本"退"下有"而"字。

邦君之妻章

亦曰君夫人也　阮本無"也"字。

陽貨第十七

陽貨欲見孔子章

失時不爲有智　阮本"不"下有"得"字,"智"作"知"。

亦順辭免害也　阮本無"害也"二字。

唯上智與下愚不移章

唯上智與下愚不移　阮本"智"作"知"。

公山不擾以費畔章

公山不擾以費畔　阮本"不"作"弗",注文同此。

子路不悦　阮本"悦"作"説"。

未之也已　阮本"未"作"末"。

無可之則止耳　阮本無"耳"字。

子張問仁於孔子章

孔子對曰　阮本無"對"字。

佛肸召章

佛肸以中牟叛　阮本"叛"作"畔"。

涅可以染皂者　阮本無"者"字。

至白者染之涅不黑　阮本"之"下有"於"字,"涅"下有"而"字。

言瓠匏瓜得繫一處者　阮本無"匏"字。

由也汝聞六言六蔽矣乎章

由也汝聞六言六蔽矣乎　阮本"汝"作"女"。

六言六蔽下六事謂　阮本作"六言六蔽者謂下六事"。

小子何莫學夫詩章

觀觀風俗之盛衰　阮本"觀"字不重。

女爲周南邵南矣乎　阮本"邵"作"召",注同。

淑女以配君子　阮本此上有“樂得”二字。

色厲而内荏章

謂外自矜厲而内柔佞　阮本“謂”作“爲”。

窬窬墙　阮本“墻”下有“之也”二字。

鄉原德之賊也章

而爲己意以待之　阮本無“己”字。

亂德者也　阮本無“者”字。

道聽而塗説章

德之棄　阮本此下有“也”字。

鄙夫可與事君哉章

鄙夫可與事君哉　阮本“君”下有“也與”二字。

其未得之　阮本此下有“也”字。

言邪媚無所不爲　阮本“言”下有“其”字。

巧言令色鮮矣仁章　原本無，阮本在惡紫之奪朱章前。

惡紫之奪朱章

惡鄭聲之亂雅樂　阮本“樂”下有“也”字。

惡其奪雅樂也　阮本“奪雅樂也”作“亂雅樂”。

惡利口之覆邦家　阮本此下有“者”字。

孺悲欲見孔子章

爲其將命者不知已　阮本無“知”字。

宰我問三年之喪期已久矣章

周書月令有更火　阮本“火”下有“之文”二字。

於汝安乎　阮本“汝”作“女”。

曰安之　阮本無“之”字。

責其無仁於親　阮本“仁”下有“恩”字。

宰我出曰　阮本“曰”上有“子”字。

子生未三歲　阮本“未三”作“於二”。

欲報之德　阮本“德”作“恩”。

飽食終日章

爲其無所據　阮本此上有“馬曰”二字。

樂善生淫慾　阮本“慾”作“欲”。

子貢問曰君子亦有惡乎章

好稱説人惡　阮本“人”下有“之”字。

賜也亦有惡也　阮本“也”作“乎”。

惡徼以爲智者　阮本“智”作“知”。

惡不遜以爲勇者　阮本“遜”作“孫”。

微子第十八

微子去之章

比干以諫而見殺也　阮本無“而”、“也”字。

三人行各異而同稱仁　阮本無“各”字。

楚狂接輿章

楚狂接輿歌而過孔子之門　阮本無“之門”二字。

詳狂而來歌　阮本“詳”作“佯”。

故曰衰之也　阮本無“之也”二字。

來者猶可追也　阮本無“也”字。

傷之甚也　阮本“甚”作“深”。

趨而避之　阮本“避”作“辟”。

長沮桀溺耦而耕章

對曰是也　阮本無“對”字。

且而與其從避人之士豈若從避世之士哉　阮本二“避”字皆作“辟”,“豈”上有“也”字。

　　隱居於山林　阮本無“居”字。

　　是與鳥獸同羣　阮本“與鳥獸同羣”作“同羣”。

　　丘皆不與易之　阮本“之”作“也”。

子路從而後章

　　老者也　阮本“者”作“人”。

　　蓧竹器名也　阮本無“名也”二字。

　　丈人曰不勤勞四體　阮本“曰”作“云”。

　　誰爲夫子而索之耶　阮本“耶”作“邪”,下節同。

如之何其可廢也　阮本作“如之何其廢之”。

欲潔其身　阮本“潔”作“絜”。

道之不行也　阮本無“也”字。

　　不自必道得行　阮本“自必”互乙,“道”上有“己”字。

逸民章

　　節行超逸者　阮本“者”作“也”。

不辱其身者　阮本無“者”字。

　　置不復言世務也　阮本無“置”、“也”字。

　　遭世亂身廢棄以免患　阮本“身”作“自”。

大師摯適齊章

鼓方叔入于河　阮本“于”作“於”。

播鞀武入於漢　阮本“鞀”作“鼗”。

周公語魯公章

周公語魯公 阮本"語"作"謂"。

不以他人易其親 阮本作"不以他人之親易己之親"。

毋求備於一人 阮本"毋"作"無"。

周有八士章

周時四乳得八子 阮本"得"作"生"。

故記之 阮本此下有"爾"字。

子張第十九

子夏之門人問交於子張章

問問與人交接之道 阮本"問"字不重。

其不可者距之 阮本"距"作"拒"。

我大賢與 阮本"我"下有"之"字，下"我不賢與"並有"之"。

子夏曰博學而篤志章

博學而厚識之 阮本"博"作"廣"。

所學未寤之事 阮本"寤"作"悟"。

思己所能及之事 阮本"所"下有"未"字。

於所思者不解 阮本無"於"字。

子夏曰百工居肆章

猶君子學以立其道 阮本"立"作"致"。

子夏曰君子信而後勞章

未信則以爲謗己矣 阮本"矣"作"也"。

子游曰子夏之門人小子章

當洒掃應對進退則可矣 阮本"掃"作"埽"。

於當對賓客　阮本"於"作"但"。

言先傳大業者必厭倦　阮本無"大"字,"必"下有"先"字。

曾子曰吾聞諸夫子人未有自致也者章

人未有自致也者　阮本"也者"互乙。

曾子曰吾聞諸夫子孟莊子之孝也章

是難也　阮本"難"下有"能"字。

孟氏使陽膚爲士師章

典獄官　阮本"獄"下有"之"字。

子貢曰紂之不善也章

紂之不善也　阮本無"也"字。

子貢曰君子之過也章

如日月之蝕也　阮本"蝕也"作"食焉"。

衛公孫朝章

朝衛大夫　阮本此上有"公孫"二字。

叔孫武叔語大夫於朝章

夫子之牆也數仞　阮本無"也"字。

不得其門而入者　阮本無"者"字。

叔孫武叔毀仲尼章

仲尼如日月也　阮本無"如"字。

人雖欲自絶也　阮本無"也"字。

言人雖自欲絶棄於日月　阮本無"欲"字。

陳子禽謂子貢曰章

君子一言以爲智　阮本"智"作"知"。

夫子之不可及　阮本"及"下有"也"字。

夫子得邦家者　阮本"子"下有"之"字。

導之斯行　阮本"導"作"道"。

　　綏安之　阮本"之"作"也"。

　　動之則莫不和穆　阮本"穆"作"睦"。

　　死則見哀痛矣也　阮本作"死則哀痛"。

堯曰第二十

堯曰咨爾舜章

　　此伐桀告天文　阮本"天"下有"之"字。

　　殷家尚白　阮本"家"作"豕"。

　　有罪過不可隱　阮本無"有"字。

　　權稱也　阮本"稱"作"秤"。

寬則得衆　阮本此下有"信則民任焉"五字。

子張問政於孔子曰章

擇其可勞而勞之　阮本無"其"字。

出内之吝　阮本"内"作"納"，注同。

原本用字與通行字對照表

凡例

1. 本表所羅列的"原本用字"主要涵蓋傳統意義上的異體字與俗體字，這些異體字與俗體字或習見於唐以前的寫本文獻，或反映出日本古鈔本的特色。

2. 原本在用字方面的情況較爲複雜，正字、俗字同見使用；如《顔淵》篇"非禮勿視，非礼勿聽，非禮勿言，非禮勿動"，同一句中三處用"禮"，一處用"礼"，並無規律可循，反映了鈔本用字的隨意性。因此"原本用字"一欄所列的字體，只表示這種寫法曾在原本中出現，但不表示全書中均使用此寫法。

3. 原本舊有朱墨筆校改，有些字儘管曾經過圈改，如"對"在原本中多被圈改爲"對"，實則"對"乃唐人常見寫法，見於柳公權《玄秘塔》，不當妄改，故仍列於表内。

4. 特别常見的異體字，如"為、爲"、"回、囬、囘"等，因在版刻中亦無統一用法，本表不再贅列。

5. 各字按漢語拼音音序編排次序。

原本用字	通行字	舉例
栢	柏	《八佾》篇：殷人以栢
敗	敗	《鄉黨》篇：魚餒而肉敗不食
苞	苞	《論語序》：苞氏周氏
蔽	蔽	《爲政》篇：一言以蔽之
賔	賓	《公冶長》篇：可使與賔客言也
擯	擯	《鄉黨》篇：君召使擯

諂	諂	《學而》篇:貧而無諂
曺	曹	《論語序》:臣曺義
羕	承	《爲政》篇注:羕順父母顔色
辭、辞、辤	辭	《雍也》篇:善爲我辤焉 《泰伯》篇:出辭氣,斯遠鄙倍矣 《季氏》篇:舍曰欲之而必更爲之辞
耻	恥	《爲政》篇:民免而無耻
聦	聰	《季氏》篇:聽思聦
𠖥、処	處	《里仁》篇:擇不𠖥仁 《子罕》篇:処群萃而不自異
荅	答	《述而》篇注:未知所以荅也
等	等	《論語序》:臣何晏等上
顛	顛	《里仁》篇:顛沛必於是
對	對	《爲政》篇:孔子對曰舉直錯諸枉
尒	爾	《述而》篇:不知老之將至也云尒
迩	邇	《陽貨》篇:迩之事父
發	發	《述而》篇:不悱不發
九	凡	《學而》篇注:九人有所不知
汎	汎	《學而》篇:汎愛眾而親仁
廢	廢	《憲問》篇:道之將廢也
冨	富	《學而》篇:冨而可求
攺	改	《論語序》:有不安者頗爲攺易
盖	蓋	《述而》篇:盖有不知而作之者

罰、罰	剛	《公冶長》篇:吾未見罰者 《子路》篇:罰毅木訥近仁
㭍	格	《爲政》篇:有耻且㭍
各	各	《里仁》篇:各於其黨
皷	鼓	《陽貨》篇:鐘皷云乎哉
瞽	瞽	《季氏》篇:未見顏色而言謂之瞽
穀	穀	《泰伯》篇:三年學,不至於穀
故	故	《季氏》篇:夫如是故
觀	觀	《學而》篇:父在觀其志
恠	怪	《述而》篇:子不語恠力乱神
帰、帰	歸	《八佾》篇:管氏有三帰(三帰,娶三姓女也)
鬼	鬼	《爲政》篇:非其鬼而祭之
国、国	國	《里仁》篇:能以禮讓爲国乎 《述而》篇注:父子爭国
㴝	海	《顏淵》篇:四㴝之内皆爲兄弟也
号	號	《八佾》篇注:制法度以号令扵天下
𢎘	弘	《泰伯》篇:士不可不𢎘毅
𠫪	互	《論語序》:所見不同,𠫪有得失
侯	侯	《論語序》:安昌侯張禹本
疾	疾	《爲政》篇:父母唯其疾之憂
済	濟	《憲問》篇注:若遇水必以済
姧	姦	《顏淵》篇注:欲多殺以止姧
蕳	簡	《堯曰》篇:蕳在帝心
莭	節	《學而》篇:不以禮莭之亦不可行也

敬	敬	《爲政》篇：使民敬忠以勸
舊	舊	《公冶長》篇：舊令尹之政必以告新令尹
挙	舉	《衛靈公》篇注：知其賢而不挙
覚	覺	《憲問》篇注：先覚人情者
客	客	《公冶長》篇：可使與客言也
老	老	《公冶長》篇：老者安之
壘	壘	《論語序》：漢中壘校尉劉向言
礼	禮	《顏淵》篇：非禮勿視，非礼勿聽，非禮勿言，非禮勿動
粮	糧	《衛靈公》篇：在陳絶粮
跕	路	《公冶長》篇：子跕仁乎
乱、亂	亂	《泰伯》篇：人而不仁，疾之已甚，乱也 《泰伯》篇：關雎之亂
皃、皃	貌	《八佾》篇注：倩，笑皃；盼，動目皃；絢，文皃 《述而》篇：和舒之皃也
旀	弥	《子罕》篇：仰之旀高，鑽之旀堅
免	免	《爲政》篇：民免而無耻
冕	冕	《子罕》篇：麻冕禮也
庿	廟	《鄉黨》：其在宗庿朝廷
敏	敏	《學而》篇：敏於事而慎於言
今	命	《堯曰》篇：舜亦以今禹
盻	盼	《八佾》篇：美目盻兮
斉	齊	《述而》篇注：孔子在斉聞韶樂
墻	牆	《季氏》篇：而在蕭墻之内

烁	秋	《公冶長》篇注：當春烁時
桒	桑	《雍也》篇：仲弓問子桒伯子
升	升	《八佾》篇：揖讓而升
失	失	《先進》篇：失其所也
食	食	《里仁》篇：士志扵道而耻悪衣悪食者
旹	時	《憲問》篇注：平生猶少旹
卋	世	《季氏》篇：蓋十卋希不失
蔬	蔬	《憲問》篇：飯蔬食
属	屬	《季氏》篇：當時臣属魯季氏
筭	算	《子路》篇：何足筭也
随	隨	《衛靈公》篇注：材大者道随大
所	所	《爲政》篇：所損益可知也
枀	松	《子罕》篇：然後知枀柏小彫傷
軆、躰	體	《爲政》篇注：發明大軆 《里仁》篇注：自然躰之
啚	圖	《子罕》篇：鳳鳥不至，河不出啚
万	萬	《堯曰》篇：無以万方
罓	罔	《爲政》篇：學而不思則罓
儛	舞	《八佾》篇注：僭於其家廟儛之
悪	惡	《里仁》篇：唯仁者能好人能悪人
務	務	《雍也》篇：務民之義
廗	席	《衛靈公》篇注：大輅越廗也
鲜、尠	鲜	《學而》篇：其爲人也孝悌而好犯上者鲜矣（尠，少也）

陷	陷	《雍也》篇：君子可逝不可陷也
笑、咲	笑	《八佾》篇注：巧笑倩兮 《先進》篇注：哂，咲也
斈	學	《憲問》篇：古之斈者爲己
猒	厭	《子張》篇注：必猒倦
養、飬	養	《爲政》篇：今之孝者是謂能養，至於犬馬皆能有飬
疑	疑	《爲政》篇：多聞闕疑
冝	宜	《八佾》篇注：各以其土所冝之木
抑	抑	《憲問》篇：抑亦先覺者
矣	矣	《學而》篇：巧言令色鮮矣仁
引	引	《學而》篇注：子貢知引詩以成孔子義
迂	迂	《子路》篇注：子之迂也
扵	於	《學而》篇注：故曰近扵義也
与	與	《里仁》篇：未足与議也
喻	喻	《八佾》篇：喻美女雖有倩盼美質
悦	悦	《學而》篇：不亦悦乎
遭	遭	《微子》篇注：遭世乱
張	張	《爲政》篇注：子張，弟子姓顓孫名師字子張
政	政	《爲政》篇：子奚不爲政
直	直	《泰伯》篇：狂而不直
植	植	《微子》篇：植其杖而芸
軄、職	職	《八佾》篇：今管仲家臣備軄 《述而》篇：雖執鞭賤職我亦爲之矣

致、致	致	《泰伯》篇：事君能致其身 《泰伯》篇：菲飲食而致孝乎鬼神
絥	終	《學而》篇：慎絥追遠
冣	最	《微子》篇注：季氏爲上卿冣貴

日本《論語》古鈔本綜合研究

影印日本《論語》古鈔本三種

林泰輔舊藏本《論語集解》

〔日〕高橋智 解題／沙志利 校勘

北京大學出版社
PEKING UNIVERSITY PRESS

圓珠

論語巻第一　何晏集解

学而第一　論語是此書揔名学而為第一篇別目中間講説多分為科段侃昔受師業自学而至尭曰凡廿篇首末相次無別科重而持学而最先者言降聖以下皆須学成故学記云玉不琢不成器人不学不知道是明人必須学乃成此書既遍該衆典以教一切故以学而為先也第者審諦也一者数之始也既諦定篇次以学而居首故曰学而第一也

子曰学而時習之不亦悦乎　馬融曰子者男子通称也謂孔子也王粛曰時者学者以時誦習也誦習以時学無廃業所以為悦懌

有

目　録

解 題

高橋 智

斯道文庫藏(091—6)序文原闕室町時代後期鈔本外封題“圓珠”林泰輔舊藏五册。

此書外封用深藍色紙重裝,開本爲 25.3cm×18.3cm,第一、第四和第五册有原裝茶色外封,第四、第五册外封上還有室町時代用墨筆題寫的書名“圓珠”(見彩頁)。“圓珠”典出皇侃《論語義疏》自序,即“《論語》小而圓通,有如明珠,諸典大而偏用……”,是爲《論語》别名。國會圖書館藏本(WA16—45)外封題“一寸明珠”,與此同義。卷首闕何晏序文,現有序文爲舊藏者林泰輔據東洋文庫藏池田光政舊藏本(1C37)鈔寫,另配四葉。

卷首不題篇名和章數,如下:

論語卷第一　何晏集解
學而第一論語是此書總名學而爲第/
　　　　一篇别目中間講說多分爲/
　　　　科段侃昔受師業自學而至堯曰凡廿/
　　　　篇首末相次無别科重而持學而最先/
　　　　……………………………………(“論語是”以下文字用小字雙行)
子曰學而時習之不亦悦乎馬融曰子者/
　　　　　　　　男子通稱也/(“馬融”以下文字用小字雙行)

内葉用墨筆畫邊框界欄,框 19cm×14cm,四周單邊,每半葉八行,行十六字。紙張爲楮紙,較薄。全書出自同一人之筆,字體是室町時代後期書風,有很多當時特有的簡體字。批注僅有對正文的訓點,框外無批注。

正文中有墨筆書返點、送假名、縱點和附訓，以及朱筆畫線的人名、書名和專名。各卷末題書名、卷數，僅卷一、卷二還寫有經注文字數。

每册首葉鈐“北總林氏藏”（林泰輔印）、“江風山/月莊”（稻田福堂印），末葉鈐“福堂”、卷十末鈐“浩/卿”（林泰輔印）。林泰輔（1854—1922）是漢學者，著有《論語年譜》（大倉書店，1916）。《論語年譜》收入多種《論語》書影，使用十分方便。稻田福堂原名政吉，藏書家，明治年間經營書肆山城屋。

論語序　何晏集解

叙曰漢中壘東西南北四人有將軍耳北方之吏官也校尉者考古以養吏官也校尉
劉向言魯論語二十篇皆孔子弟子記諸善言也劉向
者劉惠之孫劉歆之子前漢時為中壘校尉之官若
今皇城使也其人特學經史孔子沒后而弟子共論
而記之也初為魯人所學故謂魯論也　又曰劉者
氏向者名也中壘官名也校尉者官也校者數也尉
安也校數中壘之軍衆而安之故曰校尉也漢世學
者也又有魯論齊論古文論三本之異也魯人所於
論語謂之魯論語則有二太子太傅夏侯勝前將軍
十篇如今之題目次第也
蕭望之丞相韋賢及子玄成等傳之夏弟及韋賢父子凡四人初傳
魯論於世也　又曰太子者漢武帝之太子衛也夏
侯者氏勝者名也太子太傅夏侯勝常山都尉龍其四

也

斉論語二十二篇其二十篇中章句頗多於魯論

猶是弟子所記而為斉人所学故謂為斉論也既傳之異氏又經昏乱而遂長有二篇也其二十篇雖与魯旧篇同而篇中細章文句亦多於魯篇也又曰斉論者斉人所引篇君謂之斉論ゝゝ則其中二十篇前題目次第与魯篇不殊以学而為時習也章句者古之解書之名也分經文章句而記説ゝ也

瑯琊王卿及膠東庸(ヨフ)生昌邑中尉王吉皆以教授之

此三人傳斉論亦用持教授於世也

故有魯論有斉論

夏侯等四人傳魯王等三人傳斉論並行於世ゝ故有魯斉二篇双立也又曰王者氏也郷者尊之号也不審名也中尉者佐於中壘校尉者也故曰中尉也王者亦氏吉者名郎耶王郷及膠東庸生昌邑中尉王吉皆以教授也

魯恭王時嘗欲以孔子宅為宮壊得古文論語

漢景帝之子名餘封魯故謂魯恭王

也好治宮室壞孔子旧宅以廣其宮於壁中得古文論語皆科斗文字也又曰古文者則魯恭王壞孔子之宅於屋壁所得也按此論語似孔子撰集便已其異本亦為難解將亦遇秦焚書學士解散失其本經口所授故致此異耶

齊論有問王知道多於魯論二篇

既有三論文皆不同齊論長有二篇一曰問王二曰知道是多魯論二篇也文曰齊論下章有問王知道二篇々々内辭句与魯論亦微異也

古論亦无此二篇

齊非唯長魯論二篇亦長古論々々故亦无丨此問王知道二篇也又曰古文則篇名与魯論略同準也

分堯曰下章子張問以為一篇

古論兼无問王知道二篇而分堯曰后子張問於孔子曰如何斯可以從政矣又別題為一篇也

有兩子張

一是子張曰士見危致命為一篇又一是子張問孔子從政為一篇故凡論中有兩子張篇也

凡二十一篇

古論既分長一子張故凡成二十一篇也又曰有孔安注

无傳学篇次第不与齊魯同古文凡二十一篇而次
第大不同以鄉黨為第二以雍也為第三二十篇而
內辞句亦大倒錯其微子篇无仍言章子罕篇无主
忠信章、憲問篇无君子恥其言章、述而篇无於是日
哭則不歌、子不食於喪側章、鄉黨篇无色斯舉矣、山
梁雌雉時哉子路供也三臭而作文其餘甚多也

篇次不与齊魯論同 古篇篇次既不同齊又不同魯 故云不与齊魯論同也

安昌侯張禹本受魯論兼講齊說善者從之号曰張侯論 禹初学魯論又雜講齊論於二論之中擇善者 抄集別為一論名之曰張侯論也又曰侯者爵 也張者氏也禹者名也安昌侯張禹從建受魯論兼 講齊論又聞庸生吉等擇其善者而從之号曰張侯 論 也 為世所貴 以論既擇齊魯之善合以為一論 故世之学者皆貴重於張侯論也 包氏

周氏章句出焉 包氏包咸也周氏不恚其名也章句 者注解因為分斷之名也包周二人

注張侯魯論而為之分斷章句也古論唯博士孔安國為之訓說訓亦
注也唯孔安國一人注解於古論也又曰孔安國者漢武帝時之人也訓說者文字解之也而世
不傳世人不傳孔注古文之論也至順帝之時南郡太守馬融亦
為之訓說后有馬氏亦注張禹魯論也漢末大司農鄭玄就魯論
篇章考之齊古以為之注鄭康成又就魯論篇章及考校齊古二論亦注於張論也又曰注者自前漢以前解書皆言傳去聖師
猶近傳先師之義也后漢以還解書皆言注注已之意於經文之下謙不必是之辭也近故司空陳郡太常王肅博士周
生烈皆為之義說此三人共魏人也亦皆為張論作注說也又曰近者近今之世辭也
故者古為司空而今不為故曰故司空也太常者掌天下之書官名也義說者解其義也前世傳

受師說雖有異同不為之訓解 自張侯之前乃相傳師受不同而不為注
說也 中間為之訓解至于今多矣 中間謂苞氏孔周馬之徒至于今謂至魏
末何平叔時也多矣言注者非一家也 所見不同互有得失 既注者多閒故得失
互不同也 今集諸家之善說記其姓名 此平叔用意也叔言多注解家互有
得失而已今集取錄善者之姓名著於集注中也 有不安者頗為改易 若先儒注
非何意所安者則何偏為改易下已意也頗猶偏也 名曰論語集解 既集用諸注以解此
書故名(考)論吾集解也又曰集解者魏末吏部尚書何晏又因魯論本文集此七家兼采古文孔安國及
下已意名曰集解也 光祿大夫關內侯臣孫邕光祿大夫臣鄭
仲散騎常侍中領軍安鄉亭侯臣曹羲侍中臣荀顗

尚書駙馬都尉關內侯臣何晏等上此記孫邕等五人同於何晏共

上此集解之爲也又曰光祿者掌祑祿之官之名故

曰光祿大夫也散騎者古者以四馬爲乘也漢以來而

散之爲騎也常侍中者掌內任之官長也領軍世上

書之官長也駙馬掌官馬官名也都尉兼總諸暑中

之軍衆而安之故曰都尉之安也美何晏孔安國馬

融苞氏周氏鄭玄陳群王肅周生烈等己意思故

謂之集

解也

右寬正本論語集解序

論語巻第一　何晏集解

学而第一

論語是此書揔名学而爲第
一篇別目中間講說多分爲
科段侃昔受師業自学而至堯曰凡廿
篇首末相次無別科重而持学而最先
者言降聖以下皆須学成故学記云玉
不琢不成器人不学不知道是明人必
須学乃成此書既遍該衆典以教一切
故以学而爲先也第者審諦也一者數
之始也既論定篇次以学而
君首故曰学而第一也

子曰学而時習之不亦悦乎　馬融曰子者男子通称也
謂孔子也王肅曰時者学者以時誦習
也誦習以時学無廢業所以爲悦懌
有

朋自遠方來不亦樂乎 苞氏曰同門曰朋也 人不知

而不慍不亦君子乎 慍怒也凡人有所不知君子不慍之也

有子曰 孔安国曰弟子有若也 其為人也孝悌而好

犯上者鮮矣 鮮少也上謂凡在己上者也言孝悌之人必有恭順好欲

犯其上者少也 不好犯上而好作乱者未之有也

君子務本本立而道生 本基也基立而後可大成也 孝

悌也者其為仁之本与 苞氏曰先能事父兄然後可仁道成

也 子曰巧言令色鮮矣有仁 苞氏曰巧言好其言語令

色善其顔色皆欲令人悦之少能有仁也曽子曰馬融曰弟子曽參也

吾日三省吾身為人謀而不忠乎与朋友交言而不信乎傳不習乎言凡所傳之事得無素不講習而傳之乎

子曰導千乘之國馬融曰導者謂為之政教也司馬法曰六尺為歩歩百為畝畝百為夫夫三為屋屋三為井井十為通通十為城城出革車一乘然則千乘之賦其地千城也居地方三百一十六里有奇唯公侯之封乃能容之雖大国之賦亦不是過焉包氏曰導治也千乘之国者百里之国也古者井田方里為井井十為乘百里之国者適千乘馬融依周礼包氏依王制孟子義疑故兩

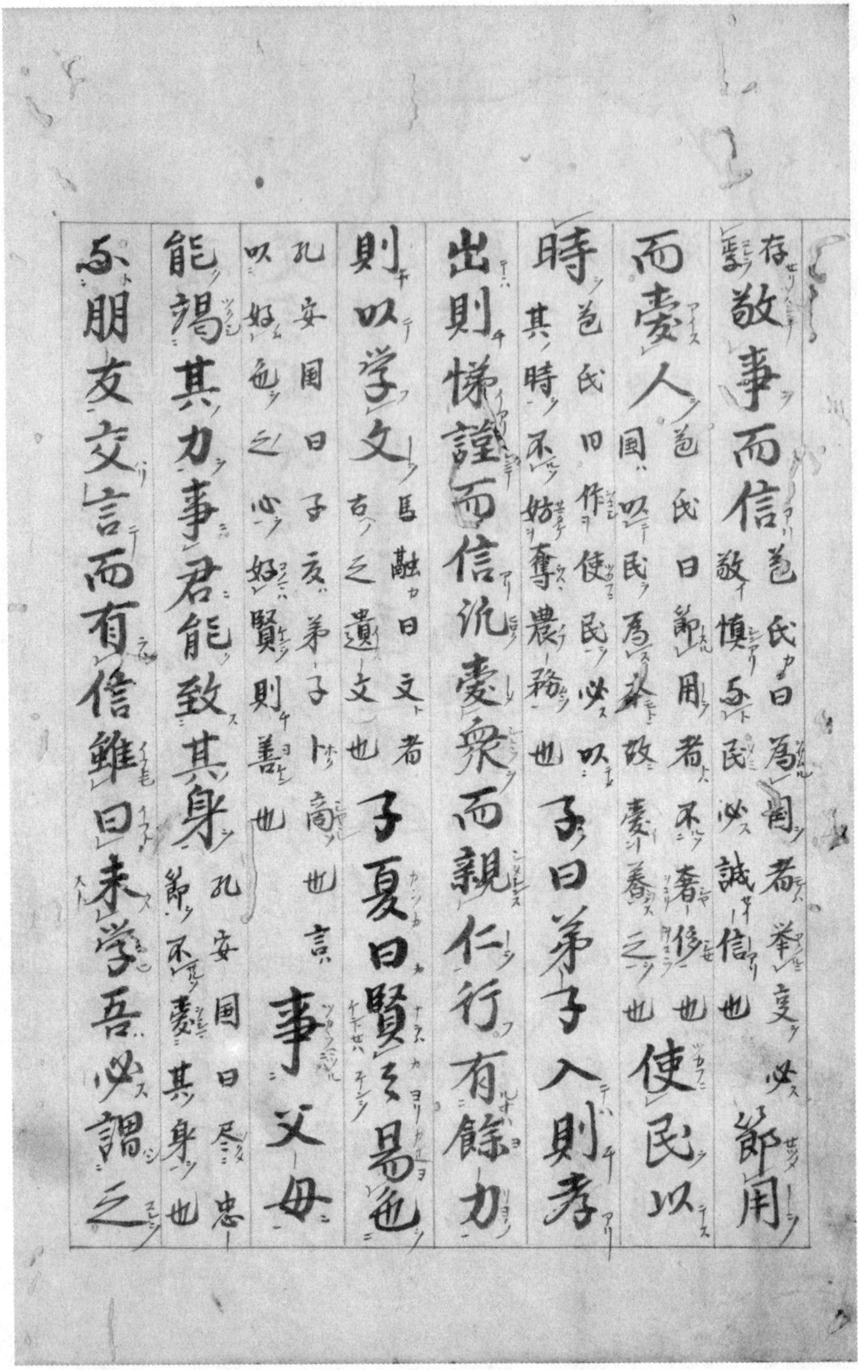
敬事而信 苞氏曰為国者挙事必敬慎与民必誠信也 節用
而愛人 苞氏曰節用者不奢侈也国以民為本故愛養之也 使民以
時 苞氏曰作使民必以其時不妨奪農務也 子曰弟子入則孝
出則悌謹而信汎愛衆而親仁行有餘力
則以学文 馬融曰文者古之遺文也 子夏曰賢賢易色
孔安国曰子夏弟子卜商也言以好色之心好賢則善也 事父母
能竭其力事君能致其身 孔安国曰尽忠節不愛其身也
与朋友交言而有信雖曰未学吾必謂之

学矣子曰君子不重則不威学則不固孔安国曰固蔽也一曰言人不敢重既無威学不能堅固識其義理也主忠信無友不如己者過則勿憚改鄭玄曰主親也憚難也

曽子曰慎終追遠民徳皈厚矣孔安国曰慎終者喪尽其哀也追遠者祭尽其敬也人君能行此二者民化其徳而皆皈於厚也

子禽問於子貢曰夫子至於是邦也必聞其政求之与抑与之与鄭玄曰子禽弟子陳亢也字子禽也子貢弟子姓端木名賜字子貢也亢怪孔子所至之邦必与聞其国政求而得之耶抑人

君自願与為治耶 子貢曰夫子溫良恭儉讓以得

之夫子之求之也其諸異乎人之求之与

也 鄭玄曰言夫子行此五德而得之与人求之異明人君自願求与為治之也

子曰父在觀其志父没觀其行 孔安国曰父在子不

得自專故觀其志而已也父没乃觀其行 三季無改於父之

道可謂孝矣 孔安国曰孝子在喪哀慕猶若父在無所改於父之道也

有子曰礼之用和為貴先王之道斯為美

小大由之有所不行知和而和不以礼節

之亦不可行也　馬融曰人知礼貴和而每事從和不以礼為節亦不

可行也　有子曰信近於義言可復也　復猶覆也義不

必信信不必義也以其言可反覆故曰近於義也　恭近於礼遠恥

辱也　苞氏曰恭不合礼非礼也以其能遠恥辱故曰近於礼也　因不

失其親亦可宗敬也　孔安国曰因親也言所親不失其親亦可

宗敬也　子曰君子食無求飽居無求安　鄭玄曰学

者之志有所不暇也　敏於事而慎於言就有道而正

焉可謂好学也矣已　孔安国曰敏疾也有道者謂有道德者也

（正謂問事是非也）子貢問曰貧而無諂冨而無驕何如子曰可也未若貧而樂道（孔安國曰未足多也）冨而好禮者也（鄭玄曰樂謂志於道不以貧賤為憂苦之也）子貢曰詩云如切如磋如琢如磨其斯之謂與也（孔安國曰能貧而樂道冨而好禮者能自切磋琢磨者也）子曰賜也始可與言詩已矣告諸往而知來者也（孔安國曰諸之也子貢知引詩以成孔子義善取類也故然之往告之以貧而樂道來荅以切磋琢磨者也）子曰不患人之不已知也患

巳不知人也 王肅曰但患已之無能知也

為政第二 為政者明人君為風俗政之法也謂之為政者後奏云政者正也子率而正孰敢不正又郑注周礼司馬云政正也政所以正不正也所以次前者学記云君子如欲化民成俗其必由学乎是明先学後乃可為政化民故以為政次於学而也

子曰為政以德譬如北辰居其所而衆星拱之 郑玄曰德者無為譬猶北辰之不移而衆星拱之也

子曰詩三百 孔安国曰篇之大数也 一言以蔽之 包氏曰蔽猶當也 曰思

無邪苞氏曰歸於正也子曰道之以政孔安国曰政謂法教
也齊之以刑馬融曰齊整之以刑罰民免而無恥孔安
国曰苟免罪也道之以德苞氏曰德謂道德也齊之以礼有
恥且格格正也子曰吾十有五而志於学三
十而立有所成立也四十而不惑孔安国曰不疑惑也五
十而知天命孔安国曰知天命之終始也六十而耳順
鄭玄曰耳聞其言而知其微旨也七十而従心所欲不踰
矩馬融曰矩法也従心所欲無非法者也子孟懿子問孝孔安

国曰魯大夫仲孫何忌也懿謚
子曰無違樊遲御子告之曰孟孫問孝於我〻對曰無違
鄭玄曰孟孫不曉無違之意將問於樊遲故告之也樊遲弟子樊須也
樊遲曰何謂也子曰生事之以礼死葬之以礼祭之以礼
孟武伯問孝子曰父母唯其疾之憂
馬融曰武伯懿子之子仲孫彘也武謚也言孝子不妄為非唯有疾病然後使父母之憂耳也
子游問孝
孔安国曰子游弟子也姓言名偃也
子曰今之孝者是謂能養至於犬馬皆能有養不敬

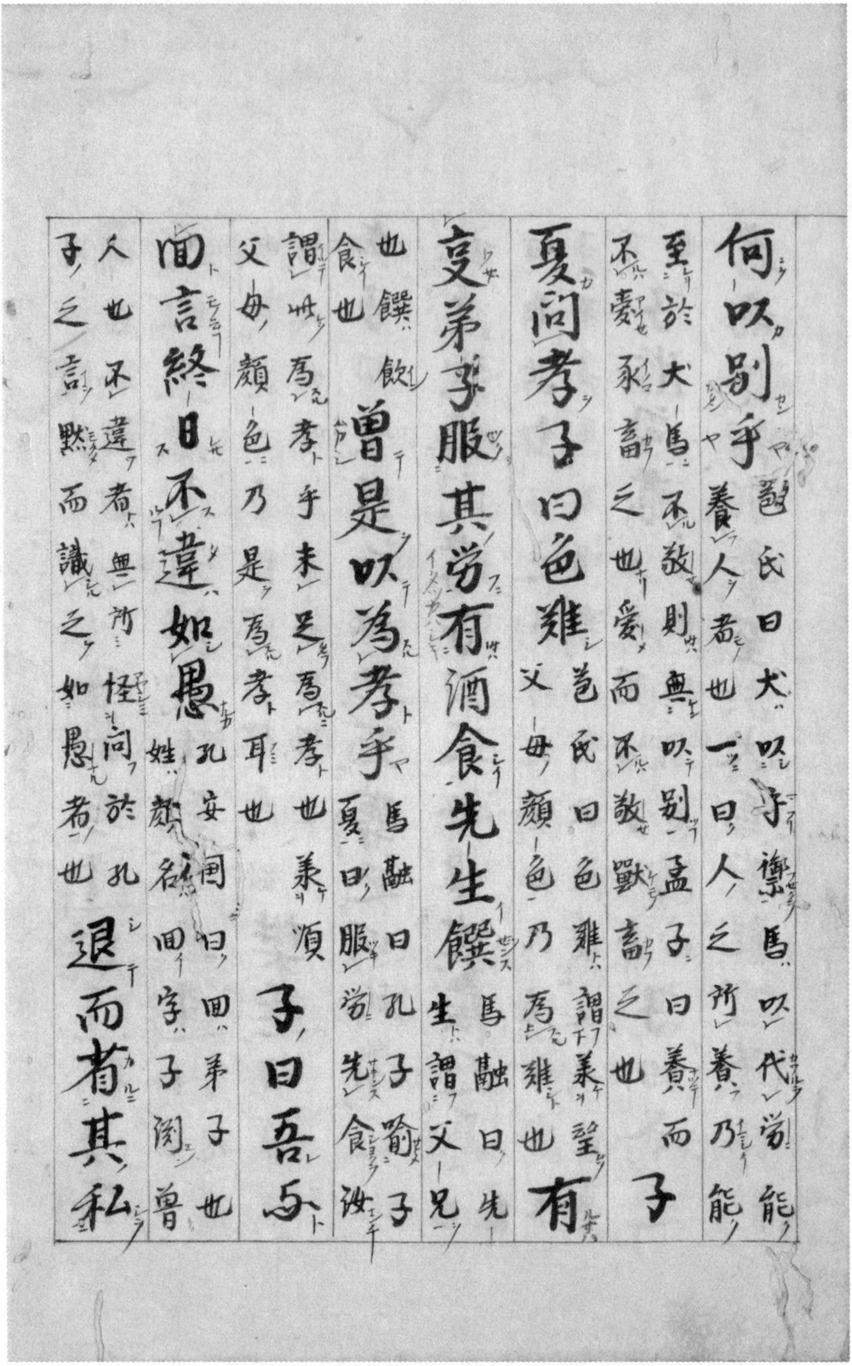
何以別乎 包氏曰犬以守禦馬以代勞能
養人者也一曰人之所養乃能
至於犬馬不敬則無以別孟子曰養而
不愛豕畜之也愛而不敬獸畜之也 子
夏問孝子曰色難 包氏曰色難謂承望父母顏色乃為難也 有
事弟子服其勞有酒食先生饌 馬融曰先生謂父兄
也饌飲食也 曾是以為孝乎 馬融曰孔子喻子夏曰服勞先食汝
謂此為孝乎未足為孝也承順父母顏色乃是為孝耳也 子曰吾與
回言終日不違如愚 孔安國曰回弟子也姓顏名回字子淵魯
人也不違者無所怪問於孔子之言默而識之如愚者也 退而省其私

亦足以發回也不愚也 孔安國曰察其退還與二三子說釋道義發明大體知其不愚也

子曰視其所以 以用也言視其所行用也 觀其所由 由經也言觀其所經從也 察其所安人焉廋哉人焉廋哉之 孔安國曰廋匿也言觀人終始安有所匿其情也

子曰溫故而知新可以爲師矣 溫尋也尋繹故者又知新者可以爲師也

子曰君子不器 苞氏曰器者各周其用至於君子無所不施也

子貢問君子子曰先行其言而後從之 孔安國曰疾小人多言而行之不周也

子曰君子周而

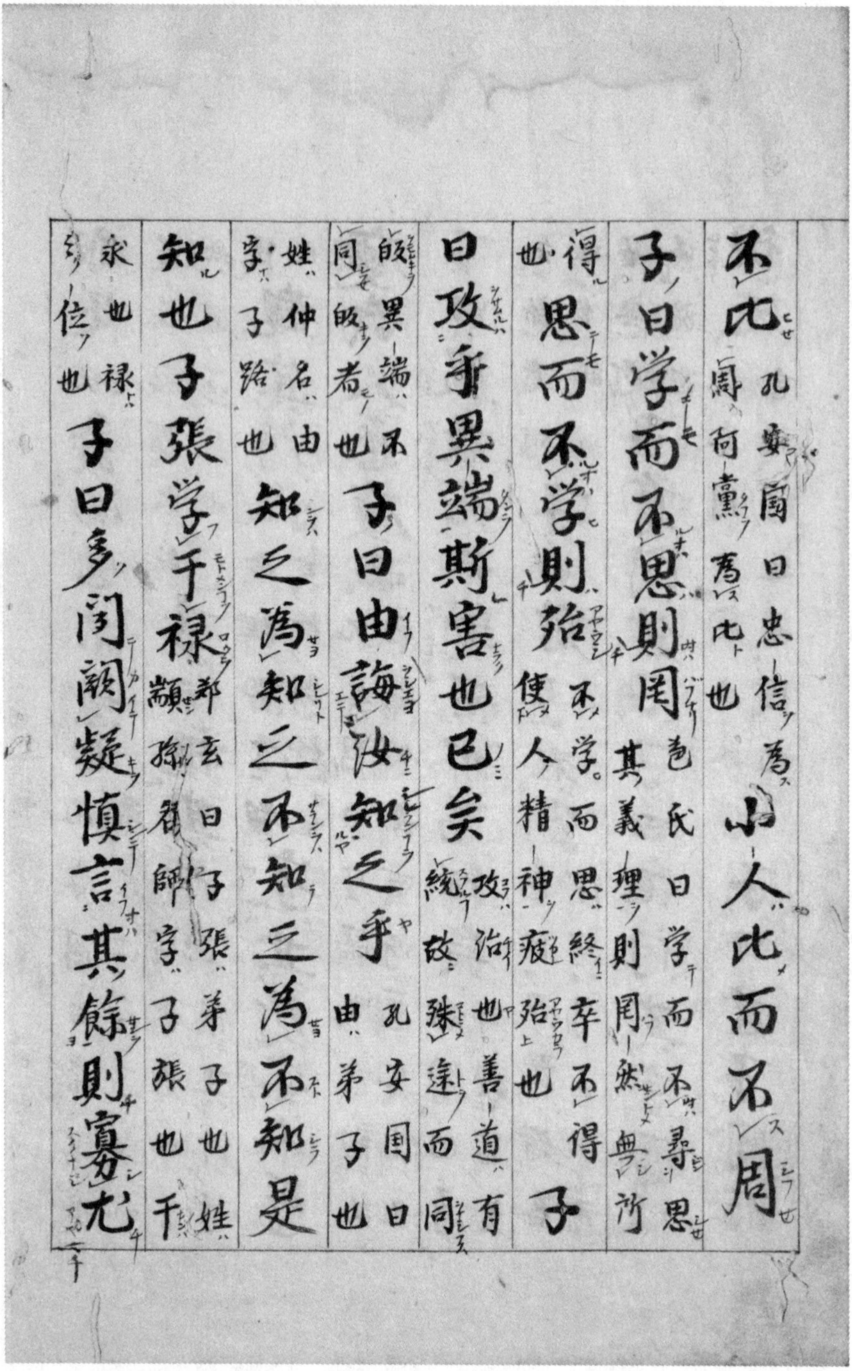

不比　孔安國曰忠信爲周阿黨爲比也　小人比而不周
子曰学而不思則罔　包氏曰学而不尋思其義理則罔然無所得也
思而不学則殆　不学而思終卒不得使人精神疲殆也
子曰攻乎異端斯害也已矣　攻治也善道有統故殊塗而同歸異端不同歸者也
子曰由誨汝知之乎　孔安国曰由弟子也姓仲名由字子路也
知之爲知之不知爲不知是知也
子張学干祿　鄭玄曰子張弟子也姓顓孫名師字子張也干求也祿祿位也
子曰多聞闕疑愼言其餘則寡尤

包氏曰尤過也疑則闕之其餘多見闕殆
不疑猶慎言之則少過也
慎行其餘則寡悔包氏曰殆危也所見危者闕而不行則少悔也
言寡尤行寡悔祿在其中矣鄭玄曰言行如此雖不得
祿得祿之道也
哀公問曰何為則民服也包氏曰哀公魯君之謚也
孔子對曰舉直錯諸枉則民服包氏曰錯置也舉用正直之人廢置邪枉之人則民服其上也
舉枉錯諸直則
民不服
季康子問使民敬忠以勸如之
何孔安國曰魯卿大夫季孫肥也康謚也
子曰臨民之以莊

則民敬苞氏曰莊嚴也君臨民以嚴則民敬其上也孝慈則忠苞氏曰君能上孝於親下慈於民則民忠矣舉善而教不能則民勸苞氏曰舉用善人而教不能者則民勸之也或謂孔子曰子奚不為政苞氏曰或人以為居位乃是為政也子曰書云孝乎惟孝友于兄弟施於有政是亦為政也奚其為為政苞氏曰孝乎惟孝者美孝之辭也友于兄弟善於兄弟也施行也所行有政道即与為政同耳也子曰人而無信不知其可也孔安國曰言人而無信其餘終无可也大車無輗

小車無軏其何以行之哉包氏曰大車牛車輗者轅端横木以縛軛者也小車駟馬車也軏者轅端上曲而拘衡者也子張問十世可知也孔安国曰文質礼變也子曰殷因於夏礼所損益可知也周因於殷礼所損益可知也馬融曰所因謂三綱五常也所損益謂文質三統也其或繼周者雖百世亦可知也馬融曰物類相招勢數相生其變有常故可預知也子曰非其鬼而祭之諂也鄭玄曰人神曰鬼非其祖考而祭之是諂以求福者也見義不為無勇也孔安国曰義者

所宜爲也而不能爲是無勇也

論語卷第一

經一千四百七十字 注一千五百一十三字

論語巻第二 佾　　何晏集解

八佾第三 八佾者奏舞人數行列名也此篇明季氏是諸侯之臣而僭行天子之樂也所以次前者言政之所裁於斯濫故八佾次爲政也又一通云政既由学而爲政則如北辰若不学而爲政則如季氏之惡故次於爲政也然此不標季氏而以八佾命篇者深責其惡故書其事標篇也

孔子謂季氏八佾舞於庭是可忍也孰不可忍也 馬融曰孰誰也佾列也天子八佾諸侯六卿大夫四士二八人爲列八々六十四人也魯以周公故受王者礼樂有八佾之儛今季桓子僭於其家廟儛

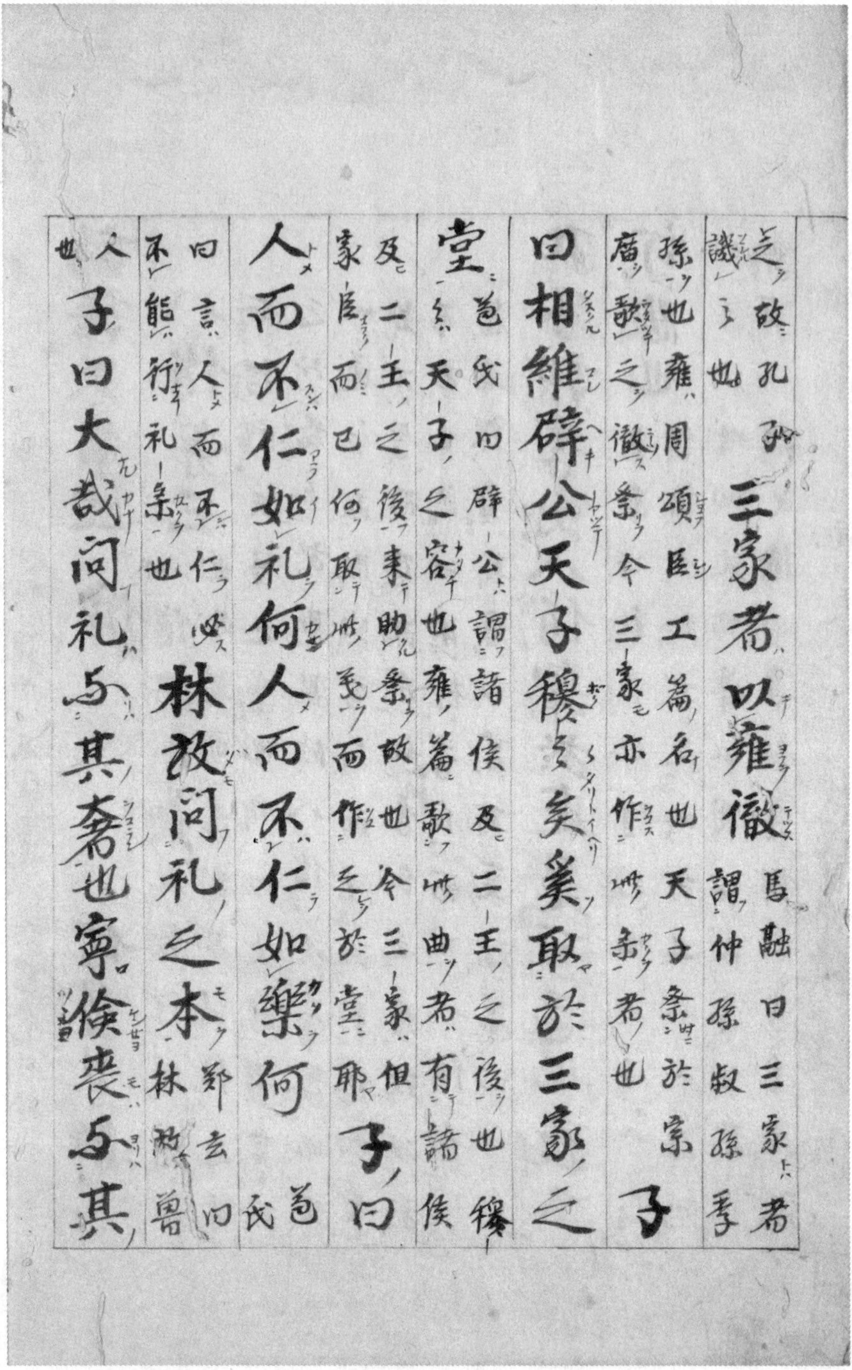

之故孔子三家者以雍徹馬融曰三家者
譏之也謂仲孫叔孫季
孫也雍周頌臣工篇名也天子祭於宗
廟歌之徹祭今三家亦作此樂者也子
曰相維辟公天子穆穆奚取於三家之
堂苞氏曰辟公謂諸侯及二王之後穆
〻天子之容也雍篇歌此曲者有諸侯
及二王之後來助祭故也今三家但子曰
家臣而已何取此義而作之於堂耶
人而不仁如礼何人而不仁如樂何苞氏
曰言人而不仁必林放問礼之本鄭玄曰
不能行礼樂也林放魯
人也子曰大哉問礼與其奢也寧儉喪與其

易也寧戚苞氏曰易和易也言礼之本意失於奢不如儉也喪失於和易不如哀戚子曰夷狄之有君不如諸夏之亡也苞氏曰諸夏中国也亡無也季氏旅於泰山子謂冉有曰汝不能救与馬融曰旅祭名也礼諸侯祭山川在其封内者也今倍臣祭泰山非礼也冉有弟子冉求也時仕季氏救猶止也對曰不能子曰嗚呼曽謂泰山不如林放乎苞氏曰神不享非礼林放尚知礼泰山之神反不如林放耶欲誣而祭之也子曰君子無所争必也射乎孔安国曰言於射而後有争也揖

讓而升下而飲（王肅曰射於堂升及下皆揖讓而相飲也）其爭
也君子（馬融曰多筭飲少筭君子之所爭也）子夏問曰巧笑
倩兮美目盼兮素以為絢兮何謂也（馬融曰倩笑貌
盼動目貌也絢文貌也此上二句在衛風碩人之二章其下一句逸也）子
曰繪事後素（鄭玄曰繪畫文也凡畫繪先布衆色然後以素分其間以
成其文喻美女雖有倩盼美質亦須礼以成也）曰礼後乎（孔安國曰
孔子言繪事後素子夏聞而解知以素喻礼故曰礼後乎）子曰起予者
商也始可与言詩已矣（包氏曰予我也孔子言子夏能發明

哉意可与共言詩已矣

子曰夏礼吾能言之杞不足徵也殷礼吾能言之宋不足徵也

包氏曰徵成也杞宋二国名也夏殷之後也夏殷之礼吾能說之杞宋之君不足以成之也

文献不足故也足則吾能徵之

鄭玄曰献猶賢也吾能不以其礼成之者以此二国之君文章賢才不足故也

子曰禘自既灌而往者吾不欲観之矣

孔安国曰禘祫之礼為序昭穆也故毀廟之主及群廟之主皆合食於大祖灌者酌鬱鬯灌於大祖以降神也既灌之後列尊卑序昭穆而魯逆祀躋僖公乱昭穆故不欲観之矣

或問禘之說

子曰不知也孔安國曰荅以不知者為魯君諱●知其說者之於天下也其如示諸斯乎指其掌苞氏曰孔子謂或人言知禘禮之說者於天下之事如指示以掌中之物言其易了也祭如在孔安國曰言事死如事生也祭神如神在孔安國曰謂祭百神也子曰吾不與祭如不祭苞氏曰孔子或出或病而不自親祭使攝者為之故不致肅敬於心與不祭同也王孫賈問曰與其媚於奧寧媚於竈何謂也孔安國曰王孫賈衛大夫也奧內也以喻近臣也竈以喻執政也賈者執政者也欲使孔子求昵之故微

於世俗之言感動之也　子曰不然獲罪於天無所禱
也　孔安国曰天以喩君也孔子距之曰如獲罪於天無所禱於衆神也　子曰
周監於二代郁郁乎文哉吾從周　孔安国曰監視
也言周文章備於二代當從周也　子入大廟　包氏曰大廟周公廟也孔
子仕魯々祭周公而助祭也　毎事問或曰孰謂鄹人之
子知礼乎入大廟毎事問　孔安国曰鄹孔子父叔梁紇所
治邑也時人多言孔子知礼或人以爲知礼者不當復問也　子聞之
曰是礼也　孔安国曰雖知之當復問慎之至也　子曰射不主

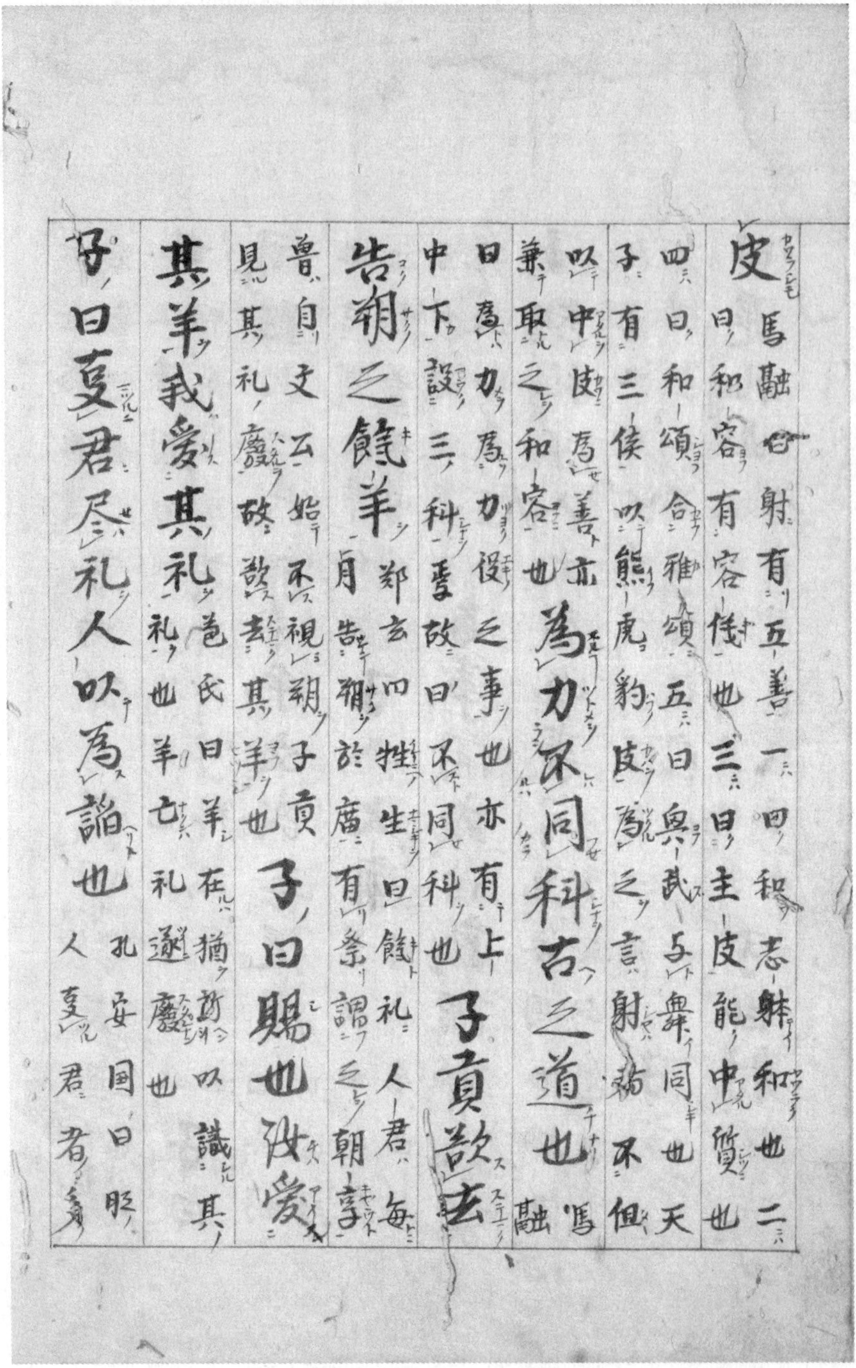

皮 馬融曰射有五善一曰和志體和也二曰和容有容儀也三曰主皮能中質也四曰和頌合雅頌五曰興武与舞同也天子有三侯以熊虎豹皮為之言射不但以中皮為善亦兼取之和容也

為力不同科古之道也 馬融曰為力為力役之事也亦有上中下設三科故曰不同科也

子貢欲去告朔之餼羊 鄭玄曰牲生曰餼礼人君每月告朔於廟有祭謂之朝享魯自文公始不視朔子貢見其礼廢故欲去其羊也

子曰賜也汝愛其羊我愛其礼 包氏曰羊存猶以識其礼羊亡礼遂廢也

子曰事君盡礼人以為諂也 孔安国曰時人事君者多

無礼故以有礼者爲諂也定公問君使臣臣事君如之何孔安国曰定公魯君諡也時臣失礼定公患之故問也孔子對曰君使臣以礼臣事君以忠子曰關雎樂而不淫哀而不傷孔安国曰樂而不至淫哀而不至傷言其和也哀公問社於宰我宰我對曰夏后氏以松殷人以柏周人以栗曰使民戰栗孔安国曰凡建邦立社各以其土所宜之木宰我不曉其本意妄爲之説因周用栗便云使民戰栗子聞之曰成事不説苞氏曰事已成不可復説解也遂事

不諫 苞氏曰事已遂不可復諫止也 既往不咎 苞氏曰事既往不可
復追非咎孔子非宰我故歷言三者欲使慎其後也 子曰管仲之器
小哉 言其器量少也 或曰管仲儉乎 苞氏曰或人見孔子小之以爲
謂之大儉乎也 曰管氏有三歸官事不攝焉得
儉乎 苞氏曰三歸者娶三姓女也婦人謂嫁爲歸攝猶兼也礼国君事大
官各有人大夫兼并今管仲家臣備職非爲儉也 曰然則管仲知
礼乎 苞氏曰或人以儉問故荅以安得儉或人聞不儉更謂爲得知礼也 曰
邦君樹塞门管氏亦有樹塞门邦君爲两

君之好有反坫管氏亦有反坫　鄭玄曰反坫反爵之坫也在兩楹之間人君有別外内於門樹屏以蔽之若与隣國君為好會其獻酢之礼更酌々畢則各反爵於坫上今管仲皆僭為之如是々不知礼也

管氏而知礼孰不知礼也子謂魯大師樂曰樂其可知也已始作翕如也　大師樂官名也言五音始奏翕如盛也

從之純如也　從讀曰縱也言五音既發放縱尽其声純如和諧也

皦如也　言其音節分明也

繹如也以成矣　縱之以純如皦如繹如言樂始於翕如而成於三者也

儀封人請見　鄭玄曰儀蓋衛

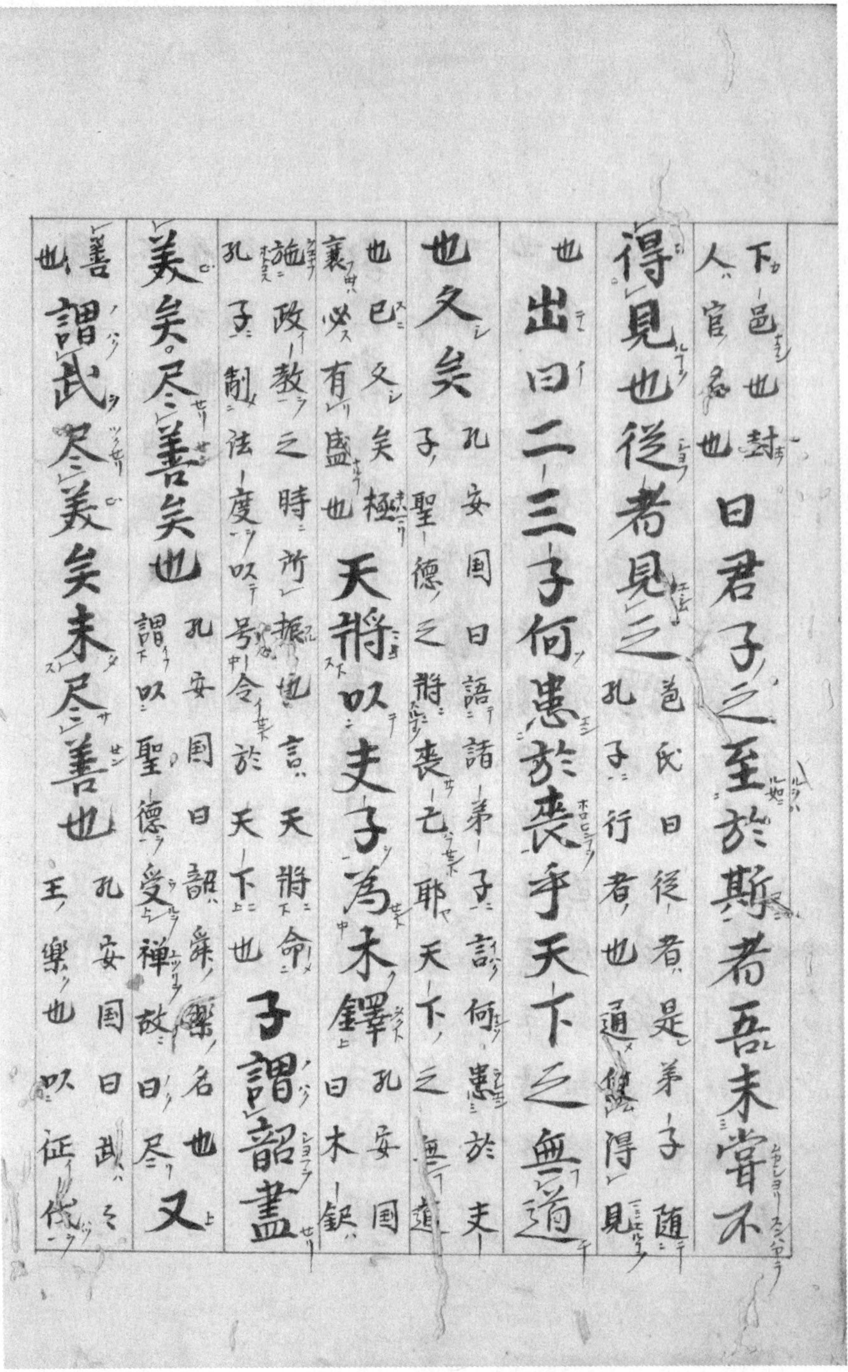
下邑也封人官名也曰君子之至於斯者吾未嘗不
得見也從者見之邑氏曰從者是弟子隨孔子行者也通使得見
也出曰二三子何患於喪乎天下之無道
也久矣孔安国曰語諸弟子言何患於夫子聖德之將喪亡耶天下之無道
也已久矣極衰必有盛也天將以夫子為木鐸孔安国曰木鐸
施政教之時所振也言天將命孔子制法度以号令於天下也子謂韶盡
美矣尽善矣也孔安国曰韶舜樂名也謂以聖德受禪故曰尽又
善也謂武尽美矣未尽善也孔安国曰武王樂也以征伐

取天下故曰未尽善也　子曰居上不寛為礼不敬臨
喪不哀吾何以観之哉
里仁第四　里者鄭里也仁者仁義也此篇明凡人之性易為染著遇
善則升逢悪則墜故居処宜慎必択仁者之里也所以次前者明季氏之悪由
不近仁今亦不避悪従善宜居仁里故以里仁次於季氏也
子曰里仁為美　鄭玄曰里者民之所居也居於仁者之里是為善也
択不処仁焉得智　鄭玄曰求善者不処居仁者之里不得為有智
之也　子曰不仁者不可以久処約　孔安国曰久困則為盗

非也不可以長處樂也孔安國曰必驕佚也仁者安仁
包氏曰唯性仁者自然體之故謂安仁也智者利仁王肅曰知仁爲美故
利行之也子曰唯仁者能好人能惡人孔安國曰唯仁
者能審人好惡之也子曰苟志於仁矣無惡也孔安國曰
苟誠也言誠能志於仁者則其餘無惡也子曰富與貴是人之
所欲也不以其道得之不處也孔安國曰不以其道
得富貴則仁者之不處也貧與賤是人之所惡也不以
其道得之不去也時有否泰故君子履道而反貧賤此則不以其

道而得之者也雖是人之所惡不可違而去也君子去仁惡乎成
名孔安国曰惡乎成名者不得成名爲君子也君子無終食之
間違仁造次必於是顛沛必於是馬融曰造次急
遽也顛沛偃仆也雖急遽偃仆不違於仁也子曰我未見好仁
者惡不仁者好仁者無以尚之孔安国曰難復加也
惡不仁者其爲仁矣不使不仁者加乎其
身孔安国曰言惡不仁者其能使不仁者不加非義於己不如好仁者無以加尚
爲之優也有能一日用其力於仁矣乎我未見

力不足者也　孔安国曰言人無能一日用其力脩仁者耳我未見欲為

仁而力不足者也　蓋有之乎我未之見也　孔安国曰謙不

欲尽誣時人言不能為仁故曰為能仁有耳其我未見也　子曰民之過

也各於其黨觀過斯知仁矣　孔安国曰黨之類也小人

不能為君子之行非小人之過也當恕而無責之觀過使賢愚各當其所則為仁也

子曰朝聞道夕死可矣　言將至死不聞世之有道也

子曰士志於道而恥惡衣惡食者未足与

議也　子曰君子之於天下也無適也無莫

也義之与比也　言君子之於天下无適无莫無所貪慕也唯義之所
在也　子曰君子懐徳　孔安国曰懐安也　小人懐土　孔安
国曰重遷也　君子懐刑　孔安国曰安於法也　小人懐恵　苞氏
曰恵恩恵也　子曰放於利而行　孔安国曰放依也毎事依利而
行之者也　多怨　孔安国曰取怨之道也　子曰能以礼譲為
國乎何有　何有者言不難之也　不能以礼譲為國如
礼何　苞氏曰如礼何者言不能用礼也　子曰不患無位患
所以立不患莫已知也求為可知　苞氏曰求善道

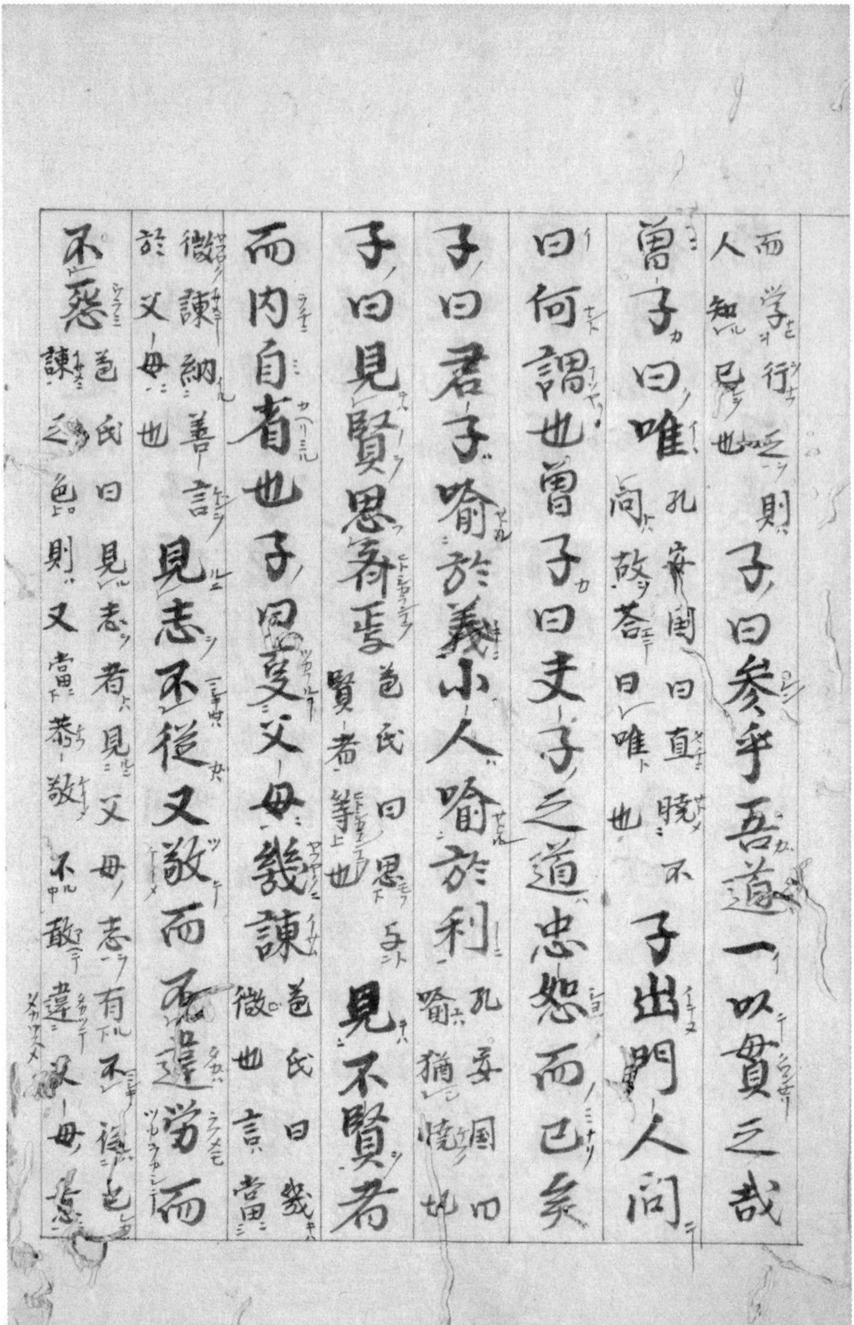

而学行之則人知己也子曰參乎吾道一以貫之哉
曾子曰唯孔安国曰直曉不問故荅曰唯也子出門人問
曰何謂也曾子曰夫子之道忠恕而已矣
子曰君子喻於義小人喻於利孔安国曰喻猶曉也
子曰見賢思齊焉苞氏曰思与賢者等也見不賢者
而內自省也子曰事父母幾諫苞氏曰幾微也言當
微諫納善言於父母也見志不從又敬而不違勞而
不怨苞氏曰見志者見父母志有不從己諫之色則又當恭敬不敢違父母意

而遂巳之諫也子曰父母在子不遠遊遊必有方
鄭玄曰方猶常也子曰三年無改於父之道可謂
孝矣鄭玄曰孝子在喪哀戚思慕無所改其父之道非心之所忍為也子
曰父母之年不可不知也一則以喜一則
以懼孔安国曰見其壽考則喜見其衰老則懼也子曰古之者
言之不妄出也恥躬之不逮也包氏曰古人之言不
妄出口者為恥其躬行之將不及也子曰以約失之者鮮矣
孔安国曰俱不得中也奢則驕溢則招禍儉約則無憂患也子曰君

子欲訥於言而敏於行　包氏曰訥遲鈍也言欲遲鈍而行欲敏也

子曰德不孤必有隣　孔安国曰方以類聚同志相求也故必有隣也是以不孤也

子游曰事君數斯辱矣朋友數斯疏矣　孔安国曰數謂速數之數也

論語巻第二

經一千二百一十二字
注一千九百三十一字

論語卷第三　何晏集解

公冶長第五　公冶長者孔子弟子也此篇明時无明君賢人獲罪者也所以次前者言公冶雖在枉濫縲紲而爲聖師證明若不近仁則曲直難辨故公冶次里仁也

子謂公冶長可妻也雖在縲紲之中非其罪也以其子妻之　孔安國曰公冶長弟子魯人姓公冶名長縲黑索也紲攣也所以拘罪人也

子謂南容邦有道不廢邦無道免於刑戮以其兄之子妻之　王肅曰南容弟

子南宮韜也魯人也字子容不廢言見任用也 子謂子賤 孔安國曰子賤魯人弟子宓不齊也 君子哉若人魯無君子者斯焉取斯 苞氏曰若人者若此人也如魯无君子子賤安得取此行而学行之 子貢問曰賜也何如子曰汝器也 孔安國曰言汝是器用之人也 曰何器也曰瑚璉也 苞氏曰瑚璉者黍稷之器也夏曰瑚殷曰璉周曰簠簋宗廟之器之貴者也 或曰雍也仁而不佞 馬融曰雍弟子仲弓名也姓冉也 子曰焉用佞禦人以口給屢憎於民不知其仁也焉用佞也 孔安國曰

屢數也佞人口辭捷給數爲民所憎也　子使漆彫開仕對曰
吾斯之未能信　孔安國曰開弟子也漆彫姓也開名仕進之道未能
信者未能窮習也　子悅　鄭玄曰喜其志道深也　子曰道不行
乘桴浮於海從我者其由也与　馬融曰桴編竹木也
大者曰筏小者曰桴也　子路聞之喜　孔安國曰喜与己俱行也　子
曰由也好勇過我無所取材　鄭玄曰子路信夫子欲行
故言好勇過我也無所取材者言無所取桴材也以子路不解微言故戲之耳一曰
子路聞孔子欲乘桴浮海便喜不復顧望故孔子歎其勇曰過我無所復取哉言唯

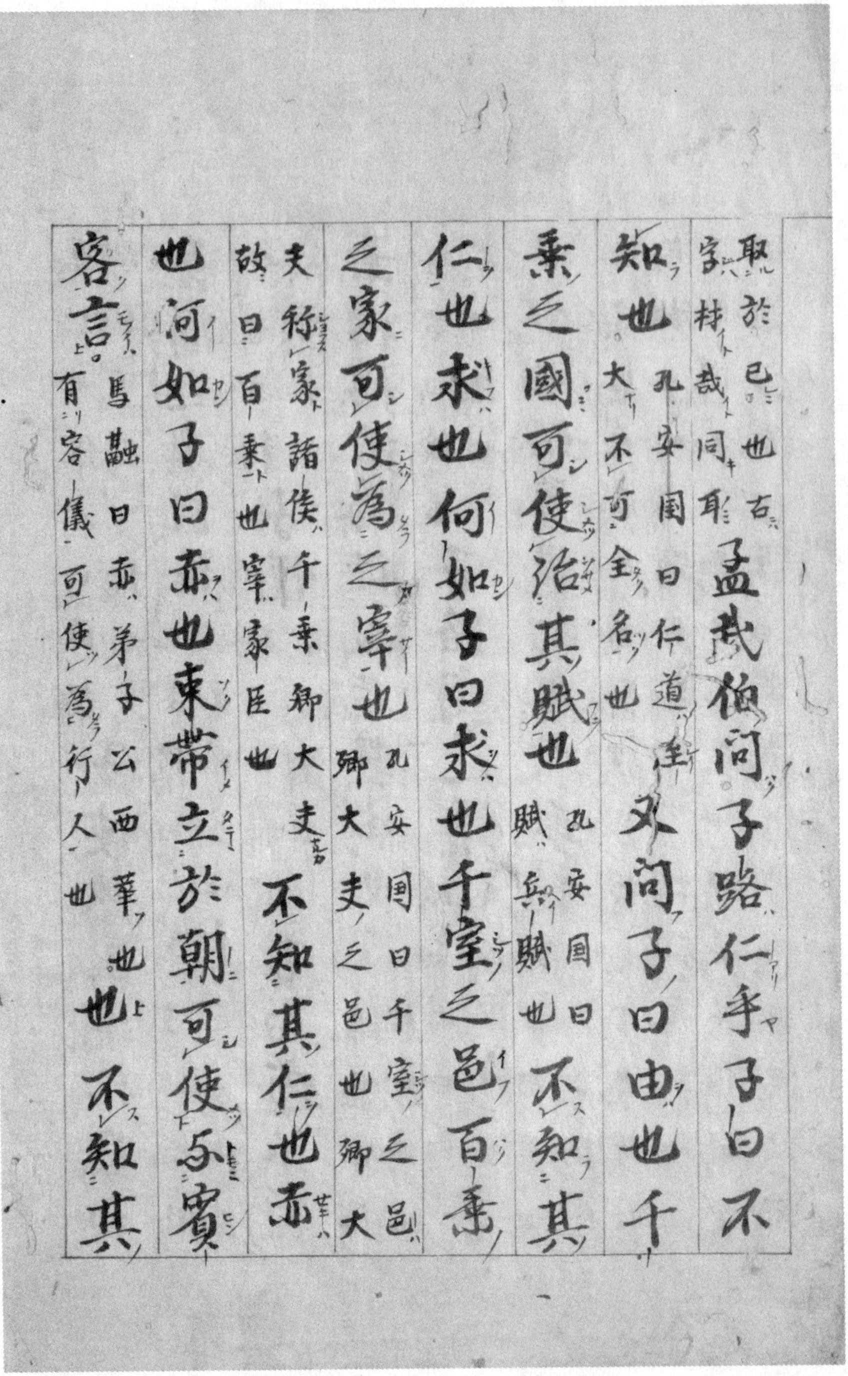

取於己也古字材哉同形孟武伯問子路仁乎子曰不知也孔安国曰仁道至大不可全名也又問子曰由也千乘之國可使治其賦也孔安国曰賦兵賦也不知其仁也求也何如子曰求也千室之邑百乘之家可使為之宰也孔安国曰千室之邑卿大夫之邑也卿大夫稱家諸侯千乘卿大夫故曰百乘也宰家臣也不知其仁也赤也何如子曰赤也束帶立於朝可使與賓客言馬融曰赤弟子公西華也有容儀可使為行人也也不知其

仁也子謂子貢曰汝与回也孰愈孔安国曰愈猶勝也對曰賜也何敢望回〻〻聞一以知十賜也聞一以知二也子曰弗如也吾与汝弗如也苞氏曰既然子貢弗如復云吾与汝俱不如者蓋欲以慰子貢心也宰予晝寝苞氏曰宰予弟子宰我也子曰朽木不可彫也苞氏曰朽腐也彫琢刻畫也糞土之墻不可圬也王肅曰圬墁也二者喩雖施功猶不成也於予与何誅孔安国曰誅責也今我當何責於汝乎深責之辭也子曰始吾於人也聽其言

而信其行今吾於人也聽其言而觀其行
於予與改是 孔安國曰改是者始聽言信行今更察言觀行發於宰我
晝寢也 子曰吾未見剛者或對曰申棖 包氏曰申
棖魯人也 子曰棖也慾焉得剛 孔安國曰慾多情慾也 子
貢曰我不欲人之加諸我也吾亦欲無加
諸人 馬融曰加陵也 子曰賜也非尒所及也 孔安國曰
言不能止人使不加非義於己也 子貢曰夫子之文章
可得而聞也 章明也文彩形質著見可得以耳目自脩也 夫子

之言性与天道不可得而聞也已矣　性者人之
所受以生者也天道者元亨日新之
道也深微故不可得而聞也　子路
有聞未之能行唯恐有聞　孔安國曰前所
聞未能及得行故恐後有聞不得
並行也　子貢問曰孔文子何以
謂之文也　孔安國曰孔文子衞大夫孔叔圉也文謚也　子曰敏
而好学不恥下問是以謂之文也　孔安國曰敏者
識之疾也下問
凡在己下者也　子謂子産有君子道四
焉　孔安國曰子産鄭大夫公孫僑也　其行己也恭其事上

也敬其養民也惠其使民也義子曰晏
平仲善與人交久而人敬之周生烈曰齊大夫也
晏姓也平謚也名嬰也子曰臧文仲居蔡包氏曰臧文仲魯大
夫臧孫辰也文謚也蔡國君之守龜也出蔡地因以爲名長尺有二寸居蔡僭也
山節藻梲包氏曰節者栭也刻鏤爲山也梲者梁上楹也畫以爲藻文言
其奢侈也何如其智也孔安國曰非時人謂以爲智也子張問
曰令尹子文孔安國曰令尹子文楚大夫姓鬬名穀字於菟三仕
爲令尹無喜色三已之無慍色舊令尹之

政必以告新令尹何如也子曰忠矣曰仁
矣乎曰未知焉得仁〔孔安国曰但聞其忠事未知其仁也〕崔
子弑齊君陳文子有馬十乘棄而違之〔孔安
国曰皆齊大夫也崔杼作乱陳文子悪之捐其四十疋馬違去之也〕至於他
邦則又曰猶吾大夫崔子也違之之至一
邦則又曰猶吾大夫崔子也違之何如子
曰清矣曰仁矣乎曰未知焉得仁〔孔安国曰文子
避悪逆去无道求有道當春秋時臣陵其君皆如崔杼无有可止者也〕季文

子三思而後行子聞之曰再思斯可矣鄭玄
曰季文子魯大夫季孫行父也文謚也文
子忠而有賢行其舉事寡過不必及三思
也 子曰甯武子馬融曰衛大夫甯兪也武謚邦有道則
智邦無道則愚其智可及也其愚不可及
也孔安國曰詳愚似實故曰不可及也 子在陳曰歸與歸與
之吾黨之小子狂簡斐然成章不知所以
裁之也孔安國曰簡大也孔子在陳思歸歎去故曰吾黨之小子狂者進趨
於大道妄穿鑿以成文章不知所以裁制我當歸以裁制之耳遂歸 子曰

伯夷叔齊不念旧悪怨是用希孔安国曰伯夷叔齊孤竹君之二子也孤竹国名也子曰孰謂微生高直孔安国曰微生姓也名高魯人也或乞醯焉乞諸其鄰而与之孔安国曰乞之四鄰以應求者用意委曲非為直人也子曰巧言令色足恭孔安国曰足恭便僻之貌也左丘明恥之丘亦恥之孔安国曰左丘明魯大夫也匿怨而友其人孔安国曰心内相怨而外詐親也左丘明恥之丘亦恥之顔淵季路侍子曰盍各言尓志子路曰願車馬

衣輕裘與朋友共弊之而無憾 孔安国曰憾恨也

顔淵曰願無伐善 孔安国曰自无稱己善也 无施勞 孔安国曰无以勞事置施於人也 子路曰願聞子之志子曰

老者安之朋友信之少者懷之 孔安国曰懷安也

子曰已矣乎吾未見能見其過而內自訟者也 苞氏曰訟猶責也言人有過莫能自責者也

子曰十室之邑必有忠信如丘者不如丘之好學者也已

雍也第六　雍孔子弟子也明下其才堪南面而時不与也所以次前者其雖无桎梏亦是不遇之流桎梏爲切故公冶前明而雍也爲次也

子曰雍也可使南面　苞氏曰可使南面者言任諸侯可使治国故也

仲弓問子桑伯子　王肅曰伯子書傳无見也

子曰可也簡　以能其簡故曰可也

仲弓曰居敬而行簡以臨其民不亦可乎　孔安國曰居身敬肅臨下寬略則可也

居簡而行簡無乃大簡乎　苞氏曰伯子之簡大簡也

子曰雍之言然

哀公問曰弟子孰爲好学孔子

對曰有顔回者好学不遷怒不貳過不幸
短命死矣今也則亡未聞好学者也 凡人任情
喜怒違理顔淵任道怒不過分遷者移也
怒當其理不移易也不貳過者有不善未
嘗行也 子華使於齊冉子爲其母請粟子
曰与之釜 馬融曰子華弟子公西華赤之字也六斗四升曰釜也 請益
曰与之庾 苞氏曰十六斗爲庾也 冉子与之粟五秉
馬融曰十六斛爲秉五秉合八十斛也 子曰赤之適齊也乘
肥馬衣輕裘吾聞之也君子周急不繼富

鄭玄曰非冉求与之太多也原思爲之宰包氏曰弟子原憲也思字也孔子爲魯司寇以原憲爲家邑宰也与之粟九百辭孔安国曰九百九百斗也辭之讓不受也子曰毋孔安国曰禄法所得當受无以讓也以与爾隣里鄉黨乎鄭玄曰五家爲隣五家爲里万二千五百家爲鄉五百家爲黨也子謂仲弓曰犁牛之子騂且角雖欲勿用山川其舍諸犁雜文也騂赤色也角者角周正中犧牲雖欲以其所生犁而不用也上山川寧肯捨之乎言父雖不善不害其子之美也子曰回也其心三月不違仁其餘則日

月至焉而已矣 言餘人暫有至仁時唯回移時而不變也 季康
子問仲由可使從政也與子曰由也果 包氏
曰果謂果敢決斷也 於從政乎何有曰賜也可使從
政也與子曰賜也達 孔安國曰達者謂通於物理也 於從
政乎何有曰求也可使從政也與子曰求
也藝 孔安國曰藝謂多才能也 於從政乎何有季氏
使閔子騫為費宰 孔安國曰費季氏邑也季氏不臣而其邑宰數
叛閔子騫賢故欲用之也 閔子騫曰善為我辭焉 孔安

国曰不欲爲季氏宰語使者曰善爲我作辭説令不復召我也如有復我
者孔安国曰復我者重来召我也則吾必在汶上矣孔安国曰
去之汶水上欲北如齊也伯牛有疾馬融曰伯牛弟子冉耕也子問
之自牖執其手苞氏曰牛有悪疾不欲見人故孔子従牖執其手也
曰亡之孔安国曰亡喪也疾甚故持其手曰喪也命矣夫斯人
也而有斯疾也斯人也而有斯疾也苞氏曰再
言之者痛惜之甚也子曰賢哉回也一箪食一瓢飲
孔安国曰箪笥也瓢瓠也在陋巷人不堪其憂回也

不改其樂賢哉回也 孔安国曰顔淵樂道雖簞食在陋巷不改其所樂也 冉求曰非不悦子之道力不足也子曰力不足者中道而廢今汝畫 孔安国曰畫止也力不足者當中道而廢今汝自止耳非力極也 子謂子夏曰汝為君子儒無為小人儒 馬融曰君子為儒將以明其道小人為儒則矜其名也 子游為武城宰 包氏曰武城魯下邑也 子曰汝得人焉耳乎哉 孔安国曰焉耳乎哉皆辭也 曰有澹臺滅明者行不由徑非公事未嘗至於偃

之室也　邑氏曰僖臺姓也滅明名也字子羽言其公且方也　子曰

孟之反不伐　孔安国曰魯大夫孟之側也不伐者不自伐其功也　奔而殿將入門策其馬曰非敢後也

馬不進也　馬融曰殿在軍後也前曰啓後曰殿孟之反賢而有勇軍大奔獨在後爲殿人迎爲功之不欲獨有其名故云我非敢在後距敵也馬不能前進也

子曰不有祝鮀之佞而有宋朝之美難乎免於今之世矣　孔安国曰佞口才也祝鮀衛大夫名子魚也時世貴之宋朝宋国之美人也而善媱言當如祝鮀之佞而反如宋朝之美難乎免於今世

之也子曰誰能出不由戶者何莫由斯道

也孔安國曰言人立身成功當由道譬猶人出要當從戶也子曰質

勝文則野苞氏曰野如野人言鄙略也文勝質則史

苞氏曰史者文多而質少也文質彬彬然後君子苞氏曰彬

文質相半之皃也子曰人之生也直馬融曰言人之所以生於世

而自終者以正直之道也罔之生也幸而免苞氏曰誣罔正直之

道而亦生是幸而免也子曰知之者不如好之者好

之者不如樂之者苞氏曰學問知之者不如好之者篤好之者又

不如樂之者深也　子曰中人以上可以語上也中
人以下不可以語上　王肅曰上謂上智之人所知也兩挙中人
以其可上可下也　樊遲問智子曰務民之義　王肅曰務
所以化導民之義也　敬鬼神而遠之可謂智矣　苞氏曰敬
鬼神而不黷也　問仁子曰仁者先難而後獲可謂
仁矣　孔安國曰先勞苦乃後得功此所以爲仁也　子曰智者樂
水　苞氏曰智者樂運其才智以治世如水流而不知已之也　仁者樂山
仁者樂如山之安固自然不動而万物生焉　智者動　苞氏曰自進故動也

仁者静孔安国曰无欲故静也智者楽鄭玄曰智者自役得其志
故楽之也仁者寿苞氏曰性静故寿考也子曰齊一変至
於魯魯一変至於道苞氏曰言齊魯有大公周公之餘化也大
公大賢周公聖人今其政教雖衰若有明君興之者齊可使如魯魯可使如大道行
之時也子曰觚不觚馬融曰觚ハ礼器也一升曰爵二升曰觚也
觚哉觚哉觚哉々々言非觚以喩為政而不得其道則不成也宰
我問曰仁者縦告之曰井有仁者焉其従
之与孔安国曰宰我以為仁者必済人於患難故問有仁人墮井將自投下従

而出之乎否乎欲極視子曰何爲其然也
仁人憂楽之所至也　苞氏曰逝往也言
君子可逝也不可陥也　君子可使往視之
耳不肯自投從之耳可欺也不可罔也　馬融曰可欺者可使往也
不可罔者不可得誣罔令自投下也子曰君子博学於文約之
以禮亦可以弗畔矣夫　鄭玄曰弗畔不違道也　子見
南子子路不悦夫子矢之曰予所否者天
厭之天厭之　孔安國曰舊以爲南子者衛霊公夫人也淫乱而霊公惑
之孔子見之者欲因以説霊公使行治道
也矢誓也子路不悦故夫子誓之曰行道

既非婦人之事而弟子不悅故與之呪誓義可疑也 子曰中庸之為
德其至矣乎民鮮久矣 庸常也中和可常行之德也世亂先王之
道廢民鮮能行此道久矣非適今也 子貢曰如能博施於民而
能濟衆者何如可謂仁乎 子曰何事於仁
必也聖乎堯舜其猶病諸 孔安国曰若能廣施恩惠濟民於患
難堯舜至聖猶病其難也 夫仁者己欲立而立人己欲達
而達人能近取譬可謂仁之方也已 孔安国曰更為
子貢說仁者之行也方道也但能近取譬於己皆恕己所不欲而勿施人也

論語巻第四　何晏集解

述而第七

述而者明孔子行教但祖述堯舜自比老彭而不制作也所以次前者時既夷嶮聖賢地閉非唯二賢之不遇而聖亦失常故以聖不遇證賢不遇非中賢之失所以述而次雍也

子曰述而不作信而好古竊比於我老彭

苞氏曰老彭殷賢大夫也好述古事我若老彭但祖述之耳也

子曰默而識之学而不厭誨人不倦何有於我哉

鄭玄曰人无有是行於我我獨有之也

子曰德之不脩也学

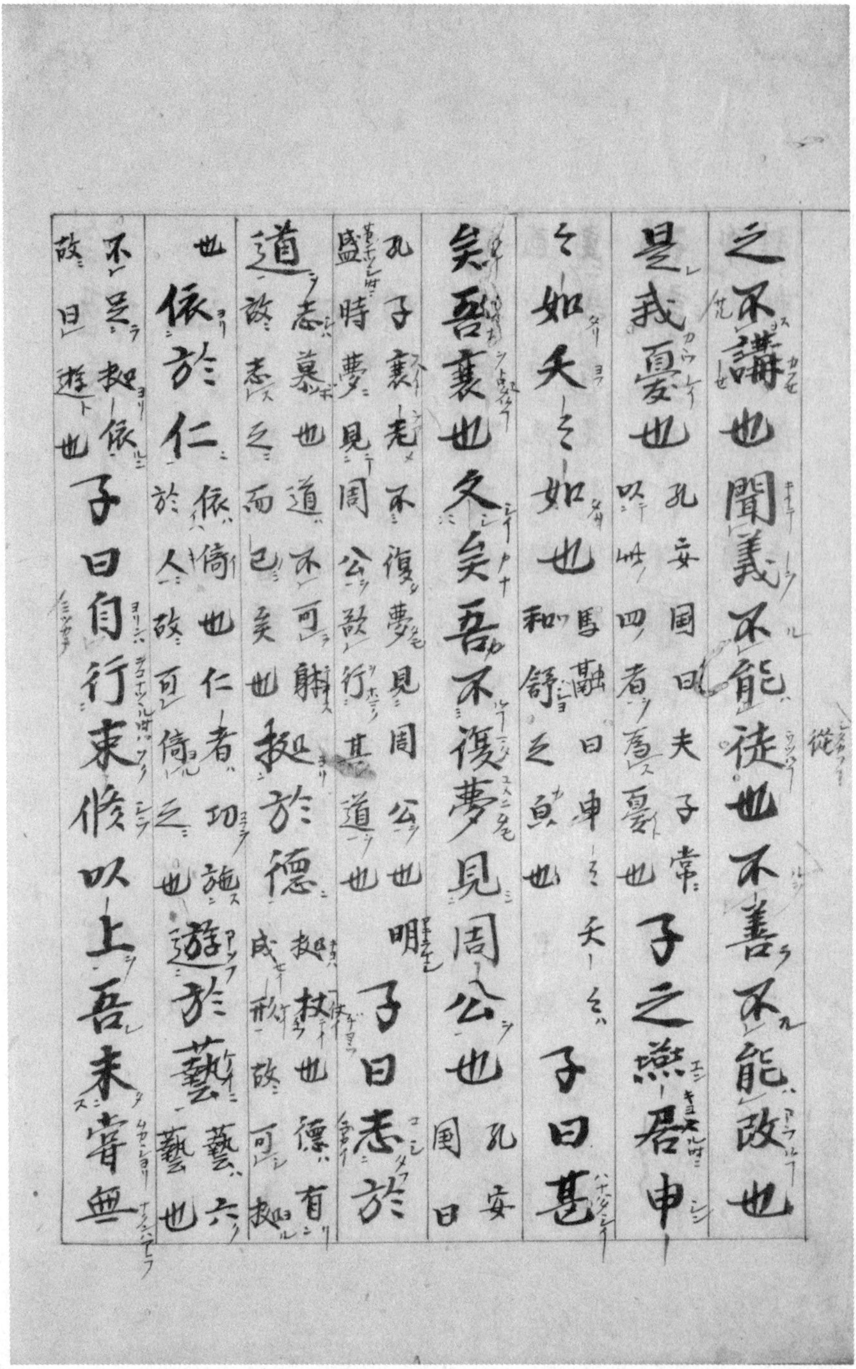
之不講也聞義不能徒也不善不能改也
是我憂也孔安国曰夫子常以此四者為憂也子之燕居申
々如夭々如也馬融曰申々夭々和舒之皃也子曰甚
矣吾衰也久矣吾不復夢見周公也孔安国曰
孔子衰老不復夢見周公也明盛時夢見周公欲行其道也子曰志於
道志慕也道不可體故志之而已矣也據於德據杖也德有成形故可據
也依於仁依倚也仁者功施於人故可倚之也遊於藝藝六藝也
不足據依故曰遊也子曰自行束脩以上吾未嘗無

誨焉　孔安國曰言人能奉禮自行束脩以上則皆教誨之也

子曰不憤不啓不悱不發舉一隅而示之不以三隅反則吾不復也　鄭玄曰孔子與人言必待其人心憤憤口悱〃乃後啓發爲之說也如此則識思之深也說則舉一隅以語之其人不思其類則不復重教之也

子食於有喪者之側未嘗飽也　喪者哀戚飽食於其側是無惻隱之心也

子於是日也哭則不歌

子謂顏淵曰用之則行舍之則藏唯我與爾有是夫　孔安國曰言可行則行可止則止唯我與顏淵同耳也

子路曰子行三軍則誰与 孔安国曰大国三軍子路見孔子獨美顔淵以爲己有勇至於夫子爲三軍將亦當唯与己俱故發此問也

子曰暴虎馮河死而無悔者吾不与也 孔安国曰暴虎徒搏也馮河徒渉也

必也臨事而懼好謀而成者也

子曰富而可求也雖執鞭之士吾亦爲之 鄭玄曰富貴不可求而得者也當脩德以得之若於道可求者雖執鞭之賤職我亦爲之矣

如不可求從吾所好 孔安国曰所好者古人之道也

子之所慎齊戰疾 孔安国曰此三者人所不能慎而夫子能

慎之也子在齊聞韶樂三月不知完味周生烈曰
孔子在齊聞習齊君韶樂之盛美故忘於完味曰不圖為樂之至
於斯也王肅曰為作也不圖作韶樂至於此此齊也冉有曰夫
子為衛君乎鄭玄曰為猶助也衛君者謂輒也衛靈公逐太子蒯聵公
薨而立孫輒後晉趙鞅納蒯聵于戚衛石曼姑帥師圍之故問其意助輒否乎
子貢曰諾吾將問之入曰伯夷叔齊何人
也子曰古之賢人也曰怨乎曰求仁而得
仁又何怨乎孔安國曰伯夷叔齊讓國遠去終於餓死故問怨乎以讓

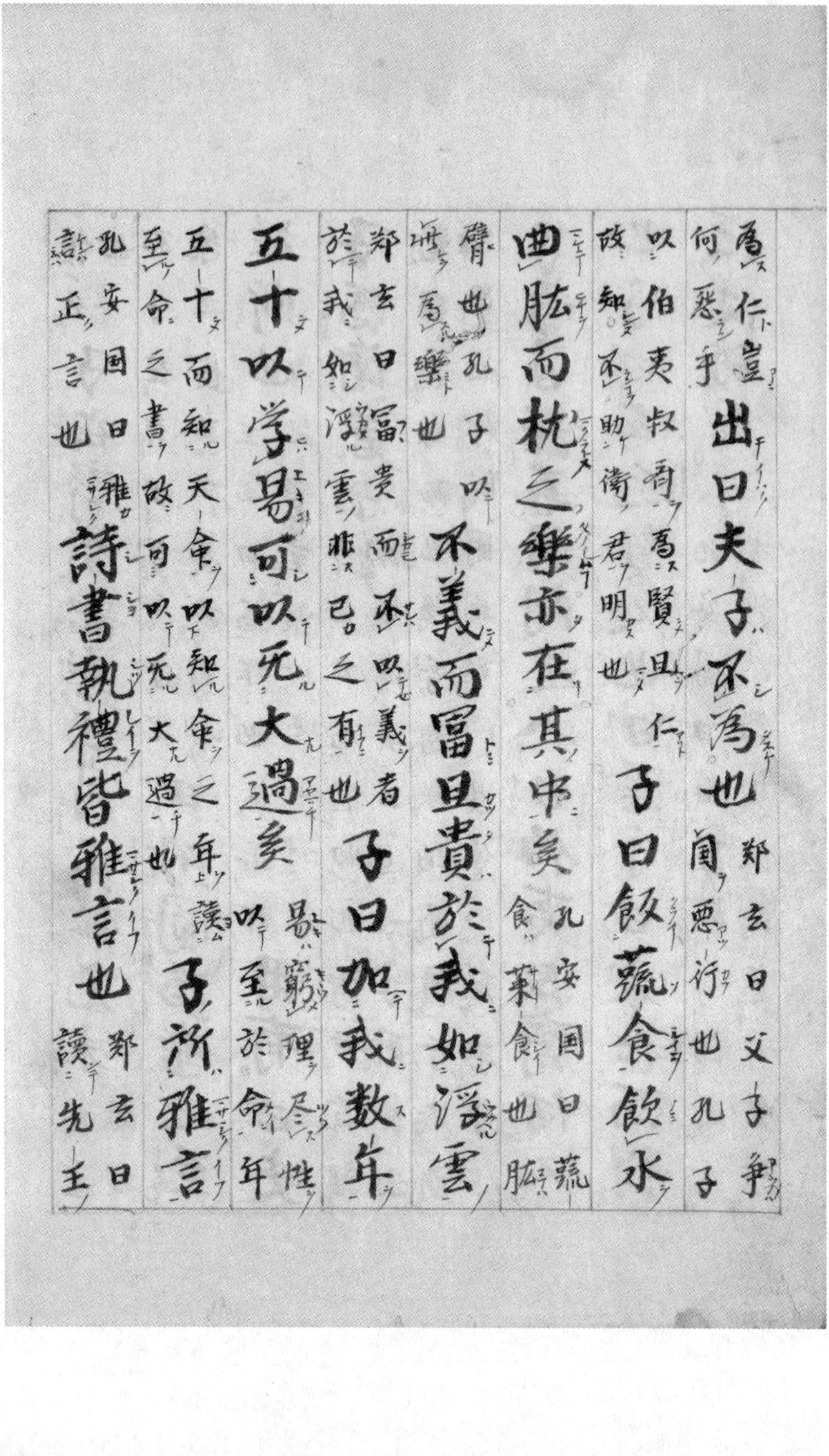
爲仁豈何怨乎出曰夫子不爲也鄭玄曰父子爭國惡行也孔子以伯夷叔齊爲賢且仁故知不助衛君明也子曰飯疏食飲水曲肱而枕之樂亦在其中矣孔安國曰蔬食菜食也肱臂也孔子以此爲樂也不義而富且貴於我如浮雲鄭玄曰富貴而不以義者於我如浮雲非己之有也子曰加我數年五十以學易可以无大過矣易窮理盡性以至於命年五十而知天命以知命之年讀至命之書故可以无大過也子所雅言孔安國曰雅詁正言也詩書執禮皆雅言也鄭玄曰讀先王

典法必正言其音然後義全故不葉公問
可有所諱也礼不講故言執也
孔子於子路子路不對孔安国曰葉公名諸梁楚大夫也食
菜於葉僭稱公不對者未知所以荅也子曰汝奚不曰其為
人也發憤忘食樂以忘憂不知老之將至
也云尒子曰我非生而知之者好古敏而
以求之者也鄭玄曰言此者勉人於學也子不語怪
力乱神王肅曰怪怪異也力謂若奡盪舟烏獲舉千鈞之属也乱謂臣弑君
子弑父也神謂鬼神之事也或无益於教化也或所不忍言也子曰我三

人行必得我師焉擇其善者而從之其不善者而改之言我三人行本無賢愚擇善從之不善改之故無常師也

子曰天生德於予桓魋其如予何苞氏曰桓魋宋司馬犂也天生德於予者謂授我以聖性也合德天地吉而無不利故曰其如予何也

子曰二三子以我為隱乎吾無隱乎尒苞氏曰二三子謂諸弟子也聖人智廣道深弟子學之不能及以為有所隱匿故解之也吾無所行而不與二三子者是丘也苞氏曰我所為無不與尒共之者是丘之心也

子以四教文行忠

信

＞此四者有形質可舉以教也

子曰聖人吾不得而見之矣得見君子者斯可矣

＞疾世无明君也

子曰善人吾不得而見之矣得見有恒者斯可矣亡而為有虛而為盈約而為泰難乎有恒矣

＞孔安国曰難可名之為有常也

子釣而不綱弋不射宿

＞孔安国曰釣者一竿釣也綱者為大綱以横絶流以繳繫釣羅屬着綱也弋繳射也宿宿鳥也

子曰蓋有不知而作之者我無是也

＞包氏曰時人多有穿鑿妄作篇籍者故云然也

多聞択其善者而

從之多見而識之知之次也　孔安国曰如此者次於生知之者也

互鄉難与言童子見門人惑　鄭玄曰互鄉鄉名也其鄉人言語自專不達時宜而有童子來見孔子門人怪孔子見也

子曰与其進也不与其退也唯何甚　孔安国曰教誨之道与其進不与其退怪我見此童子惡〻何一甚也

人絜己以進与其絜也不保其往也　鄭玄曰往猶去也人虛己自絜而來當与其進之亦何能保其去後之行也

子曰仁遠乎哉我欲仁斯仁至矣　苞氏曰仁道不遠行之則是至也

陳司敗問昭

公知礼乎孔安国曰司敗官名也陳大夫也昭公魯昭公也孔子
對曰知礼孔子退揖巫馬期而進之曰吾
聞君子不黨君子亦黨乎君娶於呉為同
姓謂之呉孟子君而知礼孰不知礼孔安国曰
巫馬期弟子也名施相助匿非曰黨魯呉俱姬姓也礼同姓不婚而君娶呉之當稱
呉姬諱曰呉孟子也巫馬期以告子曰丘也幸苟有
過人必知之孔安国曰以司敗之言告也諱国悪礼也聖人智深道弘
故受以為過也子与人歌而善必使反之而後和

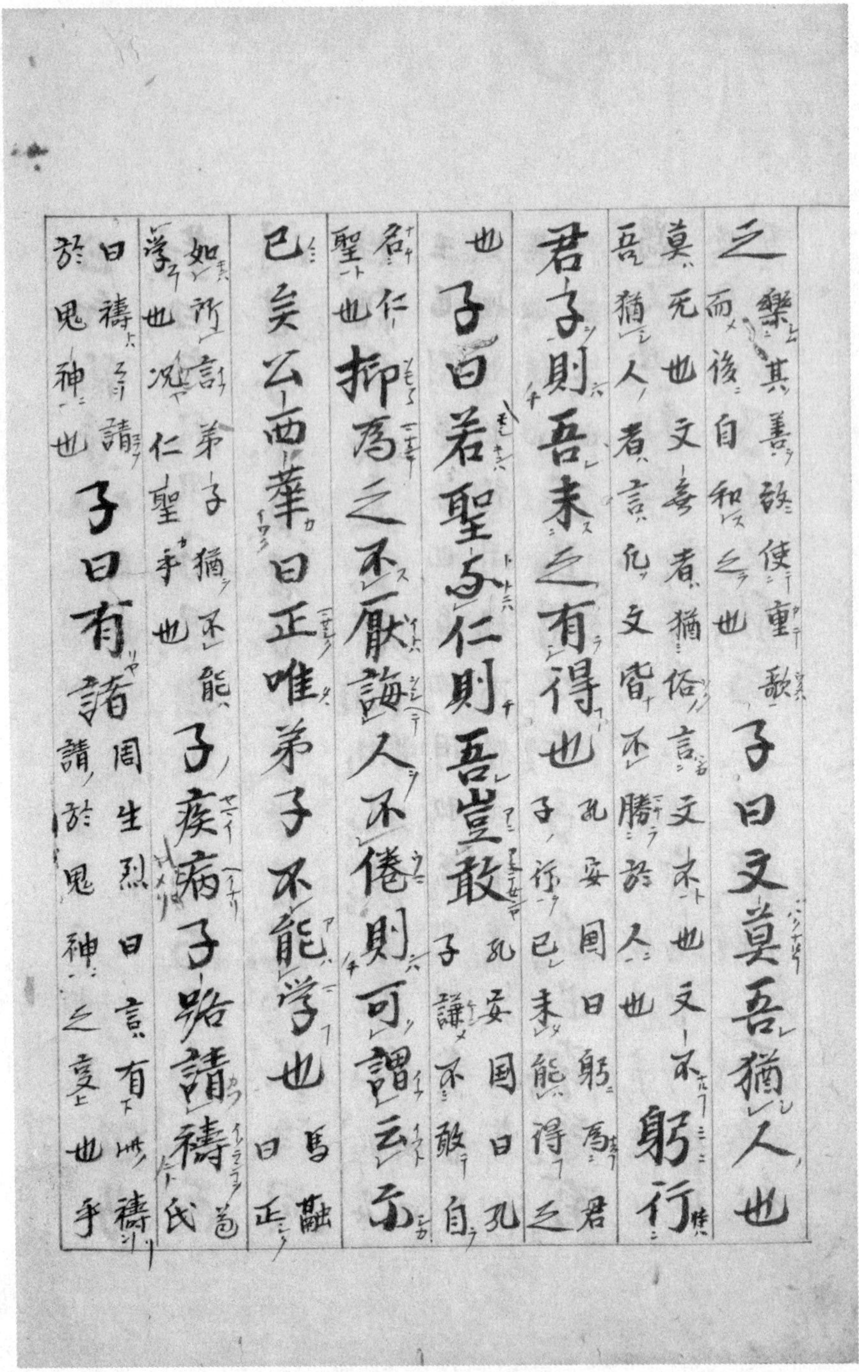
之樂其善故使重歌而後自和之也子曰文莫吾猶人也
莫无也文無者猶俗言文不也文不吾猶人者言凡文皆不勝於人也躬行
君子則吾未之有得也孔安国曰躬為君子行己未能得之
也子曰若聖与仁則吾豈敢孔安国曰孔子謙不敢自
名仁聖也抑為之不厭誨人不倦則可謂云尒
已矣公西華曰正唯弟子不能學也馬融曰正
如所言弟子猶不能學也況仁聖乎也子疾病子路請禱苞氏
曰禱請於鬼神也子曰有諸周生烈曰言有此禱請於鬼神之事也乎

子路對曰有之誄曰禱示于上下神祇　孔安

国曰子路失旨也誄禱篇名也　子曰丘之禱之久矣　孔安国曰

孔子素行合於神明故曰丘之禱之久矣　子曰奢則不遜儉則

固与其不遜也寧固　孔安国曰倶失之也奢不如儉奢則僭上

儉則不及礼耳固陋也　子曰君子坦蕩蕩小人長戚

々　鄭玄曰坦蕩蕩寛廣貌也長戚戚多憂懼貌也　子溫而厲威而

不猛恭而安

泰伯第八　泰伯者周大王之長子能推位讓周者也所以次前者物情

見孔子栖遑常謂実係心慮令明大伯賢
人尚能譲国以譲孔子大聖雖位非九五
豈以粃糠累真哉
泰伯次述而也

子曰泰伯其可謂至德也已矣三以天下
讓民無得而稱焉王肅曰泰伯周太王之長子也次弟仲雍少弟
曰季歷ゝゝ賢又生聖子文王昌ゝゝ必有
天下故泰伯以天下三讓於王季其讓隱
故民無得而稱言之者所以為至德也
子曰恭而無禮則勞
慎而无礼則葸葸畏懼之皃也言慎而不以礼節之則常畏懼也
勇而無禮則乱直而無礼則絞馬融曰絞ゝ刺也

君子篤於親則民興於仁故舊不遺則民不偷
苞氏曰興起也君能厚於親屬不遺忘其故舊行之美者也則民皆化之起爲仁厚之行不偷薄也
曾子有疾召門弟子曰啓予足啓予手
鄭玄曰啓開也曾子以爲受身體於父母不敢毀傷之故使弟子開衾視之也
詩云戰戰兢兢如臨深淵如履薄氷
孔安國曰言此詩者喻己常誠慎恐有所毀傷也
而今而後吾知免夫小子
周生烈曰乃今日而後我自知免於患難矣小子弟子也呼者欲使聽識其言也
曾子有疾孟敬子問之
馬融

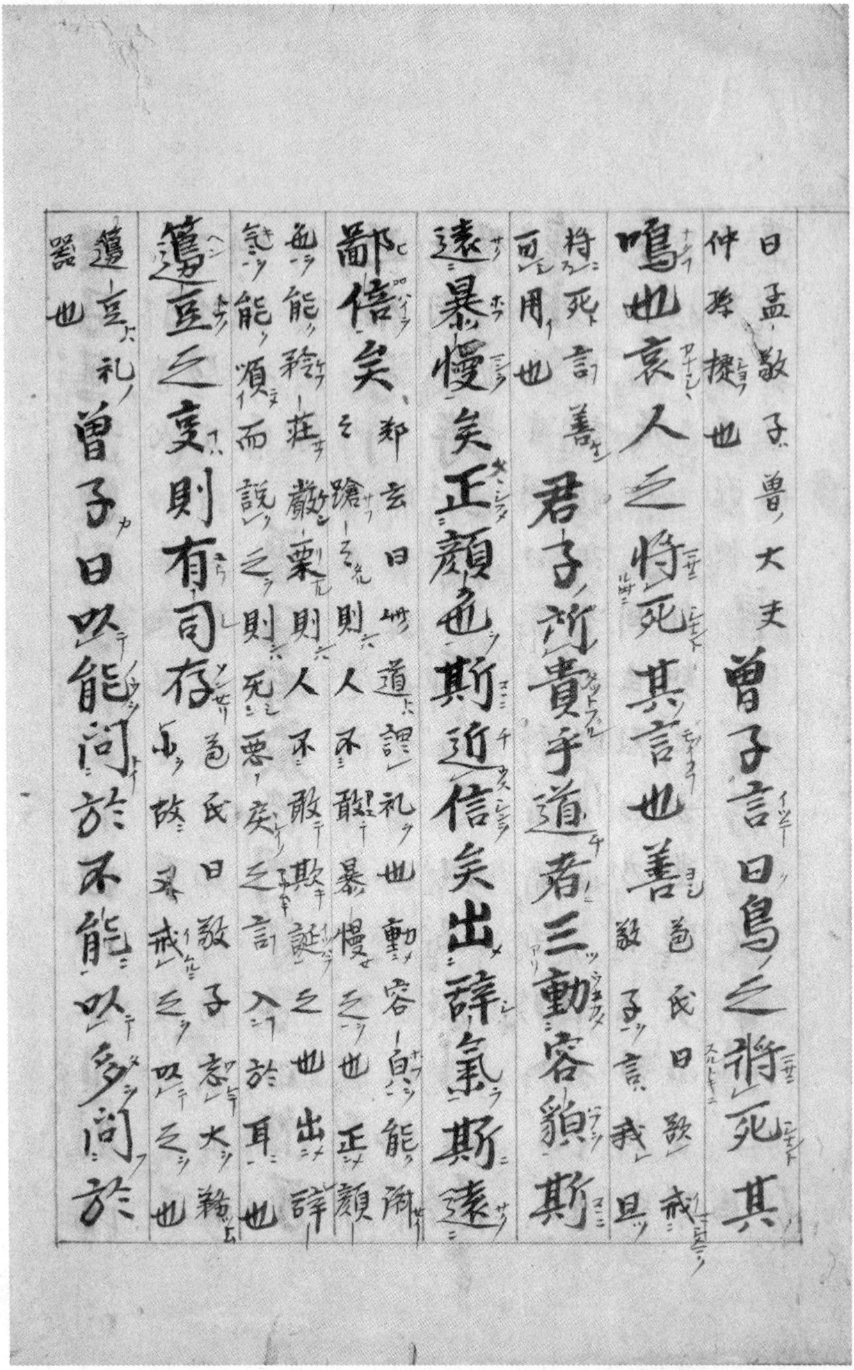

曰孟敬子魯大夫仲孫捷也曾子言曰鳥之將死其鳴也哀人之將死其言也善苞氏曰欲戒敬子言我旦將死言善可用也君子所貴乎道者三動容貌斯遠暴慢矣正顏色斯近信矣出辭氣斯遠鄙倍矣鄭玄曰此道謂礼也動容貌能濟〻蹌〻則人不敢暴慢之也正顏色能矜莊嚴栗則人不敢欺誕之也出辭氣能順而說之則無惡戾之言入於耳也籩豆之事則有司存苞氏曰敬子忽大務小故又戒之以此也籩豆礼器也曾子曰以能問於不能以多問於

寡有若无実若虚犯而不挍　苞氏曰挍報也言見侵犯而不挍之也
昔者吾友甞從事於斯矣　馬融曰友謂顔淵也
曾子曰可以託六尺之孤　孔安國曰六尺之孤謂幼少之君也
可以寄百里之命　孔安國曰攝君之政令也
臨大節而不可奪也　大節安国家定社稷也奪者不可傾奪之也
君子人与君子人也曽子曰士不可以不弘毅任重而道遠　苞氏曰弘大也毅強而能決斷也士弘毅然後能負重任致遠路也
仁以為己任不亦重乎死而後已

不亦遠乎孔安國曰以仁爲己任重莫重焉死而後已遠莫遠焉也
子曰興於詩苞氏曰興起也言修身當先學詩也立於禮苞氏曰禮者所以立身也成於樂孔安國曰樂所以成性也
子曰民可使由之不可使知也由用之也可使用而不可使知者百姓能日之用而不能知也
子曰好勇疾貧亂也苞氏曰好勇之人而患疾己貧賤者必將爲亂也人而不仁疾之已甚亂也孔安國曰疾惡太甚亦使其爲亂也
子曰如有周公之才之美孔安國曰周公
設使驕且吝其餘不足觀也已矣

者周公旦也子曰三年学不至於穀不易得也

已孔安国曰穀善也言人三年学不至於善不可得言必無及也所以勧人於学

也子曰篤信好学守死善道危邦不入乱

邦不居天下有道則見無道則隠苞氏曰言行當

常然也危邦不入謂始欲往也乱邦不居今欲去也臣殺君子殺父乱也危者将乱

之兆也邦有道貧且賤焉恥也邦無道富且

貴焉恥也子曰不在其位不謀其政也孔安

国曰欲各專一於其職也子曰師摯之始関雎之乱洋

〻乎盈耳哉 鄭玄曰師摯魯大師之名也始猶首也周道既衰微鄭衛之音作正樂廢而失節魯太師摯識関雎之聲而首理其乱者洋〻盈耳哉聽而美之也

子曰狂而不直 孔安国曰狂者進取宜直也 侗而不愿 孔安国曰侗未成器之人也宜謹愿也 悾〻而不信 苞氏曰悾〻慤〻也宜可信也 吾不知之矣 孔安国曰言皆与常度反故我不知也

子曰学如不及猶恐失之 孔安国曰学自外入至熟乃可長久如不及猶恐失之耳也

子曰巍〻乎舜禹之有天下也而不与焉 美舜禹己不与求天下而得之也巍〻者高大之称也

子曰大哉堯之爲君也巍巍乎唯天爲大唯堯則之孔安國曰則法也美堯能法天而行化也蕩蕩乎民無能名焉苞氏曰蕩蕩廣遠之稱也言其布德廣遠民無能識名焉巍巍乎其有成功也功成化隆高大巍巍也煥乎其有文章也煥明也其立文垂制又著明也舜有臣五人而天下治孔安國曰禹稷契皋陶伯益也武王曰予有亂臣十人馬融曰亂理也理官者十人也謂周公旦召公奭太公望畢公榮公大顛閎夭散宜生南宮适其餘一人謂文母孔子曰才難不其然

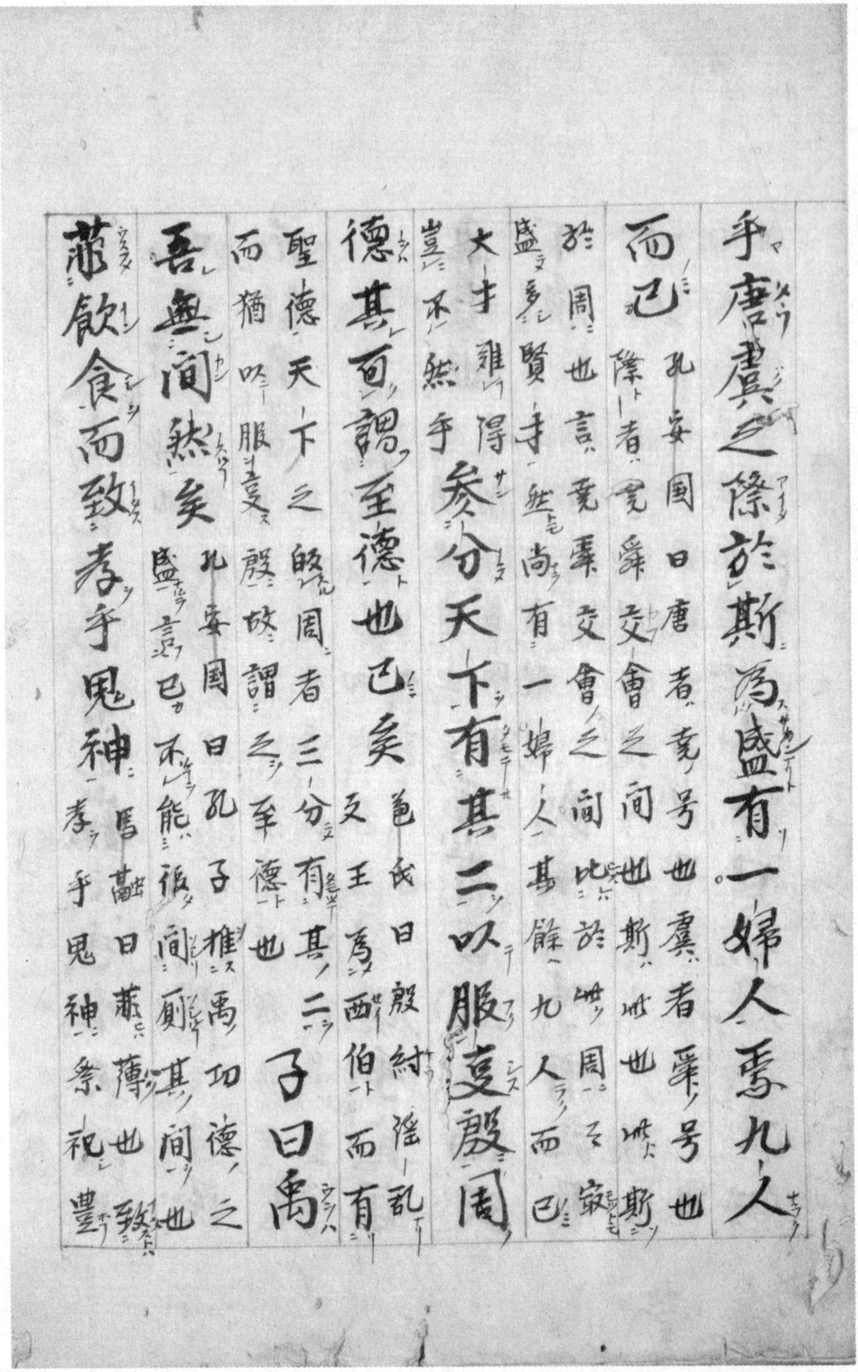

乎唐虞之際於斯爲盛有一婦人焉九人
而已 孔安國曰唐者堯號也虞者舜號也
際者堯舜交會之間也斯此也此斯
於周也言堯舜交會之間比於此周〻最
盛多賢才然尚有一婦人其餘九人而已
大才難得
豈不然乎 參分天下有其二以服事殷周
德其可謂至德也已矣 包氏曰殷紂淫亂
文王爲西伯而有
聖德天下之歸周者三分有其二
而猶以服事殷故謂之至德也 子曰禹
吾無間然矣 孔安國曰孔子推禹功德之
盛言己不能復間廁其間也
菲飲食而致孝乎鬼神 馬融曰菲薄也致
孝乎鬼神祭祀豐

潔也　惡衣服而致美乎黻冕　孔安国曰損其常服以盛祭服也　卑宮室而盡力乎溝洫　包氏曰方里為井々間有溝々廣深四尺十里為成々間有洫々廣深八尺也　禹吾無間然矣

論語卷第四

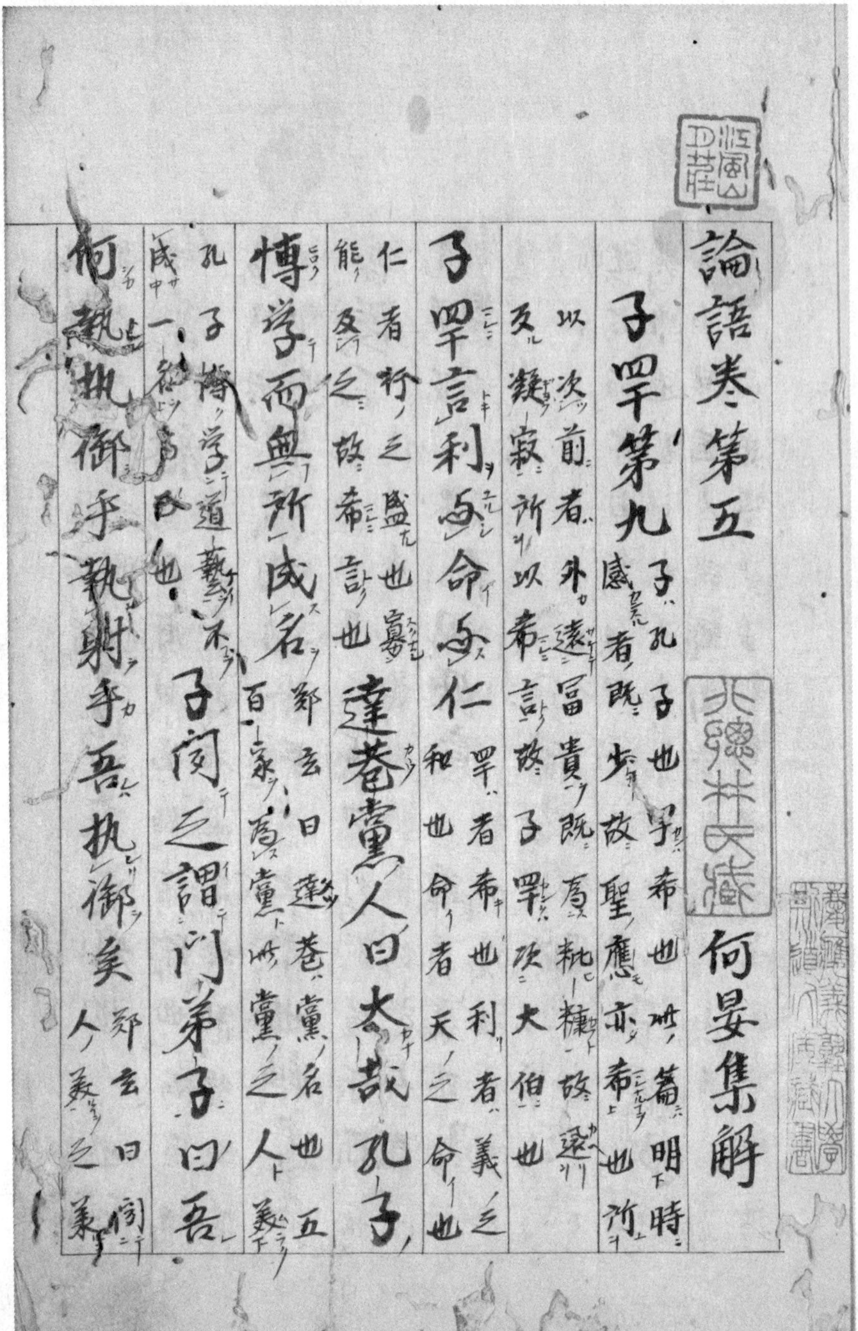
論語卷第五 何晏集解

子罕第九 子孔子也罕希也此篇明時感者既少故聖應亦希也所以次前者外遠富貴既為粃糠故還反凝寂所以希言故子罕次大伯也

子罕言利與命與仁 罕者希也利者義之和也命者天之命也仁者行之盛也寡能及之故希言也

達巷黨人曰大哉孔子博學而無所成名 鄭玄曰達巷黨名也五百家為黨此黨之人美孔子博學道藝不成一名也

子聞之謂門弟子曰吾何執執御乎執射乎吾執御矣 鄭玄曰聞人美之美

以謙也吾執御者欲名六藝之卑也　子曰麻冕礼也今也純

儉吾從衆　孔安国曰冕緇布冠也古者績麻三十升布以爲之純絲也絲

易成故從儉也　拜下礼也今拜乎上泰也雖違衆

吾從下　王肅曰臣之與君行礼者下拜然後升成礼時臣驕泰故於上拜也

今從下礼之恭也　子絶四毋意　以道爲度故不任意也　毋必

用之則行捨之則藏故无自專必也　毋固　无可无不可故无固行也　毋我

述古而不自作處群萃而不自異唯道是從故不自有其身也　子畏於匡

苞氏曰匡人誤圍夫子以爲陽虎々々嘗暴於匡夫子弟子顏剋時又與虎俱往後

剋爲夫子御至於匡匡人相与共識剋又
夫子容貌与虎相似故匡人以兵圍之
曰文王既沒文不在茲乎 孔安国曰茲此也言文王雖已
沒其文見在此自此其身也 天之將喪斯文也後死者
不得与於斯文也 孔安国曰文王既沒故孔子自謂後死也言天
將喪此文者本不當使我知之今使我知之未欲喪也 天之未喪斯
文也匡人其如予何 馬融曰如予何者猶言奈我何也天之未
喪此文也則我當傳之匡人欲奈
我何言其不能違天而害己也 太宰問
於子貢曰夫子聖者与何其多能也 孔安国曰

太宰大夫官名也或吳或宋未可分也疑孔子多能於小藝也子貢曰固
天縱之將聖又多能也孔安國曰言天固縱之大聖之
德又使多能也子聞之曰太宰知我者乎吾少
也賤故多能鄙事君子多乎哉不多也包氏
曰我少小貧賤常自執事故多能為鄙人之事君子固不當多能也牢曰子
云吾不試故藝鄭玄曰牢弟子子牢也試用也言孔子自云我不見
用故多能伎藝也子曰吾有知乎哉無知也知者知意
之知也言知者言未必尽也今我誠尽也有鄙夫來問於我空

々々如也我叩其兩端竭焉孔安國曰有鄙夫來問於我其意空空然我則發事之終始兩端以語之竭盡所知不爲有所愛也

子曰鳳鳥不至河不出圖吾已矣夫孔安國曰有聖人受命則鳳鳥至河出圖今天無此瑞吾已矣夫者傷不得見也河圖八卦是也

子見齊衰者冕衣裳者與瞽者包氏曰冕者冕冠也大夫之服也瞽者盲者也見之雖少者必作過之必趨包氏曰作起也趨疾行也此夫子哀有喪尊在位恤不成人之也

顏淵喟然歎曰喟然歎聲也仰之彌高鑽之彌堅言不可窮盡也瞻之

在前忽焉在後言恍惚不可為形像也夫子循循然
善誘人循〻次序皃也誘進也言夫子正以此道勸進人有次序也
博我以文約我以礼欲罷不能既竭吾才
如有所立卓尔雖欲從之末由也已孔安國曰言夫子既以文章開博我又以礼節約我使我欲罷而不能已竭我才矣其有所立則又有卓然不可及言已雖蒙夫子之善誘猶不能及夫子之所立也子疾病
苞氏曰疾甚曰病也子路使門人為臣鄭玄曰孔子嘗為大夫故子路欲使弟子行其臣之礼也病間曰久矣哉由之行詐

也無臣而爲有臣吾誰欺欺天乎孔安國曰病少
差曰間也言子路有是心非唯今也且予與其死於臣
之手也無寧死於二三子手乎馬融曰無寧寧也二
三子門人也就使我有臣而死其手我寧死弟子之手乎也且予縱
不得大葬孔安國曰君臣禮葬也予死於道路
乎馬融曰就使我不得以君臣之禮葬有二三子在我寧當憂棄於道路乎
子貢曰有美玉於斯韞匵而藏諸求善賈
而沽諸馬融曰韞藏也匵匱也藏諸匵中也沽賣也得善賈寧賣之耶

子曰沽之哉沽之哉我待賈者也苞曰沽之哉
不衒賣之辭也我居而待賈者也子欲居九夷馬融曰九夷東方之
夷有九種也或曰陋如之何子曰君子居之何
陋之有馬融曰君子所居者皆化也子曰吾自衛反於
魯然後樂正雅頌各得其所鄭玄曰反魯魯哀公十一
年冬也是時道衰樂廢孔子來還乃正之也故曰雅頌各得其所也子曰出
則事公卿入則事父兄喪事不敢不勉不
為酒困何有於我哉馬融曰困亂也子在川上曰

逝者如斯夫不舍晝夜 鄭玄曰逝往也言凡往者如川之流也

子曰吾未見好德如好色者也 疾時人薄於德而厚於色也故以發此言也

子曰譬如為山未成一簣止吾止也 包氏曰簣土籠也此勸人進於道德也為山者其功雖已多未成一籠而中道止者我不以其前功多而善之也見其志不遂故不与也

譬如平地雖覆一簣進吾往也 馬融曰平地者將進加功雖始覆一簣我不以其見功少而薄之也據其發進而与之也

子曰語之而不惰者其回也与 顔淵則解故語之不

惰餘人不解故有情語之時也 子謂顏淵曰惜乎吾見其進也未見其止也 苞氏曰孔子謂顏淵進益未止故痛惜之甚也 子曰苗而不秀者有矣夫秀而不實者有矣夫 孔安国曰言万物有生而不育成者喻人亦然也 子曰後生可畏也焉知來者之不如今也 後生謂年少也 四十五十而無聞焉斯亦不足畏也已矣 子曰法語之言能無從乎改之為貴 孔安国曰人有過以正道告之口無不順從之能必改乃為貴也

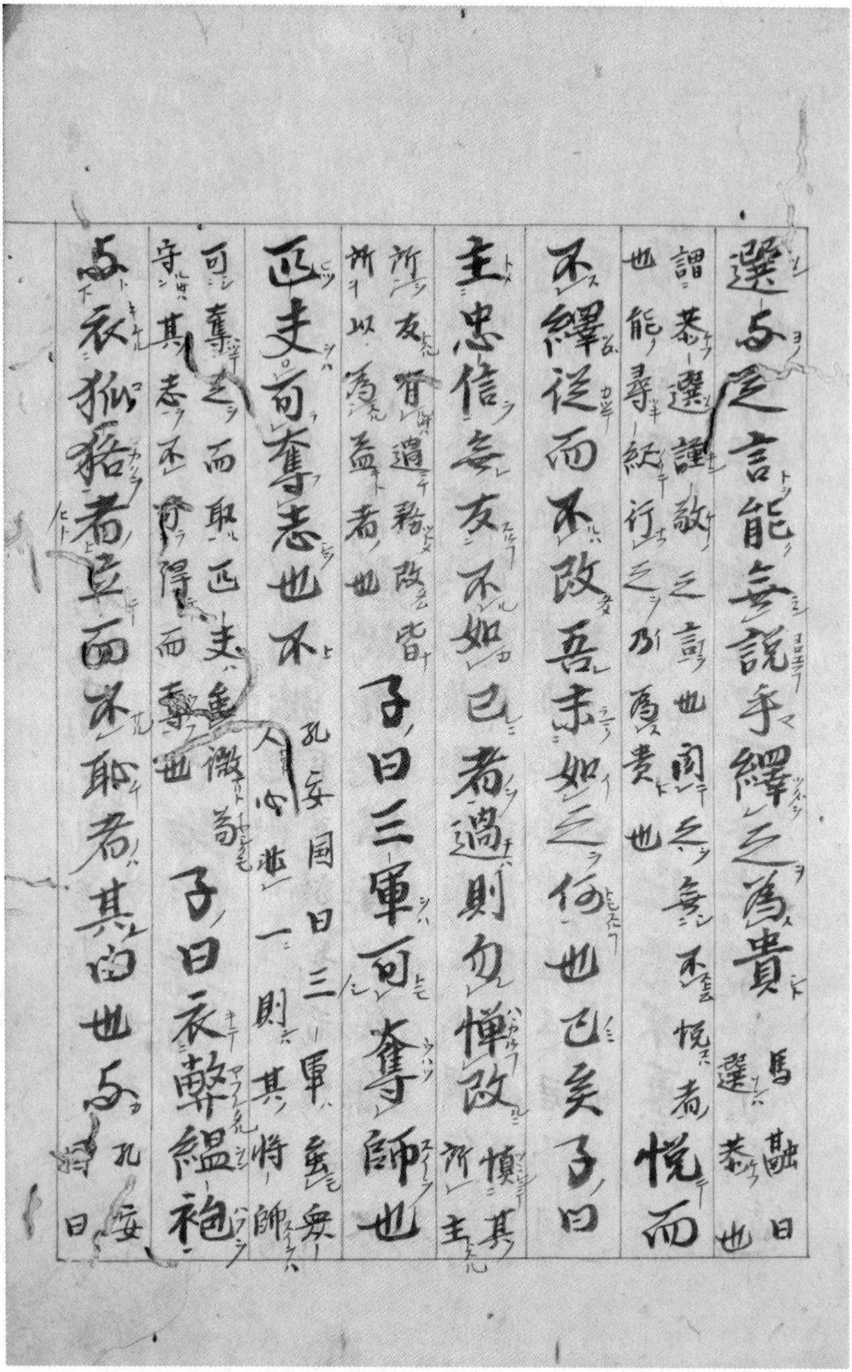

選与之言能無説乎繹之為貴馬融曰選恭也謂恭遜謹敬之言也聞之無不悅者悅而也能尋繹行之乃為貴也不繹從而不改吾末如之何也已矣子曰主忠信無友不如己者過則勿憚改慎其所主所友有過務改皆所以為益者也子曰三軍可奪帥也匹夫不可奪志也孔安国曰三軍雖衆人心不一則其將帥可奪之而取匹夫雖微苟守其志不可得而奪也子曰衣敝縕袍与衣狐貉者立而不恥者其由也与孔安國曰

縕枲著也不忮不求何用不臧馬融曰忮害也臧善也言不忮
害不貪求何用為不善疾貪惡忮害之詩也子路終身誦之子曰
是道也何足以臧馬融曰臧善也尚復有美於是者何足以
為善也子曰歲寒然後知松柏之後彫也大寒
之歲衆木皆死然後知松柏之小彫傷平歲則衆木亦有不死者故須歲寒而後別
之喻凡人處治世亦能自修整與君子同在濁世然後知君子之正不苟容也
子曰智者不惑包氏曰不惑亂也仁者不憂孔安国曰
无憂患也勇者不懼子曰可與共學未可與適

道適之也雖學或得異端不必能之道者也可與適道未可與

立雖能之道未必能以有所成立者也可與立未可與權雖有

能所立未必能權量其輕重之極也唐棣之華偏其反而豈

不爾思室是遠而逸詩也唐棣栘也華反而後合賦此詩以言權

道反而後至於大順也思其人而不得見者其室遠也以言思權道而不得見者其

道遠也子曰未之思也夫何遠之有哉夫思者當

思其反反是不思所以為遠也能思其反何遠之有言權可知唯不知思耳思之有

次序斯可知矣

鄉黨第十　鄉黨者明孔子教訓在於鄉黨之時也所以次前者既朝
庭感希故退還應於鄉黨也故鄉黨次於子罕也
孔子於鄉黨恂恂如也似不能言者　王肅曰恂
恂溫恭之貌也　其在宗廟朝廷便便言唯謹爾　鄭玄
曰便便辯也雖辯而謹敬也　朝與下大夫言侃侃如也　孔安
國曰侃侃和樂之貌也　與上大夫言誾誾如也　孔安國曰
誾誾中正之貌也　君在踧踖如也與與如也　馬融曰君在者
君視朝也踧踖恭敬之貌也與與威儀中適之貌也　君召使擯　鄭玄曰君

召使擯者有賓客使迎之也色勃如也孔安國曰必變色也足躩
如也包氏曰盤辟貌也揖所與立左右其手衣前
後襜如也鄭玄曰揖左人左其手揖右人右其手一俛一仰故衣前後則
襜如也趨進翼如也孔安國曰言端正也賓退必復命
曰賓不顧矣孔安國曰復命白君賓已去也入公門鞠躬
如也如不容孔安國曰斂身也立不中門行不履
閾孔安國曰閾門限也過位色勃如也足躩如也包氏
曰過君之空位也其言似不足者攝齊升堂鞠躬

如也屏氣似不息者孔安国曰皆重慎也衣下曰齊攝齊摳衣曰
也出降一等逞顏色怡々如也孔安国曰先屏氣下
階舒氣故怡々如也沒階趨進翼如也孔安国曰沒盡也下盡階
也復其位踧踖如也孔安国曰來時所過位也執圭鞠
躬如々不勝包氏曰為君使以聘問鄰國執持君之圭鞠躬者敬慎之
至也上如揖下如授勃如戰色足蹜々如
有循也鄭玄曰上如揖授玉宜敬也下如授不敢忘礼也戰色敬也足蹜々
如有循舉前曳踵行也享礼有容色鄭玄曰享献也聘礼既聘而享

〻用圭璧有庭實也私覿愉〻如也鄭玄曰覿見也既享乃以私禮見愉〻顏色和也君子不以紺緅飾孔安国曰一入曰緅飾者不以為領袖緣也紺者齊服盛色以為飾似衣齊服也緅者三年練以緅飾衣為其似衣喪服也故皆不以飾衣也紅紫不以為褻服王肅曰褻服私居服非公會之服者也皆不正褻尚不衣正服無所施也當暑縝絺綌必表而出之孔安国曰暑則單服絺綌葛也必表而出加上衣也緇衣羔裘素衣麑裘黃衣狐裘孔安国曰服皆中外之色相稱也褻裘長短右袂孔安国曰私家裘長主溫也短右袂便作事也

必有寢衣長一身有半孔安国曰今被也狐貉之
厚以居鄭玄曰在家以接賓客也去喪无所不佩孔安国曰
去除也非喪則備佩所宜佩也非帷裳必殺之王粛曰衣必有殺縫
唯帷裳无殺也羔裘玄冠不以弔孔安国曰喪主素吉主玄吉凶
異服故不不相弔也吉月必朝服而朝孔安国曰吉月
月朔也朝服皮弁服也齊必有明衣布孔安国曰以布為沐
浴衣也齊必變食孔安国曰改常食也居必遷坐孔安国曰
易常処也食不厭精膾不厭細食饐而餲孔安国曰

饐餲臭味變也魚餒而肉敗不食孔安国曰魚敗曰餒也色
惡不食臭惡不食失飪不食孔安国曰失飪失生熟之
節也不時不食鄭玄曰不時非朝夕日中時也割不正不食
不得其醬不食馬融曰魚膾非芥醬不食也肉雖多不
使勝食氣唯酒無量不及乱沽酒市脯不
食不撤薑食孔安国曰撤去也齊禁薰物薑辛不臭故不去也不
多食孔安国曰不過飽也祭於公不宿肉周生烈曰助祭於君
所得牲體皈則以班賜不留神恵也祭肉不出三日出三日

不食之矣 鄭玄曰自其家祭肉也過三日不食也是褻鬼神之餘也 食不語寢不言雖疏食菜羹瓜祭必齊如也 孔安国曰齊嚴敬之貌也三物雖薄祭之必敬也 席不正不坐 鄉人飲酒杖者出斯出矣 孔安国曰杖者老人也鄉人飲酒之礼主於老者老者礼畢出孔子從而出也 鄉人儺朝服而立於阼階 孔安国曰儺驅逐疫鬼也恐驚先祖故朝服而立於廟之阼階也 問人於他邦再拜而送之 孔安国曰拜送使者敬也 康子饋藥拜而受之 包氏曰遺孔子藥也 曰丘未達不敢嘗之

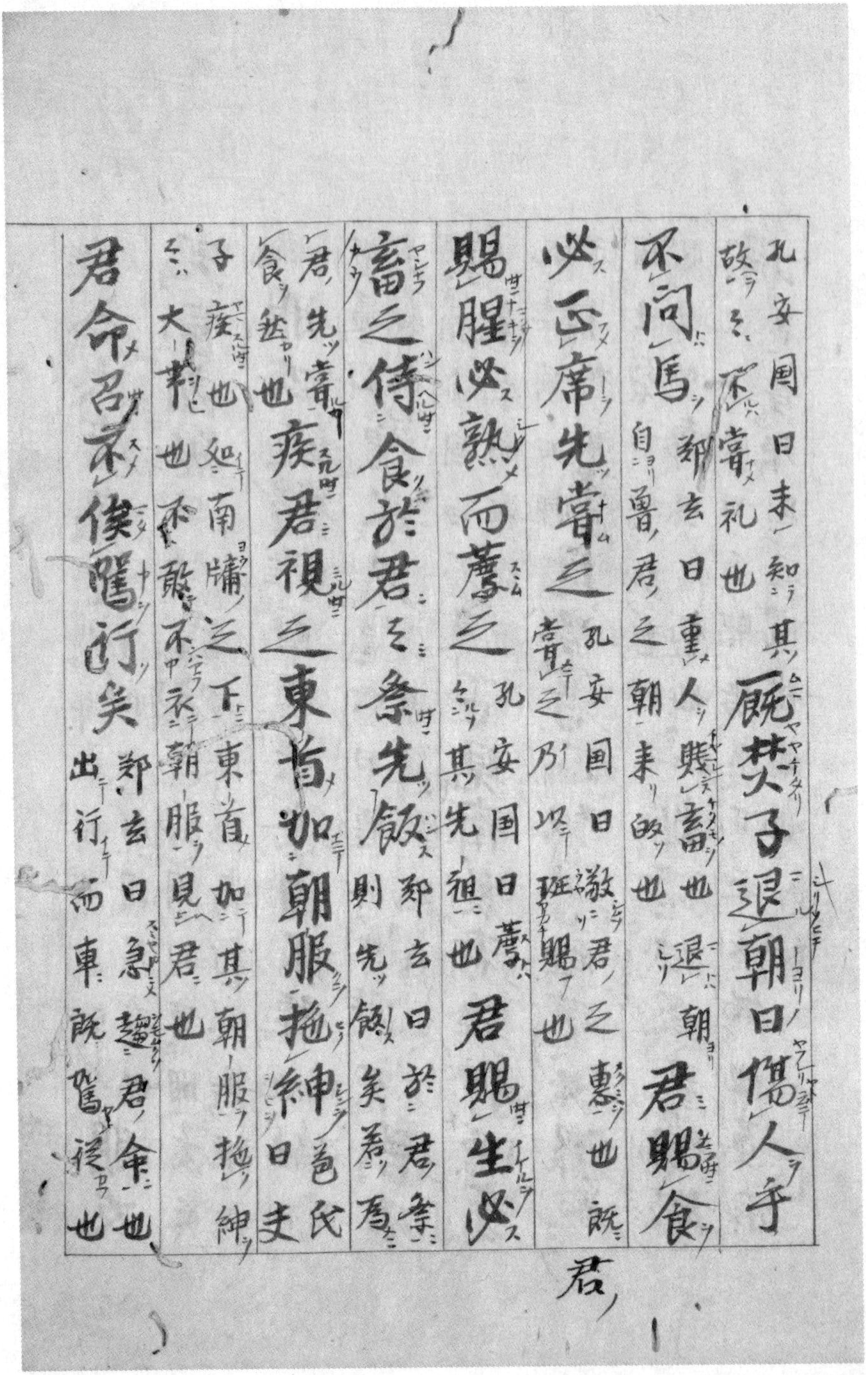

孔安国曰未知其故〻不〻嘗礼也 廄焚子退朝日傷人乎

不問馬 鄭玄曰重人賤畜也退朝自魯君之朝来歸也 君賜食

必正席先嘗之 孔安国曰敬君之恵也既嘗之乃以班賜也

賜腥必熟而薦之 孔安国曰薦其先祖也 君賜生必

畜之侍食於君〻祭先飯 鄭玄曰於君祭則先飯矣若為

君先嘗食然也 疾君視之東首加朝服拖紳 包氏曰夫

子疾処南牖之下東首加其朝服拖紳〻〻大帯也不敢不衣朝服見君也

君命召不俟駕行矣 鄭玄曰急趨君命也出行而車既駕従之也

君

矣入大廟每事問（鄭玄曰為君助祭也大廟周公廟也）朋友
死無所歸曰於我殯（孔安国曰重朋友之恩也無所歸無親暱）
也朋友之饋雖車馬非祭肉不拜（孔安国曰不拜）
（有通財之義也）寢不尸（苞氏曰偃臥四體布展手足似死人也）居不
容（孔安国曰為家室之敬難久也）子見齊衰者雖狎必變
（孔安国曰狎者素相親狎也）見冕者與瞽者雖褻必以貌
（周生烈曰褻謂數相見也必當以貌礼也）凶服者式之式負版
者（孔安国曰凶服者送死之衣物也負版者持邦国之圖籍者也）

有盛饌必變色而作　孔安國曰作起也敬主人之親饋也　迅
雷風烈必變　鄭玄曰敬天之怒風疾雷為烈也升車必正
立執綏　周生烈曰必正立執綏所以爲安也　車中不內顧　包氏
曰車中不內顧者前視不過衡軛傍視不過轂也　不疾言不親
指　色斯舉矣　馬融曰見顏色不善則去之也　翔而後集　周生
烈曰廻翔審觀而後下止也　曰山梁雌雉時哉時哉子
路供之三嗅而作　言山梁雌雉得其時而人不得時故歎之子路
以其時物故供具之非其本意不苟食故三嗅而起也

論語卷第五

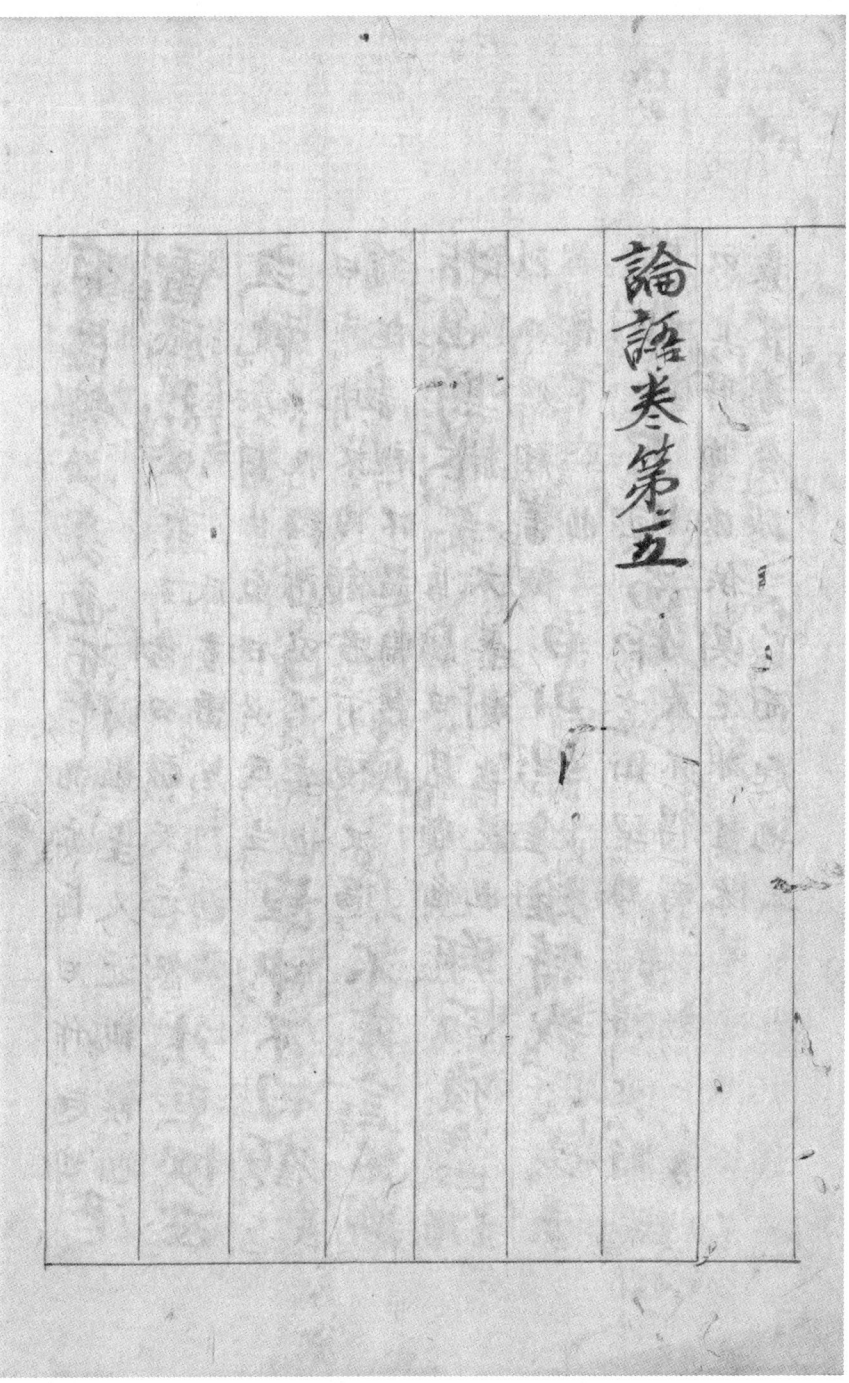

論語卷第六　何晏集解

先進第十一　先進者此篇明弟子進受業者先後也所以次前者

既還教鄉黨則進受業者宜有先後故先進次鄉黨也

子曰先進於礼樂野人也後進於礼樂君子也

孔安国曰先進後進謂士先後輩也礼樂因世損益後進与礼樂俱得時之中斯君子矣先進有古風斯野人也

如用之則吾從先進

苞氏曰將移風易俗歸之純素先進猶近古風故從之

子曰從我於陳蔡者皆不及門者也

鄭玄曰言弟子之從我而厄於陳蔡

者皆不及仕進之門而失其所也　德行顏淵閔子騫冉伯牛仲弓言語宰我子貢政事冉有季路文學子游子夏　子曰回也非助我者也於吾言無所不說　孔安國曰助猶益也言回聞言即解無可發起增益於己也　子曰孝哉閔子騫人不間於其父母昆弟之言　陳群曰言閔子騫為人上事父母下順兄弟動靜盡善故人不得有非間之言也　南容三復白圭　孔安國曰詩云白圭之玷尚可磨也斯言之玷不可為也南容讀詩至此三反覆之是其心慎言也　孔子以其

兄之子妻之季康子問弟子孰為好学孔子對曰有顏回者好学不遷怒不二過不幸短命死今也則亡未聞好学者也顏淵死顏路請子之車以為之槨孔安国曰顏路顏淵之父也家貧故欲請孔子之車賣以營槨子曰才不才亦各言其子也鯉死有棺而無槨吾不可徒行以為之槨以吾從大夫之後吾以不可徒行孔安国曰鯉孔子之子伯魚也孔子時為大夫故言吾從大夫之後不可以徒行是謙之辭也顏淵

死子曰噫苞氏曰噫痛傷之聲也天喪予天喪予天喪
予者若喪己也再言之者痛惜之甚也顔淵死子哭之慟馬融
曰慟哀過也從者曰子慟矣子曰有慟乎孔安國曰
不自知己之悲哀過也非夫人之為慟而誰為
慟顔淵死門人欲厚葬之子曰不可孔安國曰禮貧富各
有宜顔淵家貧而門人欲厚葬之故不聽也門人厚葬之子曰
回也視予猶父也予不得視猶子也非我
也夫二三子也馬融曰言回自有父父意欲聽門人厚葬之我不得

制止也。非其厚葬，故云尓也。季路問事鬼神。子曰：未能
事人，焉能事鬼？曰：敢問事死。曰：未知生，焉
知死？陳群曰：鬼神及死事難明，語之無益，故不荅也。閔子騫侍側，
誾誾如也；子路，行行如也；冉有、子貢，侃侃
如也。子樂。鄭玄曰：樂各尽其性也。行行，剛強之皃也。曰：若由也，
不得其死然。孔安国曰：不得以壽終也。魯人為長府。
閔子騫曰：仍旧貫，如之何？何必改作？鄭玄曰：長
府，藏名也。藏貨曰府。仍，因也。貫，事也。子曰：夫
也。因旧事則可，何乃復更改作也。

人不言〻必有中　王肅曰言必有中善其不欲勞民更改作也
子曰由之鼓瑟奚爲於丘之門　馬融曰子路鼓瑟不合雅頌也
門人不敬子路子曰由也升堂矣未入於室也　馬融曰升堂矣未入室耳哉門人不解謂孔子言爲賤子路故後解之也
子貢問曰師與商也孰賢乎子曰師也過商也不及　孔安国曰言俱不得中也
曰然則師愈與子曰過猶不及也　愈猶勝也
季氏富於周公　孔安国曰周公天子之宰卿士也
而求也爲之聚斂而附

益孔安國曰冉求爲季氏宰爲之急賦稅子曰非吾徒也小
子鳴鼓而攻之可也鄭玄曰小子門人也鳴鼓聲其罪以責也
柴也愚弟子高柴也字子羔愚〻直愚也參也魯孔安國曰魯鈍
也曾子遲鈍也師也僻馬融曰子張才過人失在邪僻文過也由也
喭鄭玄曰子路之行失於吸喭也子曰回也其庶乎屢空
賜不受命而貨殖焉億則屢中言回庶幾聖道雖數
空匱而樂在其中矣賜不受教命唯財貨是殖億度是非蓋美回所以勵賜也一曰
屢猶每也空猶虛中也以聖人之善道教數子之庶幾猶不至於知道者各內有此

害也其於庶幾每能虛中者唯回懷道深遠
不虛心不能知道子貢無數子病然亦不知道者
雖不窮理而幸中雖非天命
而偶富亦所以不虛心也　子張問善人
之道子曰不踐迹亦不入於室　孔安國曰踐
循也言善人不
但循追旧迹而已亦多少能創
業然亦不能入於聖人之奧室也　子曰論
篤是與君子者乎色莊者乎　論篤者謂口
無擇言君子
者謂身無鄙行也色莊者不惡而嚴以遠
小人者也言此三者皆可以為善人也
子路問聞斯行諸　包氏曰賑窮
救乏之事也　子曰有父
兄在如之何其聞斯行之　孔安國曰當白
父兄不可得自

專也冉有問聞斯行諸子曰聞斯行之公西
華曰由也問聞斯行諸子曰有父兄在求
也問聞斯行諸子曰聞斯行之赤也惑敢
問孔安國曰惑其問同而答異也子曰求也退故進之由
也兼人故退之鄭玄曰言冉有性謙退子路務在勝尚人各因其人
之失而正之子畏於匡顏淵後孔安國曰言與孔子相失
故在後也子曰吾以汝為死矣曰子在回何敢
死苞氏曰言夫子在己無所敢死也季子然問仲由冉求

可謂大臣与 孔安国曰季子然季氏子弟也多得臣此二子故問之
也 子曰吾以子為異之問由与求之問 孔安国曰
謂子問異事耳則此二人之問安足為大臣乎 所謂大臣者以道
事君不可則止今由与求也可謂具臣矣
孔安国曰言備臣数而已也 曰然則從之者与 孔安国曰問為
臣皆當從君之所欲耶 子曰弑父与君亦不從也 孔安国曰
二子雖從其主亦不与為大逆也 子路使子羔為費宰 子
曰賊夫人之子 苞氏曰子羔学未熟習而使為政所以賊害人也 子

路曰有民人焉有社稷焉何必讀書然後為学孔安国曰言治民事神於是習亦学也子曰是故惡夫佞者孔安国曰疾其以口給應遂己非而不知窮者也子路曾晳冉有公西華侍坐孔安国曰曾晳曾參父也名點也子曰以吾一日長乎尔無吾以也孔安国曰言我問汝无以我長故難對也居則曰不吾知也孔安国曰汝常居云人不知己也如或知尔則何以哉孔安国曰如有用汝者則何以為治也子路卒尔而對曰卒尔先三人對也千乘之

國攝乎大国之间加之以師旅因之以飢
饉苞氏曰攝迫乎大国之间也由也為之比及三年
可使有勇且知方也方義方也夫子哂之馬融曰哂笑也
求爾何如對曰方六七十如五六十求性謙退言欲
得方六七十如五六十里小国治之而已也求也為之比及三
秊可使足民也如其禮樂以俟君子孔安国曰
求自云能足民而已謂衣食足也若礼樂之化當以待君子謙辭也赤爾何
如對曰非曰能之也願学焉宗廟之事

如會同端章甫願為小相焉鄭玄曰我非自言能也願
學為之宗廟之事謂祭祀也諸侯時見曰會殷見曰同端玄端也衣玄端冠章甫諸
侯日視朝之服也小相謂相君之禮者也點爾何如鼓瑟希
孔安國曰思所以對故其音希也鏗爾舍瑟而作對曰異
乎三子者之撰孔安國曰置瑟起對也撰具為政之具也鏗爾者投瑟
之聲也子曰何傷乎亦各言其志孔安國曰各言己志
於義無傷曰莫春者春服既成得冠者五六
人童子六七人浴乎沂風乎舞雩詠而歸

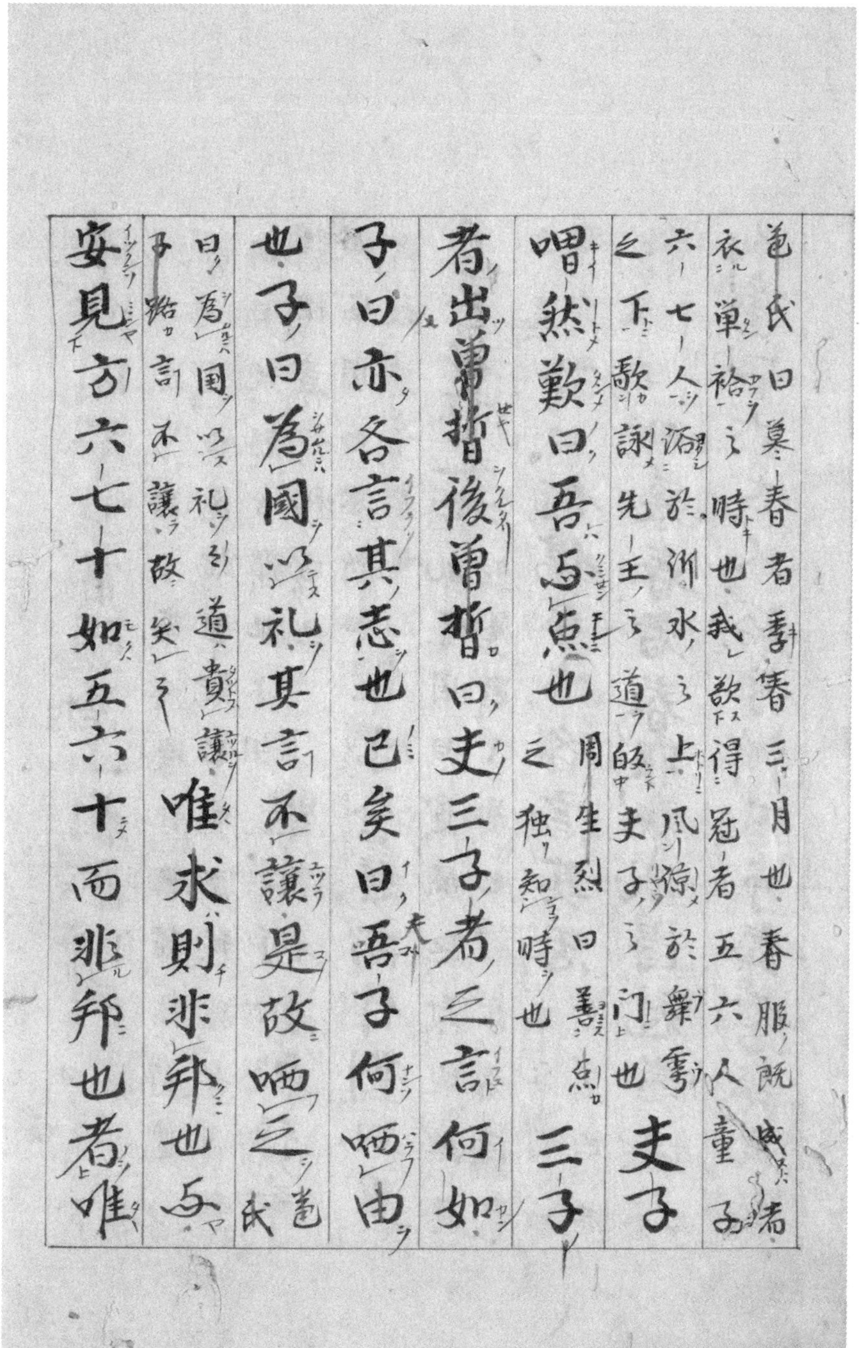
苞氏曰莫春者季春三月也春服既成者
衣單袷之時也我欲得冠者五六人童子
六七人浴於沂水之上風涼於舞雩之
之下歌詠先王之道歸夫子之門也夫子
喟然歎曰吾與點也周生烈曰善點之独知時也三子
者出曽晳後曽晳曰夫三子者之言何如
子曰亦各言其志也已矣曰吾子何哂由
也子曰為國以礼其言不讓是故哂之苞氏
曰為國以礼々道貴讓子路言不讓故笑之唯求則非邦也與
安見方六七十如五六十而非邦也者唯

赤則非邦也與宗廟之事如會同非諸侯
而如之何孔安国曰明皆諸侯之事与子路同徒笑子路不讓也赤
也為之小相孰能為之大相孔安国曰赤謙言小相耳
孰能為之大相者也

顔淵第十二顔淵孔子弟子也文為门徒之冠者也所以次前者
進業之冠莫過顔淵故顔淵次先進也

顔淵问仁子曰尅己復礼為仁馬融曰尅己約身也孔安国曰復反也身能反礼則為仁矣一日尅己復礼天下

皈仁焉 馬融曰一日猶見皈況終身也 爲仁由己而由人
乎哉 孔安國曰行善在己不在人者也 顏淵曰請問其目
苞氏曰知其必有條目故請問之也 子曰非礼勿視非礼勿
聽非礼勿言非礼勿動 鄭玄曰此四者克己復礼之目也
顏淵曰回雖不敏請事斯語矣 王肅曰敬事此語必
行之 仲弓問仁子曰出門如見大賓使民如
承大祭 孔安國曰爲仁之道莫尚乎敬也 己所不欲勿施
於人在邦無怨在家無怨 苞氏曰在邦爲諸侯也在家者

卿大夫也仲弓曰雍雖不敏請事斯語矣司馬牛問仁子曰仁者其言也訒孔安國曰訒難也牛宋人弟子司馬犂也曰其言也訒斯可謂之仁已矣乎子曰為之難言之得無訒乎孔安國曰行仁難言仁亦不得不難矣司馬牛問君子子曰君子不憂不懼孔安國曰牛兄桓魋將為亂牛自宋來學常憂懼故孔子解之曰不憂不懼斯可謂君子也乎子曰內省不疚夫何憂何懼包氏曰疚病也內省無罪惡无所可憂懼也

司馬牛憂曰人皆有兄弟我独亡　鄭玄曰牛兄桓
魋行悪死喪无日我独為死兄弟也　子夏曰商聞之矣死生
有命富貴在天君子敬而無失与人恭而
有礼四海之内皆為兄弟也君子何患乎
無兄弟也　鄭氏曰君子疎悪而友賢九州之人皆可以礼親也　子張
問明子曰浸潤之譖膚受之愬不行焉可
謂明也已矣　鄭玄曰譖人之言如水之浸潤漸以成人之禍也　馬融曰
膚受愬皮膚外語非其内実也　浸潤之譖膚受之愬不行

焉可謂遠也已矣 馬融曰无此二者非但為明其德行高遠人莫
能及之也 子貢問政子曰足食足兵令民信之
矣子貢曰必不得已而去於斯三者何先
曰去兵曰必不得已而去於斯二者何先
曰去食自古皆有死民不信不立 孔安国曰死者
古今常道也人皆有之治邦不可失信也 棘子城曰君子質而
已矣何以為文 鄭玄曰旧說云棘子城衛大夫也 子貢曰
惜乎夫子之說君子駟不及舌也 鄭玄曰惜乎夫

子之説君子也過言一出駟馬追之不及舌也文猶質也質猶文

也虎豹之鞹猶犬羊之鞹也孔安国曰皮去毛曰鞹虎

豹与犬羊別者正以毛文異耳今使文質同者何以別虎豹文与犬羊耶哀公

問於有若曰年飢用不足如之何有若對

曰盍徹乎鄭玄曰盍何不也周法十一而税謂之徹徹通也為天下之通

法也曰二吾猶不足如之何其徹也孔安国曰二謂

十二而税也對曰百姓足君孰与不足百姓不

足君孰与足孔安国曰孰誰也子張問崇德辨惑

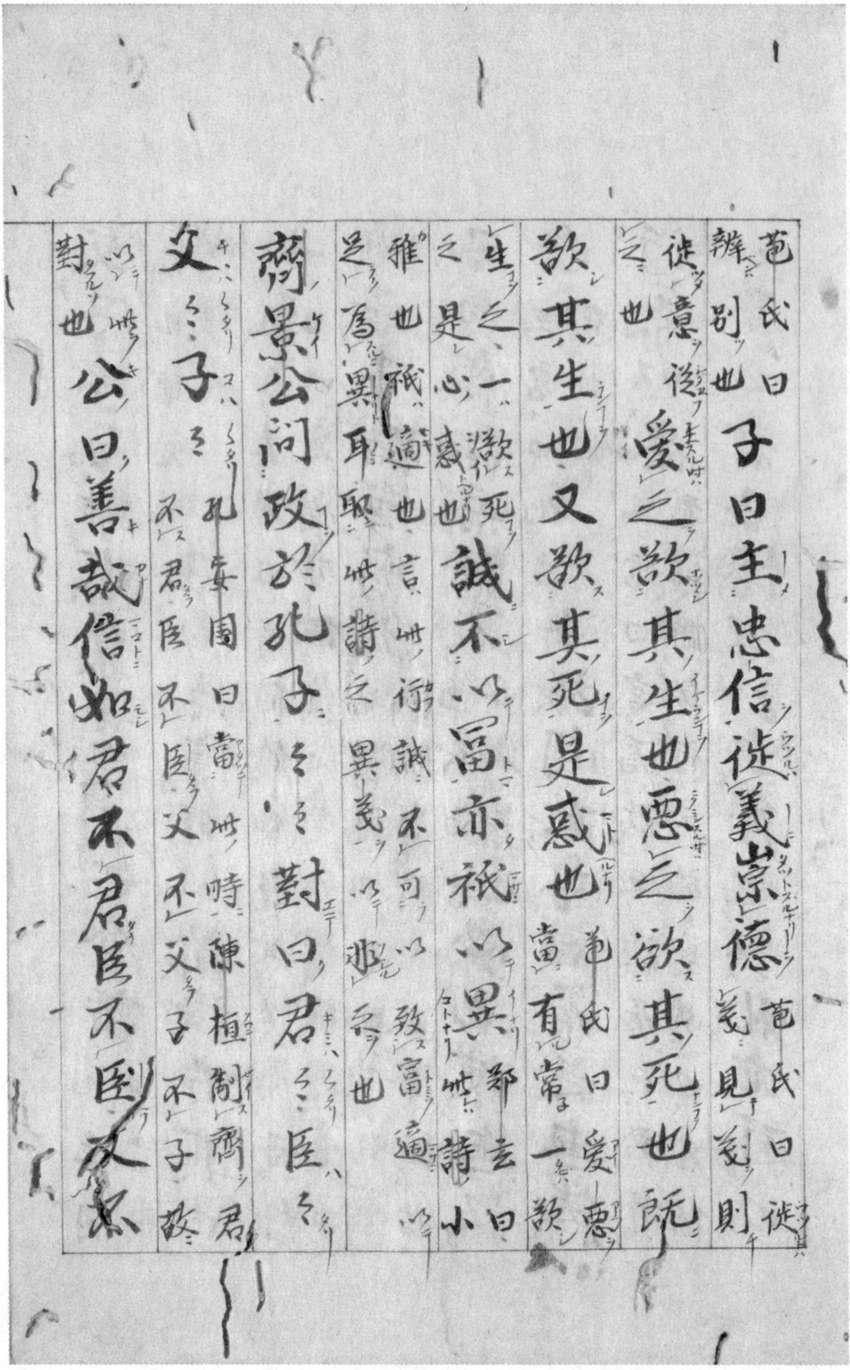

苞氏曰辨別也子曰主忠信徙義崇德苞氏曰徙義見義則徙意從之也愛之欲其生也惡之欲其死也既欲其生也又欲其死是惑也苞氏曰愛惡當有常一欲生之一欲死之是心惑也誠不以富亦祇以異鄭玄曰此詩小雅也祇適也言此行誠不可以致富適足以爲異耳取此詩之異義以非之也

齊景公問政於孔子々々對曰君々臣々父々子々孔安國曰當此時陳恒制齊君不君臣不臣父不父子不子故以此對也公曰善哉信如君不君臣不臣父不

文子不子雖有粟吾豈得而食諸（孔安国曰言將危也陳氏果滅斉也）

子曰片言可以折獄者其由也与（孔安国曰片猶偏也聴訟必須両辞以定是非偏信一言以折獄者唯子路可也）

子路無宿諾（宿猶豫也子路篤信恐臨時多故故不豫諾也）

子曰聴訟吾猶人（苞氏曰言与人等也）必也使無訟乎（王粛曰化之在前也）

子張問政子曰居之無倦行之以忠（王粛曰言為政之道居之於身無得解倦行之於民必以忠信也）

子曰君子博学於文約之以礼亦可以

弗畔矣夫（鄭玄曰弗畔不違道也）子曰君子成人之
美不成人之惡小人反是季康子問政於
孔子孔子對曰政者正也子帥而正孰敢
不正（鄭玄曰季康子魯上卿諸臣帥也）季康子患盜問於
孔子孔子對曰苟子之不欲雖賞之不竊（孔安
國曰欲多情欲也言民化於上不從其所令從其所好也）季康子問政
於孔子曰如殺無道以就有道何如（孔安國曰
就成也欲多殺以止姦也）孔子對曰子為政焉用殺

子欲善而民善矣君子之德風也小人之
德草也草尚之風必偃孔安国曰亦欲令康子先自正也偃
仆也加草以風无不仆者猶民之化上也子張問士何如斯可
謂之達矣子曰何哉尓所謂達者矣子張
對曰在邦必聞在家必聞鄭玄曰言士之所在皆能有名
譽也子曰是聞也非達也夫達者質直而好
義察言而観色慮以下人馬融曰常有謙退之志察言語
見顔色知其所欲其念慮常欲以下人也在邦必達在

家必達　馬融曰謙尊而光卑而不可踰也　夫聞者色取仁
而行違居之不疑　馬融曰此言佞人佞人假仁者之色行之則違
也安居其偽而不自疑者也　在邦必聞在家必聞　馬融曰佞
人黨多也　樊遲從遊於舞雩之下　苞氏曰舞雩之處有壇墠
樹木故其下可遊也　曰敢問崇德脩慝辨惑　孔安國曰慝惡
也脩治也治惡為善也　子曰善哉問先事後得非
崇德与　孔安國曰先勞於事然後得報也　攻其惡毋攻人
之惡非脩慝与　一朝之忿忘其身以及其

親非惑與　樊遲問仁子曰愛人問智子曰知人樊遲未達子曰舉直錯諸枉能使枉者直　苞氏曰舉正直之人用之廢置邪枉之人則皆化爲直也　樊遲退見子夏曰嚮也吾見於夫子而問智子曰舉直錯諸枉能使枉者直何謂也子夏曰冨哉是言乎　孔安國曰冨盛也　舜有天下選於衆舉皋陶不仁者遠矣湯有天下選於衆舉伊尹不仁者遠矣　孔安國曰言舜湯有天下選擇於衆

舉皐陶伊尹則不仁者遠矣仁者至矣　子貢問友子曰忠告而以善道之否則止無自辱焉　苞氏曰忠告以是非告之也以善導之不見從則止必言之或見辱也　曾子曰君子以文會友　孔安國曰友以文德合也　以友輔仁　孔安國曰友有相切磋之道所以輔成己之仁也

論語卷第六

論語巻第七　何晏集解

子路第十三　子路孔子弟子也武為三千之標格者也所以次前者武於文故子路次顔淵也

子路問政子曰先之勞之　孔安国曰先導之以德使民信之然後勞之易曰說以使民民忘其勞也　請益曰無倦　孔安国曰子路嫌其少故請益曰無倦者行此上之事無倦則可也

仲弓為季氏宰問政子曰先有司　王肅曰言為政當先任有司而後責其事也　赦小過舉賢才曰焉知賢才而舉之曰舉尓

所知。尓所不知，人其舍諸。孔安国曰：汝所不知者，人將自
舉之，各舉其所知，則賢才无遺也。子路曰：衛君待子而為
政，子將奚先？苞氏曰：問往將何所先行也。子曰：必也正
名乎！馬融曰：正百事之名也。子路曰：有是哉，子之迂
也！奚其正？苞氏曰：迂猶遠也。言孔子之言遠於事也。子曰：野
哉由也！孔安国曰：野猶不達也。君子於其所不知，蓋
闕如也。苞氏曰：君子於其所不知當闕而勿據。今由不知正名之義而謂之
迂遠也。名不正則言不順，言不順則事不成，

事不成則礼樂不興礼樂不興則刑罰不中孔安国曰礼以安上樂以移風二者不行則有淫刑濫罰也刑罰不中則民無所措手足故君子名之必可言也言之必可行也王肅曰所名之事必可得而明言也所言之事必可得而遵行也君子於其言無所苟而已矣樊遲請學稼子曰吾不如老農請學爲圃子曰吾不如老圃馬融曰樹五穀曰稼樹菜蔬曰圃也樊遲出子曰小人哉樊須上好礼則民莫敢不敬

上好義則民莫敢不服上好信則民莫敢不用情孔安國曰情情實也言民化其上各以情實應也夫如是則四方之民襁負其子而至矣焉用稼苞氏曰礼義与信足以成德何用學稼以教民乎負者以器曰襁也子曰誦詩三百授之以政不達使於四方不能專對雖多亦奚以為專猶獨也子曰其身正不令而行其身不正雖令不從令教令也子曰魯衛之政兄弟也苞氏曰魯周公之封衛康叔之封周公康叔既為兄弟康叔睦於

周公其国之政亦如兄弟也 子曰衛公子荊善居室 王肅
曰荊與蘧瑗史鰌並為君子也 始有曰苟合矣少有曰苟
完矣冨有曰苟美矣 子適衛冉子僕 孔安国曰
孔子之衛冉有御也 子曰庶矣哉 孔安国曰庶衆也言衛民衆多也
冉有曰既庶矣又何加焉曰冨之曰既冨
矣又何加焉曰教之 子曰苟有用我者期
月而已可也三年有成 孔安国曰言誠有用我於政事者期
月而可以行其政教必三年乃有成功也 子曰善人為邦百年

亦可以勝殘去殺矣 王肅曰勝殘者勝殘暴之人使不爲惡也去殺者不用刑殺也 誠哉是言也 孔安國曰古有此言誠孔子信也

子曰如有王者必世而後仁 孔安國曰三十年曰世如有受命王者必三十年仁政乃成也

子曰苟正其身矣於從政乎何有不能正其身如正其人何

冉子退朝 周生烈曰謂罷朝於魯君也 子曰何晏也對曰有政 馬融曰政者有所改更匡正也 子曰其事也 馬融曰事者凡所行常事也 如有政雖不吾以吾其與聞之 馬融曰如

有政事非常之事我為大 雖不見任用必當與聞也 夫定公問一言
而可以興邦有諸孔子對曰言不可以若
是其幾也 王肅曰以其大要一言不能正 興國也幾近也有近一言可以興
國 也 人之言曰為君難為臣不易如知為
君難也不幾乎一言而興邦乎 孔安國曰 事不可以
一言而成也知如 此則可近也 曰一言而可以喪邦有
諸孔子對曰言不可以若是其幾也人之
言曰予無樂乎為君唯其言而樂莫予違

也 孔安国曰言无楽於為君所楽者唯楽其言而不見違也 如其善而莫之違也不亦善乎如不善而莫之違也不幾乎一言而喪邦乎 孔安国曰人君所言善无違之者則善也其所言不善而无敢違之者則近一言而喪国也

葉公問政子曰近者悦遠者来

子夏為莒父宰問政 鄭玄曰旧説曰莒父魯下邑也 子曰無欲速毋見小利欲速則不達見小利則大事不成 孔安国曰言事不可以速成而欲其速則不達矣見小利妨大事則大事不成也

葉公語

孔子曰吾黨有直躬者孔安国曰直躬直身而行也其
父攘羊而子證之周生烈曰有因而盜曰攘孔子曰吾
黨之直者異於是父為子隱子為父隱直
在其中矣樊遲問仁子曰居處恭執事敬
與人忠雖之夷狄不可棄也苞氏曰雖之夷狄無禮義
之處猶不可棄去而不行也子貢問曰何如斯可謂之
士矣子曰行己有恥孔安国曰有恥有所不為也使於
四方不辱君命可謂士矣曰敢問其次曰

宗族稱孝焉鄉黨稱悌焉曰敢問其次曰
言必信行必果硜硜然小人哉抑亦可以
爲次矣　鄭玄曰行必果所欲行必敢爲之硜硜者小人之貌也抑亦其次言可以爲次也
曰今之從政者何如子曰噫斗筲
之人何足筭之　鄭玄曰噫心不平之聲筲竹器容斗二升者也筭數也
子曰不得中行而與之必也狂狷乎　苞氏曰中行能得其中者也言不得中行則欲得狂狷者也
狂者進取狷
者有所不爲也　苞氏曰狂者進取於善道狷者守節无爲欲得此二

人者以時多進退取其恒一者也子曰南人有言曰人而無
恒不可以作巫醫孔安國曰南人南國人也鄭玄曰言巫醫不能
治无常之人也善夫苞氏曰善南人之言也不恒其德或承
之羞孔安國曰此易恒卦之辭也言德无常則羞辱承之子曰不占
而已矣鄭玄曰易所以占吉凶也无恒之人易所不占也子曰君
子和而不同小人同而不和君子心和然其所見各異
故曰不同小人所嗜好者同然各爭其利故曰不和也子貢問曰鄉
人皆好之何如子曰未可鄉人皆惡之何

如子曰未可也不如鄉人之善者好之其不善者惡之也孔安国曰善人善己惡人惡己是善善明惡惡著也

子曰君子易事而難說也孔安国曰不責備於一人故易事也說之不以道不說及其使人也器之孔安国曰度才而任官也小人難事而易說ゝ之雖不以道說也及其使人也求備焉

子曰君子泰而不驕小人驕而不泰也君子自縱泰似驕而不驕小人拘忌而實自驕矜也

子曰剛毅木訥近仁王肅曰剛無欲也毅果敢

也、木質朴也、訥遲鈍也 有此四者近於仁也 ○子路問曰何如斯
可謂士矣子曰切切偲偲怡怡如也可謂
士矣朋友切切偲偲兄弟怡怡如也 馬融曰切
切偲偲相切責之貌怡怡和順之貌 ○子曰善人教民七年亦
可以即戎矣 苞氏曰即戎就兵可以攻戰也 ○子曰以不教
民戰是謂棄之 馬融曰言用不習民使之攻戰必破敗是謂棄之也
○憲問第十四 憲者弟子原憲也問者問於孔子進仕之法也所以
次前者顏路既允文允武則學学優者宜仕故憲問次於子路也

憲問恥子曰邦有道穀（孔安国曰穀禄也邦有道當食其禄也）邦無道穀恥也（孔安国曰君无道而在其朝食其禄是恥辱也）

尅伐怨欲不行焉可以為仁矣（馬融曰尅好勝人也伐自伐其功也怨忌小怨也欲貪欲也）子曰可以為難矣仁則吾不知也（苞氏曰此四者行之難者也未足以為仁）

子曰士而懐居不足以為士矣（士當志道不求安而懐其居非士也）

子曰邦有道危言危行（苞氏曰危厲也邦有道可以厲言行也）邦無道危行言遜（遜順也厲行不随俗順言以遠害也）

子曰

有德者必有言德不可以憶中故必有言也有言者不
必有德仁者必有勇勇者不必有仁南宫
适孔安国曰适南宫敬叔魯大夫也問於孔子曰羿善
射奡盪舟孔安国曰羿有窮之君也篡夏后相之位其臣寒浞殺之因其
室而生奡多力能陸地行舟為夏后少康所殺也俱不得其死然
孔安国曰此二子者皆不得以壽終也禹稷躬稼而有天下
夫子不答馬融曰禹盡力於溝洫稷播殖百穀故曰躬稼也禹及其身稷
及後世皆王也适意欲以禹稷比孔子孔子謙故不答也南宫适出子

曰君子哉若人尚德哉若人孔安国曰賤不義而貴有德故曰君子也

○子曰君子不仁者有矣夫未有小人而仁者也孔安国曰雖曰君子猶未能備也

○子曰愛之能勿勞乎忠焉能勿誨乎孔安国曰言人有所愛必欲勞來之有所忠必欲教誨之也

○子曰為命裨諶草創之孔安国曰裨諶鄭大夫名也謀於野則獲謀於国則否鄭国將有諸侯之事則使乘車以適野而謀作盟會之辭也

世叔討論之行人子羽脩飾之東里子產潤色之馬融曰世叔鄭大夫游吉也討治也卑諶

既造謀世叔後治而論之詳而審之也行人掌使之官也子羽公孫揮也子產居東里因以為號也更此四賢而成故鮮有敗事也或問子產子曰惠人也孔安國曰惠愛也子產古之遺愛也問子西曰彼哉彼哉馬融曰子西鄭大夫彼哉彼哉言無足稱也或曰楚令尹子西也問管仲曰人也鄭玄曰猶詩言所謂伊人也奪伯氏駢邑三百飯疏食沒齒無怨言孔安國曰伯氏齊大夫駢邑地名也齒年也伯氏食邑三百家管仲奪之使至疏食而沒齒無怨言以當其理故也子曰貧而無怨難富而無驕易子曰孟公綽為

趙魏老則優不可以為藤薛大夫孔安国曰公綽
魯大夫也趙魏皆晋卿也家臣称老公綽性寡欲趙魏貪賢家老无職故優藤薛小
国大夫職煩故不可為也子路問成人子曰若臧武仲
之智馬融曰魯大夫臧孫紇也公綽之不欲馬融曰魯大夫孟公
綽也卞莊子之勇周生烈曰卞邑大夫也冉求之藝文
之以礼樂孔安国曰加之以礼楽文成也亦可以為成人
矣曰今之成人者何必然見利思義馬融曰義
然後取不苟得也見危授命久要不忘平生之言亦

可以為成人矣 孔安国曰久要舊約也平生猶少時也 ○子問公叔文子於公明賈曰信乎夫子不言不笑不取乎 孔安国曰公叔文子衛大夫公孫拔也文謚也 公明賈對曰以告者過也夫子時然後言人不厭其言也樂然後笑人不厭其笑也義然後取人不厭其取也子曰其然豈其然乎 馬融曰美其得道嫌其不能悉然也 ○子曰臧武仲以防求為後於魯雖曰不要君吾不信也 孔安国曰防武仲故邑也為後立後

也魯襄公二十三年武仲為孟氏所譖出奔邾自邾如防使為以大蔡納請曰紇非敢害也智不足也非敢私請苟守先祀无廢二勲敢不避邑乃立臧為紇致防而奔齊此所謂要君也

子曰晋文公譎而不正

鄭玄曰譎者詐也謂召於天子而使諸侯朝之仲尼曰以臣召君不可以訓故書曰天王狩于河陽是譎而不正也

齊桓公正而不譎

馬融曰伐楚以公義責苞茅之貢不入問昭王南征不還是正而不譎也

子路曰桓公殺公子糾召忽死之管仲不死曰未仁乎

孔安国曰齊襄公立无常鮑叔牙曰君使民慢乱將作矣奉公子小白出奔莒襄公從弟公孫無知

殺襄公管夷吾召忽奉公子糾出奔魯齊人殺無知魯伐齊納子糾小白自莒先入是爲桓公乃殺子糾召忽死之

子曰桓公九合諸侯不以兵車管仲之力也如其仁如其仁

孔安國曰誰如管仲之仁也

子貢曰管仲非仁者與桓公殺公子糾不能死又相之子曰管仲相桓公霸諸侯一匡天下

馬融曰匡正也天子微弱桓公率諸侯以尊周室一匡天下也

民致于今受其賜

受其賜者謂不被髮左衽之惠也

微管仲吾其被髮左衽矣

馬融曰微無也無管仲則君不

君臣不臣皆為夷狄也豈若匹夫匹婦之為諒也自
經於溝瀆而莫之知也王肅曰經經死於溝瀆中也管仲
召忽之於公子糾君臣之義未正成故死未足深嘉不死未足多非死事既難亦在
於過厚故仲尼但美管仲之功亦不言召忽不當死也公叔文子之
臣大夫僎與文子同升諸公諸孔安國曰大夫僎本
文子家臣也薦之使與己並為大夫同升在公朝也子聞之曰可
以為文也矣孔安國曰言行如是可謚為文也子曰衛靈公
之無道久也康子曰夫如是奚而不喪孔

子曰仲叔圉治賓客祝鮀治宗廟王孫賈治軍旅夫如是奚其喪孔安国曰言君雖无道所任者各當其才何爲當亡乎也子曰其言之不怍則其爲之難馬融曰怍慙也内有其實則言之不慙積其實者爲之難也陳成子弑簡公孔子沐浴而朝告於哀公曰陳恒弑其君請討之馬融曰陳成子齊大夫陳恒也將告君故先齋齋必沐浴也公曰告夫三子孔安国曰謂三卿也孔子曰以吾從大夫之後不敢不告也君曰告夫二

三子者馬融曰我於礼當告君不當告二三子君使我往故復往也之二三子告不可孔子曰以吾從大夫之後不敢不告馬融曰孔子由君命之二三子告不可故復以此辭語之而止之也子路問事君子曰勿欺之犯之孔安国曰事君之道義不可欺當能犯顔而諫爭也子曰君子上達小人下達本爲上末爲下也子曰古之學者爲己今之學者爲人孔安国曰爲己履道而行之也爲人徒能言之也蘧伯玉使人於孔子〻〻与之坐而問焉孔安国曰伯玉

衛大夫蘧瑗也曰夫子何爲對曰夫子欲寡其過

而未能也言夫子欲寡其過而未能無過也使者出矣子

曰使乎使乎陳群曰再言使乎善之也言使得其人也子曰不

在其位不謀其政曾子曰君子思不出其

位孔安国曰不越其職也子曰君子恥其言之過其

行也子曰君子道者三我無能焉仁者不

憂智者不惑勇者不懼子貢曰夫子自道

也子貢方人孔安国曰比方人也子曰賜也賢乎我

夫哉我則不暇　孔安國曰不暇比方人也　子曰不患人
不己知患己無能也　王肅曰徒患己之无能也　子曰不
逆詐不億不信抑亦先覺者是賢乎　孔安國曰
先覺人情者是寧能爲賢乎或時反怨人也　微生畝謂孔子曰
丘何爲是栖栖者與无乃爲佞乎　苞氏曰微生姓
也畝名也　孔子對曰非敢爲佞也疾固也　苞氏曰疾
世固陋欲行道以化人之也　子曰驥不稱其力稱其德
也　鄭玄曰德者謂調良之德也　或曰以德報怨何如子

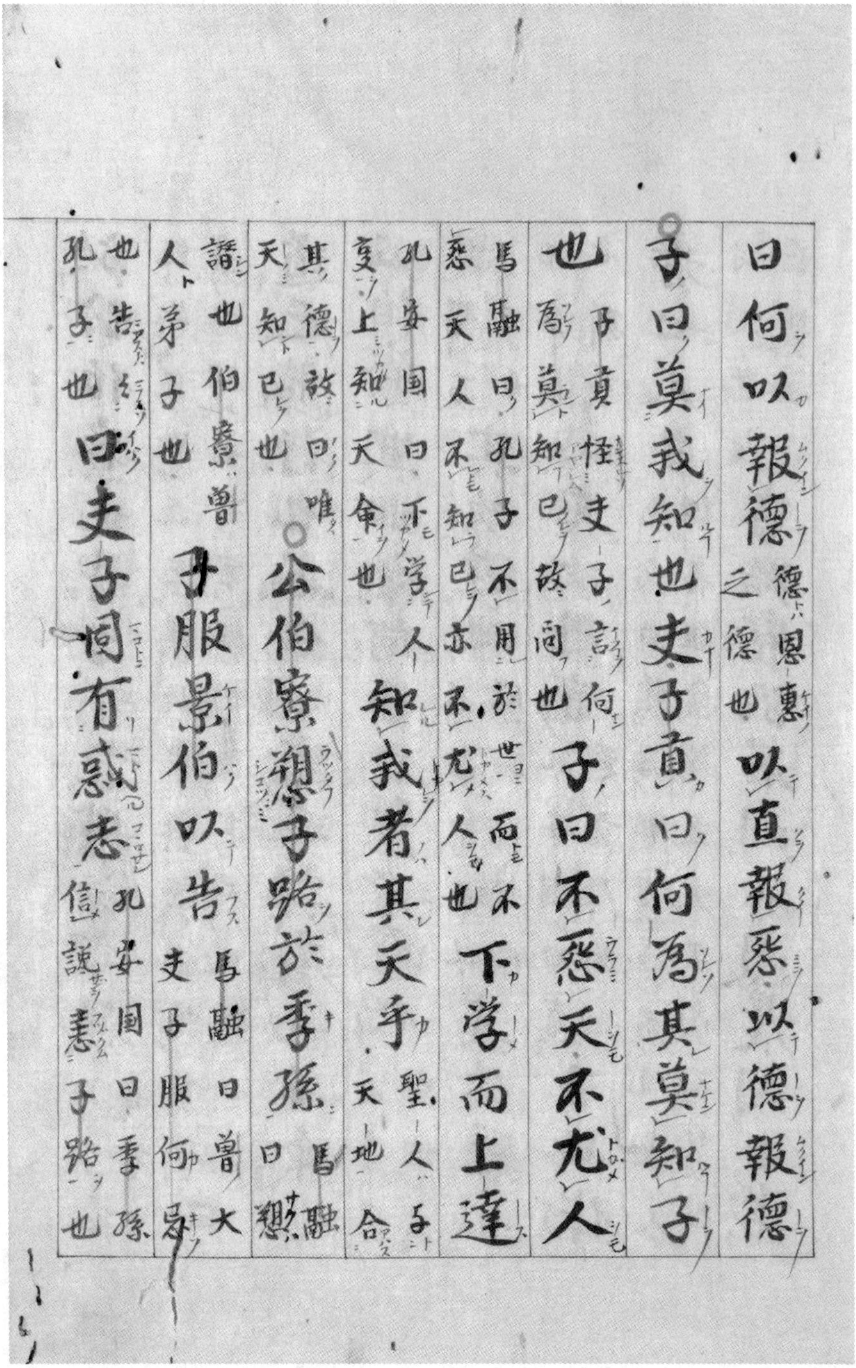

曰何以報德德恩惠之德也以直報怨以德報德
子曰莫我知也夫子貢曰何為其莫知子
也子貢怪夫子言何為莫知已故問也子曰不怨天不尤人
馬融曰孔子不用於世而不怨天人不知已亦不尤人也下學而上達
孔安国曰下學人事上知天命也知我者其天乎聖人与天地合
其德故曰唯天知已也公伯寮愬子路於季孫馬融曰愬
譖也伯寮魯人弟子也子服景伯以告馬融曰魯大夫子服何忌
也告〻孔子也曰夫子固有惑志孔安国曰季孫信讒恚子路也

於公伯寮也吾力猶能肆諸市朝鄭玄曰吾勢力
猶能辨子路之无罪於季孫使之誅伯寮而肆之也有罪既刑陳其尸曰肆也子曰
道之將行也与命也道之將廢也与命也
公伯寮其如命何子曰賢者避世孔安国曰世主
莫得而臣之也其次避地馬融曰去乱国適治邦也其次避色
孔安国曰色斯挙也其次避言孔安国曰有悪言乃去也子曰作
者七人矣苞氏曰作為也為之者凡七人謂長沮桀溺丈人石门荷蕢儀
封人楚狂接輿也子路宿於石门石门晨门曰奚

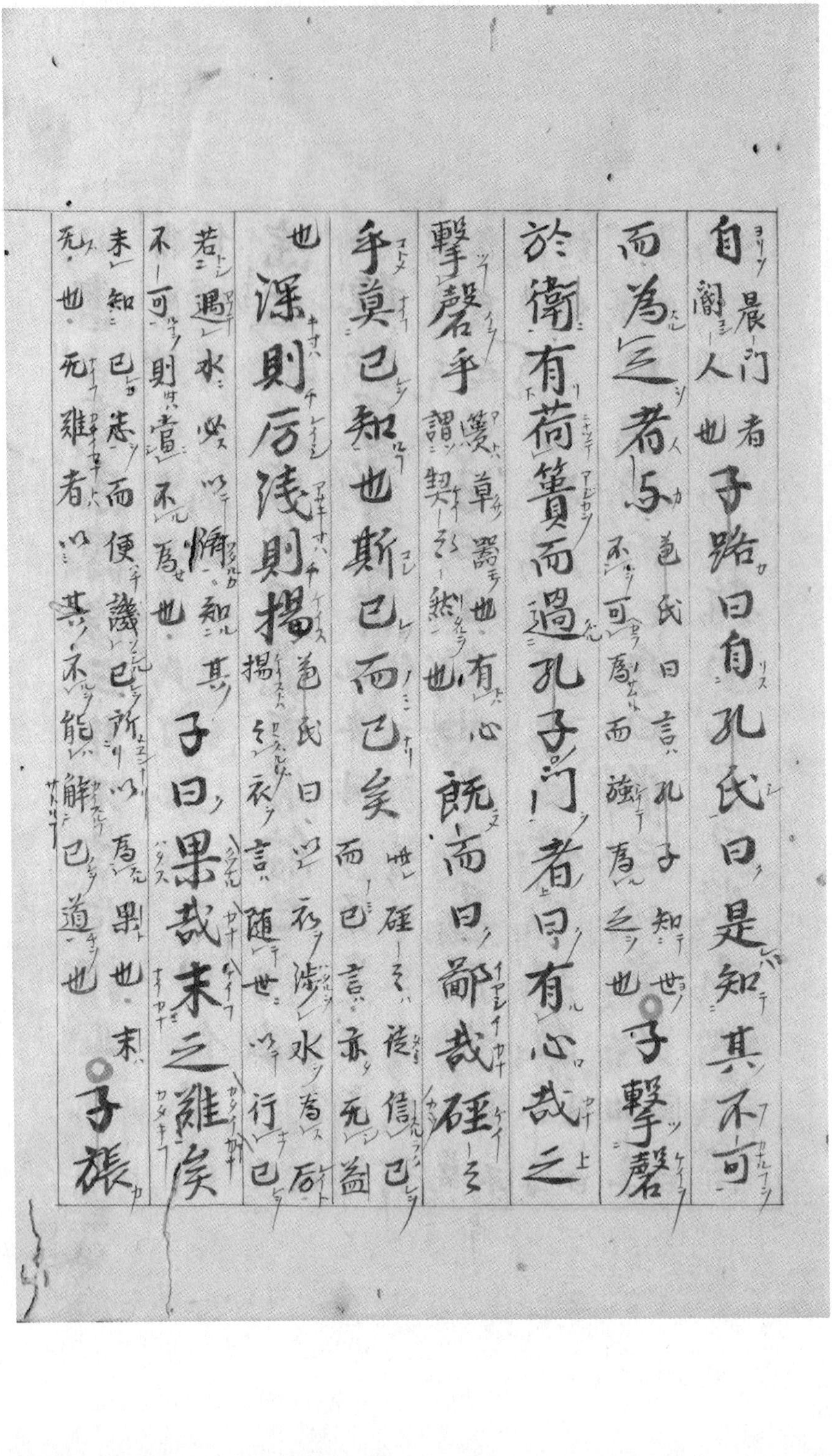
自晨门者閽人也子路曰自孔氏曰是知其不可
而為之者與苞氏曰言孔子知世不可為而強為之也子擊磬
於衛有荷蕢而過孔子门者曰有心哉之
擊磬乎蕢草器也有心謂契契然也既而曰鄙哉硜硜
乎莫己知也斯己而已矣此硜硜者徒信己而已言亦无益
也深則厲淺則揭苞氏曰以衣涉水為厲揭揭衣也言隨世以行己
若遇水必以濟知其不可則當不為也子曰果哉末之難矣
未知己志而便譏己所以為果也末无也
无難者以其不能解己道也子張

曰書曰高宗諒陰三年不言何謂也　孔安国曰
高宗殷之中興王武丁也諒
信也陰猶默也　子曰何必高
宗古之人皆然君薨百官總己　馬融曰己　百官也
以聽於冢宰三年　孔安国曰冢宰天官卿佐王治者也三年喪畢
然後王自聽政之也　子曰上好礼則民易使也　民莫敢不
敬故易使也　子路問君子子曰修己以敬　孔安国曰
敬其身也　曰如斯而已乎曰修己以安人　孔安国曰
人謂朋友九族也　曰如斯而已乎曰修己以安百

姓脩己以安百姓堯舜其猶病諸 孔安國曰病猶難也

原壤夷俟 馬融曰原壤魯人孔子故舊夷踞也俟待也踞待孔子也

子曰幼而不遜悌長而無述焉老而不死是爲賊 賊爲賊害也

以杖叩其脛 孔安國曰叩擊也脛脚脛也

闕黨童子將命矣 馬融曰闕黨之童子將命者傳賓主之語出入也

或問之曰益者與子曰吾見其居於位 童子偶坐無位成人乃有位也 見其與先生並行非求益者也欲速成者也 包氏曰先生成人也並行不差在後也

也達礼歟速成人者也
則非求益者也

論語巻第七

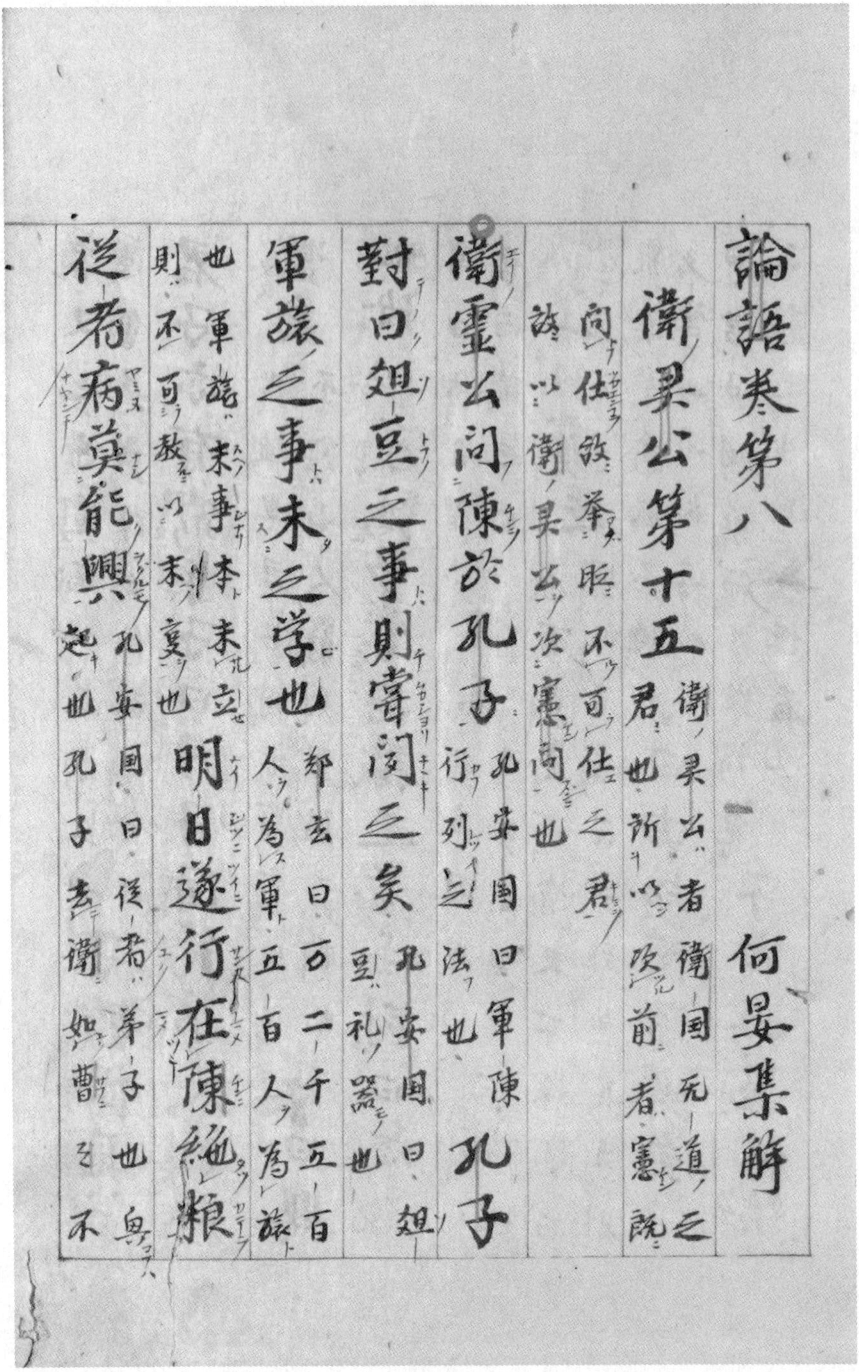
論語卷第八　何晏集解

衛靈公第十五　衛靈公者衛國无道之君也所以次前者憲既問仕故舉時不可仕之君故以衛靈公次憲問也

衛靈公問陳於孔子　孔安國曰軍陳行列之法也

對曰俎豆之事則嘗聞之矣　孔安國曰俎豆禮器也

軍旅之事未之學也　鄭玄曰万二千五百人為軍五百人為旅也軍旅末事本未立則不可教以末事也

明日遂行在陳絕粮

從者病莫能興　孔安國曰從者弟子也興起也孔子去衛如曹曹不

容又之宋遭匡人之難又之陳會呉伐陳〻乱故乏食也　子路慍見曰
君子亦有窮乎子曰君子固窮小人窮斯
濫矣　濫溢也君子固亦有窮時但不如小人窮則濫溢為非也　子曰賜
也汝以予為多学而識之者与對曰然　孔安
國曰然者謂多学而識之也　非与　孔安國曰問今不然也　曰非也
予一以貫之　善有元事有會天下殊塗而同歸百慮而一致知其元則
衆善舉矣故不待多学一以知之也　子曰由知德者鮮矣　王肅
曰君子固窮而子路慍見故謂之少於知德者也　子曰無為而治

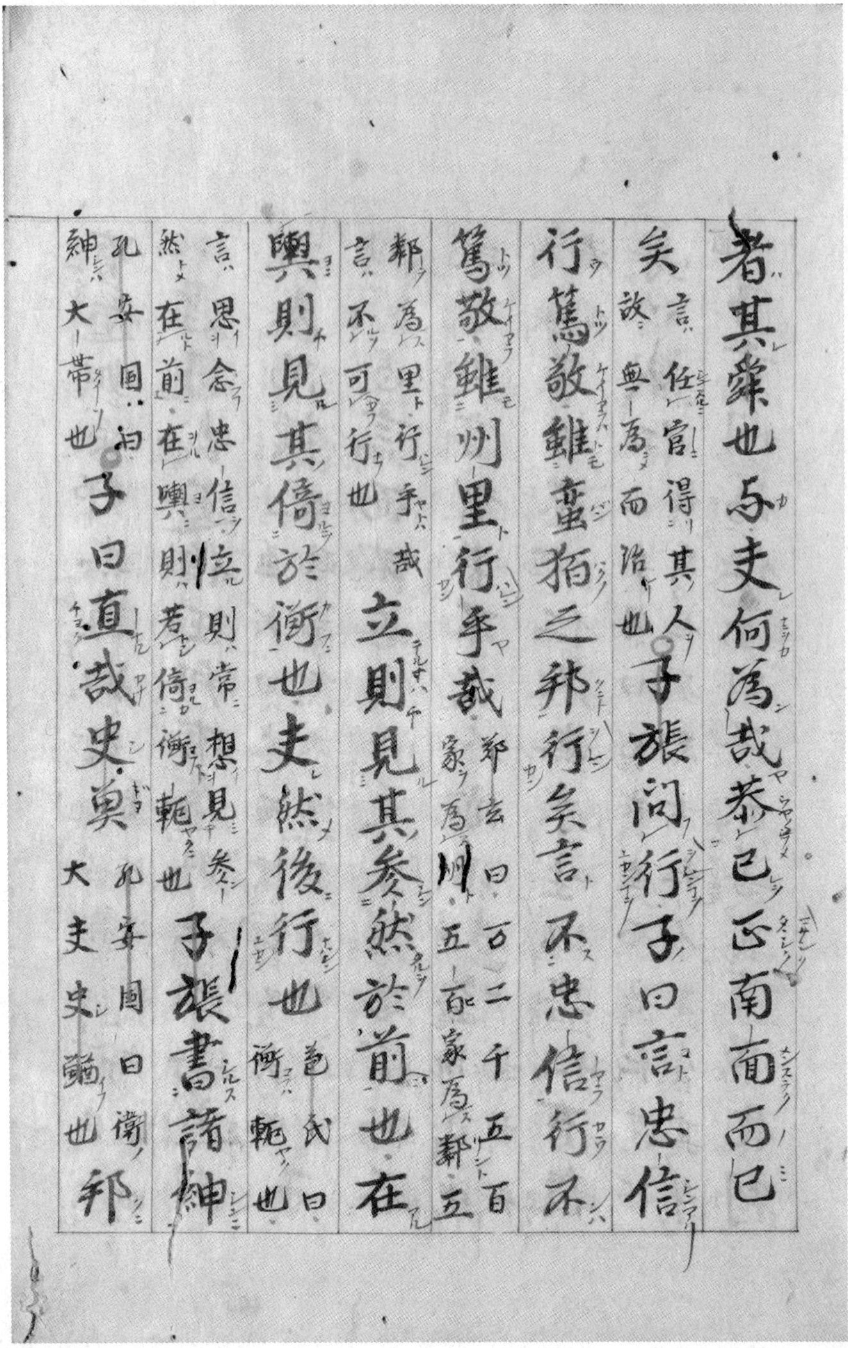

者其舜也與夫何爲哉恭己正南面而已矣言任官得其人故無爲而治也子張問行子曰言忠信行篤敬雖蠻貊之邦行矣言不忠信行不篤敬雖州里行乎哉鄭玄曰萬二千五百家爲州五百家爲鄰五鄰爲里行乎哉言不可行也立則見其參然於前也在輿則見其倚於衡也夫然後行也苞氏曰衡軛也言思念忠信立則常想見參然在前在輿則若倚衡軛也子張書諸紳孔安國曰紳大帶也子曰直哉史魚孔安國曰衛大夫史䲡也邦

有道如矢邦無道如矢孔安国曰有道无道行直如矢不曲
也君子哉遽伯玉邦有道則仕邦無道則
可巻而懐之苞氏曰巻而懐謂不与時政柔順不忤於人也子
曰可与言而不与言失人不可与言而与
之言失言智者不失人亦不失言所言皆是設死
所失者也○子曰志士仁人無求生以害仁有殺
身以成仁孔安国曰死求生而害仁死而後成仁則志士仁人不愛其身
也○子貢問為仁子曰工欲善其事必先利

其器居是邦也事其大夫之賢者友其士之仁者也（孔安国曰言工以利器為喩人以賢友為助也）顔淵問為邦子曰行夏之時（据見万物之生以為四時之始取其易知也）乘殷之輅（馬融曰殷車曰大輅左伝曰大輅越席昭其倹也）服周之冕（包氏曰冕礼冠也周之礼文而備取其黈纊塞耳不任視聴也）樂則韶舞（韶舜楽也尽善尽美故取之也）放鄭声遠佞人鄭声淫佞人殆（孔安国曰鄭声佞人亦倶能感人心与雅楽賢人同而使人淫乱危殆故当放遠之也）子曰人而無遠慮必有

鄭声

近憂 王肅曰君子當思慮而預防也 子曰已矣吾未見好
德如好色者也 子曰臧文仲其竊位者與
知柳下惠之賢而不與立也 孔安國曰柳下惠展禽也
知其賢而不舉爲竊位也 子曰躬自厚而薄責於人則
遠怨矣 孔安國曰自責己厚責人薄所以遠怨咎也 子曰不曰
如之何 孔安國曰不曰如之何者猶言不曰柰是何也 如之何者
吾末如之何也已矣 孔安國曰如之何者言禍難已成吾亦无如之何也
如之何也 子曰群居終日言不及義好行小慧

難矣哉鄭玄曰小惠謂小小之才智也難矣哉言終無成功也子曰君
子義以為質禮以行之遜以出之信以成
之君子哉鄭玄曰義以為質謂操行也遜以出之謂言語也子曰
君子病無能焉不病人之不己知也苞氏曰君
子之人但病無聖人之道不病人不知己也子曰君子疾沒世
而名不稱焉疾猶病也子曰君子求諸己小人
求諸人君子責己小人責人也子曰君子矜而不爭
苞氏曰矜矜莊也群而不黨孔安國曰黨助也君子雖眾不相私助義之与

也子曰君子不以言舉人苞氏曰有言者不必有德故不可以言舉人也不以人廢言王肅曰不可以无德而廢善言也子貢問曰有一言而可以終身行者乎子曰其恕乎己所不欲勿施於人也子曰吾之於人誰毀誰譽如有可譽者其有所試矣苞氏曰所譽輒試事不空譽而已矣斯民也三代之所以直道而行也馬融曰三代夏殷周也用民如此无所阿私所以云直道而行也子曰吾猶及史之闕文也苞氏曰古之史

於書字有疑則闕之以待知者也　有馬者借人乘之今則
亡矣夫　包氏曰有馬者不能調良則借人使乘習之孔子自謂及見其人如
此至今无有矣言者以俗多穿鑿也　子曰巧言亂德小不
忍則亂大謀之也　孔安國曰巧言利口亂德義小不忍則亂大謀
之也　子曰衆惡之必察焉衆好之必察焉　王肅
曰或衆阿黨比周或其人特立不群故好惡不可不察也　子曰人能弘
道非道弘人也　材大者道隨大材小者道隨小故不能弘人也　子
曰過而不改是謂過矣子曰吾嘗終日不

食終夜不寢以思無益不如学也子曰君
子謀道不謀食耕也餒在其中矣学也禄
在其中矣君子憂道不憂貧鄭玄曰餒餓也言人雖念
耕而不学故飢餓学則得禄雖不耕而不飢餓之勸人学也子曰智
及之仁不能守之雖得之必失之包氏曰智能及
治其官而仁不能守雖得之必失之也智及。仁能守之不之
莊以蒞之則民不敬包氏曰不嚴以臨之則民不敬従其上也
智及之仁能守之莊以蒞之動之不以礼

未善也　王肅曰動必以礼然後善也　○子曰君子不可小
知而可大受也小人不可大受而可小知
也　君子之道深遠不可以小了知而可大受小人之道淺近可以小了知而不可
大受也　○子曰民之於仁甚於水火　馬融曰水火与仁皆
民所仰而生者也仁最為甚也　水火吾見蹈而死者矣
未見蹈仁而死者也　馬融曰蹈水火或時殺人蹈仁未甞殺人
者也　○子曰當仁不讓於師　孔安國曰當行仁之事不復讓於師
行仁急也　○子曰君子貞而不諒　孔安國曰貞正也諒信也君子

之人正其道耳
言不必有信也　子曰事君敬其事而後其
食　孔安国曰先尽力而後食禄也　子曰有教無類　馬融曰言人在
見教無有
種類也　子曰道不同不相為謀　子曰辞
達而已矣　孔安国曰凡事莫過於実也辞
達則足矣不煩文艶之辞也
師冕見　孔安国曰師楽人
盲者也名冕也　及階子曰階也
及席子曰席也皆坐子告之曰某在斯某
在斯　孔安国曰歴告以坐中
人姓字及所在処也　師冕出子張
問曰与師言之道与　子曰然固相師之道

也 馬融曰相導也

季氏第十六 季氏者魯國上卿豪強僭濫者也所以次前者既明君惡故拟臣國故以季氏次衛靈公也

季氏將伐顓臾冉有季路見於孔子曰季氏將有事於顓臾 孔安國曰顓臾宓犧之後風姓之國本魯之附庸當時臣屬魯季氏貪其地欲滅而有之冉有與季路爲季氏臣來告孔子也

孔子曰求無乃尒是過與 孔安國曰冉求爲季氏宰相其室爲之聚斂故孔子獨疑求教也

夫顓臾昔者先王以爲

東蒙主孔安国曰使主祭蒙山也且在邦域之中矣孔安
国曰魯七百里之邦顓臾為附庸在其域中也是社稷之臣也何
以為伐也孔安国曰已屬魯為社稷之臣何用滅之為也冉有曰
夫子欲之吾二臣者皆不欲也孔安国曰歸咎於季
氏也孔子曰求周任有言曰陳力就列不能
者止馬融曰周任古之良史也言當陳其才力度己所任以就其位不能則當
止也危而不持顛而不扶則將焉用彼相矣
包氏曰言輔相人者當能持危扶顛若不能何用相為也且爾言過矣

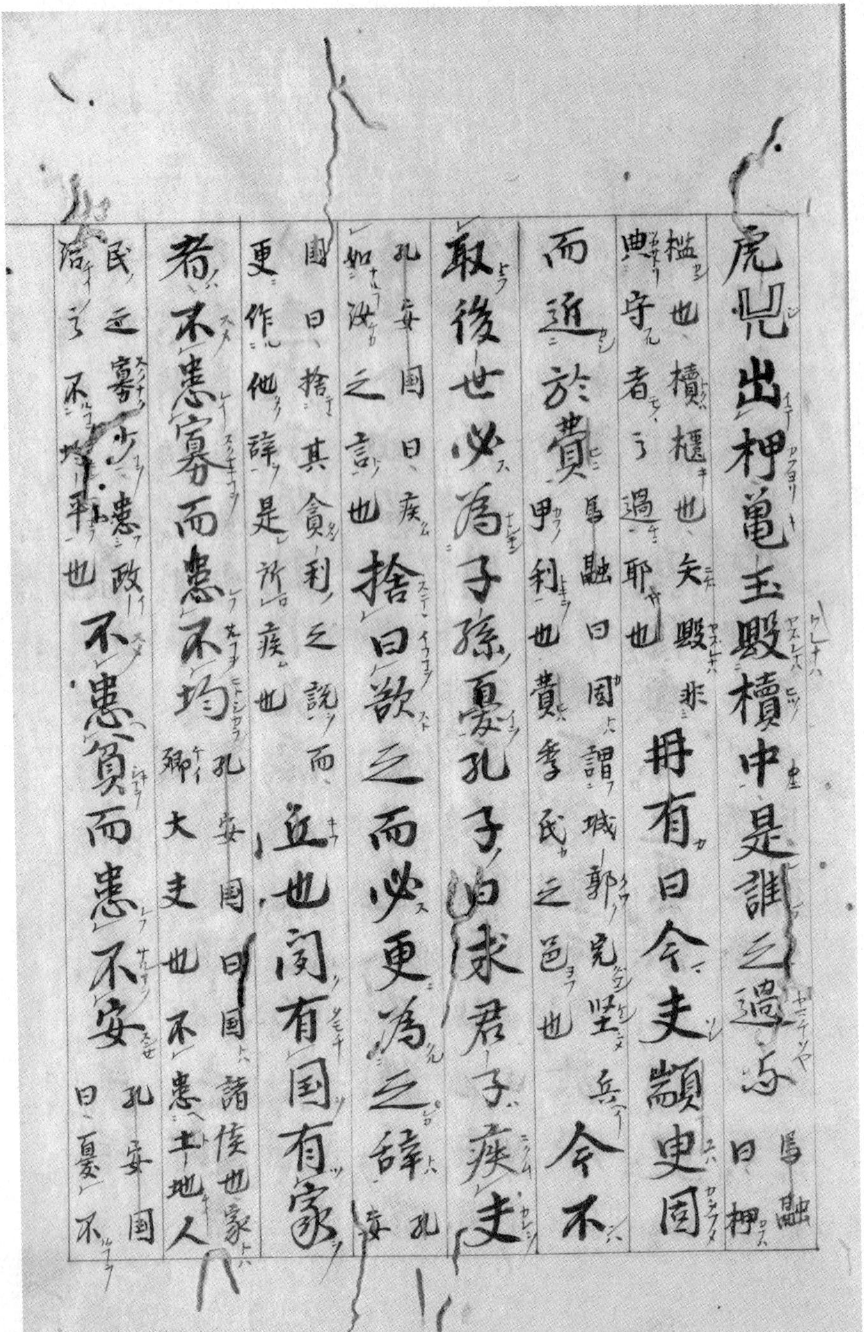

虎兕出柙亀玉毀櫝中是誰之過与 馬融曰柙檻也櫝櫃也失毀非典守者之過耶也 冉有曰今夫顓臾固而近於費 馬融曰固謂城郭完堅兵甲利也費季氏之邑也 今不取後世必為子孫憂 孔子曰求君子疾夫 孔安国曰疾如汝之言也 捨曰欲之而必更為之辭 孔安国曰捨其貪利之説而更作他辞是所疾也 丘也聞有国有家者不患寡而患不均 孔安国曰国諸侯也家卿大夫也不患土地人民之寡少患政治之不平也 不患貧而患不安 孔安国曰憂不

能安民所民安則国富也　蓋均無貧和無寡安無傾　邑民曰政教均平則不患貧矣上下和同不患寡矣小大安寧不傾危也　夫如是故遠人不服則脩文德以来之既来之則安之今由与求也相夫子遠人不服而不能来也邦分崩離析而不能守也　孔安国曰民有異心曰分欲去曰崩不可會聚曰離析也　而謀動干戈於邦内　孔安国曰干楯也戈戟也　吾恐季孫之憂不在顓臾而在蕭牆之内也　鄭玄曰蕭之言肅也蕭牆謂屏君臣相見之礼至屏

而加肅敬焉是以謂之蕭牆後季氏家臣陽虎果囚季桓子也 孔子曰天下有道則礼樂征伐自天子出天下無道則礼樂征伐自諸侯出自諸侯出蓋十世希不失矣 孔安国曰希少也周幽王為犬戎所殺平王東遷周始微弱諸侯自作礼樂專行征伐始於隱公至昭公十世失政死乾侯 自大夫出五世希不失矣 孔安国曰季文子初得政至桓子五世為家臣陽虎所囚也 陪臣執国命三世希不失矣 馬融曰陪重也謂家臣也陽氏為季氏家臣至虎三世而出奔齊也 天下有道則政

不在大夫 孔安國曰制之由君也 天下有道則庶人
不議 孔安國曰無所非議也 孔子曰祿之去公室五
世矣 鄭玄曰言此之時魯定公之初也魯自東門襄仲殺文公之子赤而立宣
公於是政在大夫爵祿不從君出至定公為五世矣 政逮於大夫四
世矣 鄭玄曰文子武子悼子平子也 故夫三桓之子孫微
矣 孔安國曰三桓者謂仲孫叔孫季孫也三卿皆出桓公故曰三桓也仲孫氏改
其氏稱孟氏至哀公皆衰也 孔子曰益者三友損者三
友友直友諒友多聞益矣友便辟 馬融曰便辟巧

避人所忌以求容媚者也友善柔馬融曰面柔者也友便佞損
矣鄭玄曰便辯也謂佞而辯也孔子曰益者三樂損者
三樂樂節禮樂動靜得於禮樂之節也樂道人之善
樂多賢友益矣樂驕樂孔安国曰恃尊貴自恣也樂
佚遊王肅曰佚遊出入不知節也樂宴樂損也孔安国曰宴樂
沈荒淫瀆也三者自損之道也孔子曰侍於君子有三愆
孔安国曰愆過也言未及之而言謂之躁鄭玄曰躁不安
靜也言及之而不言謂之隱孔安国曰隱匿不盡情實也

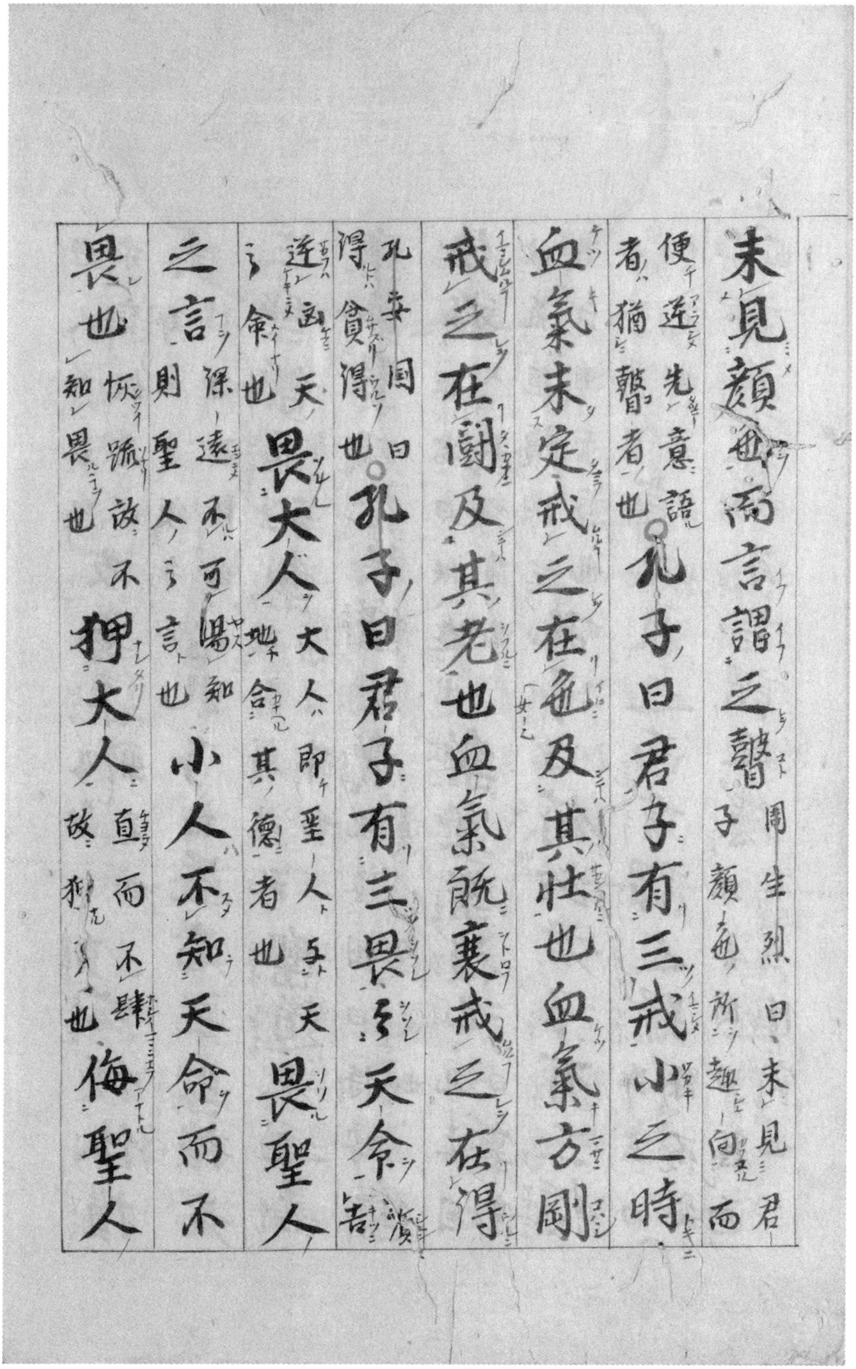

未見顔色而言謂之瞽　周生烈曰未見君子顔色所趣向而
便逆先意語者猶瞽者也　孔子曰君子有三戒少之時
血氣未定戒之在色及其壯也血氣方剛
戒之在闘及其老也血氣既衰戒之在得
孔安國曰得貪得也　孔子曰君子有三畏畏天命　順吉
逆凶天之命也　畏大人　大人即聖人与天地合其德者也　畏聖人
之言　深遠不可易知則聖人之言也　小人不知天命而不
畏也　恢疏故不知畏也　狎大人　直而不肆故狎之也　侮聖人

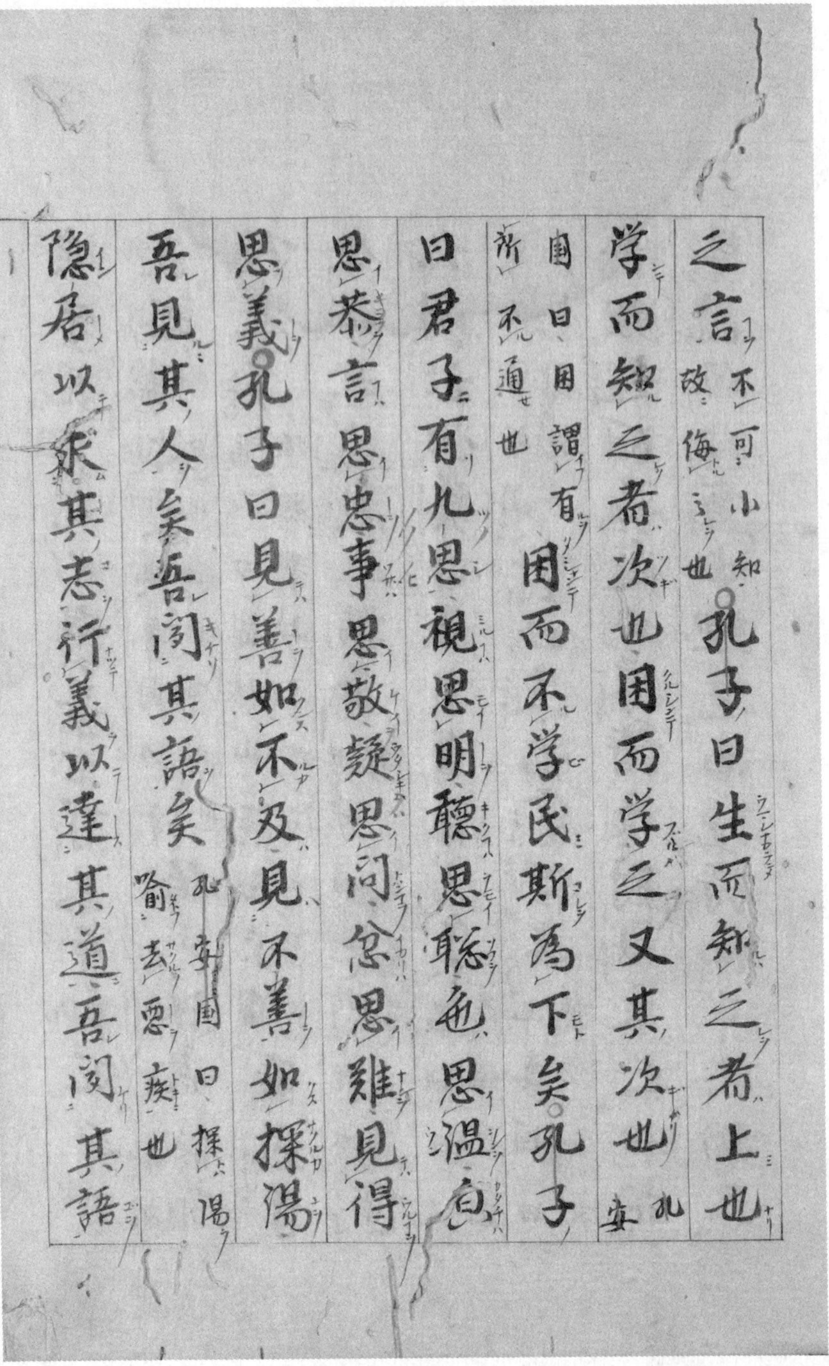
之言不可小知故悔之也孔子曰生而知之者上也
学而知之者次也困而学之又其次也孔安
國曰困謂有所不通也困而不学民斯為下矣孔子
曰君子有九思視思明聽思聰色思溫貌
思恭言思忠事思敬疑思問忿思難見得
思義孔子曰見善如不及見不善如探湯
孔安國曰探湯喻去惡疾也吾見其人矣吾聞其語矣
隱居以求其志行義以達其道吾聞其語

矣未見其人也齊景公有馬千駟死之日
民無得稱焉 孔安国曰千駟四千匹也 伯夷叔齊餓首
陽之下 馬融曰首陽山在河東蒲坂縣華山之北河曲之中 民致于
今稱之其斯之謂与 王肅曰此所謂以徳爲稱者也 ○陳
亢問於伯魚曰子亦有異聞乎 馬融曰以爲伯魚孔
子之子所聞當有異也 對曰未也嘗獨立 孔安国曰独立謂孔
子也 鯉趨而過庭曰学詩乎對曰未之曰不
学詩無以言也鯉退而学詩他日又獨立

鯉趨而過庭曰学礼乎對曰未也不学礼
無以立鯉退而学礼聞斯二者矣陳亢退
而喜曰問一得三聞詩聞礼又聞君子之
遠其子也○邦君之妻君稱之曰夫人夫人
自稱曰小童邦人稱之曰君夫人稱諸異
邦曰寡小君異邦人稱之亦曰君夫人也
孔安国曰小君君夫人之稱也對異邦謙
故曰寡小君當此之時諸侯嫡妾不正稱
号不審故孔子
正言其礼也

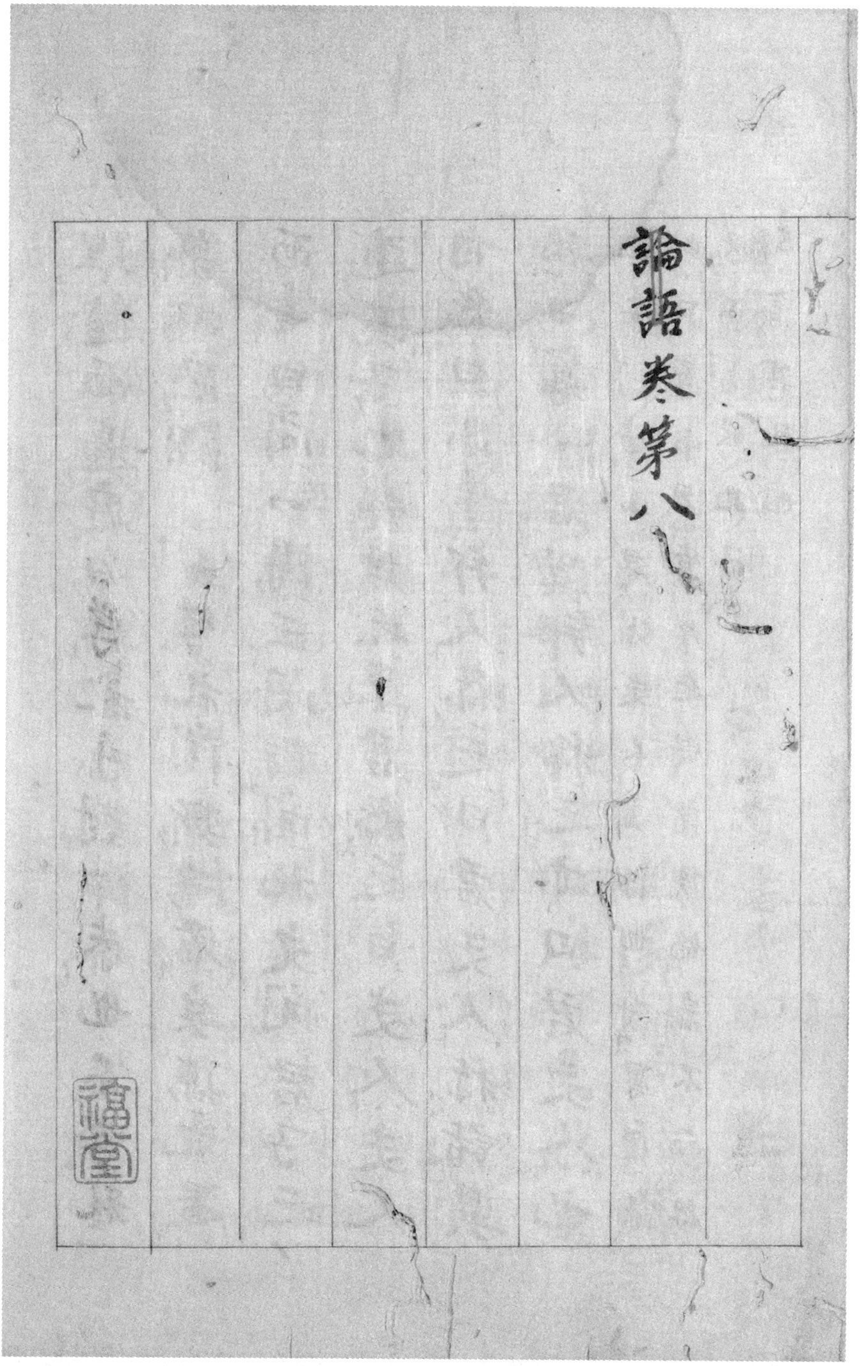

論語卷第八

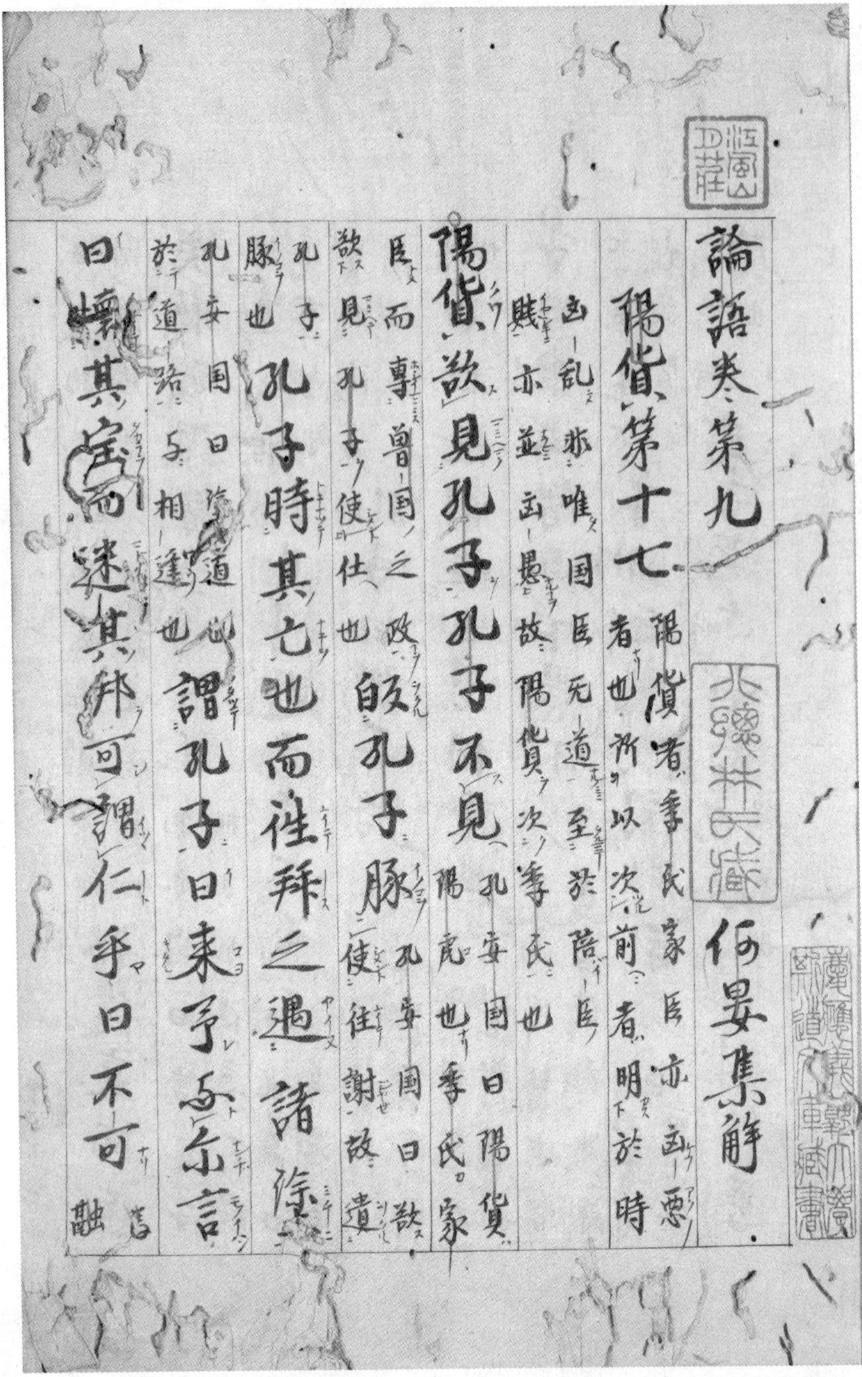

論語卷第九　何晏集解

陽貨第十七　陽貨者季氏家臣亦凶惡者也所以次前者明於時凶亂亦唯国臣无道至於陪臣賤亦並凶愚故陽貨次季氏也

陽貨欲見孔子孔子不見　孔安国曰陽貨陽虎也季氏家臣而專魯国之政欲見孔子使仕也　歸孔子豚　孔安国曰欲使往謝故遺孔子豚也　孔子時其亡也而往拜之遇諸塗　孔安国曰塗道也於道路与相逢也　謂孔子曰來予与爾言曰懷其寶而迷其邦可謂仁乎曰不可　馬融

曰言孔子不仕是懷寶也知國不治而不爲政是迷國也好從事而亟

失時可謂智乎曰不可孔安國曰言孔子棲棲好從事而數不遇失時不爲有智也日月逝矣歲不我與馬融曰年老歲月已往當急仕也孔子曰諾吾將仕矣孔安國曰以順辭免害也

子曰性相近也習相遠也孔安國曰君子慎所習也

子曰唯上智與下愚不移孔安國曰上智不可使強爲惡下愚不可使強賢也

子曰游之之武城聞絃歌之聲孔安國曰子游爲武城宰也夫子莞爾而笑莞爾小笑皃也曰割雞焉

用牛刀（孔安国曰言治小何須用大道也）子游對曰昔者偃也聞諸夫子曰君子学道則愛人小人学道則易使也（孔安国曰道謂礼楽也楽以和人〻和則易使也）子曰二三子（孔安国曰従行者也）偃之言是也前言戲之耳（孔安国曰戲以治小而用大道也）公山不擾以費畔召子欲往（孔安国曰不擾為季氏宰与陽虎共執季桓子而召孔子也）子路不悅曰末之也已何必公山氏之之也（孔安国曰之適也無可之則止焉何必公山氏之適者也）子曰夫

召我者而豈徒哉如有用我者吾其為東
周乎（興周道於東方 故曰為東周也）子張問仁於孔子孔
子對曰能行五者於天下為仁矣請問之
曰恭寛信敏恵恭則不侮（孔安国曰不 見侮慢也）寛
則得衆信則人任焉敏則有功（孔安国曰 応事疾則
多成 功也）恵則足以使人佛肸召子欲往（孔安 国曰
晉大夫趙簡子 之邑宰也）子路曰昔者由也聞諸夫
子曰親於其身為不善者君子不入也（孔 安

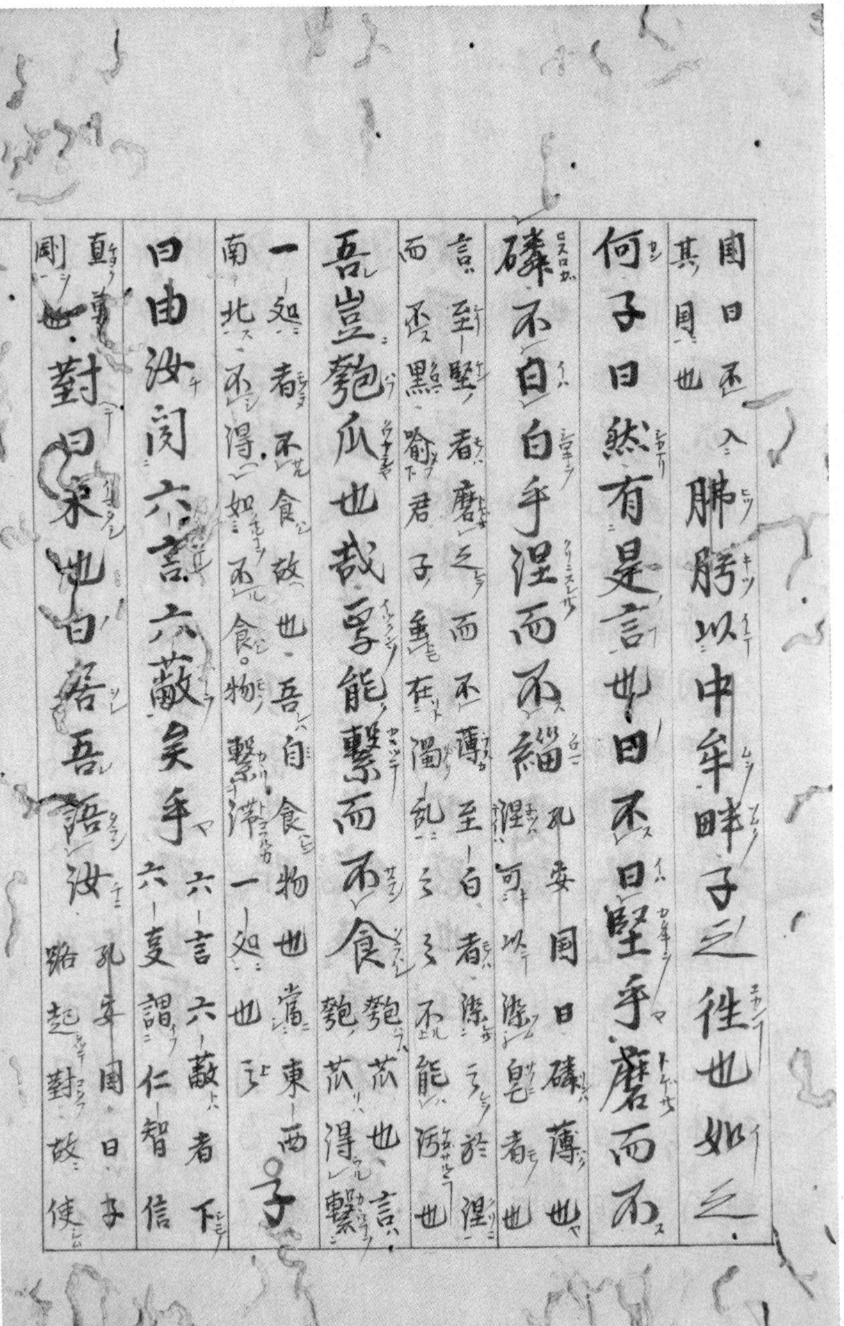

國曰不入其國也 佛肸以中牟畔子之往也如之
何子曰然有是言也曰不曰堅乎磨而不
磷不曰白乎涅而不緇 孔安國曰磷薄也涅可以染皂者也
言至堅者磨之而不薄至白者染之於涅而不黑喻君子雖在濁亂ゝゝ不能污也
吾豈匏瓜也哉焉能繫而不食 匏苽也言匏苽得繫
一處者不食故也吾自食物也當東西南北不得如不食物繫滯一處也 子
曰由汝聞六言六蔽矣乎 六言六蔽者下六事謂仁智信
直勇剛也 對曰未也曰居吾語汝 孔安國曰子路起對故使

還坐也　好仁不好学其蔽也愚　孔安国曰仁者愛物不知所以裁之則愚也

好智不好学其蔽也蕩　孔安国曰蕩無所適守也

好信不好学其蔽也賊　孔安国曰父子不知相為隠之輩也

好直不好学其蔽也絞　好勇不好学其蔽也乱　好剛不好学其蔽也狂　孔安国曰狂妄抵觸人也

子曰小子何莫学夫詩　苞氏曰小子門人也

詩可以興　孔安国曰興引譬連類也　可以観　苞氏曰観風俗之盛衰也

可以群　孔安国曰群居相切磋也　可以怨　孔安国曰怨刺

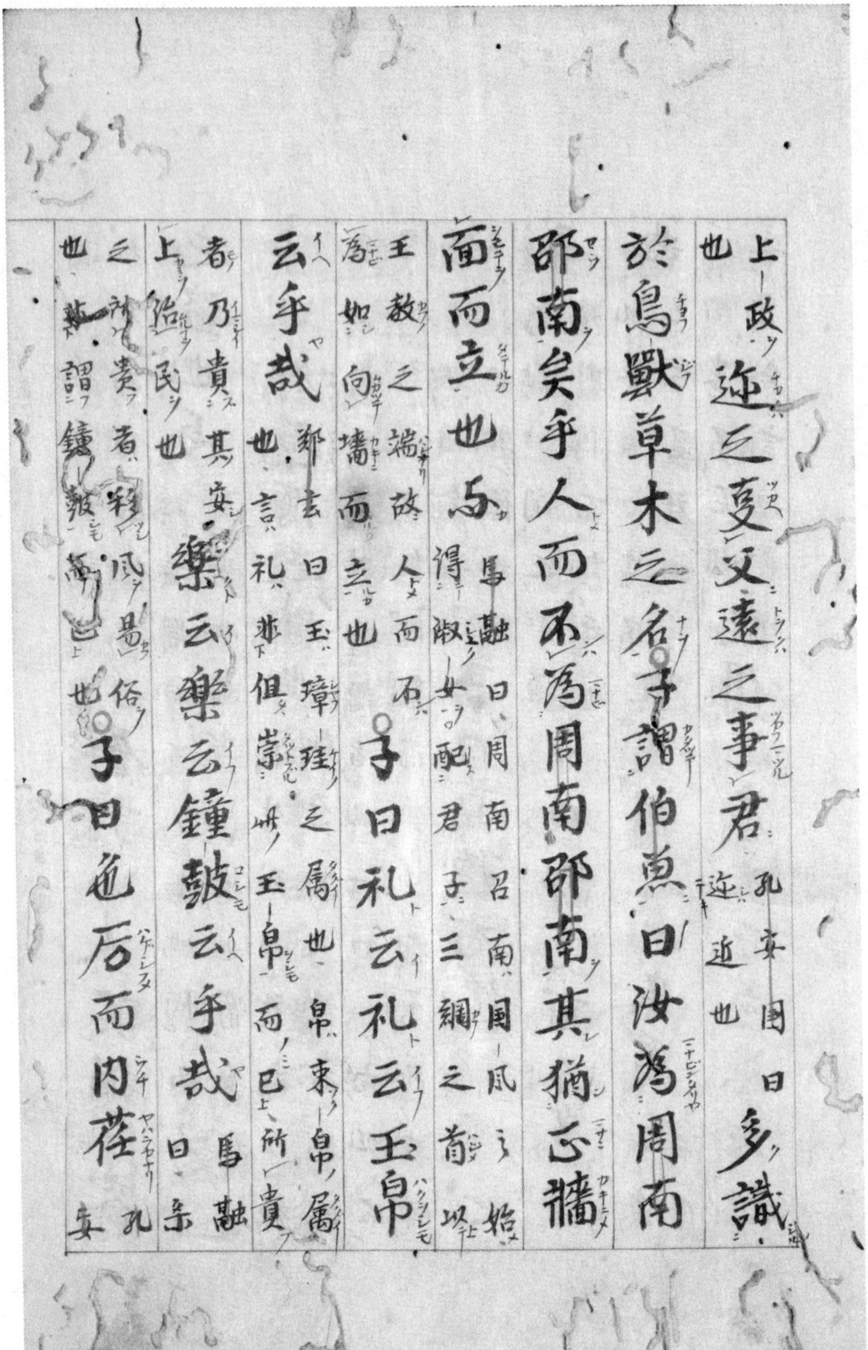
上政也迩之事父遠之事君孔安国曰迩近也多識
於鳥獸草木之名子謂伯魚曰汝為周南
邵南矣乎人而不為周南邵南其猶正牆
面而立也与馬融曰周南召南国風之始得淑女配君子三綱之首以
王教之端故人而不為如向牆而立也子曰礼云礼云玉帛
云乎哉鄭玄曰玉璋珪之属也帛束帛之属也言礼非但崇此玉帛而已所貴
者乃貴其安上治民也樂云樂云鐘鼓云乎哉馬融曰楽
之所貴者移風易俗也非謂鐘鼓而已也子曰色厲而内荏孔安

国曰荏柔也、謂矜厲而内柔佞者也辟諸小人其猶穿窬
之盜也与孔安国曰為人如此、猶小人之有盜心也穿穿壁也窬窬墻也
子曰郷原徳之賊也周生烈曰所至之郷、輙原其人情而為己
意以待之是賊乱徳者也一曰郷向也古
字同謂人不能剛毅而見人輙原其趣
向容媚而合之、言此所以賊徳也子曰道聽而塗説徳之
弃馬融曰聞之於道路則傳而説之也子曰鄙夫可与事君
哉孔安国曰言不可与事君也其未得之也患得之患得
之者患不能得之楚俗言也既得之患失之苟患失之

無所不至矣 鄭玄曰无所不至者言鄙媚无所不為也 子曰古
者民有三疾今也或是之亡也 苞氏曰言古者民疾
与今時異也 古之狂也肆 苞氏曰肆極意敢言也 今之狂
也蕩 孔安國曰蕩无所據也 古之矜也廉 馬融曰有廉隅也
今之矜也忿戾也 孔安國曰惡理多怒也 古之愚也
直今之愚也詐而已矣 子曰惡紫之奪朱
也 孔安國曰朱正色紫間色好者惡其邪好而奪正色也 惡鄭聲之
亂雅樂也 苞氏曰鄭聲淫聲之哀者惡其奪雅樂也 惡利口

之覆邦家也孔安國曰利口之人多言少實苟能悅媚時君傾覆其國家也○子曰予欲無言子貢曰子如不言則小子何述焉言之爲益少故欲無言也子曰天何言哉四時行焉百物生焉天何言哉○孺悲欲見孔子孔子辭之以疾將命者出戶取瑟而歌使之聞之孺悲魯人也孔子不欲見故辭之以疾爲其將命者不知已故歌令將命者悟所以令孺悲思也○宰我問三年之喪期已久矣君子三年不爲禮禮必壞三年不爲樂

樂必崩舊穀既没新穀既升鑽燧改火期
可已矣　馬融曰周書月令有更火春取榆
柳之火夏取棗杏之火季夏取桑
柘之火秋取柞楢之火冬取槐檀之火
一年之中鑽火各異木故曰改火也　子曰
食夫稻也衣夫錦也於汝安乎曰安　曰汝
安則為之夫君子之居喪食旨不甘聞樂
不樂居處不安故不為也今汝安則為之
孔安國曰旨美也責其无仁恩於親故再言汝安為之　宰我出子曰
予之不仁也子生三秊然後免於父母之

懷馬融曰子生未三歳爲父母所懷抱也夫三年之喪天下

通喪也孔安國曰自天子達庶人也予也有三年之愛

於其父母乎孔安國曰言子之於父母欲報之德昊天無極而予也有

三年之愛乎○子曰飽食終日無所用心難矣哉

不有博奕者乎爲之猶賢乎已馬融曰爲其無所據

樂善生淫欲○子曰君子尚勇乎子曰君子義路

以爲上君子有勇而無義爲亂小人有勇

而无義爲盜子貢問曰君子亦有惡乎子

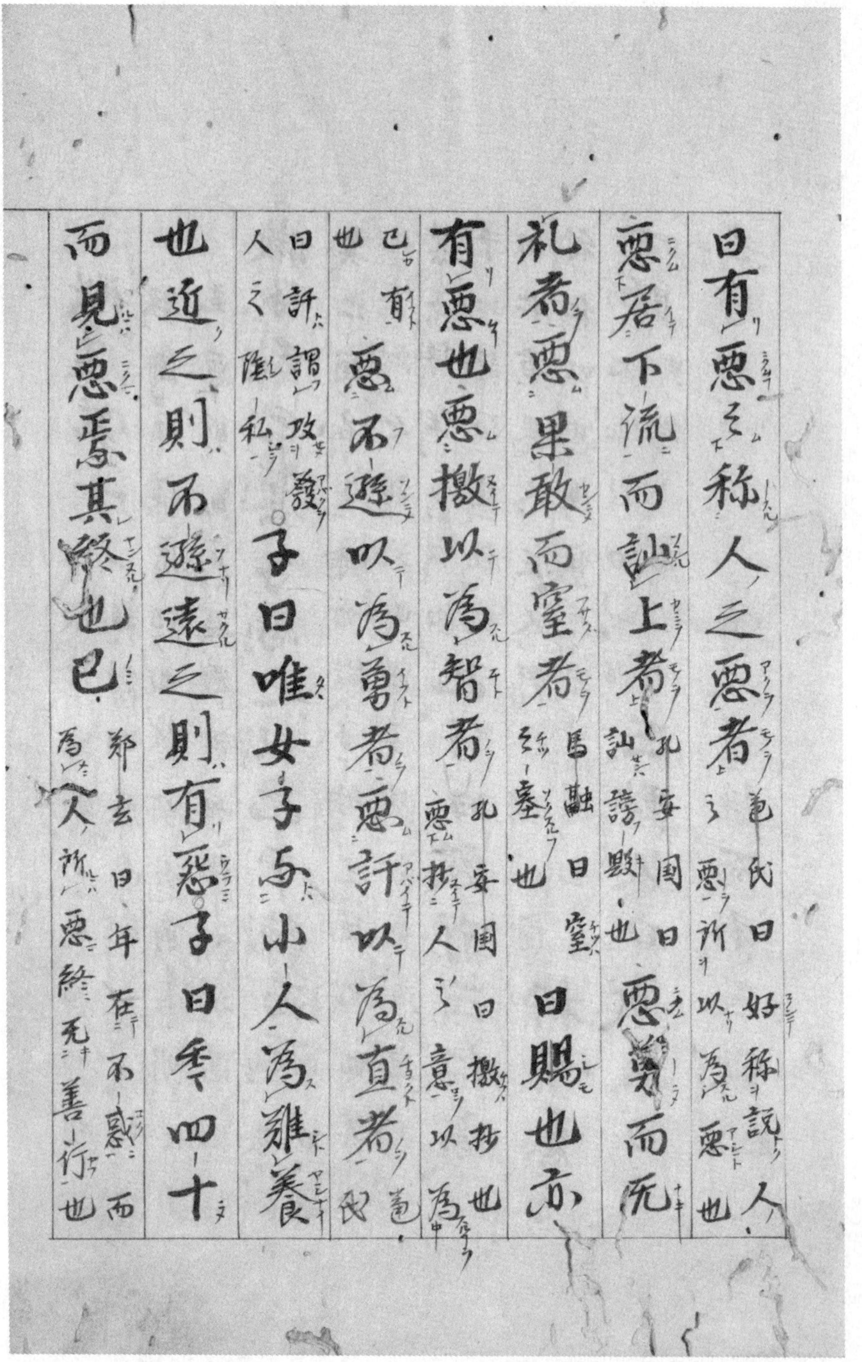

曰有惡惡稱人之惡者 包氏曰好稱說人惡所以為惡也
惡居下流而訕上者 孔安國曰訕謗毀也 惡勇而無
禮者惡果敢而窒者 馬融曰窒窒塞也 曰賜也亦
有惡也惡徼以為智者 孔安國曰徼抄也惡抄人之意以為
己有也 惡不遜以為勇者惡訐以為直者 包氏
曰訐謂攻發人之陰私 子曰唯女子與小人為難養
也近之則不遜遠之則有怨子曰年四十
而見惡焉其終也已 鄭玄曰年在不惑而為人所惡終無善行也

微子第十八 微子者殷紂庶兄也明其
觀紂凶惡必喪天位故先拂衣
皈周以存宗祀也所以次前者明天下
無惡則賢宜遠避故以微子次陽貨也
微子去之箕子爲之奴比干諫而死 馬融曰微
箕二國名子爵也微子紂之庶兄也箕子
比干紂之諸父也微子見紂无道早去之
箕子佯狂爲奴比干以諫而見殺也 孔子曰殷有三仁焉 馬融
曰仁者愛人三人行各異而同 柳下惠爲
稱仁以其俱在憂亂寧民也
士師 孔安國曰士師典獄之官也 三黜人曰子未可以
去乎曰直道而事人焉往而不三黜 孔安國曰

苟直道以事人於所至之國俱當後三黜也 枉道而事人何必
去父母之邦齊景公待孔子曰若季氏則
吾不能以季孟之間待之 孔安國曰魯三卿季氏爲上卿
最貴孟氏爲下卿不用事言待之以二者之間也 曰吾老矣不能
用也孔子行 以聖道難成故云老矣不已用也 齊人歸女
樂季桓子受之三日不朝孔子行 孔安國曰桓子
季孫斯也使定公受齊之女樂君臣相與觀之廢朝禮三日也 楚狂接輿
歌而過孔子之門 孔安國曰接輿楚人也佯狂而來歌欲以感切孔

子也曰鳳兮鳳兮何德之衰也孔安国曰比孔子於鳳鳥也鳳鳥待聖君而乃見非孔子周行求合故曰衰也往者不可諫也孔安国曰已往所行不可復諫止也來者猶可追也孔安国曰自今以來可追自止避乱隠居也已而已而今之從政者殆而孔安国曰已而已而者言世乱已甚不可復治再言之者傷之甚也孔子下欲与之言趨而避之不得与之言也包氏曰下車也長沮桀溺耦而耕孔子過之使子路問津焉鄭玄曰長沮桀溺隠者也耦廣五寸二耜為耦津渡処也

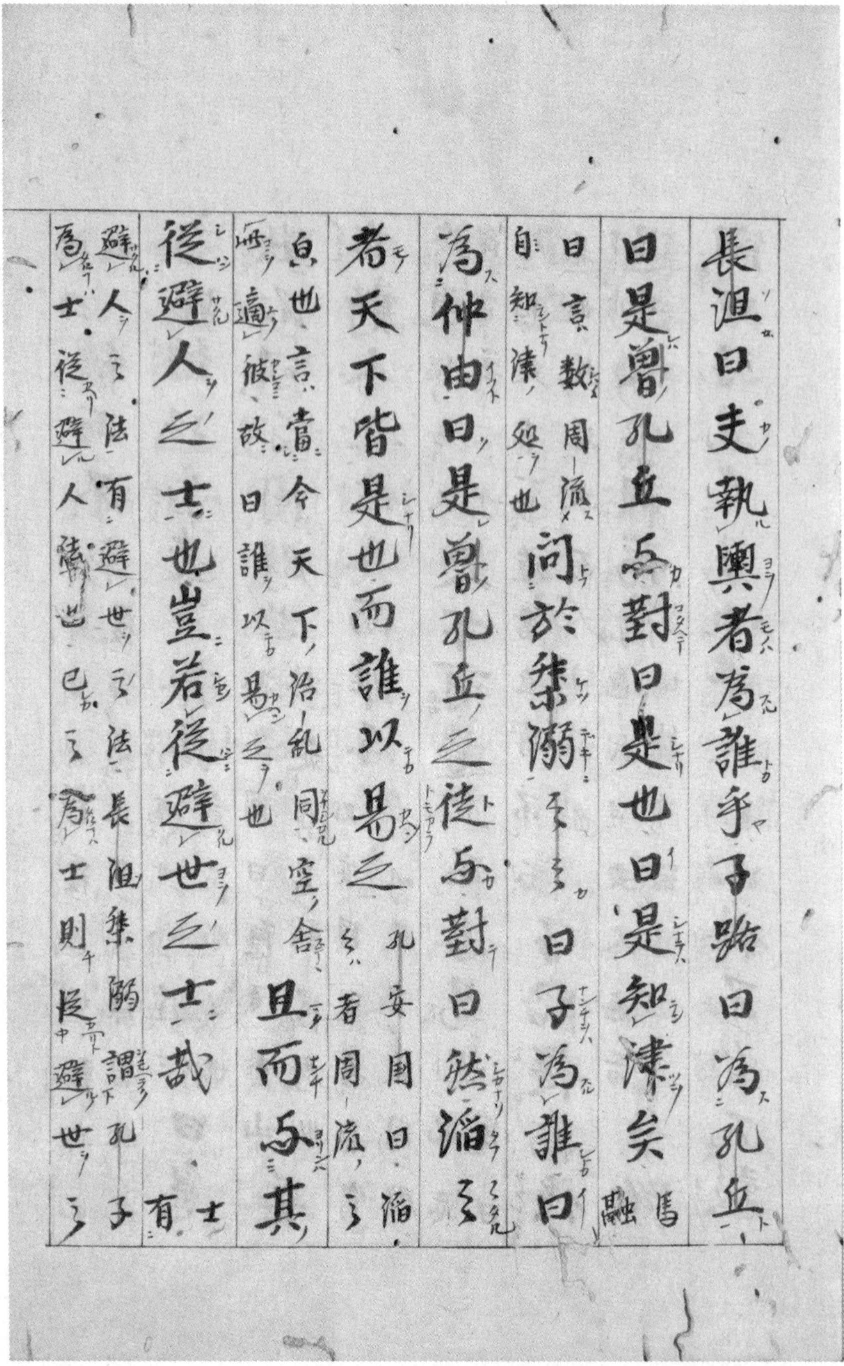

長沮曰夫執輿者為誰子路曰為孔丘
曰是魯孔丘與對曰是也曰是知津矣　馬融
曰言數周流自知津處也　問於桀溺桀溺曰子為誰曰
為仲由曰是魯孔丘之徒與對曰然滔滔
者天下皆是也而誰以易之　孔安國曰滔滔者周流之
皃也言當今天下治亂同空舍此適彼故曰誰以易之也　且而與其
從避人之士也豈若從避世之士哉　士有
避人之法有避世之法長沮桀溺謂孔子為士從避人之法也己之為士則是避世之

法者也耰而不輟鄭玄曰耰覆種也輟止也覆種不止不以津告之也

子路行以告夫子憮然爲其不達己意而非己也曰鳥

獸不可與同群也孔安國曰隱居於山林是與鳥獸同群也吾

非斯人之徒與而誰與孔安國曰吾自當與此天下人同群

安有能去人從鳥獸居乎天下有道丘不與易也孔安國曰

言凡天下有道者丘皆不與易也己道大而人小故也子路從而後

遇丈人以杖荷篠包氏曰丈人老者也篠竹器名也子路

問曰子見夫子乎丈人曰四體不勤五穀

不分孰爲夫子 苞氏曰丈人云不勤勞四體不分殖五穀誰爲夫子而索之耶 植其杖而芸 孔安国曰植倚也除草曰芸也 子路拱而立 未知所以答也 止子路宿殺雞爲黍而食之見其二子焉明日子路行以告子曰隱者也使子路反見之至則行矣 孔安國曰子路反至其家丈人出行不在也 子路曰不仕無義 鄭玄曰留言以語丈人二子也 長幼之節不可廢也君臣之義如之何其可廢也 孔安國曰言汝知父子相養不可廢反可廢君子之義也耶

欲潔其身而亂大倫苞氏曰倫道也理也君子之仕也行其義也道之不行也已知之矣苞氏曰言君子之仕所以行君臣之義也不必自道得行也孔子道不見用已知之也

逸民伯夷叔齊虞仲夷逸朱張柳下惠少連逸民者節行超逸者也苞氏曰此七人皆逸民之賢者也子曰不降其志不辱其身伯夷叔齊與鄭玄曰言其直己之心不入庸君之朝也謂柳下惠少連降志辱身矣言中倫行中慮其斯而已矣孔安國曰但能言應倫理行應思慮如此

而已矣謂虞仲夷逸隱居放言苞氏曰放置也置不復言世務也身中清廢中權馬融曰清純潔也遭世亂自廢棄以免患合於權也我則異於是無可無不可馬融曰亦不必進亦不必退唯義所在也大師摯適齊亞飯干適楚孔安國曰亞次也次飯樂師也摯干共名也三飯繚適蔡四飯缺適秦苞氏曰三飯四飯樂章名也各異師繚缺皆名也鼓方叔入于河苞氏曰鼓擊鼓者方叔名也入謂居其河內也播鞀武入于漢孔安國曰播猶搖也武名也少師陽擊磬襄入于海孔安

国曰魯哀公時礼毀楽崩楽人皆去陽襄皆名也

○周公謂魯公孔安国曰魯公周公之子伯禽也封於魯也

曰君子不施其親孔安国曰施猶易也不以他人親易其親也

不使大臣怨乎不以孔安国曰以用也怨不見聴用也

故旧無大故則不弃也

無求備於一人孔安国曰大故謂悪逆之事也

周有八士伯達伯适仲突仲忽叔夜叔夏季随季騧

苞氏曰周時四乳得八子皆為顕士故記之耳

論語巻第九

論語卷第十　何晏集解

子張第十九　子張者弟子也明其君若有難臣必致死也所以次前者既明君惡臣宜拂衣而即去若人皆去則誰為匡輔故此次明若未得去者必宜致身故以子張次微子也

子張曰士見危致命　孔安國曰致命不愛其身也　見得思義祭思敬喪思哀其可已矣子張曰執德不弘信道不篤焉能為有焉能為亡　孔安國曰言無所輕重也

子夏之門人問交於子張　孔安國曰

問與人交接之道也子張曰子夏云何對曰子夏曰
可者與之其不可者拒之子張曰異乎吾
所聞君子尊賢而容衆嘉善而矜不能我
之大賢與於人何所不容我之不賢與人
將拒我如之何其拒人也包氏曰友交當如子夏汎交
當如子張也○子夏曰雖小道必有可觀者焉小道
謂異端也致遠恐泥包氏曰泥難不通也是以君子不爲
也○子夏曰日知其所亡孔安國曰日知其所未聞也月

無忘其所能可謂好学也已矣子貢曰博
学而篤志孔安国曰廣学而厚識之也切問而近思切問
者切問於已所学而未悟之事也近思於已所能及之事也若汎問所未学
遠思所未達則於所学者無不精於所思者元不解也仁在其中矣子
夏曰百工居肆以成其事君子学以致其
道包氏曰言百工処其肆則事成猶君子学以立其道也子夏曰小
人之過也必文孔安国曰文飾其過不言其情実也子夏曰
君子有三変望之儼然即之也温聴其言

厲鄭玄曰厲嚴正也子夏曰君子信而後勞其民未信則以為厲己也王肅曰厲猶病也信而後諫未信則以為謗己也子夏曰大德不踰閑孔安國曰閑猶法也小德出入可也孔安國曰小德不能不踰法故曰出入可也子游曰子夏之門人小子當洒掃應對進退則可矣抑末也本之則無如之何苞氏曰言子夏弟子但於當對賓客脩威儀禮節之事則可然此但是人之末事耳不可無其本也故云本之則無如之何也子夏聞之曰噫孔安國曰

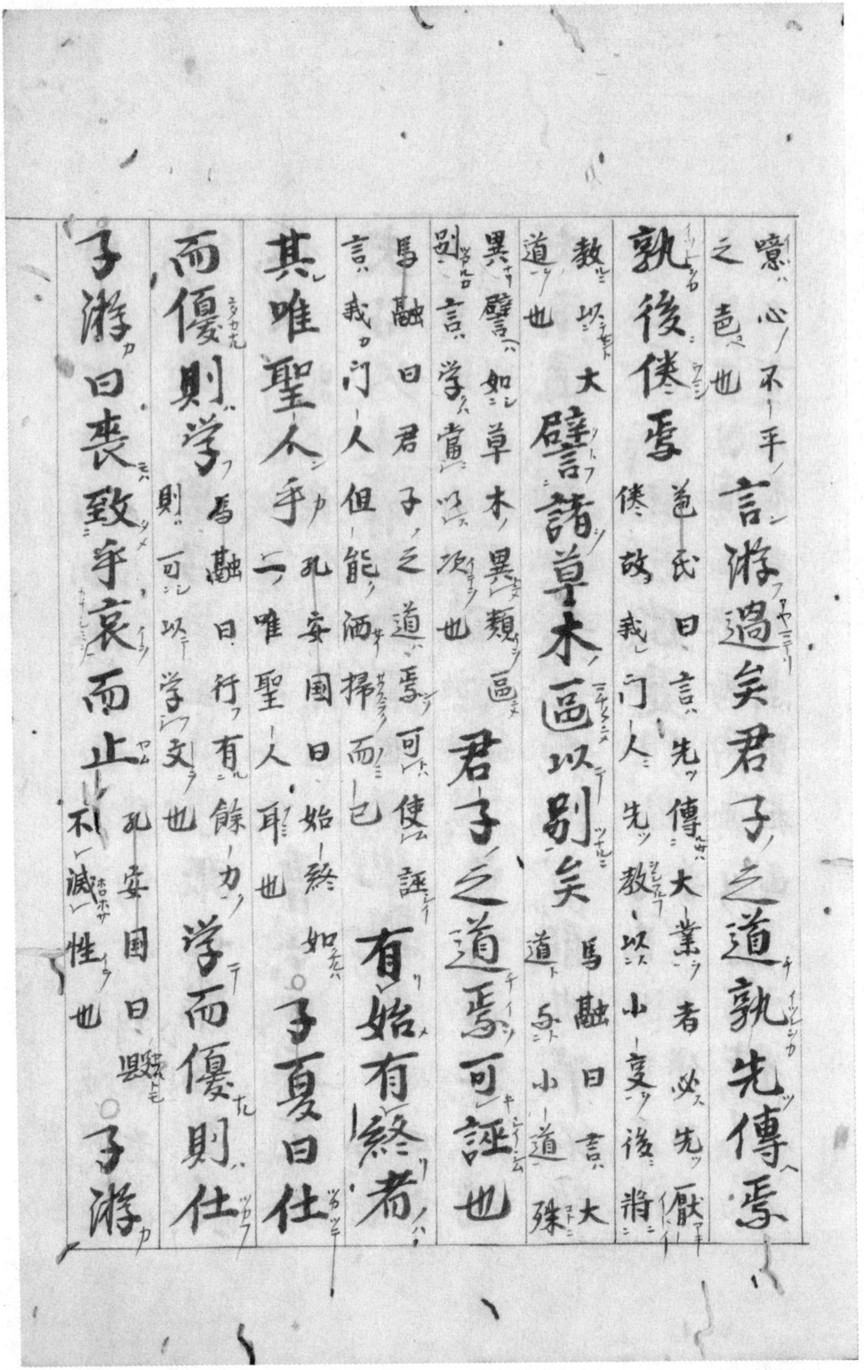

噫心不平之言也 言游過矣君子之道孰先傳焉
孰後倦焉 包氏曰言先傳大業者必先厭倦故我门人先教以小事後將
教以大道也 譬諸草木區以別矣 馬融曰言大道与小道殊
異譬如草木異類區別言学當以次也 君子之道焉可誣也
馬融曰君子之道焉可使誣言我门人但能洒掃而已 有始有終者
其唯聖人乎 孔安国曰始終如一唯聖人耳也 ○子夏曰仕
而優則学 馬融曰行有餘力則可以学文也 学而優則仕
子游曰喪致乎哀而止 孔安国曰毀不滅性也 ○子游

曰吾友張也爲難能也 包氏曰言子張之容儀之難及者也
然而未仁曾子曰堂堂乎張也難與並爲
仁矣 鄭玄曰言子張容儀盛而於仁道薄也 曾子曰吾聞諸
夫子人未有自致者也必也親喪乎 馬融曰言人雖未能自致盡於他事至於親喪必自致盡也 曾子曰吾聞諸
夫子孟莊子之孝也其他可能也其不改
父之臣與父之政是難也 馬融曰孟莊子魯大夫仲孫速也謂在諒闇之中父臣及父政雖有不善者不忍改之也 孟氏使陽膚

為士師苞氏曰陽膚曾子弟子也士師典獄也問於曾子曾子曰上失其道民散久矣如得其情則哀矜而勿喜馬融曰民之離散為輕漂犯法乃上之所為也非民之過也當哀矜之勿自喜能得其情也子貢曰紂之不善也不如是之甚也是以君子惡居下流天下之惡皆歸焉孔安国曰紂為不善以喪天下後世憎甚之皆以天下之惡歸之於紂也子貢曰君子之過也如日月之蝕也過也人皆見之更也人皆仰之孔安国曰更改也衛

公孫朝馬融曰朝衛大夫也問於子貢曰仲尼焉学子貢曰文武之道未墜於地在人賢者識其大者不賢者識其小者莫不有文武之道焉夫子焉不学孔安国曰文武之道未墜落於地賢与不賢各有所識夫子无所不従其学也而亦何常師之有孔安国曰无所不従学故无常師也叔孫武叔語大夫於朝馬融曰魯大夫叔孫州仇也武謚也曰子貢賢於仲尼子服景伯以告子貢子貢曰譬諸宮墻賜之墻也及肩

闚見室家之好夫子之墻數仞不得其
门而入者不見宗廟之美百官之富得其
门者或寡矣 苞氏曰七尺曰仞也 夫子云不亦宜乎 苞氏曰夫子謂武叔也
叔孫武叔毀仲尼子貢曰無
以爲也仲尼不可毀也他人之賢者丘陵
也猶可踰也仲尼如日月也無得而踰焉
人雖欲自絶也其何傷於日月乎多見其
不知量也 言人雖欲自絶弃於日月其何能傷乎適足自見其不知量也

陳子禽語子貢曰子為恭也仲尼豈賢於子乎子貢曰君子一言以為智一言以為不智言不可不慎也夫子之不可及猶天之不可階而升也夫子之得邦家者孔安國曰謂為諸侯若卿大夫也所謂立之斯立導之斯行綏之斯來動之斯和其生也榮其死也哀如之何其可及也孔安國曰綏安也言孔子為政其立教則無不立導之則莫不興行安之則遠者來至動之則莫不和穆故能生則見榮顯死則見哀痛也

堯曰第二十 堯曰者古聖天子所言也其言天下大平禪位与舜之事也所以次前者事君之道若宜去者掃衣宜留者致命去就當理事迹無虧則太平可覩揖讓如堯故堯曰最後次子張也

堯曰咨爾舜天之曆數在爾躬 曆數謂列次也 允執其中四海困窮天祿永終 苞氏曰允信也困極也永長也言爲政信執其中則能窮極四海天祿所以長終也 舜亦以命禹 孔安國曰舜亦以堯命己之辭命禹也 曰予小子履敢用玄牡敢昭告于皇皇后帝 孔安國曰履殷湯名也此伐桀告天

文殷家尚白未変夏礼故用玄牡也皇大
也后君也大々君帝謂天帝也墨子引湯
誓其辞若此也有罪不敢赦包氏曰順天奉法有罪者不敢擅赦也
帝臣不蔽簡在帝心言桀居帝臣之位也有罪過不可隠蔽以
簡在天心故也朕躬有罪無以万方々々有罪在
朕躬孔安国曰无以万方々々不預也万方有罪我身之過也周有大
賚善人是富周々家也賚賜也言周家受天大賜富於善人也有乱臣
十人是也雖有周親不如仁人孔安国曰親而不賢不忠則誅
之管蔡是也仁人謂箕子微子来則用之也百姓有過在予一

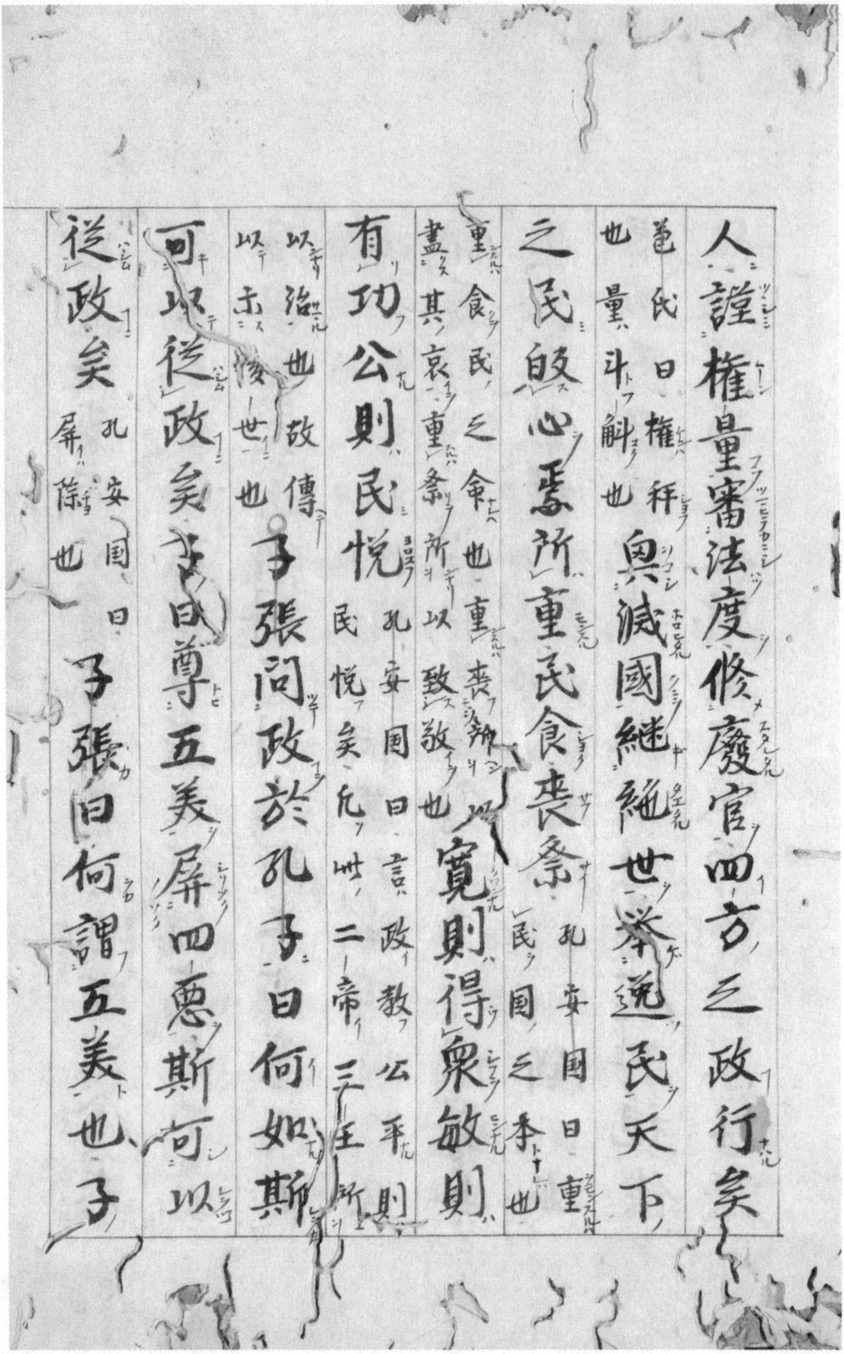

人謹權量審法度修廢官四方之政行矣苞氏曰權秤也量斗斛也興滅國繼絶世舉逸民天下之民歸心焉所重民食喪祭孔安国曰重民国之本也重食民之命也重喪所以盡其哀重祭所以致敬也寛則得衆敏則有功公則民悦孔安国曰言政教公平則民悦矣凡此二帝三王所以治也故傳以示後世也子張問政於孔子曰何如斯可以從政矣子曰尊五美屏四悪斯可以從政矣孔安国曰屏除也子張曰何謂五美也子

曰君子惠而不費勞而不怨欲而不貪泰
而不驕威而不猛子張曰何謂惠而不費
子曰因民之所利而利之斯不亦惠而不
費乎（王肅曰利民在政无費於財也）擇其可勞而勞之又
誰怨欲仁而得仁又焉貪君子無衆寡無
小大無敢慢（孔安國曰言君子不以寡小而慢之也）斯不亦
泰而不驕乎君子正其衣冠尊其瞻視儼
然人望而畏之斯不亦威而不猛乎子張

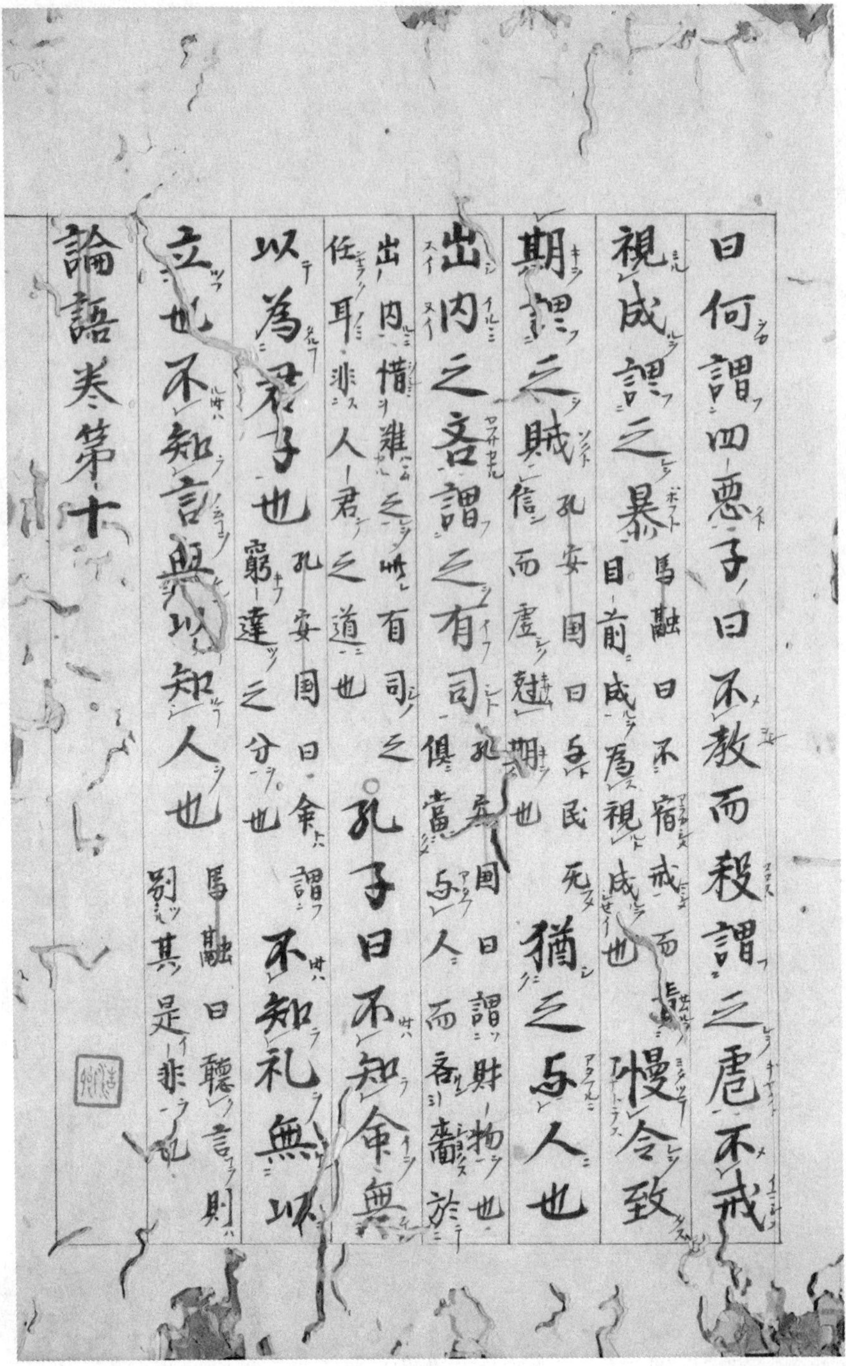

曰何謂四惡子曰不教而殺謂之虐不戒視成謂之暴馬融曰不宿戒而責目前成為視成也慢令致期謂之賊孔安国曰与民无信而虚刻期也猶之与人也出内之吝謂之有司孔安国曰謂財物也俱當与人而吝嗇於出内惜難之此有司之任耳非人君之道也孔子曰不知命無以為君子也孔安国曰命謂窮達之分也不知礼無以立也不知言無以知人也馬融曰聽言則別其是非也

論語巻第十

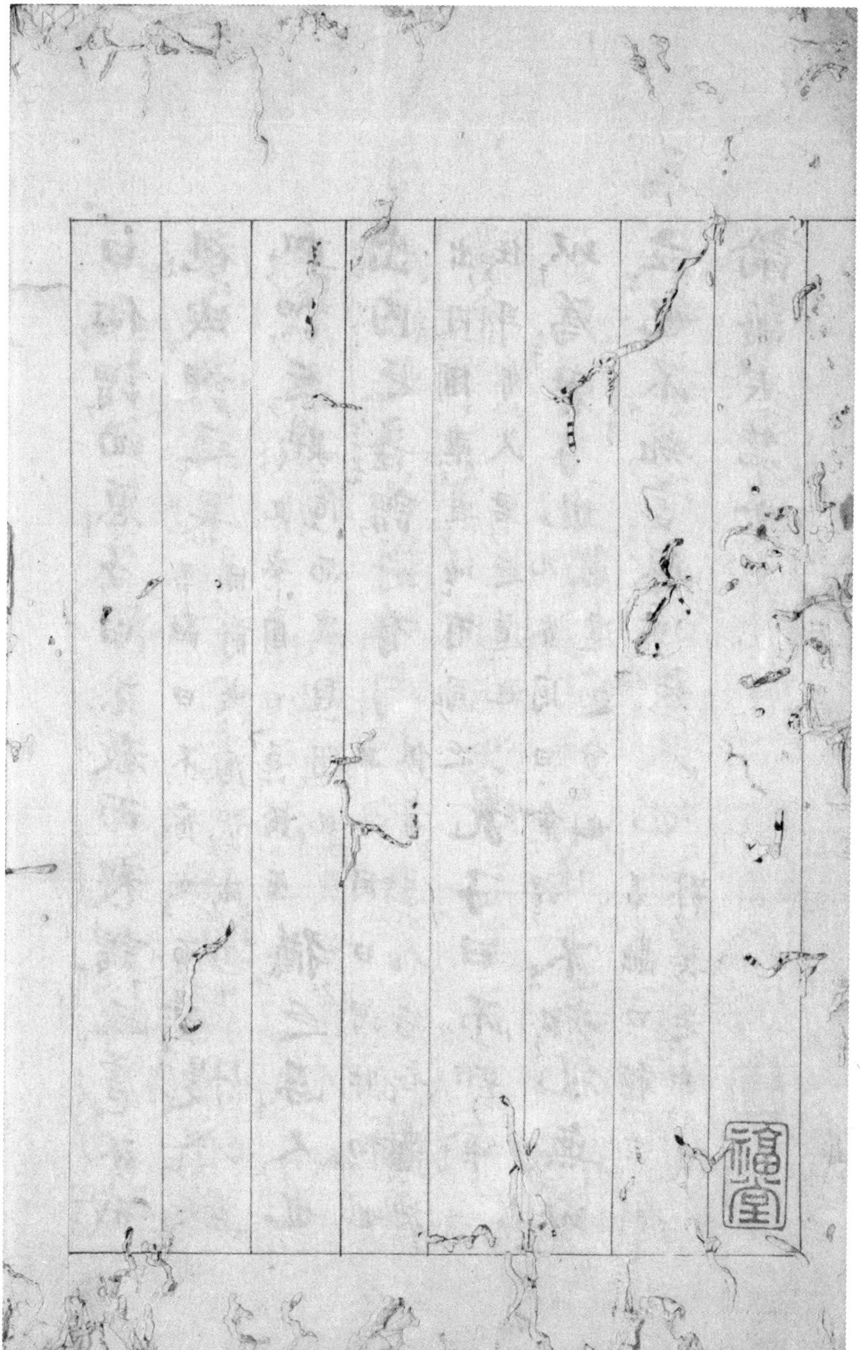

林泰輔舊藏本《論語集解》校勘記

沙志利

底本：日本慶應義塾大學斯道文庫藏《論語集解》(091—6)抄本，原林泰輔藏本，省稱"林本"。

校本：台灣藝文印書館影印嘉慶二十年江西南昌府學栞《重栞宋本論語注疏附校勘記》，省稱"阮本"。

校例：皇疏不校。底本注文衹多句末"也"字者不出校。異體字擇要出校。

論語序　林本原闕序，今序乃林泰輔據寬正本後補者。阮本題作"序解"。

太子太傅夏侯勝　阮本兩"太"字作"大"。

亟相韋賢　阮本"亟"作"丞"，是。

瑯瑘王卿　阮本"瑯瑘"作"琅邪"。

皆以教授之　阮本無"之"字。

魯恭王時　阮本"恭"作"共"。

安昌侯張禹本受魯侖　阮本"侖"作"論"。○林本非誤字，乃簡省字體。尋林本之例，《論語序》中正文大字多用正體，注文小字多用簡體，"論語"往往寫作"侖吾"。此處正文大字亦用簡體者，偶未照應耳。

苞氏周氏章句出焉　阮本"苞"作"包"。

爲之訓説　阮本"説"作"解"。

至順帝之時　阮本無"之"字。

南郡太守馬融　阮本"太"作"大"。

考之齊古以爲之注　阮本無“以”字,“注”作“註”。

近故司空陳郡　阮本“郡”作“羣”,是。

皆爲之義説　阮本無“之”字。

前世傳受師説　阮本“受”作“授”。

今集諸家之善説　阮本無“説”字。

光禄大夫臣鄭仲　阮本“仲”作“沖”。

論語卷第一　阮本作“論語注疏解經卷第×”。後並倣此。

分卷　林本每兩篇一卷,共十卷;阮本每篇一卷,共二十卷。

何晏集解　林本置於卷題下,阮本置於篇題下。後並倣此。

學而第一

學而時習之章

不亦悦乎　阮本“悦”作“説”。

　　馬融曰　阮本作“馬曰”。後並倣此。

　　男子通稱也　阮本“子”下有“之”字,無“也”字。

　　王肅曰　阮本作“王曰”。後並倣此。

　　學者以時誦習也　阮本“也”作“之”。

　　所以爲悦懌　阮本“悦”作“説”。

　　苞氏曰　阮本作“包曰”。後並倣此。

　　君子不愠之也　阮本作“君子不怒”。

其爲人也孝悌章

　　孔安國曰弟子有若也　阮本作“孔子弟子有若”。阮本上“子”字當依林本作“曰”。

其爲人也孝悌　阮本“悌”作“弟”。

言孝悌之人必有恭順　阮本"悌"作"弟",無"有"字。

孝悌也者　阮本"悌"作"弟"。

苞氏曰　阮本無此三字。

可仁道成也　阮本作"仁道可大成"。

巧言令色章

鮮矣有仁　阮本作"鮮矣仁"。

皆欲令人悦之　阮本"悦"作"説"。

吾日三省吾身章

與朋友交言而不信乎　阮本無"言"字。

得無素不講習而傳之乎　阮本無"乎"字。

導千乘之國章

導千乘之國　阮本"導"作"道"。

導者謂爲之政教也　阮本作"道謂爲之政教"。

司馬法曰　阮本無"曰"字。

通十爲城城出革車一乘　阮本二"城"字作"成"。

其地千城也　阮本作"其地千成"。

三百一十六里有奇　阮本"奇"作"畸"。

導治也　阮本"導"作"道"。

井十爲乘　阮本作"十井爲乘"。

百里之國者　阮本無"者"字。

馬融依周礼苞氏依王制孟子　阮本"馬融"作"融","苞氏"作"包"。

節用者不奢侈也　阮本無"者"、"也"二字。

賢賢易色章

孔安國曰　阮本作"孔曰"。後並倣此。

君子不重則不威章

固弊也　阮本“弊”作“蔽”。

言人不敢重　阮本“敢”作“能敦”。

既無威學不能堅固　阮本“威”下有“嚴”字，“學”下有“又”字。

鄭玄曰　阮本作“鄭曰”。後並倣此。

慎終追遠章

民德皈厚矣　阮本“皈”作“歸”。後並倣此。

人君能行此二者　阮本無“人”字。

而皆皈於厚也　阮本無“而”字，“皈”作“歸”。

夫子至於是邦也章

字子禽也　阮本無此四字。

字子貢也　阮本無此四字。

自願與爲治耶　阮本作“自願與之爲治”。

其諸異乎人之求之與也　阮本無“也”字。

明人君自願求與爲治之也　阮本作“明人君自與之”。

父在觀其志章

猶若父在　阮本“在”作“存”。

信近於義章

信不必義也　阮本“不必”作“非”。

故曰近於義也　阮本作“故曰近義”。

苞氏曰　阮本無此三字。

故曰近於礼也　阮本無“於”字。

亦可宗敬也　阮本無“敬”字。

君子食無求飽章

可謂好學也矣已　阮本無“矣”字。

有道者謂有道德者也　阮本作“有道有道德者”。

貧而無諂章

子貢問曰　阮本無“問”字。

未若貧而樂道　阮本無“道”字。

不以貧賤爲憂苦之也　阮本作“不以貧爲憂苦”。

詩曰如切如磋　阮本“曰”作“云”。

其斯之謂與也　阮本無“也”字。

能自切磋琢磨者也　阮本無“者也”二字。

告諸往而知來者也　阮本無“也”字。

來荅以切磋琢磨者也　阮本無“者也”二字。

不患人之不己知也章

不患人之不己知也　阮本無“也”字。

患己不知人也　阮本無“己”字。

王肅曰但患己之無能知也　阮本無此注。

爲政第二

爲政以德章

而衆星拱之　阮本“拱”作“共”。注文“拱”字同。

鄭玄曰　阮本作“包曰”。

譬猶北辰之不移　阮本無“譬”字。

詩三百章

篇大數也　阮本作“篇之大數”。

一言以弊之　阮本“弊”作“蔽”。注文“弊”字同。

導之以政章

導之以政　阮本“導”作“道”。

　　苟免罪也　阮本作“免苟免”。

導之以德　阮本“導”作“道”。

吾十有五而志於學章

吾十有五而志於學　阮本“於”作“于”。

　　有所成立也　阮本無“立”字。

　　耳順聞其言而知其微旨也　阮本無“順”、“也”二字。

　　從心所欲無非法者也　阮本無“者也”二字。

孟懿子問孝章

　　孟孫不曉無違之意　阮本“孟”上有“恐”字。

孟武伯問孝章

　　唯有疾病然後使父母之憂耳也　阮本作“唯疾病然後使父母憂”。

子游問孝章

　　能養人者也　阮本作“皆養人者”。

　　乃能至於犬馬　阮本無“能”字。

　　養而不愛　阮本“養”作“食”。

子夏問孝章

　　色難謂承望父母顏色　阮本“難”下有“者”字,“望”作“順”。

　　孔子喻子夏曰　阮本無“曰”字。

　　未足爲孝也　阮本作“未孝也”。

　　乃是爲孝耳也　阮本作“乃爲孝也”。

吾與回言終日章

　　而識之如愚者也　阮本無“者也”二字。

回也不愚也　阮本無下"也"字。

視其所以章

言觀人之終始　阮本無"之"字。

安有所匿其情也　阮本作"安所匿其情"。

温故而知新章

可以爲師也　阮本作"可以爲人師矣"。

學而不思章

學而不尋思其義理　阮本無"而"、"理"二字。

使人精神疲殆也　阮本"使"上有"徒"字，無"也"字。

攻乎異端章

斯害也已矣　阮本無"矣"字。

故殊途而同皈　阮本"途"作"塗"，"皈"作"歸"。

異端不同皈者也　阮本"皈者"作"歸"。

由誨汝知之乎章

誨汝知之乎　阮本"汝"作"女"。

由弟子也　阮本作"弟子"。

不知之爲不知　阮本無"之"字。

子張學干禄章

子張弟子也　阮本作"弟子"。

得禄之道也　阮本作"亦同得禄之道"。

何爲則民服也章

何爲則民服也　阮本無"也"字。

魯君之謚也　阮本作"魯君謚"。

舉用正直之人　阮本作"舉正直之人用之"。

季康子問使民敬忠以勸章

魯卿大夫季孫肥也　阮本作“魯卿季孫肥”。

臨民之以莊則民敬　阮本作“臨之以莊則敬”。

舉善而教不能則民勸　阮本無“民”字。

則民勸之也　阮本“之也”作“勉”。

或謂孔子曰章

孝于惟孝　阮本“于”作“乎”。

是亦爲政也　阮本無“也”字。

孝于惟孝者美孝之辭也　阮本作“孝乎惟孝美大孝之辭”。

即與爲政同耳也　阮本作“與爲政同”。

人而無信章

以縛軛者也　阮本作“以縛軛”。

轅端上曲而拘衡者也　阮本“而拘衡者也”作“鉤衡”。

子張問十世章

雖百世亦可知也　阮本無“亦”字。

馬融曰物類相招勢數相生　阮本無“馬融曰”三字,“招”作“召”,“勢”作“世”。

非其鬼而祭之章

非其祖考而祭之是諂以求福者也　阮本“之”下有“者”字,無“以”、“者也”三字。

義者所宜爲也　阮本作“義所宜爲”。

卷末　阮本每篇一卷,卷末作“論語注疏解經卷第×”,且無經注字數統計。後並倣此。

論語卷第二

八佾第三

孔子謂季氏章

愛王者礼樂　阮本"愛"作"受"。

有八佾之儛今季桓子僭於其家廟儛之　阮本兩"儛"字作"舞",無"今"字。

三家者謂仲孫叔孫季孫也　阮本無"者"、"也"二字。

歌之徹祭　阮本"之"下有"以"字。

今三家亦作此樂者也　阮本無"者也"二字。

天子穆穆矣　阮本無"矣"字。

天子之容也　阮本"也"作"貌"。

歌此曲者　阮本無"曲"字。

季氏旅於泰山章

汝不能救與　阮本"汝不"作"女弗"。

今倍臣祭泰山　阮本"倍"作"陪",是。

時仕季氏　阮本"仕"下有"於"字。

林放尚知礼　阮本"知"下有"問"字。

巧笑倩兮章

美目盼　阮本"盼"下有"兮"字。

凡畫繪先布衆采然後以素分其間　阮本"畫繪"作"繪畫","衆采"作"衆色","分"下有"布"字。

亦須礼以成也　阮本"也"作"之"。

可與共言詩已矣　阮本無"已矣"二字。

夏禮吾能言之章

杞不足徵　阮本"徵"下有"也"字。

不足以成之也　阮本無“之”字。

則吾能徵之　阮本“之”下有“矣”字。

吾能不以其礼成之者　阮本作“我不以禮成之者”。

禘自既灌而往章

皆合食於大祖　阮本“大”作“太”,下“大祖”字同。

別尊卑　阮本作“列尊卑”。

而魯爲逆祀　阮本無“爲”字。

或問禘之説章

爲魯君諱也　阮本作“爲魯諱”。

如指示以掌中之物　阮本無“以”字。

祭如在章

故不致肅靜　阮本無“故”字。

與其媚於奧章

賈者執政者也　阮本作“賈執政者”。

故微以世俗之言　阮本無“故”字。

孔子距之曰　阮本“距”作“拒”。

周監於二代章

當從周也　阮本作“當從之”。

子入大廟章

子入大廟　阮本“大”作“太”,下二“大”字同。

而助祭焉也　阮本無“焉”字。

叔梁訖　阮本“訖”作“紇”。

射不主皮章

射有五善　阮本“善”下有“焉”字。

天子有三侯　阮本無“有”字。

亦兼取之和容也 阮本無"之"字。

爲力役之事也 阮本作"力役之事"。

子貢欲去告朔之餼羊章

汝愛其羊 阮本"汝"作"爾"。

羊在猶所以識其礼也 阮本作"羊存猶以識其禮"。

事君盡禮章

時人事君者多無礼 阮本無"人"字。

定公問君使臣臣事君章

故問也 阮本作"故問之"。

關雎樂而不婬章

樂而不婬 阮本"婬"作"淫"。

樂而不至淫哀而不至傷 阮本無二"而"字。

哀公問社於宰我章

不曉其本意 阮本作"不本其意"。

不可復説解也 阮本作"不可復解説"。

事既往不可復追非咎 阮本"既"作"已",無"非"字。

故歷言三者 阮本"三"上有"此"字。

管仲之器小哉章

言其器量少也 阮本"少"作"小"。

或人見孔子小以爲謂之大儉乎也 阮本"小"下有"之"字,無"乎也"二字。

焉得儉乎 阮本無"乎"字。

三皈者娶三姓女也 阮本作"三歸娶三姓女"。

婦人謂嫁爲皈 阮本"爲皈"作"曰歸"。

大夫并兼 阮本作"大夫兼并"。

曰然則管仲知礼乎　阮本無“曰”字。

更謂爲得知礼也　阮本作“便謂爲得禮”。

管氏亦有樹塞門　阮本無“有”字。

人君有别外内　阮本作“人君别内外”。

樹屏以弊之　阮本“弊”作“蔽”。

若與鄰國君爲好　阮本無“君”字。

孰不知礼也　阮本無“也”字。

子謂魯大師樂章

子謂　阮本作“子語”。

樂其可知也已　阮本無“已”字。

言五音始奏　阮本無“言”字。

放縱盡其聲純如和諧也　阮本“聲”上有“音”字，“純如”作“純純”。

言其音節分明也　阮本無“分”字。

繹如也以成矣　阮本無“矣”字。

言樂始於翕如而成於三者也　阮本上“於”字作“作”，無“者也”二字。

儀封人請見章

儀蓋衛下邑也　阮本作“儀蓋衛邑”。

君子之至於斯者　阮本“者”作“也”。

從者是弟子隨孔子行者也　阮本作“從者弟子隨孔子行者”。

天下之無道也已久矣　阮本無“也”字。

極衰必有盛也　阮本作“極衰必盛”。

施政教之時所振也　阮本無“之”字。

制法度　阮本“制”下有“作”字。

子謂韶章

又盡善矣也　阮本無“矣”字。

故曰盡善也　阮本作“故盡善”。

故曰未盡善也　阮本作“故未盡善”。

里仁第四

里仁爲美章

民之所居也　阮本作“仁之所居”。

是爲善也　阮本作“是爲美”。

焉得智　阮本“智”作“知”。

求善居而不處仁者之里不得爲有智之也　阮本無“善”字,“智之也”作“知”。

不仁者不可以久處約章

不可以長處樂也　阮本無“也”字。

唯性仁者自然體之　阮本“唯”作“惟”。

智者利仁　阮本“智”作“知”。

故利行之也　阮本作“故利而行之”。

唯仁者能好人能惡人章

唯仁者能審人好惡之也　阮本作“唯仁者能審人之所好惡”。

苟志於仁矣章

言誠能志於仁者則其餘無惡也　阮本作“言誠能志於仁則其餘終無惡”。

富與貴章

則仁者之不處也　阮本作“則仁者不處”。

此即不以其道而得之者也　阮本作"此則不以其道得之"。

不可違而去也　阮本"也"作"之"。

僵仆　阮本作"偃仆"。下"僵仆"同。

不違於仁也　阮本作"不違仁"。

我未見好仁者章

其能使不仁者　阮本無"其"字。

無以加尚爲之優也　阮本作"無以尚之爲優"。

我未見力不足者也　阮本無"也"字。

蓋有之乎　阮本"乎"作"矣"。

故曰爲能仁有耳其我未見也　阮本作"故云爲能有爾我未之見也"。

民之過也章

民之過也　阮本"民"作"人"。

當怒而無責之　阮本"怒"作"恕",是;"無"作"勿"。

則爲仁也　阮本"也"作"矣"。

君子之於天下也章

義之與比也　阮本無"也"字,且無注文。

放於利而行章

每事依利而行之者也　阮本無"之者也"三字。

能以礼讓爲國乎章

言不難之也　阮本作"言不難"。

不患無位章

不患莫己知也求爲可知　阮本作"不患莫己知求爲可知也"。

參乎章

吾道一以貫之哉　阮本無“哉”字。

見賢思齊焉章

見不賢者而內自省也　阮本無“者”字。

事父母幾諫章

幾微也　阮本“幾”下有“者”字。

言當微諫納善言於父母也　阮本無上“言”字、“也”字。

又敬而不違　阮本無“而”字。

見志者　阮本無“者”字。

父母在子不遠遊章

父母在子不遠遊　阮本無“子”字。

三年無改於父之道章

無所改其父之道非心之所忍爲也　阮本作“無所改於父之道非心所忍爲”。

古之者言之不妄出也章

古之者言之不妄出也　阮本作“古者言之不出”。

古人之言不妄出口者爲恥其身行之將不及也　阮本作“古人之言不妄出口爲身行之將不及”。

以約失之者章

奢則驕溢則招禍儉約則无憂患也　阮本作“奢則驕佚招禍儉約無憂患”。

君子欲訥於言章

言欲遲鈍而行欲敏也　阮本作“言欲遲而行欲疾”。

德不孤章

孔安國曰　阮本無此四字。

事君數章

孔安國曰　阮本無此四字。

論語卷第三

公冶長第五

子謂公冶長章

縲紲　阮本"紲"作"絏"。注同。

公冶長　阮本作"冶長"。

子謂南容章

南宫韜也　阮本作"南宫縚"。

言見任用也　阮本作"言見用"。

子謂子賤章

子賤安得取此行　阮本無"取"字。

賜也何如章

汝器也　阮本"汝"作"女"。

言汝是器用之人也　阮本作"言女器用之人"。

瑚璉者黍稷之器也　阮本作"瑚璉黍稷之器"。

宗廟器之貴者也　阮本作"宗廟之器貴者"。

雍也仁而不佞章

屢憎於民不知其仁也焉用佞也　阮本作"屢憎於人不知其仁焉用佞"。

數爲民所憎也　阮本作"數爲人所憎惡"。

子使漆彫開仕章

未能窮習也　阮本"窮"作"究",無"也"字。

子悦　阮本“悦”作“説”。

　　喜其志道深也　阮本作“善其志道深”。

道不行乘桴浮於海章

乘桴浮於海　阮本“於”作“于”。

從我者其由也与　阮本無“也”字。

　　大者曰筏　阮本“筏”作“桴”。

　　言無所取桴材也　阮本作“無所取於桴材”。

　　子路聞孔子欲乘桴浮海　阮本無“乘桴”二字。

　　无所復取哉　阮本無“復”字。

　　古字材哉同耳　阮本無“耳”字。

孟武伯問子路仁乎章

　　卿大夫故曰百乘也　阮本作“大夫百乘”。

汝與回也孰愈章

汝與回也　阮本“汝”作“女”。

回聞一以知十　阮本“回”下有“也”字。

賜也聞一以知二也　阮本無“也”字。

吾與汝弗如也　阮本“汝”作“女”。

　　既然子貢弗如　阮本“弗”作“不”。

　　吾與尓　阮本“尓”作“女”。

　　蓋欲以慰子貢心也　阮本無“心”字。

宰予晝寢章

　　苞氏曰宰予　阮本“苞氏曰”作“孔曰”。

朽木不可彫也　阮本“彫”作“雕”。

糞土之墻不可圬也　阮本“圬”作“杇”。

　　圬墁也　阮本作“杇鏝也”。

二者喻　阮本作“此二者以喻”。

今我當何責於汝乎深責之辭也　阮本“汝”作“女”，無“辭也”二字。

改是者始聽言信行今更察言觀行發於宰我晝寢也　阮本作“改是聽言信行更察言觀行發於宰我之晝寢”。

我不欲人之加諸我也章

加淩也　阮本“淩”作“陵”。

夫子之文章章

文釈形質著見可得以耳目自修也　阮本“釈”作“彩”，無“得”字，“自修也”作“循”。

不可得而聞也已矣　阮本無“已矣”二字。

人之所受以生者也　阮本無“者”字。

子路有聞章

前所聞未能及得行　阮本“未能及得行”作“未及行”。

孔文子何以謂之文也章

衛大夫孔叔圉也　阮本“孔叔圉也”作“孔圉”。

問凡在己下者也　阮本“問”作“謂”，無“也”字。

子謂子産有君子道四焉章

有君子道四焉　阮本“子”下有“之”字。

晏平仲章

久而人敬之　阮本無“人”字。

周生烈曰　阮本作“周曰”。後並倣此。

臧文仲居蔡章

因以爲名　阮本“名”下有“焉”字。

晝以爲藻文　阮本無“以”字。

何如其智也　阮本“智”作“知”。

非時人謂以爲智也　阮本“以爲智也”作“之爲知”。

令尹子文章

名穀　阮本“穀”作“穀”。

何如也　阮本無“也”字。

孔安國曰但聞其忠事　阮本無“孔安國曰”四字。

違去之也　阮本作“違而去之”。

至於佗邦則又曰　阮本“佗”作“他”,無“又”字。

違之之至一邦　阮本無“至”字。

文子避惡逆　阮本“避”作“辟”。

皆如崔杼　阮本“杼”作“子”。

季文子三思而後行章

再思斯可矣　阮本無“思”字。

不必及三思也　阮本作“不必乃三思”。

甯武子章

甯喻也　阮本作“甯俞”。

邦有道則智　阮本“智”作“知”。下“智”字同。

詳愚似實　阮本“詳”作“佯”。

子在陳章

皈歟皈歟　阮本作“歸與歸與”。

不知所以裁之也　阮本無“也”字。

吾黨之小子狂者進趨於大道妄穿鑿　阮本“狂”下有“簡”字,“趨”作“取”,“妄”下有“作”字。

我當皈以裁制之耳　阮本“皈”作“歸”,無“制”字。

巧言令色足恭章

便僻之皃也　阮本"之皃也"作"貌"。

魯大夫也　阮本作"魯太史"。

顔淵季路侍章

弊之而無憾　阮本"弊"作"敝"。

自无称己善也　阮本作"不自稱己之善"。

无以勞事置施於人也　阮本"无"作"不",無"也"字。

懷安也　阮本"安"作"歸"。

已矣乎章

莫能自責者也　阮本無"者也"二字。

十室之邑章

不如丘之好學者也已　阮本無"者"、"已"二字。

雍也第六

雍也可使南面章

言任諸侯可使治國政也　阮本作"言任諸侯治"。

書傳无見也　阮本"也"作"焉"。

以能其簡　阮本作"孔曰以其能簡"。

大簡也　阮本作"太簡"。

哀公問曰章

哀公問曰　阮本無"曰"字。

顔淵任道　阮本"淵"作"回"。

未嘗行也　阮本作"未嘗復行"。

子華使於齊章

弟子公西華赤字也　阮本“字也”作“之字”。

十六斗爲庾也　阮本“爲庾也”作“曰庾”。

十六斛爲秉五秉合八十斛也　阮本“爲”作“曰”,“合”下有“爲”字,無“也”字。

非冉求与之太多也　阮本“求”作“有”,無“也”字。

原思爲之宰章

當受无以讓也　阮本無“以”、“也”二字。

子謂仲弓章

騂赤色也　阮本無“色”字。

山川寧肯捨之乎　阮本“捨”作“舍”。

不害其子之美也　阮本作“不害於子之美”。

回也其心三月不違仁章

言餘人暫有至仁時　阮本無“言”字。

季康子問仲由章

可使從政也乎子曰賜也達　阮本“乎子”作“與”。

達者謂通於物理也　阮本無“者”、“也”二字。

子曰求也藝　阮本無“子”字。

多才能也　阮本作“多才藝”。

季氏使閔子騫爲費宰章

而其邑宰數叛　阮本“叛”作“畔”。

語使者曰善爲我作辞　阮本作“託使者善爲我辭焉”。

伯牛有疾章

曰喪也　阮本“也”作“之”。

賢哉回也章

瓢瓠也 阮本無此三字。

非不悦子之道章

非不悦子之道 阮本"悦"作"説"。

今汝畫 阮本"汝"作"女"。注"汝"字同。

子謂子夏章

汝爲君子儒 阮本"汝"作"女"。

馬融曰 阮本作"孔曰"。

將以明其道 阮本無"其"字。

子游爲武城宰章

汝得人焉耳乎哉 阮本"汝"作"女",無"哉"字。

焉耳乎哉皆辞也 阮本作"焉耳乎皆辭"。

儋臺滅明 阮本"儋"作"澹"。注同。

孟之反不伐章

人迎爲功之 阮本無"爲"字。

故云我非敢在後距敵也 阮本作"曰我非敢在後拒敵"。

不有祝鮀之佞章

衛大夫名子魚也 阮本無"名"字。

宋國之美人也而善婬 阮本作"宋之美人而善淫"。

難乎免於今世之害也 阮本"世之"作"之世"。

誰能出不由户者章

誰能出不由户者 阮本無"者"字。

譬猶人出要當從户也 阮本"人出"作"出人",無"也"字。

人之生也直章

言人之所以生於世 阮本"之所以"作"所"。

以正直之道也　阮本作“以其正直也”。

誣罔正直之道而亦生　阮本“生”下有“者”字。

知之者章

篤好之者又不如樂之者深也　阮本無“又”、“也”二字。

中人以上章

不可以語上　阮本“上”下有“也”字。

上謂上智之人所知也　阮本“上智之人”作“上知之”。

樊遲問智章

樊遲問智　阮本“智”作“知”。

化導民之義也　阮本作“化道民之義”。

可謂智矣　阮本“智”作“知”。

敬鬼神而不瀆也　阮本“瀆也”作“黷”。

子曰仁者先難而後獲　阮本無“子”字。

先勞苦乃後得功　阮本“乃”作“而”。

智者樂水章

智者樂水　阮本“智”作“知”，注文“智者”“才智”及下經文“智者動”、“智者樂”同。

如水流而不知已之也　阮本無“之也”二字。

自進故動也　阮本作“日進故動”。

得其志故樂之也　阮本無“之也”二字。

性靜故壽考也　阮本作“性靜者多壽考”。

齊一變章

齊魯有大公　阮本“大”作“太”。下“大公”同。

若有明君興之者　阮本無“者”字。

觚不觚章

言非觚　阮本"觚"下有"也"字。

以喻爲政而不得其道則不成也　阮本無"而"、"也"二字。

仁者縱告之曰章

縱告之曰井有仁者焉　阮本"縱"作"雖",無"者"字。

其從之与　阮本"与"作"也"。

宰我以爲仁者　阮本無"爲"字。

從而出之乎否乎　阮本作"從而出之不乎"。

欲極觀仁人憂樂之所至也　阮本"人"作"者",無"也"字。

苞氏曰　阮本作"孔曰"。

不肯自投從之耳　阮本無"耳"字。

子見南子章

子路不悦　阮本"悦"作"説"。注文二"不悦"同。

等以爲南子者　阮本"等以爲"作"舊以"。

故夫子誓之曰　阮本無"曰"字。

故与之咒誓　阮本無"故"字,"咒"作"呪"。

義可疑也　阮本"也"作"焉"。

中庸之爲德章

中庸之爲德　阮本"德"下有"也"字。

如能博施於民章

如能博施於民而能濟衆者　阮本上"能"字作"有",無"者"字。

若能廣施恩惠　阮本"若"作"君"。

皆怒己所不欲而勿施人也　阮本作"皆恕己所欲而施之於人"。

論語卷第四

述而第七

述而不作章

我若老彭矣祖述之耳也 阮本作“我若老彭但述之耳”。

默而識之章

人无有是行於我 阮本作“無是行於我”。

德之不修也章

德之不修也 阮本“修”作“脩”,無“也”字。

學之不講也 阮本無“也”字。

聞義不能徒也 “徒”字旁批作“從”,阮本作“徙”。阮本無“也”字。

不善不能改也 阮本無“也”字。

是我憂也 阮本“我”作“吾”。

子之燕居章

申申如 阮本“如”下有“也”字。

甚矣吾衰也章

吾不復夢見周公也 阮本無“也”字。

志於道章

故志之而已矣也 阮本無“矣也”二字。

故可倚之也 阮本無“之也”二字。

自行束修以上章

自行束修以上 阮本“修”作“脩”。注同。

不憤不啓章

舉一隅而示之 阮本無“而示之”三字。

則吾不復也 阮本無“吾”字。

乃後啓發爲之説也　阮本“之説也”作“説之”。

子食於有喪者之側章

此章　阮本分“子於是日哭則不歌”爲别章，林本之注文阮本置於“未嘗飽也”下。注中“喪者哀戚”之“戚”字，阮本作“慼”。

子於是日也　阮本無“也”字。

哭則不歌　阮本“歌”下有注文：“一日之中，或哭或歌，是褻於禮容。”

子謂顔淵章

唯我與顔淵同耳也　阮本無“耳也”二字。

以爲己有勇　阮本無“有”字。

亦當唯与己俱　阮本作“亦當誰與己同”。

暴虎憑河　阮本“憑”作“馮”。注“憑”字同。

富而可求也章

富貴不可求而得者也　阮本“者也”作“之”。

雖執鞭賤職　阮本“鞭”下有“之”字。

我亦爲之矣　阮本無“矣”字。

如不可求者　阮本無“者”字。

子之所慎章

齊戰疾　阮本“齊”作“齋”。

而夫子能慎之也　阮本作“而夫子獨能慎之”。

子在齊聞韶樂章

子在齊聞韶樂　阮本無“樂”字。

聞習齊君韶樂之盛美　阮本無“齊君”二字。

故忘於肉味　阮本“故”下有“忽”字。

此此齊也　阮本作“此齊”。

夫子爲衛君乎章

蒯聵　阮本"聵"作"瞶"。下"聵"字同。

後晉趙鞅納蒯聵于戚　阮本作"後晉趙鞅納蒯瞶於戚城"。

故問其意助輒否乎　阮本"否"作"不"。

子曰古之賢人也　阮本無"子"字。

又何怨乎　阮本無"乎"字。

伯夷叔齊　阮本作"夷齊"。

故問怨乎　阮本"乎"作"邪"。

豈何怨乎　阮本"何"作"有"。

故知不助衛君明也　阮本"也"作"矣"。

飯蔬食章

飯蔬食　阮本"蔬"作"疏"。注"蔬食"字同。

子所雅言章

礼不講故言執也　阮本作"禮不誦故言執"。

葉公問孔子於子路章

汝奚不曰　阮本"汝"作"女"。

不知老之將至也云尔　阮本無"也"字。

我非生而知之者章

好古敏而以求之者也　阮本無"而"字。

勉勸人於學也　阮本作"勸人學"。

我三人行章

我三人行　阮本無"我"字。

必得我師焉　阮本"得"作"有"。

天生德於予章

桓魋宋司馬黎也　阮本無"黎也"二字。

天生德於予者　阮本無“於予”二字。

合德天地　阮本“合德”作“德合”。

吉而无不利　阮本無“而”字。

二三子以我爲隱子乎章

二三子以我爲隱子乎　阮本無下“子”字。

聖人智廣道深　阮本“智”作“知”。

吾無所行而不與二三子者　阮本無“所”字。

子以四教章

此四者有形質　阮本無“此”字。

子釣而不綱章

釣而不綱　“綱”字及注中三“綱”字形皆相似,亦可讀作“網”,阮本惟注中“爲大綱”作“網”,它皆作“綱”。

蓋有不知而作之者章

時人多有穿鑿妄作篇籍者　阮本無“多”字。

如此次於生知之者也　阮本作“如此者次於天生知之”。

互鄉難與言章

門人怪孔子見也　阮本“也”作“之”。

惡惡何一甚也　阮本作“惡惡一何甚”。

人潔己以進　阮本“潔”作“絜”,下經文及注文同。

當與其進之　阮本作“當與之進”。

仁遠乎哉章

行之則是至也　阮本作“行之即是”。

陳司敗問昭公知礼乎章

孔子對曰　阮本無“對”字。

君娶於吴　阮本“娶”作“取”。

礼同姓不婚而君娶吳之　阮本"婚"作"昏","娶吳"作"取"。

諱曰吳孟子也　阮本"吳孟子也"作"孟子"。

聖人智深道弘　阮本無"智深"二字。

子與人歌章

而後自和之也　阮本作"而自和之"。

文莫吾猶人也章

言凡文皆不勝於人也　阮本"言凡"作"凡言",無"也"字。

則吾未之有得也　阮本無"也"字。

躬爲君子行己未能得之也　阮本作"身爲君子己未能也"。

子疾病章

言有此禱請於鬼神之事也乎　阮本無"也乎"二字。

禱示于上下神祇　阮本"示"作"爾"。

子路失旨也　阮本"旨也"作"指"。

丘之禱之久矣　阮本無下"之"字。注文同。

奢則不遜章

奢則不遜　阮本"遜"作"孫"。下"與其不遜也"同。

儉則不及礼耳　阮本作"儉不及禮"。

君子坦蕩蕩章

多憂懼皃也　阮本無"皃也"二字。

泰伯第八

泰伯章

少弟曰季歷　阮本無"曰"字。

故民衆無得而稱言之者　阮本無"民衆"二字。

曾子有疾章

不敢毁傷之 阮本無"之"字。

開衾視之也 阮本"視"上有"而"字。

而如臨深淵 阮本無"而"字。

喻己常誡慎 阮本"誡"作"戒"。

乃今日而後 阮本無"而"字。

呼者 阮本"呼"下有"之"字。

曾子有病孟敬子問之章

曾子有病 阮本"病"作"疾"。

言我且將死 阮本無"且"字。

則人不敢欺誕之也 阮本"欺誕之也"作"欺詐之"。

敬子忘大務小 阮本"忘"作"忽"。

故又戒之以之也 阮本"以之也"作"以此"。

以能問於不能章

言見侵犯而不挍之也 阮本"而不挍之也"作"不報"。

可以託六尺之孤章

謂幼少之君也 阮本作"幼少之君"。

奪者不可傾奪之也 阮本作"奪不可傾奪"。

士不可以不弘毅章

强而能決斷也 阮本無"決"字。

興於詩章

孔安國曰 阮本作"包曰"。

民可使由之章

不可使知之也 阮本無"也"字。

由用之也 阮本無"之"字。

好勇疾貧章

孔安國曰疾惡大甚 阮本作"包曰疾惡太甚"。

如有周公之才之美章

設使驕且吝 阮本無"設"字。

其餘不足觀也已矣 阮本無"矣"字。

三年學章

不易得也已 阮本無"已"字。

言人三年學 阮本"年"作"歲"。

言必無及也 阮本無"及"字。

所以勸人於學也 阮本作"所以勸人學"。

篤信好學章

謂始欲往也 阮本作"始欲往"。

臣弑君子弑父乱也 阮本作"亂謂臣弑君子弑父"。

不在其位章

不謀其政也 阮本無"也"字。

師摯之始章

周道既衰微 阮本無"既"字。

魯太師摯 阮本"太"作"大"。

而首理其乱者洋洋乎盈耳哉聽而美也 阮本作"而首理其亂有洋洋盈耳聽而美之"。

狂而不直章

悾悾慤慤也 阮本"慤"字不重文。

故我不知也 阮本作"我不知之"。

學如不及章

猶恐失之耳也 阮本無"耳也"二字。

巍巍乎章

美舜禹 阮本"禹"下有"也"字。

己不與求天下而得之也 阮本"己"上有"言"字,無"也"字。

巍巍者高大之稱也 阮本作"巍巍高大之稱"。

大哉堯之爲君也章

民无能識名焉 阮本"名"上有"其"字。

焕乎其有文章也 阮本無"也"字。

復著明也 阮本作"又著明"。

舜有臣五人而天下治章

乱理也理官者十人也 阮本二"理"字作"治",無"也"字。

大顛 阮本作"太顛"。

其餘一人謂文母 阮本無"餘"字。

有一婦人焉 阮本無"一"字。

此斯於周也 阮本無此五字。

比於此周 阮本無"此"字。

參分天下有其二 阮本"參"作"三"。

周德其可謂至德也已矣 阮本"周德其"作"周之德"。

天下之皈周者三分有其二 阮本"之皈"作"歸",無"其"字。

禹吾無間然矣章

孔子推禹功德之盛 阮本"盛"下有"美"字。

致孝乎鬼神祭祀豐潔也 阮本作"致孝鬼神祭祀豐絜"。

十里爲城城間有洫 阮本兩"城"字作"成"。

禹吾無間然 阮本"然"下有"矣"字。

論語卷第五

子罕第九

達巷黨人章

達巷黨名也　阮本“巷”下有“者”字。

承以謙也　阮本作“承之以謙”。

吾执御者　阮本無“者”字。

麻冕章

然後升成礼　阮本無“升”字。

子絶四章

捨之則藏　阮本“捨”作“舍”。

故无自專必也　阮本作“故無專必”。

故不自有其身也　阮本作“故不有其身”。

子畏於匡章

陽虎嘗暴於匡　阮本“嘗”作“曾”。

時又與虎俱往　阮本“往”作“行”。

言文王雖已没　阮本“没”作“死”。

此自此其身也　阮本作“此自謂其身”。

如予何者　阮本“如”上有“其”字。

天之未喪此文也　阮本無“也”字。

言其不能違天而害己也　阮本“而”作“以”。

太宰問於子貢章

太宰　阮本“太”作“大”。注文“太宰”同。

言天固從之大聖之德　阮本“從之”作“縱”。

太宰知我者乎　阮本作“大宰知我乎”。

故多能爲鄙人少事　阮本"少"作"之",是。

牢曰子云章

故多能伎藝也　阮本作"故多技藝"。

吾有知乎哉章

言知者言未必盡也　阮本無上"言"字,無"也"字。

有鄙夫來問於我　阮本無"來"字。

我叩其兩端竭焉　阮本"竭"上有"而"字。

不爲有所愛也　阮本作"不爲有愛"。

鳳鳥不至章

有聖人受命　阮本無"有"字。

吾已矣夫不得見也　阮本"夫"下有"者傷"二字。

子見齋衰者章

子見齋衰者　阮本"齋"作"齊"。

瞽者盲者也　阮本作"瞽盲也"。

見之雖少者　阮本無"者"字。

恤不成人之也　阮本無"之也"二字。

顔淵喟然歎曰章

喟然歎聲也　阮本作"喟歎聲"。

言恍忽不可爲形像也　阮本作"言恍惚不可爲形象"。

言夫子正以此道勸進人有次序也　阮本"勸進"作"進勸","次序也"作"所序"。

則又有卓然不可及　阮本無"有"字。

子疾病章

病少差曰間也　阮本作"少差曰間"。

言子路有是心非唯今也　阮本作"言子路久有是心非今日也"。

無寧死於二三子手乎 阮本“子”下有“之”字。

我寧死弟子之手乎也 阮本作“我寧死於弟子之手乎”。

就使我不得以君臣之礼葬 阮本無“之”字。

有美玉於斯章

寧賣之耶也 阮本作“寧肯賣之邪”。

我居而待賈者也 阮本無“者也”二字。

子欲居九夷章

君子所居者皆化也 阮本作“君子所居則化”。

吾自衛反於魯章

吾自衛反於魯 阮本無“於”字。

反魯魯哀公十一年冬也 阮本不重“魯”字，無“也”字。

孔子來返 阮本“返”作“還”。

故曰雅頌各得其所也 阮本無“曰”、“也”二字。

子在川上章

鄭玄曰 阮本作“包曰”。

言凡往者如川之流也 阮本“也”字在“往”字下。

吾未見好德如好色者也章

故以發此言也 阮本作“故發此言”。

譬如爲山章

我不以其見功少而薄之也 阮本無“見”、“也”二字。

語之而不惰者章

顔淵則解故語之不惰 阮本無“則”字，“不”上有“而”字。

子謂顔淵章

馬融曰 阮本作“包曰”。

孔子謂顔淵曰 阮本無“曰”字。

故痛惜之甚也　阮本作“痛惜之甚”。

後生可畏也章

後生可畏也　阮本無“也”字。

斯亦不足畏也已矣　阮本無“矣”字。

法語之言章

口無所不順從之　阮本無“所”字。

能必改乃爲貴也　阮本作“能必自改之乃爲貴”。

謂恭選謹敬之言也　阮本作“謂恭孫謹敬之言”。

聞之無不悦者也　阮本“悦者也”作“説者”。

悦而不繹　阮本“悦”作“説”。

主忠信章

無友不如己者　阮本“無”作“毋”。

慎其所主所友　阮本作“慎所主友”。

皆所以爲益者也　阮本無“者也”二字。

三軍可奪帥也章

人心非一　阮本“非”作“不”。

可奪之而取　阮本作“可奪而取之”。

衣弊緼袍章

衣弊緼袍　阮本“弊”作“敝”。

衣狐狢者　阮本“狢”作“貉”。

何足以爲臧　阮本無“爲”字。

歲寒章

知松栢之後凋也　阮本“凋”作“彫”。

松栢之小凋　阮本作“松栢小彫”。

智者不惑章

智者不惑 阮本"智"作"知"。

可與共學章

未必能之道者也 阮本無"者也"二字。

未必能以有所成立者也 阮本作"未必能有所立"。

雖有能所立 阮本"有能"作"能有"。

賦此詩 阮本"詩"下有"者"字。

以言思權道而不得見者 阮本無"道"字。

夫何遠之有哉 阮本無"哉"字。

鄉黨第十

孔子於鄉黨節

温恭皃也 阮本"皃也"作"之貌"。

便便言辨皃 阮本"言辨皃"作"辯也"。

雖弁而謹敬也 阮本作"雖辯而謹敬"。

和樂皃也 阮本"皃也"作"之貌"。

中正皃也 阮本"皃也"作"之貌"。

君在者君視朝也 阮本作"君在視朝也"。

恭敬皃也 阮本"皃也"作"之貌"。

君召使擯節

足躍如也 阮本"躍"作"躩"。

盤辟皃也 阮本作"足躩盤辟貌"。

左右其手 阮本無"其"字。

故衣前後則襜如也 阮本作"衣前後襜如也"。

趍進　阮本"趍"作"趨"。

言端正也　阮本作"言端好"。

孔安國曰復命　阮本"孔安國曰"作"鄭曰"。

賓已去也　阮本"也"作"矣"。

入公門節

足躩如也　阮本"躍"作"躩"。

攝齎升堂　阮本"齎"作"齊"。注同。

攝齎摳衣也　阮本"攝齎"作"攝齊者"。

趍進　阮本"趍"作"趨"。

執圭節

鞠躬如　阮本"如"下有"也"字。

以聘問隣國　阮本無"以"字。

如有循也　阮本無"也"字。

既聘而享享用圭璧　阮本不重"享"字。

君子不以紺緅飾節

紺者齋服盛色　阮本"齋"作"齊"。

以爲飾似衣齋服也　阮本作"以爲飾衣似衣齊服"。

故皆不以飾衣也　阮本"飾衣也"作"爲飾衣"。

私居非公會之服者也　阮本作"私居服非公會之服"。

當暑縝絺綌必表而出　阮本"縝"作"袗","出"下有"之"字。

必表而出　阮本"出"下有"之"字。

孔安國曰服皆中外之色相稱也　阮本此注在經文"短右袂"下,"孔安國曰"作"孔曰"。注文"私家裘"以下,阮本接上注文"相稱也"下,"私家裘"上省去"孔安國曰"四字。

今被也　阮本"今"下有"之"字。

狐狢之厚以居　阮本“狢”作“貉”。

故不相吊也　阮本無此五字。

齋必有明衣布　阮本“齋”作“齊”。

齋必變食節

齋必變食　阮本“齋”作“齊”。

改常食也　阮本作“改常饌”。

魚餒而内敗　阮本“内”作“肉”。

孔安國曰魚敗曰餒也　阮本無“孔安國曰”及“也”字。

齋禁熏物　阮本作“齊禁薰物”。

薑辛不臭　阮本“不”上有“而”字。

皈則以班賜　阮本作“歸則班賜”。

疏食菜羹　阮本“疏”作“蔬”。

必齋如也　阮本“齋”作“齊”。

齋巖敬之皃也　阮本作“齊嚴敬貌”。

席不正不坐節

孔子從而出也　阮本“出也”作“後出”。

鄉人儺節

朝服而立阼階　阮本“立”下有“於”字。

故朝服立於庿之阼階也　阮本“立”上有“而”字，“庿”作“廟”，無“也”字。

問人於他邦節

再拜送之　阮本“送”上有“而”字。

拜遂使者敬也　阮本“遂”作“送”，是。

康子饋藥節

遺孔子藥也　阮本作“饋孔子藥”。

不敢嘗之 阮本無“之”字。

故不嘗礼也 阮本“不”下有“敢”字。

廄焚節

自魯君之朝來皈也 阮本作“自君之朝來歸”。

君賜食節

敬君之惠也 阮本無“之”字。

薦薦其先祖也 阮本作“薦其先祖”。

若爲君先嘗食然也 阮本無“先”、“也”二字。

君命召節

出行而車既駕從也矣 阮本作“行出而車駕隨之”。

入大庿節

入大庿每事問 阮本“大庿”作“太廟”。

鄭玄曰爲君助祭也大庿周公庿也 阮本無此注。

朋友死節

無親昵也 阮本作“言無親昵”。

朋友之饋節

不拜有通財之義也 阮本“拜”下有“者”字，無“也”字。

寢不尸節

爲家室之敬難久也 阮本作“爲室家之敬難久”。

子見齋衰者節

子見齋衰者 阮本作“見齊衰者”。

素相親狎也 阮本作“素親狎”。

周生裂曰 “裂”當作“烈”。

必當以皃礼也 阮本“也”作“之”。

凶服者送死之衣物也 阮本無“者”、“也”二字。

持邦國之圖籍者也　阮本無“者也”二字。

升車必正立執綏節

前視不過衡枙　阮本“枙”作“軛”。

色斯舉矣節

然後下止也　阮本作“而後下止”。

曰山梁雌雉節

子路供之　阮本“供”作“共”。

而人不得時　阮本“時”上有“其”字。

故供具之　阮本“供”作“共”。

非其本意　阮本無“其”字。

故三嗅而起也　阮本“而”下有兩“作”字。

論語卷第六

先進第十一

先進於禮樂章

謂士先後輩也　阮本“士”作“仕”。

苞氏曰將移風易俗皈之純素　阮本無“苞氏曰”三字，“皈”作“歸”，“純”作“淳”。

從我於陳蔡者章

皆不及門者也　阮本無“者”字。

言弟子之從我　阮本無“之”字。

回也非助我者也章

助猶益也　阮本無“猶”字。

無可發起增益於己也　阮本無“可”、“也”二字。

孝哉閔子騫章

陳群曰　阮本作“陳曰”。後並倣此。

言閔子騫爲人上事父母　阮本“閔子騫爲人”作“子騫”。

南容三復白圭章

不可爲　阮本“爲”下有“也”字。

季康子問弟子章

不遷怒不二過　阮本無此六字。

不幸短命死　阮本“死”下有“矣”字。

未聞好學者也　阮本無此六字。

顔淵死章

以爲之槨　阮本“槨”作“椁”。

顔路顔淵之父也　阮本作“路淵父也”。

賣以當槨　阮本作“賣以作椁”。

鯉死有棺而無槨　阮本“鯉”下有“也”字,“槨”作“椁”。

吾不可徒行以爲之槨　阮本無“可”字,“槨”作“椁”。

吾以不可徒行　阮本作“不可徒行也”。

故言吾從大夫之後　阮本無“故”、“吾”二字。

是謙之辞也　阮本作“謙辭也”。

顔淵死子哭之慟章

子曰有慟乎　阮本無“子”字。

非夫人之爲慟而誰爲慟　阮本無下“慟”字。

顔淵死門人欲厚葬之章

礼貧富各有宜　阮本無“各”字。

顔淵家貧　阮本無“家”字。

父意欲聽門人厚葬之　阮本無“之”字。

我不得制止也　阮本“制止也”作“割止”。

故云尔也　阮本作“故云耳”。

季路問事鬼神章

曰敢問事死　阮本無“事”字。

閔子騫侍側章

閔子騫侍側　阮本無“騫”字。

曰若由也　阮本無“曰”字。

魯人爲長府章

藏貨曰府　阮本“貨”上有“財”字。

因舊事則可何乃復更改作也　阮本“也”字在“可”下。

言必有中　阮本“中”下有“者”字。

勞民更改作也　阮本無“更”、“也”二字。

由之鼓瑟章

由之鼓瑟　阮本無“鼓”字。

升堂矣未入室耳　阮本“堂”上有“我”字，“入”下有“於”字。

子貢問曰章

子貢問曰　阮本無“曰”字。

師與商也孰賢乎　阮本無“乎”字。

過猶不及也　阮本無“也”字。

季氏富於周公章

爲之聚斂而附益　阮本“益”下有“之”字。

聲其罪以責也　阮本“也”作“之”。

柴也愚章

愚愚直愚也　阮本作“愚愚直之愚”。

曾子遲鈍也　阮本作“曾子性遲鈍”。

師也僻　阮本"僻"作"辟"。

失在邪僻文過也　阮本"僻"作"辟",無"也"字。

失於吸喭也　阮本作"失於畔喭"。

而樂在其中矣　阮本無"矣"字。

葢美回所以厉賜也　阮本"厉"作"勵"。

子貢無數子病　阮本"無"上有"雖"字,"子"下有"之"字。

子張問善人之道章

亦多少能創業　阮本無"多"字。

然亦不能入於聖人之奥室也　阮本無"能"、"也"二字。

君子者与　阮本"与"作"乎"。

以遠小人者也　阮本無"者也"二字。

皆可以爲善人道也　阮本無"道也"二字。

子路問聞斯行諸章

不可得自專也　阮本作"不得自專"。

求之問聞斯行諸　阮本"之"作"也"。

子畏於匡顔淵後章

吾以汝爲死矣　阮本"汝"作"女"。

季子然問仲由冉求章

季子然季氏之子弟也　阮本作"子然季氏子弟"。

多得臣　阮本"多"上有"自"字。

由與求之問　阮本"由"上有"曾"字。

安足爲大臣乎　阮本作"安足大乎"。

二子雖從其主　阮本"二"上有"言"字,"主"作"王"。

子路使子羔爲費宰章

所以賊害人之也　阮本作"所以爲賊害"。

於是習亦學也　阮本"習"作"而習之"。

而不知窮者也　阮本無"者也"二字。

子路曾晳章

曾晳　阮本"晳"作"皙"。此章下同。

曾晳曾參父也　阮本無上"曾"字、"也"字。

無吾以也　阮本"無"作"毋"。

言我問汝汝无以我長　阮本二"汝"字皆作"女"。

汝常居云人不知己也　阮本"汝"作"女",無"己"字。

如有用汝者　阮本"汝"作"女"。

卒尔而對曰　阮本"卒尔"作"率爾",注文同。且"曰"下注文,阮本置于"對"字下,"曰"字在注下。

因之以飢饉　阮本"飢"作"饑"。

攝攝迫乎大國間也　阮本作"攝迫也迫於大國之間"。

可使足民也　阮本無"也"字。

謙辞也　阮本作"謙也"。

非曰能之也願學焉也　阮本無二"也"字。

殷見曰同　阮本"殷見"作"衆頫"。

小相謂相君之礼者也　阮本無"者也"二字。

故其音希也　阮本作"故音希"。

鏗尔者　阮本無"尔"字。

亦各言其志　阮本"志"下有"也"字。

於義無傷之　阮本無"之"字。

得冠者五六人　阮本無"得"字。

詠而皈　阮本"皈"作"歸"。

春服既成者衣單袷之時也　阮本無"者"、"也"二字。

浴於沂水之上　阮本“於”作“乎”。

皈夫子之門也　阮本作“而歸夫子之門”。

善点之独知時也　阮本作“善點獨知時”。

吾子何哂由也　“吾”字旁批作“夫”，阮本作“夫”。

子曰爲國以礼　阮本無“子”字。

礼道貴讓　阮本無“道”字。

宗廟之事如會同非諸侯而如之何　阮本作“宗廟會同非諸侯而何”。

赤也爲之小相孰能爲之大相　阮本無二“相”字。

孰能爲大相者也　阮本作“誰能爲大相”。

顔淵第十二

顔淵問仁章

尅己復礼爲仁　阮本“尅”作“克”。下經注文同此。

況終身也　阮本“也”作“乎”。

不在人者也　阮本無“者”字。

請問其名　阮本“名”作“目”。

克己復礼目也　阮本“目也”作“之目”。

仲弓問仁章

在家者卿大夫也　阮本作“在家爲卿大夫”。

司馬牛問仁章

斯可謂之仁已矣乎　阮本作“斯謂之仁已乎”。

孔安國曰行仁難　阮本“孔安國”作“子”。

言仁亦不得不難矣　阮本無“矣”字。

司馬牛問君子章

斯可謂君子也乎　阮本作“斯謂之君子已乎”。

內省無罪惡无所可憂懼也　阮本“內”作“自”，無“所”、“也”二字。

司馬牛憂曰章

死喪无日我独爲死兄弟也　阮本作“死亡無日我爲無兄弟”。

皆爲兄弟也　阮本無“爲”字。

子張問明章

以漸成人之禍也　阮本作“漸以成之”。

膚受愬　阮本“受”下有“之”字。

人莫能及之也　阮本無“之也”二字。

子貢問政章

令民信之矣　阮本無“令”字。

曰去兵曰必不得已而去　阮本下“曰”字上有“子貢”二字。

民不信不立　阮本“不”作“無”。

棘子城曰章

棘子城　阮本“城”作“成”。注同。

何以爲文　阮本“爲文”作“文爲”。

惜乎夫子之説君子駟不及舌也　阮本“也”字在“君子”下。

駟馬追之不及舌也　阮本無“舌也”二字。

虎豹之鞹猶犬羊之鞹也　阮本兩“鞹”字作“鞟”，無“也”字。

皮去毛曰鞹　阮本“鞹”作“鞟”。

虎豹與犬羊別者　阮本無“者”字。

何以別虎豹文與犬羊耶　阮本作“何以別虎豹與羊犬邪”。

哀公問於有若章

年飢　阮本"飢"作"饑"。

　　盍者何不也　阮本無"者"字。

　　十一而稅　阮本"十"作"什"。

　　爲天下通法也　阮本"通法也"作"之通法"。

　　十二而稅也　阮本作"什二而稅"。

子張問崇德辨惑章

　　苞氏曰辨別也　阮本"苞氏"作"孔"。

徙義崇德　阮本"德"下有"也"字。

　　見義則徙意從之也　阮本"從之也"作"而從之"。

愛之欲其生也　阮本無"也"字。

惡之欲其死也　阮本無"也"字。

既欲其生也　阮本無"也"字。

　　適以足爲異耳　阮本"以足"作"足以"。

齊景公問政於孔子章

　　當此時　阮本"此"下有"之"字。

　　故以此對也　阮本作"故以對"。

吾豈得而食諸　阮本無"豈"字。

聽訟吾猶人章

吾猶人　阮本"人"下有"也"字。

　　言與人等也　阮本作"與人等"。

子張問政章

　　必以忠信之也　阮本無"之也"二字。

君子博學於文章

君子博學於文　阮本無"君子"二字。

季康子問政於孔子章

子帥而正　阮本"而"作"以"。

季康子魯上卿諸臣帥也　阮本無"季"字,"帥"上有"之"字。

季康子患盜章

苟子不欲　阮本"子"下有"之"字。

多情欲也　阮本"欲也"作"慾"。

不從其所令　阮本無"所"字。

季康子問政於孔子章

欲多殺以止姧也　阮本"姧也"作"姦"。

君子之德風也　阮本無"也"字。

小人之德草也　阮本無"也"字。

草尚之風必偃　阮本"尚"作"上"。

猶民之化上也　阮本"上也"作"於上"。

子張問士章

尔所謂達者矣　阮本無"矣"字。

夫達者　阮本"達"下有"也"字。

見顔色　阮本"見"作"觀"。

其念慮常欲以下人也　阮本"念"作"志",無"也"字。

而不可喻也　阮本"喻也"作"踰"。

夫聞者　阮本"聞"下有"也"字。

此言佞人佞人假仁者之色　阮本不重"佞人"二字。

而不自疑者也　阮本無"者也"二字。

樊遲從遊於舞雩之下章

故其下可遊也　阮本作"故下可遊焉"。

毋攻人之惡　阮本“毋”作“無”。

樊遲問仁章

問智　阮本“智”作“知”。

嚮也吾見於夫子而問智　阮本“嚮”作“鄉”,“智”作“知”。

富哉是言乎　阮本無“是”字。

則不仁者達矣　阮本“達”作“遠”,是。

子貢問友章

忠告而以善導之　阮本“以善導”作“善道”。

否則止　阮本作“不可則止”。

無自辱焉　阮本“無”作“毋”。

以善導之　阮本“善”下有“道”字。

君子以文會友章

友有相切磋之道　阮本無“有”字。

論語卷第七

子路第十三

子路問政章

行此上之事无倦則可也　阮本無“之”、“也”二字。

仲弓爲季氏宰章

汝所不知者　阮本“汝”作“女”。

人將自舉之各舉其所知　阮本無“之各舉”三字。

衛君待子而爲政章

言孔子之言疏遠於事也　阮本“疏遠於事也”作“遠於事”。

民無所措手足　阮本"措"作"錯"。

樊遲請學稼章

子曰吾不如老圃　阮本無"子"字。

　　樹菜疏曰圃也　阮本"疏"作"蔬",無"也"字。

小人哉樊須　阮本"須"下有"也"字。

　　言民化其上　阮本"其"作"於"。

　　各以情實應也　阮本作"各以實應"。

魯衛之政章

魯衛之政兄弟　阮本"弟"下有"也"字。

子曰衛公子荊章

子曰衛公子荊　阮本"曰"作"謂"。

子適衛章

冉子僕　阮本"子"作"有"。

　　言衛民衆多也　阮本"民"作"人",無"也"字。

善人爲邦百年章

　　勝殘者勝殘暴之人　阮本無"者勝"二字。

　　去殺者不用刑殺也　阮本無"者"字。

　　故孔子信也　阮本作"孔子信之"。

苟正其身矣章

如正其人何　阮本無"其"字。

冉子退朝章

　　凡所行常事也　阮本作"凡行常事"。

　　如有政事　阮本無"事"字。

　　必當與聞也　阮本"也"作"之"。

定公問一言而可以興邦章

有近一言可興國也　阮本"可"下有"以"字,無"也"字。

人之言而曰　阮本無"而"字。

如知爲君難也　阮本"君"下有"之"字。

知如此則可近也　阮本"知如"作"如知"。

曰一言而可以喪邦　阮本無"可以"二字。

唯其言而樂莫予違也　阮本無"樂"字。

其所言不善　阮本無"其"字。

葉公問政章

近者悦　阮本"悦"作"説"。

子夏爲莒父宰章

旧説曰　阮本"曰"作"云"。

毋見小利　阮本"毋"作"無"。

見小利則大事不成　阮本上"則"誤"大"。

言事不可以速成　阮本無"言"字。

小利妨大事　阮本無"事"字。

子貢問曰何如斯可謂之士矣章

有恥有所不爲也　阮本"恥"下有"者"字,無"也"字。

鄉黨稱悌焉　阮本"悌"作"弟"。

必敢爲之　阮本"敢"上有"果"字。

何足筭之　阮本"筭之"作"算也"。

容斗二升者也　阮本無"者也"二字。

筭數也　阮本"筭"作"算"。

不得中行而與之章

取其恒一者也　阮本無"者也"二字。

南人有言章

南國人也　阮本"人也"作"之人"。

不能治无常之人也　阮本"常"作"恒",無"也"字。

君子和而不同章

然各爭其利　阮本無"其"字。

鄉人皆好之章

子曰未可　阮本"可"下有"也"字。

其不善者惡之也　阮本無"也"字。

君子易事而難說也章

說之不以道不說　阮本下"說"字下有"也"字。

度才而任官也　阮本"任官也"作"官之"。

小人難事而易說　阮本"說"下有"也"字。

剛毅木訥近仁章

有此四者近於仁也　阮本"此"作"斯",無"也"字。

子路問曰何如斯可謂士矣章

何如斯可謂士矣　阮本"士"上有"之"字。

兄弟怡怡如也　阮本無"如也"二字。

善人教民七年章

即戎就兵可以攻戰也　阮本作"即就也戎兵也言以攻戰"。

以不教民戰章

言用不習民　阮本"民"上有"之"字。

憲問第十四

憲問耻章

有道當食其禄也　阮本"食其禄也"作"食禄"。

尅伐怨欲　阮本"尅"作"克"。注同。

此四者行之難者也　阮本無"此"、"者也"三字。

邦有道章

危行言遜　阮本"遜"作"孫"。注"遜順也"同。

有德者必有言章

德不可以憶中　阮本"憶"作"億"

南宫适章

羿有窮之君也　阮本"窮"下有"國"字,無"也"字。

稷播殖百穀　阮本無"殖"字。

君子不仁者章

君子不仁者　阮本"子"下有"而"字。

爲命章

裨諶鄭大夫名也　阮本"名"上有"氏"字。

謀於國則否　阮本無"謀"字。

鄭國將有諸侯之事　阮本"事"作"辭"。

卑諶既造謀　阮本"卑"作"裨"。

或問子産章

鄭玄曰　阮本無此三字。

飯蔬食　阮本"蔬"作"疏"。注"蔬食"同。

以當其理故也　阮本作"以其當理也"。

孟公綽章

藤薛大夫　阮本“藤”作“滕”。注“藤薛”同。

子路問成人章

若臧武仲之智　阮本“智”作“知”。

　　魯大夫孟公綽也　阮本作“孟公綽”。

子問公叔文子於公明賈章

　　衛大夫公孫拔也　阮本“拔也”作“枝”。

人不厭其言也　阮本無“也”字。

人不厭其笑也　阮本無“也”字。

人不厭其取也　阮本無“也”字。

　　嫌其不能悉然也　阮本作“嫌不能悉然”。

臧武仲以防章

　　紇非敢害也智不足也　阮本“敢”作“能”，“智”作“知”。

　　敢不避邑　阮本“避”作“辟”。

晉文公譎而不正章

　　謂召於天子　阮本無“於”字。

　　天王狩于河陽　阮本“于”作“於”。

桓公殺公子糺章

公子糺　阮本“糺”作“糾”。注“公子糺”同。

　　召忽死也　阮本“也”作“之”。

管仲之功也　“功”字旁批作“力”，阮本作“力”。

管仲非仁者與章

公子糺　阮本“糺”作“糾”。注“公子糺”同。

　　桓公率諸侯以尊周室　阮本“率”作“帥”。

　　一匡天下也　阮本作“一正天下”。

民致于今受其賜　阮本"致"作"到"。

謂不被髪左袵之惠也　阮本"謂"作"爲","袵"作"衽",無"也"字。

吾其披髪左袵矣　阮本"袵"作"衽"。

經死於溝瀆之中也　阮本無"之"字。

故死未足深嘉　阮本"死"下有"之"字。

公叔文子之臣大夫僎章

與文子同升諸公諸　阮本無下"諸"字。

可以爲文也矣　阮本無"也"字。

子曰衛靈公之無道久也章

子曰衛靈公之無道久也　阮本"曰"作"言",無"久"字。

言君雖无道　阮本無"君"字。

何爲當亡乎也　阮本無"乎也"二字。

其言之不怍章

則其爲之難　阮本作"則爲之也難"。

陳成子弑簡公章

陳桓弑其君　阮本"桓"作"恒"。

陳成子齊大夫陳桓也　阮本作"成子齊大夫陳恒也"。

告夫二三子　阮本無"二"字。下經注文中"二三子"同。

我於礼當告君　阮本無"於"字。

不敢不告　阮本"告"下有"也"字。

故復以此辞語之而止之也　阮本無"之也"二字。

子路問事君章

勿欺之犯之　阮本"之"作"也而"。

當能犯顔色諫爭也　阮本作"當能犯顔諫爭"。

古之學者爲己章

履道而行之也　阮本作“履而行之”。

蘧伯玉使人於孔子章

使者出矣　阮本無“矣”字。

再言使乎　阮本“乎”下有“者”字。

君子恥其言之過其行也章

君子恥其言之過其行也　阮本“之”作“而”，無“也”字。

君子道者三章

智者不惑　阮本“智”作“知”。

子貢方人章

賜也賢乎我夫哉我則不暇　阮本作“賜也賢乎哉夫我則不暇”。

不患人不己知章

不患人不己知患己無能也　阮本作“不患人之不己知患其不能也”。

微生畝謂孔子曰章

孔子對曰　阮本無“對”字。

欲行道以化人之也　阮本“化人之也”作“化之”。

驥不稱其力章

謂調良之德也　阮本作“調良之謂”。

公伯寮愬子路於季孫章

馬融曰魯大夫子服何忌也　阮本“馬融”作“孔”。

於公伯寮也　阮本無“也”字。

吾勢力能　阮本“力”下有“猶”字。

使之誅伯寮而肆也　阮本無“伯”字，“也”作“之”。

賢者避世章

賢者避世　阮本“避”作“辟”。下“避地”“避色”“避言”同。

世主莫得而臣之也　阮本無“之也”二字。

色斯舉也　阮本“也”作“矣”。

荷簣　阮本“簣”作“蕢”。

子路宿於石門章

子路宿於石門石門晨門曰　阮本不重“石門”二字。

子擊磬於衛章

有荷簣而過孔子之門者　阮本“簣”作“蕢”，“孔子”作“孔氏”。注“簣”字同。

此硜硜　阮本“硜硜”下有“者”字。

以其不能解己道也　阮本“道也”作“之道”。

子張曰書曰章

子張曰書曰　阮本下“曰”字作“云”。

己己百官也　阮本作“己百官”。

然後王自聽政之也　阮本無“之也”二字。

子路問君子章

修己以敬　阮本“修”作“脩”。下三“修己”字同。

原壤夷俟章

幼而不遜悌　阮本“遜悌”作“孫弟”。

賊爲賊害也　阮本“爲”作“謂”，無“也”字。

闕黨童子章

闕黨童子將命矣　阮本無“矣”字。

傳賓主之語出入之也　阮本無“之也”二字。

吾見其居於位　阮本“位”下有“也”字。

　　童子偶作　阮本“偶”作“隅”。

見其與先生並行　阮本“行”下有“也”字。

　　則非求益者之也　阮本無“者之”二字。

論語卷第八

衛靈公第十五

衛靈公問陳於孔子章

　　則不可教以末事也　阮本無“則”、“也”二字。

明日遂行章

在陳絶粮　阮本“粮”作“糧”。

　　又之宋遭匡人之難　阮本重“宋”字。

賜也汝以予爲多學而識之者與章

汝以予爲多學而識之者與　阮本“汝”作“女”。

　　然者謂多學而識之也　阮本無“者”、“也”二字。

　　一以知之也　阮本作“而一知之”。

由知德者鮮矣章

　　故謂之少於知德者也　阮本無“者也”二字。

子張問行章

雖蠻狛之邦行矣　阮本“狛”作“貊”。

　　五百家爲鄰　阮本“五百家”作“五家”。

立則見其參然於前也　阮本無“然”字。

夫然後行也　阮本無“也”字。

　　參然在前　阮本“前”上有“目”字。

在輿則若倚衡軛也　阮本"衡軛也"作"車軛"。

直哉史魚章

不曲也　阮本作"言不曲"。

可與言而不與言章

智者不失人　阮本"智"作"知"。

所言皆是故无所失者也　阮本無此注。

志士仁人章

无求生而害仁　阮本"而"作"以"。

子貢問爲仁章

友其士之仁者也　阮本無"也"字。

顔淵問爲邦章

大輅越席也　阮本"越"作"越",無"也"字。

取也其黈纊塞耳　阮本無"也"字。

亦俱能感人心　阮本"感"誤"惑"。

人而無遠慮章

人而無遠慮　阮本無"而"字。

君子當思慮而預防也　阮本"慮"作"患","也"作"之"。

已矣章

已矣　阮本"矣"下有"乎"字。

臧文仲其竊位者與章

知其賢而不舉爲竊位也　阮本作"知賢而不舉是爲竊位"。

躬自厚而薄責於人章

自責己厚　阮本無"自"字。

群居終日章

好行小惠　阮本"惠"作"慧"。

小惠謂小小才智也　阮本作“小慧謂小小之才知”。

言終無成功也　阮本無“功也”二字。

君子義以爲質章

遜以出之　阮本“遜”作“孫”。注同。

君子病無能焉章

不病人不知己也　阮本作“不病人之不己知”。

有一言而可以終身行者乎章

有一言而可以終身行者乎　阮本“行”下有“之”字。

勿施於人也　阮本無“也”字,下有注:“言己之所惡勿加施於人。”

吾之於人章

吾之於人　阮本“人”下有“也”字。

如有可譽者　阮本“可”作“所”。

所譽輒試以事　阮本“譽”下有“者”字。

不空譽而已矣　阮本作“不虚譽而已”。

所以云直道也行也　上“也”字誤,阮本“也行也”作“而行”。

吾猶及史之闕文也章

古之史　阮本“之”下有“良”字。

今則亡矣夫　阮本無“則”字。

有馬者不能調良則借人使乘習之　阮本無“者”、“使”二字。

巧言亂德章

小不忍則乱大謀之也　阮本無“之也”二字。注同。

乱德義　阮本“亂”上有“則”字。

人能弘道章

非道弘人也　阮本無“也”字。

材大者　阮本"材"作"才"，且上有"王曰"二字。

材小者　阮本"材"作"才"。

君子謀道不謀食章

而与不學故飢餓　阮本無"与"字。

雖不耕而不飢餓勸人學也　阮本"飢餓"作"餒此"，無"也"字。

智及之章

智及之　阮本"智"作"知"。下兩"智及之"及注"智能及"同。

不莊以莅之　阮本"莅"作"涖"。下"莅"字同。

君子不可小知章

君子之道深遠　阮本"君"上有"王曰"二字。

不可以小了知　阮本無"以"字。下"可以小了知"同。

民之於仁章

民之於仁　阮本"仁"下有"也"字。

水火与仁皆民所仰而生者也仁最爲甚也　阮本作"水火及仁故民所仰而生者仁最爲甚"。

未嘗殺人者也　阮本無"者也"二字。

當仁不讓於師章

行仁急也　阮本作"言行仁急"。

君子貞而不諒章

言不必有信也　阮本"有信也"作"小信"。

事君敬其事而後其食章

然後食禄也　阮本作"而後食禄"。

有教無類章

言人在見教无有種類也　阮本"人"下有"所"字，無"也"字。

師冕見章

師樂人盲者也名冕也　阮本作"樂師人盲者名冕"。

及所在處也　阮本無"及"、"也"二字。

季氏第十六

季氏將伐顓臾章

宓犧之後　阮本"宓犧"作"伏羲"。

季氏貪其地　阮本"地"上有"土"字。

欲滅而有之　阮本"有"作"取"。

故孔子独疑求教也　阮本"也"作"之"。

魯七百里之邦　阮本"邦"作"封"。

何以爲伐也　阮本作"何以伐爲"。

何用滅之爲也　阮本無"也"字。

何用相爲也　阮本無"也"字。

虎兕出柙龜玉毁櫝中　阮本"出"下、"毁"下皆有"於"字。

櫝櫃也　阮本"櫃"作"匵"。

失毁非典守者之過耶也　阮本作"失虎毁玉豈非典守之過邪"。

費季氏之邑也　阮本"之邑也"作"邑"。

疾如汝之言也　阮本"汝"作"女",無"也"字。

捨曰欲之而必更爲之辭　阮本"捨"作"舍",無"更"字。

捨其貪利之説　阮本"捨"作"舍"。

患政治之不均平也　阮本"治"作"理",無"也"字。

則不患貧矣　阮本無"患"字。

小大安寧不傾危也　阮本"小大"作"大小","也"作"矣"。

則修文德以來之　阮本"修"作"脩"。

民有異心曰分　阮本"異"作"畏"。

蕭牆謂屏　阮本作"牆謂屏也"。

天下有道章

死乾侯　阮本作"死於乾侯矣"。

謂家臣也陽氏爲季氏家臣　阮本無"也"字,上"氏"字作"虎"。

祿之去公室章

鄭玄曰文子　阮本"鄭玄"作"孔"。

三桓者謂仲孫叔孫季孫也　阮本無"者"、"也"二字。

益者三友章

友便僻　阮本"僻"作"辟"。注"便僻"同。

巧避人所忌以求容媚者也　阮本"避"作"辟","人"下有"之"字,無"者也"二字。

面柔者也　阮本無"者"字。

便弁也　阮本"弁"作"辯"。

益者三樂章

動靜得於礼樂之節也　阮本作"動得禮樂之節"。

出入不知節也　阮本"不知節也"作"不節"。

樂宴樂損也　阮本"也"作"矣"。

侍於君子有三愆章

顔色所趣向　阮本"向"作"嚮"。

猶瞽者也　阮本無"者"字。

君子有三戒章

小之時血氣未定　阮本"小"作"少"。

君子有三畏章

与天地合其德者也　阮本無"者也"二字。

深遠不可易知則聖人之言也　阮本"則"作"測"。

齊景公有馬千駟章

民無得稱焉　阮本"得"作"德而"。

餓首陽之下　阮本"餓"下有"于"字。

民致于今　阮本"致"作"到"。

此所謂以德爲称者也　阮本無"者也"二字。

陳亢問於伯魚曰章

對曰未之曰不學詩無以言也　阮本"之曰"作"也",無"也"字。

聞斯二者矣　阮本無"矣"字。

邦君之妻章

称之亦曰君夫人也　阮本無"也"字。

對異邦謙　阮本"邦"誤"所"。

論語卷第九

陽貨第十七

陽貨欲見孔子章

是迷國也　阮本"國"作"邦"。

可謂智乎　阮本"智"作"知"。

不爲有智也　阮本作"不得爲有知"。

以順辞免害也　阮本無"害也"二字。

性相近也章

唯上智與下愚不移　阮本"智"作"知"。注"上智"同。

不可使强爲惡　阮本無"强"字。

子曰之武城章

子曰之武城　"曰"字旁批"游"字,阮本作"子之武城"。

聞絃歌之聲　阮本"絃"作"弦"。

公山不擾以費畔章

公山不擾　阮本"不"作"弗"。注"不擾"同。

子路不悦　阮本"悦"作"説"。

末之已　阮本"之"下有"也"字。

無可之則止耳　阮本無"耳"字。

何必公山氏之適者也　阮本無"者也"二字。

子張問仁於孔子章

孔子對曰　阮本無"對"字。

肶肸召章

肶肸召　阮本"肶"作"佛"。下"肶肸"同。

曰不曰堅乎　阮本無上"曰"字。

涅可以染皂者也　阮本無"者也"二字。

匏苽也言匏苽得繫一處者　阮本上"苽"字作"瓠","匏苽"作"瓠瓜"。

吾自食物也　阮本無"也"字。

由汝聞六言六蔽矣乎章

由汝聞六言六蔽矣乎　阮本"汝"作"也女"。

下六事謂仁智信直勇剛也　阮本"謂"在"下"字上,"智"作"知"。

曰居吾語汝　阮本無"曰"字,"汝"作"女"。

故使還座也　阮本"座也"作"坐"。

好智不好學　阮本"智"作"知"。

小子何莫學夫詩章

引辟連類也　阮本"辟"作"譬",無"也"字。

苞氏曰觀觀風俗之盛衰也　阮本作"鄭曰觀風俗之盛衰"。

羣居相切磋也　阮本"磋也"作"瑳"。

汝爲周南邵南矣乎　阮本"汝"作"女","邵"作"召"。下"邵南"同。

得淑女以配君子　阮本"得"上有"樂"字。

礼云礼云章

玉璋珪之屬也　阮本作"玉圭璋之屬"。

帛束帛屬也　阮本作"帛束帛之屬"。

鐘鼓云乎哉　阮本"鐘"作"鍾"。注"鐘鼓"同。

色厲而内荏章

謂外自矜厲而内柔佞者也　阮本"謂"作"爲",無"者也"二字。

鄉原章

所立之鄉　阮本"立"作"至"。

而爲已意以待之　阮本無"已"字。

是賊乱德者也　阮本無"者"字。

輙原所其趣向　阮本無"所"字,"向"作"嚮"。

道聽而塗説章

德之弃　阮本"弃"下有"也"字。

鄙夫章

可與事君哉　阮本“君”下有“也與”二字。

　　言邪媚无所不爲也　阮本“言”下有“其”字，無“也”字。

古者民有三疾章

　　極意敢言之也　阮本無“之也”二字。

今之矜也忿戾也　阮本無下“也”字。

此章之下阮本别有一章：“子曰：巧言令色，鮮矣仁。”有注：“王曰：巧言無實，令色無質。”

惡紫之奪朱也章

　　紫間色好者　阮本“色”下有“之”字。

　　惡其奪雅樂也　阮本“奪”作“亂”，無“也”字。

惡利口之覆邦家也　阮本“也”作“者”。

　　傾覆其國家也　阮本“其國家也”作“國家”。

予欲無言章

四時何焉　阮本“何”作“行”，是。

殯悲欲見孔子章

殯悲　阮本“殯”作“孺”。注中兩“殯悲”同。

孔子辞之以病　阮本作“孔子辭以疾”。

　　故辞以疾　阮本“以”上有“之”字。

　　爲其將命者不知己　阮本無“知”字。

　　所以令殯悲思也　阮本“殯”作“孺”，“也”作“之”。

宰我問三年之喪章

　　有更火　阮本“火”下有“之文”二字。

食夫稻也衣夫錦也於汝安乎　阮本無二“也”字，“汝”作“女”。

曰汝安則爲之　阮本無“曰”字，“汝”作“女”。

今汝安 阮本"汝"作"女"。

故再言汝安爲之 阮本"汝"作"女","安"下有"則"字。

子生未三歲 阮本作"子生於二歲"。

天下通喪也 阮本"下"下有"之"字。

自天子達庶人也 阮本"達"下有"於"字,無"也"字。

欲報之德昊天無極 阮本"德"作"恩","無"作"罔"。

飽食終日章

善生淫慾 阮本"慾"作"欲"。

君子亦有惡乎章

子貢問曰 阮本無"問"字。

曰賜也亦有惡也 阮本"也"作"乎"。

惡撽以爲智者 阮本"撽"作"徼","智"作"知"。

撽抄也 阮本"撽"作"徼"。

惡抄人之意以爲己有也 阮本無"惡"、"也"二字。

惡不遜以爲勇者 阮本"遜"作"孫"。

唯女子與小人章

近之則不遜遠之則有怨 阮本"遜"作"孫",無"有"字。

微子第十八

微子去之章

而見殺也 阮本作"見殺"。

馬融曰仁者愛人 阮本無"馬融曰"三字。

三人行各異而周稱仁 阮本無"各"字,"周"作"同"。

柳下惠爲士師章

於所至之國　阮本無"於"字。

齊景公待孔子章

若季子　阮本"季子"作"季氏"。

老矣不能用也　阮本作"吾老不能用"。

楚狂接輿歌而過孔子之門章

楚狂接輿歌而過孔子之門　阮本無"之門"二字。

以欲感切孔子也　阮本作"欲以感切孔子"。

何德之衰也　阮本無"也"字。

鳳鳥待聖君而乃見　阮本無"而"字。

往者不可諫也　阮本無"也"字。

來者猶可追也　阮本無"也"字。

自今以來　阮本"以"作"已"。

避亂隱居也　阮本"避"作"辟"，無"也"字。

已而者　阮本重"已而"二字。

不可復治　阮本"治"下有"也"字。

傷之甚也　阮本"甚"作"深"。

趨而避之　阮本"避"作"辟"。

不得與之言也　阮本無"也"字。

長沮桀溺耦而耕章

耦廣五寸　阮本"耦"作"耜"，是。

夫執輿者爲誰乎　阮本無"乎"字。

對曰是也　阮本無"對"字。

滔滔者天下皆是也　阮本"滔滔"上有"曰"字。

滔滔者周流之皃也　阮本作"滔滔周流之貌"。

避人之士　阮本"避"作"辟"。下經注中"避人"、"避世"同。

從避人法也　阮本作"從辟人之法"。

則從避世之法者也　阮本"避"作"辟",無"者也"二字。

不以津告之也　阮本無"之也"二字。

夫子撫然　阮本"撫"作"憮"。

而非己也　阮本"而"下有"便"字。

鳥獸不可與同群也　阮本無"也"字。

隱居於山林是與鳥獸同群也　阮本作"隱於山林是同羣"。

安有能去人從鳥獸居乎　阮本無"有"字。

孔安國曰言凡天下有道者　阮本無"孔安國曰"四字。

己道大而人小故也　阮本無"道"字。

子路從而後章

荷篠　阮本"篠"作"蓧"。

丈人老者也　阮本"者"作"人"。

篠竹器名也　阮本作"蓧竹器"。

以語丈人二子也　阮本"二子也"作"之二子"。

如之何其可廢也　阮本"可廢也"作"廢之"。

汝知父子相養　阮本"汝"作"女"。

反可廢君子之義也耶　阮本"子"作"臣","也耶"作"邪"。

欲潔其身　阮本"潔"作"絜"。

倫道也理也　阮本無上"也"字。

道之不行也　阮本無"也"字。

不必自道得行也　阮本"自"下有"己"字,無"也"字。

己知之也　阮本作"自己知之"。

逸民章

朱長　阮本“長”作“張”。

　　節行趙逸者也　阮本“趙”作“超”，是；無“者”字。

　　如此而已矣　阮本無“矣”字。

　　置不復言世務也　阮本無“置”、“也”二字。

大師摯適齊章

　　摯干共名也　阮本“共”作“皆”，無“也”字。

鼓方叔入于河　阮本“于”作“於”。

播鞀武入于漢　阮本“鞀”作“鼗”，“于”作“於”。

　　播猶搖也　阮本無“猶”字。

入于海　阮本“于”作“於”。

　　礼毀樂崩　阮本“毀”作“壞”。

周公謂魯公章

　　施猶易也　阮本無“猶”字。

　　不以他人親易其親也　阮本作“不以他人之親易己之親”。

周有八士章

　　得八子　阮本“得”作“生”。

　　故記之耳　阮本“耳”作“爾”。

論語卷第十

子張第十九

執德不弘章

　　言無所輕重也　阮本作“君無所輕重”。

子夏之門人章

其不可者距之 阮本"距"作"拒"。下"距我""距人"同。

博學而篤志章

子貢曰 阮本作"子夏曰"。

所學而未悟之事也 阮本無"而"、"也"二字。

近思於己所能及之事也 阮本作"思己所未能及之事"。

若汎問所未學 阮本無"若"字。

則於所學者無不精於所思者无不解也 阮本作"則於所習者不精所思者不解"。

百工居肆章

學以立其道也 阮本作"學以致其道"。

小人之過也章

不言其情實也 阮本作"不言情實"。

君子有三變章

聽其言厉 阮本"言"下有"也"字。

君子信而後勞其民章

厉病也 阮本"病"上有"猶"字。

子夏之門人小子章

但於當對賓客 阮本無"於"字。

子夏問之曰 阮本"問"作"聞",是。

言先傳大業者 阮本無"大"字。

有始有終者 阮本"終"作"卒"。

始終如一 阮本"始終"作"終始"。

仕而優則學章

則可以學文也 阮本作"則以學文"。

吾友張也章

言子張之容儀之難及者也　阮本無上"之"字及"者也"二字。

吾聞諸夫子孟莊子之孝也章

是難也　阮本"難"下有"能"字。

仲孫速　阮本"速"作"連"。

謂在諒闇之中　阮本"闇"作"陰"。

不忍改之也　阮本無"之"字。

孟氏使陽膚爲士師章

典獄也　阮本"也"作"之官"。

紂之不善也章

紂之不善也　阮本無"也"字。

後世憚甚之　阮本"憚"作"憎"。

君子之過也章

如日月之蝕也　阮本"蝕也"作"食焉"。

衛公孫朝章

朝衛大夫也　阮本作"公孫朝衛大夫"。

夫子无所不從其學也　阮本"其學也"作"學"。

叔孫武叔語大夫於朝章

譬諸宫牆　阮本"諸"作"之"。

夫夫子之牆數仞　阮本不重"夫"字。

不得其門而入者　阮本無"者"字。

夫子云　阮本"子"下有"之"字。

叔孫武叔毁仲尼章

仲尼如日月也　阮本無"如"字。

人雖欲自絶也　阮本無“也”字。

言人雖欲自絶弃於日月　阮本無“欲”字。

其何能傷乎　阮本“乎”上有“之”字。

陳子禽語子貢章

陳子禽語子貢曰　阮本“語”作“謂”。

君子一言以爲智一言以爲不智　阮本兩“智”字作“知”。

夫子之不可及　阮本“及”下有“也”字。

導之斯行　阮本“導”作“道”。

其生也榮也　阮本無下“也”字。

導之則莫不興行　阮本“導”作“道”。

動之則莫不和穆　阮本“穆”作“睦”。

故能生則見榮顯死則見哀痛也　阮本無二“見”字、“也”字。

堯曰第二十

堯曰章

天之暦數在尔躬　阮本“暦”作“厤”。注“暦數”同。

此伐桀告天文　阮本“文”上有“之”字。

殷家尚白　阮本“家”誤“豕”。

有罪過不可隱蔽　阮本無“有”字。

以簡在天心故也　阮本“以”下有“其”字，無“也”字。

無以万邦万邦有罪在朕躬　阮本兩“邦”字作“方”，重“罪”字。

万方不預也　阮本“預”作“與”。

我身過也　阮本“過也”作“之過”。

四方之政行矣　阮本“矣”作“焉”。

所以盡其哀　阮本無“其”字。

寬則得衆　阮本“衆”下有“信則民任焉”五字。

公則民悦　阮本“民悦”作“説”。

則民悦矣　阮本“悦”作“説”。

子張問政於孔子章

子張問政於孔子曰　阮本無“政”字。

何謂五美也　阮本無“也”字。

擇其可勞而勞之　阮本無“其”字。

不以寡小而慢之也　阮本無“之”字。

而虚尅期也　阮本“尅期也”作“刻期”。

出內之吝　阮本“內”作“納”。注“出內”同。

謂財物也俱當与人　阮本無“也”字。

林本、阮本異體字對照表

説明：與阮本相校，林本所用異體字很多，情況也較爲複雜，總體情況是所用異體字趨向於簡筆字。有些是《説文》就收的字，如與与、無无，《説文》作爲兩個字收，如禮礼、廟庿、貌皃等，《説文》作爲異體字收，林本多用簡筆者；有些是歷代鈔本中存在的簡化字，如學学、亂乱，林本亦多用簡筆者；有些是古籍中并存的異體字，如畝畒，林本用從人者；有些字意義略有區别，但古籍中常混用，林本也不區别其意義，如脩修，阮本多用脩，林本多用修；還有雖然同源但後來分别使用者，如歸皈，林本只用“皈”字。這些字如果出校，數量極多，意義不大，故列表於此，僅擇要出校。校記之出文，除少數易排印者如“礼”“无”等依林本舊文，餘亦多用規範繁體字。此表目的有三：一是節省校記；二是揭示與阮本相比林本的用字特點；三是指出一些怪字，爲讀者提供一點方便。因爲不是專門作俗字研究，所以此表所收之字不全，望讀者諒之。

異體字	例句	林本用字特點
處　处	不仁者不可以久处約(里仁)	多用“处”字
辭　辝	美孝之辝也(爲政)	多用“辝”字
點　点	吾与点也(先進)	兩字皆用
吊　弔	羔裘玄冠不以吊(鄉黨)	僅兩處，全用“吊”字
惡　悪	能好人能悪人(里仁)	多用“悪”字
爾　尔	咨尔舜(堯曰)	多用“尔”字
歸　皈	民德皈厚矣(學而)	全用“皈”字
畫　昼	繪昼文也(八佾)	兩字皆用
繼　继	其或继周者(爲政)	多用“继”字

姦　奸	欲多殺以止奸也（顔淵）	僅用一“奸”字
盡　尽	尽忠節不愛其身也（學而）	多用“尽”字
糾　糺	公子糺（憲問）	多用“糺”字
舊　旧	郑玄曰旧説云（顔淵）	多用“舊”字
克　尅	尅己復礼（顔淵）	多用“尅”字
禮　礼	恭近於礼（學而）	多用“礼”字
厲　厉	温而厉（述而）	全用“厉”字
糧　粮	在陳绝粮（衛靈公）	多用“粮”字
鄰　隣	德不孤必有隣（里仁）	多用“隣”字
靈　灵	衛灵公之無道久也（憲問）	多用“靈”字
亂　乱	不好犯上而好作乱者（學而）	多用“乱”字
貌　皃	便僻之皃也（公冶長）	多用“皃”字
廟　庿	於其家庿儛之（八佾）	多用“庿”字
畝　亩	步百爲亩（學而）	多用“亩”字
能　𦤎	患不𦤎得之（陽貨）	多用“能”字
盼　眄	美目眄（八佾）	全用“眄”字
樸　朴	木質朴也（子路）	僅用一“朴”字
勸　勧　劝	舉善而教不能則民勧（爲政） 勉劝人於學也（述而）	多用“勧”字 偶爾用“劝”字
衽　袵	吾其被髪左袵矣（憲問）	全用“袵”字
肉　完	三月不知完味（述而）	僅用一“完”字
時　旹	旹仕季氏（八佾）	二字皆常用
帥　師	子師而正（顔淵）	多用“師”字
算　筭	斗筲之人何足筭之（子路）	全用“筭”字

雖　虽	虽不得禄(爲政)	多用“虽”字
體　躰	一曰和志躰(八佾)	多用“躰”字
圖　啚	不啚作韶樂至於此(述而)	多用“圖”字
往　徃	告諸徃而知來者也(學而)	多用“徃”字
圍　围	衛石曼姑帥围之(述而)	全用“围”字
聞　闵	必闵其政(學而)	多用“闵”字
羲　戋	安鄉亭侯臣曹戋(論語序)	僅一處,用“戋”字
校　挍	犯而不挍(泰伯)	僅兩處,全用“挍”字
邪　耶句末	求而得之耶(學而)	林本句末多用“耶”
絏　紲	雖在縲紲之中(公冶長)	全用“紲”字
褻　藝	紅紫不以爲藝服(鄉黨)	全用“藝”字
脩　修	無能一日用其力修仁者耳(里仁)	多用“修”字
學　学	学而時習之(學而)	多用“学”字
與　与	其爲仁之本与(學而)	多用“与”字
怨　悳	又何悳乎(述而)	全用“悳”字
擇　択	択其善者而從之(述而)	兩字皆用
鄭　郑	郑玄曰(學而)	多用“郑”字